Winfried Noack

Sozialpädagogik
Ein Lehrbuch

LAMBERTUS

Winfried Noack

Sozialpädagogik
Ein Lehrbuch

Lambertus

Die Deutsche Bibliothek - CIP-Einheitsaufnahme

Ein Titeldatensatz für diese Publikation ist bei
Der Deutschen Bibliothek erhältlich

Umschlaggestaltung: Christa Berger, Solingen
Herstellung: Druckerei F.X. Stückle, Ettenheim
ISBN 3-7841-1335-4

Inhalt

1. Einführung: Sozialpädagogik als Reflexionswissenschaft sinnhaften, helfenden und pädagogischen Handelns

Sozial-Pädagogik beinhaltet – wie es schon der Begriff andeutet – Hilfe und Erziehung. Als helfende Erziehung, als Erziehungs-Für-Sorge wurzelt sie im menschlichen Existential, in der innersten Sinngebung unserer Existenz, wodurch unser sozialpädagogisches Handeln sinnvoll ist. Durch soziale Einzelfallhilfe, soziale Gruppenarbeit und Gemeinwesenarbeit in den unterschiedlichsten Arbeitsfeldern und auf allen Interventionsniveaus wird der Sozialpädagoge auf Menschen, die Hilfe und Erziehung brauchen, einwirken, daß sie sich verändern und daß sie reifen, damit sie in der Gesellschaft und für die Gesellschaft leben können. So hat die Sozialpädagogik als Adressaten jeden, der Hilfe und Persönlichkeitsbildung wünscht und braucht. Insbesondere richtet sich ihre Erziehungs-Für-Sorge jedoch auf den leidenden, verführten, mißhandelten, vernachlässigten, an den sozialen Rand gedrängten, verelendeten und verirrten Menschen, um ihm durch Erziehungs-Für-Sorge ein gutes Leben zu vermitteln. Dabei wird der Sozialpädagoge die Für-Sorge auf den gesamten Zusammenhang der menschlichen Lebensgestaltung beziehen.

Zum andern hat die Sozialpädagogik als eine Reflexionswissenschaft die Funktion einer Reflexionstheorie, die sich mit den Bedingungen von Hilfe und Erziehung beschäftigt. Sie liefert also eine Theorie, die innerhalb des Systems von helfender Erziehung brauchbar ist. Erziehungs-Für-Sorge ist deshalb eine wissenschaftliche, selbstreferentielle Handlungsform, die professionelle und kompetente Hilfe und Erziehung ermöglicht.

Helfende Erziehung oder auch Erziehungs-Für-Sorge erfährt bereits bei Heidegger eine ontologische Grundlegung (Heidegger, 1993). Fürsorge erwächst für Heidegger aus dem Mitsein und der Grundbefindlichkeit in der Sorge. Jedem Dasein ist das Mitsein mitgegeben. Das Mitsein aber gehört nicht in die Welt der Sachen (dem „Zeug“), die immer zuhanden ist und besorgt wird. Mitsein unterliegt gerade nicht dem Be-Sorgtsein, das sich auf die Objektwelt richtet, sondern, auf Mit-Menschen gerichtet und darum immer personal und existential, der Für-Sorge. So ist Erziehungs-Für-Sorge etwas, das zum Dasein selbst gehört, sie ist eine Daseinsverfassung, ein Existential, und schafft (er-zieht) als solches die Bedingung der Möglichkeit von Existenz. Darum kann Hilfe er-wartet werden, obgleich sie un-

wahrscheinlich ist (Weber, Hillebrandt, 1999). Ist aber Für-Sorge ein Existential, dann erfolgt sie immer dann notwendig, wenn ein Individuum sein Sosein verwirklichen will. Denn der freie Selbstentwurf in die Zukunft ist zwingend an das Mitsein gebunden. An meinen Selbstentwurf binde ich die ganze Menschheit. Nur wenn ein Mensch in der Anonymität einer funktional differenzierten Gesellschaft lebt (im „Man"), wird er die Für-Sorge verweigern und auf sich selbst zurückgeworfen existieren. Für-Sorge hingegen verwirklicht das Mitsein und damit das sinnvolle Leben.
Welcher Sinn ist gemeint? Luhmann hat versucht, Hilfe, Bedarf und Sinn in drei Sinndimensionen zu beschreiben (Luhmann, 1984: 112 ff.).
In der *Sachdimension* geht es um Themen sinnhafter Kommunikation über Sachverhalte. Die Differenzierung erfolgt über den Code dies/anderes. So ist eine Zahl kein Spiel und die Geschwindigkeit keine Farbe. Im Falle sozialer Systeme wird differenziert zwischen den Themen, über welche kommuniziert und über welche nicht kommuniziert wird. Psychische Systeme beziehen sich zunächst auf Gegenstände der bewußten Aufmerksamkeit. Und bezogen auf die soziale Hilfe und Erziehung geht es um den Bedarf oder Nichtbedarf von Sachen, und ob geholfen werden kann oder nicht. Darum muß gefragt werden, welcher Bedarf so dringend ist, daß er der Hilfe bedarf, und ob die Hilfe sinnhaft ist.
In der *Sozialdimension* geht es um die Differenzierung Ich/der andere. Der Sinn wird jetzt nicht in Bezug auf Themen oder Gegenstände erarbeitet, sondern nimmt den Charakter der Intersubjektivität an. Es werden deshalb nicht nur die eigenen Perspektiven und Interessen verfolgt, sondern zugleich die des anderen oder der anderen. Dabei treten neue binäre Codes auf: Konsens/Dissens oder Hilfebedarf/kein Hilfebedarf oder sogar gut/böse. Bezogen auf die soziale Hilfe und erziehende Fürsorge bedeutet dies, daß die Sozialdimension die Erwartungen unterschiedlicher Personengruppen darstellt, und zwar sowohl derer, die Hilfe erwarten als auch derer, die bereit sind zu helfen. Darüber verständigen sie sich durch Kommunikation, die der Sachdimension angehört (dies/anderes). Es gibt jedoch nicht nur Helfer und die, denen geholfen wird, sondern auch die, die den Hilfebedarf operativ beobachten, was einem Beobachten von Beobachtungen gleichkommt. Dies geschieht durch empirische Erhebungen, durch soziologische Analysen oder auch politische Entscheidungen.
In der *Zeitdimension* spielt die entscheidende Rolle die Differenz vorher/nachher, von Vergangenheit/Zukunft, die sich jedoch beide nur in der Gegenwart konstituieren können, weil es nur in der Gegenwart möglich ist, zu handeln und zu erleben, nicht aber in der Vergangenheit, die unveränderbar

vergangen, oder in der Zukunft, die noch nicht ist. In diesem Zusammenhang ist es wichtig, zwei verschiedene Weisen der Bestimmung von Gegenwart zu unterscheiden. Zum einen ist die Gegenwart ein Zeitpunkt. In dieser punktualisierten Zeit wird im Zeitpunkt der Gegenwart die Zukunft sofort irreversibel zur Vergangenheit. Zum anderen gibt es die Gegenwart, die dauert, die in Anfang und Ende von Perioden gemessen wird. Innerhalb dieser Gegenwartsdauer sind Prozesse reversibel, und sie können beschleunigt oder verlangsamt werden. Die Unterscheidung von Punktualität und Dauer ermöglicht, ein Gedächtnis von Vergangenheit zu entwickeln und Sinn in die Zukunft zu projizieren.

Wenn sich helfende Erziehung realisiert, wird sie immer die Sach-, Sozial- und Zeitdimension gleichzeitig berücksichtigen.

Hilfe und Erziehung gewinnen ihre heutige Gestalt in der *geschichtlichen Differenzierung* zu früheren Hilfevorstellungen. Dazu dient die Gesellschaftsdifferenzierung bezogen auf Hilfe (Luhmann, 1997: 609 ff.; Weber, Hillebrandt, 1999: 56-73). Die primäre Differenzierung beinhaltet die Bildung von Teilsystemen und System/Umwelt-Beziehungen. Die Form solch einer primären Differenzierung bildet die Struktur der Gesellschaft (Mitbürger oder Individuum). Die Form der Differenzierung beschreibt den Modus, in dem Teilsysteme zueinander in Beziehung treten, und zwar auf die Weise, daß jedes Teilsystem andere Teilsysteme, die von ihm differenziert sind, als Umwelt hat. Die Struktur der Gesellschaft wiederum schafft eine Ordnung in den Beziehungen zwischen den Teilsystemen. Die Grenzen nun zwischen den Teilsystemen und ihren Umwelten können sich unterschiedlich ausdifferenzieren, und zwar mittels der Kombination zweier Differenzen: System/Umwelt und Gleichheit/Ungleichheit. Daraus haben sich im Verlaufe der Gesellschaftsentwicklung vier Differenzierungsformen gebildet: Segmentation, d.i. die Differenzierung in gleiche Teilsysteme; die Differenzierung Zentrum/Peripherie; die hierarchische Differenzierung in Schichten; und die funktionale Differenzierung.

Die *segmentäre Differenzierung* findet sich in archaischen Gesellschaften. Die früheste Differenzierung dürfte die nach Geschlecht und Alter gewesen sein. Später bildeten sich nach dem Prinzip der Abstammung Familien, Sippen, Dorfgemeinschaften und Stämme heraus und nach dem Prinzip der Residenz Häuser, Dörfer und seit 10 000 v. Chr. auch Städte. Alle diese Teilsysteme der segmentierten Gesellschaft sind insofern gleich, als sie gleiche oder ähnliche Funktionen haben. Das bedeutet zum einen, daß jedes Segment nur ähnliche andere Segmente beobachten kann (z.B. Sippen beobachten Sippen); und zum anderen, daß eine gemeinsame, sehr interaktive Lebenswelt existiert, die sich auf augenblickliche, konkrete Aufgaben eingeschränkt und die sehr einfach ist, weil sie sich auf Ortsgebundenheit und Anwesenheit der Kommunikationsteilnehmer begrenzt. Dabei sind die Grenzen der Gesellschaft eng begrenzt auf die Differenz familiär/nichtfamiliär. Diese Gesellschaft wird geprägt von der Reziprozität, weil sie die Funktion hat, die Gleichheit zwischen den einzelnen Segmenten immer aufs Neue herzustellen. Auch die Hilfe ist darum wechselseitig. Innerhalb eines Segments (beispielsweise der Sippe) gibt es nur wenige, allen bekannte Bedürfnisse, aber auch nur wenig Ressourcen, so daß die Reziprozität notwendig ist, um das Teilsystem aufrecht zu erhalten. Und so ist die gegenseitige Hilfe unter Gleichen das, was das Überleben ermöglicht. Allerdings ist diese Hilfe auch erwartbar. Sie gehört ja zur Selbsterhaltung sei es der Familie, der Sippe oder des Stammes. Jeder hilft, weil er genau weiß, daß auch er in die Lage kommen kann, Hilfe zu benötigen.

Gegen Ende der segmentierten Differenzierung tritt die Differenz *Zentrum/Peripherie* auf. Sie erfolgt zugleich mit der Differenzierung zivilisiert/unzivilisiert. Die Stadtbewohner galten bis zum Ausgang der Antike und dann wieder im Mittelalter als zivilisiert, die Landbewohner hingegen als unzivilisiert. Es entstand also eine Ungleichheit zwischen Stadt und Land. Im Zentrum bzw. in der Spitze konnte sich nun eine neue Differenzierungsform herausbilden, die Stratifizierung (die soziale Schichtung).

Stratifizierte Gesellschaften entwickelten sich in Europa seit dem Mittelalter zu einer Adelsgesellschaft. Dabei läßt sich beobachten, daß sich die Stratifikation im Zentrum entwickelte, während in der Peripherie weiterhin die Segmentation fortgesetzt wurde. Stratifikation bedeutet, daß nun die Teilsysteme hierarchisch gegliedert und dadurch ungleich werden. Der Adel schloß sich vom Rest der Gesellschaft durch das Heiratsverbot außerhalb der Schicht ab. Stratifikation bedeutet darum nicht nur Ungleichheit, sondern auch ungleiche Verteilung von Besitz, Eigentum, Produktionsmitteln, Besitz von Land und Leuten und Privilegien. Die Rangdifferenz ist die Unterscheidung Adel/Volk. Jedoch entwickelten sich in beiden Schichten weitere Rangdifferenzierungen, wie Königtum, Hochadel, fürstlicher und nichtfürstlicher Adel, Niederadel usw., aber auch im Volk zwischen Städtern und Bauern, die beide wiederum stratifiziert waren. Der Begriffsvorrat, der ursprünglich auf den Adel beschränkt war, dehnte sich auf das Bürgertum aus – das erst durch die Aufklärung und schließlich in den bürgerlichen Revolutionen des 19. Jahrhunderts die stratifizierte Gesellschaft überwand.

Auch die Motivation zur Hilfe ist aus der Stratifikation herzuleiten. Sie ist nicht mehr reziprok, sondern sie wird durch den Moralcode gut/böse legi-

timiert. Hilfe ist nun die gute Tat mildtätiger Personen. Dabei ist jetzt zweierlei zu beachten. Einerseits entsteht eine moralische Erwartbarkeit von Hilfe der niederen Schichten gegenüber der höheren, andererseits setzt sich die Reziprozität der Hilfe innerhalb derselben sozialen Schicht fort. Vorwiegend jedoch wird in der stratifizierten Gesellschaft die Hilfe nicht geleistet, sondern gewährt; sie erfolgt von oben nach unten, und zwar als Statussymbol und Standespflicht. Der Hilfeumfang war immens, aber er erfolgte stets von oben nach unten, wobei das Unten als Besitzlosigkeit, Armut, Krankheit und Hilfebedürftigkeit definiert wurde. Umgekehrt hatte die Hilfe die rückwirkende Funktion, das religiöse Gewissen der Besitzenden zu beruhigen. Denn die Adelsgesellschaft war zugleich eine Klerikalgesellschaft und ließ sich vom Klerus fremdreferentiell ein religiöses Weltbild aufoktroyieren. Weil nach dem gradualistischen Weltbild die Armut als eine gottgewollte Daseinsform galt, war die Hilfe durch die Besitzenden eine moralische und religiöse Pflicht.
Durch die Aufklärungsphilosophie und endgültig in den bürgerlichen Revolutionen bildete sich die *funktional differenzierte Gesellschaft* heraus. In ihr sind die Teilsysteme in ihren Funktionen ungleich, denn jedes differenziert sich nach seinen spezifischen Funktionen in der Gesellschaft aus. Die wichtigsten Teilsysteme sind: das politische System, das Wirtschaftssystem, das Wissenschaftssystem, das Erziehungssystem, das Rechtssystem, die Familien, die Religion, das Medizinsystem und das Kunstsystem. Aber natürlich gibt es in der funktional hochdifferenzierten und hochkomplexen Gesellschaft zahllose weitere Subsysteme, wie das Mediensystem oder auch das Teilsystem helfender Erziehung, das Sozialsystem. In jedem Teilsystem wird jede Funktion spezifisch und autonom erfüllt, und zwar in der Weise, daß jedes Teilsystem die Tendenz hat, sich zu verabsolutieren, d.h. ausschließlich den eigenen Code zu akzeptieren und die Codes anderer Systeme zu verwerfen. Sie haben nur noch die eigene Funktion im Blick und sehen die anderen Teilsysteme aus der Perspektive der eigenen Funktion. Dabei fällt zweierlei auf. Einerseits werden die Codes anderer Teilsysteme für das eigene verworfen (so wird im Wirtschaftssystem der Wissenschaftscode wahr/nichtwahr nicht akzeptiert), andererseits aber werden die anderen Teilsysteme als für die Gesellschaft notwendig anerkannt. Dadurch gewinnt die Gesellschaft als ganzes eine Mehrzahl von Codes, die gleichzeitig existieren und die Komplexität der Gesellschaft steigern.
Die funktional differenzierte Gesellschaft führt indes nicht nur zur Primärdifferenzierung in Teilsysteme, sondern diese differenzieren sich in weitere soziale Systeme, die mit den Teilsystemen verbunden sind oder auch nicht.

Auch die Erziehungs-Für-Sorge als Hilfesystem nimmt in der funktional differenzierten Gesellschaft neue Formen an. Zwar existiert die Reziprozität der Hilfe weiter fort, auch die Fürsorge als Statussymbol und Fürsorgepflicht der gehobenen Stände gibt es noch (die überwiegende Zahl ehrenamtlicher Mitarbeiter stammt nach wie vor aus der oberen Mittelschicht), aber sie besitzen keine gesellschaftbildenden Funktionen mehr. Denn die Gesellschaft glaubt kein einheitliches Weltbild mehr, das die Hilfepflicht definiert, und wir finden auch keine fürsorgepflichtige Oberschicht mehr, die Hilfebedürftige bestimmt und versorgt. Damit nimmt die Erwartbarkeit von Hilfe ab. Hilfe wird darum heute von sozialen Systemen mit formalen Strukturen geleistet, die sich organisieren zum Zwecke einer effektiven Erfüllung ihrer Funktion, d.h. durch Behörden und freie Träger, durch Organisationen. Diese können jedoch durch Personen vertreten sein, wodurch Kommunikation geschieht – und damit nicht nur institutionelle, sondern auch persönliche Hilfe möglich wird. Die Organisationen ermöglichen es der modernen Hilfepraxis, Hilfeangebote zu standardisieren und dadurch von Zufällen unabhängig zu machen (Hilfe wird wieder erwartbar), sie zu bürokratisieren und zu professionalisieren. Träger solcher organisierten Hilfe sind Wohlfahrtsverbände, Jugend- und Sozialämter, Krankenkassen, Sozialstationen, Selbsthilfeorganisationen usw. Das bedeutet, daß die Hilfe von der reziproken Hilfe zwischen Personen und von den Hilfepflichten, beruhend auf dem Code Moral/Gott, der Oberklasse gegenüber der Unterschicht abwandert zu den Organisationen. Dadurch wird auch erziehende Hilfe und helfende Erziehung – wie alle Organisationen – über Mitgliedschaft, Berufsrolle, Programme, Führungsrollen (Organisationen sind meist hierarchisch organisiert) und professionelle Verberuflichung konstituiert. Was also die moderne soziale Arbeit von der früheren Hilfe unterscheidet, ist die Funktionalisierung in Organisationen und die Professionalisierung von Hilfe und Erziehung, die den Nachweis von Hilfe- und Erziehungskompetenz fordert. Damit ist die Entscheidung helfen/nichthelfen nicht mehr eine Sache der Gegenseitigkeit oder der Moral, sondern eine der Organisationen. Dies führt dazu, daß Hilfen, die das Programm der Organisation nicht vorsieht, auch nicht gewährt werden. Professionalisierung, Standardisierung und Bürokratisierung machen zwar eine Hilfe zur Selbsthilfe gewissermaßen illusorisch; dennoch haben Selbsthilfegruppen (reziprok) und freiwilligen sozialen Dienste (Hilfepflicht) eine wichtige Nischenfunktion: nämlich dort zu helfen, wo die Professionalisierung nicht greift. Selbsthilfegruppen und freiwillige soziale Dienste sind möglich und nötig, weil die funktionale Differenzierung der Gesellschaft personale Frei-

setzungsprozesse in Gang setzt. Das heißt, die Individualisierung ermöglicht die Verwirklichung von Selbsthilfe. Aber Selbsthilfe reicht für die generelle soziale Hilfe und Erziehung nicht aus. Darum ist ein Zusammenwirken von professioneller und freiwilliger Hilfe notwendig.
Die Verschiebung der Hilfe auf die Organisation hat die pädagogische Hilfe strukturell verändert. Nach Weber und Hillebrandt lassen sich folgende Strukturmerkmale organisierter Hilfe systematisieren (Weber, Hillebrandt, 1999: 74):

(1) Organisierte Hilfe ist an Programme gebunden. Durch sie wird definiert, ob, wem, wie, wann, geholfen werden kann oder muß.

(2) Organisierte Hilfe setzt die Berufsrolle des Sozialpädagogen und die Klientenrolle des Betreuten voraus.

(3) Organisierte Hilfe professionalisiert sich, so daß individuelle Hilfemotive nicht mehr notwendig sind. Die professionelle Hilfe motiviert sich heute aus den vorgegebenen Programmen und der eigenen Professionalität.

(4) Hilfe wird durch formale Organisationen bürokratisiert und monetarisiert.

(5) In den formalen Organisationen wird die Hilfe zur organisierten Fürsorge. Der Hilfesuchende begibt sich in die Hände von professionalisierten Experten.

(6) Organisierte Hilfe ist nicht mehr reziprok, sondern begründet sich aus fachlichen Standards und Hilfeprogrammen.

Nachdem wir die Sozialpädagogik als dem menschliches Existential zugehörig und als sinnvoll verstanden haben, erschließt sich uns die Sozialpädagogik als ein wissenschaftliches Fach mit spezifischer Professionalität und angesammeltem Wissenvorrat. Deshalb werde ich Methoden und Arbeitsfelder der Sozialpädagogik entsprechend der Professionalität und dem vorhandenen Wissensvorrat darstellen, und zwar in der Weise, daß der Leser motiviert und informiert wird. Studenten sollen angeregt werden, sich Gründe und Beweggründe für ihr Studium und die Berufswahl, aber auch für die Auswahl eines Arbeitsfeldes bewußt zu machen, und gleichzeitig soll das fachspezifische und differenzierte Wissen vermittelt werden über die Inhalte, Problemlagen und Lösungsschritte in den einzelnen Arbeitsfeldern und deren Methoden und Anforderungen. Dies geschieht in einer funktional differenzierten Gesellschaft, die ihre Vorzüge und ihre Mängel hat.
Haben wir auch die Sozialpädagogik als ein Reflexionssystem von professioneller Hilfe und Erziehung dargestellt und differenziert, so fällt die Un-

terscheidung zur Sozialarbeit schwer. A. Mühlum hat die Positionen zu dieser Frage systematisiert (Mühlum, 1996: 13):

(1) Das Divergenztheorem besagt, daß Sozialpädagogik und Sozialarbeit eindeutig getrennt seien. Während die Sozialpädagogik auf Erziehung, Bildung und Beratung abziele, so die Sozialarbeit auf Beratung, Behandlung und Administration. Außerdem sei Sozialpädagogik in erster Linie präventiv, die Sozialarbeit hingegegen Notfallhilfe.

(2) Das Konvergenztheorem beschreibt die Annäherung von Sozialpädagogik und Sozialarbeit, da beide voneinander Arbeitsfelder und Methoden übernehmen.

(3) Nach dem Subordinationstheorem ist die Sozialpädagogik der Sozialarbeit untergeordnet, eine Position, der sich wohl kein Sozialpädagoge anschließen wird.

(4) Das Substitutionstheorem beinhaltet die wechselseitige Austauschbarkeit von Sozialpädagogik und Sozialarbeit, da ihre Arbeitsfelder und Methoden weitgehend übereinstimmen.

(5) Das Identitätstheorem macht überhaupt keine Unterschiede mehr, sondern behandelt beide Begriffe synonym. Dies schlägt sich vor allem in Stellungsausschreiben nieder, in denen ein Sozialpädagoge/Sozialarbeiter gesucht wird.

(6) Das Subsumptionstheorem schließlich subsumiert die Sozialpädagogik und die Sozialarbeit gemeinsam unter dem Begriff „Soziale Arbeit" oder „Sozialwesen".

Die Sozialpädagogik ist heute weitgehend deckungsgleich mit der Sozialarbeit, aber sie besitzt m. E. eine erweiterte Sichtweise, nämlich professionelle Hilfe und Erziehung und nicht nur professionelle Hilfe.

2. Methoden der Sozialpädagogik

Im Anschluß an die Theorie des kommunikativen Handelns von Habermas und seiner Unterscheidung von Lebenswelt und System läßt sich der Ort der Sozialpädagogik bestimmen. Soziale Arbeit ist in ihrer Bestimmung auf die Lebenswelt bezogen. Sie hat es zu tun mit der Verwirklichung von kommunikativem Handeln, wodurch eine Lebenswelt entsteht. Diese Lebenswelt gilt es zu erhalten (symbolische Reproduktion) und sie ist dort, wo sie gestört ist, etwa durch Anomie, Sinnverlust oder psychische Störungen, wiederherzustellen. Allerdings ist die soziale Arbeit auch bezogen auf Systeme. Zum einen ist der sozial Tätige gebunden an das lebensweltliche psychische System, an den Klienten, für den er arbeitet; und zum anderen an das öffentliche System der staatlichen Verwaltung, von wo er finanzielle Unterstützung erwartet. Seine Stellung nennt Habermas „Intermediarität", die Verortung zwischen der Lebenswelt und dem gesellschaftlichen System; das bedeutet: zwischen der kommunikativen Vernunft der Lebenswelt und der zweckrationalen des Systems, zwischen Diskurs- und Organisationsmacht (Habermas, 1975). So abhängig er auch vom zweckrationalen System sein mag, Ziel seiner Tätigkeit ist die Lebenswelt des kommunikativen Handelns. In der Entscheidung zwischen Organisationsmacht und Lebenswelt muß er sich immer entscheiden für die Lebenswelt, den konkreten Menschen in seinen Lebenslagen.
Die Methoden der Sozialen Arbeit sind vielfältig. Mehrere Tendenzen möchte ich darstellen, die m. E. die gegenwärtige Diskussion bestimmen.

2.1. Das Adaptionsmodell

Es basiert auf der evolutionären Annahme der Anpassung des Menschen an die sich wandelnde Umwelt. Das Individuum wird hier gesehen im reversiblen Austausch mit den Elementen der physischen und sozialen Umwelt. Störungen in diesem Austausch sind Übergangsphasen in der Individualentwicklung, Rand- und Nischenpositionen sowie Kommunikations- und Beziehungsprobleme in Primärgruppen. Soziale Arbeit intendiert nun, das Anpassungspotential der Person so zu stärken und die Umwelt dergestalt zu beeinflussen, daß die Austauschprozesse zwischen ihnen zu einer verbesserten Anpassung führen (Germain, Gitterman, 1983: 11). Diese Konzeption von sozialer Arbeit dürfte heute dominieren. Allerdings scheinen politische und kollektive Prozesse ausgeblendet, und von dem Konzept der Autopoiese her (selbstschöpferisch) intendiere ich nicht Adaption, sondern Interpenetration (gegenseitige Durchdringung). Das bedeutet, das Individuum paßt sich nicht einfach an und ein, sondern es verändert sich selbst und beeinflußt die Umwelt gemäß dem neuen Selbstentwurf, indem es in die Umwelt eindringt, sie verändert und aus der so geänderten Umwelt lebt und wächst. Das Adaptionsmodell beinhaltet das sozialarbeiterische Paradoxon: Desintegration der Problemperson, daraufhin therapeutische Verinselung, schließlich soziale Reintegration. Systemisch-lebensweltliche Modelle hingegen werden die Person in ihrer sozialen Alltags- und Lebenswelt belassen und dort, auf Menschenstärke bauend, beraten und begleiten.

2.2. Das Lebensweltkonzept

Unsere Lebenswelt (Seibert, Noack, 1996: 61 f.) beinhaltet zunächst die primordiale Welt: Die Leiblichkeit und ihre Beziehung zu der mir gegebenen und von mir mitgestalteten Welt. Aber sie ist genauso transordial durch Sozialität, durch den Mit-Menschen, den ich vergegenwärtige und durch den ich vergegenwärtigt bin. Mit ihm bilde ich eine gemeinsame Welt, die Lebenswelt. Sie entsteht durch den ständigen nonverbalen, verbalen, geistigen und handelnden Austausch. Diese gemeinsame Welt ist jedoch nicht einfach die Welt des Diskurses, sondern gemeinsame Geschichte, d.h. die zur Kultur verdichteten menschlichen Beziehungen und sozialen Klimata. Somit ist die Lebenswelt primär social world. Sie entsteht dadurch, daß wir mit anderen gemeinsame Werte schaffen und tradieren, gleiche Schicksale erleiden und ähnliche Sichtweisen entwickeln. Lebenswelt ist vor allem ein Ensemble geteilter symbolischer Konstrukte (Petzold/Petzold, 1991). Somit ist die Lebenswelt nicht bloße Umwelt (das Gefüge überlebens- und arterhaltender Reize), sondern die Lebenswelt geht durch mich und die anderen hindurch. Dadurch ist sie stets durch mich individuell gestaltet, wodurch sie auf mich zentriert ist; aber zugleich mischen sich in der Lebenswelt das Ich und die anderen Personen untrennbar zu einer gemeinsamen Welt. Das bedeutet, daß meine von mir autopoietisch geschaffene Lebenswelt vernetzt ist mit anderen Lebenswelten. Husserl verstand eigentlich dies unter Lebenswelt: Da das Ding an sich unerkennbar ist, muß sich der Mensch beschränken auf die intersubjektive Natur. In Austausch mit dem Mitmenschen, das ist durch primordiale Ko-respondenz, gelange ich zum Wissen über die Natur, die Geschichte, die wissenschaftliche Erkenntnis usw. So ist die Lebenswelt abhängig von der Kreativität aller Teilnehmer; ist sie aber einmal entstanden, dann erscheint sie uns als unveränderliche Realität, die alle, die an ihr teilnehmen, beeinflußt. Darum wirkt die Lebenswelt bestimmend auf das Individuum ein. Lebenswelt ist also beides: Spiel-Raum, Anregungsraum, der stimulierend auf mich einwirkt und mich zur kreativen Gestaltung der Lebenswelt, zur Autopoiese herausfordert, und zugleich übergreifende kollektive Lebenswelt: Zeitgeist, kollektive Situationen, gemeinsame Schicksale. Autopoiese ist eingebunden in die Lebenswelt und darf nicht mißverstanden werden als egozentrische, narzißtische Durchsetzung eigener Interessen, ohne Wertbindung. Husserl gibt zu bedenken: Es gibt ohne Intersubjektivität weder ein Subjekt noch ein Objekt. Ich und die Mit-Menschen bewohnen und erkennen mit mir eine gemeinsame Welt, die unverfügbar ist. Für die soziale Arbeit beinhaltet das, lebensweltlich, integriert zu handeln. Integrative lebensweltliche Hilfe bedeutet, die Person in allen lebensweltlichen Bezügen zu unterstützen, in seiner primordialen Leiblichkeit genauso wie in seinen transordialen Bezügen der Familienkonstellation, der Arbeitsplatzverhältnisse, Arbeitsuche, Nachbarschaft, Freundschaft, Verwandtschaft, Ausbildung usw.

2.3. Die Netzwerkkonzeption

Netzwerkkonzeptionen basieren auf der Analyse von Beziehungsstrukturen. Diese können individueller als auch institutioneller Art sein. Das Individuum lebt in einem Netzwerk von Beziehungen: familiale und verwandtschaftliche, nachbarschaftliche, Arbeitsplatz- und Freizeitbeziehungen, Freundschaften. All diese Personen sind sowohl sternförmig auf das Subjekt konzentriert als auch netzartig untereinander verbunden. Dies bedeutet für die soziale Arbeit, in allen Beratungsverhältnissen den Menschen in seinen lebensweltlichen Netzwerken zu sehen und, wo sie zerrissen sind, die kleinen sozialen Netze wiederherzustellen. Ebenso entspricht dem Konzept der Netzwerkarbeit, Hilfesysteme und Institutionen miteinander zu vernetzen (vgl. Collins, Pancoast, 1981; Schenk, 1984). Die Vernetzung von Hilfe-Projekten könnte bedeuten, alle Projekte miteinander horizontal zu integrieren, so daß Personen in mehreren Projekten betreut werden; sie bedeutet aber auch vertikale Integration, d.h. alle Ebenen des Netzes zu integrieren. Institutionen zu vernetzen schließlich bedeutet die integrative Zusammenarbeit mehrerer Institutionen miteinander. Das Netzwerkkonzept erlaubt eine sinnhafte Aufschichtung der Gesellschaft in die Mikro-, Meso-, Exo-, Makro- und schließlich die Globalebene.

2.4. Der Empowermentgedanke

Das Empowerment-Konzept (Herriger, 1995; 1997; Stark, 1996; Seibert, Noack, 1996: 92 f.) ist heute aus der psychosozialen Praxis nicht mehr wegzudenken. Es beruht darauf, die Menschen zu ermutigen, ihre Menschenstärke zu entdecken und zu entwickeln. Dadurch werden sie fähig, Selbstbestimmung und Lebensautonomie (in den Grenzen der gesellschaftlichen Werte) zu gewinnen. In der Praxis des Empowerments soll deshalb dem Klienten das Rüstzeug bereitgestellt werden, um sein Leben im Alltag bewältigen und einen Möglichkeitsentwurf bzw. mehrere Parallelentwürfe seines künftigen Selbst in die Zukunft projizieren zu können. Durch Ermutigung und Zuspruch lernt der Klient seine eigene Stärke und Kompetenz kennen; er erinnert sich nicht nur, wo er versagt hat, sondern auch wo ihm sein Leben gelungen ist. Das bedeutet, daß wir nicht mehr einen hilfsbedürftigen und hilflosen Klienten vor uns sehen, sondern einen Menschen, der trotz seiner erlernten Hilflosigkeit Menschenstärke und Ich-Befähigungen besitzt, um den Alltag und die Zukunft bestehen zu können. Dadurch wird zugleich die Oben-Unten-Struktur der Beratungsbeziehung, die den Klienten entmündigt und abhängig macht, überwunden durch eine Struktur der Spiegelbildlichkeit und Gleichwertigkeit. Die Axiome des Empowerments sind 1. Das Vertrauen in die Fähigkeit jedes einzelnen zur Selbstaktualisierung, zur Selbst-Bemächtigung und zum personalen Wachstum. 2. Die Akzeptanz des Eigen-Sinns und der Respekt des Helfers vor unkonventionellen Lebensentwürfen der Klienten. 3. Respektieren der individuellen, autopoietischen Wege und der eigenen Ziele des Klienten. 4. Verzicht auf entmündigende Expertenurteile und professionelle Problemlösungen. 5. Die Orientierung an der Lebenszukunft des Klienten. Grundsätzlich wird dem Klienten Menschenstärke zugesprochen. Diese Grundsätze werden heute auf alle Arbeitsfelder der Sozialpädagogik übertragen.

2.5. Systemtheorie und Autopoiese als Modell für die Sozialpädagogik

Gesellschaft ist die Einheit der Gesamtheit des Sozialen, d.h. die Gesamtheit der sozialen Beziehungen, Prozesse, Handlungen und Kommunikationen (Luhmann, 1984: 555). Sie ist demnach das umfassende Sozialsystem, das alles Soziale einschließt und darum keine weitere soziale Umwelt besitzt. Kommt neues Soziales hinzu (neue Kommunikationspartner, neue

Kommunikationsthemen), dann wächst die Gesellschaft mit ihnen. Sie wachsen der Gesellschaft an und können nicht externalisiert werden. So ist die Gesellschaft eine selbstreferentielle und autopoietische Geschlossenheit.

Andererseits bleibt die Gesellschaft trotz ihrer Selbstgeschlossenheit ein System in einer Umwelt und der Natur. Es ist ein System mit Grenzen, welche die Doppelfunktion von Trennung und Verbindung von Gesellschaft, Umwelt und Natur (Membran-Funktion) haben. Diese Grenzen werden bestimmt durch die Kommunikation und Interaktion. Durch ihr Eingebettetsein in Umwelt und Natur ist externe Anregung stets präsent. Gerade geschlossen-selbstreferentielle und autopoietische Systeme (Seibert, Noack, 1996: 58-66) sind auf Interpenetration angewiesen. Interpenetration und Ko-respondenz ermöglichen Umweltkontakte.

Selbstreferenz meint, die Person als ein psychisches System gewinnt Subjektivität durch Selbstreflexion, Selbstbeobachtung und Unterscheidung. Ein System, auch ein psychisches, „kann man als selbstreferentiell bezeichnen, wenn es die Elemente, aus denen es besteht, als Funktionseinheiten selbst konstituiert“ (Luhmann, 1984: 59). Selbstreferenz ist also Selbstkonstitution und damit immer Selbstkontakt und Selbstreflexion. Damit trifft Selbstreferenz zugleich Unterscheidungen.

Kontingenz erlaubt dem Subjekt das freie und autopoietische Handeln. Kontingenz meint, daß es Anfangszustände gibt, die weder notwendig noch unmöglich sind, die sind, aber auch anders sein können, die sein können oder auch nicht sein können. Kontingenz ist also im Kantischen Sinne Modalität. Das Individuum-Subjekt kann durch Kontingenz eigene autopoietische Projekte entwerfen, die neue Kausalitätsketten in Gang setzen. Allerdings gibt es nur eine Anstoßkausalität, die die Person durch ihr Handeln anstößt, und eine Erhaltungskausalität, mit der sie ihr System erhält, aber keine Durchgriffskausalität im Sinne eines vorweg gesicherten Zusammenhangs von bestimmten Ursachen und Wirkungen. Kontingentes Handeln haben auch andere kommunizierende und interagierende Personen, weswegen Luhmann von doppelter Kontingenz spricht (Luhmann, 1984: 148-190). Freilich möchte ich lieber von einer Multi-Kontingenz sprechen, weil auch die Systeme, die Umwelt und die Natur kontingent sind. Die Folgen der Kontingenz sind: 1. Die Person kann frei autopoietisch Projekte entwerfen. 2. Doppelte Kontingenz erfordert Vertrauen, und zwar sowohl in die Vertrauenswürdigkeit der Gegenüber-Person als auch in meine eigene Werthaftigkeit. Denn doppelte Kontingenz ermöglicht ja Anschlußfähigkeit, Kommunikation und Handlung und erfordert reflektierte, koordinierte

Selektivität des Kommunikationsangebots der anderen Du-Person. 3. Kontingenz verhindert die Sicherheit über den Ausgang eines Projekts. Durch die Multi-Kontingenz entstehen Kausalitätsnetze, die die Wirkung einer Ursache unvorhersagbar machen.
Darum ist es notwendig, die Funktion der Zeit bei selbstreferentiellen und autopoietischen Prozessen zu beachten. Systeme bleiben nicht, wie sie sind. Es gibt Veränderungen. Darum muß der Sozialpädagoge möglichst zeitsynchron arbeiten. Dies geschieht durch korrigierende, sich ergänzende, selektierende und kreative Reflexion. Zeit ergibt zwei Folgerungen: 1. Mein eigenes autopoietisches Projekt verändert sich, wächst oder zerfällt. 2. Gleichzeitig verändert sich die Gesellschaft. Beide Vorgänge müssen möglichst synchron gehalten werden. Sozialpädagogen sind deshalb gehalten, kontinuierlich zeitsynchron zu lernen. Dies geschieht durch „deutero learning". Sie dürfen nicht bloß ihr eigenes Projekt durchreflektieren (single-loop learning, d.h. interne Anpassung) und die externe Anpassung durch „double-loop-learning" aufrechterhalten, sondern durch „deutero-learning" beides reflektieren und aus Erfolgen und Mißerfolgen lernen, d.h. die Standards und Normen des Projektes auf Angemessenheit überprüfen (Reinhardt, 1995: 57-70).
Autopoiese (vgl. Maturana, 1982; Maturana, Valera, 1987) ist auch eng verbunden mit Interpenetration. Autopoiese ist nicht bloß das sich selbst organisierende und sich selbst erhaltende System, das sich durch Selbstreferenz konstituiert, reproduziert, ausdifferenziert und erhält und das durch Autopoiese grenztranszendierend Anschlußfähigkeit herstellt. Vielmehr verändert die Autopoiese ersthandelnd durch Interpenetration (gegenseitige Durchdringung) die anderen Systeme und die Umwelt – wobei diese durch mein Handeln hervorgerufene und konstituierte Veränderung auf mein Projekt/System wieder verändernd zurückwirkt im Sinne von Wachstum. Autopoiese schafft also nicht nur eine basale Gemeinsamkeit der Systeme, sondern darüber hinaus eine kreative Interpenetration beider Systeme mit Veränderung und Wachstum. Für die sozial arbeitende Person bedeutet das, daß sie mit ihren Projektvorstellungen und Projektrealisationen ihre soziale Umwelt (das soziale System) kreativ verändern kann nach ihren Bedürfnissen und Notwendigkeiten.

2.6. Mesosoziale Analyse der Alltagswelt als Modell für soziale Arbeit

Zwischen der makro- und mikrosozialen Betrachtungsweise der Gesellschaft, d.h. zwischen den Institutionen und den Individuen, ist die mesosoziale Analyse der Alltagswelt angesiedelt. Alltagswelt soll wissenschaftlich analysiert und auf die Notwendigkeit von helfender Intervention befragt werden. Dabei wird das Individuum in einem Bezugsnetz von Verbundenheit gesehen, da ja alle Menschen durch ihre Bedürfnisse, Funktionen und Überlebensinteressen miteinander verbunden sind. Wendt (Wendt, 1990) weist darauf hin, daß sich soziale Arbeit auf den ganzen Zusammenhang menschlicher Lebensgestaltung bezieht. Das bedeutet, daß die Sonderung zwischen Hilfsbedürftigen und solchen, die sich selbst helfen können, grundsätzlich wegfällt. Die Entfaltung guten Lebens ist das Anliegen des Gemeinwesens für alle seine Mitglieder. Zentrum dieses guten, entfalteten Lebens ist der Oikos, der Haushalt. Haushalten , wie das Wort sagt, könnte somit der Fokus menschlicher, personaler Lebensführung sein. Die Lebenszusammenhänge sieht Wendt unter den Kategorien Lebenslagen, Nischenkultur, Vernetzung und die Unterscheidung von System und Lebenswelt.

- Das Konzept der individuellen Lebenslagen erfaßt die Lebensverhältnisse und beschreibt die jeweilige individuelle Verfassung der Person. Die Lebenslage kann diachronisch sein und beinhaltet damit die Dimension der Lebensgeschichte und Zukunftsperspektive eines Individuums; oder sie kann synchron sein und meint in dieser Dimension die Beziehungen Innenwelt und Außenwelt. In diesen beiden Dimensionen orientiert sich das Individuum und organisiert sich selbstrefentiell und selbstorganisatorisch selbst. Dabei bleibt es abhängig von den Größen Routine, Superstruktur (das sind Makrosysteme) und soziale Infrastruktur.
- Nischenkultur meint, daß das Individuum in den hochkomplexen sozialen Strukturen eine Nische findet, in der es sich anpassen und in die es sich einpassen kann und in der es sein Handlungsfeld findet. Es transagiert zwischen sich und der Umwelt und schafft sich so einen für sich selbst relevanten Ausschnitt aus der sozialen Realität, der seine individuelle Lebenswelt bedeutet.
- Das Netzwerk-Konzept sieht die Einbindung von Personen in soziale Netze vor, in ein unterstützendes Miteinander im persönlichen und lokalen Handlungsfeld. Die alten tragenden Primärnetze Familie, Verwandtschaft, Nachbarschaft und Freundschaft gewinnen neue Bedeutung. Aber auch sekundäre soziale Netze werden notwendig, wie Hauskreise, Nachbarschaftskreise, aktionale Vereine usw.
- Die Unterscheidung von System und Lebenswelt traf schon Habermas. Wendt will durch diese Unterscheidung deutlich machen, daß der lebensweltliche Handlungsrahmen begrenzt ist. Das primäre Handlungs-

feld ist die Lebenswelt. Hier soll das Individuum konzeptorientiert und zweckrational handeln (obwohl Habermas die Zweckrationalität den Systemen zuordnet), um unter den hochkomplexen Gesellschaftsbedingungen gesteckte Ziele zu erreichen, nämlich ein „gutes Leben". Dazu dient vor allem das haushaltende Management. Ein Manager ist ein Meister in der Handhabung von steuernden Verfahren. So soll die Person ihren Lebensentwurf innerhalb der Lebenswelt managen. Ebenso muß sie aber auch in der Lage sein, mit den Systemen umzugehen.

Im Konzept der mesosozialen Analyse der Alltagswelt erscheint Lebensführung als individuelles Selbstmanagement (was mit der Autopoiese korrespondiert) und als Lebensmanagement im Sinne einer Zielplanung innerhalb der persönlichen Alltagswelt mit dem Ziel eines guten Lebensstils. Parallel zum Selbstmanagement verläuft das Sozialmanagement, weil ja Selbstentfaltung nur möglich ist durch Einbeziehung der Entwicklung in die Mitwelt und der Entfaltung der Mitwelt selbst.

Komplementär zum Begriff des Selbstmanagements steht das Konzept des Unterstützungsmanagements. Weil der persönliche Lebensentwurf nicht Inhalt der sozialen Arbeit sein kann, deswegen ist ihr Arbeitsfeld, Lebenszusammenhänge zu erhalten und zu pflegen, das Gemeinwesen weiterzuentwickeln, Hilfsquellen und Kreativität der Individuen zu vermehren sowie Störungen und Schäden im Selbstmanagement zu beheben. Die Sozialethik, die hinter solchen Bemühungen steht, ist die Konstruktion von Solidarität im Sinne sachwaltender Fürsorge.

Mit diesem Konzept der mesosozialen Analyse der Alltagswelt erhält die soziale Arbeit eine immense Perspektiverweiterung. Die karitativ-individualisierende Einzelberatung, Gruppenberatung und Gemeinwesenarbeit wird ersetzt durch die Öffnung der Sozialpädagogik, die jetzt Verhaltens- und Handlungsweisen, alle Handlungsfelder der Alltagswelt wie auch die Bezüge des Individuums zu den sozialen Systemen genauso einbezieht wie Erziehung und Bildung des Individuums – das dadurch in Stand gesetzt werden kann zum kreativen Selbstentwurf. Die Orientierung auf die Randgruppen wird hierdurch ergänzt durch die Hinwendung zur Alltagspraxis und der Alltagswelt. In dieser Beziehung hat m. E. soziale Arbeit durchaus etwas zu tun mit dem Selbstmanagement und dem persönlichen Lebensentwurf, indem sie behilflich ist, ihn zu einem guten Leben zu entwerfen und im Unterstützungsmanagement Fehlentwicklungen sozialpädagogisch zu korrigieren.

2.7. Die theorieintegrierende Mehrebenenanalyse

In dieser Arbeit vertrete ich einen Mehrebenenansatz (Rolly, 2000), der vor allem die makrosoziale Systemtheorie, die mesosoziale Analyse der Lebens- und Alltagswelt, die Netzwerkkonzeption, die Empowermentaxiome und die mikrosoziale phänomenologische Methode miteinander integriert. Wir werden also immer wieder auf soziologische makrostrukturelle Ergebnisse zurückgreifen. Wichtiger werden uns die Netzwerkanalysen der Alltags- und Lebenswelt sein. Und schließlich wird uns die phänomenologische Methode lehren, die Mikrostrukturen der Alltagswelt deutlich herauszuarbeiten und durch immer neue Epoché (und damit durch Reduktion) zu den Wesensmerkmalen der Phänomene zu gelangen.

Als Ausgangspunkte für die *makrosoziale Systemanalyse* kann Luhmanns Systemtheorie dienen. Ein soziales System ist zunächst ein autopoietisches und selbstreferentielles System, das sich in Differenz zu einer Umwelt konstituiert. Es ist zugleich ein sinnkonstituierendes System. Seine Operationen und Letztelemente sind Kommunikationen (Luhmann, 1991: 16). Soziale Systeme sind also durch Kommunikation und Interaktion entstandene oder gebildete Funktionskomplexe (wie der Staat als organisierte Gesellschaft), formelle und informelle Gruppen (z.B. Betriebe, Organisationen, Institutionen), aber auch Familien und ihre Netzwerke oder die Person als psychisches System. Für die soziale Arbeit gibt es für Lüssi und Spielmann drei zentrale Anwendungsbegriffe (Lüssi, 1991; Spielmann, 1998: 154-156).

Systemzugehörigkeit: Der Mensch ist als ein soziales Wesen Angehöriger eines, jedoch in der Regel mehrerer Sozialsysteme, als da sind die Familie, die Firma, der Freundeskreis oder der Stadtteil (bzw. die Kleinstadt oder das Dorf). Als Angehöriger eines Systems handelt er in spezifischen systembezogenen Rollen, beispielsweise als Vater, Mutter, Kind, Angestellter, Chef, Frau, Mann usw. Die einzelnen sozialen Systeme, denen ein Mensch angehört, sind nicht gleichwertig. Jenes System, das vorrangig Sinn und Bedeutung hat, ist das Referenzsystem, z.B. die Familie vor der Nachbarschaft. Dieses Referenzsystem steht jedoch in ständigen Austauschprozessen zu den anderen Systemen, die Umweltsysteme darstellen.

Systemfunktionalität: Soziale Systeme sind Sinnsysteme, die ihren Sinn aus den kulturellen Werten und sozialen Normen herleiten. Sie stellen den jeweiligen Systemzweck her. Handlungen können entweder systemkonform sein oder dem Systemzweck widersprechen. Systemkonformität ist erwünscht, Disfunktionalität hingegen wird zum Gegenstand sozialer Arbeit. Eine Systemdisfunktionalität kann ihre Ursache in einem Funktionsausfall haben (beispielsweise fehlt der Vater in einer Familie) oder in einer Fehlfunktion (z.B. autoritäre, überbehütende, vernachlässigende oder verwöhnende Erziehung) oder auch in einem Funktionskonflikt (Streit, Gewaltanwendung, Ehekrise usw.).

Systembeziehung: Systeme stehen in vielfältigen Beziehungen zueinander. Ein System kann in Beziehung stehen zu Sub- oder Suprasystemen. Jedoch verstehen wir unter Systembeziehungen im engeren Sinne Beziehungen zwischen Systemen auf der gleichen Systemebene. Dabei steht das Sozialsystem einerseits in Beziehung zu anderen Sozialkategorien, wie Organismus, Persönlichkeit und Kultur, und andererseits zu anderen Sozialsystemen, wie Schule, Wirtschaft, Staat und unter Umständen auch Religion und Kunst. Solche Sozialbeziehungen können kongruent oder inkongruent sein. Wenn z.B. eine Familie ihr behindertes Kind annimmt und es fördert, dann sind die Sozialbeziehungen kongruent, wenn sie es ablehnt, sind sie inkongruent. Weiterhin können Systembeziehungen positiv oder negativ sein. Positiv sind sie, wenn alle Systeme dem gemeinsamen Systemzweck entsprechen, wenn also alle Arbeiter und Angestellten eines Betriebes das erzielte Produkt anstreben, verbessern und verbreiten. Eine negative Sozialbeziehung hingegen liegt vor, wenn es innerhalb eines Systems oder auch zwischen den Systemen an Kommunikation und Informationsaustausch mangelt oder zweckfremde Systembeziehungen vorherrschen (z.B. werden die Ziele eines Betriebes nicht verfolgt oder ihnen sogar entgegengewirkt); und schließlich kann die negative Systembeziehung ihren Ursprung in einem Systemkonflikt haben.

Die Systemtheorie eignet sich einerseits für die Analyse von *Makrostrukturen* in der Gesellschaft als auch andererseits als Handlungskonstrukt für alle organisierten sozialen Gruppen. Das Ziel sozialpädagogischer Intervention ist es, systemische Zusammenhänge neu- und umzustrukturieren und eine positive Systemfunktionalisierung zu erreichen.

Auf der *mesosozialen Ebene* ist die lebensweltliche Netzwerkanalyse angesiedelt. Sie untersucht die Schutz-, Bewältigungs-, Entlastungs- und Unterstützungsfunktionen von sozialen Gruppen, zu denen Individuen in kommunikativen und handlungsmäßigen Beziehungen stehen. Dies können die Familie, Verwandtschaft, Freundschaft, Nachbarschaft, Arbeitsplatz- und Freizeitbeziehungen sein, aber auch die Zugehörigkeit zu Selbsthilfegruppen, Vereinen, Parteien, Kirchengemeinden usw. Solch eine soziale Vernetzung kann individuelle Probleme verursachen und verschärfen, aber auch heilen. In der Sozialpädagogik wird durch die lebensweltliche Netzwerkanalyse der Blick von der isolierten lebensgeschichtlichen Betrach-

tung zu den vielfältigen Lebensfeldern gelenkt, die gefördert und neu belebt oder auch geheilt und neu geschaffen werden müssen.
Die Netzwerkarbeit und die Netzwerkbildung umfassen jedoch alle Ebenen sozialen Handelns. Auf der Mikroebene analysiert sie die alltäglichen Vernetzungen, auf der Mesoebene wird die Lebenswelt in den Blick genommen, auf der Makroebene geht es um die Vernetzung von großen Hilfesystemen, wie Behörden und Institutionen, und auf der globalen Ebene werden die Rückwirkungen der Weltgesellschaft auf das Individuum berücksichtigt (Noack, 1999: 39).
Auf der *mikrosozialen Ebene* hat sich die phänomenologische Methode als hilfreich erwiesen. Sie wurde von Edmund Husserl entwickelt und von seinen Schülern fortgesetzt; die bedeutendsten sind wahrscheinlich Martin Heidegger, Ludwig Landgrebe, Eugen Fink und Hans Reiner. In der Nähe zur Phänomenologie standen auch Jean Paul Sartre, Maurice Merleau-Ponty, Paul Ricoeur und Max Scheler. Alfred Schütz hat sie im Gespräch mit Aron Gurwitsch in die Soziologie übertragen. Hier wurde sie vor allem von Peter Berger, Thomas Luckmann, Harold Garfinkel, Edith Stein, Jürgen Habermas, Henri Lefebvre u.a. vertreten, während sie von den Sozialwissenschaften (Sozialpädagogik und Sozialarbeit) noch nicht rezipiert wurde (Walter, 1998: 24).
Weil es für Husserl (Husserl, 1992, 1) keine apodiktische Evidenz für das Dasein der Welt gibt, ist die vollständige phänomenologische Reduktion auf das ego, das bedeutet auf das reine, auf sich selbst bezogene Ich, vorzunehmen. Die Phänomenologie bedeutet darum eine radikale Wendung vom naiven Realismus zum transzendentalen Subjektivismus. Weil die objektive Welt keine apodiktische Evidenz besitzt, erfolgt die Wendung zum ego als letztem, primordialen, apodiktischen, evidenten Urteilsboden. Der beginnende Philosoph muß sich des Urteils über die Welt enthalten: Dies ist die phänomenologische Epoché. In ihr gibt es nur ein völlig leeres ego, die reine *Subjektivität*. Dieses ego wird auf das solus ipse reduziert. Es ist das einzig urteilsmäßig Setzbare und Gesetzte. Das heißt, daß nicht das ego cogito (das Ich und seine Bewußtseinsinhalte) am Anfang des Denkens steht, sondern bloß das ego, das transzendentale, solipsistische ego. Dies allein besitzt Evidenz. Darum ist der Anfang der Philosophie die Egologie. Jedoch ist es evident, daß das ego cogitationes (Bewußtseinsinhalte) besitzt und zu diesen cogitationes das cogitatum (die Objekte des Bewußtseins) gehört. Wir erkennen, daß das ego durch *Intentionalität* bestimmt wird, durch ein Bewußtsein von etwas, durch das Bezogensein auf etwas. Wenn auch das ego cogitare zum ego cogitare cogitatum wird, so bleibt letzteres

dennoch streng egologisch, transzendental. Daraus ergibt sich dreierlei: Erstens ist das reine ego evident, zweitens hebt sich davon das cogitare ab, und drittens unterscheidet sich davon das cogitatum.
Alles cogitatum allerdings erscheint immer als *Identität*. Das Hexaeder beispielsweise zeigt sich mir nicht bloß von einer Seite, sondern ich erkenne es als ein Ganzes. Bewußtsein ist darum immer synthetisches Bewußtsein, in dem das Eine als ein Eines bewußt wird. Allerdings stellt die Phänomenologie sinnerfüllte Synthesen her. Sie will die universale Struktur des transzendentalen Bewußtseinslebens in seiner Sinnbezogenheit und Sinnbildung auslegen. So ist bereits jedes Einzelphänomen eine Identitätssynthese. Aber es gibt darüber hinaus allgemeine Typen von cogitata, die durch Sinnsynthesen gebildet werden, woraus eine universale Weltwahrnehmung erwächst. Dadurch indes wird die transzendentale Subjektivität zu einer Einheit von Synthesen und einer vielstufigen Synthese, in der immer neue Einzelobjekte und Objekttypen konstituiert sind, die sich aufstufen zu immer höheren Synthesen
Wenn auch alle Welt bezweifelbar ist, kann ich dies nicht von den anderen egos behaupten. Sie sind doch nicht bloße synthetische Einheiten möglicher Bewährung, sondern eben andere. Es ist wiederum die Intentionalität, in der sich das alter ego (der Mit-Mensch) bekundet; durch die verschiedenen Intentionen und Synthesen gestaltet sich in mir der Sinn eines alter ego im Sinne einer Fremderfahrung. Letztlich gelangt Husserl über den Weg der Intentionalität zur analogischen Apperzeption (Analogiebildung) und der Paarung als assoziativ konstituierende Komponente zur Fremderfahrung. Paarung bedeutet das konfigurierte Auftreten als Paar und in weiterer Folge der Gruppe, der Mehrheit bis hin zur Vergemeinschaftung. Damit ist die zentrale Kategorie der *Intersubjektivität* in den Blickpunkt gerückt. Zunächst beinhaltet die Intersubjektivität eine Paarbildung zweier Subjekte. Darauf aufbauend, konstituieren sich Vergemeinschaftungen jeweils höherer Ordnung bis hin zur Kulturwelt und Menschheit. Weiterhin bildet sich durch die sinnhafte Aufschichtung der Intersubjektivität die Lebenswelt.
Die *Lebenswelt* (Husserl, 1992, 2) besitzt zunächst eine *Boden-Funktion*. Sie soll den Wissenschaften, die bodenlos geworden sind, wieder einen festen Boden geben. Denn die Lebenswelt ist ein Reich ursprünglicher Evidenzen, ein Universum prinzipieller Anschaubarkeit, das immer schon vorgegeben, seiend und im voraus seiend allen Vorhaben und Zwecken, auch jeder Wissenschaft voraus liegt und diese erst ermöglicht. So ist die Lebenswelt eine in frageloser Selbstverständlichkeit vorgegebenen Welt der sinnlichen Erfahrung, die beständig als Boden und Untergrund fungiert. Sie

ist die Erfahrungswelt und Alltagswelt, die immer unmittelbar jedem Menschen und auch dem Forscher zur Verfügung steht. Das bedeutet aber auch, daß die Lebenswelt nicht gewählt werden kann, sie ist mir immer schon vorgegeben, und sie kann nur hingenommen werden.

Sodann ist der Lebenswelt eine *Leit-Funktion* zu eigen, und zwar für die Rückfragen nach den Mannigfaltigkeiten der Erscheinungsweisen und ihren intentionalen Strukturen. Sie ist der Rückgriff auf die alltägliche Lebensumwelt, die als seiend vorausgesetzt wird, in der nicht nur alle Menschen ihr bewußtseinsmäßiges Dasein haben, sondern auch die Wissenschaften und Theorien. Wir alle sind in der Lebenswelt Objekte unter Objekten, und zwar als räumliche und zeitliche Individuen, denen die Lebenswelt als schlichte Erfahrungsgewißheit gegeben ist. Andererseits sind wir Subjekte für diese Welt, die wir erfahren, bewerten, zwecktätig auf sie bezogen sind und der wir Sinn geben. Wir sind immer zugleich Subjekte für die Welt und Objekte in der Welt.

Für Schütz ist die Lebenswelt weder meine private Welt, noch deine private Welt, auch nicht eine Addition beider Welten, sondern die Welt unserer gemeinsamen Erfahrung (Schütz, Luckmann, 1984, 1: 98). Als solche erfüllt sie folgende Voraussetzungen für das Wissen in der Alltagswelt (ebd. 27):

(1) Auch die anderen Menschen existieren als körperliche Wesen genauso wie ich.

(2) Diese Menschen sind gleichermaßen wie ich mit einem Bewußtsein ausgestattet, das meinem prinzipiell ähnlich ist.

(3) Auch die Außenweltdinge in meiner Umwelt und der meiner Mitmenschen sind für uns alle gleich und haben auch für uns grundsätzlich die gleiche Bedeutung.

(4) Ich kann intersubjektiv mit meinen Mitmenschen in Wechselbeziehung und Wechselwirkung treten.

(5) Ebenso kann ich mich mit ihnen in Kommunikationsprozessen verständigen.

(6) Auch ist für uns alle eine gegliederte Sozial- und Kulturwelt als Bezugsrahmen historisch vorgegeben. Diese erscheint uns genauso fraglos wie die Naturwelt, in der wir existieren.

(7) Die Lebenswelt ist also die Situation, in der ich mich befinde und die ich teilweise schaffen und mitgestalten kann.

Die *Aufschichtung der Lebenswelt* sehe ich in verschiedenen Gradaufstufungen. Die Lebenswelt ersten Grades ist meine primordiale Leiblichkeit. Sie ist mir immer als erstes Gewisses gegeben. Der Leib ist ständig im Wahrnehmungsfeld unmittelbar, der wahrnimmt, sich bewegt und sich zeitlich verändert. Mit ihm bin ich Objekt in der Welt und handelnd an der Welt.

Die Lebenswelt zweiten Grades ist die mir zugeteilte Intersubjektivität. Sie besteht in der Familie, Verwandtschaft, in allen Personen, die ich nicht frei wähle, sondern die mir zugeteilt werden und mit denen ich Intersubjektivität aufbaue und pflege.

Die Lebenswelt dritten Grades ist die nicht zugeteilte Intersubjektivität. Dies sind Personen, zu denen ich intersubjektive Beziehungen eingehe, die ich selbst wähle. Das sind Partner, Freunde, Arbeitskollegen, Freizeitbekanntschaften, bei Kindern die Schul- und Spielkameraden und in eingeschränkter Weise die Nachbarn.

Die Lebenswelt vierten Grades besteht in Exofaktoren, die an und für sich keine Bestandteile der subjektiven Lebenswelt sind, aber in sie hineinwirken. So können der Staat und seine Behörden meine Lebenswelt beeinflussen durch Lohnsteigerungen, Steuererhöhungen, Benzinpreise oder Verbote; der Arbeitgeber kann mir eine Arbeitsstelle anbieten oder mich entlassen; kurz: exogene Faktoren führen zu Einschränkungen oder Förderungen meiner Lebenswelt.

Die Lebenswelt fünften Grades bildet sich aus den Makrostrukturen der Gesellschaft und der Gesellschaft selbst. Es ist die Welt der Subsysteme der Gesellschaft, wie der Staat mit seinen Institutionen und Behörden, Arbeitswelt und Wirtschaft, lokale Sozietät, Freizeitwelt, Kunst, Kultur und Wissenschaft, Religion und schließlich die Gesellschaft.

Die Lebenswelt sechsten Grades ist die globale Ebene der Weltgesellschaft. Dies ist die Welt der globalen Zusammenhänge in der Weltpolitik, der Weltwirtschaft, den globalen Märkten, den global bestimmten Arbeitsbedingungen, dem internationalen Kapital und Börsenwesen, dem Internet usw. Sie alle wirken bis auf die Mikroebene der Gesellschaft hinab und bestimmen die Lebensläufe, die strukturelle Arbeitslosigkeit, die Arbeitsprozesse usw.

Die Lebenswelt siebten Grades schließlich ist die Natur. Denn Klima (Temperatur, Niederschlagsmengen, jahreszeitliche Verteilung von Temperatur und Niederschlägen usw.), Morphologie, Meeresströmungen, Binnengewässer, Vegetation, Tierwelt, Natur- und Kulturlandschaft bilden eine natürliche Lebenswelt, in die der Mensch in seiner ganzen Existenz eingebettet ist und durch die er gestaltet wird (jeweils und immer wieder). Das Landschaftssystem beeinflußt alle Lebensäußerungen, Lebensstile und sogar das mögliche Weltbild des Menschen.

Schließlich müssen wir heute die Lebenswelt als ein *Netzwerk von Intersubjektivitätsbeziehungen* ansehen. Denn das Subjekt geht nicht nur egozentrische Beziehungen ein, die Netzwerke bilden können, sondern die anderen Personen bilden auch unabhängig vom Tun und Lassen des Individuums intersubjektive Kommunikationen und Interaktionen. So strukturiert sich die Lebenswelt als ein System von Netzwerken, die sich aufschichten in Mikro-, Meso-, Exo-, Makro- und Globalnetzwerke.

Die *Struktur der Lebenswelt* wird nach Schütz und Luckmann (1973; 1984) durch Typik und Relevanz gebildet. Typik bedeutet, Idealtypen herauszuarbeiten, und Relevanz hat die Bedeutung von apriorischer Evidenz apodiktischer Gewißheiten. Betrachten wir diese Begriffe genauer!

Die *Typik* wird schon in der Alltagssprache vermittelt. Der Handelnde findet nämlich die vielfältigen alltäglichen Typisierungen schon vor, er wird in sie hineinsozialisiert. Das bedeutet, daß wir in eine Welt hineingeboren werden, die von dieser sprachlichen Typisierung bereits vorgeprägt ist. Schon ab der frühkindlichen Phase des Spracherwerbs nehmen wir eher den Hund als typischen denn als konkreten Hund wahr, und so auch eher die Typik Mutter oder Freund als die konkreten Personen. Nicht also das konkrete, unverwechselbare Co-Subjekt, das mir gegenüber ist, sondern der in der Vorerfahrung gegebene Typ bestimmt vorwiegend unser Alltagshandeln.

Die Typik der Alltagswelt wird durch die Sprache vermittelt, und zwar in der Weise, daß der Sprechende und Handelnde, wie wir festgestellt haben, die Typik bereits vorfindet. Denn jeder Mensch wird in eine Alltagswelt hineingeboren, in der diese Typik schon vorhanden und zuhanden ist. Die grundlegende Bedeutung der Typik liegt darin, daß es dem Menschen möglich wird, das Konkret-Individuelle vom Allgemeinen, Abstrakten zu unterscheiden. Allerdings ermöglicht der Prozeß der Typisierung lediglich die Abstraktions-Konkretions-Unterscheidung, er erzwingt sie nicht. Der Grund für die Wichtigkeit der Unterscheidung von Konkret-Individuellem und Allgemeinem liegt in der Möglichkeit, subjektive und objektive Sinnzusammenhänge differenzieren und Subjektives durch Objektives ersetzen zu können. Die Gefahr der Typisierung liegt offenkundig darin, die konkrete, lebendige Person, mit der wir es in der sozialen Arbeit zu tun haben, in ein Objekt der Hilfeleistung oder gar in eine Akte zu verwandeln. Eine andere Gefahr der Typisierung liegt in der Etikettierung von Personen, die durch Verallgemeinerung möglich wird.

Neben der Typik gehört die *Relevanz* zu der Struktur der Lebenswelt. Es lassen sich nach Grathoff bei Schütz drei Hauptarten der sozialen Relevanz unterscheiden (Grathoff, 1989: 54. 249-255).

Die *thematische Relevanz* bedeutet, an einem Gegenstand Interesse zu haben und ihn zum Thema zu machen. Und zwar wende ich mich dem Thema in der Weise zu, daß mich Thema und Objekt gleichermaßen interessieren. Allerdings kann mir das Thema von außen auferlegt werden oder ich bestimme das Thema selbst; oder ich habe es rein hypothetisch gewählt, um simulativ Möglichkeiten durchzuspielen. Daraus ergeben sich drei Arten thematischer Relevanz:

- Auferlegte thematische Relevanz hat es mit Themen zu tun, die an uns herangetragen werden.
- Motivierte thematische Relevanz beinhaltet Themen, die von mir selbst gewählt wurden.
- Hypothetische thematische Relevanz wiederum erlaubt mir, daß Parallelmöglichkeiten durchgespielt werden, um die angemessenste Entscheidung für die entsprechende Situation zu wählen.

Die *Motivationsrelevanz* fragt, was für die Lösung eines Problems relevant ist. Dabei ist die Unterscheidung wichtig zwischen Weil-Motiven und Um-zu-Motiven. Innerhalb der Zeitstruktur des Bewußtseinsstromes bilden sich aus den Weil-Motiven die rückgewendeten Erinnerungen und aus den Um-zu-Motiven die nach vorne gerichteten Erwartungen. Oder einfach ausgedrückt: Ein Motiv, etwas zu tun, um mein Problem zu lösen, ist entweder weil etwas so ist oder um etwas zu verändern. Deswegen ist zweierlei zu unterscheiden:

- Der Weil-Zusammenhang in der Motivationsrelevanz spielt eine Rolle, wenn eine Person auf frühere Erfahrungen zurückgreift, und zwar auf die konstituierenden Elemente seiner Lebensgeschichte. Wir fragen, warum und woher Erfahrungen und ihre Interpretation kommen, die wiederum zu bestimmten Motiven führen. Der Weil-Kontext der Motivationsrelevanz ist deshalb ausschließlich vergangenheitsorientiert.
- Der Um-zu-Kontext der Motivationsrelevanz hingegen ist völlig zukunftsbezogen, und er ist darum grundlegend für jegliches soziales Handeln. Zwar knüpft sie an die Lebensgeschichte mit ihrem bisherigen Lebensentwurf an, entwirft jedoch die Existenz in die Zukunft. Verbunden damit ist immer der Entschluß zum Handeln bzw. zum Unterlassen einer Handlung.

Die *Interpretationsrelevanz* schließlich greift auf den Wissens- und Erfahrungsschatz einer Person zurück. Wissensvorrat und Interpretationsrelevanz werden also miteinander verknüpft, um eine neue Erfahrung und ein neues Thema interpretieren zu können. Neues und Altes werden sozusagen in Deckung gebracht. Ich löse ein Problem und behandle ein Thema aufgrund meines Wissens, und zwar meines typisierten Wissens.

Wir fassen zusammen: Thematische Relevanz bedeutet, ein aufmerksames Interesse an einem Gegenstand bzw. einer Person zu haben. Motivationsrelevanz beinhaltet die intersubjektive Definition eines Handlungsgeschehens; und die Interpretationsrelevanz greift auf Wissenvorräte zurück, die für eine Problemlösung nötig sind.

Im übrigen entwickelte die Phänomenologie eine spezifische *Methode des Denkens*. Sie untersucht, wie der Name es besagt, die reinen Phänomene, die sich dem Bewußtsein aufdrängen. Ein Phänomen ist das, was sich zeigt, so wie es sich von sich selbst her zeigt und von sich selbst her sehen läßt (Heidegger, 1993: 34 f.). Dies bedeutet für den Betrachter, die Phänomene selbst wahrzunehmen, ohne Vor-Urteile und Vor-Begriffe. Es beinhaltet nach Diemer (Diemer, 1971: 13) folgendes:

(1) Eine phänomenologische Beschreibung beschränkt sich auf die reine Beobachtung und Darstellung.

(2) Dabei wird nur das Phänomen in den Blick genommen und beschrieben.

(3) Jede Beobachtung und Beschreibung erfolgt unter dem Ausschluß von Vor-Urteilen und Vor-Begriffen.

(4) Dabei ist es notwendig, auf vollständige Genauigkeit zu achten. Jede Beschreibung des Phänomens bedarf exakter Angemessenheit.

(5) Andererseits verlangt die Phänomenologie, wenn das Phänomen sich selbst geltend macht, eine einfache Beobachtung und Beschreibung.

(6) Phänomene sind komplex, und darum muß der Beobachter mittels der Identitätssynthese die Phänomene möglichst vollständig wahrnehmen und beschreiben.

(7) Schließlich verlangt die Phänomenologie, ausschließlich in den Grenzen der Phänomengegebenheit zu forschen.

Indem sich die Phänomenologie auf die Beobachtung, Beschreibung und Erforschung der Phänomene selbst beschränkt, entgeht sie der Vorurteilsbildung, der Etikettierung und Stigmatisierung von Personen, d.h. nach der Theorie des symbolischen Interaktionismus, dem Labeling Approach.
Ich werde die phänomenologische Methode immer wieder formell oder auch unausgesprochen anwenden. Sie liefert entscheidende methodische Grundlagen.

(1) Die Suche nach einem absoluten Anfang führte Husserl zu einem Denken vom *Vorrang des Ichs*. Damit ist der radikale Paradigmenwechsel von

der Objektbezogenheit zur Subjektorientierung vollzogen. Der Klient ist nicht mehr das Objekt der Betreuung, sondern das Subjekt, das Menschenstärke besitzt (Empowerment). Gleichzeitig bedeutet der Vorrang des Ich die Vorordnung des Individuums vor allen Institutionen, Machtansprüchen, Gesetzen, Ideologien, Kirchen usw. Sie alle gewinnen dadurch einen rein dienenden Charakter. Praktisch beinhaltet dies, daß der einzelne Mensch, wenn er bei einer Behörde Hilfe sucht, erstrangig ist vor allen Verordnungen und Gesetzen und vor den Regeln der Ortsbehörde. Dem entspricht ja die Vorordnung des Individuums durch die Menschenwürde und die sie schützenden Menschenrechte vor den Machtansprüchen des Staates, wie es unsere Verfassung formuliert. Der Subjektivität ist die *Intentionalität* zu eigen. Das bedeutet, daß der sozial Handelnde nicht auf sich bezogen, sondern für den andern tätig wird. Sozialpädagogisches Tun nimmt damit die Struktur der Exzentrizität, der Hingabe und Für-Sorge an. Schließlich ist das durch die phänomenologische Reduktion gewonnene solipsistische Ich zugleich Zuschauer und Konstrukteur seiner Erfahrungswelt. Während es einerseits in der Welt ist, gestaltet es die Welt auch als ein Konstrukt analog zur Bewußtseinswelt. Damit gewinnt das Ich zwei Struktureigenschaften: Es ist autopoietisch, und es ist selbstreferentiell. Als ein autopoietisches Ich vermag es sich selbst hervorzubringen, zu gestalten und die Umwelt erstgestaltend zu beeinflussen. Es ist kein Reiz-Reflex-Apparat, sondern ein ersthandelnder Organismus. Als solcher übt er zuerst einen Veränderungseinfluß auf seine Umwelt aus, die ihrerseits auf ihn – allerdings jetzt nicht mehr vorhersehbar – zurückwirkt. Als autopoietische Person entspricht sie also dem Menschenbild des Empowerments. Zum anderen ist die Person selbstreferentiell. Sie kann die Vergangenheit, die Gegenwartssituation und die Zukunftsmöglichkeiten reflektieren. Auch ist sie in der Lage, die eigenen Bewußtseinsinhalte bewußt zu machen und in Denkprozessen bewußt zu halten.

(2) Dem Dasein ist ja immer zugleich Mitsein mitgegeben. Deshalb ist die zweite zentrale Kategorie in der phänomenologischen Philosophie die *Intersubjektivität*. Dies bedeutet den Vorrang der Beziehung vor der Methode. So notwendig methodisches Handeln und die Aneignung von Methoden auch sein mögen, heilend jedoch und helfend, erziehend und verändernd ist ausschließlich die Qualität der Beziehung. Darum ist jede Form der sozialpädagogischen Arbeit beziehungsorientiert, d.h. bestimmt durch den Aufbau und die Pflege von Beziehungen, und zwar sowohl zwischen dem Berater und dem Klienten als auch die Wiederherstellung und Stabilisierung von Beziehungsnetzwerken des Klienten.

(3) Aus der Intersubjektivität baut sich zunächst die *Alltagswelt* auf. Sie ist der Person immer als Unmittelbarstes und Unbezweifelbares gegeben, in dem er alltäglich zu Hause ist. So ist sozialpädagogische Hilfe weitgehend Alltagshilfe. Dies beinhaltet sowohl Ratgebung für Alltagsfragen als auch tatkräftige Hilfe im Alltag.

(4) *Alltagswelt und Lebenswelt* sind deutlich zu differenzieren (Grathoff, 1995: 93 f.). Alltag ist die konkrete, lebendige, alles umfassende Fülle der Erlebniserfahrung von kommunizierenden und handelnden Personen. Diese Erlebnisse haben sie gemeinsam, wodurch sie sich auch aneinander orientieren. Dabei sucht der Handelnde in einer vorgegebenen Gesellschaft Orientierung und Sinn, nach einem sinnhaften Aufbau einer Sinnkonstruktion. Das bedeutet zugleich, daß er diese Gesellschaft mit ihren Sinnkonstruktionen bereits vorfindet und in ihr seine eigene Welt hervorbringen muß. Dies beinhaltet aber auch, daß Alltag und alltägliches Leben unterschieden werden müssen. Alltag bedeutet das immer schon vorhandene und vorgegebene soziale Konstrukt in einer vielfältig vorkonstituierten Gesellschaft, die ihrerseits durch Geschichte geprägt ist. Alltägliches Lebens hingegen bedeutet, mit anderen Mitmenschen innerhalb der Vorgabe der Alltagswelt gemeinsam zu handeln und zu erleben und auf diese Weise eine neue Welt hervorzubringen. Zugleich aber darf der Zusammenhang zwischen Alltagswelt und Lebenswelt nicht übersehen werden. Die Lebenswelt, das Zusammenleben auf dieser Welt, ist umfassender als eine konkrete Alltagswelt. Die Lebenswelt schichtet sich auf bis hin zur Weltgesellschaft. So gehört die Alltagswelt zur Lebenswelt als ein Teil von ihr. Die Einbeziehung der Lebenswelt in alle Arbeitsfelder der Sozialpädagogik ist unverzichtbar. Wo immer der Sozialpädagoge tätig ist, wird er Partnerschaft, Familie, Verwandtschaft, Nachbarschaft, Freundschaft, Arbeits- und Freizeitkollegialität, Gemeinwesen, Staat und Gesellschaft in die Anamnese und die Hilfestrategien einbetten.

(5) Gleichzeitig ist die Lebenswelt *netzwerkstrukturiert.* Wie die Lebenswelt so sind auch die Netzwerke der Personen, mit denen wir es in der sozialpädagogischen Hilfe und Erziehung zu tun haben, zu berücksichtigen. Denn sie sind einerseits Hilfe, Stütze, eine Quelle von Ressourcen usw., aber sie können auch Ursachen für Verhaltensstörungen sein. In allen Arbeitsfeldern ist darum eine Netzwerkanalyse und, darauf aufbauend, die Netzwerkarbeit von grundlegender Bedeutung.

(6) Die phänomenologische Methode verhilft dem Sozialpädagogen zu einer *vorurteilsfreien* sozialen Arbeit. Denn sie fordert ja, sich auf Phänome-

ne zu beschränken und sie nicht zu beurteilen und womöglich zu verurteilen; sondern sie erst zu beobachten, zu beschreiben, und zwar unvoreingenommen, vorurteilsfrei, genau, einfach und vollständig zu beobachten und zu beschreiben – und sie erst dann dem eigenen Urteilen zuzuführen. Solch eine Vorurteilsfreiheit und in gewissem Umfang auch Begriffsfreiheit bewahrt den Sozialpädagogen vor der Etikettierung und Stigmatisierung von Menschen, mit denen er es in seiner sozialen Arbeit zu tun hat.

(7) Und schließlich schichtet das Ich seine Weltkonstruktion *sinnhaft* auf. Nach der Vorstellung Grathoffs läßt Schütz sechs lebensweltliche Sinndimensionen aufeinanderfolgen (Grathoff, 1995: 131-154; 231-233).

- *Handeln als erste lebensweltliche Sinndimension.* Jegliches Handeln besitzt eine Sinnstruktur und eine Raum-Zeit-Struktur. Beispielsweise ist ein Federhalter, als Federhalter, nur sinnvoll, wenn er im weitesten Sinne zum Schreiben dient und sinnhafte Schrift/Zeichen hervorbringt, und zwar in einem Vorgang des Handelns. Federhalter und Schrift bilden also einen identischen Sinn. Zugleich findet Handeln im Raum und in der Zeit statt, und zwar an etwas oder an jemandem. Dadurch steht er zu dem, an dem gehandelt wird, in Distanz. Dies ist einerseits strukturell gegeben, andererseits aber darf das Handeln an anderen Menschen nicht instrumentalisiert werden, wie es im institutionalisierten Handeln häufig der Fall ist. Die Eigenart und der Eigen-Sinn, das bedeutet, die individuelle Sinngebung, muß sowohl in der Subjekt-Person als auch im Mit-Menschen bewahrt bleiben.
- *Subjektivität als weitere lebensweltliche Sinndimension.* Handeln weist auf den Handelnden hin, auf das Subjekt. Aus den vorgegebenen alltäglichen und lebensweltlichen Sinnangeboten der Gesellschaft wählt das Subjekt aus, was es zur Sinngenerierung braucht. So baut es sein eigenes Sinnkonstrukt auf. Das bedeutet allerdings, daß das Subjekt bereits Sinn-Auswahlkriterien in sich trägt.
- *Intersubjektivität als originäre lebensweltliche Sinndimension.* Jede sinnhafte soziale Organisation baut auf der Intersubjektivität auf. Sie bringt sowohl alltägliche Sozialitäten als auch soziale Welten hervor. Ihr liegt, nach Schütz, eine Urerfahrung des Wir zugrunde. Darum ist Intersubjektivität einerseits ein Produkt der Gesellschaft, denn wir finden bei unserer Geburt immer schon eine Gemeinschaft vor, in die wir hineingeboren werden, anderseits aber bringt sie als soziale Konstituente Milieu und Gesellschaft hervor. Nicht die Kommunikation begründet die Wirhaftigkeit und Intersubjektivität, sondern im Gegenteil liegt im Intersubjektiven die

Fundierung von Kommunikation und Sozialität. Intersubjektivität beinhaltet zugleich zwei und mehr Personen, zu denen Intersubjektivität eingegangen wird. Diese Reziprozität der Perspektiven in der Intersubjektivität ist ein äußerst komplizierter Vorgang der Sinnkonstruktion.

- *Generationen als sinnstiftende Dimension der Lebenswelt.* Jedes Individuum steht im Zusammenhang einer Generationenfolge. Zwar ist es nicht, wie der Historismus glaubte, ein Produkt der Geschichte, jedoch ist es zweifellos geschichtlich. Als solches geschichtliches Wesen ist es eingebettet in eine Generationenlage wie auch in eine Generationenfolge. Die Generation kann zunächst durch Geburt und Tod definiert werden. Jedoch geht es bei ihr weniger um Lebensdaten, als vielmehr um Qualitäten einer Erlebens- und Handlungsrelevanz, die in einer Generation zur Übereinstimmung geteilter Sinnhaftigkeit führt. So verfügt die Kriegsgeneration des 2. Weltkrieges über andere Sinnstrukturen als die 68er Generation oder die Gegenwartsgeneration. Während jedoch die Generationslagen deutlich voneinander geschieden sind, geben bei der Generationenfolge die Geschlechterfolgen ihre Sinnkonstrukte an die nächsten Generationen weiter, wobei das Gewissen der Traditionsträger zu sein scheint.
- *Die lebensweltliche Sinndimension vielfältiger Realitäten.* Realitäten, so scheint es, sind immer Wirkwelten. Es sind zunächst Realitäten, die auf mich einwirken. Dies können physikalische und biologische Naturwirkungen sein: Wetter, Vegetation, Morphologie der Landschaft, Gewässer, Pflanzen und Tiere, die vielfältige Wirkrealitäten bilden und die mich treffen. In der sozialen Welt sind es vor allem die Realitäten des täglichen Lebens. Sie werden durch intersubjektive Handlungen erzeugt, wodurch eine differenzierte Wirkwelt entsteht. Darüber hinaus gibt es zahlreiche Handlungsrealitäten, die sich unterscheiden lassen in fiktive und nicht-fiktive Realitäten und in wirkliche und nicht-wirkliche Wirklichkeiten. Eine wichtige Leistung der bewußten Ich-Funktion ist deshalb die Realitätsprüfung, die sowohl Bewußtseinsinhalte als auch angebotene Realitäten auf Wirklichkeit untersuchen und prüfen kann.
  Neben den alltäglichen Realitäten gibt es die lebensweltlichen, die den Wissensbestand der Gesellschaft bilden, wie Träume, Fiktionen, Ideologien und Theoriebestände. Das bedeutet, daß auch die lebensweltlichen sowie Meso-, Makro- und Global-Realitäten auf Fiktion und Nicht-Fiktion, auf Realität und Nicht-Realität geprüft werden müssen.
  Und schließlich ist auch das Subjekt als autopoietische und selbstreferentielle Person fähig, vielfältige Realitäten hervorzubringen. Diese subjektiven Realitäten werden durch sechs Realitätsstufen charakterisiert. Erstens:

Alle Handlungen und Handlungserlebnisse unterliegen der Dauer als Zeitform. Zweitens: Mit der gedächtnisbegabten Dauer wird das gedächtnismäßig erfaßte Reale präsent gemacht und gehalten. Drittens: Das handelnde Ich bringt eine Fülle von Weltveränderungen hervor und schafft hierdurch neue Realitäten. Viertens: Das begrifflich denkende Ich bringt die vielfältigen Realitäten der Wissenschaft und im weiteren Sinne der Kultur hervor. Fünftens: Das du-bezogene Ich weist auf die mannigfachen intersubjektiven Realitäten hin, die kommunikativ und interaktiv im intersubjektiven Prozeß hervorgebracht werden. Sechstens: Das redende Ich gehört zur Intersubjektivität dazu und bedarf der Verstehbarkeit des vom Du (nicht vom Ich) gesetzten Sinnes. Das Medium des Redens ist weitgehend, wenn auch nicht ausschließlich, die Sprache. Sie objektiviert und vermittelt Sinn oder Nicht-Sinn. Unter den Aspekt vielfältiger fiktiver und nicht-fiktiver Realitäten muß auch die Kunst subsumiert werden. Auch sie gehört zur Lebenswelt, vor allem in der Funktion der Ästhetisierung der Alltags- und Lebenswelt.

- *Die Wissenschaft als eine notwendige Sinndimension der Lebenswelt.* Wissenschaftliches Handeln hat mindestens drei Merkmale: Es ist erstens epistemisch, d.h. streng rational, in den Abstraktionsstufen induktiv aufsteigend oder deduktiv absteigend, universell nachvollziehbar, relevant und zwingend gewiß auf den unterschiedlichsten Themenfeldern. Es ist zweitens systematisch, und das bedeutet methodisch nicht zufällig, sondern angemessen und notwendig. „Methodisch" betrifft auch den spezifischen Charakter der Vertextung. Und es ist drittens empirisch; es untersucht universal alles Wirkliche, nichts ist ihm gleichgültig, und es sucht allseitige Zusammenhänge. Alle drei Aspekte wissenschaftlichen Handelns stehen in einem engen Kontext zur Theoriebildung. Wissenschaftliche Forschungsfelder können theorieträchtig oder auch theorieleer (etwa bei rein formaler Forschung) oder sogar theorie-frei (z.B. bei rein empirischer Forschung) sein.

Diese Methoden werden nun in den Grundformen und Arbeitsfeldern der Sozialpädagogik angewendet.

3. Die Grundformen sozialpädagogischer Arbeit

3.1. Systemische, lebensweltliche Einzelfallhilfe (Social Casework und Social Case Management)

Die Soziale Einzelfallhilfe geht zurück auf das case work, das in den USA z.B. von M. Richmond (1917) entwickelt wurde. Alice Salomon machte sie bereits in den 20er Jahren (1926) zur Grundlage ihres ganzheitlichen Verständnisses vom Klienten, den sie in Familie und Umwelt eingebettet sah. Nach 1945 wurden die amerikanischen Methoden der Einzelfallhilfe in Deutschland rezipiert, und sie etablierten sich zur ersten Grundform sozialpädagogischen Handelns (Neuffer, 1997: 256 f.).
Bei jeder Form sozialer Tätigkeit begegnen wir zuerst dem einzelnen Menschen. Er ist das primordiale Gegenüber, das uns immer als erstes und wichtigstes gegeben ist. Dem entspricht das Konzept von der Vorordnung des Individuums vor den Systemen, d.h. vor den Behörden, Institutionen, Verordnungen, kurz: den Apparaten. Denn erst Personalisation ermöglicht Sozialisation (Brüggemann, 1994: 17). Ob wir Gruppen leiten, Gemeinwesenarbeit leisten oder eine autopoietische Arbeit gestalten, immer begegnen wir dem Individuum mit seinen Nöten, Problemen, Auswegslosigkeiten und Freuden. Darum ist soziale Arbeit stets zuvörderst Einzelfallhilfe und Einzelfallmanagement.

3.1.1. Grundsätze und Methoden subjektorientierter Einzelfallhilfe

Bei jeder Beratung ist es wichtig, bewußt zu halten, daß der Klient kein Objekt der Hilfsbedürftigkeit und Hilfe ist, sondern eine Subjekt-Person, ein Mit-Ich. Als Subjekt und Person besitzt er grundsätzlich Wert und Würde. *Subjektsein* heißt, daß der Klient nie zum Objekt gemacht werden darf; nicht zur verwalteten Akte in der institutionellen Sozialarbeit und auch nicht zum Objekt gutgemeinter Hilfe in der sozialpädagogischen Einzelfallhilfe. Jede Form der Beratung und Begleitung muß deshalb subjektorientiert sein (Schreiber, 1999).
Die Grundätze für eine subjektorientierte Beratung gehen aus von dem Konzept der Kurzzeittherapie (St. de Shazer, 1990), in der es einerseits um eine kurzzeitige Beratung geht, aber andererseits vor allem um eine Fokussierung der Probleme auf Symptome. Dabei geht Shazer von folgenden Annahmen aus (ebd. 44-75):

(1) Der vom Klienten beklagte Sachverhalt steht im Zusammenhang mit einem Verhalten, das durch sein Weltbild zustande gekommen ist.

(2) Der beklagte Sachverhalt, also das neurotische Symptom, wird vom Klienten weiterhin aufrechterhalten, obwohl die Motive und Entscheidungen, die vor vielen Jahren getroffen wurden und damals erfolgreich waren, heute erfolglos und für das Individuum belastend sind.

(3) Schon kleine Veränderungen können die Lösung eines Lebensproblems anstoßen. Sobald dieser Anstoß erfolgt ist, wird der Klient selber weitere Veränderungen bewirken.

(4) Dem Klienten wird vor Augen geführt, wie sein Leben nach der Veränderung aussehen wird. Er soll einsehen, daß es vorteilhaft für ihn ist, seine bisherige Realitätsauffassung aufzugeben.

(5) Der Berater schlägt Lebensstilveränderungen vor, der Klient hingegen leitet die Lösung des Problems selbst in die Wege.

(6) Der Berater verfolgt das systemische Konzept der Ganzheit: Die Veränderung in einem Element des Systems oder einer Beziehung im Beziehungssystem wird auch die übrigen Elemente und Beziehungen beeinflussen, die gemeinsam das System bilden.

Dieses Konzept liefert für unsere subjektorientierte Beratung drei Prinzipien: den Respekt vor der Lebensautonomie des Klienten, die Prozeßorientierung der Beratung und die Zukunftsorientierung des Beratungsprozesses.
Methodisch ergeben sich aus der von uns vertretenen Subjektorientierung drei Bausteine (Herriger, 1995: 192-194).
Zielfokussierung: Wir formulieren für den Klienten einen angemessenen, autopoietischen Lebensstil und gesellschaftlich notwendige Lebensziele. Der Ratsuchende hat ja eine Lebensgeschichte und seine individuellen Lebenserfahrungen im Kopf und in den erwartenden Gefühlen, wenn er zum Berater kommt. Seine Erfahrung sagt ihm, daß die Lebensprobleme immer wiederkehren und er ihnen nicht entrinnen kann. Alle Lösungsversuche sind bisher fehlgeschlagen. Die Aufgabe des Beraters ist es nun, dem Klienten den Blick für eine veränderte Zukunft zu öffnen und seine Erwartungshaltung gegenüber der eignen Lebensproblematik und Lebenszukunft zu verändern, d.h. sie aufzuhellen. Dabei werden drei Strategien angewendet: 1. Die Erwartung des Klienten wird auf die Zukunft gerichtet, d.h. auf das intendierte veränderte Verhalten (Zukunftsorientierung). 2. Weiterhin wird dem Klienten die Erwartung vermittelt, daß Lebensstil- und Lebenszielveränderung möglich ist (Befestigung von Veränderungserwartungen). 3. Der

Berater hilft dem Klienten, die Verhaltensänderungen klar zu formulieren (Zielpräzisierung). Allerdings dürfte es wichtig sein, Fernziele und Nahziele zu unterscheiden. Während das Fernziel erstrebt wird, werden die Nahziele in der Alltagswelt verwirklicht.

Reframing: Der Klient wird angeleitet, seine Lebensgeschichte neu zu schreiben und den Bezugsrahmen seiner Biographie so zu ändern, daß er sich das, was ihm im Leben gelungen ist, bewußt macht. Ich habe oft den Klienten drei Lebensgeschichten von sich schreiben lassen: Eine Krankheitsgeschichte mit ihren negativen Erfahrungen, eine positive Lebensgeschichte, in der alle guten Erfahrungen berichtet werden, und eine gewünschte Lebensgeschichte für die Zukunft. Beim Reframing richtet sich der Klient nicht auf seine Mißerfolge, sondern auf jene Zeiten, in denen es ihm gut ging und er sein Leben meistern konnte, wo er Erfahrungen von Kompetenz, Gelingen und Erfolg und Erlebnisse von Verstandenwerden, Annahme und Liebe hatte. Wir dürfen die negativen Erfahrungen des Klienten nicht in Frage stellen, aber wir werden seine Aufmerksamkeit auf Erlebnisse von gelungenem Leben richten. Dadurch geschieht dreierlei: 1. Wir trauen dem Klienten die notwendige Umfinalisierung seines Lebens zu; 2. der Klient gewinnt Mut und Zutrauen zu sich selbst; und 3. der Klient ist optimistisch genug geworden, den Lebensalltag neu zu gestalten.

Stellvertretende Lebensdeutung und die Ko-Konstruktion von Lösungswegen: In dieser abschließenden dritten Beratungsphase entwerfen Berater und Klient gemeinsam den neuen Lebensentwurf und die neuen Lebensziele. Dabei wird der Rückblick auf gelungenes Leben verbunden mit einer Abfolge von ausgehandelten Lösungsschritten im Alltag. Im Mittelpunkt steht also eine Ko-Konstruktion eines künftigen Lebens, bei der der Berater allerdings die Mentorrolle einnimmt. Er begleitet den Klienten, er ermutigt ihn, stärkt sein Selbstwertgefühl und analysiert die Alltagsschwierigkeiten, die bei der Verarbeitung der Nahziele im Alltag auftreten. Dabei ist es wichtig, immer wieder im Klienten bewußt zu machen und bewußt zu halten, daß er kompetent ist, sein Leben zu ändern. Der Berater wird in einem kontinuierlichen Prozeß den Klienten durch Ermutigung die Veränderungsmotivation stärken. Vor allem wird er die Übertragungswiderstände bewußt machen und vorweg analysieren (Noack, 1999: 102-114), Coping-Strategien entwickeln, in denen er Ressourcen aufschließt, die bei der Lebensveränderung hilfreich sind, wie die Aktivierung der lebensweltlichen Möglichkeiten und die Einbeziehung der natürlichen Netzwerke.

3.1.2. Die Einbeziehung der Alltagswelt und Lebenswelt in die subjektorientierte Beratung

In Wirklichkeit haben wir es in der Einzelfallhilfe nicht mit einem isolierten Individuum zu tun, dessen Lebensprobleme ausschließlich aus seiner individuellen Biographie resultieren, sondern der Mensch steht in vielfältigen Beziehungen, die in der Beratung beachtet werden müssen. Es sind die vielgestaltigen Netzwerke in Alltagswelt und Lebenswelt, die Probleme schaffen, verstärken, aber auch Hilfe und Unterstützungsleistung bringen. Daneben spielt die Einbindung des Individuums in die engeren regionalen und institutionellen sowie in die weiteren gesellschaftlichen Bedingungszusammenhänge eine wichtige Rolle. Einzelfallhilfe kann darum immer nur mehrdimensional und multiperspektivisch sein.
Tatsächlich ist ja die Einzelfallhilfe in die Krise gekommen. So kritisieren M. Meinhold und E. Guski die in den USA entwickelten psychoanalytischen, verhaltenstherapeutischen und kommunikationstheoretischen Konzepte, da die institutionellen Bedingungen der Sozialarbeit die Anwendung therapeutischer Methoden ohnehin nur begrenzt ermöglichen (Meinhold, Guski, 1987: 271). Im einzelnen argumentieren sie (ebd. 274):

(1) Der Sozialarbeiter ist nicht nur zur klientenorientierten Hilfe verpflichtet, sondern auch zur sozialen Kontrolle. Dies führt zu Loyalitäts- und Rollenkonflikten, wenn sich nämlich der Berater zwischen dem Klienten und der Behörde entscheiden muß und beiden gleichzeitig verpflichtet ist.

(2) Die große Zahl der Fälle, die auf den sozial Tätigen zukommt, und die Menge der administrativen Aufgaben machen es unmöglich, eine langfristige, kontinuierliche Beziehung zum Klienten zu unterhalten.

(3) Die Erwartungshaltung des Klienten verhindert oftmals den Aufbau einer persönlichen und therapeutischen Beziehung. Besonders Klienten aus sozial benachteiligten Gruppen wenden sich ja meist nicht an eine Institution, weil sie seelische Unterstützung suchen, sondern um Geld zu erhalten. Allerdings hängt dies auch von der Art der Institution ab. Bei der Schuldnerberatung beispielsweise werden therapeutische Beratung und das Sozialmanagement Hand in Hand gehen. Aber in jedem Fall wird auch der Klient die soziale Kontrolle durch die Institution erwarten, was den Aufbau einer Beziehung zum Sozialarbeiter erschwert.

(4) Das allgemeine Ziel der Einzelfallhilfe hat zur Absicht, einzelnen Menschen zu helfen, ihre persönlichen Probleme zu überwinden, und zwar indem sie ihre Bemühungen um die Problemlösung verstärken und ihre Fä-

higkeiten entwickeln. Dabei wird allerdings häufig nicht danach gefragt, ob nicht vorher Veränderungen in den sozialen Netzwerken, dem Gemeinwesen oder der Gesellschaft vonstatten gehen müßten.

Nach meiner persönlichen Erfahrung kann es sogar zu einem unausgesprochenen Vertrag zwischen Helfer und Klienten kommen: Der Berater darf helfen (vor allem finanziell) und der Klient ist bereit, sich dafür helfen zu lassen (solange er seinen Vorteil findet).
Um diese Kritik zu entkräften, müssen folgende Kriterien beachtet werden:

(1) Alltagsweltliches Vorgehen. Zuallererst begegnen wir dem Klienten in seiner ausweglosen Situation, d.h. im Alltag. Und was er als erstes erwartet, sind alltagsweltliche Hilfen. Diese lassen sich in drei Kategorien einteilen (Meinhold, Guski, 1987: 279 f.): Erstens in *materielle* Unterstützungen, wie das Beantragen von Wohngeld, was das Wissen um Rechtsanspruch und Beantragungsverfahren voraussetzt und das beim Klienten oft nicht vorhanden ist. So besteht materielle Unterstützung in erster Linie darin, Klienten mit unserer Kompetenz zu unterstützen, Sozialleistungen zu beantragen und zu empfangen. Sie kann aber auch darin bestehen, Klienten an andere Institutionen zu vermitteln, die Sachspenden anbieten, wie Kleidung, Möbel usw. Zweitens ist alltagsweltliche Hilfe *instrumentelle* Unterstützung des Klienten, z.B. die Mutter in eine Müttergenesung zu vermitteln, was aber beinhalten kann, die Kinder unterzubringen und Laienhelfer zu organisieren bzw. Netzwerkbeziehungen zu nutzen. Und drittens ist alltagsweltliche Hilfe *psychologisch-pädagogische* Unterstützung. Welcher Art diese Unterstützung ist, hängt von der Ausbildung des sozialen Arbeiters ab. Aber oft sind die Probleme familialer Art, wie Partnerprobleme, Erziehungsprobleme, aber auch Konflikte mit Nachbarn oder am Arbeitsplatz. In solchen Fragen wünscht der Klient Unterstützung und Hilfe. Dies verweist uns bereits auf die Lebenswelt des Klienten.

(2) Lebensweltliches Vorgehen (Pantucek, 1998). Die Lebenswelt des Menschen umfaßt mehr als seine Alltagswelt. Es sind alle seine Beziehungen, Kommunikationen und Interaktionen, die er hat; es ist die Welt seines kommunikativen Handelns. Zur Lebenswelt gehört zunächst das Familiensystem, weswegen jede Einzelfallhilfe systemisch vorgehen muß. Die Familie als System (Noack, 1997: 187-193) ist ein geschlossenes, nach außen hin durch eine Membran begrenztes System. Als solches ist es selbstreferentiell und autopoietisch, d.h. sich selbst reflektierend mit einer spezifischen Familienkultur und sich selbst hervorbringend und gestaltend. Als mit einer Membran versehen, ist es durchlässig, d.h. in der Lage, interpenetrierend mit

anderen Systemen in kommunikativem und interaktionalem Austausch zu stehen. Insofern es der Temporalität unterliegt, ist die Familienstruktur in stetem Wandel begriffen, oft schneller als die Familie es merkt. Die Familie kann eine Quelle von Störungen und Neurosen, aber auch eine unerschöpfliche Ressource von Unterstützungsleistungen sein. Weiterhin gehören zur Lebenswelt weitere kleine Netze, die mit der Familie interagieren: die Verwandtschaft, die Nachbarschaft, Freundschaften und Kollegialität. All diese Netze beeinflussen das psychische Befinden eines Menschen. Schließlich ist das Individuum eingebettet in ein Gemeinwesen und eine Gesellschaft. Arbeitsplatzzufriedenheit beispielsweise ist stark abhängig von der Gesellschaftsform, in der ein Mensch lebt. – Das Lebensweltkonzept bedeutet eine Gegenorientierung zu einer zunehmenden Institutionalisierung, Spezialisierung und Professionalisierung innerhalb der sozialen Arbeit, ein Versuch, die Kolonialisierung der Lebenswelt durch die zweckrationalen Verwaltungs- und Herrschaftssysteme zu mildern. Lebenswelt ist ein strukturiertes Gefüge ganzheitlicher, räumlicher, zeitlicher und sozialer Bezüge eines Individuums in seiner sozialen Welt (Tiersch, 1993: 13). Lebensweltliches Vorgehen ist bestimmt durch die Prinzipien Ganzheitlichkeit, Offenheit und Einmischung (ebd. 15).

(3) Netzwerke berücksichtigen. Netzwerke sind Teil der Lebenswelt. Sie unterscheiden sich vom Lebensweltbegriff dadurch, daß sie einfacher zu analysieren sind, nämlich ihre Größe, Dichte, Dauer, Reziprozität, Intensität, Multiplexität und die Art der Beziehung (Friedrichs, 1995: 156). Zur Einzelfallhilfe gehört darum die Analyse von Netzwerken, in die das Individuum eingefügt ist.

(4) Multiperspektivisch verfahren (Müller, 1994). Dies bedeutet nicht nur, Alltagswelt, Lebenswelt und Netzwerke zu berücksichtigen, sondern auch die Hilfestrategien und Methoden multiperspektivisch zu wählen. Es reicht nicht aus, sich eine einzelne Beratungsmethode anzueignen. Nach meiner Erfahrung braucht der soziale Berater die Kenntnis sowohl der kommunikationstheoretischen Konzepte als auch wenigsten von drei psychologischen Schulen, die er kombinieren und integrieren kann. A. Huf hat festgestellt, daß die Effektivitätsvergleiche zwischen unterschiedlichen Therapieschulen keine grundlegenden quantitativen Unterschiede aufwiesen (Huf, 1992: 256). Das bedeutet, daß den Klientenvariablen, der Beziehungsqualität, der Beziehungsfähigkeit des Therapeuten und der multiperspektivischen Vorgehensweise entscheidende Funktionen zukommen. Denn bei der subjektbezogenen Beratung werden wir nicht den Klienten nach unserer psychologischen Ausbildung wählen, sondern multiperspektivisch mehrere

Methoden für den Klienten bereitstellen, die ihm und seiner Problemlage angemessen sind. Dem entspricht die Vielzahl sozialpädagogischer Handlungsarten: Beratung, Verhandlung, Intervention, Vertretung, Beschaffung und Betreuung (Lüssi, 1991).

3.1.3. Subjektorientierte Beratung in der Praxis von Lebenswelt und Lebensfeld

E. v. Kardorff schlägt für die Praxis der Beratung zunächst die strukturierende Unterscheidung von Lebenswelt und Lebensfeld (v. Kardorff, 1988: 75-81) vor. Das Lebensfeld schließt objektiv rekonstruktierbare Strukturen ein, wie sozialstrukturelle (Bevölkerung, soziale Schichtung), sozialräumliche (Verkehr, Wohnung und Wohnumwelt) sowie rechtlich-institutionelle Strukturen. Die Lebenswelt hingegen ist durch subjektive Perspektiven gekennzeichnet: Es sind Gefühle und Kognitionen, mit denen Personen ihr Lebensfeld ausstatten, die sie gegenüber anderen Gruppen haben, mit denen sie Ortsidentitäten schaffen und Lebensentwürfe gestalten. Lebensfeld und Lebenswelt stehen in einem engen wechselseitigen Verhältnis zueinander, sind jedoch deutlich voneinander unterschieden. Das Lebensfeld stellt nämlich objektive, den Menschen bestimmende, und zwar fremdbestimmende Zusammenhänge her, die ihm als Zwang erscheinen müssen. Die Lebenswelt hingegen ist einerseits determinierter als das Lebensfeld, andererseits dagegen offener: denn sie besteht aus Ängsten, Wünschen und Hoffnungen – und diese können unrealistisch sein mit Überansprüchen an das Lebensfeld, aber sie können auch Ressourcen sein für eine gelungene Lebensgestaltung. Diese Spannung von Lebensfeld und Lebenswelt muß in der Beratung sichtbar gemacht werden.
Eine weitere Unterscheidung, die hilfreich ist, besteht zwischen der Lebenslage und der Lebensweise bzw. dem Lebensmilieu (Beck, 1983; Hradil 1987). Unter Lebenslage sollen objektive Handlungsspielräume sozialer Gruppen verstanden werden, wie Arbeitsplatzbedingungen, Arbeitsmarktlage usw. Lebensweisen bzw. Lebensmilieus hingegen beschreiben das gruppenspezifische, auch schichtenspezifische Alltagsverhalten von Gruppen, ihre Art, den Alltag zu gestalten, zu genießen und zu bewältigen. Die Lebenslage kann genauer differenziert werden (Gahleitner, 1996: 40; Glatzer, Hübinger, 1990: 36 f.):

- Zur Lebenslage gehört der Versorgungs- und Einkommensspielraum, der den zentralen Spielraum der Versorgung mit Gütern und Dienstleistungen umfaßt.

- Sie ist der Kontakt- und Kooperationsspielraum, der die Möglichkeiten der Kommunikation und Interaktion schafft.
- Weiterhin ist sie der Lern- und Erfahrungsspielraum. In ihm werden die Möglichkeiten zur Entfaltung und Realisierung eines Lebensentwurfs gelegt, die durch familiale, schulische und berufliche Sozialisation gefördert oder gehemmt werden, und in ihm werden die Erfahrungen in der Arbeitswelt und das Ausmaß an räumlicher und sozialer Mobilität, d.h. auch der Schicht- und Klassenzugehörigkeit entschieden.
- Ferner ist sie der Muße- und Regenerationsspielraum. Dieser Spielraum ermöglicht die Kompensation von Arbeits-, Wohn- und Umweltbelastungen und weiterer Schwierigkeiten, die aus seinem Netzwerk erwachsen.
- Schließlich beinhaltet die Lebenslage den Dispositions- und Partizipationsspielraum. Er bestimmt also das Ausmaß an Teilnahme, Mitbestimmung und Mitgestaltung in den verschiedenen Lebensbereichen und Lebenssegmenten.

Bei der Einzelfallberatung sind darum sowohl die objektiven Daten der Lebensumstände wichtig wie auch die Lebenslagen und Milieus, in denen die Person lebt.

3.1.4. Merkmale und Phasen der Einzelfallhilfe

In der Literatur wird für die Einzelfallhilfe ein Vorgehen in vier Phasen vorgeschlagen: die Initialphase oder Anamnese, die Diagnose, die Intervention und die Evaluation (Müller, 1994: 53-60).

1. Phase: Die Initialphase und Anamnese

Zuerst entscheidet es sich, ob ein Klient die Beratungsstelle bzw. den Berater aufsucht, ob er in der Lage ist, über seine Probleme zu sprechen, was keineswegs selbstverständlich ist, ob er so viel Leidensdruck besitzt, daß er bereit ist, sein Verhalten zu ändern, und ob die Probleme solcher Art sind, daß sie durch eine Beratung gelöst oder vermindert werden können (Jall, 1995: 227). Wenn diese Initial-Voraussetzungen gegeben sind, kann die Anamnese, die Sammlung von Informationen, erfolgen. Ich möchte im Anschluß an B. Müller (ebd. 83-88) folgende Regeln nennen:

Anamnese heißt, jede Person in ihrer Einmaligkeit zu erleben. Wir dürfen nicht unsere bisherige Beratungspraxis unreflektiert auf den neuen Fall anwenden, sondern jeder neue Fall ist ein unbekannter Mensch. Das bedeutet

auch, daß ich nicht sofort mit einer Analyse beginne, sondern zuerst eine Beziehung aufbaue und mein Gegenüber reden lasse.
Anamnese bedeutet nicht, den Klienten aufgrund meines Fachwissens zu mir zu holen, sondern meint, ihm dort zu begegnen, wo er mit seinen Gefühlen, Ängsten, Problemen und Erwartungen steht.
Anamnese meint weiterhin, Fragen zu stellen. Im Gegensatz zur Psychoanalyse, wo der Therapeut lange mit einer Diagnose zurückhält und den Klienten frei assoziieren läßt, wird der soziale Berater gezielt Fragen stellen: Was bedrückt Sie? Was ist geschehen? Wer hat was getan? Was haben Sie erlitten? Welche Not besteht? Nachdem wir solche Fragen über aktuale Fakten gestellt haben, gehen wir über zu Fragen nach der Lebensgeschichte: frühe Kindheitserlebnisse, das Verhältnis zu Vater, Mutter, Geschwistern, Spiel- und Schulkameraden, zu Lehrern, zu Sexual-Partnern, die jetzigen Verhältnisse in der Lebenswelt usw. Schließlich fragen wir nach Kinderkrankheiten, Krankheiten in der Familie, nach Lebensverhältnissen (und manchmal auch Vorstrafen). Solche Fragen helfen dem Klienten, zu berichten und sich zu erinnern.
Anamnese beinhaltet auch, sich den Unterschied zwischen realer und vorgestellter Realität klar zu machen. Was die Klienten uns erzählen, ist zuweilen unrealistisch und falsch, aber als innerseelische Inhalte sind sie real. Hinzu kommt, daß wir nicht von vornherein neurotische Störungen vermuten dürfen. Eifersucht z.B. kann berechtigt oder neurotisch sein, Aggressivität kann als die Reaktion auf Umweltverhältnisse gesehen werden, aber sie kann auch neurotisch zu deuten sein. Auch ist die Unterscheidung von neurotischer Störung und Neurose wichtig. Wenn jemand liebesfähig, arbeitsfähig, gemeinschaftsfähig und genußfähig ist und dennoch neurotische Phänomene zeigt, dann ist er immer noch seelisch gesund, wenn auch neurotisch gestört.
Anamnese heißt schließlich, daß unsere Vorstellung von den Nöten des Klienten und deren Ursachen im steten Wandel begriffen sind. Wir werden während des Beratungsprozesses immer neues Material mitgeteilt bekommen, das wir nutzen und das unsere Vorstellungen verändert.
Grundsätzlich werden wir anamnetische und diagnostische Fehlerquellen vermeiden, wenn wir folgende Heurismen beachten (Heiner, 1995: 119):

(1) Wir bemühen uns, mehr in Netzen statt in monokausalen Ursache-Wirkungsketten zu denken, d.h. das Eingebundensein in das Familiensystem, die familientransgressiven Netze, die Arbeits- und Freizeitwelt, Ressourcen des Gemeinwesens und der Gesellschaft; sie alle bilden ein Netzwerk von krankmachenden oder gesundenden Einflüssen.

(2) Dann ist es wichtig, Prozesse und nicht Zustände zu reflektieren. Das bedeutet, die Veränderungen des Klienten, aber auch die des Verhältnisses zwischen Berater und Klienten zu analysieren und sich die Veränderungsprozesse bewußt zu machen.

(3) Weiterhin sollten wir mehr in Analogieschlüssen unseres Fachwissens denken als konkrete Einzelerfahrungen zugrunde zu legen. Dies meint, daß wir uns nicht in die Probleme des konkreten Einzelfalls verlieren dürfen, sondern unser Fachwissen, unseren Wissensvorrat aktivieren müssen, um helfen zu können.

(4) Auch dürfen zeitliche Prozesse nicht linear extrapoliert werden, daß man etwa meint, die gute Entwicklung eines Klienten könnte krisenlos zu einem baldigen gewünschten Ende kommen.

(5) Bei der Anamnese ist es zudem wichtig, verschiedene Interpretationsmöglichkeiten zu durchdenken und simulativ durchzuspielen.

(6) Schließlich muß der Klient in seinen vielfältigen Netzwerkverknüpfungen gesehen werden, wodurch die soziale Situation so gestaltet werden kann, daß Probleme gelöst und Alternativen gesucht werden können.

2. Phase: Die Diagnose

Eigentlich sollte der sozialpädagogische Berater keine Diagnose stellen, weil er häufig kein ausgebildeter Therapeut ist. Die Gefahr der Diagnose ist nämlich die sich selbst erfüllende Vorhersage, daß der Klient genau die Erkrankung produziert, die für ihn diagnostiziert wurde. Darum ist es wichtig, die psychoanalytische und die sozialpädagogische Diagnose zu unterscheiden. Wir werden bei der sozialpädagogischen Diagnose auf tiefe Interpretationen verzichten und den Menschen vorwiegend als das in seinen Netzwerkbeziehungen erkrankte Subjekt betrachten. Aber auch dabei sollte der Berater stets erfüllt sein vom Bewußtsein, über den Klienten letztlich nichts zu wissen, weil er ein Gegenüber ist mit einer hochkomplexen Innenwelt und Beziehungsstruktur. Für die sozialpädagogische Diagnose gibt B. Müller folgende Ratschläge (ebd. 94-106):

Diagnose bedeutet zunächst nicht, psychoanalytisch vorzugehen, sondern das aktuelle Alltagsproblem, das ja durchaus ein psychisches sein kann, zu diagnostizieren. Gleichzeitig allerdings muß sich der soziale Berater fragen, ob er ein Mandat dafür besitzt und nicht doch lieber den Klienten weitervermittelt. Auch muß der soziale Berater drei Mandate beachten: 1. die Erwartungen des Klienten, 2. die Gesetze und die daraus hervorgehenden Verordnungen, die den sozialen Berater binden, ihm aber auch einen Ent-

scheidungsspielraum offenlassen und 3. die eigene professionelle Verantwortung. Alle drei Mandate müssen zusammenpassen: Klient und Berater müssen aufeinander eingestimmt sein, und die gesetzliche Verordnungslage muß eine Beratung ermöglichen.
Weiterhin bedeutet Diagnose, die Ressourcen zu ermitteln. Sie können in den Netzwerken des Klienten liegen (falls er solche hat), in den Verordnungen und Gesetzen oder auch in den Kompetenzen des Beraters. So ist soziale Beratung weitgehend Ressourcenarbeit (Meinhold, 1987). Dabei ist es notwendig, alle drei Ressourcenquellen zu beachten. Vernachlässigt der Berater die klienteneignen Netzwerkhilfen, dann verzichtet er auf die kompensatorische Einzelfallberatung, d.h. auf die eigene Alltagsregie des Klienten. Andererseits verlangen die Gesetzes- und Verordnungslagen die Klärung der Zuständigkeiten, wer für diese Einzelfallhilfe zuständig ist. Und schließlich muß sich der soziale Berater fragen, ob seine Hilfe wirklich multiplex ist, ob er vielleicht den Klienten zuerst besser in seiner Lebens- und Alltagswelt kennenlernen und eine Beziehung aufbauen sollte, ehe er mit der Beratung beginnt. Mit der Lebenswelt vertraut werden bedeutet, die Rahmenbedingungen einer Beratung zu erfassen. Wie wirkt sich beispielsweise die Beratung eines Jugendlichen auf die Eltern, die Lehrer, die Cliquenfreunde usw. aus? Werden Vorurteile und Diskriminierungen erzeugt oder wird Etikettierung vorgenommen?
Schließlich muß sich der soziale Berater fragen, welche Hilfen er selbst leisten will und für welche andere zuständig sind. Hilfen können ja entweder vom Berater, von den Netzwerken des Klienten oder von Ämtern abhängig sein. So kann der Berater entweder eine Beziehung zu einem Jugendlichen aufbauen, indem er mit ihm essen geht oder einen Ausflug macht (falls seine Zeit es ihm erlaubt), oder er kann mit seiner Lehrerin sprechen und ihre Hilfsbereitschaft aktivieren, ebenso wird er mit den Eltern sprechen, was sie für Hilfsmöglichkeiten in der Nachbarschaft, durch Freunde usw. sehen. Der Berater muß also genau unterscheiden zwischen den vom Helfer abhängigen und den durch das Handeln anderer abhängigen Ziele.

3. Phase: Die Intervention

Die Intervention ist beides: Eingriff und Angebot durch den Berater und gemeinsames Handeln zugleich, wobei der Berater darauf achten muß, den Anteil von Eingriff und Angebot so klein als möglich zu halten und das gemeinsame Handeln auszuweiten (Müller, 1994: 107-125).
Eingriff bedeutet immer, ein bestimmtes Quantum an Macht auszuüben. Denn der Berater übt ja neben der Hilfe immer zugleich auch soziale Kon-

trolle aus. So wird er mit der Polizei drohen, wenn im Jugendhaus mit Drogen gehandelt wird, oder er droht mit dem Vormundschaftsgericht, wenn er ein Kind vor den Mißhandlungen der Eltern schützen will. Allerdings müssen selbst Eingriffe ein Element der Freiwilligkeit enthalten. Ein Eingriff muß sowohl solcher Art sein, daß er die Selbsthilfepotentiale der Betroffenen nicht einschränkt; als auch in solch einer Weise ausgetragen werden, daß langfristig gemeinsames Handeln möglich bleibt. Wert und Würde des Menschen und sein Kooperationswille dürfen nicht beeinträchtigt werden.
Von den Eingriffen unterscheiden sich *Angebote* zunächst grundlegend dadurch, daß sie frei sind von Macht. Denn Angebote können angenommen oder abgelehnt werden. Bei den Angeboten gilt es zunächst, zwischen Rahmenangeboten und spezifischen Angeboten zu unterscheiden. Ein Rahmenangebot kann beispielsweise für eine Mutter, die Probleme mit den Kindern und dem Ehemann hat, ein Frauenkreis sein. Oder um den Kontakt mit einem problematischen Jugendlichen aufnehmen zu können, bieten sich z.B. das Jugendhaus oder andere Freizeitorte an, um zwanglos mit ihm Kontakt aufnehmen zu können. Eine weitere wichtige Unterscheidung bei den Angeboten ist die Differenzierung zwischen Angeboten, die die Situation und solchen, die das Verhalten verändern sollen. Im ersten Fall geht es um materielle Hilfen, wie Gelder, Wohnung, Arbeitsplatzvermittlung usw., im zweiten Fall hingegen um Dasein, Gespräch, Zuhören, ansprechbar sein, Zeit haben usw.
Gemeinsames Handeln schließlich beinhaltet Freiwilligkeit, mit der der Klient sich mit den Bemühungen des Beraters vereinigt. Es ergibt sich in der Regel aus den Angeboten. Allerdings müssen diese vom Klienten durchsichtig wahrgenommen und mit Einsicht akzeptiert werden.

4. Phase: Evaluation

Evaluation (Müller, 1994: 126-143; Heiner, 1986; 1995; Strauß, Höfer, Gmür, 1986) ist etwas Schwieriges und Schmerzliches, denn sie berührt empfindliche, verwundbare Sachverhalte. Darum kann sie nur in einem Klima von Angstfreiheit, ohne Bedrohung durch eine kontrollierende Instanz vonstatten gehen. Auch bedarf sie der Freiwilligkeit und des Schutzes vor Mißbrauch (etwa als Waffe für einen Konkurrenten oder als Anlaß für eine Entlassung). Es ist sinnvoll, zwischen Selbstevaluation und Fremdevaluation zu unterscheiden. Selbstevaluation braucht Rahmenbedingungen, nämlich Offenheit und Schutz. Fremdevaluation dagegen kann entweder von einer Aufsichtsbehörde erfolgen oder, als Kritik, von der Öffentlichkeit vorgenommen werden; auch der Klienten kann eine Fremdeinschätzung als

seine Meinung vorbringen. Zudem weist Jall zu Recht darauf hin, daß Evaluation kaum eindeutig ausfallen kann (Jall, 1995: 228), da ja beispielsweise bei der Selbstevaluation der Wirkungserfolg einer Beratung so komplex ist, daß kaum ein eindeutiges Urteil abgegeben werden kann, ob die Beratung gelungen ist oder nicht. Auch die Evaluation durch Klienten ist außerordentlich komplex und undifferenziert, ja sogar widersprüchlich.
Kriterien der Evaluation sind nach Jall folgende (Jall, 1995: 230):

- Effektivitätsanalyse, das bedeutet, ob die gegebenen Ziele erreicht wurden.
- Effizienzanalyse fragt nach der Kosten-Nutzen-Korrelation.
- Verträglichkeitsanalyse richtet sich auf Nebenwirkungen einer Maßnahme auf die Netzwerke.
- Qualitätsanalyse, d.h. hier wird die Interaktionskompetenz des Beraters bzw. des Personals und die Einhaltung von fachlichen Standards überprüft.

Dies bedeutet, daß zwischen Supervision und Evaluation unterschieden werden muß. Während bei der Supervision es um die Gefühle und Deutungsmuster eigenen und fremden Handelns geht, bezieht sich die Evaluation auf das Beobachten und Analysieren von Wirksamkeit der eigenen Institution und der Veränderungen im Klienten. Auch sollten wir zwischen Beratung und Verhandlung unterscheiden. Wenn der Klient nur zwei oder drei Mal beraten wird, wenn also keine Beziehungen aufgebaut werden, dann sollten wir besser von Verhandlung reden.

3.1.5. Triangulation in der sozialen Einzelfallhilfe

Ist in der Einzelfallhilfe die Methode ausschlaggebend oder die Beziehung? Ist es die Methode, dann kann sie ausschließlich von professionellen Beratern durchgeführt werden. Ist es die Beziehung, dann können auch freiwillige Helfer beraten, wenn sie beziehungsfähig oder gar beziehungskompetent sind. Am besten wäre natürlich die Kombination Methode und Beziehung – und sie ist tatsächlich für professionelle Berater unverzichtbar. Eine persönliche Beziehung entsteht, wenn der Berater sich für den anderen interessiert, sich engagiert, Sympathien für ihn hat und letztlich seine Lebenswelt mit der des Klienten als social world vereinigt. Methode hingegen verlangt Distanz, Reflexion und Bindung an ein therapeutisches Regelsystem. Aus dem Überwiegen der Methode im sozialen Alltagshandeln des Professionellen ergibt sich das Paradoxon der professionellen Hilfe, nämlich der

Widerspruch zwischen den Erwartungen des Klienten, der Beziehung wünscht, d.h. persönliche Zuwendung und Zuneigung, und der Distanziertheit des methodischen Handelns. Auch noch mehr methodisches Können löst diesen Widerspruch nicht, da ja Beziehung nicht Teil der Methode ist (Müller-Kohlenberg, 1990: 261). Außerdem ergibt sich für den bezahlten Sozialpädagogen der Widerspruch von persönlicher Beziehung und dem Geld, das er dafür erhält. Andererseits ist es unstrittig, daß die Mehrzahl unserer Klienten in ihrer Kindheit und auch in ihrer späteren Lebensgeschichte Erfahrungen von Einsamkeit, Verlassenheit, Treuebruch, Verlust geliebter Personen, mangelnde Liebe, Zuwendung und Anerkennung erfahren haben. Für sie ist eine erlebte Realbeziehung (also nicht bloß eine methodische Quasi-Beziehung) heilend (Cremerius, 1979). Cremerius wirft die Frage auf, ob es nicht zwei Wirkfaktoren in der Psychoanalyse gibt, nämlich Beziehung und Methode. So unterscheidet auch Herschbach (Herschbach, 1988) spezifische Wirkungen, die durch Methode, Theorie und Technik bestimmt sind, von den unspezifischen, die durch die Person des Therapeuten und die Qualität der Beziehung gebildet werden. Interessant ist, daß keine der anderen überlegen ist. So hat Müller-Kohlenberg nachgewiesen (Müller-Kohlenberg, 1988), daß das Handeln von Fachkräften, bei denen das methodische Können überwiegt, dem von unausgebildeten, beziehungskompetenten Helfern gleichwertig ist, nicht jedoch überlegen.
Diese Betrachtungen führt H. Müller-Kohlenberg zu dem Konzept der Triangulation in der sozialen Einzelfallhilfe (Müller-Kohlenberg, 1993: 67-81). Danach wird im Beziehungs-Dreieck die eine Ecke vom Klienten gebildet, die zweite vom methodisch kompetenten Sozialpädagogen und die dritte vom beziehungskompetenten Laien. Der Klient erwartet persönliche, menschliche Begleitung; der fachlich Geschulte verfügt über methodisches Können, führt Klienten und freiwilligen Helfer zusammen und begleitet sie (matching and pairing); und der freiwillige Helfer leistet die personenbezogene Betreuungsarbeit und die Beziehungspflege.
Es versteht sich von selbst, daß der freiwillige Helfer nicht inkompetent sein darf. Er entspricht der Vorstellung des kompetenten Laien. Er verfügt zwar nicht über ein ausführliches und fachliches Systemwissen (z.B. Psychoanalyse), aber er ist kundig in einer „Multidimensionalität von Relevanz-, Organisations-, Zweck-, Ursprungs- und Anwendungssystemen" (Müller-Kohlenberg, 1993: 73). Er kann also ohne Fesselung durch ein fachliches System neue, ungewohnte, dem Klienten angepaßte Lösungen finden. Vor allem kann er das, was er in Fortbildungsseminaren gelernt hat, mit seinem Alltags- und Lebensweltwissen vernetzen.

Die Funktion des Sozialpädagogen im triangulierten Modell ist die der Supervision, der Praxisanleitung und Fortbildung bzw. Organisation von Fortbildung. Während er also einerseits die Arbeit des freiwilligen Helfers begleitet und auf seine Wirksamkeit hin bewertet, darf er ihn aber nicht dominieren oder gar verdrängen. Denn sein Expertenwissen ist dem Erfahrungswissen des Laien in der Wirksamkeit nicht überlegen. Allerdings möchte ich die Notwendigkeit von Fortbildungen betonen, denn größere Kompetenz verleiht dem freiwilligen Helfer auch größere Sicherheit und Tätigkeitsfreude.
Wenn Müller-Kohlenberg die Triangulation auch gewählt hat, um Methode und Beziehung zu vereinigen, so sehe ich dennoch in ihr noch einen weiteren wichtigen Aspekt. In der Einzelfallhilfe nimmt heute die Zahl der Hilfesuchenden immens zu. Die Zahl der professionellen Helfer reicht nicht mehr aus. Vor allem wenn ein soziales Netzwerk in einem Gemeinwesen aufgebaut wird, müssen Laienhelfer einen großen Teil der Gemeinwesenarbeit unter der Leitung eines Professionellen übernehmen. Die große Zahl von Hilfesuchenden fordert geradezu eine steigende Zahl von kompetenten Laien heraus.
Die einfache Triangulation besteht in dem Dreieck Professioneller – Ehrenamtlicher – Klient. Wenn aber mehrere Klienten auftreten, was ja in der Regel der Fall ist, ergeben sich mehrere Dreiecke nebeneinandergestaffelt. Nun kann es sein, daß die Zahl der Ehrenamtlichen steigt und auch die Klienten untereinander Beziehungen eingehen; dann entsteht ein kompliziertes Netzwerk von Hilfe und Unterstützung.

3.1.6. Unterstützungsmanagement in der Einzelfallhilfe (social case management)

Eine bedeutende Rolle in der Einzelfallhilfe spielt die institutionelle Unterstützung. Der Berater organisiert und bündelt alle Ressourcen, die für die Unterstützung einer Person nötig sind. Social casemanagement ist also multiplex. Hilfen können nicht mehr monolineare Zuwendungen sein, die den Klienten isoliert behandeln, sondern sie stellen ein System von auftretenden multiplexen Problemen und darum auch ein Unterstützungsmanagement und einen Prozeß dar. Insofern case management ein System von Hilfen ist, besteht die Mithilfe des sozialen Helfers in einer integrierenden Tätigkeit; und die Entwicklung eines Netzwerkes von Unterstützung, sofern die Hilfe ein Prozeß ist, beinhaltet den Prozeß der Zusammenarbeit zwischen dem Helfer und dem Klienten, zwischen dem Sozialmanagement und dem Lebens- und Selbstmanagement. Daraus ergeben sich grundsätzlich vier Haupttypen von Dienstleistungen für den Sozialmanager (Weil, 1995: 100):

(1) Der Sozialmanager ist für die direkte Arbeit mit dem Klienten und seiner Familie und darüber hinaus mit den familienüberschreitenden Netzwerken Nachbarschaft, Verwandtschaft, Freundschaft und Kollegialität verantwortlich.

(2) Er hat die Aufgabe, Dienste zu organisieren, was auch die Zusammenarbeit mit anderen Fachkräften und Einrichtungen einschließt.

(3) Schließlich wird er anwaltlich, d.h. zu Gunsten des Klienten handeln, um ihm die Dienstleistungen, Unterstützungen und Dienste zukommen zu lassen.

Allerdings möchte ich hinzufügen, daß zu seinen Dienstleistungen auch der Aufbau eines Unterstützungsnetzwerkes gehört, in dem der Klient aufgefangen und zu einem eigenen Lebens- und Selbstmanagement befähigt wird.

3.1.6.1. Stadien des Unterstützungsmanagements

Normalerweise managen der einzelne Mensch oder die Familie ihre persönlichen und gesellschaftlichen Probleme selbst und aktiv, indem sie die eigenen Ressourcen erschließen sowie die der Netzwerke, in denen sie leben, oder auch die der Gesellschaft. Erst wenn das Selbstmanagement unter der Wirkung langandauernder Belastungen zusammenbricht, ist die soziale Arbeit gefragt. Dann aber tritt nicht ein einziges, isoliertes Problem auf, sondern ein lebensweltliches, d.h. multiplexes. Und dies wiederum erfordert ein formenreiches und flexibles Unterstützungsmanagement.
Dem Unterstützungsmanagement liegen zwei Annahmen zugrunde: Erstens ist zu beachten, daß Hilfsbedürftige stets eine Mehrzahl von sozialen Schwierigkeiten haben, weswegen monolineare Hilfe durch voneinander unabhängige Institutionen und Behörden ineffektiv wäre. Darum muß das Sozialmanagement die institutionelle Hilfe organisieren, bündeln und managen, und zwar auf eine effektive und kostengünstige Weise. Und zweitens ist zu berücksichtigen, daß es im Beziehungsnetzwerk des Klienten noch viele unentdeckte und ungenutzte Hilfsquellen gibt, die organisiert werden müssen. Bei solch einem Unterstützungsmanagement unterscheiden wir mehrere Phasen (Wendt, 1990; 1995; 1997; Ballew, Mink, 1995; Weil, 1995).

Phase 1: Die Findephase
(auch Einstieg, Verpflichtung, Intake oder Engaging genannt).

Es kann sein, daß ein Rat- und Hilfesuchender von sich aus eine Dienststelle aufsucht und den Erstkontakt herstellt. In diesem Fall muß entschieden werden, ob ein Unterstützungsfall vorliegt und ob diese Dienststelle überhaupt zuständig ist oder die Person woandershin überwiesen werden muß. In der gemeinwesenorientierten sozialen Arbeit hingegen kann in einem Wohnquartier herausgefunden werden, wo es hilfebedürftige Personen oder Familien gibt, die Unterstützung benötigen. In diesem Fall geht es um die Aufdekkung von lokalen Beeinträchtigungen, zumal ja viele Menschen Hemmungen haben, Hilfe anzunehmen. Wichtig ist es beim gemeinwesenorientierten Case Management, ein soziales Netzwerk aufzubauen, wodurch sich eine individuelle und institutionelle Unterstützung zu einer solidarischen ausweitet und die persönliche Not als eine öffentliche offenbar wird.

Schon in der Findephase muß dem Klienten klar sein, daß seine Mithilfe gefordert ist. Im Gespräch wird festgestellt, welche Hilfen gewährt werden und welche selbst erbracht werden können. Entscheidend ist die Eigenaktivität des Klienten. Wenn er sich als passives Betreuungsobjekt einschätzt, dann wird die Hilfe nie enden. Ist die Person beispielsweise entschuldet, macht sie wenige Wochen später schon wieder neue Schulden.

Die Einschätzung über die Hilfbedürftigkeit einer Person bezieht sich auf die Ganzheit der Lebenslage. Nach W. R. Wendt enthält die individuelle Lebenslage vier Dimensionen (Wendt, 1990: 35 ff.): Es sind:

- die Dimension der Lebensgeschichte,
- die Dimension der äußeren Lebensbedingungen (Erwerbsarbeit und Einkommen, Wohnen, Netzwerkstruktur, Freizeitgestaltung, Kultur und Bildung),
- die Dimension der Lebensperspektive (der Optionen und Ambitionen),
- die Dimension der inneren Lebensbedingungen (Gesundheitszustand, psychische Verfassung).

Solche individuellen Lebenslagen werden durch die überindividuelle soziale Lage ergänzt. Dazu gehören die Beschäftigungsverhältnisse, wie Arbeitsstreß, Arbeitslosigkeit, Teilarbeitszeit usw., die Wohnverhältnisse, wie Lage, Wohnungsgröße usw., die Wirtschaftslage oder auch die Sozialetats der Gemeinden, Kreise, Länder und des Staates.

Das Unterstützungsmanagement wird also alle Ressourcen bündeln und organisieren: Was der Klient und seine Angehörigen leisten können, welche

Unterstützungsnetze vorhanden sind, welche Gemeinwesennetzwerke es gibt, welche Ämter und Einrichtungen zur Verfügung stehen.
Schließlich müssen die Erwartungen der Beteiligten an einem Unterstützungsmanagement geklärt werden. Es sind die Erwartungen des Klienten an sich selber und an den Helfer sowie die Erwartungen des Helfers an den Klienten und an sich selbst. Diese unterschiedlichen Ausgangspositionen von Klienten und Helfern müssen schon in der Einstiegsphase offengelegt werden.

Phase 2: Einschätzung (Assessment, Diagnose).

Die Einschätzung der Lebens- und Problemlage erfolgt in einer Reihe von Gesprächen. Hierbei sind die Grundsätze einer subjektbezogenen Gesprächsführung zu beachten. Dabei ist einerseits die Individualisierung der Lebensentwürfe wie andererseits die Pluralisierung der Lebensstile zu berücksichtigen. Es ist nicht möglich, nach vorgegebenen Mustern von Erhebungsbögen die Hilfe schematisch zu organisieren. Sie muß heute subjektbezogen, individuell, und das bedeutet schöpferisch und multiplex aufgebaut werden. Gleichzeitig ist ihr Ziel, daß der Klient zu einer selbstaktiven Lebensführung gelangt. In diesem Zusammenhang muß berücksichtigt werden, welche Probleme der Klient selbst lösen muß, welche Ressourcen aus seinen Netzwerken er heranzuziehen gedenkt und schließlich, welche Hindernisse bestehen, daß der Klient von den Hilfsquellen Gebrauch macht. Durch das Gespräch, durch das gemeinsame Erarbeiten von Hilfsmöglichkeiten und dem Aufarbeiten von Widerständen beginnt der Beziehungsaufbau zum Klienten. Widerstände bzw. Hindernisse sind vielfältiger Art (Ballew, Mink, 1995: 69 f.).
Es sind zunächst *externe Behinderungen*. Sie stammen aus der Umgebung des Klienten und beinhalten z.B.: daß ihm kein Netzwerk zur Verfügung steht (Familie, Verwandtschaft, Freundschaft, Nachbarschaft); oder daß er nicht in der Lage ist, seine vorhandenen Ressourcen zu nutzen; oder auch, daß Hilfsquellen vorhanden sind, aber erst Sekundärressourcen eröffnet werden müssen, wie Kinderbetreuung, Transportmöglichkeiten usw.
Sodann gibt es *eigenes Unvermögen als Behinderung*. Dieses macht es dem Klienten unmöglich, mit dem Helfer zu kommunizieren und selbstaktiv das Leben zu gestalten. Dies kann auf geistig Behinderte, schwer psychisch Erkrankte, physisch Gebrechliche oder auch auf Suchtkranke zutreffen.
Schließlich sind *interne Hemmungen* zu nennen. Dies sind Überzeugungen, frühkindliche Einschärfungen oder auch Werte, die den Klienten davon abhalten, Hilfe anzunehmen. Das kann z.B. die Familienkultur sein, die be-

inhaltet, daß die Kinder die Pflicht haben, die Eltern zu pflegen. Tritt an die Stelle der Kinder eine externe Hilfe, dann wird dies als Pflichtverletzung betrachtet. Andere interne Hemmungen sind mehr psychischer Art. Manche Menschen sind so erfüllt von Gefühlen der Minderwertigkeit und Unterlegenheit, so sehr angefüllt mit Pessimismus, sie dekompensieren so sehr, daß sie alles Versagen auf ihr eigenes Unvermögen zurückführen und ihre Probleme als unüberwindbar ansehen, so daß sie Hilfe nicht annehmen wollen, da sie ja ohnehin nichts verändern werde. Wenn sie jedoch Hilfe annehmen, sind sie oft rein passive Empfänger, kooperieren nicht und verweigern die Selbstaktivität. Andere Personen sind überkritisch. Sie überkompensieren, halten sich für überlegen, fehlerfrei und geben darum, wenn etwas mißlingt, die Schuld den anderen. Sie meinen, keine Hilfe zu brauchen und lehnen sie ab, obgleich sie sie nötig hätten. Ähnlich überkompensieren zynische Menschen. Sie halten sich für stark, korrekt, vernünftig und leugnen Probleme oder meinen, sie kontrollieren zu können. Schließlich gibt es Menschen, die vor der Realität fliehen. Sie leben in ihrer Traumwelt, in der sie ein gutes Leben phantasieren, jedoch widerspricht diesen Träumen ihr unordentliches, zerfahrenes Leben. Ihr Leben ist chaotisch, ohne Halt- und Zielpunkte, und darum leben sie planlos und ordnungslos von Tag zu Tag. Sie suchen keine Hilfe, oder wenn sie es tun, sind sie passiv und werden nicht selbstaktiv.

Menschen, die solche Verhaltensmuster zeigen (Überkompensation, Dekompensation, Flucht), werden Hilfe entweder nicht suchen oder sie verweigern oder sie passiv nutzen. Sie werden aber nicht selbstaktiv kooperieren.

Unter Berücksichtigung solcher Faktoren klärt der Case Manager das Unterstützungsniveau, das er aufgrund der Diagnose anzubieten gedenkt, und er bestimmt das Leistungsniveau des Klienten nach dem Grad seiner Befähigung. Die Bestimmung des Funktionsniveaus dürfte besonders wichtig sein bei der Hilfe für psychisch und geistig Behinderte. Es kann unter Umständen sehr niedrig sein. Aber auch in den Fällen großer Behinderung sollte der Betroffene aktiv in den Einschätzungsprozeß einbezogen werden, und wir werden auf seine Stärken bauen.

Phase 3: Planung und Ressourcenvermittlung.

Planung bedeutet, nach erfolgter Einschätzung und Diagnose Ziele über die Verbesserung der Lage oder auf erwünschtes Verhalten hin aufzustellen. Danach werden Mittel und Wege gefunden, das Ziel zu erreichen. Sozial Management ist also ein Weg der Planung. Zunächst plant der Klient, was

er für Möglichkeiten einer aktiven Lebensplanung besitzt, welche brachliegenden Fähigkeiten und welche Stärken vorhanden sind. Oft findet sich bei Klienten eine Versorgungsmentalität, eine passive Haltung, betreut werden zu wollen. Dies muß thematisiert und der Klient auf eine selbstaktive Haltung verpflichtet werden. Dann werden die Hilfsquellen in die Planung einbezogen, die aus den Netzwerken in der Umgebung des Klienten stammen. Und schließlich werden die öffentlichen Einrichtungen in den Plan integriert. Dies ganze ist ein Verkopplungsvorgang, bei dem das Klienten-System mit seinen Problemen und Notlagen verkoppelt wird mit den informellen Möglichkeiten der Hilfe aus den Netzwerken, die den Klienten umgeben, wie Familie, Verwandte, Freunde und Nachbarn, und schließlich mit den formellen Hilfen von öffentlichen und freien Trägern der öffentlichen Wohlfahrt. Dieser Verkopplungsvorgang wird vom Sozial Manager vorgenommen.
Die Planung selbst sollte nach zwar variierbaren, aber doch aufgestellten Plänen verlaufen.
Dabei ist folgendes zu beachten (Weil, 1995: 88 f.):

- Die Bereiche, in denen vorrangig Unterstützung gewährt wird, müssen definiert und klar umrissen werden.
- Innerhalb jedes dieser Bereiche werden kurz- und langfristige Zielvorgaben aufgestellt, die stetig evaluiert werden.
- Für jedes Handlungsziel werden genaue Handlungsvollzüge geplant.
- Organisationen werden geplant, an die der Klient verwiesen wird. Mit der dortigen Betreuungsperson sollte Kontakt bewahrt werden.
- Ein realistischer Zeitrahmen wird aufgestellt, in dem die Betreuung erfolgreich abgeschlossen werden kann.
- Eine Klärung der objektiven und subjektiven Hindernisse für Hilfen wird vorgenommen, z.B. Fehlen von Verordnungen für diesen Hilfefall, Fehlen von Diensten, aber auch die Haltungen und Widerstände des Klienten.

Eine wichtige Funktion im Case Management ist es, den Klienten mit den Diensten und Hilfeleistungen in Verbindung zu bringen, ihn also an die benötigten Dienste heranzuführen. Dies ist nötig, weil viele Bevölkerungsgruppen, die Unterstützungsmanagement brauchen, Hemmungen haben, da sie durch die Familienkultur abgehalten werden (z.B. „es gehört sich nicht, fremde Hilfe anzunehmen“) oder unfähig sind, mit einer Behörde in Kontakt zu treten. Allerdings meint „in Verbindung bringen“ nicht einfach, den

Klienten an eine Hilfsquelle zu überweisen, sondern darüber hinaus ihn zu begleiten, so daß er auch die notwendige Hilfe wirklich empfängt. Das kann bedeuten, den Klienten zur Dienstleistung hinzufahren, ihm bei dem Ausfüllen von Formularen zu helfen und mit ihm und für ihn bei der entsprechenden Behörde vorzusprechen. Dabei kann er formelle und informelle Techniken benutzen. Formelle Techniken wären beispielsweise genau festgelegte Abmachungen zwischen den Diensten, wobei die Leistungen jedes Dienstes beschrieben und Zulassungskriterien festgelegt werden. Informelle Techniken wären mündliche Absprachen zwischen den Mitarbeitern der verschiedenen Dienste und dem Case Manager. Dieser braucht dabei großes Geschick und Einfühlungsvermögen.

Phase 4: Management der Durchführung (Intervention, Implementation und Koordination).

Hierbei ist eine feste, am besten schriftliche Festlegung der Dienste notwendig, damit nicht die Ansprüche des Klienten ins Unermeßliche steigen (gerade bei neurotisch gestörten Menschen beobachtet man das Anklammern an den Betreuer, ja, geradezu das Verschlingen der Fürsorgeperson). Deshalb wird die Unterstützung nach Art, Umfang und Dauer festgelegt. Vor allem muß klargestellt werden, welche Dienstleistungen der Case Manager übernimmt.

Wendt unterscheidet dabei direkte und indirekte Dienstleistungen (Wendt, 1995: 33 f.; 1997: 41-43). Als direkte Dienstleistungen bezeichnet er:

(1) Der Case Manager ist der, der den Fall aufgreift, der implementer, der den Klienten anleitet und ihm aus der Not heraushilft.

(2) Der Case Manager ist Ausbilder, instructor, der durch Vorbild und Unterrichtung die Fertigkeiten und Lebensmanagementkompetenzen des Klienten entwickeln hilft.

(3) Der Case Manager ist Begleiter, guide, der den Klienten bei der Erschließung von Ressourcen berät und ihm hilft, sie auch zu nutzen.

(4) Der Case Manager ist der Beförderer, der processor, der mit seinem Expertenwissen den Klienten berät, wie er Hilfen in Anspruch nehmen und seine Probleme lösen kann.

(5) Der Case Manager ist Spezialist, specialist, der das Sozialleistungssystem mit seinen Möglichkeiten und Grenzen kennt und dem Klienten nahebringt.

(6) Der Case Manager ist schließlich der Unterstützer, supporter, der den Klienten anleitet, sein Leben selbstaktiv zu gestalten.

Zu den indirekten Dienstleistungsfunktionen zählt Wendt folgende (ebd. 34):

(1) Die Vermittlung von Ressourcen aus den Netzwerken und von Diensten (brokering).

(2) Die Überweisung von Klienten an Dienste und Einrichtungen (referral).

(3) Die Koordination zwischen mehreren Hilfeeinrichtungen, z.B. zwischen öffentlicher und freier Wohlfahrtspflege.

(4) Das anwaltliche Handeln für den Klienten gegenüber unangemessener oder verweigerter Hilfeleistungen von Trägern (advocating).

(5) Das Knüpfen von sozialen Netzen, die helfen und Verantwortung übernehmen können (Familie, Verwandtschaft, Freundschaft, Nachbarschaft, Selbsthilfegruppen usw.)

(6) Die Bereitstellung technischen Beistandes und Rates.

Bei jedem Unterstützungsmanagement gilt es, die drei Ebenen sozialer Arbeit zu beachten. Auf der Mikroebene werden die kleinen Netze aktiviert, auf der Mesoebene wird der Klient den Hilfeeinrichtungen zugeführt, und auf der Makroebene werden die Sozialgesetze mit ihren Ausführungsverordnungen angewandt und ausgeschöpft. So hat das Unterstützungsmanagement in der Phase der Durchführung drei Funktionen: Begleitung, Steuerung und Kontrolle.

Phase 5: Kontrolle, Evaluation und Erbringung der Dienstleistung (monitoring, evaluation).

Da Sozial Management ökonomisch ausgerichtet ist, muß kontrolliert werden, ob die Maßnahmen etwas bewirkt haben und was sie erreichen konnten. Dabei ist zu unterscheiden zwischen Prozeß- und Ergebnisevaluation, die komplementär sind. Ist-Zustand und Soll-Perspektive werden immer aufeinander bezogen. Um festzustellen, ob ein gewisser Soll-Zustand erreicht ist, können nach Wendt auf die Lebenslage des Klienten bezogen, vier Fragen gestellt werden (ebd. 37):

(1) Wir fragen nach einer vergangenheitsorientierten Bewertung: Was haben wir erreicht?

(2) Darauf folgt eine umweltorientierte Bewertung: Welche soziale Akzeptanz haben die Hilfen in der Umwelt des Klienten erfahren?

(3) Weiterhin gibt es die subjektinterne Bewertung, wie zufrieden der Klient mit der Hilfe und ihren Erfolgen ist.

(4) Schließlich erfolgt die perspektivische Bewertung, welche Chancen genutzt oder verpaßt wurden oder welche neu eröffnet werden können.

Eine andere wichtige Unterscheidung ist die zwischen Aufwandevaluation, Prozeßevaluation und Ergebnisevaluation. Im ersteren Fall wird der Aufwand in Beziehung zum Ergebnis gesetzt. Dabei berücksichtigt man die Anzahl der Helfer, die Geldmittel, den Zeitaufwand und die Zahl der betreuten Klienten. Bei der Prozeßevaluation wird danach gefragt, ob sich der Prozeßverlauf sowohl im Einzelnen als auch im Ganzen bewährt hat; vor allem auch, ob die Zusammenarbeit der Dienste funktioniert. In diesem Zusammenhang befindet sich der Sozial Manager in einer schwierigen Position. M. Weil fragt, woher der Case Manager die Autorität nimmt, andere Einrichtungen zu kontrollieren und zu koordinieren, ob sie ihre Dienstleistungen effektiv und klientenorientiert erbringen. Sie werden dies als Bedrohung ihrer Autonomie empfinden (Weil, 1995: 92 f.). Darum schlagen Ballew und Mink das contracting vor, eine vertragliche Vereinbarung, die eine stabile Verknüpfung von Klient und Ressource sichert, indem die Verantwortlichkeiten zwischen dem Sozial Manager, dem Klienten und den Dienstleistungseinrichtungen festgelegt werden (Ballew, Mink, 1995: 78 f.). Schließlich gibt es die Ergebnisevaluation, die fragt, ob bzw. wie weit das angestrebte Hilfeziel erreicht wurde.

Phase 6: Entpflichtung und Beendigung (disengagement, termination). Es ist weder möglich noch erwünscht, daß ein Klient ständige und langandauernde Hilfe erhält. Dies widerspräche der Selbstbestimmung und Selbstverantwortung des Klienten als einer Person mit Wert und Würde und mit der Lebensaufgabe der Lebensbewältigung. Auch sollte ja der Klient die Hilfe effektiv genutzt haben, so daß er selbständig seine Probleme meistern kann.

Diese Ablösung darf vor allem bei langandauernder Beratung nicht abrupt erfolgen. Beziehungen wachsen, intensivieren sich und sind manchmal kaum noch lösbar. Zu manchen Klienten wird darum vielleicht ein sehr langer Kontakt bestehen bleiben. Je länger deshalb ein Hilfeprozeß gedauert hat, desto sorgfältiger sollte die Ablösung vonstatten gehen. Darum ist ein Vertrag zwischen dem Helfer und dem Klienten über die Terminierung der Hilfe notwendig. Denn andererseits muß die soziale Arbeit effektiv und effizient bleiben und darf sich nicht endlos fortsetzen. Dies verbietet ganz einfach die große und wachsende Zahl von Menschen, die Hilfe nachsuchen, weil sie durch das soziale Netz fallen und Opfer der Marginalisierungsprozesse in der Gesellschaft werden.

Phase 7: Nachsorge.

Sie kann als formelle oder informelle Nachsorge verstanden werden. Wenn es eine präventive Gemeinwesenarbeit im Wohngebiet gibt, wie Selbsthilfegruppen, Nachbarschaftskreise, Sozialstationen usw., können Klienten an solche Anlaufstellen oder Gruppen vermittelt werden. Besser ist jedoch die informelle Nachsorge, bei der der Klient in den kleinen Netzen aufgefangen ist. Dies ist eine Aufgabe der präventiven Familien- und Netzwerkarbeit.

3.1.6.2. Die Kompetenzen des Sozial Managers

Ganz allgemein lassen sich nach Wendt vier Kompetenzquellen für den Sozial Manager ausmachen (Wendt, 1995: 39): Bei der institutionellen Sozialarbeit beruht seine Kompetenz in seiner Stellung in der Institution. Sodann kann sie aus einem gesetzlichen Auftrag erwachsen (etwa im Falle einer Vormundschaft, als Bewährungshelfer usw.). Weiterhin vermittelt oder vergibt er finanzielle Mittel. Und schließlich besitzt er fachliche Autorität als professionell ausgebildeter Sozialpädagoge.

Die Ausbildung als Sozialpädagoge eignet sich für das Sozial Management deshalb so gut, weil sich sein Befähigungsprofil damit deckt. Er hat es stets mit multiplexen Problemen zu tun, beispielsweise mit Multiproblemfamilien oder mit verschuldeten, alkoholkranken, arbeitslosen, psychisch belasteten Personen mit Familien- und Erziehungsschwierigkeiten. So sind die Kompetenzen des Sozialpädagogen vielfältig. Er ist:

- Diskurspartner (conferee),
- Makler (broker),
- Mittler (mediator),
- Anwalt (advocate).

Dies bedeutet eine Allzuständigkeit, vergleichbar dem Arzt für Allgemeinmedizin. Ehe er den Klienten weiterverweist, ist er erst einmal für ihn zuständig. Die Komplexität der sozialen Arbeit und des Case Managements korrespondieren also miteinander.

Vor allem nimmt der Case Manager die Position des *Mediators* ein. Er vermittelt zwischen einem hilfsbedürftigen Klienten und verschiedenen und unterschiedlichen Einrichtungen und Hilfsquellen. Dabei arbeitet er disziplin- und bereichsübergreifend. Er muß also immer wieder Zuständigkeiten und Ämterabgrenzungen überwinden.

Grundsätzlich muß der Sozial Manager alle Hilfsquellen nutzen und sie überall suchen. Sie können im formellen und im informellen Bereich liegen. Im formellen Bereich wären es beispielsweise freie oder öffentliche Träger, Ärzte, Psychotherapeuten, Juristen, die Verbraucherberatung, Arbeitsamt, Wohnungsamt usw. Informelle Hilfen stammen weitgehend aus den sozialen Netzwerken des Klienten, die es zu aktivieren und auszubauen gilt.

Die *Anwendungsmöglichkeiten des Case Managements* sind vielfältig. In der Kinder- und Jugendhilfe begleitet der Case Manager das Kind oder den Jugendlichen bei Problemfällen durch die Institutionen, denen gegenüber sie sonst hilflos wären, und er leistet Alltags- und Lebenswelthilfe. In der Altenhilfe kann das Case Management vielfältige Rechte und Bedürfnisse der Senioren koordinieren. Im Selbsthilfesektor dient das Unterstützungsmanagement dazu, spezifische Zielgruppen zu managen, wie Körperbehinderte, Lernbehinderte usw. Bei der Entlassung von Langzeitpatienten aus der stationären Psychiatrie kümmert sich der Sozial Manager darum, daß der Entlassene Zugang zu vorhandenen Hilfen bekommt und diese koordiniert. Ein weiteres Anwendungsfeld für Sozial Management ist die Schwangerenberatung, besonders minderjähriger Schwangerer. Geordnet wird in diesem Fall die Vorbereitung auf die Geburt, die Unterbringung und Wohnmöglichkeiten, Erziehung und Ausbildung der jungen Mutter trotz Kind, gesundheitliche Probleme, psychische Belastungen, soziale Beziehungsprobleme mit dem Vater des Kindes und den beiden Familien, Unterrichtung über die Behandlung Neugeborener usw. Es lassen sich viele andere Anwendungsgebiete denken, wie Schuldnerberatung, Wohnungslosenbetreuung, Betreuung von Strafentlassenen, Frauenhaus usw. Im Grunde enthält jede Form sozialen Handelns eine Komponente von Unterstützungsmanagement.

3.2. Geleitete integrierte soziale Gruppenarbeit (Social Group Work)

Die soziale Gruppenarbeit ist nach dem zweiten Weltkrieg aus den USA nach Deutschland gekommen, als das deutsche Erziehungs- und Sozialwesen neu aufgebaut wurde. Der Begriff bildete sich in Anlehnung an den amerikanischen Terminus „social group work".

Mesosoziale Gruppen stellen die Hauptknotenpunkte lebensweltlicher Netzwerke dar. Diese sind geleitete Gruppen, im Gegensatz zu Selbsthilfegruppen, die in der Regel ungeleitet sind. Und sie sind integrierte Kleingruppen, das bedeutet, daß sie in ein Gesamtnetz vielfältiger Gruppen integriert sind. Der Sozialpädagoge hat demnach die Aufgabe, ein Netzwerk von Klein-

gruppen aufzubauen, damit sich die Einzelfallhilfe über die Gruppenbildung zur Gemeinwesenarbeit aufbaut. Dies ist gesellschaftlich dringend notwendig. Individualisierungsschub, Singularisierung und Liberalisierung der Gemeinschaft einerseits und Verlust von Gemeinschaft andererseits führen zu Bindungsverlust und Isolation (cocooning). Dies fordert die Bildung sowohl formaler als auch informeller Netzwerke (informelle, primäre Netze, wie Familie, Verwandtschaft, Nachbarschaft, Freundschaft als auch formale, sekundäre Netze, wie Selbsthilfegruppen, Nachbarschaftskreise, Gruppen in Vereinen usw.).
Soziale Gruppen sind Orte der Bedürfnisbefriedigung. Sie bieten Sicherheit, Anerkennung, soziale Kontakte u.a. Zudem sind sie Orte des sozialen Lernens: Sie aktivieren, führen zu gegenseitiger Motivation und leiten zum sozialen Lernen an (Wössner, 1986; Novak u.a., 1979).

3.2.1. Strukturen und Prozesse in Gruppen

Die gruppendynamische Forschung betrifft vor allem Kohärenz und Attraktion, Kommunikation, Beeinflussung durch die Gruppe, abweichendes Verhalten, Veränderung und Veränderungswiderstand, Aktivitäten, Interaktion, Kreativität (Gruppenkultur), Führung sowie Normen und Werte (Sader, 1996: 83 ff.; Lappasade, 1972: 55 ff.).

3.2.1.1. Zusammenhalt, d.i. Kohärenz und Attraktion in der Gruppe

Unter Attraktivität verstehen wir dyadische, d.h. Zweierbeziehungen innerhalb der Gruppe; Kohärenz hingegen bezeichnet ihren Zusammenhalt. Andere Begriffe, die in der Literatur verwendet werden, sind: Kohäsion, Zusammenhalt, Syntalität, Solidarität oder Attraktivität. Ich werde unter Kohärenz den Zusammenhalt der Gesamtgruppe verstehen. Dieser umfaßt sowohl den erlebten Zusammenhalt als auch die Interaktionsdichte. Attraktion hingegen bezeichnet die Beziehungen zwischen zwei oder mehreren Personen innerhalb der Gruppe.
Attraktion ist stets positive Attraktion. Wir unterscheiden zwischen geringer, mäßiger und hoher Attraktion. Eine Skala von Haß und Abneigung über Attraktivität bis hin zu hoher Attraktivität dagegen ist nicht zu vertreten, weil ich Menschen hassen und doch attraktiv finden kann. Es gibt also lediglich eine Attraktivitätssteigerung, die bei der Attraktion beginnt.
Attraktion ist zunächst eine *abhängige Variable*. Dies beinhaltet die Frage: Was muß ich tun, um attraktiv zu wirken? R. J. Sternberg unterscheidet leichte und mittlere Grade von Attraktion sowie hohe Attraktion, die in der

Laientheorie Liebe genannt wird (Sternberg, 1987: 331-345). Während bei der leichten und mittleren Attraktion die Beziehung einseitig sein kann, ist sie bei der hohen Attraktion doppelseitig. In allen drei Graden aber spielen irrationale Gefühle eine Rolle, bei der Liebe sogar Gefühle von Schicksalsverbundenheit. Daneben gibt es *objektive Variable*. Es sind:

- *Physische Attraktivität*. In Feldexperimenten wurde festgestellt, daß sowohl für weibliche als auch für männliche Partner die physische Attraktivität die größte Rolle spielte.
- *Räumliche Nähe*. Räumliche Nähe kann zwar auch Abneigung erzeugen. Aber bei Attraktion spielt die räumliche Nähe eine zwingende Rolle. Menschen sind attraktiv, wenn sie oft wahrgenommen werden.
- *Ähnlichkeit*. Nach der Matching-Hypothese ziehen sich gleiche Partner an, nach der Komplementaritäts-Hypothese Gegensätze. Bei Untersuchungen über Ähnlichkeit, Gegensätzlichkeit und Kongruenz überwog bei weitem die Ähnlichkeit (Feingold, 1988: 226-235).
- *Reziprozität*. Wenn ich von jemandem erfahre, daß diese Person mich gern mag, dann führt dies zu positiven Gefühlen meinerseits zu dieser Person. Dabei hat sich herausgestellt, daß es wichtig ist, positive Einstellungen und Gefühle zu formulieren, damit reziproke Gefühle möglich werden.
- *Lob und Tadel*. Lob steigert die Attraktion, Tadel dagegen vermindert sie. Dabei läßt sich folgende Skala aufstellen: ungerechter Tadel wirk sehr negativ, gerechter Tadel bereits günstig, ungerechtes Lob ziemlich günstig, gerechtes Lob sehr günstig.

Im weiteren ist Attraktion eine *unabhängige Variable*. Berscheid hat fünf Aspekte für unabhängige Variable der Attraktion aufgestellt (Berscheid, 1985: 413-484):

(1) Wir tendieren dazu, uns physisch, verbal oder symbolisch auf diejenigen hin zu bewegen, die wir als attraktiv empfinden. Dies ist sogar räumlich zu verstehen: Attraktive Personen mögen wir, und wir nähern uns ihnen auch räumlich.

(2) Wir tendieren dazu, Menschen positiver zu beurteilen, die auf uns attraktiv wirken. Wir ergreifen für sie Partei und beurteilen sie positiv ungerecht.

(3) Wir tendieren dazu, uns von solchen Menschen stärker beeinflussen zu lassen, für die wir Attraktion empfinden. Die Werbung arbeitet beispielsweise damit, attraktive Personen das Produkt anbieten zu lassen.

(4) Wir helfen Menschen eher, wenn wir die hilfsbedürftige Person attraktiv finden. Altruismus wird sehr stark von „liking“ beeinflußt.

(5) Wir werden von unserem Lernverhalten beeinflußt, ob und in welchem Grade wir die beteiligten Personen als attraktiv erleben.

Attraktion spielt in Gruppen eine große Rolle. Liking-Reziprozität kann die Gruppenatmosphäre verbessern. Es besteht aber auch die Gefahr, daß liking zu loving wird, die Zweier-Beziehung isoliert sich in der Gruppe. Oft verläßt das Paar, wenn es sich gefunden hat, die Gruppe, manchmal sprengt es sie auch. Wichtig ist jedoch, daß der Gruppenleiter Attraktivität besitzt.
Kohärenz, so sagten wir, bezeichnet den Zusammenhalt der Gruppe und besteht in einem Beziehungsgeflecht zwischen allen Mitgliedern der Gruppe. Wir können Lokomotions- und Kohäsionskräfte unterscheiden (Lapassade, 1972: 57). Erstere treiben eine Gruppe zu den Zielen hin, die sie sich gesetzt hat; die Ziele motivieren die Mitglieder dazu, in der Gruppe zu bleiben. In manchen Gruppen herrschen die Kohäsionskräfte vor, wie in Freundschaftsgruppen; in zielorientierten Gruppen hingegen dominieren die Lokomotionskräfte. Man kann verschiedene Kohäsionskriterien angeben. Einerseits bestimmen Eigenschaften der Gruppe, wie Ziele, Größe oder Organisationsform, andererseits die Qualität der Gruppe, z.B. Beziehungen und Sicherheitsgefühle, die Kohäsion. Ziele sollten angemessen und klar sein, und sie müssen von den Mitgliedern anerkannt werden. Tritt an die Stelle von Kohärenz Divergenz, dann bricht die Gruppe auseinander. Kohärenz ist darum von entscheidender Bedeutung für den Erhalt und die Aktivität der Gruppe. Es lassen sich folgende Ergebnisse der Kohärenz-Forschung nennen (Sader, 1996: 102-109).
Unser Handeln und Verhalten in der Gruppe ist in hohem Maße abhängig vom Grad der Kohärenz in dieser Gruppe. So erhöht die Gruppenkohärenz die Eigenaktivität des Einzelnen.
Gruppenkohärenz wird erreicht, wenn zwischen den Teilnehmern liking und respect herrschen, sie schaffen soziale Zufriedenheit und soziometrischen Zusammenhalt.
Es gibt einen Zusammenhang zwischen Kohärenz und Leistung. Aber dieser ist nicht linear. Bei geringer Kohärenz verbrauchen die Mitglieder ihre Energie weitgehend für die Schaffung, Aufrechterhaltung und Verbesserung des Status in der Gruppe sowie für Gruppenprozesse; für die Aufgabe bleibt wenig Energie übrig. Bei mittlerer Kohärenz werden viele Energien für die Aufgabe freigesetzt. Bei hoher Kohärenz kann die Leistung wieder absinken, weil die Beziehungen dominieren und nicht die Leistung (gemütlich Kaffee trinken, statt zu arbeiten). Andererseits zeigt die Umkehrung des Lei-

stungs-Kohärenz-Verhältnisses, daß Leistung Kohärenz fördert. Der Gruppenzusammenhalt wächst mit dem Erfolg der gebrachten Leistung. Nichts ist erfolgreicher als der Erfolg. Dabei spielen aber eine begleitende Rolle die Struktur der Gruppe und die Art der Aufgabe.
Wettstreit innerhalb einer Gruppe schadet der Gruppenkohärenz. *Kooperation* fördert dagegen Kohärenz und Leistung. Es lassen sich fünf Ergebnisse über kooperatives Handeln festhalten (Irle, 1975: 428):

- Kooperativ orientierte Gruppen bearbeiten die Aufgaben stärker gemeinsam und koordinieren ihre Handlungsschritte häufiger, auch sind sie inhomogener als die kompetitiven, d.h. wettbewerbsorientierten Gruppen.
- Die Kommunikationsrate ist in kooperativ orientierten Gruppen größer als in kompetitiv orientierten.
- Die Urteile über die Richtung und Entfernung des Ziels ist in kooperativen Gruppen ähnlicher als in kompetitiven.
- Die Produktivität ist in kooperativen Gruppen größer als in kompetitiven, und zwar wird das Ziel in kürzerer Zeit erreicht, und das Ergebnis ist von höherer Qualität.
- In kooperativen Gruppen, im Vergleich zu kompetitiven, treten freundliche Haltungen häufiger auf als feindselige.

Wettbewerb innerhalb der Gruppe ist dem Gruppenklima wie auch der Gruppenleistung abträglich. Wir sollten also vermeiden, durch Wettbewerb die Leistung der Gruppe steigern zu wollen. Gruppen sind deshalb vor allem in der Beratung wettbewerbsfrei zu halten.
Die *mehrfache Gruppenzugehörigkeit* ist die Regel. Wenn von Gruppe und Kohärenz die Rede ist, denken wir oft an eine einzige Gruppe und an eine singuläre Mitgliedschaft. Im Alltag unserer hochkomplexen pluriformen Gesellschaft ist die simultane Mitgliedschaft in vielen Gruppen normal. Das bedeutet jedoch eine ungleiche Dichte von Loyalität und Kohärenz. Es gibt deshalb Loyalitätskonflikte, wie ich zwischen den verschiedenen Gruppen meine Interessen und meinen Zugehörigkeitsgrad verteile.
Die *Schattenseiten hoher Kohärenz* bestehen darin, daß Selbständigkeit und Eigenverantwortlichkeit zu kurz kommen. Bei dichter Kohärenz werden Nähe und Geborgenheit so dominant, daß die Identität aufgegeben werden kann. Besonders Schwache und Schonungsbedürftige werden in Gruppen mitgetragen, aber auf die Dauer macht sie das unselbständig, abhängig und infantil.
Kohärenz und Offenheit hängen eng zusammen. Einerseits ist ein Maß von Offenheit und Aufrichtigkeit in der Kommunikation und Interaktion der

Gruppenmitglieder untereinander notwendig. Ein Maximum an Offenheit ist jedoch schädlich, da der Mensch das Recht auf Intimität besitzt. Selbst in psychosozialen und therapeutischen Gruppen, wo die Offenheit größer sein muß als in leistungsorientierten, darf die Offenheit einen mittleren Grad nicht überschreiten. Für die Einzelfallhilfe gilt das psychotherapeutische Grundgesetz: Rückhaltlose Offenheit gegen absolute Verschwiegenheit; wohl kaum aber für die Gruppenarbeit. Hilfreich ist in diesem Zusammenhang die Unterscheidung von Rogers zwischen Offenheit und Echtheit. Nicht Offenlegung aller Persönlichkeitserscheinungen ist das, was wir in der Gruppe erstreben, sondern Echtheit, das meint, daß alle Aussagen des Sprechers von ihm als aufrichtig erlebt werden.
Differenziertes Rollenverhalten innerhalb einer Gruppe ist legitim. Denken wir an die Vielzahl der Gruppen, denen wir angehören, kann der Einzelne nicht in jeder die Anforderungen an Kohärenz und Offenheit, Zielverpflichtung und Loyalität erfüllen, die die Gruppe an ihn stellt. Er muß sich mit Rollen begnügen, d.h. die Regeln und Erwartungshaltungen der Gruppe respektieren und einhalten.

3.2.1.2. Kommunikation in der Gruppe

Fassen wir Kleingruppen als Systeme auf, dann können wir sie verstehen als Netze kommunikativen Handelns. Kommunikation bezeichnet den Austausch zwischen den Gruppenmitgliedern innerhalb der Gruppe. Er läßt sich unter zwei Aspekten betrachten (Olmsted, 1974: 103-112).
Erstens: Die Gruppe ist ein Netzwerk von affektiven Beziehungen. Zunächst sind die emotionalen Beziehungen wichtiger als die kommunikativen. Emotionen gehen der Argumentation voraus. Darum muß primär ein kooperatives Emotionsklima geschaffen werden. Gefühle werden also nicht von außen eingebracht, sondern das innere System produziert sie selbst. Wenn die Interaktionen zwischen den Gliedern der Gruppe häufig sind (Aufgaben), dann entstehen emotionale Einstellungen zwischen ihnen, wie Zuneigung oder Abneigung. Diese Gefühle führen wiederum zu Interaktionen.
Zweitens: Die Gruppe ist ein Netzwerk von Kommunikation. Hierbei betrachten wir das Kommunikationsnetz der Gruppe, wobei wir feststellen, welche Wege die Kommunikation in der Gruppe nimmt und wie sie die Gruppe strukturiert; wie sie auf Problemlösungskompetenzen einwirkt und wie sie Rollen ausdifferenziert. Die Informationszirkulation läßt sich als kettenförmig, sternförmig oder kreisförmig bezeichnen. Die sternförmige Kommunikation erhöht die Leistung, kann aber zu Frustrationen und Ag-

gressionen führen. Die kreisförmige Kommunikation ist für die Gruppenmitglieder emotional befriedigender, kann aber auch zu Zeitverlusten führen. Die Kette bezeichnet die demokratische Kommunikationsstruktur.

3.2.1.3. Wirkungen der Gruppe auf den Einzelnen

In einer beträchtlichen Anzahl von Experimenten wurde versucht, die Frage zu beantworten, bis zu welchem Grade sich Gruppenteilnehmer von der Gruppe beeinflussen lassen. M. S. Olmstedt nennt folgende Wirkungen der Gruppe auf den Einzelnen (Olmstedt, 1974: 72-83):
Die Wirkung der Gruppe auf die Motivation des Einzelnen. Verglichen wird in diesem Zusammenhang das Verhalten des Menschen, wenn er allein entscheidet oder wenn er es zusammen mit anderen tut. Im Zusammensein mit anderen wird der Einzelne positiver stimuliert als wenn er allein ist. Es entsteht eine diffuse Erregbarkeit und Überaktivität. Diese Stimulierung hat eine größere Quantität der Leistung und eine größere Geschwindigkeit zur Folge, aber auch eine größere Zahl von Fehlern bzw. eine Minderung der Qualität des Produktes. Manchmal löst die Gegenwart anderer Ermutigung aus (Geschwindigkeit und Quantität), manchmal hingegen Hemmung (Qualität).
Die Wirkungen der Gruppe auf die Änderung individueller Haltungen und individuellen Verhaltens. Wenn eine Gruppe ihr Verhalten ändern will, z.B. in einer Leistungsgruppe mehr zu arbeiten oder in einer therapeutischen Gruppe weniger zu essen, dann entsteht die Frage, wie stark sich der einzelne an solch eine Entscheidung bindet. Drei Ergebnisse hat man gefunden: 1. Gruppenverhalten kann leichter geändert werden als Einzelverhalten. 2. Die Wirkungen sind anhaltender. 3. Eine Entscheidung wird eher angenommen, wenn der einzelne an ihr Anteil hat. Alle drei Ergebnisse beruhen auf dem Wunsch des Individuums, sich gemäß der Gruppennormen zu verhalten.
Die Wirkungen der Gruppe auf die Wahrnehmung des Einzelnen. M. Sherif (1953) hat schon 1953 gezeigt, daß die Gruppe die Wahrnehmung des einzelnen beeinflußt. S. E. Asch hat drei Typen des Sich-Beugens unter Gruppennormen nachgewiesen (Asch, 1987):

- Zerstörung der Wahrnehmung unter dem Gruppendruck. Nicht alle, aber eine Anzahl von Versuchspersonen haben ihre persönlichen Wahrnehmungen durch Schätzungen der Mehrheit ersetzt.
- Zerstörung des Urteils. Die meisten Versuchspersonen gehören zu dieser Gruppe. Wenn sie ein geringes Zutrauen zu sich selbst besitzen, schließen sie sich in ihrem Urteil der Meinung der Mehrheit an.

- Zerstörung der Handlung. Diese Personen wollen nicht vor der Gruppe als unvollkommen dastehen. Darum unterdrücken sie ihre Wahrnehmungen, äußern die Mehrheitsmeinung in vollem Bewußtsein und handeln im Sinne der Gruppe.

Wahrnehmungsänderungen lassen sich in der Beratung dazu nutzen, positive Wahrnehmungsänderungen herbeizuführen.
Wirkungen der Gruppe auf die Emotionalität des Einzelnen. Die Wirkungen der Gruppe auf den einzelnen ist nicht beschränkt auf Wahrnehmung, Urteile und Handlungen der Individuen, sondern es gibt auch Einflüsse auf die Gefühle. Dies macht sich die Gruppenpsychotherapie zu Nutze. Dabei ist es wichtig, daß in Therapiegruppen Starrheit und fixierte Beziehungen und Rollen verhindert werden. Gleichzeitig muß jeder Klient eine Einheit für sich bleiben, in der sich innerpsychische Prozesse abspielen. Er darf seine autonome Identität nicht aufgeben, sondern muß immer eine integrierte Einheit bleiben, die an sich arbeitet.
Fassen wir diese Aspekte zusammen, ergibt sich daraus, was wir das „*groupthink*" nennen. Es setzt sich zusammen aus Elementen der gegenseitigen Beeinflussung in der Gruppe. Janis bietet eine Liste von 8 Merkmalen des groupthinking an (Janis, 1982: 480):

(1) Die Illusion der Unverwundbarkeit der Gruppe, die zu großem Optimismus und großer Risikobereitschaft führt.

(2) Die Tendenz, Warnungen zu mißachten, die die Mitglieder der Gruppe veranlassen könnten, ihre Entscheidungen zu überdenken.

(3) Ein fragloser Glaube an die Überlegenheit der eigenen Moral, weswegen ethische Konsequenzen vernachlässigt werden.

(4) Eine positive Autostereotypie von der eigenen Gruppe und eine heterostereotypische Sicht von Rivalen und Feinden, die als zu böse oder als zu weich und dumm angesehen werden, als daß man mit ihnen verhandeln könnte.

(5) Sozialer Druck auf alle Gruppenmitglieder, die sich gegen die Gruppenstereotypien und Illusionen der Gruppe stellen.

(6) Zwang zur Selbstzensur aller Mitglieder der Gruppe in Bezug auf Abweichung von der Gruppenkonformität, wodurch beim Einzelnen Zweifel und Gegenargumente eine geringe Rolle spielen.

(7) Die Illusion der Einstimmigkeit in der Gruppe, die ein Ergebnis aus der erzwungenen Selbstzensur und der Ansicht ist, daß Schweigen Zustimmung bedeutet.

(8) Das Auftreten von selbsternannten mind-guards, die die Gruppe vor gruppenfremden Einflüssen schützen wollen. Sie sind häufig dogmatisiert und ideologisiert.

Groupthink ist in allen Arten von Gruppen zu beobachten, gerade auch in religiösen und politischen. Positiv läßt es sich jedoch in der Gruppenberatung nutzen, um Einstellungsänderungen unter dem Einfluß der Gruppe herbeizuführen.

3.2.1.4. Konformität und Autonomie

Man kann gewöhnlich in der Gruppe einen Konformitätsdruck feststellen, der einen Ausschluß des Abweichlers zur Folge hat. K. Wilkening hat bei 600 Schülern zwischen 13 und 14 Jahren untersucht (Wilkening, 1978), wie stark sie dem Konformitätsdruck der Gruppe unterlagen. Konformitätsdruck ist dabei definiert als Angleichung der Urteile eines Individuums an die von einer Gruppe geäußerten Meinung. Dabei wird postuliert, daß diese durch die Gruppe geäußerten Urteile und Normen einen Gruppendruck auf das Individuum ausüben, der um so stärker ist, je größer die Diskrepanz zwischen dem ursprünglich von der Versuchsperson geäußerten Urteil und der von der Gruppe eingenommenen Urteilsposition ist. Dabei lassen sich zwei Thesen aufstellen: 1. Bei ansteigendem Gruppendruck nimmt das Ausmaß der Urteilsveränderung zu; dies wäre eine monotone Beziehung zwischen Diskrepanz und Konformität. 2. Die Urteilsveränderung nimmt zunächst zu, bei extremem Gruppendruck aber wieder ab; dies wäre jetzt eine kurvenlineare Beziehung zwischen Diskrepanz und Konformität. Wilkening legte den Schülern unterschiedliche Materialien vor, wie Strichlängen, Flächengrößen, Geographiefragen und Meinungen. Die Ergebnisse zeigten einen signifikanten Einfluß des Gruppendrucks auf das Urteilsverhalten. Bei den Strichlängenaufgaben waren die Urteilsänderungen unter mittlerem Gruppendruck am stärksten; aber sie nahmen nach dem Überschreiten eines kritischen Punktes wieder ab. Bei den Flächen-, Geographie- und Meinungsaufgaben hingegen nahmen die Urteilsänderungen bis zum Extrem hin zu. Je objektiver also der Beobachtungsgegenstand ist, desto eher ist der Beobachter geneigt, sich wieder von dem Gruppeneinfluß zu distanzieren. Zwischen dem Urteilsverhalten von Jungen und Mädchen wurde kein Unterschied festgestellt.
Sehr viel aufsehenerregender waren die *Milgram-Experimente*, die den Konformitätsdruck in Form von *Gehorsam* nachwiesen (Milgram, 1988). Diese haben zwar nicht unmittelbar etwas mit Gruppendruck zu tun, zeigen

aber die Bedingungen zum Gehorsam auf, der ja beim Konformitätsdruck eine große Rolle spielt. Milgram machte folgende Versuche: Versuchsteilnehmer wurden aufgefordert, im Rahmen von vorgeblichen Lernexperimenten bei Dritten Lernfehler mit elektrischen Stromschlägen zunehmender Stärke zu bestrafen. Die Teilnehmer kamen aufgrund einer Zeitungsanzeige und erhielten 4 Dollar für eine Stunde, in der sie an einem Experiment über Gedächtnisleistungen teilnehmen sollten. Sie sollten einer Versuchsperson bei Fehlern Stromstöße in der Zunahme von „Leichter Schock" zu „Mittlerer Schock" bis „Sehr schwerer Schock und Gefahr" verabreichen (es versteht sich, daß in Wirklichkeit keine Stromstöße erfolgten; der Probant meinte dies nur). Der Versuchsleiter spornte den sog. Lehrer an, wenn er Bedenken zeigte. Das Experiment war beendet, wenn der Lehrer die höchste Voltzahl ausgeteilt hatte. Von 40 Teilnehmern vergaben 26 die höchste Voltzahl. Variationen des Versuches ergaben immer ähnliche Zahlen. Immer wenn der Versuchsleiter autoritär die Weiterführung des Experiments verlangte, ergaben sich hohe Grade von Gehorsamen. Wenn die Autorität des Versuchsleiters verringert wurde, z.B. der Versuchsleiter verläßt den Raum oder zwei Versuchsleiter streiten sich über die Fortsetzung des Experiments, oder wenn lediglich eine angeworbene Person und keine Institutsautorität der Versuchsleiter war, dann sank die Gehorsamsrate stark. Räumliche Nähe ist ein weiterer wichtiger Faktor. Wenn der Bestrafte im Nachbarraum unsichtbar blieb, war die Gehorsamsrate hoch; war der Schüler dagegen im gleichen Raum, dann war die Gehorsamsrate geringer. Mußte der Lehrer die Hand des Schülers auf den Schalter legen, war die Rate noch geringer. Allerdings hielten trotz aller einschränkenden Bedingungen immer noch 12 bis zuletzt aus. Wenn der Angeworbene, der die Lehrerrolle einnimmt, einen Gleichgesinnten im Raum hatte, fiel der Widerstand leichter. Was bei diesen Versuchen überraschte, war, daß Macht und Überlegenheit oder gar Sadismus keine nennenswerte Rolle spielten. Wenn nämlich dem „Lehrer" die Schockhöhe freigestellt wurde, blieben fast alle im untersten Bereich, nur einer erreichte die höchste Voltzahl. Hinzu kommt die hohe Autorität der Yale-Universität und der Versuchsleiter. Als Erklärung für den Gehorsam bei diesen Experimenten bieten sich folgende Überlegungen an:

- Spannungssysteme und Konflikte. Alle Versuchsteilnehmer standen unter starken seelischen Spannungen. Sie waren dem Experimentator und dem Schüler gleichermaßen verpflichtet.
- Außerdem ist bekannt, daß Menschen einen angefangenen Vorgang nicht gern abbrechen.

- Keine Zeit zum Nachdenken. Der Lehrer war ja zugleich beschäftigt mit den Aufgaben, der Aufgabenkontrolle, der Bestrafung und dem Gehorsam gegenüber dem Versuchsleiter, der ihn immer wieder antrieb. Dies scheint der entscheidende Faktor zu sein. Bei ähnlichen Experimenten, wo eine Krankenschwester aufgrund eines Anrufes durch den Arzt 30 mg Valium (gefährliche Dosis) geben sollte, waren nur zwei von 18 Personen zum Gehorsam bereit.
- Verantwortung abtreten ist ein letztes wichtiges Motiv. Der Experimentator übernahm ja die volle Verantwortung.

Autonomie und Gehorsam. Gehorsam ist einerseits eine Eigenschaft des Menschen, die notwendig ist, um die Gesellschaft zu ermöglichen. Autonomie hingegen scheint die einzige Haltung zu sein, die, wenn es sein muß, falschen Gehorsam verweigert.
Andere Experimente zeigen nämlich, daß es möglich ist, dem Gruppendruck Widerstand zu leisten. Serge Moscovici hat in seiner *Konversionstheorie* gezeigt (Moscovici 1980), daß eine konsistente Minderheit bei einer Mehrheit eine Konversion auslösen kann, d.h. eine echte Meinungsänderung. Die Übernahme von Mehrheitsmeinungen hingegen führt nicht zu echten Meinungsänderungen, sondern zu bloßer äußerer Anpassung. Solche Forschungen relativieren die Versuche von Milgram, weil sie die Subjektiv-Seite mit ihren objektiven Prozessen mit ins Spiel bringt. Laborexperimente sind eben nicht immer alltagsweltlich relevant.
Neben den Gehorsamsexperimenten sind genauso wichtig die über Ungehorsam. Und zwar finden nicht nur Gehorsamsprozesse sondern auch *Ungehorsamsprozesse* in Gruppen statt, in denen Gruppenprozesse ablaufen. Das haben die *MHRC-Experimente* (Manufacturers Human Relations Consultants; der Name einer fiktiven Firma) gezeigt. In der Tageszeitung wurde eine Anzeige aufgegeben, in der 10 Dollar für zwei Stunden Mitarbeit bei einem Projekt geboten wurde. Die Teilnehmer kamen also durch Zufallsauswahl zustande. Die Versuchsanordnung war so gestaltet, daß Widerstand gegen die Forderungen der „Firma“ möglich war. Dabei stellten sich sieben chronologische Schritte heraus:

(1) Alle Teilnehmer beginnen mit einem Einverständnis.

(2) Es erfolgt der Übergang zur inneren Ablehnung, der sehr gleitend ist, wenn die Firma unakzeptable Forderungen stellt.

(3) Die Artikulation des Widerstandes erfolgt zuerst, wenn die Versuchsleiter den Raum verlassen.

(4) Offener Widerstand ist die vierte Phase. Ein Teilnehmer erklärt laut und öffentlich, daß er die Verfahrensweise, die die Firma vorschreibt (beispielsweise einen Mitarbeiter, der mit einer Frau unverheiratet zusammenlebt, zu entlassen), für unzumutbar hält.

(5) Faktischer Widerstand bedeutet die Aufkündigung der Kooperation. Das geht so weit, den Vertrag zu zerreißen.

(6) Der Übergang zum Widerstandshandeln ist fließend. Dabei wurde nichts zerstört, allenfalls die Einwilligungsunterlagen zerrissen.

(7) Die Vorbereitung weiterführender Handlungen ist schließlich die weitestgehende Form des Widerstandes. Beispielsweise sammeln sie alle Beweise, die sie während des Experimentes zusammengetragen hatten, um einen Anwalt gegen die Firma zu beauftragen.

Ebenso wichtig sind die Bedingungen für einen Widerstand gegen ungerechte Autorität. Widerstand wird gefördert bei Intelligenz, politischen Kenntnissen, geistiger Selbständigkeit und Wortgewandtheit. Der Widerstand wird vermindert, wenn kein Mitglied schon einmal bei einer Gruppe war, die Widerstand leistete (Streik, Protestdemonstrationen), kein Teilnehmer Collegeausbildung hatte oder kein Teilnehmer initiativ war. Dabei stellte sich weiterhin heraus, daß eine Person zu wenig war, um Widerstand zu leisten, zwei waren gut und drei ausreichend, aber zehn waren wiederum zu viel, um einen Widerstand zustande zu bringen.
Für den Widerstand in einer Gruppe gegen ungerechtfertigte Autorität ist es erforderlich, daß möglichst zwei Mitglieder mit dem Widerstand beginnen, ihn initiieren. Ohne sie kommt er nicht zustande. Auch unter den widerstandfördernden Bedingen des MHCR-Experiments haben nur drei Viertel der Gruppen Widerstand entwickelt. Es ist also nicht leicht, Widerstand gegen Ungerechtigkeit zu initiieren, wobei man ja der Gruppe den Konsens aufkündigt. Sader fordert darum, daß unsere Gesellschaft nicht nur in Gehorsam, sondern auch in Ungehorsam und Widerstand gegen Ungerechtigkeit einübt (Sader, 1996: 197).

3.2.1.5. Kreativität und Gruppenkultur

Kreativität wurde bisher viel häufiger auf der Ebene des Individuums betrachtet als auf der Ebene der Gruppe. Kreativität in der Gruppe wurde vor allem von Claude Faucheux und Serge Moscovici erforscht (Faucheux, Moscovici, 1958; Moscovici 1986). Danach ist Kreativität ein Prozeß der Entwicklung von Vorstellungen und Ideen, deren Informationsgehalt ständig zunimmt. Allerdings möchte ich hinzufügen, daß Kreativität nicht nur Informantionswachstum ist, sondern auch spontanes Neu-Entdecken und Neu-Finden von Lösungen und Ideen, die es vorher nicht gab. Folgende Ergebnisse über das Kreativverhalten von Gruppen können wir festhalten:

(1) Die Überlegenheit der Gruppe gegenüber dem Individuum hängt von der Art der Aufgabe ab. Beispielsweise erhöht Gruppen-Interaktion nicht unbedingt die ökonomische Leistung eines Betriebes.

(2) Die Gruppe wirkt sich positiv aus, wenn die Anordnung der Aufgabe eine Zusammenarbeit der Gruppenmitglieder erlaubt, die das Wahrnehmungsvermögen des einzelnen flexibler und die Produktion der Gruppenglieder kontrollierbar macht, wobei die Gruppenregeln eingehalten werden.

(3) Bei Versuchsanordnungen, bei denen ein Gruppeneffekt möglich ist, sind die Gruppen nicht nur wirkungsvoller, sondern auch origineller als die Einzelpersonen.

Die *Gruppenkultur* entsteht durch Ideen und Werte, die eine Gruppe entwickelt. Weiterhin bildet sie sich durch die Gruppenprozesse, in denen der einzelne lernt, Gedanken einzubringen, aber auch auf die Gruppe Rücksicht zu nehmen. So entsteht ein kleiner Kosmos von Regeln, die die Gruppenmitglieder befolgen und wodurch ein gewisses Solidaritätsbewußtsein entsteht. Schließlich bildet sich die Gruppenkultur durch Lernprozesse.
Die Gruppenkultur ist wichtig für das Zusammenarbeiten der Gruppe. Jede Gruppe hat dabei ihre eigene Subkultur, d.h. eine ausgewählte und modifizierte Übernahme einiger Bestandteile der Gesamtkultur. Die Bedeutung der Subkulturen liegt also nicht primär in der Bereicherung der Gesamtkultur, sondern darin, daß sie die Gesellschaft strukturieren, daß sie keine amorphe Masse ist. Die Funktion der Mikrostruktur der Gesellschaft besteht ja in der Aufgabe, den Einzelnen aufzufangen und zu schützen vor den entfremdenden Makrostrukturen der Gesellschaft, dem Einzelnen situative Orientierung zu geben und ihm Glaubens- und Verhaltensnormen zu vermitteln. Dies ist die Funktion der Gruppenkultur in der Gesellschaft.

3.2.1.6. Lösung von Problemen durch Gruppen in Entscheidungsprozessen

Die Erforschung von Entscheidungsprozessen ist nicht nur für die Kleingruppenforschung wichtig, sondern auch für die Demokratieforschung, da auch hier viele Entscheidungen in Gruppen fallen. Von dem Erfolg und der Qualität solcher Arbeitsgruppen kann in der Gesellschaft viel abhängen.

Dabei soll es sich um Entscheidungen handeln, die konkret sind, gruppenrelevant, thematisiert und von kurzer oder mittlerer Erstreckung. Es gibt nämlich auch unthematisierte Entscheidungsprozesse, wobei Entscheidungen getroffen werden, ohne daß die Gruppenmitglieder sie thematisieren können. Weiterhin gibt es Entscheidungsprozesse von langer Dauer, wie bei Verhaltensänderungen. Zunächst sollen *vier falsche Annahmen* diskutiert werden (Sader, 1991: 206-209).

Erste Annahme: Alle Beteiligten wollen, daß eine Entscheidung herbeigeführt wird. Dies ist keineswegs der Fall. Es gibt Gelegenheiten, wo man versucht, Entscheidungen zu verhindern, indem man sie hinausschiebt. Auch geschieht es häufig, daß Teilnehmer keine Verantwortung übernehmen wollen, weil sie zu wenig Kompetenz besitzen (und es nicht zugeben wollen) oder sie die Verantwortung scheuen. Denn es gibt auch die Furcht vor der Verantwortung (Fromm, 1975). Häufig ist darum eine Verantwortungsdiffusion zu beobachten.

Zweite Annahme: Die relevanten Informationen werden unverzerrt gegeben und empfangen. Dies jedoch ist nicht der Fall, da sowohl oft eine vollständige Zahl der Fakten fehlt, der Informator ungenau ist und der Hörer tendenziell apperzipiert.

Dritte Annahme: Die Untersuchungen von Entscheidungsvorgängen in Kleingruppen lassen sich verallgemeinern. Dies stimmt nicht. Entscheidungsverhalten im komplexen Alltag verlaufen anders.

Vierte Annahme: Entscheidungen werden „gefällt". Es gibt kaum ad hoc gefällte Entscheidungen. In der Regel reifen sie heran. Sie sind ein mühseliger Prozeß mit teils vorläufigen und teils endgültigen Entscheidungen, Gegenentscheidungen, Zurücknahmen zwecks Kompromißbildung, Veränderungen und neuen Entscheidungen.

Im Gegensatz dazu stellt I. L. Janis sieben normative Regeln auf, nach denen Gruppenentscheidungsprozesse gesund verlaufen (Janis, 1982: 478):

(1) Die Gruppe erarbeitet einen weiten Bereich von Alternativen.

(2) Die Gruppe stellt den ganzen notwendigen Bereich der Ziele dar und die Werte, die in die Wahl eingeschlossen sein müssen.

(3) Die Gruppe erwägt alle Ergebnisse nach Einsatz und Risiken, nach negativen und positiven Folgen.

(4) Die Gruppe sucht intensiv nach neuen Informationen für die Bewertung aller Verifikationen und Falsifikationen.

(5) Die Gruppe nimmt Kenntnis von jeder neuen Information, die die Gruppenmitglieder empfangen.

(6) Die Gruppe überprüft alle positiven und negativen Konsequenzen aus allen Alternativen, auch solcher, die vorab als inakzeptabel abgelehnt worden waren.

(7) Die Gruppe entscheidet sich und trifft Vorkehrungen zur Verwirklichung der Entscheidung bei genauer Beachtung der Risiken.

Manfred Sader stellt *Reflexionsbereiche* für die Verbesserung von Entscheidungsverhalten in Gruppen dar (Sader, 1996: 226-244).
1. Die Rolle der Information im Entscheidungsprozeß. Es scheint einleuchtend zu sein, daß alle Gruppenmitglieder, die am Entscheidungsprozeß beteiligt sind, alle relevanten Informationen erhalten. Das ist jedoch nicht immer der Fall. Es ist auch wichtig zu unterscheiden zwischen dem Ausmaß an Information und an dem Ausmaß von Transparenz. Maximale Information führt zu minimaler Transparenz und umgekehrt. Darum müssen wir immer einen Kompromiß zwischen Information und Transparenz schließen.
2. Problem und Problemlösungsstruktur. Es kann hilfreich sein, zwischen Zielanalyse, Situationsanalyse und Materialanalyse zu unterscheiden. Bei der Zielanalyse treten als Probleme auf, daß es für das Ziel vielleicht gar keine Lösung gibt oder daß zu hohe Ansprüche an das Ziel gestellt werden oder zu hohe Ansprüche an die Urteilsfähigkeit der Gruppe oder zu wenig Zeit und zu wenig Mittel zur Zielerreichung bereitgestellt werden. Es ist auch gar nicht sicher, daß alle Gruppenmitglieder überhaupt das Ziel verfolgen; es kann ihnen unklar sein oder sie können nur reden wollen. Bei der Situationsanalyse geht man zu sehr davon aus, daß die Gruppenteilnehmer die Situation einigermaßen angemessen erkennen und beurteilen. Dies dürfte nicht der Fall sein. Die meisten Menschen können nicht komplexe interdependentische Zustände erfassen und urteilend anwenden (Dörner, 1983). Die *Materialanalyse* schließlich beinhaltet die Kenntnis der vorhandenen Mittel und Möglichkeiten.
3. Nachteilige Wirkungen des Bedürfnisses nach Gruppenharmonie. Man kann vor allem zwei nachteilige Wirkungen aufzeigen. Erstens: Gehorchen und anpassen statt entscheiden. Man kann kognitive Dissonanzen dadurch versuchen zu beseitigen oder zu vermeiden, daß man keine Entscheidungen trifft, sondern sich an vorgegebene, übliche Muster und Verfahrensweisen hält, an Vorschriften, Gesetze, Befehle usw. Zweitens: Nicht entscheiden, sondern Geborgenheit suchen und einfache, einsichtige Einheitstheorien bevorzugen. Wenn man unübersichtlichen Einzelentscheidungen und kognitiven Dissonanzen zu entgehen versucht, gelingt dies scheinbar, wenn

man sich einer klaren, eindeutigen, leistungsfähigen, aber eben auch realitätsreduzierten Gesamttheorie anschließt. Aus ihr lassen sich dann die Einzelentscheidungen ableiten, wodurch eine eigene Entscheidung überflüssig wird. Diese Haltung kann als Suche nach Geborgenheit und Sicherheit durch Anlehnung an eine Autorität bezeichnet werden.

4. Gruppenkohärenz und Entscheidungsprozesse. Hohe Gruppenkohärenz wird im allgemeinen positiv bewertet: Sie erzeugt ein angenehmes und positives Gruppenklima. Zweifellos muß ein gewisses Maß an Gruppenkohärenz vorhanden sein, wenn Entscheidungen zustande kommen sollen. Trotzdem läßt sich nicht verallgemeinern, daß hohe Gruppenkohärenz Entscheidungsprozesse fördert. *Niedrige Gruppenkohärenz* kann vorteilhaft sein, weil die Gruppenmitglieder nicht so stark in Gruppenprozesse eingeschlossen sind. Allerdings kann niedrige Gruppenkohärenz den Nachteil haben, daß Status, Rolle und Positionierung noch nicht festliegen und darum die Energien nicht für den Entscheidungsprozeß zur Verfügung stehen, sondern für die Status- und Rollensicherung in der Gruppe benötigt werden. *Hohe Gruppenkohärenz* hat den Vorzug, daß eine Atmosphäre von Vertrauen existiert, wodurch neue Ideen, Einwände, Gegenargumente oder auch kreative Ideen eingebracht werden können. Nachteilig ist hohe Gruppenkohärenz, wenn Konformitätsdruck und Loyalitätszwang die freie Gedankenentfaltung verhindern. Einstimmigkeit wird angestrebt und ein Überoptimismus in die Leistung der Gruppe gesetzt.

5. Die Gruppengrenze ist notwendig und gefährlich zugleich. Jede Gruppe muß durch eine Membran von der Außenwelt abgegrenzt sein. Nur wenn sie feste Mitglieder hat, kann sie arbeiten. Die Gruppengrenze ist auch wichtig, wenn es sich um Vertraulichkeiten, Verschwiegenheitspflicht, Datenschutz. usw geht. Eine große Gefahr für eine Gruppe ist es jedoch, wenn die Membran zur Mauer wird. In diesem Fall skelerotisiert sie durch Erstarrung und entwickelt ein In-group-Verhalten. Sie wird zeitasynchron, traditionsgeleitet, autoritär und gruppenzentriert. Die andere Gefahr ist die Auflösung der Membran. Über einen Zwischenzustand der Beliebigkeit löst sich die Gruppe auf.

6. Verfahrenstransparenz. Die Transparenz, das bedeutet die Durchsichtigkeit und Überschaubarkeit von Entscheidungen, wird als positiv erlebt. Dies gilt sowohl für die Gruppenmitglieder als auch für die Öffentlichkeit. Für normale Gruppenentscheidungen ist Transparenz wichtig. Jeder Beteiligte sollte jederzeit mitverfolgen können, wie der Entscheidungsprozeß abläuft. Dazu gehört es, die unausgesprochenen Implikationen zur Sprache zu bringen. Dies können inhaltliche Implikationen sein, die Vorkenntnisse,

Sachverhalte und Informationsmenge betreffen. Es können auch verfahrenstechnische Implikationen sein, bei denen der Gruppenleiter zur Sprache bringt, daß noch nicht jeder ein gesichertes Urteil hat, daß manche erst noch eine Entscheidung treffen müssen oder auch, daß gar nicht alle eine Entscheidung treffen wollen.

3.2.1.7. Gruppenleitung

Bei Problemen der Gruppenleitung ist dreierlei zu beachten:

1. Das Einwirken von Führung auf Gruppenverhalten. Dabei ist zu berücksichtigen, daß es in der Regel nicht einen einzigen Gruppenleiter gibt, sondern meist mehrere Gruppenglieder Führungsverhalten zeigen. Dabei hat Fred Fiedler drei Variablen festgestellt (Fiedler, 1966):

- die Beziehung zwischen dem Leiter und den Gruppengliedern (Gruppenklima),
- die Struktur der Aufgabe,
- die Positionsmacht des Führers in der Gruppe.

2. Erfolg und Nichterfolg von Leitungsverhalten hängt nicht nur von der Qualität des Führungsverhaltens ab, sondern auch davon, wie sich die Gruppenglieder, besonders die Nichtaktiven und Passiven, verhalten. Vor allem sind es drei Verhaltensweisen, die das Gruppenklima beeinflussen:

- seine Meinung nicht sagen,
- seine Meinung an andere anpassen,
- die Gruppenmeinung bewußt polarisieren.

3. Es kann auch sein, daß eine Gruppe bewußt führerlos arbeiten will. Dies betrifft vor allem die Selbsthilfegruppen. Sie arbeiten ohne definierte Leitung. Selbsthilfegruppen konstituieren sich aus 6 bis 12 Personen. Sie lernen, ohne Therapeuten oder Gruppenleiter, ihre Lebensprobleme und psychischen Lebenslagen zu besprechen und Lösungen zu finden. Sie treffen sich über mehrere Jahre hinweg einmal in der Woche für etwa 2 Stunden. Moeller hat folgende Merkmale dieser Selbsthilfegruppen aufgestellt (Moeller, 1981: 23):

- alle Gruppenmitglieder sind gleichgestellt,
- jeder bestimmt über sich selbst,

- die Gruppe entscheidet selbstverantwortlich,
- jeder geht um seiner selbst willen in die Gruppe,
- was in der Gruppe besprochen wird, unterliegt der Schweigepflicht,
- die Teilnahme an der Gruppe ist kostenlos.

Wenn eine Gruppe ohne Leiter ist, muß sie vier Voraussetzungen einhalten: Regelbefolgung, Aufmerksamkeit, Anstrengung und Geduld. Regelbefolgung beinhaltet vor allem Regelmäßigkeit der Teilnahme. Aufmerksamkeit während der Sitzung ist notwendig, um seinen Teil zum Gelingen beizutragen. Anstrengung bedeutet, die Mühen einer regelmäßigen Gruppensitzung auf sich zu nehmen. Geduld schließlich ist erforderlich, weil Selbsthilfegruppen auf mehrere Jahre hin angelegt sind und es während dieser Zeit auch erfolglose Perioden gibt. Insgesamt muß die Arbeit der Selbsthilfegruppen positiv beurteilt werden.
Selbsthilfegruppen sind heute weit verbreitet (vgl. Seibert, Noack, 1996: 69 f.). Es gab 1991 5 176 Selbsthilfegruppen, die aber regional noch einmal untergliedert sind. Das bedeutet, daß es etwa 50 000 örtliche Gruppen gibt mit ungefähr 1, 9 Millionen Teilnehmern.

3.2.1.8. Normen, Bezugssysteme, Bezugsgruppen

Wenn wir Konformität bzw. Non-Konformität in Gruppen betrachten, ist es oft fruchtbarer, nicht die Kontrahenten zu untersuchen, sondern die Gruppennormen. Verhaltensänderungen in der Gruppe gehen in der Regel mit Normenänderungen einher (Witte, 1989). Auch sind viele Gruppenkonflikte im Grunde Normenkonflikte. Dies ist schwierig, weil die Normen oft nicht deutlich formuliert, diskutiert und thematisiert werden oder auch, weil durch widersprüchliche Normen die Konflikte entstehen
Normen als Bezugssysteme meint, daß alle Sachverhalte nicht isoliert dastehen, sondern in Beziehung zu anderen Dingen; so auch die Normen.
Bezugspersonen, Bezugsgruppen und Bezugskulturen spielen bei der Normbildung eine große Rolle. Bezugspersonen können große Gestalten aus der Kultur der Gesellschaft sein (Platon, Luther, Goethe usw.) oder auch signifikante Personen aus der Gruppe.
Wenn die *Bezugsgruppe* die eigene Gruppe ist, dann ist der Zusammenhalt aller Gruppenmitglieder gut. Problematisch dagegen, wenn sich Gruppenmitglieder fremde Bezugsgruppen zur Normbildung wählen (was auch unbewußt historisch bedingt geschehen kann). Dies geschieht leicht, wenn die Person mehreren Gruppen gleichzeitig angehört, was ja die Regel ist.

Bezugskulturen bilden sich vor allem, wenn unterschiedliche Kulturen aufeinandertreffen und sich durchdringen. Dies kann zu gegenseitiger Befruchtung führen, kann aber auch zu einer Identitätsgefährdung werden, worauf der Fundamentalismus mit totalitären Einstellungen reagiert.

3.2.2. Die Struktur einer Gruppenberatung

Bei einer Gruppenberatung sind zwei Aspekte im Auge zu behalten: die Beratung des Einzelnen in der Gruppe und die transpersonalen Gruppenprozesse (Schaffer, Galinski, 1977: 28-52).

3.2.2.1. Subjektbezogene Beratung in der Gruppe

Die individuelle, subjektbezogene Beratung stellt den Einzelnen in den Mittelpunkt, das bedeutet, das beratende Gespräch mit ihm, wobei die anderen Teilnehmer Lernende sind. Bei der subjektbezogenen Beratung sind zwei Problemursachen zu berücksichtigen: individuelle und lebensweltliche. Sie können sowohl aus der persönlichen Lebensgeschichte resultieren als auch aus den lebensweltlichen Faktoren, wie dem Familiensystem, der Nachbarschaft, den Verwandtschaftsverhältnissen, Freundschaftshilfen oder Freundschaftsproblemen, Arbeitsweltproblemen, gesellschaftlichen Verhältnissen usw. Vinter hat fünf Interventionsschritte vorgeschlagen (Vinter, 1973):

- Probleme erkennen,
- Ziele setzen,
- Planen,
- Einfluß nehmen,
- Erfolge bewerten.

Beim *Probleme erkennen* hilft der Gruppenleiter dem Gruppenmitglied, mit dem er das Einzelgespräch führt, seine Schwierigkeiten, die im Alltag wurzeln oder die den Lebensweltеinflüssen zuzuordnen sind, zu erkennen und auszusprechen. Dabei knüpft die Beratung an die augenblicklichen Probleme an, die er dann in Beziehung setzt zu lebensgeschichtlichen und lebensweltlichen Strukturen.

Beim *Ziele setzen* liegt das Schwergewicht auf geplantem Handeln. In meiner eigenen Beratungspraxis habe ich erfahren, daß Handeln das Verhalten von Klienten viel stärker verändert als das bloße Gespräch. Es werden also Handlungsstrategien entworfen, die zur Problemlösung führen. Die Aufgabe der Gruppe bei diesem Prozeß ist die Unterstützung und Ermutigung.

Gleichzeitig können die Gruppenmitglieder aus dem Beratungsprozeß für ihre eigenen Probleme lernen.
Planen bedeutet, daß der Klient beim Handeln nicht allein gelassen wird. Es werden vom Leiter und der Gruppe detaillierte Handlungsvorschläge erarbeitet, die der Klient ausführen kann. Beispielsweise hatte eine junge Frau Angst vor ihrem Mann, weil sie einen Staubsauger gekauft hatte, ohne ihn zu fragen. In der Gruppe wurde genau erarbeitet, wie sie sich gegenüber ihrem Mann verhalten und was sie genau sagen solle. Dieses Beispiel zeigt, wie stark die Beratung in die Alltagswelt hineinreicht. Gerade durch die aktive Mithilfe der Gruppenmitglieder und deren alltagsweltliche Erfahrungen erweist sich die Gruppe als ein Feld der Veränderung.
Einfluß nehmen bezeichnet die Funktion des Beraters. Tatsächlich ist seine Rolle aktiv. Er muß die Leiterfunktion sichern, denn er darf seine Leiterposition nicht an ein oder mehrere Gruppenmitglieder abgeben. In diesem Falle würde er sich sowohl der Autorität zur Einflußnahme als auch seiner Position des „Heilers" begeben. Beim Einfluß nehmen wird er auch seine fachlichen Kenntnisse in die Beratung einfließen lassen. Der Prozeß der Einflußnahme wird drei Strategien verfolgen. 1. Der Berater kann den Einzelnen durch das Einzelgespräch beeinflussen. 2. Weiterhin kann der Berater auf die Prozesse der Gruppe so einwirken, daß sie ermutigend und aufbauend wirkt. Die Gruppenatmosphäre ist von entscheidender Bedeutung: sie kann heilen oder sie ist so kühl, daß die Gruppenmitglieder wegbleiben. 3. Schließlich kann der Berater die soziale Umgebung des Klienten beeinflussen, nämlich seine Lebenswelt. Wenn der Berater beeinflussen will, kann er vier Formen der *direkten Einflußnahme* wählen:

(1) Zunächst übernimmt er die Rolle des *Modells*. In diesem Fall ist er der Mittelpunkt der Gruppe und in der Positionierung die wichtigste Person. Einerseits ist er der Gegenstand der Projektion von Identifikationen und Wünschen vonseiten der Teilnehmer, wobei er die Übertragung und Gegenübertragung beachten muß; andererseits kann er auf die Gefühle der Klienten eingehen, ihr zielgerichtetes, sinnorientiertes Handeln unterstützen und seine Funktion als „Ermutiger" und „Heiler" einnehmen.

(2) Sodann ist er der *Sprecher* der Gruppe. Er vertritt die Normen und Regeln der Gruppe und drängt auf ihre Einhaltung. Auch besitzt er die nötige Fachkompetenz, um kundige Verhaltensvorschläge zu machen. Sprecher kann er auch insofern sein, als er die Sitzung leitet, moderiert und strukturiert, die Funktion des Gastgebers wahrnimmt und das Ergebnis der Sitzung definiert.

(3) Weiterhin ist er der *Motivator*. Er motiviert die Teilnehmer, indem er Ziele und Aufgaben zur Zielerreichung mitteilt. Gleichzeitig ermutigt er die Teilnehmer und hilft ihnen, neue Problemlösungen zu finden. Auch gibt er Interpretationen aufgrund seines Fachwissens. Dies alles aber vermittelt er motivierend und ermutigend.

(4) Schließlich ist er *Schiedsrichter*. In dieser Funktion vermittelt er zwischen divergierenden Positionen in der Gruppe. Dabei muß er die Mehrparteilichkeit walten lassen und die Technik des Doppelns anwenden. Er darf auf keinen Fall Partei ergreifen, es sei denn, er muß eine schwache Person, die sich nicht wehren kann, in Schutz nehmen (allerdings sollte er auch darauf achten, daß diese Person nicht die Wehrlosigkeit als neurotische Rolle spielt).

Auf solch vielfältige Weise kann der Gruppenleiter direkten Einfluß auf die Gruppe und ihre Teilnehmer ausüben. Daneben gibt es *indirekte* Möglichkeiten der *Einflußnahme*. Sie zielen darauf ab, Bedingungen in der Gruppe selbst herzustellen oder zu verändern. Hierfür gibt es vier Strategien:

- Die Gruppenzusammensetzung,
- die Ziele,
- die Strukturierung,
- den Verlauf.

Der Gruppenleiter kann zunächst über die *Gruppenzusammensetzung* entscheiden. Dies betrifft die Auswahl der Personen, die er zuläßt oder ausschließt. Es gibt Personen, die einfach nicht in diese Gruppe passen, während andere mit den Normen und Zielen der Gruppe übereinstimmen. Denn Werte und Sinngebungen konstituieren eine Gruppe. Zum anderen ist für eine Gruppe genauso wichtig die Entscheidung über die Gruppengröße. Zwar beträgt die ideale Größe sechs Personen, aber in der Praxis hat sich gezeigt, daß es immer Personen gibt, die verhindert sind, an der Gruppensitzung teilzunehmen. Andere verlassen nach einiger Zeit die Gruppe, ohne daß neue Teilnehmer gewonnen werden können. Nach meiner Erfahrung ist einer Gruppengröße bis zu 15 Personen aus den genannten Gründen effizient.

Die Aufstellung von *Gruppenzielen*, Normen und Sinngebungen ist notwendig, um sinnvoll beraten und um beim Intervenieren Normen folgen zu können, wodurch die Teilnehmer durch Nachahmung solch lebensgestaltende Normen lernen.

Die *Gruppenstrukturierung* betrifft die Beziehungen zwischen den Gliedern der Gruppe. Sie können hinderlich oder förderlich sein. Während der Sitzung kann es geschehen, daß ein oder einige Teilnehmer das Gespräch dominieren und die anderen nicht zu Wort kommen lassen. Jetzt muß der Gruppenleiter diese Struktur bewußtmachen. Die Beziehungen zwischen den Gruppenmitgliedern können aber auch ad extra wichtig sein. Beispielsweise telefonieren Gruppenmitglieder miteinander, um sich Rat und Ermutigung einzuholen. Es kann ein Kommunikationsnetz zwischen ihnen entstehen, das eine eben so große Bedeutung hat wie die Sitzungen selbst.
Der *Gruppenverlauf* bzw. die Gruppenprozesse folgen aus den Verhaltensweisen und Interaktionen der Teilnehmer. Diese können zu Konflikt- und Problemlösungen führen oder auch zur Aufstellung von Normen. Sie verstärken die Gruppenkohäsion, führen zu Entscheidungen oder verändern auch die Gruppenstruktur.
Indem er diese Gruppenprozesse zuläßt und fördert, kann der Leiter auf die Gruppe indirekten Einfluß nehmen. Neben der direkten und indirekten Einflußnahme gibt es eine dritte Form von Interventionsmöglichkeiten. Sie beziehen sich auf das soziale System außerhalb der Gruppe. Dies kann auf doppelte Weise geschehen. Zum einen muß der Leiter die gesamte Lebenswelt des Klienten in die Deutungen, Interpretionen und Verhaltensratschläge einbeziehen. Denn der Klient lebt ja in dieser hochkomplexen Lebenswelt von Familiensystem, Nachbarschaft, Verwandtschaft, Freundschaft, Arbeitsplatz, Wohnquartier und Gesellschaft. Sie alle wirken auf das psychische System des Klienten heilend oder krankmachend ein. Zum anderen wird der Leiter aber auch zugunsten des Klienten in dessen Lebenswelt direkt intervenieren, und zwar bei konfliktuellen Personen, Gruppen oder Institutionen. Er wird also versuchen, Veränderungen in der Lebens- und Alltagswelt herzustellen, um die Lebensumstände des Klienten zu verbessern und auf diese Weise Veränderungen in seinem Verhalten herbeizuführen.
Erfolge bewerten beinhaltet die Selbstreferenz des Leiters und die Selbstreferenz der Gruppe. Beide müssen über ihre Selbstorganisation reflektieren, aber auch über die Handlungserfolge. Diese können kritisch reflektiert werden, sie können aber auch zu einer Quelle der Ermutigung werden.

3.2.2.2. Gruppenbezogene Beratung

Wenn nicht das Individuum primär im Vordergrund der Beratung steht, sondern die Gruppe selbst, dann wird sie in erster Linie als soziales System aufgefaßt (Schwartz 1961; Shulman 1968). Die Gruppe ist als ein soziales System einerseits durch eine Membran von dem umgebenden Milieu abgetrennt, andererseits stehen alle Mitglieder der Gruppe, einschließlich dem Leiter, zueinander in Beziehung. Wenn z.B. der Leiter und ein Teilnehmer interagieren, dann können wir sie nicht als ein isoliertes Dual ansehen, sondern sie wirken auf alle anderen Teilnehmer ein. Beispielsweise berichtet eine Frau über ihre Mutterbindung und ihre Schwierigkeit, sich von ihr zu lösen. Dieser Bericht löst in einer anderen Frau genau dieses bisher verdrängte Problem aus.

Die Gruppe als System ist ein Untersystem anderer sozialer Systeme, wie Familie, Verwandtschaft, Freunde, Arbeitsplatzkollegen usw. Bei der Gruppenberatung ist deshalb stets darauf zu achten, daß die Gruppenmitglieder zugleich anderen Teilsystemen der Gesellschaft angehören und schließlich der Gesellschaft selbst.

Wenn die Gruppe lange genug existiert und Beziehungen gewachsen sind, ist sie ein System gegenseitiger Hilfe. Diese Hilfe findet zunächst in der Gruppe statt, indem jeder seine Alltagserfahrungen einbringt, wie er mit ähnlichen Situationen fertig wurde. So erlebt sich der Einzelne als Teil einer Gruppe, einer produktiven Ganzheit. Gegenseitige Hilfe, so sagte ich bereits, entsteht auch durch ein Kommunikationsnetz der Gruppenteilnehmer außerhalb der Sitzungen. Dies ist zugleich ein Unterstützungsnetz, das sogar praktische Alltagshilfen organisiert.

Wichtig ist auch die Übereinkunft in den Zielen des Gruppenprozesses, die einzunehmenden Rollen und das anzuwendende Verfahren. Das Ziel ist wohl in der Regel, Menschen wieder fähig zu machen, ihre gesellschaftlichen Aufgaben zu erfüllen. Während der Gruppenprozesse bilden sich Rollen heraus. Der Leiter hat nun die Aufgabe, solche Rollen für die Gruppe nutzbar zu machen, sie in das Gesamte zu integrieren und durch ein Wertesystem Sinn zu schaffen. Deshalb wird er die Bedeutung von Ehrlichkeit, Offenheit, Verschwiegenheit, Selbstverantwortung und Sinnfindung betonen. Das Verfahren schließlich wird vom Gruppenleiter je nach seiner Ausbildung gewählt. Als eine Frau in einer analytisch orientierten Gruppe klagte, daß eine Hypnosebehandlung viel erfolgreicher wäre, mußte ihr gesagt werden, daß sie dafür eine andere Klinik wählen müsse. Letztendlich wird den Gruppenmitgliedern immer wieder bewußt, daß sie in wechselseitigen Beziehungen zur Gesamtgesellschaft stehen und daß daraus Verpflichtungen und Rechte erwachsen.

Schließlich lebt die Gruppe nur, wenn alle bei der Sache sind und ihre Gedanken und Empfindungen nicht abschweifen lassen. Darum ist zunächst wichtig die Anteilnahme der einzelnen Gruppenmitglieder aneinander, daß jeder für jeden nicht gleichgültig, sondern bedeutsam ist und daß jeder sich für den anderen interessiert. Weiterhin wird der Leiter sich emotional und reflektierend mit dem Gruppengeschehen und den Berichten der Beteiligten auseinandersetzen. Schließlich widmet er seine Aufmerksamkeit allem, was in der Gruppe berichtet wird, wobei er lernt, durch aufmerksames Zuhören das Gesagte vom Gemeinten zu unterscheiden und das Gemeinte zu verstehen.

Bei der gruppenbezogenen Beratung ist die Funktion des Beraters anders als bei der subjektbezogenen. Wenn das Subjekt im Mittelpunkt steht, ist der Berater vor allem Moderator, während er bei der Gruppenorientierung der Vermittler zwischen Individuum und Gesellschaft ist. Als solcher muß er fünf Aufgaben erfüllen (Schwartz, 1961).

Erstens sucht der Berater die Gemeinsamkeiten zwischen den Bedürfnissen des Klienten und den Anforderungen der Gesellschaft. Trainiert wird diese Fähigkeit, indem der Klient in der Gruppe lernt, die eigenen Bedürfnisse im Zusammenhang mit den Bedürfnissen anderer zu erleben. Im weiteren Verlauf der Beratung erkennt der Klient, daß er seine Bedürfnisse auch mit den Familienmitgliedern, Nachbarn, Freunden, Arbeitgebern und gesellschaftlichen Anforderungen abstimmen muß.

Zweitens soll das Gruppenmitglied erkennen, daß Interessenausgleiche nicht leicht sind. Schon innerhalb der Gruppe können Spannungen zu neuen Mitgliedern auftreten, die ihren Status, ihre Rolle und die Positionierung in der Gruppe noch nicht gefunden haben. Paradigmatisch lernen die Gruppenmitglieder, mit Schwierigkeiten auch außerhalb der Gruppe umzugehen. Der Leiter macht solche Zusammenhänge bewußt.

Drittens soll der Gruppenleiter Informationen, Ideen, Fakten, Wertsysteme, sein Fachwissen und sein eigenes Lebenswissen einbringen – all das (aber auch nur das), was dem Klienten nicht zur Verfügung steht, was ihm aber nützlich sein kann, wenn er seine sozialen Probleme aufarbeiten will. Wenn er das tut, dann bringt er Teile von sich selbst ein, z.B. sein Weltbild, seine Kenntnisse, seine Gefühle und Wertungen. Dies ermutigt die Mitglieder der Gruppe, sich ähnlich zu verhalten.

Die vierte Aufgabe des Gruppenleiters ist, es allen Gruppenmitgliedern zu verdeutlichen, daß es sein Konzept ist, daß Individuum und Gesellschaft in einem symbiotischen Prozeß interagieren und daß es das Ziel ist, daß alle Teilnehmer in der Gesellschaft eine Position einnehmen können, in der sie die Anforderungen der Gesellschaft erfüllen und sich gleichzeitig wohlfühlen. Wenn dabei Schwierigkeiten auftreten, wird der Leiter Zuversicht vermitteln sowie seine Fürsorge und seine Strategievorschläge anbieten.

Die fünfte Aufgabe des Leiters bezieht sich auf den Bestand der Gruppe. Er muß durch seine ganze Haltung und durch sein Vorbild alle Teilnehmer

darin einüben, daß sie regelmäßig zu den Sitzungen kommen, daß sie berichten über das, was sie in der Woche erlebt haben und daß ihnen die Gruppe wichtig ist.
In der Gruppenpraxis werden subjektbezogene und gruppenorientierte Methodik miteinander verknüpft werden. Hinzu kommt, daß die Methode, die der Leiter durch seine Zusatzqualifikation erworben hat, des weiteren über die Strukturierung der Gruppenarbeit entscheidet. Die wichtigsten Gruppenmodelle sind: die analytisch orientierte Therapiegruppe, die gruppendynamische Therapiegruppe, die existentialistische Erlebnistherapie, das Psychodrama, der Gestalt-Therapie-workshop, die Verhaltenstherapie in Gruppen, das Travistock-Modell, T-Gruppen, Encounter-Gruppen und die Themenzentrierte Interaktion (Shaffer, Galinski, 1977).

3.2.3. Leitungsformen integrierter Kleingruppen

Bei der Darstellung der Struktur einer Gruppenberatung ist schon viel über die Funktionen und Aufgaben eines Leiters gesprochen worden. Mir scheint aber wichtig zu sein, sich zwei Leitertypen bewußt zu machen, die heute diskutiert werden. Vor allem, wenn wir für ein Netzwerk Leiter suchen, brauchen wir Auswahlkriterien.
Bei der Wahl von Leitern ist darauf zu achten, daß es nicht transformationale, sondern transaktionale Gruppenleiter sind (Reinhardt, 1993; W. Noack, 1997: 27 f.). *Transformationale* Führer (Neuberger, 1990: 57) erzeugen ein hohes Maß an Loyalität, Verpflichtung und Hingabe an den Führer. Der Einzelne entindividualisiert sich und identifiziert sich mit dem Führer, mit dessen Normen und Zielen. Die Nachfolger internalisieren Werte, Ziele und Verhaltensweisen des Führers und vertrauen ihm blind und bedingungslos. Diese Führung ist also transformational. Sie transformiert, manipuliert und steuert die Nachfolger in der Weise, daß sie 1. der Zuversicht sind, die kollektiven Ziele zu erreichen und 2. willens sind, sich den höheren Zielen so hinzugeben, daß sie ein Höchstmaß an Leistungsbereitschaft aktivieren. Dies scheint ein Ideal von Leiterschaft zu erfüllen. Doch müssen wir bedenken, daß diese Leiter manipulieren (vielleicht sogar terrorisieren) und die Gruppenmitglieder unfähig werden können, sich an der Gestaltung der Gruppe zu beteiligen. Die Gruppenstruktur ist strahlenförmig: Alle Gruppenglieder sind auf den charismatischen Leiter gerichtet.
Im Gegensatz dazu suchen wir nach *transaktionalen* Leitern. Sie fassen grundlegend die Personen und das Netzwerk nicht als triviale, sondern als nichttriviale Systeme auf (v. Foerster, 1985). Triviale Systeme beruhen auf

reinen Input-Output-Reaktionen, das bedeutet, daß die Stimulierung bzw. Ursache genau der Reaktion bzw. der Wirkung entsprechen. Menschen und Netzwerke werden hier also als kausal funktionierende Maschinen aufgefaßt. Errichten wir ein triviales Netzwerk, dann bedeutet das, daß es determiniert, voraussagbar und darum auch gestaltbar ist; daß die Arbeits- und die Organisationsstruktur optimiert werden müssen; und daß das Netzwerk und die Personen, die es tragen, Mittel und Werkzeuge zur Zielerreichung sind. Die Mitarbeiter werden zu Human-Maschinen, deren Aufgabe es ist, zu funktionieren. Solch eine Konzeption wäre für unsere sozialen und gemeinwesenorientierten Netzwerke nicht vertretbar. Nichttriviale Systeme hingegen beruhen auf der Output-Input-Struktur. Zuerst handelt der Mensch in seinem Netzwerk, und die Umwelt reagiert auf den Output. Das bedeutet, daß die nichttrivialen Personen auf gleiche Inputs verschieden reagieren, daß aber auch die Umwelt auf die outputs unvorhersehbar antwortet. Daraus folgt, daß der Leiter sich als Teil der Gruppe versteht und nicht als ihr gegenüberstehend; er ist deshalb eingebunden in die autopoietischen Prozesse des Netzwerkes; das Verhältnis zu den Mitarbeitern ist offen und veränderbar und geschieht als selbstreferentieller Prozeß zwischen Leiter und Mitarbeitern, die gemeinsam Position und Handlungsfolgen reflektieren; dadurch werden sie interdependent.
Ein solcher Leiter erfüllt fünf Leiter-Bausteine (Senge, 1990a):

(1) Die Fähigkeit zum systemischen Denken. Er vermeidet monolineares Denken und bevorzugt die Berücksichtigung von Strukturen, Beziehungen, verschiedene Bewertungen von Zeitfolgen und weiß um die vielfältigen Netzwerkwirkungen von Eingriffen.

(2) Die Erläuterung mentaler Modelle führt zu einer kritischen Reflexion der vorhandenen Konzeptionen und zu einer von den Netzwerk-Mitarbeitern mitgestalteten Veränderung. Dadurch wird besondern deutlich die Unterscheidung von „espoused Theory“ (angenommene Theorie) und „Theory-in-use“ (aus der Praxis abgeleitete Theorie), wobei letztere in Gang zu setzen ist.

(3) Die Förderung und Gestaltung einer gemeinsamen Vision ist ein dritter Baustein für Leitung. Eine anerkannte Vision muß von allen Netzwerk-Mitarbeitern getragen werden, und sie bedarf der kontinuierlichen Fortentwicklung.

(4) Persönliche Reife und Verantwortlichkeit. Netzwerkarbeit von freiwilligen Helfern ist kein Spiel. Sie braucht reife und verantwortliche Leiter und Mitarbeiter, die in der Lage sind, persönliche und strukturelle Bedürfnisse miteinander zu verbinden.

(5) Das Lernen in Gruppen erzeugt Offenheit und Effektivität. Denn Gruppenprozesse stellen Synergiepotentiale dar, die genutzt werden können zu sozialen Kompetenzen, aber auch zu prozeßorientiertem Handeln.

Ebenso wichtig wie die Schlüssel-Bausteine für einen Leiter sind seine Schlüsselkompetenzen. Senge (Senge, 1990b) nennt drei Schlüsselkompetenzen:

- In der Rolle des Designers gestaltet der Leiter die Netzwerkstrukturen und fördert die persönlichen Beziehungen aller Mitglieder des Netzes.
- Die Rolle des Lehrers fordert von dem Leiter, die freiwilligen Helfer kontinuierlich fortzubilden und sie in ihrer Kompetenz wachsen zu lassen.
- Die Rolle des Stewards beinhaltet die Aufgabe der Dienstleistung des Leiters. Wir brauchen für Netzwerke nicht Leiter nach dem Ideal des „great man", sondern dienende Leiter, die im Dienst Leit- und Vorbildfunktion erfüllen.

3.2.4. Die Gruppenpraxis

Die Gruppen sind zunächst soziale Gruppen, gebildet durch eine Gruppenidentität, die erwächst aus engen face-to-face-Beziehungen, aus einem Wir-Gefühl und einer hohen Integration des Einzelnen in die Gruppe. Diese Gruppenidentität ist eng verbunden mit den Gruppennormen, die von allen Mitgliedern anerkannt werden, sowie den gesellschaftlichen Normen, da ja auch die geleiteten, integrierten Kleingruppen eingebettet sind in das System Gesellschaft. Auch bei hoher Gruppenidentität gibt es Intrarollenkonflikte, die sich aus der Verteilung von Position, Status und Rolle in der Gruppe ergeben. Jetzt erweist sich die Rolle des Leiters als Integrationsfigur und Moderator als wichtig. Interrollenkonflikte dagegen können das Wir-Gefühl einer Gruppe stärken. Obgleich m. E. Gruppen, die ihre Identität durch Abgrenzung von einer Die-Gruppe unter Ausbildung von Auto- und Heterostereotypien gewinnt, keine Dauer besitzen und neurotische Strukturen aufweisen. Eine gesunde Gruppenidentität erwächst aus einer gemeinsamen sozial wertigen Aufgabe, d.h. durch Selbstdefinition und nicht durch Hetero- und Abgrenzungsdefinitionen.
Kleine Gruppen sind zugleich kleine Netze, wobei die Personen die Knotenpunkte sind und das Netzwerk durch die kommunikativen Verbindungen untereinander geschaffen wird. So läßt sich eine Kleingruppe verstehen

als ein Netzwerk affektiver Beziehungen, die sich soziometrisch analysieren lassen, und als ein Netzwerk kommunikativen Handelns. Dabei ist es möglich, verschiedene Kommunikations-Verbindungsglieder festzumachen (Bavelas, 1953: 493 f.):

- Der Kreis ist aktiv, ohne Führer, unorganisiert, u. U. launenhaft, unstet, doch fühlen sich die Gruppenglieder wohl. Dieser Struktur entsprechen viele Selbsthilfegruppen.
- Das Rad, das andere Extrem, ist weniger aktiv, hat einen bestimmten Führer, ist gut und dauerhaft organisiert, weniger unstet, aber es ist für die meisten Gruppenglieder unbefriedigend.
- Die Kette beschreibt die demokratische, offene Gruppenstruktur, in der der Leiter ein Teil der Gruppe ist, eingebunden in die autopoietischen Gruppenprozesse, und doch seine Funktion als Designer, Lehrer und Steward wahrnimmt. Jeder Einzelne ist wichtig und kann grundsätzlich die Leitung übernehmen. Jeder ist sein eigener chairman.
- Das Y entspricht zunächst der Kette, doch hebt sich der Leiter durch eine eigene Gefolgschaft von der Gruppe ab. Bei kritischen, konfliktuellen Gruppenprozessen kann er sich immer auf eine Unterstützungsgruppe verlassen.

Das Desiderat für Kleingruppen ist die Form der Kette, wobei der Leiter jedoch die Funktionen des Moderators, des Gastgebers, des Beraters und des Vorbildes erfüllt, wodurch er die Sicherung der Leiterfunktion behält.
Der *Kommunikationsablauf* folgt nach unseren Erfahrungen 5 Strukturprinzipien:

(1) Das *Rundgespräch.* Es ermöglicht die Teilnahme aller. Der Gesprächsleiter eröffnet die Gesprächsrunde links oder rechts neben sich, sodaß die Runde bei ihm endet. Dies ermöglicht ihm, Zusatzinformationen einfließen zu lassen. Wer in einer Gesprächsrunde schweigen möchte, hat das Recht dazu, denn Freiheit ist ein hoher Wert. Das Rundgespräch hat sich als wichtigstes therapeutisches Strukturmerkmal herausgestellt.

- Die Kommunikation verläuft aggressionsfrei, da jeder seinen Beitrag zum Thema beisteuert, ohne jemanden anzugreifen. Dies erzeugt eine entspannte Gruppenatmosphäre.
- Da jeder zum Sprechen aufgefordert wird, erfährt jeder seine Wichtigkeit für die Gruppe und entwickelt Sozialverhalten.
- Wer von sich reden darf, erfährt innere Entlastung.

- Jeder richtet seine Aufmerksamkeit und sein Interesse auf den jeweiligen Sprecher, so daß dieser seine Wichtigkeit und seinen Wert erlebt.
- Alle wiederum dezentrieren sich durch die Tendenz-zu, indem sie aufmerksam dem Sprecher zuhören. Solch eine Dereflexion und Denarzißtisierung durch Objektbesetzung ist heilend. Die Kommunikationsteilnehmer üben sich in eine exzentrische, partnerzentrierte Struktur ein.

(2) Ein weiteres Strukturmerkmal ist das aktive Zuhören, durch das die Teilnehmer wiederum dereflektieren und sich exzentrisch auf den Kommunikationspartner einstellen.

(3) Ebenso wichtig ist die Kommunikation in der Ich-Form. Während Du-Anreden verletzen können, erlaubt die Ich-Form der Rede aggressionsarme Kommunikation.

(4) Ein viertes Strukturmerkmal ist das Verbot zu werten. Was auch immer offenbart wird, darf nicht beurteilt werden. Alle Werturteile, auch die positiven, sind für die anderen Teilnehmer verletzend. Darum ist es wichtig, auf alle Wertungen zu verzichten.

(5) Schließlich aber braucht der Leiter die Sicherung seiner Leiterfunktion. Denn einerseits moderiert er die Sitzung, andererseits soll er durch seinen Informationsvorsprung Lehrer und Berater sein. Darum läßt er das Rundgespräch links oder rechts von ihm beginnen, damit er als letzter zu Wort kommt und dadurch korrigieren, moderieren und lehren kann. Dies bedeutet eine Absage sowohl an die direktive wie auch an die nondirektive Methode.

Diese Strukturprinzipien bedürfen einer neuen Form des Lernens, und zwar nicht des „Schullernens", das Wissenszuwachs bezweckt, sondern des „Lebenslernens", wobei Erkenntnis sowie Lebensbewältigungs- und Lebensgestaltungsstrategien entstehen. Das Rundgespräch kann beispielsweise mit Wissensinhalten nicht geführt werden, denn nur, wer Kenntnisse besitzt, könnte sich beteiligen. Das aber würde zu einem Wissen-Nichtwissen-Gefälle führen, das die Kommunikationsteilnehmer stratifizieren würde. Lebensfragen und Alltagserfahrungen kann hingegen jeder beisteuern, und aus dem Schatz eigenen Lebens und Erlebens kann jeder das Kommunikationsnetz bereichern. So folgt die Gruppenkommunikation dem Prinzip der themenzentrierten Interaktion, wobei die Themen jedoch Lebensthemen, Existentiale sein müssen.
Gleichzeitig ist die geleitete, integrierte Kleingruppe sozial handelnd, das bedeutet, daß sie ein Solidaritätsnetz bildet, in dem jeder jedem Hilfe zuwendet nach Bedürfnis und Vertretbarkeit. Weiterhin ist das Ziel der Klein-

gruppenarbeit das Wachstum und die Identitätsausweitung der Person. Nicht Wissen und Erkenntnis werden primär angestrebt, sondern Reifung. Schließlich dürfen freizeit- und erlebnispädagogische sowie soziokulturelle Elemente nicht fehlen. Sport, Vergnügen, gemeinsam feiern, ausgehen, bummeln, wandern, Ausflüge machen, reisen, Lachen und Fröhlichkeit und auch Kultur genießen und schaffen spielen eine fundamentale Rolle, d.h. Bewegung und Erleben.

3.2.5. Sozialpädagogische Arbeitsfelder der sozialen Gruppenarbeit

Sozialpädagogische Gruppenarbeit hat viele Anwendungsgebiete: Sie dient der Ergänzung der allgemeinen Erziehung, wie Kindergarten, Heim, Kinderfreizeitstube, Jugendraum, Erwachsenen- und Seniorenbildung. Bei schweren seelischen Störungen und bei intimen, sexuellen Problemen ist zwar die Einzelfallhilfe vorzuziehen. Aber auch hier ist Gruppenarbeit ergänzend angebracht. Gruppenarbeit geschieht in Frauenhäusern, in der Obdachlosenarbeit, im betreuten Wohnen, in der Asylanten- und Aussiedlerarbeit, in der Straffälligenhilfe, im sozialpsychiatrischen Dienst, in der Erziehungs-, Familien- und Lebensberatung, in der sozialen Gesundheitsarbeit, in der Sozialkulturarbeit, in der Sucht- und Drogenberatung, in der Freizeit- und Erlebnispädagogik, in der Familienpflege, in der Seniorenarbeit, im sozialmedizinischen und psychosozialen Dienst, in der Jugend- und Gemeinwesenarbeit usw. In praktisch allen Arbeitsfeldern sozialer Arbeit ist Gruppenarbeit notwendig. Darum sollten in allen Arbeitsfeldern Gruppen aufgebaut werden, und zwar in der Form von lebensweltlichen Netzwerken.

3.3. Soziale Gemeinwesenarbeit

Die Gemeinwesenarbeit kam nach der Rückkehr deutscher Exilanten aus den USA in den 60er Jahren nach Deutschland als eine dritte Grundform der sozialen Arbeit (Richter-Junghölter, 1997: 384 f.)

3.3.1. Grundsätze der Gemeinwesenarbeit

Um ein Gemeinwesen beschreiben zu können, muß man vier Faktoren in Betracht ziehen (Friese, 1989: 51):

- Topographische Faktoren, wie topographische Ausdehnung und Lage des Gemeinwesens, seine Einwohnerzahl, seinen Standort und seine Serviceleistungen, die schon vorhanden sind.

- Das Selbstverständnis der Bevölkerung über ihre Milieus, Wertvorstellungen, Lebensstile, ihre Kultur usw. Ein Arbeitermilieu mit seiner Trivialkultur und dem Willen zum Erlebnis wäre völlig verschieden von einer Wohngegend mit Gebildeten und Gutverdienenden mit dem Willen zur Hochkultur.
- Die verschiedenen sozialen Gruppen des Gemeinwesens in ihrer sozialen Schichtung und dem Zusammenspiel von Macht, Besitz, Bildung und Prestige.
- Das Zusammenspiel der lokalen Ressourcen, das bedeutet zu erforschen, welche sozialen Einrichtungen und welche informellen Formen gegenseitiger Hilfe vorhanden sind.

Mit diesem Wissen läßt sich eine Gemeinwesenarbeit implementieren. Ist die Stadt klein, wählen wir sie zum Arbeitsfeld, ist sie groß, beschränken wir uns auf einen Stadtteil. Je stärker das Wohngebiet durch eine Arbeiterbevölkerung geprägt ist, desto wichtiger wird der Aufbau einer Gemeinwesenarbeit, während sie in einem Villenviertel mit Reichen und Gebildeten kaum nötig sein würde. Auch sollte die Gemeinwesenarbeit Nischen entdecken, die von den bisherigen Hilfeeinrichtungen nicht oder nur unvollständig abgedeckt sind.
Wenn das Gemeinwesen erforscht ist, ergibt sich die Frage nach den Grundsätzen der Gemeinwesenarbeit, worauf also bei der Arbeit am Gemeinwesen zu achten ist. Es lassen sich folgende Grundsätze finden (Lehn, Öhlschlägel, 1981: 51; Wendt, 1989: 13; Hinte, Karas, 1989: 35):

(1) Gemeinwesenarbeit richtet sich auf ein Gemeinwesen, d.h. Zielgruppen sind ganze Nachbarschaften und Stadtteile bzw. Gemeinden.

(2) Die Probleme werden darum auf übergeordnete gemeinwesenbezogene Zusammenhänge und Ursachen bezogen.

(3) Wenn auch die Gemeinwesenarbeit ganze Stadtteile erfaßt, so integriert sie doch die anderen Methoden der Sozialpädagogik, wie die soziale Einzelfallhilfe und das case management, die soziale Gruppenarbeit, Therapie und Beratung. Aber für sie typisch ist die Einbeziehung von politischen und gesellschaftspolitischen Arbeitsweisen, wie Organisation von Bürgerinitiativen, Einrichtung von Arbeitskreisen (z.B. „Runder Tisch“) usw.

(4) Gesellschaftliche Arbeit bedeutet immer zugleich die Kooperation mit der Bevölkerung und ihren Gruppen, mit den Behörden, Institutionen, Parteien, Gewerkschaften, Kirchen usf. Diese Zusammenarbeit hat zum Ziel,

eine Mehrzahl von Projekten und Planungen, die schon vorhanden sind, zu organisieren und miteinander zu verknüpfen, aber auch neue ins Leben zu rufen.

(5) Aus dem Gesagten ergibt sich, daß Gemeinwesenarbeit zielgruppenübergreifend ist. Arbeit am und für das Gemeinwesen bezieht zwar die Einzelfallhilfe und die soziale Arbeit mit Gruppen ein, aber ihre Absicht ist die Organisation der Bürgerschaft für die Verbesserung des Gemeinwesens und die Abschaffung von Mißständen.

(6) Darum ist Gemeinwesenarbeit vor allem Bildungsarbeit, durch die politisches und gesellschaftliches Lernen erfolgt, was sich in gesellschaftliches Handeln umsetzt.

Gemeinwesenarbeit ist also hochkomplex. Sie integriert sozialpädagogische, politologische und soziologische Methoden miteinander. Dies stellt hohe Anforderungen an den Gemeinwesenarbeiter und verlangt von ihm eine berufsüberschreitende Kompetenz. Er muß sich zu einem engagierten Teil des Gemeinwesens machen, für das er arbeitet, und es ist notwendig, gleichzeitig die Verflochtenheit dieses kleinen Gesellschaftssegments mit dem Staat, mit der Gesellschaft und mit der Tatsache der Globalisierung zu beachten.

3.3.2. Formen der Gemeinwesenarbeit

Es soll ein Überblick gegeben werden über die Formen der Gemeinwesenarbeit, wie sie sich seit etwa 1970 herausgebildet haben, um einen Ort zu finden, wo sich unsere Arbeit ansiedeln kann (Hinte, Karas, 1989: 11-28; Noack 1998; 1999).

(1) Die Wohlfahrtsstaatliche Gemeinwesenarbeit erstrebt eine Verbesserung des Dienstleistungsangebotes der Institutionen und Behörden, die im Gebiet des Gemeinwesens liegen. Vor allem soll auch die Hilfe der Einrichtungen verbessert und den Bedürftigen zugängig gemacht werden. Wohlfahrt versorgt also die Teile der Bevölkerung, die in Not sind.

(2) Integrative Gemeinwesenarbeit, von Ross entwickelt (Ross, 1971), will alle Gruppen und Initiativen eines Gemeinwesens erfassen und miteinander verknüpfen. Dabei sollen sie integriert werden durch einen gemeinsamen Wertekanon, durch den sich die Bürger mit dem Gemeinwesen identifizieren können, sich darum für die öffentlichen Belange verstärkt interessieren und die Probleme des Gemeinwesens gemeinsam lösen. Der gemeinsame

Wertekanon soll diejenigen Spielregeln aufstellen und wirksam werden lassen, durch die Probleme und Mißstände harmonisch gelöst werden können.

(3) Aggressive Gemeinwesenarbeit wurde von den 68ern entwickelt mit dem Ziel der Gesellschaftsveränderung oder sogar des Umsturzes des Bestehenden. Es sollten die Besitz-, Macht- und Privilegienverhältnisse zugunsten der Arbeiterklasse verändert werden. Die Methoden der Durchsetzung waren aggressiv, denn es sollte gegen die bestehenden Besitz- und Herrschaftsverhältnisse eine Gegenmacht aufgebaut werden, die die Herrschaft zugunsten der unteren und benachteiligten, den unterprivilegierten Bevölkerungsanteilen verändert. Diese Form der Gemeinwesenarbeit ist allerdings heute kaum noch vertreten.

(4) Die katalytisch-aktivierende Gemeinwesenarbeit soll nach Karas und Hinte alle Teilnehmer eines Gemeinwesens befähigen, sich selbst und anderen solidarisch zu helfen (Karas, Hinte, 1978). Die katalytische Funktion übernimmt dabei der Gemeinwesenarbeiter, indem er die einzelnen Gruppen miteinander verbindet und ein Netzwerk gegenseitiger Unterstützung schafft.

(5) Die integrative, lebensweltliche Gemeinwesenarbeit als Netzwerk, von Noack entwickelt (Noack, 1998; 1999), geht davon aus, möglichst viele und pluriforme Gruppen zu bilden, um mehrfache und verschiedenartige Zugänge zum Gemeinwesen zu finden. Es entsteht ein Netzwerk verschiedenartigster Gruppen unterschiedlicher Größe, das sich mit anderen Einrichtungen verbindet und mit den Institutionen und Behörden verknüpft. Dabei ist die Gemeinwesenarbeit innerhalb der Interventionsniveaus sozialer Arbeit aufsteigend. Sie setzt an bei der Einzelfallhilfe, die es mit dem Individuum zu tun hat. Das nächste Niveau ist die Familie und die Gruppe. Durch die lebensweltliche Arbeit erreicht die soziale Intervention einerseits die Primärgruppen Familie, Verwandtschaft, Nachbarschaft, Freundschaft und Kollegialität, in denen das Individuum lebt, in denen es pathologisiert oder auch gestützt wird, und integriert andererseits das Individuum in aufnehmende, helfende und heilende Gruppen. Sie alle bilden das Netzwerk, das helfend das Gemeinwesen durchdringt. Das nächste Interventionsniveau ist das Gemeinwesen, das der Gemeinwesenarbeiter analysiert, verbessert und humanisiert. Schließlich ergibt sich als letzte Interventionsebene die Gesellschaft. Denn sie beeinflußt das Gemeinwesen durch die Behörden, die Gesetze und Verordnungen, durch Bewilligungen und Kürzungen von Mitteln usw.

Von allen Formen der Gemeinwesenarbeit, wie sie sich historisch darstellen, lassen sich Grundideen entlehnen und in die Gemeinwesenarbeit integrieren. Die wohlfahrtsstaatliche Gemeinwesenarbeit lehrt uns das Case management, durch das dem Individuum wohlfahrtsstaatliche Unterstützungen zuteil werden. Der Gemeinwesenarbeiter findet und organisiert für den Hilfsbedürftigen die wohlfahrsstaatlichen Zuwendungen. Die integrative Gemeinwesenarbeit hat vor allem betont, daß ein gemeinsamer Wertekanon nötig ist. So haben wir als Team für unsere Gemeinwesenarbeit in der Stadt Genthin die Werte Freundschaft und Versöhnung zugrunde gelegt. Subgruppen und Subkulturen Genthins sollen übereinstimmen in den Werten Freundschaft und Versöhnung, in der Bejahung von Wert und Würde jedes Menschen, von Geistsein und Personsein, von Lebensschutz und Liebe zum Leben. Solch harmoniestiftende Werte können das Stadtklima verbessern. Wenn uns auch die aggressive Gemeinwesenarbeit kein Vorbild sein kann, so hat sie doch deutlich gemacht, daß ein Gemeinwesen keineswegs ein harmonisches Ganzes ist, sondern antagonistisch, widersprüchlich ist, disparat und kaum greifbar. Die katalytisch-aktivierende Gemeinwesenarbeit wiederum hat zu Recht die katalytische Funktion des Gemeinwesenarbeiters hervorgehoben und die große Bedeutung der Gruppenbildung. In unserem Konzept der integrativen, lebensweltlichen Gemeinwesenarbeit als Netzwerk werden alle Interventionsniveaus befolgt. Immer wieder haben wir es mit dem Individuum in seiner Not zu tun. Aber jeder Mensch lebt in natürlichen Netzwerken, in der Familie, Verwandtschaft, Nachbarschaft, Freundschaft und Kollegialität. Es ist notwendig, das Individuum integriert in solche Netze zu sehen. Lebensweltliche Arbeit versucht, diese Netze, wo sie pathologisieren und destabilisieren, zu heilen, und wo sie stützen und helfen, diese Netze aufzubauen. Gleichzeitig wird ein Netzwerk von Gruppen geschaffen, die die natürlichen Netze erweitern oder auch partiell ersetzen. Integrativ ist diese Gemeinwesenarbeit auch, weil sie sich integriert in alle Angebote des lokalen Gemeinwesens und in die Strukturen der Gesellschaft. Integration meint allerdings nicht, zum Lakaien des Systems zu werden, sondern Mißstände aufzuzeigen, aber auch Ressourcen der Gesellschaft dankbar zu nutzen.

3.3.3. Die Struktur eines Modells von Gemeinwesenarbeit

Für das Modell einer integrativen, lebensweltlichen Gemeinwesenarbeit als Netzwerk habe ich folgende Struktur gefunden (Noack, 1999).

Polylinearität. Weil die Lebenswelten der Bewohner eines Gemeinwesens hochkomplex sind, ist es notwendig, pluriforme Angebote zu machen. Diese werden sich einerseits aufgrund einer Gebietsanalyse nach den Bedürfnissen der Lokalität richten, andererseits aber nach den Qualifikationen der nichtprofessionellen Mitarbeiter. Wichtig ist es jedoch, daß Nischen entdeckt werden und daß pluriforme Angebote das ganze Gemeinwesen überziehen.

Integration. Die vielfältigen Angebote werden miteinander verknüpft und arbeiten nicht isoliert voneinander. Das kann bedeuten, daß Teilnehmer einer Gruppe gleichzeitig andere Gruppen aufsuchen oder dort sogar informeller Mitarbeiter werden. Integration wird auch erzielt durch die regelmäßigen Mitarbeitertreffen, in denen alle Tätigkeiten ergänzend aufeinander abgestimmt werden. Integration kann aber auch meinen, disparate Bevölkerungsgruppen zusammenzuführen, wie Aussiedler oder Asylanten mit den eingesessenen Bürgern oder die Versöhnung rechter und linker Jugendlichengruppen miteinander usw. Integration halten wir auch deshalb für unverzichtbar, weil sie das Netzwerk zusammenhält. Desintegration der Angebote ließe das Netzwerk zerfallen, das ja ohnehin der Temporalität unterliegt. Sie kann nicht nur Wachstum bedeuten, sondern auch Zerfall. Integration führt zur Komplexitätszunahme und zum Wachstum des Netzes, Desintegration hingegen zu Redundanz und zunehmender Auflösung. Integration verknüpft also die Mikro-, Meso- und Makroebene des Gemeinwesens miteinander.

Alltagswelt und Lebenswelt. Die Lebenswelt bedeutet ja, daß das Individuum in einer Vielzahl von Kommunikationen und Interaktionen lebt, die eine Wirklichkeit produzieren, in denen es primär lebt. Dies können Alltagskommunikationen sein, aber auch tiefe Gespräche oder wissenschaftlicher Austausch. Immer aber ist Lebenswelt social world. Als solche schließt sie auch Geschichte, Kultur und Gesellschaft mit ein. Schließlich existieren Lebenswelten nicht isoliert voneinander, sondern durchdringen sich. Die Lebenswelt wird nicht nur durch das Individuum gestaltet, sondern zugleich durch alle Personen, die mit ihm in Austausch stehen, und das gesamte soziale und geschichtliche Milieu. Darum haben es alle sozialen Tätigkeiten mit dem Individuum in seiner vielfältigen, komplexen und kaum noch durchschaubaren Lebenswelt zu tun, und der sozial Tätige tritt zugleich mit seiner Lebenswelt in Beziehung zur Lebenswelt des Klienten, wodurch sie miteinander verwoben werden. Diese Beziehung ist gekennzeichnet durch Kommunikation, Interaktion und Begegnung. Von der Lebenswelt ist zu differenzieren die Alltagswelt. Sie ist gekennzeichnet durch Alltäglichkeit, durch das reale Leben im Jetzt und Hier. Praktisch bedeutet demzufolge alltags- und lebensweltliche Arbeit, den Klienten zu Hause zu besuchen, ihm zu begegnen in seinen lebendigen oder abgestorbenen Beziehungen zu Familienangehörigen, Verwandten, Nachbarn, Freunden und

Kollegen. Dies verlangt vom sozial Tätigen die Ablösung der Komm-Struktur, z.B. das Warten auf den Klienten in einem Büro, in die Geh-Struktur, wo der Mensch in seinem Alltag und der lebensweltlichen sozialen Verflochtenheit aufgesucht wird. Diese Netze können behindern und krank machen, aber auch stützen, helfen und heilen.

System. Jeder Mensch lebt in einer Vielzahl von Systemen und Subsystemen. Denn einerseits ist er ein Individuum-Subjekt, das sich selbstreferentiell und autopoietisch in die Zukunft entwirft und seinen Lebensentwurf selbst gestaltet, andererseits jedoch ist er eingebunden in die soziale Welt. In sie ist er verflochten in Beziehungsstrukturen, die sich ausdrücken in Status, Rolle und Positionierung. Die sozialen Gruppen fordern von ihm Loyalität, Akzeptanz und Befolgung der Regeln der Gruppe, und sie erzwingen dies durch soziale Kontrolle und Sanktionen. Für unsere Gruppen innerhalb des Gemeinwesennetzwerkes bedeutet dies, universale, einsichtige Normen zu wählen, wie Freundschaft und Versöhnung, die soziale Kontrolle gering zu halten und auf Sanktionen möglichst zu verzichten. Gleichzeitig können wir Einzelnen eine Rolle, einen Status und eine Positionierung in unseren Gruppen anbieten, die sie heilen von den malignen Positionierungen in anderen Gruppen, wie etwa der Arbeitswelt.

Die Netzwerkbildung. Gemeinwesenarbeit hat die Aufgabe, ein ganzes Gemeinwesen zu durchdringen. Dies bedarf der Polylinearität, der alltags- und lebensweltlichen Arbeit und der Netzwerkbildung. Vor allem die Integration stellt jene horizontalen und vertikalen Beziehungslinien her, die das Netzwerk bilden. Dabei ist Netzwerkarbeit ausgedehnt auf alle Ebenen der Netzwerkbildung (Bronfenbrenner, 1981: 19 f.). In den Mikronetzen ist soziale Tätigkeit aufsuchende Arbeit, bei der die Menschen in ihren Familien, der Verwandtschaft, Nachbarschaft, Freundschaft und Kollegialität aufgesucht werden. Auf der Ebene der Mesonetzwerke sehen wir den Menschen in seiner Arbeits- und Freizeitwelt, die ihm Lebenssinn und Zufriedenheit vermitteln, die ihn aber auch krank machen können. Ein Mesonetzwerk stellt auch ein Gemeinwesennetzwerk dar. Es integriert viele Einzelgruppen zu einem Gesamtnetz. Exonetzwerke hingegen wirken von außen auf eine Person ein, obgleich sie ihnen nicht angehört. Dies können Behörden und Institutionen sein, Informations- und Kommunikationskanäle oder sogar der Staat mit seinen Gesetzen und Verordnungen, kurz: äußere Faktoren, die auf das Individuum einwirken. Schließlich gibt es die Makronetzwerkarbeit, bei der sich unser Mesonetzwerk mit den Makronetzen verknüpft. Gemeinwesenarbeit braucht solch eine Zusammenarbeit, z.B. mit dem Jugend- und Sozialamt, mit der Polizei, mit Schulen, Ämtern und Institutionen. Darum ist es für die Netzwerkarbeit im Gemeinwesen notwendig, die neueste Gesetzes- und Verordnungslage zu kennen. Schließlich darf die globale Weltgesellschaft mit ihren Einwirkungen auf die Lebenswelten des Gemeinwesens nicht übersehen werden.

Geh-Struktur. Nachdem sich die abwartende Komm-Struktur in der sozialen Arbeit, abgesehen von der institutionellen Sozialarbeit, wenig bewährt hat, liegt ihre Zukunft in der zugehenden, aufsuchenden Geh-Struktur (Seibert, Noack, 1996: 88-91). Zugehend ist bereits die lebensweltliche Struktur der Gemeinwesenarbeit, da ja die Person zu Hause in ihrem primären Netzwerk aufgesucht wird. Noch stärker kommt die aufsuchende Sozialarbeit in der Straßensozialarbeit zum Tragen. Hierfür eignet sich ein neues Modell, das Dual von streetworking und homeworking, von Straßenarbeit und Familienarbeit (Noack, 1998). Auch diese Arbeit ist alltags- und lebensweltlich. Während der eine Streetworker auf der Mikroebene die Problempersonen „auf der Straße" aufsucht, geht der Homeworker auf die ganze Familie zu. Nicht alle marginalen Personen sind obdachlos. Vor allem viele problematische Jugendliche sind noch Teil einer Familie. Darum ist die Familienarbeit der Homeworkerin von so entscheidender Bedeutung. Dabei wählen wir für die Familienarbeit mütterliche Frauen im Sinne der sozialen Mütterlichkeit (Sachße, 1994). Auch die Straßensozialarbeit ist also alltagsweltlich und lebensweltlich. Ebenso ist sie verknüpft mit der Gruppenbildung. Die Straßen- und Familienarbeiter werden aus den Problemgruppen, die sie finden, fest strukturierte Gruppen bilden, mit denen sie arbeiten. Dafür brauchen sie einen festen Bezugsort, eine Anlaufstelle, wo Gruppenarbeit und Einzelfallberatung möglich sind. Gruppenbildung haben wir aber auch in anderer Form vorgenommen. Und zwar haben wir Nachbarschafts- und Freundeskreise gebildet, wobei sich mehrere Familien regelmäßig (am besten wöchentlich) in der Wohnung treffen, um sich sozial und kulturell auszutauschen. Das Ziel der Straßen- und Familienarbeit sind Freundschaft und Versöhnung. Für solch eine präventive und versöhnende Straßenarbeit haben Klenk und Häberlein folgende Grundsätze aufgestellt (Klenk, Häberlein, 1995: 151):

(1) Eine versöhnend-solidarische Auseinandersetzung mit der sozialen Umwelt statt aggressiver Gewalttätigkeit.

(2) Eine höchstmögliche Zusammenarbeit der mobilen Arbeiter mit allen Institutionen, die mit den Arbeitsfeldern befaßt sind (Makronetzwerkarbeit).

(3) Information und Aufklärung für die Personen, die wir betreuen, wie auch der Behörden und Institutionen mit dem Ziel der wachsenden Kooperation und Katalyse.

(4) Die Zustimmung der Bevölkerung im Gemeinwesen gewinnen.

(5) Die Einbeziehung ehrenamtlicher Helfer, die von Professionellen angeleitet werden, aber zunehmend selbst Kompetenz und Eigenständigkeit entwickeln.

(6) Achtung und Respekt vor fremdkulturellen Lebenswelten bei den Bewohnern des Gemeinwesens fördern, besonders bei den Kindern, Jugendlichen und ihren Eltern.

(7) Die aktive Auseinandersetzung mit allen Formen der Gewalt, die sowohl das soziale Zusammenleben als auch die Umwelt gefährden.

Intermediarität. Wenn wir von der Habermasschen Unterscheidung von Lebenswelt und System ausgehen, ergibt sich als Ort der sozialen Arbeit als Mediation der zwischen den beiden Seiten der Gesellschaft, nämlich zwischen Lebenswelt und System. Grundsätzlich ist also jede Tätigkeit eines Sozialpädagogen Mediation. Auch in der Gemeinwesenarbeit ist demzufolge die grundlegende Mediation die zwischen den Menschen und den Institutionen. Allerdings stellt sich Mediation sehr vielfältig dar. Auf der Mikroebene kann Mediation bedeuten zwischen Familienmitgliedern oder bei Nachbarschaftsstreitigkeiten zu vermitteln, kurz, bei allen Disharmonien in den primären Netzen Familie, Verwandtschaft, Nachbarschaft, Freundschaft und Kollegialität. Auf der Mesoebene kann Mediation bedeuten, zwischen Personen zu vermitteln, die dem Netzwerk angehören, aber zerstritten sind. Auch muß zuweilen zwischen den Gruppen des Netzwerkes ein Mittler tätig werden. Auf der Makroebene schließlich ist oftmals die Mediation von Problempersonen mit den Institutionen bzw. Behörden notwendig. Auch ist der Gemeinwesenarbeiter häufig Mittelsperson zwischen einzelnen Gruppen des Netzwerkes und den Makrostrukturen der Gesellschaft. Schließlich ist das Ziel der Gemeinwesenarbeit, eine intermediare Kultur innerhalb des Gemeinwesens zu schaffen.

Beziehungsorientierung. Aus der Struktur der alltags- und lebensweltlichen Arbeit und der Mediation erwächst die Beziehungsorientierung. Lebenswelt ist ja diejenige soziale Welt, die durch Begegnung und Beziehung gebildet wird. Auch das soziale System ist ein Geflecht von Kommunikation und Interaktion. Will und soll Gemeinwesenarbeit lebensweltlich und systemisch sein, dann ist sie notgedrungen beziehungsorientiert. Deshalb versuchen wir in allen Angeboten, die wir innerhalb des Netzwerkes machen, die Beziehungen zu pflegen. Denn das Individuum als Person ist allen Veranstaltungen, Programmen usw. vorgeordnet. Beziehung ist darum die vor-

gegenständliche Verknüpfung zwischen Personen, wodurch enge Bindungen und Loyalitäten entstehen.
Reversibilität. Um die einseitige Betreuungsstruktur zu vermeiden, achten wir auf Reversibilität. Wer Hilfe empfängt, kann an einem anderen Ort des Netzwerkes tätig werden. Dies ist wichtig, damit nicht falsche Abhängigkeiten entstehen.
Gruppenarbeit. Ich habe bereits gezeigt, daß Gemeinwesenarbeit wesentlich aus einem polylinearen Netz von unterschiedlichsten Gruppen erwächst. Deshalb ist Gruppenarbeit für die Arbeit am Gemeinwesen konstituierend. Dabei ist es wichtig, die Einzelgruppen mit Großgruppen zu verbinden, beispielsweise durch Tagesfahrten, Feste und Großveranstaltungen, an denen alle Gruppen teilnehmen. Schließlich ist es notwendig, einen Zentrierungspunkt für alle Gruppen zu haben, das sind soziokulturelle Veranstaltungen, zu denen alle Netzwerkteilnehmer eingeladen werden.
Autopoiese. Ein Netzwerk ist kein Apparat, sondern ein Organismus. Darum ist es wachsend, es verändert sich ständig, unvorhersehbar und unplanbar, es nimmt an Komplexität zu oder stirbt ab. Vor allem aber sind autopoietische System nicht reaktive, auf Reize reagierende Apparate, sondern selbsthandelnd und ersthandelnd auf die Umwelt einwirkend. Deshalb verändern sich Netzwerke ununterbrochen, und die Netzwerkleitung muß auf diese Veränderungen reagieren. Ständig ist es nötig, etwas zu verbessern, zu verändern, neu zu gründen, neue Mitarbeiter zu suchen usw. (vgl. Seibert, Noack, 1996: 59-68).
Das Kommunikationsnetz. Netzwerke als systemische und lebensweltliche Netze konstituieren sich durch Kommunikation und Interaktion. Darum sind sie nichts anderes als ein Geflecht von Kommunikation. Auf der Mikroebene gilt es, mit den einzelnen Netzwerkteilnehmern Kontakt zu pflegen. Dies ist primär die Aufgabe der Gruppenleiter. Aber letztlich muß der Leiter des Netzwerkes das gesamte Kommunikationsnetz zusammenhalten. Auf der Mesoebene pflegt er Kontakt mit allen festangestellten und freiwilligen Mitarbeitern des Netzwerkes. Er hält mit ihnen Arbeitsbesprechungen ab, macht begleitende Supervision und Reflexion und ermutigt sie. Auf der Makroebene nimmt er Kontakt auf mit den Personen anderer Institutionen, Behörden und Ämter. Er wird versuchen, diese Apparate zu personalisieren, d.h. die Beamten und Angestellten als Menschen zu betrachten und eine Beziehung zu ihnen aufzubauen. Solch eine Kommunikation auf den drei Ebenen der Intervention ist außerordentlich zeitaufwendig und kräftezehrend. Und doch lebt oder stirbt das Netzwerk durch gepflegte oder versäumte Kommunikation.

Die Finanzierung des Netzwerkes. Ein Netzwerk braucht solide Finanzen. Dabei sind viele finanzielle Bedürfnisse unsichtbar, doch müssen sie bezahlt werden. So kosten die Räume des Netzwerkes Miete, aber vor allem sind die Nebenkosten, wie Heizung, Müllabfuhr, Wasser und Abwasser usw sehr kostenintensiv. Dann müssen die Gehälter der ganzzeitlich angestellten Mitarbeiter regelmäßig beantragt und abgerechnet werden. Dasselbe gilt für die Fördermittel. Schließlich müssen Fahrten und Feste, Bewirtungen, Blumen und Kerzen, kleine Geschenke für besondere Anlässe im Leben von Netzwerkteilnehmern, notwendige Anschaffungen und Reparaturen usw. bezahlt werden. Dies alles sind Kosten, die vorher kaum übersehen werden können, die sich indes schnell summieren.
Die Normen und Werte des Netzwerkes. Systeme und Netzwerke brauchen Sinn und Werte, um existieren zu können. So nennt Maturana für autopoietische Systeme als Werte Freiheit, Verantwortung, Liebe und Toleranz, die sich aus der Struktur der Autopoiese ergeben (Reinhard, 1993: 214-217). Wir haben für unser Netzwerk die Werte Freundschaft und Versöhnung gewählt, weil diese Werte glaubens- und ideologieübergreifend sind und in unserem Arbeitsgebiet von der Bevölkerung akzeptiert werden. Freundschaft verbindet die Menschen miteinander, und Versöhnung fügt die antagonistischen Gruppen zu einer praktischen Harmonie zusammen.

3.3.4. Gemeinwesenarbeit in einer sich verändernden Gesellschaft

3.3.4.1. Auswirkungen von gesellschaftlichen Veränderungen auf das Gemeinwesen

Nach den Trierer Thesen zur gemeinwesenorientierten sozialen Arbeit (Ries, Elsen, Steinmetz, Homfeld, 1997: 13-23) sind folgende globale Entwicklungen von Bedeutung für das Gemeinwesen:
Durch die Globalisierung der Wirtschaft nimmt die Nachfrage nach Arbeit im Gemeinwesen ab. Menschliche Arbeit wird zum ersten Mal in der Geschichte nicht mehr gefragt, sie erscheint sogar als hinderlich. Die Bedrohung des Arbeitsplatzes oder sogar dessen Verlust wirkt sich auf die Menschen vielfältig aus: Undurchschaubarkeit der Arbeitswelt, Verdunklung der Lebensperspektive, Entmutigung, Angst, Regression oder auch Aggression und Gewaltbereitschaft.
Dies führt zu einer Polarisierung der Stadt in arme und reiche Stadtteile, wobei in den armen Wohnquartieren die Probleme akkumulieren. Dies wird zunehmend dazu führen, daß Resignation umschlägt in Aggressivität.

Eine weitere Polarisierung ist die Globalisierung des Reichtums und eine Regionalisierung der Armut. Während das internationale Kapital sich akkumuliert, wird regional durch die Zunahme der Arbeitslosigkeit die Armut anwachsen. Dies stellt an die Gemeinwesenarbeit die Aufgabe der Versöhnung und der Vermittlung neuer Sinninhalte.
Die neue Armut wirkt sich vor allem auf solche Wohnquartiere aus, in denen viele ungelernte und angelernte Arbeitskräfte mit geringer Schulbildung, sowie alleinerziehende Mütter oder Ausländer wohnen. Da vor allem in der Arbeiterbevölkerung der Lebenssinn in der Arbeit gefunden wird, bedeutet der Verlust von Arbeit für viele ein Verlust von Identität und Sinn. Besonders die Frauen sind benachteiligt. Sie verlieren oft als erste die Arbeitsstelle, was vor allem für alleinerziehende Mütter ein Abgleiten in die Armut bedeuten kann. Für ihre Kinder wiederum bedeutet die Armut der Mutter in der Prestigekonkurrenz der Gleichaltrigen zu unterliegen, was für sie Nichtachtung, Spott und Zurücksetzung bedeuten kann.
Die Enttraditionalisierung der Normalbiographien wiederum führt dazu, daß viele Kinder, Jugendliche und sogar Erwachsene nicht mehr wissen, wie sie ihr Leben in die Zukunft entwerfen können. Durch soziale Kultur- und Bildungsarbeit können solche Defizite ausgeglichen werden.

3.3.4.2. Die Komplementarität von personenbezogener und gemeinwesenorientierter sozialer Arbeit

Jedes Gemeinwesen bildet sich durch Personen mit ihren Kommunikationen und Interaktionen. Zudem ist das Individuum jedem Kollektiv vorgeordnet. Deshalb geht es immer zuerst um die Einzelperson. Aber die Subjektorientierung darf nicht mißverstanden werden als ein Netzwerk von Einzelfallhilfen, sondern es geht um lebensweltliche Arbeit, bei der das Individuum nicht betreut wird, sondern bei der die Ressourcen aus den Netzwerken des Individuums erschlossen, gestärkt und repariert werden. Personenorientierung ist noch keine Gemeinwesenarbeit. Jedoch Gemeinwesenarbeit, die nicht zugleich personenbezogen ist, wäre inhuman und gehörte ins System und nicht in die Lebenswelt. Darum geht Gemeinwesenarbeit über die lebensweltliche Einzelfallhilfe hinaus. So wichtig es ist, das Individuum im Auge zu behalten und im Sinne des Empowerment in seiner Menschenstärke zu fördern, genau so wichtig ist es, an den Strukturen, Plänen, Konzepten und Verwirklichungen in Stadtteilen bzw. Städten Anteil zu nehmen. Denn die Komplexität der Macht- und Konfliktverhältnisse in Staat, Gesellschaft und Wirtschaft reichen ja in die Lebenswelt des Individuums hinein. Darum schlagen die Trierer Thesen folgende gemeinwesenorientierten und gleichzeitig personenbezogenen Maßnahmen vor (Ries u.a., 1997: 16 f.):

- Grundlegend für jede Gemeinwesenarbeit sind die Menschenrechte als Wertebegründung für die Arbeit zur Verbesserung materieller Lebensbedingungen für Menschen in Not.
- Es ist wichtig, jene Menschen aufzusuchen, die nicht in der Lage sind, ihre Not und ihre Ansprüche geltend zu machen. Viele Hilfeberechtigte nehmen die Unterstützungsleistungen des Sozialstaates nicht in Anspruch.
- Im Gemeinwesen müssen die Infrastrukturen, wie Straßenbau, Kindergarten, Verkehrsmittel, Bebauungsgebiete, Angebot an Schulen, Fortbildung usw. auf die Lebensgestaltung des Individuums bezogen werden und nicht auf die Bedürfnisse der Wirtschaft.
- Beziehungsnetzwerke für die Bürger eines Gemeinwesens vermehren die Kommunikationen und damit die Qualität der Gesellschaft, die ja nichts anderes ist als ein Netz von kommunikativem Handeln. Hierdurch werden Menschenstärke, Vertrauen und Selbstverantwortung gestärkt.
- Wo Barrieren und Antagonismen im Gemeinwesen auftreten, wird die Gemeinwesenarbeit durch Freundschaft und Versöhnung als Mediator zwischen den Gruppen auftreten und den Ausgleich schaffen.
- Durch Kultur- und Bildungsarbeit werden die Bürger des Gemeinwesens angehalten, die Menschenrechte zu beachten und sich als Sozialpersonen selbstreferentiell und autopoietisch selbst zu entwerfen wie auch der Gemeinschaft zu dienen.
- Schließlich ist es notwendig, die Konfliktfelder von Mann und Frau, der Generationen und dem Zusammenleben verschiedener Kulturen miteinander zu versöhnen, und zwar so, daß ihre durch Sozialisation und Selbstgestaltung gebildete Identität erhalten bleibt und gleichzeitig durch den gesellschaftlichen Diskurs Übereinstimmungen im Gemeinwesen erzielt werden.

Im weiteren ist die *Strukturqualität* der Gemeinwesenarbeit zu beachten. Gemeinwesenarbeit bedarf der rechtlichen, vertraglichen, organisatorischen und finanziellen Absicherung. Gemeinwesenarbeit ist eine langfristige Konzeption, denn Verhaltensänderungen in größeren Populationen sind nur über lange Zeiträume hinweg zu verwirklichen. Hinzu kommt, daß auch die Ge-

meinwesenabeiter sich spezifisch und langfristig fortbilden müssen im Sinne einer methodenpluralen Weiterbildung. Solch eine Zusatzausbildung wird sich, wenn sie intensiv und regelmäßig ist, auf die Qualität der Gemeinwesenarbeit auswirken.
Die *Prozeßqualität* in der gemeinwesenorientierten sozialen Arbeit beschreibt die langfristige, prozessuale Qualität der Arbeit. Für sie ist eine Stadtteilanalyse, Institutionenanalyse und Analyse der Rahmenbedingungen notwendig sowie Hilfeplanungen, Konkretionen und wissenschaftliche Dokumentation.
Die *Ergebnisqualität* schließlich geschieht durch Selbst- und Fremdevaluation. Bei der Selbstevaluation sind vier Perspektiven zu verfolgen:

- Die Selbstkontrolle ermöglicht die Aufgabenerfüllung, woraus sich auch berufliche Zufriedenheit ergeben kann.
- Die Information über die Ergebnisse der Arbeit an die Arbeitsgeber, die Behörden und die Öffentlichkeit berichtet über die Ergebnisqualität der Arbeit.
- Die Weiterentwicklung des Konzeptes und seine Neuerungen bedürfen der Evaluation durch die Anwendung.
- Schließlich erfolgt die Wirksamkeitsüberprüfung mit wissenschaftlichen Methoden.

3.3.4.3. Strukturbezogene Arbeit im Gemeinwesen

Was meint der Begriff „Strukturbezogenheit“? Zunächst ist davon auszugehen, daß Menschen sehr unterschiedliche Optionen und Lebenschancen haben, wobei es sowohl um die objektiven Lebenslagen geht wie auch andererseits um die Fähigkeit der Individuen, ihre persönlichen Lebenschancen wahrzunehmen. Denn soziale Welten sind einerseits objektive Optionen, das sind materielle und immaterielle erwartete Möglichkeiten, die zur Entfaltung des Menschseins dienen, und sie sind andererseits subjektive Wahrnehmungs- und Bewertungseinstellungen, die solche Optionen verwirklichen oder versäumen. Nun gibt es Wohnquartiere, in denen Optionen und Chancen nur in geringem Umfang vorhanden sind. Strukturbezogene Gemeinwesenarbeit versucht nun, Optionen und Lebenschancen objektiv zu entwickeln, aber auch die subjektive Wahrnehmung der Optionen zu verbessern. Das bedeutet für den Gemeinwesenarbeiter, politisch und gesellschaftlich aktiv zu sein. Hierbei ist er auf die Mitarbeiter der Menschen im Gemeinwesen angewiesen, sei es, daß sie freiwillige Helfer werden, sei es, daß sie Unterstützung geben. In jedem Fall ist es nötig, die Betroffenen in die Aktionen mit einzubeziehen.

3.3.5. Gemeinwesenarbeit in benachteiligten Milieus

Nach dem 2. Weltkrieg waren die Elendsquartiere in den deutschen Städten zerbombt. Beim Wiederaufbau wurden sie nicht wiederhergestellt. So entstanden slumlose Städte. Und deshalb blieben die sozialräumlichen Milieus in ihrer sozialen Nivellierung konstant. Es gab nur in geringem Umfang arme und reiche Stadtviertel. Heute hingegen ist eine Entwicklung zu beobachten, die einerseits sich entwickelnde und andererseits benachteiligte Stadtteile und die damit verbundene soziale Polarisierung sichtbar werden läßt. Zwar ist diese Differenzierung noch wenig augenscheinlich, und doch entwickeln sich einige Stadtteile in Sinne der Modernisierung, während andere stagnieren oder gar zu zerfallen beginnen (Strohmeier, Kersting, 1996). Wenn solche benachteiligten Stadtteile oder Wohnquartiere entstehen, dann kommt es zu einer Akkumulation der Probleme. Zunehmend werden immer mehr Personen von der Neuen Armut erfaßt, was zu multiplen Armutsrisiken führt. Diese werden durch die Benachteiligung bestimmter Stadtteile noch verstärkt. Glücklicherweise können wir, wie Reiner Staubach betont, noch nicht von einer Amerikanisierung unsere Städte sprechen, denn die Slum- und Ghettobildung amerikanischen Ausmaßes ist bei uns nicht zu finden (Staubach, 1997: 241). Dennoch nimmt die negative soziale Mobilität zu, d.h. mittlere Einkommensklassen können durch Arbeitslosigkeit in untere Milieus absteigen. Zudem bleibt die Zahl der Langzeitarbeitslosen und Sozialhilfeempfänger konstant, wenn sie nicht sogar wächst. Auf der anderen Seite besetzen die mobilen Modernisierungsgewinner die hochqualifizierten Positionen, und es ist nicht zu beobachten, daß ihr Reichtum sich nach unten durchsetzt. Dies war ja der Irrtum Adam Smiths, der auch von den Neo-Konservativen vertreten wird, daß Modernisierungsreichtum sich durch alle sozialen Schichten hindurch verteilt, so daß eine wohlhabende Mittelstandsgesellschaft entsteht. Im Gegenteil zeichnen sich Polarisierungen ab zwischen den Verlierern und den Gewinnern der Modernisierungsprozesse. Beide leben allerdings in unterschiedlichen Stadtteilen.

Es lassen sich zwei Typen von benachteiligten Stadtteilen unterscheiden (Krummacher, 1994): Erstens die Altbau- und Mischsiedlungen der alten Arbeiterklasse, die innerhalb der Stadt lagen, und zweitens die Neubau- und Großsiedlungen der 60er und 70er Jahre, die am Stadtrand gebaut wurden.

Die innenstadtnahen Wohngebiete werden heute aufgekauft und „veredelt" durch Luxusmodernisierung und durch die Tempel der Banken, Versicherungen, Verbände usw. Dadurch gehen der zahlungsschwachen Bevölkerung preiswerte Wohngebiete verloren. Die Neubaugebiete am Stadtrand hingegen spalten sich von der allgemeinen Stadtentwicklung ab, sie stagnieren und zerfallen. Nach meinen eigenen Beobachtungen differenzieren sich aber auch die Neubaugebiete noch einmal. Weil die Stadtplaner eine nivellierte Mittelstandsgesellschaft im Auge hatten, mischten sie Reihenhäuser für den Mittelstand und Hochhäuser für die ärmere Bevölkerung miteinander. Dies führte dazu, daß auch innerhalb der Stadtrandneusiedlung unsichtbare Grenzen verlaufen, die beispielsweise von den Jugendcliquen genau beachtet werden.
Gemeinwesenarbeit wird sich vorwiegend mit solch benachteiligten Stadtteilen befassen. Sie wird versuchen, Interventionsstrategien zu entwickeln. Die Gemeinwesenarbeit der 70er Jahre wollte die Ressourcen eines Stadtteils entwickeln und vermehren (Infrastruktur, Parkanlagen, Spielplätze, Verkehr usw.), um einen nivellierten bürgerlichen Stadtteil in Sinne der Neuen Mitte zu schaffen. Dabei nahm man keine Rücksicht auf stadtteilspezifische Potentiale und Charakteristika. Der andere Fehler wäre, die benachteiligten oder gar zerfallenen Stadtteile zu vergessen, wie in den USA, wo man ganze Stadtviertel fast sich selbst überläßt. Im Gegensatz dazu wird die Gemeinwesenarbeit darauf achten, daß die Bewohner erleben, wie sich ihre Wohn- und Arbeitsbedingungen positiv verändern, wie sich ihre Armutsrisiken verringern, sich ihre Versorgung verbessert und sich ihre Chancen auf dem Arbeitsmarkt erhöhen. Kurz: Im Stadtteil muß eine optimistische Stimmung entwickelt werden, durch welche die Menschen wieder die Hoffnung auf einen sozialen Aufstieg haben. Gleichzeitig ist es wichtig, die Spezifika und Charakteristika eines Stadtteils zu erkennen, um eine Stadtteilkultur entwickeln zu können. Zwar fließen durch das Arbeitslosengeld bzw. die Arbeitslosenhilfe, durch das Wohngeld, die Sozialhilfe usw. bedeutende finanzielle Mittel auch in benachteiligte Stadtteile, und dies ist für die Grundsicherung der Bevölkerung auch notwendig, aber darüber hinaus muß auch und gerade in einem benachteiligten Stadtteil ein Bewußtsein von Identität und Wert entstehen. Hierzu ist eine integrierte Stadtteilarbeit wichtig, bei der alle selbstorganisierten Aktivitäten sowohl der Bürger als auch der Institutionen zusammengefaßt und gleichzeitig mit stadtteilexternen Initiativen verknüpft werden. Auf diese Weise können negative Selbsteinschätzungen von Stadtteilbewohnern vermieden und kann ein positives Stadtteilbewußtsein entwickelt werden.

4. Arbeitsfelder der Sozialpädagogik

4.1. Freizeit- und Erlebnispädagogik

Lebensformen und Lebenswelten werden enttraditionalisiert. Und durch den Individualisierungsdruck singularisiert sich das Individuum. Singularisierung indes löst Gemeinschaften auf bzw. entleert sie. Gleichzeitig segmentiert das gemeinschaftslose Kollektiv die Ich-Identität und bringt sie in die Krise. Gemeinschafts- und Identitätssubstitute bietet nun die postindustrielle Gesellschaft an: Erlebniskauf, Erlebnisspielplätze, Erlebnisschwimmbäder, Erlebnis- und Abenteuerurlaub, virtuelle Erlebniswelten und jugendliche Videocliquen sind Stichworte, die andeuten, wie die Trivialwelt Erlebnis suggerieren will.

4.1.1. Erlebnis als Grundkategorie der Erlebnispädagogik

Demgemäß erscheint das Wort „Erlebnis“ inflationär und kommerziell besetzt. Erlebnispädagogik scheint somit im Zeittrend zu liegen, mit allen Tendenzen, substitutionell eine durchorganisierte, verwaltete Gesellschaft zu entlasten. Erlebnis und Konsum verschmelzen zu Traum-Surrogaten von erlebtem Leben. Verknüpfen sich aber Konsum und Erlebnis, entsteht Erlebnissucht parallel zur Konsumsucht. Damit aber wird der Mensch in einer Erlebnisgesellschaft (Schulze, 1992) auf konsumierbares Erleben verwiesen und nicht auf Erlebbares. Während also die Erlebnisgesellschaft das zweckrationale Handeln auf das erlebnisrationale Handeln ausweitet, auch die Alltagswelt soll zum Erlebnis werden (Kaufen, Ausgehen, Urlaub, Essen, Kleiden, Wohnen, Freizeit), wollen wir im Gegensatz dazu, daß sich Menschen wieder mit der natürlich gewachsenen, lebendigen und auch im Sinne Hegels widerständigen Natur einlassen, daß sie sie begreifen und so erleben, daß sie selbst zu einem Teil von erlebter Natur werden.

„Erleben“ sehen wir im Sinne von Kants ästhetischer Urteilskraft als verstandene, erkennende, urteilende und empfindende Erkenntnisform. Nach Husserl (Lebenswelt) und Dilthey (Leben, Ganzheit, Ursprung) bedeutet „Erleben“ die intuitive Erkenntnisart, die der Subjekt-Struktur, der Begegnung von Lebendigem und Lebendigem, vor allem jedoch einer Lebenswelt von kommunikativem Handeln entspricht. Dies korrespondiert mit der Autopoiese lebendiger Systeme und ihrer Autokinese: der Bewegungssouveränität.

Dann allerdings bedeutet Erlebnispädagogik nicht einfach einen Erlebnisraum und ein abenteuerliches Reservat im Jugendleben, eine jugendliche Nischenkultur zu etablieren, sondern im Sinne Nipkows Konzept der Bildung als lebensbegleitendem Lernen (Nipkow, 1990) ein durchgängiges Lebensprinzip, ein lebenslanger lernender und verstehender Umgang mit Leben und Lebendigem, ein lebenslanges Einüben in Biophilie.
Zunächst aber ist Erlebnispädagogik Erziehung der Kinder und der Jugend zu Erlebnis und auch Abenteuer. Das leitet sich aus der geschichtlichen Wurzel der Erlebnispädagogik in den reformpädagogischen Bemühungen her (Oelkers, 1995: 7-26). Diese resultierten aus Defizitanalysen und Mängelanklagen. Vor allem richtete sich die Kritik der Erlebnispädagogik auf die rational vereinseitigte Schule, die als erlebnisarm bezeichnet wurde. Gegen die rationale Lernschule wollten in den 20er Jahren vor allem die Kunsterziehung und der Deutschunterricht Erlebnis und Ganzheitlichkeit stellen (allerdings auch Deutschtümelei und Eliteverherrlichung). Besonders der Begründer der Erlebnispädagogik Kurt Hahn baut seine Therapievorschläge zunächst auf Mangelthesen auf (Ostenrieder, Weiß, 1993: 19-44). Auf dem Boden der modernen Welt entstehen nach Hahn vier Mangelerscheinungen:

- Verfall an menschlicher Anteilnahme, Erbarmen und Hilfsbereitschaft. Ursache ist die Schnellebigkeit und Gier nach schnellem Wechsel. Gleichzeitig übernehmen die Organisationen und Institutionen die sozialen Aufgaben, so daß persönliche Anteilnahme, Hilfsbereitschaft und unmittelbares Erbarmen unnötig werden.
- Verfall an Selbstinitiative. Sie zeigt sich an dem anwachsenden passiven Konsumverhalten. Passivität, Verweigerung aktiver Herausforderungen und Zuschauerperspektive sieht Hahn als typisch für die Industriegesellschaft.
- Verfall der Sorgsamkeit. Mit dem Verfall handwerklichen Könnens vermindern sich auch Konzentrationsfähigkeit, die Bereitschaft zur genauen Arbeit und der pflegliche Umgang mit den Dingen. Hast und Eile vermindern auch die Empathie.
- Verfall der körperlichen Tüchtigkeit. Da der Mensch alle Aktivitäten nur noch aus der Zuschauersperspektive heraus betrachtet und nicht selbst tätig wird, verkümmert seine körperliche Leistungsfähigkeit.

Diesen Mangelerscheinungen setzte Hahn seine Erlebnispädagogik entgegen, der er vier grundlegende Aktivitäten mitgab:

(1) Körperliches Training. Es soll Vitalität, Kondition, Mut und Selbstüberwindungskraft bewirken. Hierdurch entdeckt sich der Jugendliche selbst, er spürt verborgene Möglichkeiten in sich auf und gewinnt Ich-Stärke.

(2) Die Expedition. Sie entspricht dem, was wir Outward Bound nennen, Fahrt und Lager, wo Initiative eingeübt wird, Entschlußkraft und Selbstüberwindung, weil die Natur nicht nur verklärt, sondern auch widerständig erlebt wird. Gleichzeitig lernen alle Teilnehmer Sozialität, weil sie auf einander angewiesen sind.

(3) Das Projekt. Die Gruppe erarbeitet im handwerklichen, technischen oder auch geistigen Bereich ein Objekt, wobei Sorgsamkeit und Geduld gelernt und Selbständigkeit und Kreativität erworben werden. Dies entspräche dem, was ich Inward Bound nenne.

(4) Der Rettungsdienst war für Hahn das Kernstück seines Konzeptes, weil sich hier der Jugendliche existentiell sozial engagiert, wodurch er ein neues Lebensverständnis entwickelt. Heute werden wir in der Erlebnispädagogik nicht mehr von Rettungsdiensten sprechen, sondern von sozialem oder ökologischem Engagement. Ich nenne dieses Arbeitsfeld Social Bound.

Hahns Zeitanalyse ist sicher simplifiziert, seine vier Grundaktivitäten scheinen recht einfach zu sein, und doch wäre jede Jugendarbeit gut beraten, diesen vier einfachen Aktionsgrundsätzen zu folgen. Ungeleitete, erlebnisarme, passiv konsumorientierte Jugendarbeit wird ihr Klientel verlieren, weil sich das monoforme Angebot nach zwei Jahren erschöpft hat. Hahns Handlungsgrundsätze gliedern sich in Natursportarten und die Gruppe als Lernfeld. Beim Outward Bound entwickelt der Jugendliche Eigeninitiative, Spontaneität,
Kreativität, Selbstentdeckung, Selbstvertrauen, Selbstwertgefühl. Durch das Social Bound wird das soziale Lernen und die soziale Kompetenz gestärkt, d.h. soziale und politische Verantwortlichkeit. Auch Inward-Bound und City-Bound fördern die Jugendlichen zur Prosozialität.

4.1.2. Notwendigkeit der Erlebnispädagogik

Heute erscheint Erlebnispädagogik notwendig als lebendiges Lernen und eine Möglichkeit lebensweltorientierter Hilfe. Maaß (Maaß, 1995: 157) nennt als eines der zentralen Probleme Jugendlicher die Einengung und Behinderung der Erlebens- und Erprobungsmöglichkeiten durch den sozialen Wandel. Im einzelnen führt er an:

- Die Einengung der Erlebnisräume durch Urbanisierung und Umweltvergiftung. Es gibt kaum noch ursprüngliche Lebensräume, in denen Kinder und Jugendliche abenteuern können.
- Die Diskrepanz zwischen körperlicher und sozialer Reife durch langes Lernen (Sozialadoleszenz) auf der einen Seite und ökonomische Unmündigkeit und Abhängigkeit von der Elterngeneration andererseits.
- Etikettierung von jugendlichen Erprobungsritualen als delinquent, mit der Folge der Kriminalisierung.
- Verarmung der Lebenswelt, was zu Sinnkrisen und zur Sinnentleerung führt.
- Die Überrationalität der Schule und Erziehung, die emotionale und handlungsorientierte Aspekte vernachlässigt.

Für solche unbefriedigten Bedürfnisse ist eine lebensweltorientierte Jugendarbeit und Erlebnispädagogik notwendig.

4.1.3. Die Arbeitsfelder der Erlebnispädagogik

Vier Arbeitsfelder halte ich für die Erlebnispädagogik für unabdingbar.

4.1.3.1. Outward Bound

Outward Bound (Jagenlauf, 1994: 72) ist ein Begriff, der von einem Freund und Mitarbeiter Hahns geschaffen wurde, dem Reeder Lawrence Holt, der 1941 in England die erste Outward Bound-Schule eröffnete und dabei diesen Namen schuf. Dieser Terminus stammt aus der Seemannssprache und bedeutet soviel wie „Leine los“ oder „auf der Fahrt in die Ferne befindlich“. Damit ist die Hauptrichtung der Erlebnispädagogik angesprochen, das Naturerleben, einschließlich der Abenteuerpädagogik, wenn nämlich die Natur widerständig wird. Zwar zeigt Maaßen, daß Erlebnispädagogik und Naturerleben keineswegs identisch, sondern vielmehr gegensätzlich (Maaßen, 1994:14 f.) sind. Während Naturerleben bedeutet, daß sich der Mensch in die Natur pfleglich und empathisch einfügt, entspricht Erlebnispädagogik eher einem selbstreferentiellen System, da ja der Mensch selbstreferentiell sich sein eigenes Erlebnissystem schafft, das der Natur gegenübersteht und sie nutzt, ähnlich dem Konsumerleben. Und wenn Maaßen dabei an den Fluß als Rennstrecke, den Berg als Kletteraufgabe, die semiprofessionelle Fahrradfahrt von München nach Passau anspricht, hat er mit seiner Analyse recht. M. E. jedoch müssen wir gerade diese Kritik in unserem Konzept von

Erlebnispädagogik berücksichtigen. Naturerleben darf eben keine Form von Erlebniskauf sein, sondern sollte Natur in ihren ökologischen Zusammenhängen verstehen, pflegen, sich in sie einfühlen und Nähe zu ihr entwickeln. Es lassen sich zehn Komponenten des Naturerlebens aufstellen (Janßen, 1988; Trommer, 1990; Maaßen, 1994):

(1) Naturerleben ist originale Begegnung mit der Natur. Unter Natur sei hier zunächst alles Lebendige verstanden, aber auch sekundäre Natur wie Parkanlagen. Entscheidend ist das Outward Bound, hinauszugehen, wo Natur ist. Und wichtig ist die originale, d.h. authentische Begegnung mit Pflanzen, Tieren, ökologischen Gemeinschaften usw.

(2) Naturerleben ist für jeden Menschen aufgrund sinnlicher Wahrnehmung möglich. Hier wird der Primat der Wahrnehmung vor dem Denken gefordert, wie es für Erlebnispädagogik konstituierend ist. Während für die Wissenschaften der rationale Diskurs gültig ist, wird das Verhältnis zum Lebendigen durch Begegnung, d.h. Kommunikation und Empathie begründet. Voraussetzung ist allerdings die genaue Wahrnehmung.

(3) Naturerleben setzt innere Gestimmtheit voraus. Damit ist das erlebende Subjekt angesprochen. Nur wenn es gelernt hat, die Natur zu erleben, sie angemessen zu beschreiben, sie sachkundig zu erklären, sie in ihren Zusammenhängen zu verstehen, daraus Umweltbewußtsein zu entwickeln und schließlich emotional und kognitiv verschränkt an ihr zu handeln, besitzt er die innere Gestimmtheit, ihr zu begegnen.

(4) Naturerleben ist emotional und individuell. Damit ist gemeint, daß der eigentliche Zugang zur Natur durch Einfühlen, Erlebnisgefühle, Zuneigungsgefühle der Nähe usw. erfolgt, und dies auf einmalige individuelle Weise.

(5) Naturerleben kann des weiteren Phantasie und Kreativität anregen. Die Zeitform des Erlebens ist die Gegenwart. Das Individuum fügt sich im Naturerleben in die Gegenwart ein, schwimmt im Zeitstrom mit und vereinigt sich mit dem Objekt Natur. Dieser fließende Gegenwartszustand setzt Phantasie und Schöpferisches frei.

(6) Naturerleben ist nicht determinierbar. Die Natur ist ja ein lebendiger Organismus und als solcher autopoietisch, sich selbst kontinuierlich erhaltend, verändernd und wachsend. Darum läßt sich ihr Verhalten nie genau voraussagen. Aber auch die Subjektseite des Erlebens ist undeterminierbar, da ja die Bewußtseinszustände des Individuums in ständigem Wechsel sind. Schließlich ist auch die Methodik der Erlebnispädagogik unbestimm-

bar, da sie vielfältig ist in ihrer Freiwilligkeit, Selbstbestimmung, Angebotsvielfalt, Differenzierung und körperlichen Ansprüchen. Für die erlebnispädagogische Arbeit ist also die Unplanbarkeit zu bedenken.

(7) Naturerleben kann zu widerstreitenden Gefühlen führen. Natur ist ja nicht nur die romantisch verklärte, geist- und gotterfüllte Natur, Urbild einer Gott-Natur-Mensch-Harmonie, sondern es gibt Gewitter, Hagelstürme, tropfende Zelte, Mückenschwärme, Blasen an den Füßen, Hunger, Schwäche, Müdigkeit, die Gefühle, nicht weitergehen zu können usw. Wer erlebnispädagogisch leitend tätig ist, muß alle Teilnehmer auf solche widerständigen Erlebnisse vorbereiten. Andererseits haben sie den größten erzieherischen Effekt.

(8) Naturerleben steht mit Naturerkenntnis und Naturverständnis in einem engen Zusammenhang. Dies hat praktische Konsequenzen. Es beginnt damit, keine Abfälle in der Natur zu hinterlassen und reicht bis zu tiefen Einsichten in die Ökologie von Pflanzen- und Tierwelten.

(9) Naturerleben ist eine Basis selbstbestimmten Handelns für Natur und Umwelt. Einerseits ist das naturerlebende Individuum selbstreferentiell, das heißt sich selbstreflektierend und als ein psychisches System die Umwelt auf sich beziehend. Andererseits handelt es für Natur und Umwelt, also erhaltend und bewahrend.

(10) Naturerleben erfordert sensibel anleitende Didaktik. Diese letzte Komponente von Naturerleben betrifft den Leiter von Gruppen. Seine Aufgabe ist es, als ein Teil der Gruppe gleichzeitig ihr Bewußtsein zu prägen im Sinne von Erlebnis, Verantwortung und Gruppe.

Für Outward Bound ist also Naturerleben konstitutiv. Erlebnispädagogische Gruppen sind definiert als Gruppen ad extra.
Als mögliche Aktivitäten nennt Brenner (Brenner, 1995: 132 f.): Zeltlager, Abenteuercamp, Schlauchbootfahrten, Kanutour, Kanu- und Wildwassertour, Abenteuerseminar für JugendgruppenleiterInnen, Umwelt-Fahrrad-Ralley, Kinder- und Jugendfarm, mobiler Abenteuerspielplatz, Stadtranderholung als Abenteuersommer, Feuertheater, Langzeitwanderung, Fahrradprojekt, Videoprojekt, Kanuprojekt, Reitprojekt, Schlauchbootfahrt mit politischer Aktion, erlebnispädagogische Jugendkulturarbeit, Sporttheater, Abenteuersport, Abenteuerfreizeiten einer Kirchengemeinde, Ferienseminare, Höhlentour, Abenteuerschnitzeljagd. Aus eigener Erfahrung möchte ich hinzufügen, daß erlebnispädagogisch auch kurze Wanderungen sind, wobei die Gruppe Pflanzen bestimmt, Tiere entdeckt, ökologische Zusam-

menhänge erkennt, einige Bewegungsspiele macht und sich überhaupt eine oder zwei Stunden lang im Freien bewegt

4.1.3.2. City Bound

Erlebnis- und Abenteuerpädagogik haben ihre Erlebnisfelder mit sportlicher Akzentuierung in der Natur. Aber City Bound hält dies für keineswegs zwingend (Heckmair, Holtrop, van der Voort, 1994: 186-190; Gierer, 1995: 197-212). Durch den Rückgriff der Erlebnispädagogik auf die Lebensphilosophie Diltheys und Bergsons war sie geprägt von Technikfeindlichkeit, Antiurbanismus und Agrar- und Naturromantik. Die Stadt galt als krank und krankmachend, als inhuman, als ein Ort der Erlebnissurrogate, der Einsamkeit, der Verelendung, der Entfremdung, von Gewalt und Drogenkonsum. Aber City Bound Projekte sind viel umweltverträglicher, und sie erlauben auch einen einfacheren Transfer auf die Alltagswelt. Deshalb versucht City Bound die Stadt zum Erlebnisraum, zum Lernort und zum handlungsorientierten Mittel zu machen. Sechs zentrale Gesichtspunkte charakterisieren die Tätigkeitsfelder von City Bound (Gierer, 1995: 200-210).

Die Stadt als Medium. Der entscheidende Wechsel von der klassischen Erlebnispädagogik zu City Bound ist der Wechsel des Lern- und Erfahrungsfeldes von der allerdings nur scheinbar unberührten Natur zur Stadt. Auch in der Stadt lassen sich Fahrradprojekte, Schnitzeljagden, Geländespiele, Skating-Projekte usw. veranstalten.

City Bound bedeutet darüber hinaus, mit der Stadt zu agieren und zu kommunizieren. Dies sind Aktivitäten, die in der Stadt und mit der Stadt vollzogen werden. Es bedeutet, die Spezifika der Stadt zu erfassen, ein Gespür für die Atmosphäre der Stadt zu gewinnen. Damit soll ein Gefühl der Sicherheit entstehen, sich in der Stadt zu bewegen. Es gilt, sich mit der Stadt und ihren Besonderheiten auseinanderzusetzen.

Schließlich bedeutet City Bound, die Stadt als sozialen Lernraum zu gewinnen. Denn die Stadt ist nicht einfach ein Konglomerat von Baumaterialien, sondern sie ist ein Ort der Kultur und der Geschichte. Es können der Gruppe stadtgeschichtliche Aufgaben gestellt werden. Es werden die vielfältigen Kulturdenkmäler der Stadt erlebt (Erlebnis ist nicht nur auf Natur beschränkt). Erlebnis ist auch möglich als Kulturerlebnis und als Geschichtsbegegnung und nicht zuletzt als Begegnungserlebnis mit den Bewohnern der Stadt.

Situationen. Die Situationen können verschiedenartig sein. Sie sind neu oder wiederkehrend oder kontrastierend. Beispielsweise müssen Teilnehmer aus einem fremden Stadtteil in den eigenen zurückfinden; oder Einwohner werden interviewt, eine Polizeiwache wird besucht, mit Wohnungslosen gesprochen, der Bürgermeister aufgesucht usw. Andere Möglichkeiten sind: Besuch und Interview bei Institutionen, Behörden und Unternehmen; aber auch Fußgängerzonen, Märkte, Stadtparks oder schließlich geschichtliche und kulturelle Orte der Stadt aufzusuchen und zu erleben.

Aktion und Reflexion. In der Erlebnispädagogik spielt der Transfer des Erlebnisses auf die Alltagswelt eine große Rolle. Dies geschieht durch Reflexion der Aktionen. Und da scheint es einfacher zu sein, City-Bound-Erfahrungen auf die Alltagswelt zu übertragen als beispielsweise eine Bergwanderung.

Individuum und Gruppe. Outward-Bound-Aktivitäten sind in der Regel Gruppenaktionen, in denen die Teilnehmer aufeinander angewiesen sind. Das muß beim City Bound nicht der Fall sein. Wir unterscheiden Gruppenaktivitäten, bei denen eine Gruppe gemeinsam agiert; individuelle Aktivitäten, wo jeder Teilnehmer je nach Interesse und Talent individuelle Aufgaben erhält (beispielsweise mit 10 DM am Tag zu überleben); und schließlich gemischte Aktivitäten, bei denen individuelle Aufgaben und Gruppenaktivitäten gemischt werden.

Homeward Bound. Dieser Begriff bedeutet den Transfer des Erlebten auf die Alltagswelt und Lebenswelt der Teilnehmer. Erreicht werden soll eine Verbesserung des Sozialverhaltens (Zuhören, kommunizieren, interagieren, Vorurteile abbauen), Persönlichkeitsbildung (Selbstreflexion über die eigenen Stärken und Schwächen, Verbesserung von Selbstbild und Selbstvertrauen) und schließlich Verbesserung der Alltagskompetenz (sich sozial zurechtfinden, Arbeitskonstanz entwickeln, mit dem Geld auskommen).

Der ökologische Aspekt. Die Gefahr von Outward Bound besteht darin, daß die Natur zur Kulisse, zum „Turngerät", zum Konsummedium gemacht wird. Und gerade beim Naturerleben ist der ökologische Aspekt unabdingbar. Auch City Bound erstrebt sanfte Erlebnispädagogik, indem die Wege in der Stadt erlaufen oder mit Fahrrad und öffentlichen Verkehrsmitteln zurückgelegt werden.

City Bound ist ein außerordentlich wichtiger Zweig von Outward Bound. Denn Erlebnishunger, Risikosuche und Anerkennungsdrang in der Gruppe führen oftmals zu Aggression und Gewalt, Haß und aggressiven Vorurteilen. Kinder- und Jugendbanden – völlig natürliche altersspezifische Vergesellschaftungsformen – bilden Gruppen, die geprägt sind von Langeweile, Frustration, Sinnlosigkeitsgefühlen, die jederzeit umschlagen können in Brutalität und Gewalt gegen Sachen und Minderheiten. Für diese Cliquen ist City Bound notwendig, damit Mutproben und Grenzerfahrungserlebnisse positiv strukturiert werden.

4.1.3.3. Social Bound

Ein Überblick über die neuere erlebnispädagogische Literatur zeigt, daß Social Bound (der Begriff stammt vom Verfasser) kaum eine Rolle spielt. Wenn Erlebnispädagogik nach Kölsch (Kölsch, 1995: 230) primär Tourismus ist, beschränkt sich soziales Lernen auf Intra-Gruppen-Prozesse. Im Gegensatz dazu spielen bei Hahn, dem Begründer der Erlebnispädagogik, in den Bereichen „Projekt" und „Rettungsdienst" soziale Verantwortung und soziales Handeln eine tragende Rolle, weil durch den Einsatz der eigenen Existenz für das Wohl des Nächsten ein neues Lebensverständnis entsteht, eine offene exzentrische Struktur der Personalität. Erleben hat zum Gegenüber ja nicht nur die Natur, sondern auch den Menschen, das Ko-Subjekt, dem das Individuum begegnet. Social Bound ist jedoch nur möglich, wenn die erlebnispädagogische Gruppe eine formelle, organisierte, strukturierte und geleitete Gruppe ist, die soziale Projekte entwickelt und unterhält. Social Bound gibt der Gruppe eine Wertefundierug, Sinngebung, ernsthafte, nicht bloß spielerische Handlungskompetenz und feste Loyalitätsbindungen an die Gruppe. Soziale Projekte sind abhängig von den Bedürfnissen der Stadt bzw. des Stadtteils sowie den Kompetenzen der Gruppenmitglieder. Andere denkbare Projekte wären Feier-Abende, Kreativspiele, lebensbegleitende Bildung, politisch-gesellschaftliche Information, Wertevermittlung, Alltagswelt- und Lebenslagen-Hilfen usw.

4.1.3.4. Inward Bound

Während Social Bound bereits die formelle, organisierte, strukturierte und geleitete Gruppe erfordert, gilt das um so mehr für Inward Bound (der Ausdruck stammt vom Verfasser). Inward Bound bedeutet: Die Gruppe kehrt zurück ins „Zuhause", wo die periodischen Gruppenstunden stattfinden, in denen die erlebnispädagogischen Situationen reflektiert, transferiert, verarbeitet und weiterentwickelt werden. Für Inward Bound kommt deshalb die formelle, organisierte, strukturierte und geleitete Dauergruppe in Frage. Homogenität halte ich hingegen nicht für notwendig. Inward Bound erfüllt mehrere Funktionen.

Zunächst dienen die Gruppenstunden, die wöchentlich oder vierzehntägig stattfinden, der Ausbildung. In diesen etwa 3-stündigen Zusammenkünften werden die Techniken des Zeltbaus, der Feuerstelle, der Seilbrücke, der Lagereinrichtung, des Umgangs mit Karte und Kompaß und der Orientierung in der Natur geübt, aber auch ökologische Pflichten, Kenntnisse von Pflanzen- und Tierwelt und ihrer ökologischen Umwelten angeeignet. Auch Spiele sind wichtig.

Eine weitere Aufgabe der Gruppenstunden ist die Vorbereitung von Fahrt und Lager bzw. dem erlebnispädagogischen Projekt. Erlebnispädagogik ist ja kein Konsumerlebnis, sondern die ganze Gruppe ist beteiligt in Konzeption und Aktion.

Erlebnispädagogische Projekte bedürfen auch der Reflexion danach. Schon die erlebnispädagogischen Erfahrungen bereichern und sozialisieren die Persönlichkeit. Reflexion verstärkt diesen Lernprozeß. Teilnehmer eines Winterlagers beispielsweise reflektieren, daß es notwendig ist, miteinander und nicht gegeneinander zu arbeiten, daß sich Kompetenzen ergänzen und verstärken, daß andere ähnlich erleben wie man selbst, daß man sich selbst und einander vertrauen kann. Die Teilnehmer erkennen die Konsequenzen ihres Tuns und Unterlassens. Gleichzeitig entwickeln sie Zusammengehörigkeitsgefühle und Loyalitätsbindungen an die Gruppe. Erlebnispädagogische Unternehmungen beschleunigen und intensivieren die Gruppenbildung, da ja alle Handlungen nur gemeinsam zum Ziel führten. Reflexion hilft auch, Erfolge und Mißerfolge realistisch einzuschätzen. Schließlich ergibt die Reflexion auch Mängel in der Ausbildung, die in den Gruppenstunden nachgelernt werden müssen.

Reflexion erfolgt zwar schon ständig situativ und allabendlich während des Projektes, aber die intensive Durcharbeitung der Erlebnisse braucht mehr Zeit. Darum scheint m. E. die Dauergruppe auch für die Erlebnispädagogik notwendig zu sein. Für alle Formen von sozialer Arbeit gelten für mich drei Grundsätze:

- Periodizität
- Kontinuität
- Integration

Auch Erlebnispädagogik halte ich als bloße Insel-Situation für begrenzt wirksam. Vor allem scheint mir die Transferproblematik nur in Dauergruppen gelöst zu sein. Inward Bound bedeutet den *Transfer* der erlebten Ereignisse auf die Arbeitswelt, die Alltagswelt und die Lebenslagen der beteiligten Personen.

Hahn hatte ja postuliert, Erlebnisse müßten kurz, herausgehoben, intensiv und selten sein, um persönlichkeitsbildend zu wirken, im Gegensatz zu der langen routinierten Schulzeit, die dies nicht leisten könne. Inward Bound transferiert demzufolge Lebensmut, Selbstvertrauen, Offenheit, Phantasie und Kreativität, vitale Gesundheit und Sozialität auf die Alltagwelt der Teilnehmer, da die Erlebnisse ja kurz, intensiv, herausgehoben und intensiv prägend seien. Wer im Intensiv-Erlebnis Angst und Schwierigkeiten durch

Ermutigung überwunden habe, könne dies auch in der Berufs- und Alltagswelt. Allerdings bedarf diese These noch empirischer Untersuchungen.

4.1.4. Kompetenzvermittlung durch die Erlebnispädagogik

Was Erlebnispädagogik besonders im Zusammenhang mit Inward Bound grundsätzlich vermitteln kann, dürfte dreierlei sein (Antes, 1993: 18-22):

- Handlungskompetenz
- Interaktion
- Erlebnis und Bewegung

Handlungskompetenz setzt sich zusammen aus sozialer, methodischer und fachlicher Kompetenz. Soziale Kompetenz ist fundierend für die Handlungsfähigkeit in differierenden Lebenslagen. Sie beinhaltet Kooperations- und Kommunikationsfähigkeit, Bereitschaft zum Risiko und zu Neuem, verbunden mit Verantwortung (wegen der Gefahren und der Rücksichtnahme auf Schwächere), Konfliktfähigkeit und Empathie. Methodische Kompetenz hat zum Inhalt Lern- und Denkfähigkeit, Planungsfähigkeit, Begründungs- und Bewertungskompetenz. Fachliche Kompetenz bedeutet, daß primär der Leiter, aber darüber hinaus alle Teilnehmer eines Projektes die Techniken körperlich und kenntnismäßig beherrschen.

Weiterhin ist Erlebnispädagogik immer zugleich *Interaktionspädagogik*. Der Mensch als eine dialogische Existenz ist eine kommunikativ handelnde Person. Da er also autopoietisch und im kommunikativen Austausch handelt, ist er nicht bloß abhängig von seiner Umwelt, sondern er gestaltet sie nach seinen durch Selbstreferenz gewonnenen Werten und Zielen. Deshalb bedeutet Erlebnispädagogik immer zugleich, daß Teilnehmer einer Gruppenaktion wechselseitig aufeinander bezogen handeln und daß interpersonelles Verhalten verbessert wird. Es geht also nicht um instrumentales, zweckrationales Handeln, auch nicht um reflexives Handeln, sondern um kommunikatives Handeln, um symbolisch vermittelte Interaktion und sprachlichen Austausch zwischen Personen. Interaktionspädagogik fördert somit das soziale Lernen.

Auch die Interaktionsspiele, die namentlich in den Gruppenstunden von Inward Bound gespielt werden, bedeuten nicht bloß Entspannung und Unterhaltung, sondern es sind durchaus ernste Spiele, da Verhaltensweisen eingeübt werden, die der Wirklichkeit entsprechen. Reiners (Reiners, 1992: 22) unterscheidet je nach Komplexität drei Kategorien von Interaktionsspielen:

- Die erste Kategorie wählt Spiele aus, die die Konzentration des Einzelnen auf das Hier und Jetzt erfordern, beispielsweise Wahrnehmungsspiele oder Selbstbeschreibungsspiele.
- Die zweite Kategorie wendet sich an die Gruppe. Es sind Kommunikations- und Vertrauensspiele.
- Die dritte Kategorie besteht in Spielen, in denen die Gruppenmitglieder gemeinsam auf bestimmte Ziele hin agieren. Das sind Planspiele, Rollenspiele und Problemlösungsspiele.

Alle drei Kategorien von Interaktionsspielen gelten als Techniken der Interaktionspädagogik und sind darauf ausgerichtet, die Handlungskompetenz der Teilnehmer zu stärken.
Das *dritte Element*, das Erlebnispädagogik leisten kann, ist das Erlebnis und die Bewegung.
Der heutige Mensch, besonders Kinder und Jugendliche, sind erlebnisarm und bewegungsarm (vgl. Koch, 1995: 57-69).
Individualisierungsschub, Flexibilisierung der sozialen Rollen, Pluralisierung der Lebenslagen, frühe Biographieplanung (schon der 10-Jährige muß seine Bildungslaufbahn entscheiden) sind Begriffe, die anzeigen, daß vom Heranwachsenden gefordert wird, Frustrationstoleranz und aufschiebende Belohnung anzustreben, die Schulregeln zu befolgen, die ja einerseits Affekte und spontane Bedürfnisbefriedigung verbieten, rationale Befähigung hingegen fordern.
Es ist auch nicht möglich, die Kinder und Jugendlichen als eine je homogene Gruppe zu betrachten. Die jugendlichen Lebenswelten sind hochsegmentiert, es gibt vielfältige Konzepte von Jugendsein. Und diese werden zunehmend vom kommerziellen Jugendmarkt gestaltet. Wo Jugendliche Geld haben, kaufen sie die Elemente ihrer Identitätsmontage durch die Auswahl spezifischer Musik, Mode und entsprechendem Stil. Dies geschieht aber sehr häufig nicht mehr durch Erlebnis, Bewegung oder auch intellektuelle Leistung, sondern durch Maskierung und die von der Clique geforderten Gruppenuniformierung.
Hinzu kommt, daß der Jugend Bewegungsräume genommen worden sind. Das Auto und die zerteilende Straße bestimmen die Stadt- und Verkehrsplanung. Dadurch werden die Jugendlebenswelten zerteilt und verinselt. Diese Toreinfahrten, Parks, Grüninseln usw., wo sich Jugendliche treffen, sind so kleinräumig, daß Erlebnis und Bewegung nicht möglich sind. Jugendliche der oberen Mittelschicht, die dem Selbstentfaltungsmilieu angehören, cocoonisieren sich und verbringen die Abende und das Wochenende

in gepflegten Milieus, die Jugendlichen der Basisschichten hingegen, die dem Erlebnis- und Konsummilieu zugehören, suchen am Wochenende Bewegung und Erlebnis, manchmal sogar durch aggressiv besetzte Handlungen (Schultze, 1992: 59).
Die Erlebnisgesellschaft bietet einen Erlebnismarkt an, dem der Jugendliche kein Eigenes, mit ihm Identisches entgegensetzen kann. Hier findet er keine wirkliche Innerlichkeit und keine Ursprungserlebnisse, sondern Surrogate. Natürlich stellt sich dies für die Jugendlichen der Grundschichten mit ihrem Erlebnis- und Konsummilieu anders dar. Sie haben nicht Eltern, die sie auf den Weg der Selbstgestaltung des eigenen Lebenslaufes geschickt haben, und sie konnten nicht die Fähigkeit zur aufschiebenden Belohnung entwickeln. Sie besitzen kein Geld zur Identitätsmontage durch Mode, Musik und Stil. Das Schulmilieu mit seiner körperdistanzierten und affektreduzierenden Lernkultur bleibt ihnen fremd, zumal selbst in der Hauptschule die Lehrer Vertreter des gehobenen Bürgertums sind. Was ihnen bleibt, ist die direkte körperliche Präsens, mit denen sie Räume in Anspruch nehmen, in denen sie wahrgenommen werden.
Das alles zeigt, wie wichtig Outward Bound, City Bound, Social Bound und Inward Bound, das Angebot von Ursprungserlebnissen und Bewegung, an Kinder und Jugendliche gerade auch der Arbeiterschicht ist.

4.1.5. Bewegung, Erlebnis und Gestaltung

Ich möchte die Betrachtung dieses Arbeitsfeldes beenden mit einer letzten Schwerpunktbildung: Bewegung als Erlebnis und Gestaltung (Treptow, 1993). Seit Mitte der 80er Jahre zeigen Untersuchungen, daß sich soziale Interessen um zwei Pole kristallisieren: um Risikovermeidung in einer Risikogesellschaft und um die Inszenierung von Erlebnissteigerung. So werden junge Menschen in eine Struktur von Risikogesellschaft und Erlebnisgesellschaft gestellt. Erlebnis aber bedeutet Betonung von Kraft, Körperbewegung, Bewegungssouveränität und Autokinese. Verbunden damit ist das Risiko. Zwar wird die Erlebnispädagogik stets auf Risikovermeidung achten (Jagenlauf, Wunder, 1995: 77-86) durch Sicherheit als Qualitätsmerkmal. Dennoch ist ein Bestandteil der Erlebnispädagogik der riskierte Körper (Koch, 1995, 57-69). Denn Risiko, wenn es verantwortlich gesichert ist, führt durchaus zu Erfahrungen der Selbsterweiterung, wenn Erleben gelungen und Risiko überwunden ist. Allerdings ist m.E. Risiko schon dann gegeben, wenn es symbolisiert wird durch Unsicherheit, Ungeplantheit, Abenteuer und Ausgesetztsein widriger Natur. *Bewegung* wiederum läßt sich sehen als Selbstbewegung (Autokinese) und Fremdbewegung (Heterokinese), wobei Autokinese bestimmt ist durch selbstbestimmte Gestaltung von Selbstbewegung, Heterokinese hingegen als eine Bewegung der Person auf ein bewegungsinszeniertes Ereignis hin, um sich Erlebnis zu verschaffen. Auf beide Komponenten, Aktion und Rezeption, bezieht sich erlebnispädagogische Intervention. Im einzelnen seien folgende Aspekte betont (Treptow, 1993: 275-285):

Dynamische und temporale Kompetenz. Die Angebote der industriellen Konsumwelt sind zeitstrukturell dynamisch und werden von den jugendlichen Konsumenten auch so gefordert. Sie entwickeln dynamische Kompetenz, und sei sie auch illusionär. Bewegungen zu erzeugen und zu genießen (Sport, Rennrad, Mountainbike, Motorrad, Skateboard, u.a.) soll dynamisch sein, und gleichzeitig bedarf Dynamik zeitlicher Kompetenz. Zeitkompetenz, die Beherrschung des Wechsels von Langsamkeit und Schnelligkeit, Kontinuität und Zeitabbruch wurden nötig durch die industriellen und urbanen Modernisierungsschübe. Der Mensch lebt in Familie, Schule bzw. Beruf, Arbeitswelt und Peergroup in unterschiedlichen Zeitordnungen und damit auch differierenden Bewegungsweisen. Um Bewegungsillusionen (Video, Disko usw.) durch Primärbewegung zu ersetzen, ist Bewegung und damit auch dynamische und temporale Kompetenz ein wichtiger Bestandteil der Erlebnispädagogik.

Verzeitlichung und knapper Raum: dynamische Areale. Jugendliches Erleben ist dynamisch-zeitlich, und es geschieht in knappen Räumen, die sie sich aneignen, z.B. bestimmte Räume, Areale oder Einrichtungen. Diese Areale werden dynamisch besetzt. Aber sie sind eng. Discotanz, Videospiele, Spielautomaten, virtuelle Realitäten, sie alle finden auf engem Raum statt. Erlebnispädagogik muß darum auch dynamische Areale bieten, aber weite Areale in Outdoor-Aktivitäten.

Räumliche Bedeutungskontexte. Wenn auch das Erleben primär temporaler Natur ist, so spielt es sich dennoch in Räumen ab. Je nachdem ein Ereignis in einer Spielhalle, auf einem Platz in der Stadt, in Privaträumen, einem Kino, einer Disko oder einem sozial-kulturellen Zentrum stattfindet, werden die Räume verschieden codiert. Dasselbe Erlebnis ist in einem anderen Raum von verschiedener Qualität. Der Raum konstituiert das Erlebnis (allerdings zusammen mit den Ereignisqualitäten). So bietet Erlebnispädagogik Bewegung und erlebbares, dynamisches Geschehen auch im Raum an, und zwar im Outward Bound die weite, möglichst primäre Natur, im City Bound die Stadt als sozialen, kulturellen Lebensraum, im Social Bound die Lebenswelt kommunikativen Handelns und im Inward Bound das gemütliche, familiäre Zuhause. Räumliche Bedeutungskontexte zu beachten, ist also sehr wichtig für die Erlebnispädagogik.

Verzeitlichung. Zeit ist nicht nur gemeint als physikalischer Ablauf, sondern bedeutet vielmehr das qualitative Verstehen eines Nacheinanders von Ereignissen und Erlebnissen. Verzeitlichung bedeutet darum einmal Erleben und Bewegen im Raum, aber zum anderen auch Erlebnisse, die nicht verräumlicht sind, wie Erinnerungen, Erzählungen, Einblick in ferne Länder und ferne Zeiten und Kulturen. Dabei ist die Jugend in den Städten mit ihren engen Arealen angewiesen auf enge dynamische Areale mit Zeitdynamisierung. Die Industrie stellt darum imaginäre Raum-Zeit-Strukturen zur Verfügung, die zwar illusionär sind, wie Computer-Simulationen, Computerspiele, Videospiele, Spielautomaten, Disko-Tanz, Film, Musik, aber sie komprimieren Zeit und dynamisieren sie dadurch. Dynamisierte Zeit ist darum auch für die Erlebnispädagogik wichtig. Dabei geht es nicht um Zeittachysierung (Beschleunigung), sondern um das Abweichen von der Normalzeit. Auch sehr langsam ablaufende Zeit, wie das Träumen am Lagerfeuer, die Wanderung durch einen Wald, das meditierende Lauschen an einem Fluß usw. ist zeitdynamisch. Nur: Entscheidend ist, daß Erlebnispädagogik die Zeit dynamisiert, damit nicht eine jugendatypische Lange-Weile entsteht.

Organisch-vitalistische versus technisch-instrumentale Bewegungsweisen. Wandervogel und Jugendkultur hatten in der geistigen Nachfolge Nietzsches, Bergsons, Diltheys u.a. das Organisch-Vitalistische gegen die Industriewelt und Urbanität gestellt. Durch Bewegungssouveränität, Kraft und Willensstärke thematisierte sich die Jugendbewegung selbst. Sie kontrastierte organisch-vitalistische Bewegungs- und Erlebnisweisen (Autokinese) bewußt gegen die formellen, überrationalen, raumknappen und bewegungsarmen Verhaltensstandards der Schule, der Arbeitswelt und der Gesellschaft, gegen die Vereinzelung und Individualisierung, gegen die technisch-instrumentelle Mechanisierung und die urbane Reizübersättigung. Die Selbstbewegung und Bewegungssouveränität fand im Erlebnisraum der Natur statt. Diese vitalistische Denkweise dominiert bis heute die Erlebnis- und Abenteuerpädagogik. Nun darf nicht übersehen werden, daß auch die technisch-industriellen Bewegungsweisen berechtigt sind. Treptow weist darauf hin (Treptow, 1993: 282), daß beide Bewegungsweisen ihr Recht haben. Das Unmittelbare und Ungebundene ist genauso wichtig wie Vermittlung und Bindung. Organisch-Vitales bedarf der Pflege: Nichtstun, Tanz, Naturerlebnis und Naturpflege, Holzarbeit, Klettern, Wandern usw. Aber auch das Technisch-Formelle muß zu seinem Recht kommen: Computer- und Medienwerkstätten, Motorbau, Jugendmusik u.a. Nun wird die Erlebnispädagogik im Outward Bound das Organisch-Vitalistische überwiegen lassen, während City-Bound und Inward Bound durchaus das Technisch-Formelle einbeziehen werden.

Alltagswelt und Fremdheit. Erlebnispädagogik als Jugendkulturarbeit wird auf Alltagbezüge achten. Dem dient ja auch der Transfer beim Outward Bound. Was Jugendliche tun und erleben, sollte einen Bezug zur Alltagswelt haben. Aber andererseits ist eine lebensweltbeschränkte Alltagsorientierung einseitig. Ebenso wichtig ist die Fremdheit, wobei wir den Jugendlichen mit dem Fernen, Fremden, Unbekannten bekannt machen.

4.1.6. Anwendung der Erlebnispädagogik auf andere Arbeitsfelder der Sozialen Arbeit

Der Sozialpädagoge kann auf die Erlebnispädagogik in keinem seiner Arbeitsfelder verzichten.

Die *Kinder-, Jugend- und Erwachsenenarbeit* ist der unmittelbare Adressat für die Erlebnispädagogik. Das ältere Kind und der Jugendliche bedürfen vor allem der Bewegungssouveränität, des originären Erlebnisses, der Einbindung in Sozialität, aber auch der Einheimung in die Stadt. Das sozialpädagogische Feld Kinder- und Jugendarbeit, in das lebensweltlich und systemisch Erwachsenenarbeit integriert ist, wird darum Erlebnis- und Abenteuerelemente in das Handlungskonzept einbauen. Auch die Seniorenarbeit sieht die Erlebnispädagogik zugehörig ihrem Arbeitsfeld.

Die systemisch-lebensweltliche *Erziehungs-, Familien- und Lebensberatung* kann sich nicht auf appelative Seminare beschränken, es muß auch handlungsorientierte Angebote geben. Hier sei nur auf den erlebnispädagogischen Aspekt hingewiesen. Daß Natursport, Fit-sein, Ernährung und Gesundheit eng zusammengehören, weiß heute fast jeder (Jagenlauf, 1995: 213-221). Dennoch betreiben nur etwa ein Viertel der Deutschen irgendeine Art von Sport. Als Gründe werden angegeben: Zeitmangel, Interesselosigkeit, Anstrengung oder auch Konditionsschwäche. Andererseits besitzt eine Familie, die erlebnispädagogisch handelt, ein sinntragendes Integrationszentrum, denn individuelles Verhalten und Lebenskontext bedingen einander. Verhaltensänderungen erfordern darum das Aufbrechen bisheriger Lebenszusammenhänge zugunsten neuer. Erlebnispädagogische Methoden haben sich in der Jugendarbeit längst bewährt. Nun ist es an der Zeit, die Seminararbeit in der Erwachsenenbildungsarbeit auszuweiten zu lebensweltlichen, ganzheitlichen, handlungs-, erlebnis- und reflexionsorientierten Konzepten.

Das *sozialmedizinische Arbeitsfeld* sollte in der Prävention die Erlebnispädagogik mit einbeziehen.
Das *psychosoziale und sozialpsychiatrische Arbeitsfeld* kann von erlebnispädagogischen Wirkungen profitieren (Haf, Michl, 1994: 151-157). Ausgehend von den fünf Säulen der Identität bzw. der menschlichen Bedürfnisse

- Leiblichkeit und Vitalität, Körperlichkeit,
- Arbeit und Leistung als Basis für Sozialität und Ich-Stärke,
- Sozialität,
- materielle Sicherheit,
- Werte und Ideale als Sinnorientierung,

baut sich eine Therapie auf. Es lassen sich vier Wege der Heilung unterscheiden. 1. In der Bewußtseinsarbeit nimmt der Mensch sich selbst wahr, findet er Sinn und sinntragende Einstellungen zu Leben, Tod und Liebe. Durch Wahrnehmungstraining gelangt der Patient zu gesunder Realitätsprüfung und durch Naturerleben zur Horizonterweiterung. 2. In der Nachsozialisation lernt er in der Beziehung zum Therapeuten das Grundvertrauen nach. 3. Multiple Entfremdungen werden durch Kreativität, Sensibilität, Phantasie und neue Erlebnismöglichkeiten überwunden. 4. Solidaritätserfahrungen werden durch Selbstverantwortung, Fremdverantwortung und wechselseitige Hilfe gemacht. Auf allen vier Wegen ist die Erlebnispädagogik behilflich. Erleben in der Natur (Outward Bound) und in der Gemeinschaft (Social Bound) fördert die Bewußtseinsarbeit durch Sinnerlebnisse, Wahrnehmungstraining und Naturerleben. Die Nachsozialisation wird gefördert durch das Vertrauen, das in allen Natur- und Abenteuererlebnissen zueinander notwendig ist. Multiple Entfremdungen werden geheilt durch die vielfältigen Erlebnisse in Natur, Stadt, Gemeinschaft und sozialer Aufgabe, die Kreativität, Sensibilität, Phantasie und eine Fülle von neuen und alternativen Erlebnismöglichkeiten fördern. Solidaritätserfahrungen ergeben sich aus dem gemeinsamen Erleben, das immer wieder zu Verantwortung und wechselseitiger Hilfe zwingt. So darf das psychosoziale Arbeitsfeld auf keinen Fall das erlebnispädagogische Element vernachlässigen.
Auch die weiteren Arbeitsfelder der Sozialpädagogik werden erlebnispädagogische Elemente integrieren, ob es die Behindertenarbeit und Rehabilitationspädagogik, die Mädchen- und Frauenarbeit, die Schulsozialarbeit oder auch die Arbeit in sozialen Brennpunkten mit Verarmten, Wohnungslosen, Verschuldeten, Suchtkranken oder Straffälligen ist.

4.2. SOZIOKULTURARBEIT

4.2.1. Soziokultur und Sozialpädagogik

Ist die Sozialpädagogik eine erzieherische und helfende Arbeit in und an der Gesellschaft, dann lassen sich Gesellschaft und Kulturarbeit nicht voneinander trennen. Das bedeutet (Michaelis, 1999: 423 f.):

(1) Sozialkulturelle Arbeitsfelder sind auch für die soziale Arbeit (Sozialpädagogik, Sozialarbeit) relevante Tätigkeitsfelder.

(2) Soziale Arbeit hat ein kulturelles Mandat. Ihre Aktivitäten erstrecken sich vor allem auf die Kinder- und Jugendarbeit, auf die sozialkulturellen Aktivitäten in der Erwachsenen- und Seniorenarbeit und die Arbeit mit Randgruppen.

Kulturarbeit steht in der Spannung zwischen der sozialen Arbeit und Arbeit mit ästhetischen Mitteln. Die Klammer, die beides zusammenhält, ist das Kulturverständnis, das sich im Begriff der Soziokultur ausdrückt. Der Mensch ist ja nicht nur ein soziales, sondern auch ein in einer bestimmten Kultur lebendes Wesen. Das bedeutet, daß es über eine kulturelle Kompetenz verfügen muß, und dies wiederum meint, die eigene Kultur kennen, genießen und im individuellen ästhetischen Handeln ausdrücken. In der Sozialpädagogik gilt es, Sozialkompetenz und Kulturkompetenz gleichzeitig zu entwickeln. Nur eine Seite in Gang zu setzen, daß nur die ästhetische Qualität zählt oder nur die soziale Seite, wäre einseitig. Auch darf das Ästhetische in der sozialen Arbeit nicht instrumentalisiert werden. J. Richard, hat das wie folgt formuliert: „Ästhetik bedeutet nach einer weit verbreiteten Auffassung in der Praxis der Sozialarbeit, Papier und Pappe zu bearbeiten, Spiele zu machen usw. Zugespitzt kann man sagen: die Ästhetik gehört als Töpfern und Kupferarbeit in den Keller eines Freizeitzentrums, die soziale Arbeit findet im Erdgeschoß statt, entwickelt in Teamgesprächen im Büro. Oder auch: Spielesammlungen sind wichtig für Zeltlagerfahrten, vorausgesetzt, es gibt welche für Klein- und Großgruppen, für schlechtes und schönes Wetter; in die Konzeption einer Zeltlagerfahrt gehen sie nicht ein. Einige Akkorde für die Gitarre und eine Grundausstattung von Liedern sollen Gemeinschaftsstimmung herstellen, sozusagen gegen das notwendige Übel der Disco-Abende im Jugendzentrum" (Richard, 1984: 35). Was Ästhetik und Kulturarbeit ist, werde nicht beachtet.
Besonders in der Jugendkulturarbeit erhebt sich die Frage, ob wir der Jugendkultur nachgeben oder die Jugend in die Hochkultur einführen. Trep-

tow befürwortet beides (Treptow, 1991: 241 f.). Einerseits gehören zur Jugendkultur Pop, Hard Rock oder Techno, Videoclips, Skateboardfahren, Inlineskaten usw. In solchen Erscheinungen sprechen sich jugendkulturelle Lebensäußerungen aus. Zugleich müssen wir beachten, daß auch die Jugendkultur hochkomplex und vielfältig ist. Wir werden kaum alle Teilkulturen der Jugendkultur abdecken können. Darum tritt Treptow dafür ein, Teilkulturen anzubieten und gleichzeitig kulturelle Angebote zu machen, die der Hochkultur angehören und die nicht dem Jugendbedürfnis entspringen, die aber der Gesellschaftskultur eigen sind.
Daß die Sozialpädagogik die Kulturkompetenz der Personen erweitert, mit denen sie es zu tun hat, ist auch deshalb wichtig, weil Jugendliche und Erwachsene in ihrer Lebenswelt ständig kulturellen und ästhetischen Phänomenen begegnen. Zur Kulturkompetenz gehört, daß die Aneignung von Kulturangeboten kundig erfolgt. Dies ist im Medienzeitalter aus zwei Gründen bedeutsam. Zum einen braucht der Mensch heute Auswahlkompetenz, weil ja nicht alles, was die Medien anbieten, anästhetisch und kulturlos ist. Und zum anderen muß das Individuum heute eine neue Fähigkeit zum Wahrnehmen und zu Primärerfahrungen entwickeln. Kulturelle Kompetenz ermöglicht es also, zu verstehen, was man hört und sieht; hilft bei der Auseinandersetzung mit den Kulturtechniken und dem Urteil über Angebotenes. Gleichzeitig motiviert die Kultur- und Wahrnehmungskompetenz, Kultur zu genießen, sich mit ihr auseinanderzusetzen und die Kulturgüter in den eigenen Wissensvorrat aufzunehmen. Auch die Hochkultur ist nicht der sozialen oberen Mittelschicht und Oberschicht vorbehalten. Zur Kulturkompetenz gehört schließlich das ästhetische Handeln. Im Selbermachen von ästhetischen Prozessen und Handlungsergebnissen (Produkten) erwirbt die handelnde Person Selbst- und Sozialkompetenz. Denn in den kreativen Produktionsprozessen werden Sinnerfahrungen gemacht und unter Umständen sogar Sinngebungen gefunden. Kreatives Handeln ist nach G. Holzapfel darüber hinaus ein Heilmittel gegen die gesellschaftlich-kulturellen, kollektiven Krankheiten. Er fordert (Holzapfel, 1994: 25-27), daß die Sinne geschärft werden (Ästhetik ist ja auch Wahrnehmungslehre) in einer Mediengesellschaft, in der die Sinne immer mehr der ursprünglichen und sinnhaften Wahrnehmung beraubt werden. Es geht nicht nur um die korrekte Wahrnehmung der Außenwelt, sondern auch um die der Gefühle. „Die in der Körperlichkeit, Sinnlichkeit, Gestik, im Habitus und in den Phantasievorstellungen des Menschen eingravierten gesellschaftlichen und biographisch vermittelten Sinnes- und Sinnstrukturen werden oftmals erst in künstlerischen und kulturellen Projekten mit einem starken eigenen Aktivitätsanteil verstehbar, und es entsteht dadurch die Chance der Verände-

rung“ (ebd. 27). Folgende Arbeitsfelder der Soziokulturarbeit sollen dargestellt werden (Koch, 1989; Liebau, 1992).

4.2.2. Ästhetisches Arbeitsfeld: Literatur

Kreatives Schreiben (v. Werder, 1998: 60-65). Hierfür eignen sich vor allem die poetischen Kleinformen, wie Gedicht, Kurzgeschichte, Märchen, Fabel, Essay, Szenen (in der Regel kein komplettes Schauspiel), Lebensläufe, Lokalgeschichtliches usw. Motive, die gestaltet werden, können sein: Erfahrungen aus der Kindheit, Jugend, Arbeit, Familie, Arbeitswelt, Krankheit und Tod, Armut, Rassismus, Sexismus, Natur usw. So werden zwar alle Themen der hohen Literatur aufgegriffen, aber auf der Alltagsebene des Schreibers gestaltet. Solch ein kreatives Schreiben will ein Gegengewicht zur Hochkultur setzen, bei der Künstler und Leser getrennt sind und der Mensch nicht Hörer oder gar „Auchverfertiger“, sondern Publikum ist und die letztlich ein Kulturindustriezweig geworden ist. Kreatives Schreiben hingegen ist selbst schreiben und gemeinsam schreiben. Die literarischen Produkte werden ja häufig nicht einsam am häusliches Schreibtisch verfertigt, sondern gemeinsam in der Gruppe. Hierdurch erlangen die Schreibenden eine neue Identität und gefestigte Selbstwertgefühle als kreative Kulturtätige. Schreiben wird zur Chance der Selbstfindung, aber auch zur Selbstdarstellung. Das Minderwertigkeitsgefühl gegenüber der hohen Literatur macht einem Selbstwertgefühl Platz.
Soziokulturarbeit auf dem Arbeitsfeld Literatur ist aber ebenso *Literatur zu genießen.* Auch hierfür eignen sich die literarischen Kleinformen. Vor allem Lyrik und Kurzgeschichten können im Mittelpunkt literarischer Reflexion stehen. Rilkes Gedicht „Der Schwan“ beispielsweise bedeutet nicht nur den Übergang von der schwer lastenden Immanenz in die freie, leichte, königliche Transzendenz, sondern dies Gedicht läßt sich deuten als Wandlungserlebnis. Alle Lebensalter haben ja zur Lebensaufgabe die Wandlung. Und manch ein sozial gefährdeter Mensch bedarf der Wandlung. Als Kurzgeschichte eignet sich z.B. von Ilse Aichinger „Das Fenstertheater“. Sie zeigt, wie Menschen in einer isolierten Lebenswelt handeln können. Während der alte Mann und der kleine Junge mit einer vielfältigen Gestik und Fantasie kommunizieren, kann die Frau, die pathologisch isoliert ist, lediglich die Polizei holen. Dichtung vortragen und über sie reflektieren, kann für die Zuhörer ein identitäts- und sinnstiftendes Erlebnis sein.
Als besonders fruchtbar hat sich das Deuten und Schreiben von Märchen erwiesen. Die Deutung von Märchen erfolgt am besten durch Symboldeutung. Nach Jung bedeuten z.B. im „Schneewittchen“ der Vater das Geist-

symbol, die Mutter hingegen das Lebenssymbol. Beiden ist das Kind Schneewittchen zugetan (Ganzheit). Die Stiefmutter hinwiederum ist das Gegensymbol zur Mutter. Sie ist der Schatten, die negative Seite und das Gegenteil zum Mütterlichen. Zwerge sind Helfer und Diener des Mütterlichen. Schneewittchen, das Kind, ist ein Symbol für die Zukunft. Ihre Aufgabe ist die Individuation. Diese geschieht durch die Lösung Schneewittchens von der falschen Mütterlichkeit (veräußerlichte Schönheit), von Vater und Mutter und die Wandlung zu einer reifen Frau, die eine Ehe eingeht. Ähnlich lassen sich andere Märchen deuten: Dornröschen als pubertärer Narzißmus; Aschenputtel als Geschwisterkonkurrenz; Hänsel und Gretel als Geschwistersolidarität; Rotkäppchen als sexuelle Verführung und der Froschkönig als Angst vor der Sexualität.

Wenn wir gelernt haben, Märchen zu deuten, können wir versuchen, selber Märchen schreiben. Die Chancen des Märchenschreibens liegen darin, daß unbewältigte Pubertätserlebnisse (nach Freud) oder unbewältigtes Leben (nach Jung) bearbeitet werden können, indem sie erinnert und bewußt gemacht, erzählt, in eine sprachliche Ordnung gebracht, auf das Wesentliche konzentriert und vielleicht tiefgründig gedeutet werden, wodurch ein besseres Ich-Verständnis und eine Verbesserung der sozialen Beziehungen möglich wird. Die Gefahr des Märchenschreibens besteht darin, daß der Schreiber verzaubert wird und in eine realitätsfremde Phantasiewelt flieht. Dem kann entgegengewirkt werden durch poetische Gestaltung des Textes, wodurch narzißtische Energie vom Ich auf den Text durch Textarbeit transformiert wird.

Für christliche und kirchlich orientierten Gruppen und Sozialpädagogen spielt auch die Bibel als Literaturarbeit eine Rolle. Das Verständnis der Bibel ist schwierig wegen des historischen Abgrunds, der zwischen den Verfassern und der Gegenwart liegt; es sind teilweise über 3000 Jahre. Darum ist es hilfreich, einer Alltagshermeneutik zu folgen. Geeignet hierfür erweist sich wiederum die phänomenologische Methode. Sie trägt uns auf, den Text so zu lesen, wie er sich vorfindet, ohne zumindest die eigenen Vor-Verständnisse in ihn hineinzutragen. Auch sollten wir versuchen, den Verfasser so verstehen, wie er selbst seine Aussagen gemeint hat. Ein weiterer wesentlicher Gesichtspunkt wäre die Christozentrizität. Dafür wiederum würde es sich empfehlen, die Evangelien zuerst zu lesen und alle anderen Teile der Bibel auf Jesus Christus zu beziehen.

Bibelliteraturarbeit kann eine Rolle spielen in der Einzelfallhilfe und in therapeutischen Gruppen, um Menschen von Schuld zu entlasten und Lebenssinn und Hoffnung für zukünftiges Leben zu vermitteln. Kinder finden in den biblischen Geschichten nicht nur Stoff für ihre rege Fantasie, sondern Trost und Hilfe bei dem guten Gott und dem „großen Bruder“ Jesus Christus. Hier sind für die Kinderängste und den Kinderschmerz Zuflucht und Bergung. Jugendliche brauchen die Wertefundierung und Identifizierungsangebote zur Identitätsfindung aus der biblischen Lehre. Erwachsene finden im Evangelium einen Lebensgrund, einen Lebensinn und eine Zukunftsperspektive. Alte Menschen schließlich entdecken im Zuspruch des Evangeliums Zukunft über den Tod hinaus.

4.2.3. Ästhetisches Arbeitsfeld: Theater

Das Theater ist eng verwandt mit der Literatur; ist es doch auf die Bühne gebrachte Dramatik. Theaterarbeit kann aktiv spielend oder passiv rezipierend sein. Passiv rezipierend, wenn der Sozialpädagoge mit seiner Klientel zu einer Theateraufführung geht oder sich ein Video ansieht und anschließend darüber reflektiert. Der Wert rezipierender Theaterarbeit darf nicht unterschätzt werden. Zweifellos kann bei der Reflexion eines Theaterstükkes die Lebensgeschichte und die Lebensproblematik aufgearbeitet werden. Hinzu kommt, daß die meisten Dichter Sinnfragen aufwerfen, Sinnfindung und Weltbilder vermitteln, wodurch der Zuschauer und Zuhörer Antworten für sein Leben erhält. Allerdings halte ich Theater rezipieren nur für sinnvoll, wenn das Stück anschließend interpretiert und reflektiert wird.
Eine ungleich stärkere Wirkung hat das Theater jedoch, wenn es aktiv gespielt wird (Koch, 1989: 162-183). Huizinga hat gezeigt (Huizinga, 1956), daß das Spiel zum Wesen des Menschen gehört. Und zwar ist das Spiel das gerade nicht Notwendige (wie die Arbeit und das Überleben). Denn das Spiel ist grundlos, unernst; wenn das Spiel mißlingt, geschieht kein Unglück, und wenn es gelingt, gewinnt der Mensch ein Gefühl von Freiheit und Freude. Im Spiel erfährt der Mensch, daß er mehr ist als Brauchbarkeit und Nützlichkeit. Er kann zwischen dem Selbst und der Rolle differenzieren und gerade dadurch sich in der Selbstdistanzierung erkennen. Denn Rollenspiele sind sowohl Spiele mit sich selbst, wodurch der Spielprozeß ein Modell für das Selbstreflexivsein darstellt, als auch ein Rollenspiel mit anderen, wodurch Gemeinschaft entsteht, und schließlich Rollenspiel für andere, was Hemmungen im Spieler abbaut und Selbstrepräsentanz ermöglicht. Weil aber das Theaterspiel Spiel mit anderen und für andere ist, werden die Kommunikationsfähigkeit und die kommunikative Kompetenz gefördert.
In der Vorschulpädagogik spielt das Theaterspielen eine große Rolle. Dies kann die Form des Kasperlespiels haben. Goethe bekannte, daß das Puppen-

theater auf ihn als Kind einen großen Einfluß ausgeübt hat. Auch heute hat das Kasperlespiel gegenüber dem Fernsehen den Vorzug, daß die Zuschauer etwas Reales sehen und die Zuschauenden wie auch die Puppenspieler ihre Phantasie schweifen lassen. Jedes Kind sollte zuhause ein Puppentheater haben, und in keiner Kinderfreizeitstube, in keinem Kindergarten usw. darf es fehlen. Es ist sogar möglich, Schauspiele von Dichtern mit Puppen aufzuführen. Eine andere Form des kindlichen Theaterspiels ist das Spielen mit Verkleidungen. Der Hang zum Verkleiden geht auf die frühgeschichtlichen Maskentänze zurück. Es scheint also wiederum zum Menschsein zu gehören, sich hinter Masken zu verbergen und fremde Rollen zu spielen. Eine Möglichkeit des Spiels in Verkleidungen ist, daß der Sozialpädagoge den Kindern eine grobe Handlung vorgibt. Jedes Kind wählt freiwillig seine Rolle, seine Verkleidung (alte Sachen oder Tücher) und denkt sich die Handlung und den Text selbst aus. Kinder spielen begeistert; und der therapeutische Wert ist groß. – In der Jugend- und Erwachsenenarbeit werden wir oftmals unaufwendig Theater spielen, und zwar in der Form kurzer Stegreifspiele, die ein Thema einleiten. Auch hierbei erhalten die Rollen eine kurze Beschreibung, die dann vom Spieler in Handlung und Tat umgesetzt wird. Dabei können Besucher spontan in das Spiel einbezogen werden. Die andere Form des Theaterspielens ist, Theaterdichtungen aufzuführen. Dies ist aufwendig, macht aber Spaß und schafft Gruppenkohärenz.

4.2.4. Ästhetisches Arbeitsfeld: Musik

Von allen Kulturgütern stürmt die Musik am stärksten auf uns ein. Wir werden von Musik umgeben. Klangproduktion und Klangreproduktion auf den verschiedensten Informationsträgern ermöglichen diesen Dauereinfluß auf uns. Dabei wird die Musik oftmals nicht mehr bewußt wahrgenommen, sondern meist unbewußt. Häufig dient die Musik nur dem Hintergrundeindruck (vgl. Musik in den Einkaufszentren), und wir hören sie nicht mehr in angemessener Lautstärke (wie im Konzertsaal), nicht mehr bewußt als zusammenhängendes, einheitliches Werk. Peter Michael Hamel beschreibt, wie wir beim Autofahren, Einkaufen, Essen, Feiern, Unterhalten, Aufstehen, Einschlafen, Frühstücken, Lieben usw. Musik hören. Orte für Musik sind Fernsehen, Kino, Radio, Lokal, Büro und Arbeitsplatz, Sportplatz usw.; immer hören wir Musik. Allerdings hören wir sie nicht; sie ist Kulisse, Lebenshintergrund und vor allem Konditionierung (Hamel, 1986: 15). Für die Sozialpädagogik bedeutet dies, daß sie das Medium Musik nicht vernachlässigen darf. Dabei ist es sinnvoll zwischen aktivem Musikmachen

und passivem Musikhören zu unterscheiden (Moll, 1997: 657 f.). Ersteres ist handlungsorientiert, letzteres rezeptiv. Aktives musikalisches Handeln wird in der Erlebnisbreite und Kompetenz der Zielgruppe vom Sozialpädagogen gefördert oder auch organisiert. Rezeptives Musikhören als Rezeption von Musik bedeutet ein Hör- und Reizerleben von Kulturgut, das aus dem Kulturvorrat der Gesellschaft stammt. In der Praxis überwiegt das rezeptive Musikhören, das den Sozialisationsprozeß des Individuums prägt. Das aktive Musikmachen hat seinen Ort zunächst in der Jugendarbeit. Gerade Jugendliche haben die Lust am Musizieren wiederentdeckt. Es gibt heute Tausende von Bands, die den großen Vorbildern nacheifern. Allerdings bedeutet der Umgang mit Musik keineswegs nur Rock- und Popmusik. Hochkultur-Musik, Musik anderer Völker oder auch neue Stilrichtungen haben ihre Pflegestätte. Sozialpädagogen dürfen darum nicht vergessen, daß es neben Bands auch Orchester und Chöre gibt. Je nach Zielgruppe werden sie die Organisationsform von Musikmachen wählen. Musikmachen ist für alle sozialpädagogischen Interventionen von Bedeutung. In der Vorschulpädagogik spielt das Musizieren mit Kindern eine große Rolle. In der Jugendarbeit werden wir eine Band oder eine Band mit Gesang oder einen Chor gründen. In der Erwachsenenarbeit hat sogar die klassische Singbewegung ihren Ort (Hodek, 1989: 132-148).
Musikhören als rezeptiver Erlebnisvorgang ist ebenso wichtig wie Musik machen. Dabei ist es notwendig, eine gute Anlage zu besitzen, die auch Hochkultur-Musik fein durchgezeichnet wiedergibt. Sozialpädagogisch besteht nun die Aufgabe, die Hörer zum konzentrierten, aufmerksamen und einfühlenden Hören des Musikwerkes zu ermutigen. Schon in der Vorschulpädagogik spielen Kinderlieder und Hörspiele eine große Rolle. In der Kinder- und Jugendarbeit ist das Einüben in Musikhören von größter Wichtigkeit. Denn Musikhören als Hören ist Erlebnis und Erinnerung. Darum nimmt Musik als selber machen und als rezipieren in der Sonderpädagogik und in der Musiktherapie einen weiten Raum ein.

4.2.5. Ästhetisches Arbeitsfeld: Film/Video und Fotografieren als kulturelle Bildungsarbeit

Film bzw. viel häufiger das Video werden in diesem Arbeitsfeld in den Medien Kultur und Bildung angewandt. Es ist also nicht an irgendwelche Videos gedacht, die zu Festen oder anläßlich Urlaubsfahrten usw. gemacht werden, sondern ihre Funktion ist kulturschaffend, kulturvermittelnd und bildungssteigernd. Denn Kultur ist ja Instinktreduktion, Triebbeherrschung und Triebsublimation. Dies bewirkt eine Disziplinierung von Ich und Gewissen, die Gewinnung eines bewußten Ichseins und die Herausbildung eines höheren, sublimen Kulturbewußtseins. Dies wiederum ermöglicht es dem Menschen, seine historische Positionierung und seine gesellschaftlichen Rechte und Pflichten zu begreifen. In diesem Zusammenhang von Kultur und Bildung ist also die Film- und Videoarbeit zu verstehen (Sierks, 1989: 196-214; Prokop, 1971; 1974). Das Video wird ergänzt durch das Fotografieren. Es dient nicht nur der Dokumentation von Ereignissen, sondern ist darüber hinaus ein ausgezeichnetes Medium für die ästhetische Gestaltung. Dia-Abende werden hoch geschätzt, wenn die Bilder ästhetisch und qualitativ hochwertig sind.

4.2.6. Ästhetisches Arbeitsfeld: Medienpädagogik und Kommunikation

Medien sind grundsätzlich Zeichen oder Symbole als Träger von Mitteilungen. Im Arbeitsfeld Medien und Kommunikation ist das Medium die Sprache. Medien sind auch pädagogische Hilfsmittel, z.B. Tageslichtprojektor, Film/Video, Dia usw. Und schließlich versteht man unter Medien die Massenmedien, wie Film, Funk, Fernsehen, Presse. In der Medienpädagogik haben wir es mit allen drei Bedeutungen des Begriffs „Medium“ zu tun, jedoch immer in der Einschränkung durch das Ästhetische. Im einzelnen lassen sich drei Formen von Medien unterscheiden (Michaelis, 1999: 426):

- Primäre Medien sind Mittel der menschlichen Elementarkontakte, wie Theater, Tanz, Körpersprache usw.
- Sekundäre Medien sind Mittel, die technisch erstellt werden: Buch, Foto, Film und Video usw.
- Tertiäre Medien sind Mittel, die sowohl technisch erstellt als auch mithilfe von Techniken empfangen werden, z.B. Funk, Fernsehen, Internet usw.

Die *Aufgaben und Ziele der Medienpädagogik* lassen sich wie folgt zusammenfassen (Michaelis, 1999: 433-440):

Kommunikationskompetenz. Für die Kommunikationskompetenz sind zwei Kompetenzen nötig. Zum ersten die Ausdrucksfähigkeit, denn Menschen haben das Bedürfnis, sich verbal und nonverbal auszudrücken. Außerdem entscheidet die Ausdrucksfähigkeit auch über die Rolle, die Positionierung und den Status in der Gesellschaft. Sprachkompetenz war zu allen Zeiten in jeder Kultur von Vorteil. Zum zweiten gehört zur Kommunikationskompetenz die Rezeptionsfähigkeit in der primären, sekundären und tertiären Medienkommunikation (siehe oben).

Wahrnehmungskompetenz. In der Zeit der medienvermittelten Wahrnehmung (sie ist einseitig, diversifiziert und selektiv) ist die Schulung der Sinne notwendig. Sinnesschulung beinhaltet sehen, hören, anfassen, berühren, riechen, schmecken, fühlen. Mit *allen* Sinnen begegnet also der sinnesgeschulte Mensch der Realität. Darum werden wir die Medien ganzheitlich auswählen und vielfältige Angebote ausarbeiten, die der ganzheitlichen Sinnesschulung dienen.
Ästhetische Kompetenz. Sie beinhaltet zum ersten die Fähigkeit, sich Kultur anzueignen und zu genießen. In der Sozialpädagogik geht es allerdings mehr um die praktische Seite des Ästhetischen. Es wird Theater gespielt, getanzt, musiziert, gemalt, fotografiert, mit Materialien gearbeitet. Dies bedeutet eine immer neue ästhetische Auseinandersetzung mit dem jeweiligen ästhetischen Material.

4.2.7. Ästhetisches Arbeitsfeld: Ausstellungen

Gerd Koch meint, Ausstellungen seien ein von der Stadtkulturarbeit vernachlässigtes Arbeitsgebiet (Koch, 1989: 236). Er schlägt folgende Möglichkeiten vor:
Musik im Stadtteil wäre möglich in kleinen Läden. Jedoch gibt es schon professionelle und halbprofessionelle Gruppen im Stadtteil, die bereits stadtteilübergreifend bekannt sind.
Die Video-Arbeit könnte Stadtteilwochenschauen aufnehmen oder Ereignisse, Festlichkeiten oder andere Stadtteilereignisse dokumentieren und veröffentlichen.
Fotos aus der Stadtteilgeschichte (Bilder von einst und jetzt) und zu Stadtteilproblemen könnten ausgestellt werden, und zwar in Schaufenstern, Vereinsschaukästen, in Verwaltungsgebäuden usw. Allerdings wären auch Fotoausstellungen zu geschichtlichen Themen, zu politischen Ereignissen und Vorgängen, zu Ökologie, Dritter Welt, Kinderschutz usw. denkbar.
Auch Kunstausstellungen von jungen und noch unbekannten oder wenig bekannten Künstlern finden immer wieder Anklang. Allerdings sagt Koch aus eigener Erfahrung, daß bei Kunstausstellungen der finanzielle Aufwand groß, der Besuch gering ist und der Verkauf ausbleibt. Überhaupt ist seine Erfahrung, daß bei allen Ausstellungen der Besuch karg ist. Dennoch sollte die Möglichkeit von Ausstellungen in der sozialpädagogischen Arbeit nicht vergessen werden.
Wie die Erlebnispädagogik ist die Soziokulturarbeit Bestandteil aller Arbeitsfelder der Sozialpädagogik. Soziokulturarbeit ist unverzichtbar in der

Kinder-, Jugend- und Erwachsenenarbeit, in der Erziehungs-, Familien- und Lebensberatung, im sozialmedizinischen, psychosozialen und sozialpsychiatrischen Arbeitsfeld. Auch die weiteren Arbeitsfelder der Sozialpädagogik bedürfen der Bereicherung durch Soziokulturarbeit, ob es die Behindertenarbeit und Rehabilitationspädagogik, die Mädchen- und Frauenarbeit, die Schulsozialarbeit oder auch die Arbeit in sozialen Brennpunkten mit Verarmten, Wohnungslosen, Verschuldeten, Suchtkranken oder Straffälligen ist.

4.3. Jugendarbeit als lebensweltlicher Ansatz sozialpädagogischer Netzwerkarbeit

4.3.1. Formen der Jugendarbeit

Die Jugendarbeit läßt sich in vier Hauptrichtungen differenzieren (Helmer, 1999: 327):

Die *Jugendverbandsarbeit* umfaßt die Jugendverbände unterschiedlichster Herkunft. Sie verbinden die gleichen Interessen sowie gemeinsame Ziele und Traditionen. Sie unterscheiden sich nach ihrer bündischen Tradition, wie die Pfadfinder, nach ihrer berufs- und arbeitsorientierten Ausrichtung, beispielsweise kirchliche oder gewerkschaftliche Jugendgruppen, und schließlich parteipolitisch engagierte Jugendliche. Solche Jugendverbände schließen sich zusammen in den Jugendringen, wodurch sie nicht nur ihren pädagogischen Auftrag erfüllen, sondern sich auch gegenüber der Öffentlichkeit profilieren. Die wohl bedeutendste Jugendverbandarbeit erfolgt durch das Scouting. Es gab 1977 etwa 13 Millionen Pfadfinder in 116 Ländern. Etwa einhundert Millionen junger Menschen sind durch die Schule des Scouting gegangen (Paul, 1996: 62).

Die *Jugendbildungsarbeit* (Helmer, 1999: 330 f.) geschieht vor allem in Jugendbildungsstätten und Maßnahmen der Jugendbildung. Jugendbildungsarbeit ist zwar ein Bestandteil aller Formen von Jugendarbeit, aber sie ist darüber hinaus ein eigenes Teilfeld der Jugendarbeit. Für sie ist genuin die gezielte Vermittlung von Bildungsinhalten, die thematische Auseinandersetzung mit Aufgabenstellungen, die sich aus den verschiedenen Themengebieten der Bildung ergeben, und die Erarbeitung von Bildungsgehalten. Dies geschieht methodisch in geplanten Einheiten, die in Einzelschritte aufgegliedert sind. Während die Jugendverbandsarbeit und die offene Jugendarbeit stärker mit Kommunikation, Erlebnis und Handeln verknüpft sind, so wird die Jugendbildungsarbeit stärker von der bildungstheoretischen Didaktik (Schuldidaktik) bestimmt. Die Institutionen und Maßnahmen der Jugendbildungsarbeit lassen sich folgendermaßen aufschlüsseln:

- Jugendbildungsstätten und Jugendhöfe,
- Schulendtage (Projekttage), Rüstzeiten,
- Mitarbeiterschulung für jugendliche Mitarbeiter, Leiterschulung,
- Projektwochen.

Es ist offenkundig, daß durch die Nähe der Jugendbildungsarbeit zur Schuldidaktik auch die Rolle des Sozialpädagogen in diesem Arbeitsfeld stärker dem Berufsbild des Lehrers ähnelt. Ein typisches Arbeitsfeld für die Jugendbildungsarbeit ist darum die Schulsozialpädagogik.

Die *Jugendsozialarbeit* umfaßt alle Angebote, Einrichtungen, Maßnahmen, Dienste und Veranstaltungen, die jungen Menschen behilflich sind, einen sozialintegrativen Platz in der Gesellschaft zu finden (Helmer, 1999: 331; Faltermeier, 1997: 530). Vor allem sind es Jugendliche in benachteiligten sozialen Verhältnissen, denen zu mehr Chancengleichheit verholfen werden soll, damit sie einen guten Platz in der Schule, ihrem Lebensmilieu und später in der Wirtschaft, der Gesellschaft, der Kultur und der Politik einnehmen können. Während ursprünglich, in den 50er Jahren, die Jugendsozialarbeit eine Antwort darstellte auf die entwurzelte, heimatlose Jugend der Flüchtlinge, die gefördert werden sollte, hat sie heute Jugendliche ohne Schulabschluß, jugendliche Arbeitslose, jugendliche Zuwanderer aus den Aussiedlerländern und Kinder und Jugendliche von Ausländern zur Zielgruppe, um ihnen einen beruflichen Status zu vermitteln, der ihre existentielle Sicherung garantiert. Deshalb sind die wichtigsten Aufgabenfelder der Jugendsozialarbeit die Jugendberufshilfe, Migrations- und Integrationshilfen, Jugendwohnen, schulbezogene Jugendsozialpädagogik und Mädchensozialarbeit.

Zur *offenen Jugendarbeit* gehören vor allem Häuser der Jugend und Jugendzentren mit niederschwelligen offenen Türen; die Jugendclubs, Jugendfreizeitheime, Jugendbegegnungsstätten mit mittelschwelligen teiloffenen Türen; niederschwellige pädagogisch betreute Spielplätze, Bauspielplätze und Abenteuerspielplätze; weiterhin die hochschwelligen Jugendferienwerke und Stadtranderholungen und schließlich die hochschwelligen Volkshochschulen und Bildungswerke mit ihren Kurs- und Seminarangeboten. Die offene Jugendarbeit soll im folgenden dargestellt werden, weil sie das Hauptarbeitsfeld eines Sozialpädagogen ist, wenn er in der Jugendarbeit tätig wird.

4.3.2. Lebensweltliche, offene Jugendarbeit

Die Jugend-Lebenswelt hat sich gegenüber früher gewandelt, und sie ist hochkomplex. Dies macht es unmöglich, von der Jugend als einheitlicher sozialer Gruppe zu sprechen.

4.3.2.1. Bedeutungswandel von Jugendkulturen

Die Jugendkulturen haben sich gewandelt entsprechend dem gesellschaftlichen Wandel. F. J. Krafeld stellt vier Ebenen des gesellschaftlichen Wandels dar, sofern sie bedeutsam sind für den Bedeutungswandel von Jugendcliquen und der Jugendszene (Krafeld, 1992: 16-29). Es sind:

- Der Strukturwandel von Jugend
- Die Individualisierung von Jugend
- Die Mediatisierung (Medienbestimmtheit) des Alltags
- Die verunsicherte Orientierungssuche Jugendlicher

Strukturwandel der Jugend meint, daß sich nicht nur Verhaltensweisen, Orientierungsmuster und Einstellungen wandeln, sondern daß sich Qualität, Struktur, Aufgabenstellung und die Kategorie Jugend auflösen. Der Jugendraum, der als eine eigene Lebensphase der Vorbereitung für die Integration in die Erwachsenenwelt am Beginn unseres Jahrhunderts entstand, zerfällt. Haben noch in den 50er Jahren 80% der 14-jährigen Jugendlichen den Übergang von der Schule ins Berufsleben vollzogen, so geschieht dieser Übergang heute mit 18 Jahren (Melzer, Hurrelmann, 1990: 35-60). Aus einer Lebensform, die auf Arbeit bezogen war und die in die Erwachsenen-Arbeitswelt integrieren sollte, wurde eine schulische Lernarbeit (Ferchhoff, 1990a: 129). Wer studiert, schiebt den Eintritt in den Beruf immer weiter hinaus. Aber auch lange Ausbildungszeiten garantieren heute nicht mehr sichere Berufschancen. Mertens spricht darum vom Qualifikationsparadoxon (Mertens, 1984): Während die Jugend immer höhere Qualifikationen anstreben muß, werden die Zukunftschancen immer unsicherer. Denn der Versuch, durch erfolgreiche Sozialisations-, Ausbildungs- und Anpassungsleistungen die Garantie zur Integration in die Arbeitsgesellschaft zu haben, ist ungewiß geworden. Deshalb bildet sich oft eine risikoreiche Zwischenphase nach Schulabschluß und vor Eintritt in die Arbeitswelt heraus. Dabei wird die Identitätsfindung und Verselbständigung des Jugendlichen nicht mehr geprägt durch familiale Generationskonflikte und Ablösungsaggressionen, sondern durch ein Nebeneinander, wobei die eigene Identität

neben Familie und Schule gesucht wird (Böhnisch, Münchmeier, 1990: 118). Wichtig ist dabei zu beobachten, wie die weiblichen Jugendlichen ihr Lebenskonzept nicht mehr ausschließlich familienorientiert entwickeln, sondern sowohl familien- als auch berufsorientiert. Darum läßt sich die Jugendphase nicht mehr im Sinne Eriksons als ein Moratorium auffassen, in dem der Jugendliche seine Identität findet, um so für die Zukunft gereift zu sein, sondern als eine gegenwartsorientierte, offene und sogar diffuse Lebensform (Ferchhoff, 1990a: 132). Das bedeutet, daß sogar der Jugend der oberen Mittelschicht das Verhalten der aufschiebenden Belohnung verloren geht. Dabei segmentiert sich die Identität des jungen Menschen: Einige Teilidentitäten, wie die sexuelle, juristische, kulturelle oder politische werden früher erreicht als die berufliche. Das führt zu einer Entstrukturierung der identitätsstiftenden Lebensformen im Jugendalter. Identitätsfindung wird immer schwieriger oder sogar unmöglich, weil die Pluralisierung von Lebenszusammenhängen und Lebensstilen zu einer Segmentierung der Identität führt (ebd. 143). Ob eine segmentierte Identität Alltag und Leben bewältigen kann, ist ungewiß. Deshalb wäre es m.E. die Aufgabe des Jugendlichen, diese Identitäts-Segmente zu einer integrierten Identität zu vereinheitlichen.
Die *Individualisierung der Jugend* meint, daß sie nicht mehr vom Individuum gewählt wird, sondern durch die Gesellschaft erzwungen. U. Beck zeigt (Beck, 1986: 115 ff.), daß durch die gesellschaftliche, geographische und alltägliche Mobilität Lebenswege und Lebenslagen unstet werden und die festen Bindungen an Familie, Nachbarschaft, Milieu, Landschaft und sogar Freundschaft aufgelöst werden. Dies zwingt zur Individualisierung, da das Individuum ganz auf sich selbst zurückgeworfen wird. Gleichzeitig ermöglichen auch der hohe Lebensstandard und die wohlfahrtsstaatliche Modernisierung die Ausindividualisierung und die Lösung des Individuums von den traditionalen Bindungen. Auch soziale vertikale Mobilität ist möglich, weil nicht mehr soziale Herkunft und Lebenslage entscheiden, sondern Leistung und individuelle Lebensplanung im Sinne von Aufstiegsorientierung. Die relative Chancengleichheit drückt sich auch negativ aus: Über 70% der Jugendlichen erleben innerhalb von 5 Jahren nach dem Schulabschluß Arbeitslosigkeit (Friebel, 1987: 117). Die Individualisierung greift auch in die Familien hinein. Geschiedene Frauen sind zu einem neuen Lebensentwurf gezwungen, und die Kinder müssen die Verantwortung für eine persönliche Lebensgestaltung entwickeln. Aber diese Vorgänge sind problematisch. Denn die fortschreitende soziale Segmentierung macht Lebensorientierung und Lebensgestaltung immer schwieriger, aber auch immer individueller.

Dies schlägt oft ins Gegenteil um: Weil die Identitätsfindung (segmentierte Gesellschaft, segmentierte statt integrierte Identität) immer ungewisser wird, wandelt sich die Individualisierung um in die Entindividualisierung, in die Austauschbarkeit von Personen. Denn auch die traditionellen Normen, Werte, Orientierungen und Handlungsmuster verlieren ihre Gültigkeit. So können die Jugendlichen mehr entscheiden als früher, aber sie müssen es auch, und dies, obgleich ihnen eine verläßliche Orientierung fehlt.

Die *Medienbestimmtheit des Alltags* beschreibt, wie heute die jugendliche Lebenswelt durch Medien beherrscht ist. Während es z.B. in meiner eigenen Jugend nur Zeitungen, Zeitschriften, Bücher, Radio und Kino gab, und das auch nur für die begüterten Schichten, eröffnet sich heute den Jugendlichen eine unübersehbare Medienwelt: Programmedien, wie Radio und Fernsehen; Printmedien, das sind Zeitung, Zeitschriften und Bücher; Audiomedien, z.B. Cassetten, Schallplatten, CD, Walkman; Kommunikationsmedien, wie Telefon, Funkgeräte und Handys; nicht zu vergessen Video, Computer und Internet. Und dies alles wird in einer unüberschaubaren Fülle angeboten. Diese fast totale Medienbestimmtheit der Lebenswelt beeinflußt auf unvorhersehbare Weise die Alltagswelt der Jugend. Baacke hat gezeigt, welche Auswirkungen dies auf die Jugend haben kann (Baacke 1990: 17 ff.). Zunächst, stellt er fest, kommt es zur Kollision zweier Wertesysteme. Familie, Schule und Arbeitswelt fordern die alten Pflicht- und Akzeptanzwerte ein, wie Pflicht, Fleiß, Ordnung, Sauberkeit, Anpassung, Verzichtbereitschaft, d.h. Zukunftsorientiertheit mit aufschiebender Belohnung. Die Medien- und Freizeitwelt hingegen bietet hedonistische Gegenwartsorientierung, Spontaneität, Genießen, Jetzt und Hier an, obgleich sie auch positive Individual- und Entfaltungswerte bereithält. Ein weiterer Gesichtspunkt ist die Auflösung der Generationengrenzen. Erwachsene und Kinder sehen weitgehend dieselben Programme, und die Kinder haben schon früh Zugang zur Erwachsenenwelt, die für sie jetzt nicht mehr geheimnisvoll und zauberisch ist. Gleichzeitig bietet die Konsumwelt eine ungeheure Optionsvielfalt, die die Jugend weder zeitlich noch geldlich nutzen kann. Diese Angebote sind nicht nur quantitativ, sondern auch qualitativ vielfältig. Neben Warenangeboten und Vergnügungen gibt es auch Ausbildungsangebote und Sinnstiftungs-Angebote. Sie sind so zahlreich, daß ein Empfinden entsteht, zu kurz zu kommen, weil man nicht alles nutzen kann, und außerdem das Gefühl, aus dem Programm-Mix keine zielgerichtete Aktivität und Konzentration herstellen zu können. Trotz dieser Vielfalt ist das Medienangebot andererseits simplifiziert. Vorstellungsbilder und Orientierungsmuster sind typisiert und in kurzen Schnitten rasch wech-

selnd. Identitäts- und Lebensstilfindung werden hierdurch erschwert. Schneller Szenenwechsel schafft nicht Dauer und Konstanz, sondern schnell wechselnde Identitätsmontagen und Selbstinszenierungen. Schließlich schafft die Medienwelt neue soziale Welten. Einerseits sterben die Primärbeziehungen ab, Individuierungsschub und Kommunikationsarmut nehmen zu, andererseits entstehen neuartige soziale Bezüge durch neue Lebensstile, neues Outfit, neue Freizeitinteressen, die Bezugsnetze herstellen. So stellt sich dem Blick die Entstehung enger Gruppen und Szenen dar, die Baacke allerdings Phantomgruppen nennt, weil sie nicht mehr lebensweltliche Milieubindungen aufweisen, sondern Szene-Design inszenieren.
Die *verunsicherte Orientierungssuche Jugendlicher* läßt sich beschreiben als ein Gegensatz von Individualisierung, Medienbestimmtheit, Auflösung traditioneller Lebenskonzepte und Wertevermittlungen und im Gegensatz dazu die Unmöglichkeit, neue Leitlinien zur Lebensbewältigung, ein neues Wertesystem zu erkennen und anzunehmen. Typisch ist also nicht mehr die Auseinandersetzung mit Elterntraditionen, sondern eine Suchbewegung, da das Alte nicht gelebt werden kann und das Neue nicht erkennbar ist. Bei dieser Suche ist die Jugend allein gelassen. Denn die Sozialisierungsinstanzen Familie, Schule, Beruf, Jugendarbeit werden nach konventionellen Konzepten der sozialen Integration (oder Adaption) praktiziert. Dabei geht es heute nicht mehr darum, ob die soziale Integration gelingt, sondern in welchem Segment der Gesellschaft sie möglich ist. Das bedeutet zugleich, daß die Jugend in einer sich rasch und stetig wandelnden Gesellschaft keine fertigen Identifikationsangebote erhält, sondern daß sie mit Lebensentwürfen und Lebensformen experimentieren muß. Dazu braucht sie produktive Neugier. Allerdings kann eine gefundene Identität immer nur eine vorläufige, nie eine fertige Identität sein, da ja die moderne Gesellschaft eine Beschleunigungsgesellschaft ist. Das kann sich entweder äußern in einer kontinuierlich wachsenden Identität oder einer collagenhaften, die aus unterschiedlichen Versatzstücken, die die Medienwelt anbietet, immer wieder neu zusammengesetzt wird. Zoll (u.a.) hat versucht, ein neues kulturelles Modell zu umreißen (Zoll, 1989: 236 ff.). Jugend ist wie folgt gekennzeichnet:

- Das starke Kommunikationsbedürfnis dient nicht mehr nur der Identitätsfindung, sondern soll bei der Überwindung des Entscheidungsdilemmas helfen.
- Streben nach Leistung und Erfolg wird zunehmend ersetzt durch Spaß an der Arbeit.

- Die Ansprüche werden nicht mehr nur an die Arbeitswelt gestellt, sondern an das Lebensganze, was eine Distanz zur Lohnarbeit bewirkt.
- Die Identitätsunsicherheit (wachsen oder collagieren) führt dazu, vieles auszuprobieren, um zum eigenen Selbst zu kommen.
- Identitätssuche drückt sich (in Westdeutschland) in selbsttherapeutischen Versuchen aus, was im Alltagsumgang mit psychologischen Begriffen und Gedankenmustern sichtbar wird.

Jugend hat sich auch in der Struktur ihrer Gruppenbildung gewandelt. Krafeld zeigt, daß an die Stelle der Gruppe die Clique getreten ist (Krafeld, 1992).

4.3.2.2. Freizeitinteressen von Jugendlichen

Neuere Untersuchungen haben ergeben (Dybowsky, Hartwig, 1996: 372-377), daß Jugendliche eine große Bandbreite an Interessen, Hobbys und Aktivitäten aufweisen. Über die Hälfte der 2 200 befragten Jugendlichen in Braunschweig (auf Ostdeutschland sind m. E. diese Ergebnisse noch nicht zu übertragen) gaben mindestens drei Hobbys an. Zwei Drittel halten sich an drei oder mehr Örtlichkeiten außerhalb der Familie auf. Das bedeutet zugleich, daß die meisten Jugendlichen eine vielseitige Freizeitorientierung aufweisen. Wer beispielsweise aktives Mitglied eines Sportvereins ist, der zeigt auch überdurchschnittliche Teilnahme an anderen sozialen Gruppen. Die wichtigsten Gestaltungselemente der Freizeitwelt Jugendlicher sind soziale Kontakte und Sport. Etwa die Hälfte der befragten Jugendlichen gaben auf die Frage, was das Wichtigste in der Freizeit sei, Freunde an. Drei Viertel halten Freunde immerhin noch für wichtig. Freundschaft steht für selbstorganisierte Beziehungen außerhalb der Familie und den institutionellen Verbänden. Wichtig sind selbstgeknüpfte und eigengestaltete Beziehungen zu einzelnen Freunden oder Gruppen in der Form von Cliquen. Im Sinne von Bewegung sind Sportarten die am häufigsten genannten Hobbys, wobei aber Individualsportarten vor Mannschaftssportarten dominieren. Alltäglicher Aufenthaltsort ist die City mit ihren kommerziellen Freizeitangeboten, wie Diskotheken, Kneipen, Cafés, Kinos usw. Etwa 55% der Jugendlichen verbringen ihre Zeit vorwiegend in Fußgängerzonen, Einkaufspassagen und Kaufhäusern, und 20% erklären diese Orte als ihren Lieblingsaufenthalt. Diskotheken liegen mit 25% regelmäßigem Besuch mit an der Spitze beliebter Orte der Jugendlichen. Zwar gehen nur wenige Jugendliche regelmäßig ins Kino, doch besuchen 95% gelegentlich das Lichtspieltheater, was also typisch für Jugendliche zu sein scheint. Allerdings weisen H. Dybowsky und J. Hartwig (ebd. 373 f.) zu Recht darauf hin, daß die City-Orientierung Jugendlicher nicht bedeutet, daß ihre Freizeit kommerzialisiert sei, denn sie haben weder mehr Geld noch geben sie mehr Geld aus als Jugendliche zu anderen Zeiten. Vielmehr stellt die City für sie das Ausprobieren von Handlungsmöglichkeiten und Handlungsräumen dar.

Weiterhin bevorzugen Jugendliche in ihrer Freizeitgestaltung bestimmte sozialräumliche Settings. Dieses läßt sich als Individuierungsparadoxon beschreiben: Einerseits soll es die Teilhabe an Gemeinschaft und das Anknüpfen von Kontakten ermöglichen, wodurch eigengesteuerte Interessengebiete oder Handlungsmöglichkeiten erzielt werden; zugleich soll das Setting erlauben, sich zurückziehen zu können, ohne diese Entscheidung vor Dritten legitimieren zu müssen, wenn es den eigenen Bedürfnissen entgegenkommt. So geben 60% der Jugendlichen an, Mitglied in einem Verein zu sein, aber nur sehr wenige sind in ihm ehrenamtlich tätig. Das deutet an, daß der Sportverein lediglich dazu dient, eine bestimmte Sportart ausüben zu können, und zwar so lange das Interesse anhält. Er besitzt, wie die City, Gelegenheitsstruktur. Jugendarbeit kann also heute kaum noch mit lang andauernden Loyalitätsbindungen Jugendlicher an das entsprechende Angebot rechnen, sondern muß bejahen, das eigene Angebot als Gelegenheitsstruktur zu akzeptieren.

Schließlich zeigt die Untersuchung, daß es wenig Unterschiede in den Freizeitinteressen Jugendlicher gibt, wobei sich auch keine geschlechtsspezifischen Differenzierungen gezeigt haben. Mädchen tun nahezu alles, was Jungen auch machen, allerdings manchmal auf etwas andere Weise. Der prägnanteste geschlechtsspezifische Unterschied besteht in der Intensität und Qualität sozialer Kontakte. Während für beide Geschlechter Freunde und Beziehungen das Wichtigste in ihrer Freizeit sind, betonen Mädchen jedoch viel stärker die Notwendigkeit von Kontakten. Ein weiterer Unterschied scheint darin zu liegen, daß Mädchen solche Kontakte leichter schließen können als Jungen, die Kontakte weniger unmittelbar, als vielmehr über Aktivitäten knüpfen. Insgesamt kann gesagt werden, daß Mädchen besser sozial integriert sind, häufiger feste Partnerschaften und gleichgeschlechtliche Freundschaften eingehen, auch deutlich leichter Ansprechpartner bei Problemen haben als Jungen. Während kampf- und imponierbetonte Sportarten oder der Umgang mit Computern den Jungen vorbehalten bleiben, lassen sich im übrigen keine auffälligen Unterschiede zwischen beiden Geschlechtern feststellen. Vor allem scheint widerlegt zu sein, daß Jungen raumgreifend und Mädchen häuslich seien. Ingesamt sind Mädchen sogar häufiger in öffentlichen Räumen vertreten als Jungen.

Für die Jugendarbeit ergeben sich zwei Folgerungen. Erstens ist die Freizeit als eine eigene jugendliche Lebenswelt zu begreifen. In ihr gelten andere Normen und eine andere Soziallogik als in der Schule, dem Beruf oder der Familie. Freizeit dient nicht einfach der Erholung oder Zerstreuung, sondern sie ist ein Freiraum, der weder von der Schule noch vom Beruf noch von der Familie bestimmt wird. So sind vor allem auch Familie und Freizeit deutlich voneinander unterschieden. Und insbesondere entzieht sich Freizeit der gesellschaftlichen Reproduktion.
Zweitens hat Freizeit für Jugendliche die Bedeutung der Bestimmung und des Ausdrucks der individuellen Subjektivität. Für den Jugendlichen besteht die Notwendigkeit, eine originale Individualität entwickeln zu müssen, wodurch er seine soziale Identität und seine individuelle Subjektivität gewinnt. Dies sind wohl die wirklichen Bedürfnisse der Jugendlichen, die hinter den zahlreichen raumerobernden Aktionen stehen. Darum kann es nicht die Aufgabe der Jugendarbeit sein, kundenorientiert die aktuellen Lieblingsbeschäftigungen der Jugendlichen zu befriedigen, sondern sie muß behilflich sein, ihre soziale und individuelle Identität zu suchen, zu finden und zu entfalten.

4.3.2.3. Cliquenakzeptierende Jugendarbeit

Die Gruppe als eine Gemeinschaft von Gleichaltrigen, auch Peergroup genannt, ist, wie Krafeld meint, *die* Erfindung der bürgerlichen Jugendbewegung (die fast ausschließlich der oberen Mittelschicht angehörte) am Beginn unseres Jahrhunderts (Krafeld, 1992: 47 f.). Es war der Versuch, der zerfallenden wilhelminischen Bürgerkultur eine umfassende Gemeinschaft entgegenzusetzen. Diese Gemeinschaft sollte geprägt sein von Natürlichkeit, Verantwortungsbereitschaft, Streben nach Echtheit, Wahrhaftigkeit und Innerlichkeit, Naturerleben und Gemeinschaftserleben. Diese Gruppen ermöglichten sowohl Selbstentfaltung als auch Einordnung in eine Gemeinschaft. Sie hatten eigentlich kein einigendes Ziel, außer daß Selbstentfaltung, Gemeinschafts- und Naturerleben im Wandern das Ziel war.
Die Jugendbewegung hat mit ihren Leitbildern und Handlungsmustern bis in die Gegenwart hinein die Jugendpflege und Jugendarbeit geprägt, und zwar in dem Sinn, daß Jugendarbeit zu tun habe mit stabilen, kontinuierlichen Gruppen von Gleichaltrigen in formellen Jugendgruppen. Diese altershomogenen Gruppen werden Peergroups genannt. Nach Parsons Strukturfunktionalismus besteht die Aufgabe und Funktion der Jugendkultur und der Peergroups darin, zwischen traditionellen und modernen Wertsystemen zu vermitteln (oder, wie ich formulieren möchte, die Zeitasynchronizität der Erwachsenenwelt mit der Zeitsynchronizität der Jugend zu verbinden).

Dabei bietet die Jugendkultur eine Art kollektiver Identität und einen eigenen sozialen Raum, worin der Jugendliche frei ist von den Rollenzuweisungen und Zwängen der Familie, der Schule und des Arbeitsplatzes. Dabei wird m. E. übersehen, daß all dies lediglich für die Jugend der gehobenen Mittelschichten zutrifft, denn die Arbeiterjugend war an der Jugendbewegung nicht beteiligt.
In den letzten Jahren jedoch beobachten wir die Segmentierung der räumlichen, sozialen und materiellen Lebenszusammenhänge sowie die Segmentierung der Identitäten und Lebenswelten, deren Folge Individualisierung und Vereinzelung sind. Das bedeutet die Auflösung der Gemeinschaften und Gruppen. Durch die Konkurrenzen, vor allem in der Arbeitswelt, entwickeln sich konkurrierendes Verhalten, Egozentrik und ichbezogene Sonderinteressen, wodurch die Einbindung in übergreifende und freiwillige Gruppen immer schwieriger wird. Die Gesellschaft hat sich dahin entwikkelt, daß Menschen immer unfähiger werden, langfristig an sozialen Gruppen teilzunehmen. Statt dessen wenden sie sich augenblicksgebunden unterschiedlichen Anbietern zu. Gruppen mit Status- und Rollenzuweisung, Loyalitätsbindungen und einigenden Ideen gibt es immer weniger. An ihre Stelle treten Jugendkulturen, Jugendszenen und Jugendcliquen.
Jugendkulturen (Zinneker, 1987; Baacke, 1987; Baacke, Ferchhoff, 1988) bedeuten Systeme von Orientierung, Deutung und Auslegung von Alltagsprozessen. Sie erlauben dem Jugendlichen, zu handeln und Lösungsmöglichkeiten zu finden, um mit der Außenwelt ko-respondieren und ko-agieren zu können. Dabei sprechen wir im Plural von Jugendkulturen, da es eine hochsegmentierte Jugend-Lebenswelt gibt, und das bedeutet, eine Fülle von generationsspezifischen Stilen, Verständigungsmustern, Orientierungen, Handlungsstrategien usw. Der rasche soziale Wandel erfaßt freilich alle Generationen und alle sozialen Schichten; sie alle finden sich vor neue, gegenüber den früheren Generationen unterschiedliche Lebensbedingungen gestellt, die tradierte Handlungsmuster nicht mehr lösen können. Deshalb entsteht eine unterschiedene Menge von Lebensstilen, die in abgegrenzten Territorien ihre Gültigkeit haben mit Zugehörigkeits- und Ausschließungsregeln. Dieser Lebensstil vermittelt in der Spannung zwischen Individualisierung und Pluralisierung, in der der Jugendliche steht, identitätsstiftende Funktion. Gerade in den Jugendkulturen spielt der Stil eine konstituierende Rolle. Er stilisiert das Leben, d.h. viele Lebensäußerungen und den Umgang mit Realität, aber auch die Aneignung von Gesellschaftswirklichkeit des Jugendlichen. Allerdings gelten in der Arbeitswelt weiterhin tradierte Normen und Verhaltensmuster (die Pflicht- und Akzeptanzwerte). Jugendkulturen

verwirklichen sich deshalb vor allem in der Freizeit. In diesem Reich der Freiheit (nach Hegel) suchen sich die Jugendlichen einen Raum der Freiheit und Selbstbestimmung zu schaffen gegenüber den divergierenden und oft rigiden Ansprüchen von Familie, Schule und Arbeitsplatz. Deren Anpassungsforderungen setzen Jugendkulturen eine Nichtanpassung an die Gesellschaft, eine Behauptung des Selbst gegen die Sozialwelt und einen Widerstand gegen die sozialen Ordnungen und Normen entgegen. Es lassen sich im Anschluß an Ferchhoff folgende Milieus der Jugendkultur unterscheiden (Ferchhoff, 1999: 249-279.):

- Körper- und aktionsorientierte Milieus, wie Punks, Skinheads, Rocker, Fußballfans, Straßengangs usw.
- Manieristisch-postalternative Milieus, wie Popper, Yuppies, u.ä.
- Kritisch-engagierte Milieus, zu denen vor allem die zweite Generation der Alternativen, der Ökologie-, Friedens- und Frauenbewegung zählen.
- Religiös-spirituelle Milieus, in denen wir psychotranszendentale, esoterische und okkult-magische Gruppierungen finden.
- Institutionell-integrierte Milieus der unauffälligen Jugendlichen (die silent majority), in denen die Jugendlichen ihre freie Zeit vorzugsweise in der Familie, in Vereinen oder in anderen erwachsenenbestimmten Milieus verbringen.

Die *Jugendmilieus* lassen sich demnach unterscheiden in familienzentrierte und jugendzentrierte Gruppierungen. Allerdings dürften sich in den letzten Jahren die Milieus weiter differenziert haben. Längst nicht alle Jugendlichen gehören also Cliquen an, und die Mehrheit der Jugend verbringt ihre Zeit in traditionellen Gruppenstrukturen. Dieser Teil der Jugend jedoch ist unsichtbar. Aus ihm können wir aber die Volunteers für die nichtprofessionelle Mithilfe in der Jugendarbeit gewinnen.

Jugendszenen stellen die sozialräumliche Organisationsform von Jugendkulturen im Alltag dar. Soziale Räume lassen sich als sowohl territorial als auch sozial auffassen. Jugendliche brauchen offene Raum-, aber auch Kommunikationsangebote.

Kinder- und Jugendcliquen hat es zu allen Zeiten gegeben. Erst heute allerdings scheint die Clique strukturgebend für Jugend-Lebenswelten und Alltagswelten zu sein. Cliquen bestehen aus einer überschaubaren Anzahl von Personen, die miteinander kommunizieren und gemeinsam handeln, dabei aber eine viel lockerere Bindung an die Clique besitzen als sie es zu einer Gruppe hätten. In ihnen haben persönliche Augenblickbedürfnisse und Er-

lebnisse den Vorrang, so daß die Zugehörigkeit zur Clique recht lose und flüchtig ist. Sie hat meist keine festen Regeln, ist aber hierarchisch aufgebaut. Sie dient dem Jugendlichen dazu, sich zumindest teilweise den Eltern, der Schule und dem Arbeitsplatz zu entziehen und das eigene Leben mit nichtangepaßten Normen und Handlungsschemata auszuprobieren. Im Freiraum der Clique versucht der Jugendliche, Subjektivität, Individualität und Identität in alltagsweltlichen Sozialräumen zu entwickeln. Dabei spielt die personale Gleichaltrigen-Beziehung eine geringere Rolle als die sozialräumliche Bindung. Cliquen sind also keine Gleichaltrigengruppen im Sinne festgefügter Gruppen, sondern es geht um Gleichaltrigenräume, in denen der Jugendliche selbständig leben und sich erproben kann, der die Clique aber auch austauscht, wenn er es für notwendig hält.
Jugendarbeit scheint demnach heute weitgehend cliquenakzeptierende Jugendarbeit zu sein. Das bedeutet zunächst einmal, Cliquen nicht aufzulösen, zu spalten oder einzelne Cliquenmitglieder aus der Clique herauszulösen, was m. E. manchmal dennoch nötig ist. Zum anderen bedeutet es, Cliquen zu bejahen und in die offene Jugendarbeit einzubeziehen. Krafeld nennt folgende Schwierigkeiten cliquenorientierter Jugendarbeit (Krafeld, 1992: 53):

- Cliquen neigen dazu, Orientierungsmuster, Handlungsmuster, Stile und Rituale zu verwenden, die der Wertvorstellung der sozialen Arbeiter widersprechen, beispielsweise Gewaltbereitschaft, Ausländerfeindlichkeit oder Frauenunterdrückung.
- Cliquen gehen oftmals mit Raumaneignung, Raumnutzung und Zeitstrukturierung so um, daß pädagogische Arbeit unmöglich wird (Zerstörung der Räume, Unverbindlichkeit, mangelnde Kontinuität, Unzuverlässigkeit bei der Planung von Aktivitäten und der Organisation von Initiativen).
- Cliquen sind tendenziell kommunikationsunfähig und kooperationsunwillig. Sie zeigen keine Bereitschaft zu Gesprächen, zum Zuhören und Rücksichtnehmen – auch nicht untereinander – und sie lehnen es ab, Information aufzunehmen und zu reflektieren.

Cliquenakzeptierende Jugendarbeit hat es also mit Prämissen zu tun, die gerade keine Voraussetzung für Jugendarbeit sind. Alle Kenntnisse von sozialer Einzelarbeit und Gruppenarbeit werden unanwendbar, wo Jugendliche in Cliquen unfähig sind, sich hinzusetzen, um einmal nicht alkoholisiert zu reden und zu hören; wo sie für nichts zu begeistern sind; wo keine Absprache eingehalten wird; wo man sich auf nichts verlassen und auf nichts aufbauen kann; wo sie auf Hinweise aggressiv reagieren, wenn der soziale Arbeiter auf das Gemeinschaftsschädliche und Selbstzerstörerische ihres Verhaltens hinweist (Krafeld, 1992: 53 f.). Diese Schwierigkeiten lassen sich nach unseren Erfahrungen mildern, wenn wir alltagsweltliche Beziehungen aufbauen, d.h. die öffentliche Jugendarbeit vervollständigen durch systemisch-lebensweltlichen Beziehungsaufbau zu Einzelnen, wenn sie sich nicht in der Clique befinden, sondern in einer Subjektsituation, in der sie als Person mit einer anderen Person unverstellt kommunizieren. Trotzdem muß sich ein Jugendhaus, ein Jugendclub oder eine Freizeitstube darüber klar sein, daß sie mit nur geringem Besuch rechnen müssen, wenn sie cliquenorientierte Jugendarbeit verweigern. In vielen Jugendhäusern ist ein Besucherrückgang von 20% bis 60% festzustellen. Nur 15% der Jugendlichen zwischen 13 und 19 Jahren besuchen ein Jugendzentrum, und nur für 5% ist es ein wichtiger Ort. Als Gründe dafür werden angegeben: Kein Interesse, zu primitives Angebot, das Gefühl, bedrängt zu werden; die Angebote locken nicht (Musik, Werken, Töpfern usw. statt technisch perfekter, professioneller Angebote der Freizeitindustrie), die Besucherzusammensetzung mißfällt ihnen, denn Jugendhäuser, Jugendclubs und Freizeitstuben werden zunehmend Territorien für randständige Jugendcliquen. Vor allem werden Jugendhäuser, Jugendclubs und Freizeitstuben Reservate für die Basisschichtenjugend, und hier wiederum für die Problemgruppen der Arbeiterjugend. Bürgerliche Jugendliche der oberen Mittelschicht, die so wichtig für die Mitarbeit sind, werden sich kaum in ein Angebot öffentlicher Jugendarbeit verirren (Schwarz, 1992: 138-154).

Cliquen behandelten wir bisher als seien sie geschlechterhomogen. In Wirklichkeit aber gibt es Jungencliquen, Mädchencliquen und kogeschlechtliche Cliquen. Die meisten Cliquen sind Jungencliquen, denn Raumergreifen und Raumerobern, sich in männerbündlerische Cliquen zusammenfinden, scheint der männlichen Sozialisation zu entsprechen. Reine Mädchencliquen sind nach meiner praktischen Beobachtung in der Regel klein; sie umfassen 3 bis 5 Personen. Auch verhalten sie sich anders als Jungencliquen; sie sind stiller, zurückhaltender, ja geradezu „unsichtbar". Christa Specht stellt als Charakteristikum der Mädchencliquen deren Unsichtbarkeit und Sprachlosigkeit fest (Specht, 1991: 47-63). Sie lassen sich als freiwillige Mitarbeiterinnen für unsere cliquenorientierte Jugendarbeit gewinnen. Innerhalb von ko-geschlechtlichen Cliquen konnte Christa Specht folgende Beobachtungen machen: Mädchen nehmen keineswegs an allen Cliquenaktivitäten teil, und die Jungen bestimmen vorwiegend die Strukturen des Cliquenlebens: exzessives Biertrinken und Randalieren. Dennoch sind die

Mädchen keine passiven Teilnehmerinnen, sondern sie sind als Mitglieder sehr begehrt und gestalten die Clique mit. Bei zu aggressivem Verhalten oder exzessivem Biertrinken der Jungen ziehen sie sich zurück und verweigern sich, ermahnen auch die Jungen zur Einsicht. Dann wieder machen sie aktiv und offensiv Vorschläge für Ausflüge und Gruppenaktivitäten und für die Organisation von Festen und stellen Wohlbefinden, Gemütlichkeit und vernünftiges Verhalten in der Clique her. Sie entwickeln gleichsam Mütterlichkeit und domestizieren die Jungen. Allerdings müssen die meisten Mädchen früher zu Hause sein als die Jungen, denn die elterliche Kontrolle ist bei Mädchen gerade der Basisschicht sehr stark, was wiederum auch einen Schutz für das Mädchen bedeutet. Sind die Mädchen zu Hause, dann wird die Clique zur reinen Jungenclique und zieht noch einmal randalierend los, wobei es zu kriminellen Handlungen kommen kann.
Bei dieser Beschreibung handelt es sich offenkundig um unpolitische Cliquen. Nach unseren Erfahrungen sind in linken Cliquen die Mädchen meist emanzipiert und den Jungen gleichgestellt, in rechten Cliquen hingegen spielen sie eine untergeordnete, passive Rolle.
Überhaupt scheint es einen grundlegenden Unterschied in der Sozialisation von Jungen und Mädchen zu geben. Raumgreifende Jungen, häusliche Mädchen, die Männer ziehen hinaus in die Welt, die Frauen sorgen für ein gemütliches Heim, so ist die traditionelle Rollenverteilung von Mann und Frau, und darin hat sich offensichtlich nicht viel geändert (Flade, Custor, 1996). Jungen handeln weiträumiger als Mädchen. Obgleich sie häufiger ein eigenes Zimmer haben, findet man sie in der Freizeit auf der Straße, während Mädchen die schulfreie Zeit eher in geschlossenen Räumen verbringen. Am liebsten besuchen sie eine Freundin in deren Wohnung. Wenn Mädchen sich draußen aufhalten, dann meist in der Nähe der elterlichen Wohnung. Jungen hingegen haben einen größeren Bewegungs- und Aktionsradius. Sie suchen ihre Spiel- und Abenteuerräume in der weiteren Umgebung. Das liegt u.a. daran, daß sich Jungen vorzugsweise mit dem Fahrrad fortbewegen, während Mädchen häufiger zu Fuß gehen. Auf diese Weise eignen sich Jungen ein viel größeres Territorium an. Deshalb schätzen Mädchen Entfernungen viel weiter ein als Jungen. So scheint ihnen der Weg zur Freundin doppelt so lang wie Jungen der Weg zum Freund. Auch erscheint den Mädchen der Raum außerhalb der elterlichen Wohnung als latent bedrohlich. Sie wünschen geschützte Räume. Das wirkt sich auch auf die Cliquenstruktur aus. Während Mädchencliquen zu zweit oder dritt durch die Stadt bummeln oder in kleinen Grüppchen zusammenstehen, sind die Jungen ständig in Bewegung, machen Krach und randalieren. Wenn Mädchen in die Stadt gehen, dann um zu sehen und gesehen zu werden. Sie

„klappern die Klamottenläden ab“, tuscheln über Vorübergehende und kommentieren die Umgebung. Jungen hingegen imponieren auch beim Stadtbummel eher mit dem Skateboard oder dem Fahrrad und schauen sich Computer- und Fahrradgeschäfte an. Zusammengefaßt läßt sich sagen, daß sich Jungen in ihrer Freizeit austoben wollen, Mädchen dagegen das Zusammensein mit anderen wichtig ist. Im Gegensatz dazu zeigen andere empirische Untersuchungen (Dybowsky, Hartwig, 1996: 374), daß es zwar geschlechtsspezifische Unterschiede im Modus der Kontaktsuche und -pflege, aber keine Unterschiede in der Raumergreifung gibt. Jungen und Mädchen halten sich gleich oft an öffentlichen Orten auf und zeigen ähnliches Freizeitverhalten.

4.3.2.4. Sozialräumliche Jugendarbeit

Sozialräumliche Jugendarbeit geht davon aus, daß die Jugendlichen immer weniger Räume vorfinden, weder räumliche noch soziale, wo sie ihre Identität finden können, vielmehr müssen sie solche erst suchen und sich aneignen. Dabei scheint es so, als seien diese Räume wichtiger als die sozialpädagogischen Aktionen, die in diesen Räumen angeboten werden (Böhnisch, Münchmeier, 1987; 1990). Offene Raumangebote werden namentlich in Großstädten immer wichtiger, da alle Plätze der Jugend längst durch Regeln verschlossen sind, wie Verkehrsflächen, Parkplätze, Verkaufsflächen, ökologisch geschützte Flächen oder auch Jugendhäuser, die sich den Cliquen verschließen. Der Jugend (dasselbe gilt für die Kinder) stehen kaum noch Flächen und Räume zur Verfügung. Deshalb geht es heute weniger darum, Jugendliche von der Straße zu holen und ihnen in sozialpädagogischen Inseln sinnvolle und werttragende Angebote zu machen. Vielmehr gilt es zunächst einmal, Jugendlichen überhaupt Raum zu verschaffen, wo sie sich aufhalten können, ohne weggejagt oder betreut zu werden (ein Problem, wenn Jugendhäuser in dichten Wohngebieten liegen und Nachbarn mit der Polizei drohen). Jugendliche brauchen Räume, wo sie sich treffen, soziale Kontakte knüpfen und Aktivitäten nach eigenen Regeln entfalten können. Jugendliche leben ja nicht einfach in Räumen, sondern sie leben räumlich, denken wir nur an den Wandervogel und die Jugendbewegung, die sich Raum eroberten durch Fahrt und Wanderung. Raumaneignung ist also ein Teil der Jugendkultur. Wo Jugendliche keinen Erlebnisraum und keinen Sozialraum haben, da entwickeln sie keine kommunikative Verweilzeit und keinen entspannten Verweilraum, sondern sie versuchen, sich solche Räume zu ertrotzen und zeigen aggressive und kleinkriminelle Tendenzen.

Jugendhäuser, Jugendclubs und Freizeitstuben haben heute immer weniger die Funktion, Jugendlichen ein „Jugendreich" zu bieten, wo sie sich entspannen und in einem erwachsenenfreien Raum ihre Identität entwickeln können, weil ihnen sinntragende Identifikationsangebote zur Verfügung gestellt werden, sondern sie sind Teil des jugendlichen Sozialraumes, ein Ort, wo man sich trifft, zusammensteht, Zigaretten und Bier austauscht und sich zu weiteren Unternehmungen verabredet. Sie besitzen also Gelegenheitsstruktur (Böhnisch, Münchmeier, 1990: 120).
Sozialräumliche Probleme der cliquenorientierten Jugendarbeit bestehen nach unseren eigenen Erfahrungen vor allem darin, daß eine Clique den ganzen Jugendraum besetzt, sodaß andere Jugendliche keinen Platz mehr finden. Sowohl die bisherige Clique als auch Einzelbesucher (die es ja neben den Cliquen auch noch gibt) werden verdrängt. Das Ziel muß also sein, mehrere Cliquen gleichzeitig zu beherbergen.

4.3.2.5. Beziehungsorientierte Jugendarbeit

In den 70er Jahren wurde der Versuch einer emanzipatorischen Jugendarbeit unternommen, einer Politisierung der Jugendlichen, damit sie ihre Interessen durchsetzen könnten. Seit den 80er Jahren traten Programme wie Töpfern, Holzbasteln, Kochen, Fotografieren, Videos usw. in den Vordergrund. Allerdings bemerkt Krafeld (Krafeld, 1992: 66 f.), daß sich beim genauen Nachfragen herausstellte, daß die meisten Projekte erst geplant würden, noch nicht recht in Gang gekommen oder bereits gescheitert seien oder auch, daß nur zwei bis drei Jugendliche das Projekt besucht hätten. Erst seit der Mitte der 80er Jahre ist ein Trendwechsel von der Programmzentrierung zur Personenzentrierung zu beobachten. Jetzt wird es wichtig, für die Jugendlichen da zu sein, mit ihnen – auch informell – zu sprechen, ihnen zuzuhören, zwischen ihnen zu vermitteln, sich mit ihnen auszutauschen, sie zu beraten und ganz einfach Zeit füreinander zu haben. Solche eine Beziehungsarbeit versteht sich als das Gegenteil der programm- und aktivitätsorientierten Jugendarbeit, und sie entscheidet sich, sozialräumliche Angebote zu machen, bei denen Jugendliche nicht an einem Programm teilnehmen müssen und die Mitarbeiter offene, unstrukturierte Situationen und Prozesse aushalten. Beziehungsarbeit ist ganzheitlich, authentisch, situativ und lebensweltlich.
Beziehungen aufzubauen, ist auch deshalb wichtig, weil die Lebenswelt der Jugend immer differenzierter und segmentierter wird. Und weil die Erwachsenenwelt selbst unter dem Wertewandel und der Unübersichtlichkeit

der Lebenswelt steht, kann auch sie keine verbindlichen Lebenskonzepte mehr anbieten. Jugendliche werden nachgerade zu einem autopoietischen Lebensentwurf gezwungen, bei dem der Professionelle kaum Hilfe leisten kann. Andererseits erkennen wir die Wichtigkeit von Beziehungspflege, bei der der sachkundige soziale Arbeiter durch seine Person eine Identifikationsmöglichkeit für junge Menschen darstellt. Weiterhin brauchen Jugendliche die ältere Generation, um Vorbilder für Strukturierungs- und Bewältigungsmuster der gesellschaftlichen und lebensweltlichen Realität zu haben. Dabei hilft nicht erstrangig die Vermittlung umfassender Lebenskonzepte, als vielmehr die Hilfe bei der Verarbeitung von Erlebnissen und Widerfahrnissen des Lebensalltags. Solche alltagsweltlichen Hilfen führen dazu, sich der eigenen Lebensgeschichte bewußt zu werden und die Identität wachsen zu lassen. Vor allem helfen solche Alltagswelt-Bewältigungen, eigene Erfahrungen zu machen und Stellungnahmen zu beziehen. Alfred Adler hat ja schon darauf hingewiesen (Adler, 1991: 21-28), daß die Lebenslinie einer Person nicht dadurch entsteht, daß man die Erlebnisse eines Menschen miteinander verbindet, sondern seine Stellungnahmen zu ihnen. Das bedeutet: Der Mensch macht seine Erfahrungen, er produziert sie selbst. Aus der Fülle der Lebenserscheinungen und Lebenszusammenhängen wählt er nur jene aus, die seine Lebenslinie verstärken. Und so ist jeder seines eigenen Schicksals autopoietischer Hervorbringer. Die Aufgabe des Beraters ist es nun, Lebenslinien zu prüfen, ob sie den vier Lebensaufgaben Arbeit, Liebe, Gemeinschaft und Genußfähigkeit entsprechen.

Dabei spielt die Person des Beraters die entscheidende Rolle. Beziehungsarbeit meint ja, daß der Professionelle als Person in die Arbeit eingeht und nicht bloß in seine Beraterrolle. Jugendliche lassen sich kaum durch die Kompetenz eines Beraters beeindrucken, sondern sie sind beeindruckt – oder abgestoßen – von der Art, wie er lebt. Authentizität bedeutet, jederzeit selber echt zu sein, aber auch jeder Situation neu zu begegnen, ohne sie nach vorgegebenen professionellen Mustern lösen zu wollen. Authentizität heißt aber auch, die eigene Art der lebensgeschichtlichen und lebensweltlichen Verarbeitung der Realität sichtbar werden zu lassen, um sie als ein mögliches Vorbild-Muster für Jugendliche begreifbar zu machen.

Beziehungsarbeit bedeutet daher, daß Mitarbeiterinnen und Mitarbeiter nicht vorrangig Aktivitäten, Programme, Projekte und von Regeln bestimmte Angebote machen, sondern daß Beratungs- und Aktivitätsangebote eingebunden sind in Alltagskommunikation. Diese ist situativ sowie personen- und problembezogen. Dabei muß der Professionelle sich stets zweierlei bewußt halten. Erstens: Jugendliche kommen oft nur, weil sie am

Sozialraum interessiert sind, wo sie ungestört unter sich sein können. Und zweitens: Beziehungsarbeit bedeutet, sich mit seiner ganzen Person einzubringen in das kommunikative Handeln mit Jugendlichen, aber zugleich zu wissen, daß soziale Arbeit nicht Familie, Schule und Arbeitsplatz substituieren kann. Gerade das macht aber lebensweltliche und alltagsweltliche soziale Arbeit so notwendig. Krafeld und seine Mitarbeiter fassen ihre Erfahrungen über cliquenorientierte Jugendarbeit wie folgt zusammen (Heim, Krafeld, Lutzebäck, Schaar, Storm, Welp, in: Krafeld, 1992: 168-183):

- Einfach da sein, ohne damit die Erwartung zu verbinden, einbezogen zu werden.
- Akzeptieren, daß Jugendliche, besonders wenn sie noch keine Beziehung zu uns aufgebaut haben, unter sich etwas tun, ohne uns teilnehmen zu lassen.
- Bereit sein, andere anzuhören und ihnen zuzuhören, auch wenn uns manche Aussagen erschrecken und gegen alle unsere Wertvorstellungen verstoßen.
- Eigene Auffassungen äußern, ohne den Anspruch zu erheben, jemanden überzeugen zu wollen.
- Die Arbeit primär als Beziehungsarbeit zu begreifen und den situativen Einzelgesprächen größtes Gewicht zuzumessen.
- Bereit sein, nicht immer pünktlich zu schließen.
- Wahrnehmungen und eigene Wertvorstellungen nicht zu weit auseinanderklaffen zu lassen. Das bedeutet, in wichtigen Situationen Grenzen zu setzen.
- Den Jugendlichen deutlich vor Augen führen, daß unsere Umgangsformen und Konfliktlösungsmuster anders sind als ihre – und daß wir unsere für geeigneter halten.
- Uns klar machen, daß unsere Programmangebote nicht immer den Wünschen und Ideen der Besucher entsprechen.
- Bei Aktivitäten der Jugendlichen begreifen, daß sie sich selbst inszenieren, aber daß wir unter Umständen auch Regeln durchsetzen.
- Begreifen, daß Regelverletzungen oft Bestandteile der jugendlichen Selbstinszenierung sind. Das bedeutet nicht, sie zu akzeptieren.
- Das eigene Funktions- und Aufgabenverständnis erklären und durchsichtig machen (wer die Kosten trägt, freiwillige Dienste leistet usw.).

- Androhung und Umsetzung von Sanktionen an persönlichen Maßstäben definieren, nicht nach abstrakten pädagogischen oder der Trägerschaft entsprechenden Normen handeln.
- Jugendlichen klar und deutlich sagen, wenn wir Folgen ihres Handelns vorhersehen, die für sie existentiell ihre Lebenswelt bedrohen.
- Die Grenze der Bereitschaft zum Zuhören und Zusehen da setzen, wo unser Wertempfinden verletzt wird.

Nach meinen eigenen Erfahrungen hat sich eine Kombination aus Programmorientierung und Personenorientierung als erfolgreich erwiesen, wobei allerdings die Beziehungsorientierung den Vorrang hat.

4.3.2.6. Erlebnispädagogik und Jugendkulturarbeit

Erlebnispädagogik beinhaltet nach unserer Konzeption die vier Arbeitsfelder Outward Bound, Inward Bound, City Bound und Social Bound. Für die Jugendarbeit mit randständischen und basisschichtzugehörigen Jugendlichen ist Outward Bound ein unverzichtbares Element. Erleben gehört zur Cliquen-Alltagswelt dazu; freilich kein Naturerleben. Trotzdem kann Outward Bound auch Cliquen ansprechen, wenn beispielsweise eine Zeltfahrt unternommen wird. City Bound ist für die Arbeiterjugend der Basisschicht viel näher als Naturerleben. Die Stadt als sozialer Lernraum ist ein Teil ihrer Lebenswelt. Bewegungssouveränität kann manche aggressive Motorik sublimieren. Inward Bound entspricht ihrer sozialräumlichen Eroberung von Territorien. Bei den Angeboten von Inward Bound ist es wichtig, immer wieder Höhepunkts Erlebnisse zu schaffen. Social Bound schließlich kann die Werteorientierung der Jugendarbeit fördern. Wir versuchen unserem Solidaritätsnetz, dem sowohl Kinder und Jugendcliquen, Einzelpersonen als auch Erwachsenengruppen angehören, die Wertefundierung der Freundschaftsinitiative „Beschützende Freundschaft" mitzugeben. Freundschaftsdienst und Freundschaftsschutz sollen sich alle Netz-Teilnehmer gegenseitig genauso geben wie ausgegrenzten Gruppen in ihrer Lebenswelt.
Jugendkulturarbeit enthält nach Koch folgende Arbeitsfelder (Koch, 1989): Literatur, Musik, Theater, Film/Video, Fotografieren, Medien und Ausstellungen. Tatsächlich sind kultursozialarbeiterische Projekte Angebote für die gehobenen bürgerlichen Schichten, insbesondere für Jugendliche der oberen Mittelschicht, und sie sind beschränkt auf große, wenig industrialisierte Bürgerstädte mit Gymnasien und Hochschulen. Deshalb lassen sich kultursozialarbeitsorientierte Angebote auf Jugendcliquen und auch Einzelbesucher von Jugendhäusern und Freizeitstuben nur im Sinne

der Soziokultur anwenden. So bildet Kultur immer wieder ein wichtiges Element der Programmgestaltung. Denn Inkulturierung in die eigene Kultur ist ein wesentlicher Bestandteil einer Entfaltung von Lebenswelterfahrung. Dies entspricht auch Nipkows Konzept der lebensbegleitenden Bildung (Nipkow, 1990), das er zwar auf Personen der oberen Mittelschicht bezieht, das aber auch für die Jugendarbeit mit der Basisschichtenjugend unverzichtbar ist. Arbeiterjugend kann nicht verregelten Bildungsprogrammen ausgesetzt werden, und doch muß Bildung immer ein Bestandteil von Jugendarbeit sein. Bildung und Reifung hängen eng zusammen.

4.3.2.7. Gastfreundschaft, Ästhetik, Bildung und Wertevermittlung als Verhaltensänderung

Heimat läßt sich zwar historisch, territorial, historisch-geographisch, soziokulturell usw. erfassen (Thüne, 1987). Aber für unsere Jugendarbeit kommt Heimat in Frage als Raum der Gefühlswelt und als komplexreduzierender Punkt. Beck hat gezeigt, daß zum Individualisierungstheorem die Herauslösung des einzelnen aus historisch vorgegebenen Sozialformen und -bindungen, der Verlust von traditionellen Sicherheiten, wie Handlungswissen, Glaube und verhaltensregulierende Normen, und eine neue Art von sozialer Einbindung bei gleichzeitiger sozialer Desorganisation und Desintegration gehören (Beck, 1986: 209 ff.). Dies gilt es zu bedenken, wenn wir von Heimat und Gastfreundschaft sprechen. Heimat vermittelt ein Gefühl von Geborgenheit, Sicherheit, Gastlichkeit, Schutz und Frieden. Damit bietet sie einen beseelten Friedensraum an als Gegenstück zur entheimateten Stadtkultur und der entfremdenden Industriegesellschaft. Heimat bedeutet weiterhin eine überschaubare soziale Gemeinschaft, die in ihrer Überschaubarkeit komplexreduzierend ist. Die Heimwelt (im Anschluß an den Begriff Lebenswelt) ist eine die Person umgebende Sphäre des Vertrauten und Bekannten. Heimat hängt schließlich eng mit dem Wort „Heim" zusammen. Sie ist das bleibende Zuhause, das vertraute Zuhausesein.
Heim und *Gastfreundschaft* hängen aufs Innigste zusammen. Gastlichkeit schafft geradezu das Heim. Der Gast erhält Schutz vor verfolgenden und bedrohenden externen Mächten, Wärme, Geborgenheit, Rechtszusage und vor allem Nahrung und Übernachtung. Der Gast ist immer zugleich der, der bei Tische sitzt und ernährt wird. Gastfreundschaft macht den Fremden zum Freund. Alltagsweltlich und alltagsästhetisch bedeuten Heimat und Gastfreundschaft, daß wir Essen und Trinken anbieten, und dies in einer ästhetischen Darreichungsform. Denn die gemeinsame Mahlzeit stiftet Gemeinschaft.

Jugendliche wollen essen und trinken, sie wollen feiern. Darum ist es wichtig, Höhepunkte zu schaffen in Form von Festen und Feiern, wie Frühlings-, Sommer-, Herbst- und Winterfeste, Advent und Weihnachten, Fasching, der erste und der letzte Tag der Öffnung des Jugendzentrums, Geburtstage, Hochzeiten usw. Solche Feste feiern wir einerseits im Jugendraum, aber wir laden andererseits auch Besucher privat zu unseren Festen in unsere Heime ein, während.wir ihre Feste bei ihnen zu Hause besuchen, wenn sie uns einladen (lebensweltlich feiern). Aber Heimat und Gastfreundschaft sind nicht den Höhepunkten vorbehalten. Jedes Treffen ist gekennzeichnet durch Alltagsästhetik, Essen und Trinken, das bedeutet, durch Heimatlichkeit.

Heimatlichkeit und Gastfreundschaft bewirken die Metamorphose von Fremden zu Freunden durch Begegnung und Mahlzeit, aber auch durch die *Alltagsästhetik* (Noack, 2000). Nach unseren eigenen Erfahrungen ist es gut, den Jugendraum hell zu streichen. An der Decke und an den Wänden befinden sich geschmackvolle Leuchter; Tische, Schränke und Stühle sind aus hellem Naturholz. Auf den Tischen liegen schöne Decken, auf denen Blumen, brennende Kerzen, Schalen mit Obst und Gebäck, weiße Porzellantassen für Tee usw. stehen. Hell, festlich und bergend zugleich soll die Atmosphäre sein, die den Besucher als eine überschaubare Heimwelt umhüllt. Daran sollen die Besucher paradigmatisch eine neue kulturelle, ästhetische Lebensform lernen. Denn ihre Heime zu Hause sind oft wenig oder gar nicht ästhetisch gestaltet.

Ästhetik beinhaltet nicht nur, Schönheit zu genießen sondern auch selbst Schönes zu schaffen. Zur alltagsästhetischen Bildung gehört, daß jedes Treffen einen Kreativteil einschließt. Dabei ist auf Variabilität zu achten. Nach kurzer Zeit hat sich nämlich der Reiz des Angebotes durch Gleichförmigkeit erschöpft. So wechseln sich im Kreativteil Basteln, Kollagen herstellen, ein Gedicht oder eine Geschichte schreiben, einen Brief verschikken usw. ab.

Bildung schließlich bedeutet zunächst zu unterscheiden zwischen formaler Bildung, die aus Bildungsabschlüssen besteht, wie Realschulabschluß, Abitur, Staatsexamen usw. und der non-formalen Bildung, die schichtenunabhängig ist und die gemessen werden kann am Grad der Interessiertheit. Eine andere wichtige Differenzierung ist die zwischen Schul-Lernen und Lebens-Lernen bzw. Alltags-Lernen. Während das Schul-Lernen überwiegend formal-abstrakt und rational ist und eine Überfülle von Wissen anbietet in Regelmäßigkeit und in Langzeitbeeinflussung, ist das Lebens-Lernen zwar auch rational, aber doch vorrangig emotional, sozial, werteorientiert und alltagsweltlich (Affemann, 1976). Alltagsweltliche Bildung als Lebens-Lernen schließt die Fähigkeit ein, Alltagshandlungen zu bewältigen, wie Kochen, Flicken, Bügeln, Haushalt organisieren, ästhetische Gestaltung der Wohnung, Einüben in soziale Rede- und Verhaltensformen usw. Schließlich gehört zur Gastfreundschaft, Ästhetik und Bildung die *Wertevermittlung*. Besonders durch den Zwang zur Individualisierung und den Verlust tradierter Wertesicherheit werden Jugendliche bei ihrer Orientierungssuche verunsichert oder sogar allein gelassen. Darum ist es wichtig, in der Jugendarbeit Werte zu vermitteln. Der zentrale Wert in unserer Gesellschaft ist die Menschenwürde. Sie kommt jedem Menschen zu, nicht nur dem Einheimischen. Sie wird entfaltet und geschützt durch die Bürger; aber auch durch die demokratischen Gleichheitsrechte, die liberalen Freiheitsrechte und die sozialen Leistungsrechte. Sie werden durch den demokratischen, liberalen, rechtstaatlichen und sozialen Bundesstaat geschützt und durchgesetzt. Menschenwürde und Menschenrechte müssen jedem Jugendlichen vermittelt werden. Der Lebensstil kann von jedem Jugendlichen selbst gefunden werden, aber die Grundwerte unserer Gesellschaft, die identisch sind mit denen der Weltgesellschaft, besitzen verpflichtenden Charakter.

4.3.2.8. Alltags- und lebensweltliche Netzwerke in der Jugendarbeit

Beziehungsorientierte Jugendarbeit fordert von uns, praktische Hilfen zu leisten. Denn Jugendliche leben ja nicht in unserem Jugendtreff, sondern in einer Lebenswelt und Alltagswelt. In der Praxis ist *Lebenswelt* die Summe aller Bezüge, Kommunikationen und Interaktionen einer Person zu ihren Lebenssegmenten, die für sie Bedeutung haben, wie Familie, Nachbarschaft, Freundschaft, Arbeitsplatz, Freizeitwelt, Kultur, Staat, Gesellschaft, Kirche usw. Darum ist uns Lebenswelt als etwas Selbstverständliches gegeben. Und doch ist sie bereits unüberschaubar geworden, da sie ein Netzwerk von Beziehungen ist. Und Netzwerke sind nicht mehr kausal erklärbar, sondern autopoietisch wachsend oder sterbend. Darum lebt der Mensch eigentlich mehr in seiner Alltagswelt als in der Lebenswelt.

Es lassen sich verschiedene Dimensionen von *Alltagswelt* und Alltäglichkeit unterscheiden (Tiersch, 1992: 50 f.). Alltagswelten werden zunächst bestimmt durch die *Zeit*. Kinder beispielsweise leben in einer anderen Anschauung von Zeit, von Augenblick, Dauer und Zukunft als Erwachsene. Sie haben nicht Zeit, sondern sie sind ihre Gefühle und Impulse im Jetzt. Ebenso ist die Jugend überwiegend zeitsynchron, die Elterngeneration hingegen häufig zeitasynchron eingestellt. Dies führt zu Spannungen und dramatischen Inszenierungen im Familienleben. Eine andere Zeitspannung betrifft die Jugendlichen, die einerseits in einer Struktur der aufschiebenden

Belohnung und der zukunftsbezogenen Anstrengungen leben (vorwiegend nur in der bürgerlichen Mittelschicht) und einer reizüberfluteten, erlebnisgeladenen Gegenwart.

Alltagswelten werden weiterhin bestimmt durch Erfahrungen im *Raum*. War in den 30er Jahren der Raum für Kinder noch ein Spiel- und Streifraum, wo sie Abenteuer erlebten und provozierten, so sprechen wir heute von einer Verinselung des Kinderraums (8. Jugendbericht, 1990). Die Aneignung von Raum ist ja ein entscheidender Vorgang für die Lebenswelt Jugendlicher. Denn Jugendleben ist u.a. gekennzeichnet durch den in Handlungen erreichbaren und gestaltbaren Raum, durch Territorien, die Jugendliche mit sich selbst ausfüllen. Dies ermöglichen die engen sozialräumlichen Inseln nicht mehr.

Alltagswelten werden ebenso bestimmt durch erfahrbare *soziale Bezüge*, wie Familie, Verwandtschaft, Nachbarschaft, Freundschaften, Kollegialität, Freizeitbeziehungen, Stadtteil usw. Durch sie erfährt die Person in Krisenzeiten Hilfe und Hilfsquellen. In besonderen Belastungszeiten, wie Arbeitslosigkeit oder Krankheit, tragen die traditionellen Netze nicht mehr. Durch die soziale Mobilität lösen sich die engräumlichen Verwandtschaften auf, und sie werden multilokal. Nachbarschaften fehlen in den dichtgedrängten Wohnverhältnissen immer mehr. Deshalb ist es nötig, soziale Netz- und Hilfestrukturen sozialarbeiterisch aufzubauen (Seibert, Noack, 1996: 82 ff.).

Raum- und Zeiterfahrungen differieren zwischen Stadt und Land und zwischen den sozialen Schichten. Auf dem Land existieren einerseits Nachbarschafts- und Vereinsleben und vermitteln Haltstrukturen, andererseits gelten traditionelle Rollenmuster von Mann, Frau und Kindern weiterhin. Die Stadt dagegen ermöglicht Individualisierung und autopoietische Lebensentwürfe, traditionelle Haltstrukturen dagegen lösen sich auf. Auch zwischen den sozialen Schichten unterscheiden sich Raum und Zeiterfahrungen. Während für die Jugendlichen der Basisschicht Gegenwartserleben und enges städtisches, technisch ausgerichtetes Territorium gelten, cocoonisieren sich die Jugendlichen der oberen Mittelschicht in den familialen Inseln und den kollektiven cocoons ihrer Erlebnisclique.

Die Alltagswelt ist letztlich eine Bühne, auf der das Individuum sein Leben inszeniert. Dies sind nicht nur Augenblicksarrangements, sondern sich ändernde Lebenslagen verändern auch die Inszenierungen. Ebenso sind Teil der Alltagswelt Lebensgeschichte, Familiengeschichte, Entwicklungsstufen und Lebensphasen, wie sie sich in der Alltäglichkeit ausdrücken.

Schließlich bedeutet lebensweltliche und alltagsweltliche Jugendarbeit ganz praktisch, Jugendlichen in Alltagsfragen und Alltagsproblemen zu helfen, wie bei der Arbeitsplatz- bzw. Lehrstellensuche, bei Gesprächen mit Ämtern,

beim Ausfüllen von Antragsformularen, bei der Hilfestellung in Freundschaftskonflikten, bei ungewollter, früher Schwangerschaft, Schulschwierigkeiten, Ausbildungsproblemen usw. So bestehen lebensweltliche Hilfen primär in Elternbesuchen, Familienhilfe, Hilfen in der Schule oder am Arbeitsplatz, Verbindung herzustellen zu Ämtern und Institutionen, Freundschaften und Nachbarschaften zu fördern usw. Das wichtigste bei der lebensweltlichen Jugendarbeit ist allerdings der regelmäßige Besuch zu Hause, um die alltägliche Häuslichkeit kennenzulernen und die Beziehungsarbeit von den Jugendlichen auf ihre ganze Lebenswelt auszudehnen. Der Kontakt zu den Eltern und Geschwistern ist bei der Jugendarbeit unverzichtbar. Oft erwächst daraus die Notwendigkeit einer Versöhnungsarbeit zwischen den Generationen. Viele Konflikte sind ja Generationenkonflikte, die durch die Versöhnung zwischen den Generationen gelöst werden. Versöhnung bedeutet, daß die Generationen sich trennen, ihre eigenen Alltagswelten entwickeln, dabei aber versöhnt sind. Versöhnung möchte ich definieren als das simultane Beisammensein von Trennung und Vereinigung.
Netzwerkbildung entsteht, wenn der Jugendliche in ein Beziehungsnetz von Familie, Verwandtschaft, Schule bzw. Arbeitstelle, Freundschaft, Nachbarschaft und stadtteilbezogene Gesellschaft eingebunden ist, wodurch er Halt gewinnt.

4.4. Systemische, lebensweltliche und alltagsweltliche Familienarbeit

Wo auch immer wir Menschen sozialpädagogisch, d.h. helfend und erziehend betreuen, begegnen wir, wenn wir systemisch, lebensweltlich und alltagsweltlich arbeiten, der Familie. Die Felder der familienbezogenen sozialen Hilfe sind vielfältig. Es gibt wirtschaftliche und rechtliche, steuer- und wohnungspolitische gesellschaftliche Hilfen, sozialpädagogisch orientierte Angebote der Erwachsenenbildung, wie Familienbildungsarbeit, Familienkurse usw., und schließlich sozialpädagogische Hilfen, wie sozialpädagogische Familienhilfe, Pflegekinder- und Adoptivkinderwesen, öffentliche Erziehungshilfen, Frauen- und Mädchenhäuser, Hilfen zur Familienplanung, Kindertageseinrichtungen, außerschulische Kinder- und Jugendarbeit, Schuldnerberatungsstellen, Unterstützungsleistungen von Aussiedlern und Asylanten, ambulante Pflegedienste, Tageseinrichtungen für ältere Menschen und rehabilitative und sozialtherapeutische Einrichtungen. Das System Familie (Noack, 1997: 187-193) nimmt offenkundig eine Schlüsselposition in der sozialen Arbeit ein.

4.4.1. Familie heute: Stabilität und Wandel

Parallel zum gesellschaftlichen Wandel hat sich auch ein Wandel der Familie vollzogen. Vor allem ist Familie nicht mehr ein eindeutiger Begriff. Wir können mehrere Familienformen unterscheiden (Erler, 1996: 31.35).

Ehepaare ohne Kinder. Trotz des Modernisierungsschubes kann eine Abkehr vom Kind nicht festgestellt werden. Etwa 55% der Zweierbeziehungen haben die Lebensform der kinderlosen Ehepaare nach fünf Jahren verlassen und sich ihren Kinderwunsch erfüllt. Ein Großteil der Paare ohne Kinder befinden sich in der nachelterlichen Phase. So können wir feststellen, daß eine Mehrheit der Eheleute ohne Kind aus der vorelterlichen und der nachelterlichen Phase kommt und wir nicht von „Doppeleinkommen – keine Kinder" reden können.

Ehepaare mit Kindern. 29% aller Haushalte sind Ehepaare mit Kindern. 48% der Kinder sind Einzelkinder, 38% haben einen Bruder oder eine Schwester, und nur 14% haben mehr als zwei Geschwister. Dabei ist zu beobachten, daß das Alter der Mütter, die ihr erstes Kind bekommen, immer höher wird. Th. Klein und W. Lauterbach haben darauf hingewiesen (Klein, Lauterbach, 1994), daß die Ausbildung, und vor allem eine höhere Ausbildung bei Frauen, eine deutliche Verschiebung der Familienbildung zum höheren Alter hin bewirkt. Je stärker die Berufsorientierung und je höher das Bildungsniveau einer Frau ist, desto größer ist die aufschiebende Wirkung von Heirat und erstem Kind. Je später aber das erste Kind geboren wird, desto weniger Zeit bleibt für ein weiteres Kind. Durch die lange Lebenszeit der Eltern wachsen dennoch Eltern und Kinder gemeinsam aus dieser Familienphase heraus und in die nachelterliche Phase hinein.

Alleinerziehende. Die Zunahme der Ein-Eltern-Familien ist eine Folge der zunehmenden Ehescheidungen. Dabei sind 85% von ihnen Mutterfamilien. Allerdings ist die Ein-Eltern-Familie höchst veränderlich. Nach fünf Jahren waren nur noch 56,5% in dieser Familienform geblieben. 19% hatten wieder geheiratet oder hatten eine nicht-eheliche Gemeinschaft (7,6%) begründet. 18% waren unterdessen alleinlebend, weil die Kinder aus dem Haus gegangen waren. Nach zehn Jahren waren 28,8% wieder eine feste Partnerschaft eingegangen.

Alleinlebende. Unter Alleinlebenden verstehen wir Einpersonenhaushalte, Personen über 21 Jahre, die selbständig wohnen und wirtschaften. Etwa 64% von ihnen sind Frauen. Die größte Gruppe der Alleinlebenden sind die über 65-Jährigen (47%). Diese Einpersonenhaushalte sind außerordentlich stabil. Nach fünf Jahren lebten noch 84% allein. Nach zehn Jahren lebten

immer noch 72% in Einpersonenhaushalten und nur 26,2% hatten wieder eine Partnerschaft begründet.
Aus diesen Untersuchungen können wir ersehen, daß sich die Formen des Zusammenlebens in den letzten 30 Jahren geändert haben. Gegenüber dem traditionellen Familienmodell, das charakterisiert ist durch frühe Eheschließung, frühe Elternschaft, durch Auszug der Kinder und eine deutlich abgehobene nachelterliche Phase, haben sich heute folgende Differenzierungen herausgebildet (Nave-Herz, 1994: 8-15):

(1) Die Eheschließung verschiebt sich unter dem Einfluß von Berufsorientierung und höherer Bildung in die Richtung auf ein höheres Alter. Damit verändern sich auch die vorehelichen Erfahrungen junger Menschen. Mit dem Wertewandel und dem Individualisierungsdruck geht einher, daß junge Erwachsene neue, eigene Lebensentwürfe versuchen, die sich nicht mehr auf klassische Familienformen beziehen.

(2) Die elterliche Phase hat sich verkürzt. Das hängt damit zusammen, daß Kinder erst spät geplant werden. Aber auch das Einzelkind verkürzt die Zeit der Elternphase auf etwa 20 Jahre. Dies ist etwa ein Viertel der Lebenszeit einer Frau. Und die Lebensplanung einer akademisch gebildeten Frau wird sich kaum auf solch einen kurzen Zeitraum beschränken.

(3) Die nachelterliche Phase hat sich entscheidend verlängert. Wenn die Eltern etwa 55 Jahre alt sind, verlassen die Kinder das Haus. Dadurch werden die Eltern, die zurückbleiben, wieder auf ihre Partnerbeziehung verwiesen. Diese nachelterliche Phase beträgt heute bei der Frau etwa 30 Jahre, beim Mann 25 Jahre. Elternschaft ist in unseren Tagen darum nicht mehr ein lebensbegleitender Lebenssinn, sondern eine relativ kurze Phase, was zu einer Neudefinition der sozialen Rolle von Mann und Frau zwingt. Vor allem Frauen, denen das nicht gelingt, müssen die 30 Jahre dauernde nachelterliche Phase in dem Bewußtsein verbringen, daß ihr eigentliches Leben bereits vorbei sei. Die Folge davon sind Sinnverlust, existentielle Frustration und depressive Zustände.

(4) Das Alleinleben ist heute eine wesentliche Phase des menschlichen Lebens. Es ergibt sich durch den späten Zeitpunkt der Eheschließung, durch Ehescheidung und die frühe nachelterliche Phase.

Dies alles bedeutet keineswegs einen Abschied vom „Projekt Ehe und Familie". Denn es scheint so zu sein, daß sich alternative Lebensformen herausgebildet haben, wie Partnerschaft und nichteheliche familiale Formen des Zusammenlebens. Abgelöst wird also nicht die Familie, sondern ein

traditionelles Ehe- und Familienbild mit seiner starren Zuweisung der Geschlechterrollen, der patriarchalischen Männerrolle und den autoritär-direktiven Formen von Erziehung und Zusammenleben.
Die Analysen von Beck z.B. haben sich nicht bestätigt (Beck, 1986). Seine These lautet, daß sich in der Moderne die Wahlmöglichkeiten und Chancen des Einzelnen erhöht haben, einen eigenen, selbsterschaffenen Lebensstil und eine autonome Lebensperspektive zu entwerfen. Diese Freiheit zur Selbstentfaltung und zum Selbstentwurf hat aber zur Kehrseite den Verlust von Sicherheit und der Stabilität von privaten Beziehungen. Das Durchschneiden von traditionellen Bindungen an die Herkunftsgruppen bedeutet auch für die Familien ihre Bindungsauflösung. Solche Bindungslosigkeit ist Voraussetzung zur modernen Gesellschaft, andererseits ist sie ihr Produkt. Sie ist Chance für das Individuum und zugleich sein Risiko. Individualisierung und Bindungslosigkeit bewirken, daß das Individuum aus zahllosen möglichen Lebensentwürfen und Lebensmöglichkeiten, die die ausdifferenzierte Gesellschaft anbietet, auswählen muß. Das führt zu oftmals zufälligen Sinnmustern. Sie werden wie ein Flickenteppich zusammengebastelt; es sind Patchwork-Lebensläufe. Das Individuum wird zum Sinnbastler mit einem Bastellebenslauf. Wenn Menschen die Primärnetze nicht ganz bewußt pflegen, dann zerbrechen sie, und dem Individuum bleibt nur noch die Flucht in triviale Scheinwelten.
Im Gegensatz zu solchen soziologischen Analysen hat die empirische Familienforschung deutlich unterschiedene Ergebnisse gebracht (Bertram, 1995: 9-34; Rossi u. Rossi, 1990; Clausen. 1993). Sie weisen nach, daß Drei Generationen Studien gezeigt haben, daß die Beziehungen von allen drei Generationen als befriedigend und als stabil erlebt wurden. Gleichzeitig sind die Eltern heute bereit, weit länger als früher für ihre Kinder zu sorgen und sie bei der Integration in die Erwachsenenwelt zu unterstützen.
Dennoch können wir einen Wandel in den Generationen-Beziehungen feststellen. H. Bertram spricht von der multilokalen Mehrgenerationenfamilie (Bertram, 1995: 13-16). Die moderne Familie ist keine Haushaltsfamilie mit ihren ökonomischen Funktionen mehr, sondern durch die längeren Lebenszeiten und die zunehmende soziale Mobilität kommt es dazu, daß die Familienmitglieder nur noch einen relativ kleinen Teil ihres Lebens zusammen verbringen und gemeinsam einen Haushalt bilden. Die meiste Zeit findet die Eltern-Kind-Beziehung multilokal, d.h. an verschiedenen Orten statt, ohne daß die Beziehungen und Bindungen abbrechen. Die Reise- und Kommunikationsmöglichkeiten ermöglichen es, an verschiedenen Orten zu leben und dennoch in Kontakt und Beziehung zueinander zu stehen. Damit

gewinnt das Zusammenleben der Generationen eine neue Qualität. Durch das lange Lebensalter entstehen neue Formen der Generationenbeziehungen in einem Ausmaß, die früher beim frühen Tod der Elterngeneration nicht möglich waren. Es entstehen echte Mehr-Generationenfamilien, die trotz lokaler Entfernung Interaktion pflegen.
Nach H. Bertram sind Raum und Zeit die Differenzierungselemente individualisierter Gesellschaften (Bertram, 1995: 16-23). Die Wandlungsprozesse der familialen Lebenswelt, die wir heute beobachten, sind weniger Auflösungstendenzen der traditionellen soziokulturellen Milieus (Familie, Freundschaft, Nachbarschaft, Kirche, Dorf usw.) als vielmehr neue Strukturierungsfaktoren der Gesellschaft. Die Zeit strukturiert die Familie insofern als die Menschen älter werden, nämlich 80 Jahre und mehr. Damit verändert sich der Familienzyklus grundlegend. Zeit bedeutet aber auch Geschichte. Gesellschaften weisen eben nicht nur vertikale Strukturmerkmale auf (Bildung, Einkommen, Machtausübung, Prestige), sondern sie werden darüber hinaus durch Geschichte geprägt, d.h. differenziert und intern strukturiert. Dies geschieht vor allem in Kriegs- und Nachkriegszeiten, politischen Umwandlungen und während ökonomischer Krisen. So haben die Weltkriege, die Inflation und die Weltwirtschaftskrise bewirkt, daß Männer, Frauen und Kinder höchst unterschiedliche Bindungen und Beziehungen entwickelt haben. Beispielsweise waren 1991 von den 30-jährigen Frauen 27% ledig, 67% verheiratet und 6% geschieden. 1950 waren von der gleichen Frauengruppe 18% ledig, 71% verheiratet, 8% verwitwet (Weltkrieg; „nur“ 8%, weil einige Frauen wieder geheiratet haben, nicht während des Krieges oder erst nach dem 25sten Lebensjahr geheiratet haben) und 3% geschieden. 1925 hingegen waren von den 27-jährigen Frauen 41% ledig (nebenbei bemerkt, waren 52% der Männer ledig) und 58% verheiratet. Anfang unseres Jahrhunderts gehörte für Männer und Frauen das Ledigsein genauso wie das Verheiratetsein zum Lebensgeschick. Erst als die Gehilfenklassen, wie Hausgehilfen, Knechte und Mägde usw. untergingen, nahm die Zahl lediger Personen ab. Ebenso sind die Chancen von Kindern, in einer Familie aufzuwachsen, von der Geschichte abhängig. Die meisten Kinder, die ohne Vater aufwuchsen, waren die zwischen 1933 und 1938 Geborenen, nämlich 16%. Wir erkennen deutlich die Auswirkungen des Weltkrieges. Andererseits lebten die nach 1968 Geborenen zu 86% mit beiden Eltern auf, 7% in Stieffamilien und nur 6% allein mit der Mutter. Das bedeutet, daß wir nicht einen kontinuierlichen Zerfall der Familie feststellen, sondern wir stellen starke Schwankungen in der Familienstruktur aufgrund historischer Faktoren fest. Gerade heute bei stabilen politischen und ökonomischen Verhältnissen er-

scheint die Familie, im Jahrhundertvergleich betrachtet, gesichert. Geschichtliche Ereignisse haben offenkundig auch auf die Familie stärkere Auswirkungen als die Individualisierungsprozesse.
Neben der Zeit ist der *Raum* ein Differenzierungselement. Es gibt regionale Unterschiede in den Lebensperspektiven, Sinndeutungen und Lebensstilen der Personen. Es gibt z.B. in ländlichen Gebieten eine doppelt so hohe Zahl von Geburten, verglichen mit Großstädten; oder in norddeutschen urbanen Milieus gibt es ungleich mehr alleinerziehende Mütter als in süddeutschen. Das zeigt, welchen Einfluß regionale und kulturelle Milieus haben. Zu Recht weist Giddens darauf hin (Giddens, 1988), daß zeitliche Ereignisse und räumliche Differenzierungen für die Struktur sozialer Beziehungen, von Lebensentwürfen und Lebensgeschichten eine eminente Rolle spielen. Wenn die Folgen der Individualisierung beschrieben werden, müßte deshalb die Pluralität der individuellen Ausdifferenzierung zeitlich und räumlich differenziert werden. Dann ist die These von der Auflösung der Familie sehr einzuschränken. Was sich aufzulösen scheint, ist das noch von Parsons vertretene Modell der Haushalts-Familie (Parsons, 1955), das nur noch eine relativ kurze Periode im Menschenleben ausmacht. An die Stelle ist immer mehr die multilokale Mehr-Generationen-Familie getreten, die zwar räumlich getrennt ist, aber über die Verkehrsmittel und die Medien miteinander kommuniziert und interagiert.

4.4.2. Die Familie als autopoietisches, autonomes System

Wenn wir in der sozialen Arbeit systemtheoretisch vorgehen, sehen wir die Arbeitsfelder als Systeme an. In der Familienarbeit bedeutet dies, die Familie als System zu betrachten (Luhmann, 1991; Parsons 1972; Schulze u.a., 1989; Erler, 1996; Noack, 1997).
Als System ist die Familie zunächst autopoietisch und autonom. Sie ist ein System, das sich selbst hervorgebracht hat, erhält, wächst oder sich auflöst. Es ist zugleich ein auf sich selbst zentriertes soziales System. Autonomie ermöglicht der Familie, nach einer eigenen Familienkultur zu handeln, das bedeutet, eine Eigenwelt hervorzubringen, die sie selbst organisiert und mit Werten fundiert. Dabei ist sie relativ unabhängig von der außerfamilialen Welt, obgleich sie sich in ihren Entscheidungen auf sie bezieht. So ordnet sie ihre Freizeit, ihre Haushaltsorganisation, Art und Formen der Versorgung, Unterbringung, Stil, Sicherungen, Kultur und Bildung usw. selbst. Gleichzeitig jedoch ist sie bezogen auf Leistungen, die das System Gesellschaft für sie erbringt, wie Bildung, Wohnung, Arbeit, Konsummöglichkei-

ten. Autopoiese und Autonomie sind also relativ. Dies alles findet durch Kommunikation statt, oder besser: durch kommunikatives Handeln. Dabei ist Kommunikation jede Form von Mitteilungen zwischen den Mitgliedern des Systems Familie, nicht nur rationaler Diskurs, sondern jede Mitteilung, die verstanden wird. Kommunikation ist besonders wichtig für die Temporalität der Familie, d.h. für das Vorher und Nachher von Ereignissen. Familienmitglieder müssen sich ja darüber verständigen, wer wann was tut. Verständigung über die Temporalität schafft ein Klima von Verläßlichkeit versus Unzuverlässigkeit und Unsicherheit.

Als System können der Familie fünf Elemente zugeordnet werden (Erler, 1996: 20 f. , Oswald, 1988: 23-39):

- Zirkularität
- Strukturflexibilität
- Metakommunikation
- Systemtransparenz
- Umweltoffenheit.

Diese fünf Elemente sind sich beeinflussende Variablen, die die Kohäsion der Familie ermöglichen, d.h. Kräfte, die die Familie zusammenhalten.

Zirkularität bedeutet Kreisförmigkeit oder auch Rückbezüglichkeit. Wechselbeziehungen, Interaktionen und Austauschprozesse verstehen wir als zirkuläre Vorgänge. Wer Prozesse innerhalb des Familiensystems verstehen will, muß rückbezüglich denken, das bedeutet, daß zwischen Eltern und Kindern oder auch zwischen Ehepaaren Wechselwirkungen bestehen, so daß ich, wenn ich eine Person berate, stets rückbezüglich auf die anderen Personen des Systems denken muß. Handelnder und der, an dem gehandelt wird, dürfen nicht isoliert voneinander betrachtet werden, sondern als bezogen aufeinander. Andererseits sind sie voneinander unterschieden als eigene, selbständige Personen. Beispielsweise bildet ein Subsystem der Familie, das Ehepaar, im Gesamtsystem eine Einheit, denn alle ihre Aktivitäten wirken sich gemeinsam auf das Gesamtsystem aus. Andererseits ist die Elternzweiheit deutlich von den Kindern getrennt. Und auch innerhalb der Paar-Dyade beobachten wir die Paradoxie von Individualität und Subjektivität bei gleichzeitiger Systemintegration. Der Symptomträger einer Familie (z.B. bei Magersucht oder Depression) kann nur beschrieben werden, wenn wir diese gestörte Person von der Familie unterscheiden und individuell deuten, gleichzeitig müssen wir die entsprechende Störung als eine mögliche Erscheinungsweise der gestörten Beziehungsdynamik der Familie auffassen. Dies führt in der Beratung zu drei Betrachtungsweisen: Bei der strukturell-analytischen Betrachtung deuten wir die Systemmerkmale, bei der ganzheitlich-zirkulären Auffassung beschreiben wir soziale Prozesse, bei der individuellen Betrachtungsweise sehen wir das Individuum in seiner psychischen Struktur und seiner Aktivität im System Familie.

Strukturflexibilität bedeutet ein Gleichgewicht von Festigkeit (Homöostase) und Flexibilität innerhalb der Familie. *Flexibilität* ist nötig, um sich an die sich rasch verändernden Bedingungen in der Gesellschaft durch beurteilende Selektivität anpassen zu können. Flexibilität ist aber auch innerhalb der Familie notwendig, wenn es um Rollendefinitionen, Rollenverteilungen, Wertekonsens, Muster gegenseitigen Handelns usw. geht. Diese verändern sich ständig, weil die Kinder älter werden und Vater und Mutter auch reifen und sich wandeln. Dadurch ändern sich ständig Bedürfnisse, Formen der sozialen Einbindung und des sozialen Kontaktes innerhalb der Familie. Aber auch die außerfamilialen Instanzen, die auf die Familie Einfluß nehmen, wie Kindergarten, Schule, Clique, Berufsfindung auf Seiten der Kinder, Modernisierungsschübe in der Arbeit der Eltern oder Arbeitslosigkeit auf seiten der Eltern erfordern stetige Flexibilität. Im Gegensatz zur Flexibilität bedeutet Festigkeit bzw. Homöostase, daß sich in der Familie ein deutliches Rollengefüge gebildet hat und die Verhaltens-Begrenzungen feststehen. Es haben sich klare Vorstellungen über die Ich-Du-Definitionen entwickelt, man weiß also um die Qualität der Beziehungen zueinander; es haben sich bestimmte gemeinsame Anschauungen über die gegenseitigen Beziehungen und über die Realität herausgebildet; man hat gemeinschaftliche Ziele und das Verhalten zur Umwelt festgelegt und Interessen, Werte und Bedürfnisse aufeinander abgestimmt. Wo Differenzen bestehen, haben sich Strategien zur Kompromißbildung oder der Vermeidung gebildet. Alle Familienglieder begrenzen ihre Aktivitäten durch das Rollengefüge, das durch Übereinkunft entstanden ist. Auch sind soziale Normen gewachsen, die Bedürfnisse, Werte, Anschauungen und Verhaltensweisen der Familienmitglieder regeln. Wir können auch sagen, Homöostase hat sich verwirklicht, wenn Rechte und Pflichten sowie Machtpotentiale verteilt sind. Werden die sozialen Familiennormen verletzt, dann löst dies Reaktionen der anderen Mitglieder der Familie aus, mit dem Ziel, die homöostatische Ordnung wiederherzustellen (homöostatische Reaktion). Dies kann sich konkret in einem Machtkampf äußern. Konstanz ist also nötig, um das System Familie zu erhalten.

Metakommunikation hat die Funktion der Verständigung zwischen den Mitgliedern des Systems. Sie tauschen sich gegenseitig über ihre Bedürfnisse, Wünsche, aber auch Konflikte aus, versuchen sich zu verstehen und die Perspektive des anderen in die eigene zu integrieren. Je größer die Anzahl der Themen in der Metakommunikation sind, desto mehr erfahren die Familienmitglieder übereinander, desto reicher ist die Familienkultur und desto fester die Familienkohärenz.

Systemtransparenz bedeutet, daß sich alle Mitglieder der Familie sowohl ihrer selbst bewußt sind als auch über die Wünsche, Bedürfnisse, Frustrationen und Konflikte der anderen Bescheid wissen und sie bei ihrem eigenen Verhalten berücksichtigen. Um dies zu ermöglichen, ist Metakommunikation vonnöten. Systemtransparenz bedeutet auch, sich die Machtverhältnisse, die in der Familie bestehen, transparent zu machen. *Macht* muß nicht immer negativ bewertet werden. Macht bedeutet ja, ein Einflußpotential zu besitzen und einzusetzen. Nach Habermas ist Machtausübung die Formierung eines gemeinsamen Willens in einer auf Verständigung gerichteten Kommunikation (Habermas, 1988). Wesentlich ist dabei, daß Macht sich nicht vermischt mit Gewalt, daß sie nicht unmerklich und mit überlegenen Mitteln ausgeübt wird (Manipulation) und daß sie verteilt ist. Macht allerdings wird nur möglich durch die Anpassungsleistung derer, die sich ihr unterordnen. Sie erbringen eine passive *Anpassung*, die bedeutet, dem Gegenüber Macht einzuräumen. Im günstigen Falle besteht sie darin, sich in den anderen einzufühlen, seine Gedanken und Wertvorstellungen nachzuvollziehen und eventuell freiwillig zu gehorchen. Wird die passive Anpassung stärker, ist sie bereit, Opfer zu bringen. Führt sie zu apathischem Verhalten, dann verhält sich die Person völlig passiv und unterwirft sich.

Machtausübung und Anpassung verhalten sich zirkulär; sie bedingen einander und halten sich im Gleichgewicht. Das heißt, daß in gesunden Verhältnissen die Eltern die Macht verteilen, was dazu führt, den Kindern alters- und entwicklungsgemäß Macht einzuräumen. In der Praxis entwickelt sich daraus Machtzirkularität, bei der ein ständiges, labiles und nicht festlegbares Verhältnis von Elternmacht und Kindermacht, Elternanpassung und Kinderanpassung entsteht. Einerseits müssen Eltern Macht ausüben, um den Kindern Verhaltenssicherheit und Orientierung zu geben und sie vor Schaden zu schützen. Andererseits ist es notwendig, daß die Eltern die Kinderbedürfnisse wahrnehmen und auf Kinderkommunikation achten. Dabei bleibt das Mischungsverhältnis von Machtausübung und Anpassung sowohl von Kinderseite als auch von Elternseite her unsicher.

Macht läßt sich differenzieren. Soziale Macht kann unterschieden werden in körperliche, sprachliche und materielle Macht. Von außen her wirkt in das System Familie hinein die Gewalt der Natur, weiterhin die Informationsmacht sowie die Macht der Technik und der Gesellschaft. Wenn eine Person die Regeln des Familiensystems oder der Gesellschaft verletzt, begegnet sie der Sanktionsmacht. Und schließlich besitzen Eltern und Gesellschaft die Macht, Weltanschauungen, Regeln, Rollenmuster und Wertvorstellungen zu definieren und durchzusetzen in der Definitionsmacht. Diese Form der Machtausübung ist deshalb so bedeutsam, weil in ihr die Realität des anderen Menschen miterschaffen wird. Definitionsmacht kann den anderen manipulieren oder ihm bei der Selbstverwirklichung behilflich sein je nachdem, ob er ihn mit überlegenen Mitteln beeinflußt oder ob er Identifizierungsangebote macht, die der andere frei wählen kann. Darum ist es wichtig, daß Macht und Anpassung Zustände auf Zeit sind und daß sie sich mit dem Lebenszyklus der Familie verändern. Solche Machtverhältnisse durchschaubar zu machen, ist ein wichtiger Aspekt der Systemtransparenz. *Umweltoffenheit* beinhaltet ein Gleichgewicht zwischen Integration und Lysis (Auflösung) der Familienstrukturen. Während die Familie einerseits ein autopoietisches und autonomes System ist, so ist sie doch andererseits auf eine Durchdringung der Außenwelt (Interpenetration) angewiesen. Würde sich eine Familie isolieren, dann würde sie auf die Erweiterung der sozialen Erfahrungen und das Wachstum der Persönlichkeiten der Familienglieder verzichten. Das System würde stagnieren, die Mitglieder sich in Konkurrenzen aufzehren. Ko-Pathologien würden sich herausbilden und Neurosen hervorgebracht werden. Im Gegensatz dazu ist Umweltoffenheit wichtig für das Wachsen im emotionalen Bereich (Erfahrungen von Nähe und Distanz, Introversion und Extraversion) oder auch im kognitiven Bereich, wie Wissens- und Bildungserweiterung. Solche Außenbeziehungen werden durch die Ordnungen, die sich in der Homöostasie durchgesetzt haben, geregelt. Jede soziale Rolle hat ja eine systeminterne und eine systemexterne Seite. Ordnungen, die die Familie gefunden hat, etwa wie lange die Kinder abends außer Haus sein dürfen, regeln nicht bloß die internen Ordnungen, sondern auch die Außenkontakte der Kinder, wodurch wiederum Quantität und Qualität der Freundesbeziehungen der Kinder bestimmt werden. Umgekehrt wirken gesellschaftliche Normen und Rollenerwartungen auf die Familie ein, beispielsweise auf die Rolle der Frau und Mutter. Grundsätzlich indes muß die Familie ein offenes System sein. Ein umweltoffenes System wächst und reift.

Während nach der Systemtheorie das System eigentlich nicht aus Personen besteht, sondern aus Kommunikationen und Interaktionen, so werden diese doch durch Personen getragen und verwirklicht. Sie vermitteln durch Kommunikation und Interaktion das System Familie mit der Außenwelt. Dabei verlassen sie ja die Familiengrenzen und betreten andere Ko-Systeme oder übergreifende Systeme und werden deren Mitglieder. Beispielsweise gehen Kinder in die Schule oder zum Spielen; die Eltern zur Arbeit oder zu anderen wichtigen Tätigkeiten; die Familie sucht Vergnügungs- und Erholungsorte auf usw. Dort gewinnen sie neue Erfahrungen und bringen diese bei der Rückkehr ins System Familie mit, wodurch sie zum Inhalt der Kommunikation zwischen den Familiengliedern werden und entweder den Bestand der Familie gefährden oder festigen. Auf alle Fälle definiert sich die Familie nicht nur durch sich selbst, sondern auch durch Bereicherung von außen oder durch Abgrenzung.

4.4.3. Die Familie als System sozialer Rollen

Ein System sozialer Rollen wird durch Kommunikation und Interaktion gebildet, das bedeutet, durch Austausch von Informationen, durch Reagieren aufeinander und durch Miteinander-Handeln (Textor, 1991: 68-71). Familienmitglieder sind demzufolge kommunizierende und interagierende Personen, die in einem speziellen Zusammenhang stehen. Auch Veränderungen im Familiensystem entstehen durch kommunizierendes Handeln, das zwischen den Personen abläuft. Und schließlich wirken exogene Faktoren durch Kommunikation auf das Rollensystem Familie ein, wie ökonomische, soziale, politische, kulturelle oder auch ökologische Faktoren.

Kommunikation erfolgt nicht immer verbal in Form von Wörtern, sondern auch nonverbal durch Lautstärke, Tonfall, Mimik, Gestik, Körperbewegungen usw. Das bedeutet, daß jede Anwesenheit einer Person bereits Information vermittelt. Watzlawick sagt darum: Es ist nicht möglich, nicht zu kommunizieren. Allein der Modus der Anwesenheit sagt etwas über die Stimmung, die Ansprechbereitschaft, Position und Intention aus (Watzlawick u.a., 1974). Ebenso spielt der Kontext von Botschaften eine Rolle, das bedeutet der Ort und die Zeit, wo und wann etwas gesagt wird. Auch die Semantik ist wichtig, d.h. die Bedeutungen, die Dingen und Personen gegeben werden. Schließlich ist jede Kommunikation ein Interpretationsvorgang, bei dem die Informationen vom Empfänger interpretiert und verändert werden. Durch das Wechselspiel von verbalen Botschaften und Aktionsweisen einer Person und der Reaktion der anderen Familienglieder darauf können sich Interaktionsmuster herausbilden, immer wiederkehrende Kommunikationssequenzen und Reaktionsfolgen, die gewohnheitsmäßig, regelhaft und vorhersagbar ablaufen. Aus den Interaktionsmustern lassen sich Familienregeln erschließen, die das Verhalten zwischen den Familiengliedern und

zu Personen außerhalb des Familiensystems bestimmen und durch Sanktionen und soziale Kontrolle aufrechterhalten werden.
Wir können also Familien betrachten als ein System von zwischenmenschlichen Beziehungen, die verbal, nonverbal, kontextual und interaktional sind. Zugleich ist es ein System von sozialen Rollen. Unter sozialen Rollen verstehen wir eine Reihe von Verhaltenserwartungen, die an den Inhaber der Rolle in seiner von Funktionen, Rechten und Pflichten bestimmten Position gestellt werden. Diese Erwartungen besitzen Pflichtcharakter. Denn sie werden durch die soziale Kontrolle verbindlich gemacht und erzwungen und durch Sanktionen durchgesetzt. Allgemein unterscheiden wir Primärrollen, wie Alters-, Geschlechts- und Familienrollen, und Sekundärrollen, z.B. Berufsrollen, Vereinsrollen, politische Rollen usw.
Eine *soziale Rolle* steht in Wechselwirkung und Komplementarität zu einer anderen Rolle. So ist die Mutterrolle nicht denkbar ohne das Kind, die Rolle der Ehefrau nicht ohne den Ehemann und umgekehrt die Elternrolle nicht ohne die Kinder usw. Ebenso werden die Erwartungen komplementär verteilt: Die Eltern erwarten vom Kind, daß es sich in die Familie einfügt; das Kind braucht von den Eltern Verständnis und Versorgung usw. Wir können die Familie also als ein Rollensystem und Rollengefüge verstehen. Deshalb sind alle Rollen, wie wir gesehen haben, komplementär. Jede Ich-Definition erfordert eine Du-Definition.
Nun lebt das Individuum nicht nur in dem System Familie mit seinen Rollen, sondern auch außerfamilial in vielen Gruppen. Dies kann zu *Rollenkonflikten* führen, wenn beispielsweise eine Frau nach der Geburt ihres Kindes sowohl die Mutterrolle als auch die Berufsrolle ausüben will. Auch entstehen Rollenkonflikte, wenn unterschiedliche Rollenerwartungen an eine Person gestellt werden, wenn etwa die Großeltern von der Mutter einen anderen Erziehungsstil fordern als der Mann, oder wenn der Chef im Beruf Erwartungen an einen Mann stellt, die seine Rolle als Ehemann einschränken. Andererseits ist auch Rollendistanzierung möglich, wenn ein Familienmitglied seine Rolle verändert, indem es seine eigene Individualität in die Rolle einfügt. Jeder spielt darum seine Rolle ganz individuell.
In der Familie gibt es unterschiedliche *Familienrollen*. Nach dem Strukturfunktionalismus gelten Geschlecht und Generationszugehörigkeit als die Rollendeterminanten. Die Familienmitglieder übernehmen demzufolge ihre Rollen je nach Alter und Geschlecht, beispielsweise von Ehemann und Ehefrau, Vater, Mutter, Kind, Geschwister, Onkel, Tante, Großeltern usw. Diese Rollen entsprechen einander und werden in diesem Falle mit Gefühlen der Befriedigung belohnt, oder sie treten in Konflikt zueinander, wo-

durch das System Familie in Spannung gerät. Diese Rollen sind verknüpft mit unterschiedlichen Funktionen, Rechten und Pflichten, die durchaus alters- und geschlechtsspezifisch sind, sich aber auch während der Altersveränderung wandeln, wie die Rolle der Tochter und des Sohnes. Wenn dies nicht geschieht, dann treten Vater- und Mutterbindungen auf mit ihren neurotischen Strukturen sowie Ko-Pathologien. Solche Rollen werden im Verlaufe der Kindheit erlernt durch Imitation, Identifikation, Nachahmungslernen, durch langandauernde, gleichförmig wiederkehrende und starke Reize, die durch Belohnung und Bestrafung verstärkt werden.
Eine besondere Funktion im Familiensystem nehmen die *Geschlechterrollen* ein. So wurde noch vom Strukturfunktionalismus der Frau die Rolle der Ehepartnerin, Hausfrau und Mutter zugesprochen. Sie sollte passiv, sensibel, offen, emotional, hilfsbedürftig sein und den Haushalt ästhetisch beseelen. Charakteristisch für sie war die soziale Rolle. Der Mann hingegen sollte die aktive, dominante Rolle spielen; er sollte technisch-rational denken, aggressiv, hart, leistungs- und außenweltorientiert sein. In diesem Zusammenhang wurde dem Mann der höhere Wert beigemessen. Seit der Emanzipationsbewegung der Frauen und der 68er-Generation ist die traditionelle Geschlechterrollenverteilung in Frage gestellt worden. Eine Umfrage, von Sinus 1983 durchgeführt, zeigte damals schon, daß nur noch wenige der 15- bis 30-Jährigen Eigenschaften und Fähigkeiten, wie Zärtlichkeit, Kinderliebe, Empfindsamkeit nur der Frau zuschreiben wollten. Der Mann sollte sie in gleichem Maße aufweisen; nur die Beschützerrolle wurde ihm weiterhin zugeordnet (Textor, 1991: 73). Wir stellen also fest, daß sich die soziale Rolle sowohl vom Mann als auch von der Frau und die der Kinder verändert hat.
Der *Rollenwandel der Frau*. Durch die Industrialisierung und Modernisierung der Gesellschaft löst sich die Haushaltsfamilie auf, indem Berufs- und Hausarbeit getrennt werden. Diese Polarisierung der beiden Lebenswelten führte dazu, daß sich die geschlechtsspezifische Arbeitsteilung in zwei geschlechtsspezifische Welten trennte, die Welt der Männer und die Welt der Frauen: Der Mann mußte in der mobilen, zeitökonomischen, technisierten, von Wettbewerb und Kalkulation geprägten Lebenssphäre, der Welt der Arbeit als totaler Absorption, sog. männliche Tugenden entwickeln, wie Härte, Cleverness, Durchsetzungsvermögen, Rationalität usw. Diese emotionale Verkümmerung erforderte einen Ausgleich, der im Familienleben gefunden werden sollte. Die Frau mußte darum den emotionalen Beitrag zur Familienkultur leisten, d.h. Wärme, Mütterlichkeit, Verständnis, Schwäche und Nachgiebigkeit, kurz: Passivität einbringen. Diese Polarisierung in zwei Lebens-

welten führte dazu, Mann und Frau zu typisieren und schließlich das Wesen des Mannes und der Frau zu konstruieren. So haben noch in den 60er und 70er Jahren die Frauen sich selbst als freundlich, zärtlich, gefühlsmäßig, sensibel, d.h. positiv sozial orientiert eingeschätzt, während die Männer sich als durchsetzungsfähig, unabhängig, rational-analytisch, also sozial neutral orientiert bezeichneten (Neuendorf-Bub, 1979: 82 f.). Im Gegensatz zur Selbsteinschätzung der Geschlechter beobachten wir, wie sich die Sozial-Biographien von Männern und Frauen angleichen. Im Zusammenhang mit dem Individualisierungsschub individualisieren sich auch die Frauen, wodurch sich die Rollenstereotypie oder gar das sogenannte Wesen der Frau auflöste. Zwei Entwicklungen scheinen uns dafür verantwortlich zu sein (Hettlage, 1992: 96-103): die Bildungsrevolution und die Frauenerwerbstätigkeit.
Während im 19. Jahrhundert die Mädchen der Unterschichten unterrichtet wurden in den Alltagsfertigkeiten des Haushaltes, erhielten die Töchter des Bürgertums die schöngeistige Bildung der sog. Höheren Töchter. In beiden Fällen wurde den Mädchen höhere Bildung und das Hochschulstudium vorenthalten. Erst vor dem Ersten Weltkrieg machten die ersten Frauen einen Hochschulabschluß. Zur Bildungsrevolution der Frau kam es erst während der 60er Jahre und durch die 1968er-Bewegung. Heute macht der Anteil der jungen Frauen an den Bildungseinrichtungen folgende Anteile aus: 50,5% der Gymnasiasten, 40,9% der Universitätsstudenten und 36,9% der Diplomanden waren Frauen (Hettlage, 1992: 97). Ein Studium vermittelt nicht nur Wissen, sondern vielmehr eine ausgeweitete Identität und ein ausindividualisiertes Bewußtsein. Dadurch werden die Frauen zu egalitären Partnern, aber auch zu Konkurrenten der Männer.
Seit den 50er Jahren unseres Jahrhunderts zieht sich die Frau nicht mehr nach der Heirat aus dem Berufsleben zurück, sondern erst nach der Geburt des ersten Kindes. Jedoch geschieht das nicht in jedem Fall. Wir beobachten eine zunehmende Müttererwerbstätigkeit. Frauen, sofern sie die stille Revolution der Frauenbildung mitgemacht haben, sehen heute die Berufstätigkeit als erwünscht, erstrebt und normal an. Sie stellen sich auf eine lebenslange Berufstätigkeit und den eigenen Lebenssubsistenzerwerb ein. Bildung und Beruf sind für sie die Paradigmen der Frauenemanzipation. Dabei bedeuten Bildung und selbständig erworbenes Geld Mittel der Selbstdefinition, sie werden Maßstäbe für ihr selbstgestaltetes Handeln, für Selbstbewußtsein und Anerkennung. Auch für die Frau ergibt sich nun die Trennung von Berufsleben und Familienleben, was ihr dieselbe Unabhängigkeit und Machtposition verschafft wie dem Mann. In allen hochindustrialisierten Ländern Europas nimmt die Frauenerwerbsquote zu, am aus-

geprägtesten in den skandinavischen Ländern; aber auch in der Bundesrepublik sind etwa 40% der Frauen erwerbstätig (Hettlage, 1992: 101). Allerdings muß berücksichtigt werden, daß die Frauen den höchsten Anteil an Teilzeitbeschäftigten stellen (91,9%) und ihre Arbeit sich im Dienstleistungssektor abspielt, der traditionalen Dienstrolle folgend. Hinzu kommt, daß Frauen über ein geringeres Durchschnittseinkommen verfügen, ein höheres Arbeitsplatzrisiko tragen und vor allem auch geringere Aufstiegschancen besitzen. Es zeigen sich in der Berufswelt immer noch die alten Diskriminierungen und geschlechtstypischen Spaltungen. Dies kann bei Frauen zu Frustrationen führen mit den Reaktionsweisen Aggressivität, Rückzug oder Flucht in Scheinwelten.

Der *Rollenwandel des Mannes*. Da die Emanzipation der Frau wegen der Rollenkomplementarität ohne den Mann nicht möglich ist, erscheint der Rollenwandel der Frau auch als ein Rollenwandel des Mannes. Wenn jedoch Männer zum Rollenwandel nicht bereit sind, ist auf seiten der Frau die Doppelbelastung von Familie und Beruf zu beobachten, was ihre Erfolgsaussichten am Arbeitsplatz schmälert und den Wertvorrang des Mannes stärkt. Es existiert eine hohe Diskrepanz zwischen den Erwartungen der Frau und den Präferenzen des Mannes; denn nur 5% der Männer vertreten die Idee der Gleichberechtigung von Mann und Frau (Hettlage, 1992: 104 f.). Das bedeutet, daß in den Ehen ein hohes Konfliktpotential herrscht. Dagegen lehnen Männer, wenn sie der jüngeren Generation angehören und gebildet sind, das hierarchische Verständnis der Ehe ab, sind frauenfreundlich und sind bereit, alte Stereotypen aufzugeben (Metz-Göckel, Müller, 1986: 16); aber dennoch unterstützen sie in der Regel die Gleichstellung der Frau nicht wirklich, und sie zeigen keine reale Bereitschaft zur Aufgabenteilung. So überlassen immer noch die meisten Männer Hausarbeit und Kindererziehung den Frauen.

Der *Rollenwandel in der Ehe-Dyade*. Es ist verständlich, daß der Rollenwandel der Frau und des Mannes auch die dyadischen Beziehungsmuster der beiden Geschlechter prägt.

Die Individuierung in der modernen Gesellschaft wirkt sich vor allem auf die Beziehungsstrukturen aus. Sie werden weniger hierarchisch organisiert, sind formloser, freier von Machtpotentialen und offener für die Eigengestaltung. Dies ist durchaus positiv einzuschätzen. Aber andererseits kann der selbstgestaltete Lebensentwurf zur Vereinzelung, Distanzierung und Isolation führen.

Rollenwandel in der Kindheit und Jugend. Der permissive Erziehungsstil (zumindest im gehobenen Bürgertum) und damit verbundene Werte- und Verhaltensunsicherheit produzieren mehrere Unsicherheiten:

Die Identitätsunsicherheit resultiert aus der Permissivität der Familie. Sie kann keine werteorientierte Verhaltenssicherheit bieten, weswegen Jugendliche ihre Identität außerhalb der Familie suchen. Aber dort ist sie ebenso unsicher und fremdgesteuert. Denn die permissive Gesellschaft gibt selbst keine Normen mehr vor, sondern schiebt Verantwortung durch Delegation ab. Indem Familie und Gesellschaft gleich permissiv und gleich verantwortungsscheu sind, bleiben den Kindern und vor allem den Jugendlichen nur die Normen der Gleichaltrigengruppen oder die diffuse, medienvermittelte Öffentlichkeit. Mit anderen Worten: Die Jugend ist bei ihrer Identitätssuche allein gelassen.
Die sexuelle Unsicherheit wurzelt ebenfalls in der Permissivität, in der jeder Lebensentwurf gleichwertig ist. Denn auch die Sexualität ist von der gesellschaftlichen Normenregelung freigesetzt. Die Entethisierung der Sexualnormen äußert sich u.a. in den sehr frühen sexuellen Erfahrungen der Jugendlichen. Darum ist die Jugendzeit nicht mehr die Wartezeit auf die sexuelle Erfüllung, sondern Sexualität ist von dem Erwachsenenstatus abgekoppelt und in die Jugendzeit fest eingebaut (Lenz, 1990: 226). Dies wird von den Jugendmedien anerkannt, normalisiert und der moralischen Kritik entzogen. Aber diese neue Freiheit ist besonders für die Mädchen doppelwertig. Einerseits zwingt der Gruppendruck die Mädchen zum gewünschten Sexualverkehr, wodurch ihre Reife und ihre Gruppenzugehörigkeit unter Beweis gestellt werden, andererseits stehen sie unter dem Paradoxon, daß sie, je moderner und sexuell aufgeschlossener sie sind, für traditionell-träumerische Bindungen oft nicht mehr in Frage kommen.
Die Unsicherheit in der Ehekonzeption macht sich bemerkbar in der Skepsis gegenüber der Normalfamilie, den Singulierungstendenzen, der Bevorzugung nicht-ehelicher Lebensgemeinschaften, der Eheverzögerung und der Unsicherheit in der Frage nach Kindern und der Kinderzahl.

4.4.4. Die Familie als ein System von Beziehungen, Rollen und Paardynamik

Zunächst ist es möglich, vier Positionen innerhalb der Ehe-Dyade zu unterscheiden (Beckmann, 1979: 178-195):

(1) Symmetrische gegenseitig bestätigende Positionen. Die Partner befinden sich in einer Position der *Gegenseitigkeit*. Dies kann sich durchaus negativ auswirken, wenn beispielsweise wechselseitige Kontrolle und beiderseitig verteilte Dominanz die Gegenseitigkeit bestimmen. Andererseits sind gesunde Ehen bestimmt durch die Gegenseitigkeit von sozialer Resonanz, Durchlässigkeit und sozialer Kompetenz.

(2) Komplementäre gegenseitig bestätigende Positionen. Hierbei handelt es sich um komplementäre Beziehungen mit einer komplementären Rollenaufteilung. Dabei herrscht die *Rollenaufteilung* dominanter Mann versus submissiver Frau vor.

(3) Komplementäre Negation der Positionen. In ihnen handeln die Personen komplementär verschieden, sehen aber den anderen aufgrund von Projektionen wie sich selbst. Es handelt sich also um eine *Beziehungslosigkeit* der Partner. Beispielsweise projiziert der dominante Mann seine Dominanz in die in Wirklichkeit submissive Frau, während sie ihre Submissivität in ihren dominanten Mann projiziert. Es entsteht eine projektive Abwehr der jeweils anderen Projektion, wodurch die objektive Wahrnehmung des jeweils anderen verhindert wird. Beziehungslosigkeit ist das verbreitetste Verhalten in den deutschen Ehen, was ja dem Individualisierungsdruck und den Isolationstendenzen entspricht.

(4) Symmetrische Negation der Positionen. Die Partner werfen sich gegenseitig vor, was sie an sich selbst nicht wahrnehmen (gegenseitige Projektion der negativen unbewußten Anteile). Es entsteht die Struktur des *Kampfes* um die Verteilung von Positionen.

Bei durchschnittlichen Ehen ist die Beziehungslosigkeit am verbreitetsten, gefolgt von dem Kampf um die Verteilung der Positionen. Gegenseitigkeit und Aufteilung treten im Vergleich dazu seltener auf. Bei den Selbst-Idealbild-Distanzen treffen am häufigsten männlicher Narzißmus und weibliche Depression aufeinander.
Ein wichtiger Aspekt ist, darauf zu achten, daß sich der sozial Tätige nicht nur auf die Verhaltensänderung einzelner in der Familie konzentriert, sondern darauf abzielt, Veränderungen in den Interaktionen innerhalb der ganzen Familie zu erreichen. Denn eine Familie ist nicht einfach ein Agglomerat von Individuen, sondern ein System von Beziehungen und Interaktionen. Diese lassen sich in *Dyaden* und Triaden darstellen (Burnham, 1995: 29-46). Dyaden können folgende Interaktionsstrukturen besitzen:
Komplementäre Beziehungen. Hierbei ergänzt der eine Partner den andern. So kann der Mann der dominante Versorger der Familie sein, die Frau die submissive Pflegerin für Mann und Kinder.
Symmetrische Beziehungen. Hierbei haben zwei Menschen innerhalb der Beziehung das gleiche Verhalten. So kann man den Austausch von Komplimenten als symmetrisch bezeichnen, allerdings auch den Austausch von Aggressionen.
Reziproke Beziehungen. Eine reziproke Beziehung vereinigt zunächst Symmetrie und Komplementarität in sich. Darüber hinaus aber nehmen Perso-

nen die gegenteilige Position ein, dürfen dies auch wegen ihrer Kompetenz. Der Widerspruch des einen Partners wird akzeptiert, weil er integriert werden kann und der Beziehung nicht schadet. In anderen Situationen wechselt die Expertenseite zum anderen Partner. Und dieser wechselseitige Austausch der Kompetenz-Position sollte häufig wechseln, damit Reziprozität entsteht und nicht eine starre Komplementarität. Reziprozität scheitert, wenn starre Geschlechterrollen eingehalten werden, die einen Austausch und einen Wechsel der Positionen unmöglich macht. Wird dann beispielsweise der Mann krank und die Frau müßte die dominante Rolle übernehmen (Reziprozität), dann ist sie dazu nicht in der Lage. Mann und Frau sind gleichermaßen Opfer der versteinerten Komplementarität.

Verstrickung (Nähe). Sie meint sehr enge Beziehungen, die zwei Partner so sehr auf das engste verstricken, daß sie sich von der Außenwelt abschließen. Freud beschreibt dies als den Zustand der absoluten Verliebtheit, und viele Paare scheinen am Anfang ihrer Beziehung diese Phase zu durchlaufen. Ähnlich ist die Dyade Mutter-Kind in den ersten Lebenswochen verstrickt. In Familien kann die Verstrickung zunächst sehr positive Auswirkungen haben: Die Beziehungen sind geprägt durch Loyalität, gleiche Ansichten, gemeinsame Aktivitäten und einen gleichen Wertekonsens. Die Gefahr der Verstrickung liegt in der Isolation der Familie zur isolierten Kleinfamilie, besonders in den Phasen, wenn Familienglieder sich aus der Familie lösen müssen. Trennung und Individuation verlaufen dann krisenhaft.

Loslösung (Distanz). In dieser Familie ist die Grundstruktur Distanz und geringe Verbundenheit. Eigenschaften und Verhaltensweisen, wie Unabhängigkeit, Individuation und außerhäusliche Orientierung gelten als wertvoll. Dies kann so weit führen, daß die Fürsorge füreinander leidet, daß niemand mehr dem anderen zuhört und er taub ist für die Probleme des anderen.

Die Kenntnis solcher dyadischen Beziehungen ist wichtig, damit wir nicht nur Problempersonen sehen, sondern genauso auf die Problemmuster der gesamten Familie achten.

Triaden entstehen, wenn eine dritte Positionierung auftritt. Der Dritte kann der Friedensstifter sein, der übereifrige Helfer, der Eindringling, der geheime Bundesgenosse, die Brücke usw. Triaden, d.h. Dreiecksbeziehungen sind also dadurch definiert, daß der dyadische Prozeß über eine dritte Person oder Instanz umgeleitet wird. Das geschieht beispielsweise, wenn die Mutter zwischen den Vater-Kind-Konflikten vermittelt; wenn Kinder die Elternstreitigkeiten durch Weinen, Symptombildung oder Geschwisterstreit beenden wollen; oder ein Elternteil oder beide Eltern vermitteln zwi-

schen streitenden Geschwistern, wobei die dritte Instanz, wie wir sehen, durchaus mehrere Personen umfassen kann. Ein Sozialpädagoge oder ein Therapeut, die Familienhilfe leisten, befinden sich notwendig in einer triadischen Struktur. Auch bei den Triaden ist es wichtig, nicht nur die Personen zu beachten, sondern auch die Beziehungsstrukturen. So kenne ich einen jungen Mann, der, als die Eltern in der Scheidung lagen, einen Ordnungszwang entwickelte, wodurch er die Aufmerksamkeit der Eltern erzwang. Wir können folgende triadische Prozesse unterscheiden:
Allianz. Sie verbindet zwei Personen zu einem gemeinsamen Interesse, einer gemeinschaftlichen Handlung usw., also mit einem dritten Objekt.
Koalition hingegen verbindet zwei Menschen gegen eine andere Person. Solche Beziehungen sind häufig nicht offen, sondern verdeckt. Beispielsweise kann die Mutter mit dem Kind vereinbaren, dem Vater nichts von der schlechten Note in der Schule zu sagen. Problematischer wäre es, wenn sich ein Elternteil mit einem oder mehren Kindern gegen den anderen Partner verbindet.
Hierarchie entspricht der traditionellen Rollenverteilung in der Familie. Hier wird der Status zur Machtausübung bestimmt durch Alter, Status, Wissen, Kraft, Geschlecht usw. So gelten im allgemeinen die Eltern als diejenigen, welche die Macht über die Kinder ausüben. Aber auch zwischen den Geschwistern gibt es Machtabstufungen. So führen Haley sowie Minuchin und Fishman (Haley, 1981; Minuchin, Fishman, 1983; Minuchin, 1992) Familienprobleme darauf zurück, daß die hierarchischen Grenzen entweder zu starr oder zu zerfließend sind. Darum ist es ihr Therapieziel, eine hierarchisch geordnete Familie zu einer mit sich einigen und verantwortlichen Elterndyade wiederherzustellen.
Grenzen definieren den räumlichen, zeitlichen und emotionalen Bereich von Beziehungen. Beispielsweise wollen zwei Geschwister, da sie 15 und 18 Jahre alt sind, eine Gebirgswanderung machen. Dies ist eine Grenze gegenüber den Eltern. Wenn diese die Wanderung anerkennen und sie finanzieren, hat die Grenze Gültigkeit erlangt. Grenzen spielen in der Familie eine große Rolle. Dies bedeutet, daß jedes Familienmitglied ein eigenes Territorium innerhalb der Wohnung braucht, eigene Privatzeiten und individuelle Gefühlswelten.
Es ist wichtig, daß solche Grenzen klar und bekannt sind. Dies ermöglicht Individualität und Selbstsein, ohne die Nähe, die Durchlässigkeit und den Kontakt zu verletzen. Grenzen werden unumgänglich z.B. bei inzestuösen Beziehungen zwischen Vater und Tochter oder Mutter und Sohn. Hier müssen die Generationsgrenzen wieder errichtet werden, und sei es durch die Entfernung der jeweiligen Elternperson.

4.4.5. Der Familienzyklus

Wir können parallel zur Individualentwicklung auch die Familienentwicklung in Phasenabläufen verstehen. Textor und Scheller unterscheiden hierbei folgende Phasen (Scheller, 1989: 151-162; Textor, 1991: 123-151):

(1) Partnersuche und Heirat, die Vorbereitungs- und Aufbauphase

(2) Die ersten Ehejahre, der Beginn der Expansionsphase

(3) Die Familie mit Kleinkindern, die Phase der Primärsozialisation

(4) Die Familie mit Schulkindern

(5) Die Familie mit Jugendlichen im Prozeß der Ablösung

(6) Die Familie ohne abhängige Kinder, die Kontraktionsphase

(7) Die Familie im Alter.

Nicht alle Familien durchlaufen diesen Zyklus, wie Paare ohne Kinder, alleinerziehende Mütter, Scheidungsfamilien, Stieffamilien usw. Dennoch ist die Kenntnis solch eines Familienzyklus für die systemische und lebensweltliche Beratung hilfreich.

Partnersuche und Heirat, die Vorbereitungs- und Aufbauphase. Die Partnersuche erfolgt nach wie vor nach überwiegend unbewußten Erwartungen, wie Anima- und Animusarchetypen, Geschlechterstereotypen sowie Äußerlichkeiten. Die Partnersuche findet in den Peergroups und den schichtengleichen Gleichaltrigengruppen statt. Problematisch ist es für junge Menschen, wenn sie zu solchen Begegnungsmöglichkeiten keinen Zugang finden. Es bilden sich in der Phase des Kennenlernens Paare mit ähnlichen sozialen Merkmalen, wie Kleidung, Geschmack, Subkultur, Lebensstil, Freizeitverhalten usw. Diese Zeit wird abgelöst von der ersten Paarbeziehung. Sie ist gekennzeichnet durch den Zustand der Verliebtheit, aber auch durch das Einüben in die Partnerrollen und die Formung einer Partneridentität. Es ist eine Zeit der Anpassung und der Herausbildung von Gleichheiten, wie Werten, Einstellungen, Interessen, Verhaltensweisen und dem Lebensstil. Diese Phase erlaubt eine sehr intime Beziehung, da noch nicht der Alltag, sondern nur die Freizeit miteinander geteilt wird. Wenn sich intensive Gefühle der Zusammengehörigkeit, Liebe, Wärme, Zuwendung und Gemeinsamkeit entwickelt haben, geht diese Phase über in die Phase der gefestigten Paarbeziehungen. Früher war dies der Zeitpunkt der Verlobung. Heute ziehen die Partner zusammen und koordinieren ihre Beziehungen, Rollen, Interaktionen und Erwartungen. Problematisch kann es werden, wenn die gegenseiti-

gen Erwartungen zu hoch angesetzt werden: Der Partner soll alle Wünsche erfüllen, alle Bedürfnisse befriedigen, die eigene Weiterentwicklung und Selbstentfaltung fördern, sich völlig hingeben usw. Solch unrealistische Erwartungen können zur Enttäuschung und zum Abbruch der Beziehung führen. Andererseits kann aber auch die Vertrautheit so weit wachsen, daß die Partner beschließen zu heiraten. Dies geschieht meistens, wenn ein Kind erwartet wird. Das Motiv zur Ehe ist nämlich heute weniger das Bestreben, das Zusammenleben zu legitimieren als vielmehr dem Kind eine durch einen Bund gesicherte Familie zu geben. Wir beobachten deshalb heute die frühe Aufnahme sexueller Beziehungen und ein spätes Heiratsalter (Männer 27,7 Jahre, Frauen 25,2 Jahre). Meistens heiratet das Paar, wenn der eine Partner die Berufsausbildung abgeschlossen hat und die Familie ernähren kann.
Die ersten Ehejahre, der Beginn der Expansionsphase. Die ersten Jahre in der Ehe werden unterschiedlich sein, je nachdem Paare schon vor der Heirat zusammenlebten, ob sie schon ein Kind erwarten usw. Das verheiratete Paar muß jetzt seine Partnerrollen und die Rollenausübung aufeinander abstimmen. Das bedeutet auszuhandeln, welche Rechte und Pflichten, welche Entscheidungskraft jeder Partner besitzt, wie die Macht und wie die Pflichten im Haushalt verteilt sind. Darüber hinaus erfolgt die Abstimmung über das Normensystem, die Familienkultur und die Freizeitbeziehungen zwischen den Partnern. Diese Anpassungsvorgänge sind wichtig, da ja die Partner aus unterschiedlichen Herkunftsfamilien stammen mit deren Interaktionsmustern, Kommunikationsstilen, Denkweisen, Normen und Einstellungen. Dabei nehmen sie ihre Elternfamilie zum Vorbild oder benutzen sie als Folie, sich davon abzuheben. Gelingen die Anpassungsprozesse, dann stärkt dies die Partnerliebe. Gelingen sie nicht, dann führt dies zu Eheproblemen, die sich in Machtkämpfen, Unsicherheitsgefühlen, Distanzierung vom Partner usw. äußern. Immer tritt indes eine gewisse Desillusionierung ein, wenn beide Partner nun den ganzen Tag und die Nacht zusammen sind und jetzt Eigenschaften und Verhaltensweisen des Partners sichtbar werden, die problematisch sind. Belastend können auch zu hohe Erwartungen an den andern sein und das Zerreißen der Anima- bzw. Animus-Illusion, d.h. die Diskrepanz zwischen den Idealvorstellungen vom Partner und dessen Realbild. Vielfältig sind die Belastungen und Anpassungsforderungen in dieser Phase: Beruf, Hobby, Freunde, Verwandte, die Beziehung zur Herkunftsfamilie usw. müssen neu geordnet und strukturiert werden. Da oft zunächst noch beide Partner berufstätig sind, werden noch viele Energien in den Beruf und die Fortbildung gesteckt; sie müssen die Einkommen teilen, ihre Ersparnisse planen, Hausbesitz, Konsum, Berufsaufstieg und Kinderwunsch aufeinander abstimmen. Insgesamt kann man jedoch sagen, daß

diese erste Phase gekennzeichnet ist durch intensive Gefühle, zentrale sexuelle Beziehungen und starke gegenseitige Bedürfnisbefriedigungen.
In dieser Zeit ist es notwendig, einen Familiensinn zu entwickeln, das bedeutet ein starkes Gruppenbewußtsein, eine intensive Binnenorientierung mit großer Kohäsion, sozusagen einen Mikrokosmos eigener Art. Dafür reicht die Emotionalität nicht aus. Es müssen zusätzlich sachliche Gemeinsamkeiten koordiniert werden, wie Sorge um den Haushalt, die Erziehung der in den nächsten Jahren kommenden Kinder, gemeinsame berufliche, kulturelle und Freizeitinteressen sowie gemeinsame Erlebnisse, seien es Familienfeiern, Urlaub oder Freuden und Leiden des Alltags. Das bedeutet: Unter den modernen Bedingungen kann Familie als Familie nur existieren, wenn sie ein soziales System ist, das sich gegenüber der Umwelt verselbständigt und abgrenzt (Kaufmann, 1990: 30 f.). Sachliche und emotionale Bedingungen sind also in der Familie miteinander verknüpft. Hinzu kommt, daß die modernen Familien Mikrosysteme sind, und gerade diese Kleinheit scheint die Bedingung für ihre Stabilität zu sein.
Die Familie mit Kleinkindern, die Phase der Primärsozialisation. Die dritte Phase des Familienzyklus beginnt mit der ersten Schwangerschaft und endet mit der Einschulung des letzten Kindes. Je nach Kinderzahl kann diese Phase verschieden lang sein und sich auch mit anderen Phasen überlappen. Nach G. Gloger-Tippelt verläuft die Schwangerschaft in fünf Phasen (Gloger-Tippelt, 1982: 53-92):

(1) Die Verunsicherungsphase dauert bis etwa 12 Wochen nach Schwangerschaftsbeginn.

(2) Die Anpassungsphase dauert bis zur 20. Woche. Sie ist relativ unproblematisch. Die Mutter bereitet sich auf die Geburt vor, z.B. durch Schwangerschaftsgymnastik und das Lesen von Büchern über Säuglingspflege, Kindererziehung usw.

(3) Die Konkretisierungsphase dauert etwa bis zur 32. Woche. Das Kind bewegt sich im Mutterleib und wird von den Eltern als ein individuelles Wesen erfahren. Das Paar stellt sich auf die neue Rolle als Vater und Mutter ein.

(4) Die Phase der Antizipation des Kindes reicht bis zur Geburt. Diese Phase wird von der Mutter zuweilen als sehr schwierig erlebt, weil das Kind immer schwerer wird, weil die hormonelle Umstellung sie belastet, weil sie schnell ermüdet und weil sich auch Ängste vor der Entbindung einstellen können. Der Mann allerdings bleibt von diesen Vorgängen unberührt und kann die Frau stützen und stabilisieren.

(5) Die Geburtsphase beendet die Schwangerschaft. Es ist zu empfehlen, daß der Mann während der Geburt zugegen ist, um die Frau zu ermutigen und eine erste Bindung an das Neugeborene aufzubauen.

Insgesamt scheint jedoch die Schwangerschaft als positiv erlebt zu werden. 69% der befragten Mütter erinnerten sich an die Schwangerschaft als eine schöne Zeit und nur 12% erlebten sie als belastend (Allensbacher Umfrage 1985, zit. Textor, 1991: 133). Nach der Geburt beginnt die Baby-Pflege. Dies ist Neuland für die Mutter, aber natürlich auch für den Vater; sie müssen neue Rollen erlernen, sich in das Kind einfühlen können, sich an das Kind anpassen (das somit seine Eltern sozialisiert). Dabei spielt für die Akzeptanz und Kindesfreude das Verhalten des Säuglings, ob es beispielsweise „süß“ ist oder viel schreit, eine große Rolle. Zweifellos steht das Neugeborene im Mittelpunkt des Familienlebens. Es kostet die Mutter und oftmals auch den Vater Zeit, Aufmerksamkeit, Betreuung, liebevolle Zuwendung; es will gestreichelt, im Arm umhergetragen, angesprochen und angelächelt werden. Claessens bezeichnet diese erste Phase der Sozialisation oder der sozio-kulturellen Geburt des Menschen als Soziabilisierung (Claessens, 1966: 250 ff.), in welcher die Grundlagen und Grundzüge der Persönlichkeit gelegt werden. Erst wenn die Soziabilität gelungen ist, kann das Kind beginnen zu lernen. Mißlingt sie hingegen, dann treten Deprivationsphänomene auf.

Das neugeborene Kind bringt für die Partner-Dyade umwälzende Änderungen. Aus der Dyade wird eine Triade, und bald entwickeln sich sogar zwei Subsysteme, besonders wenn ein zweites Kind hinzukommt. Weiterhin bedeutet die Tatsache, auf alle Äußerungen des Säuglings reagieren zu müssen, eine Zeitzerstückelung, die keine kontinuierliche Arbeit mehr ermöglicht, Verzicht auf eigene Bedürfnisse, Freiheitsbeschränkung und Behinderung der Selbstentfaltung, ganz zu schweigen von der ständigen Erschöpfung, wenn das Kind nachts keine Ruhe gibt. Auch bringt ein Kleinkind die Einschränkung der Bewegungsfreiheit mit sich. Die Eltern können das Kind nicht allein zu Hause lassen, es aber auch nicht überallhin mitnehmen. So unterbleiben Freundesbesuche; Hobbies müssen zurückgestellt werden, und Urlaubsziele sind sehr begrenzt, wenn sich die junge Familie überhaupt wegen der zusätzlichen finanziellen Belastungen, die ein Baby mit sich bringt, einen Urlaub leisten kann.

Vor allem hat die Elternschaft aber positive Wirkungen. Mutter und Vater erleben einen Reifungsschub, Zunahme von Verantwortung, Ruhe und Ausgeglichenheit, von Sinnzunahme, Freude und Glück. Das heißt, daß den Belastungen ein Glücksgewinn gegenübersteht.

Die Geschlechterrollen wandeln sich wieder auf die traditionelle Verteilung hin. Während der Vater zunächst bei der Versorgung des Kindes mitgeholfen hatte, verliert er nach einem Jahr das Interesse am Kind und wendet sich wieder dem Beruf und dem sozialen Aufstieg zu. Auch die Ehebeziehungen wandeln sich oftmals. Es kommt häufig vor, daß Frauen eine so starke Beziehung zum Kind aufbauen, daß sich die Mann-Frau-Dyade lokkert. Die Bindung an das Kind und die Nach-Außen-Wendung des Mannes können bewirken, daß die Frau die eheliche Beziehung nicht mehr wichtig nimmt. Während direkt nach der Geburt des Kindes die eheliche und die sexuelle Zufriedenheit zunahmen, ist es nun die Aufgabe, die gegenseitige Entfremdung zu vermeiden.

Durch die Geburt eines zweiten Kindes wird das Familiensystem noch komplexer. Während es bei einem Kind drei Beziehungen gibt, sind es bei zwei Kindern schon sechs und bei drei Kindern zehn. Das bedeutet einen zunehmenden Zuwachs an Kommunikation, Interaktion und Zeitverbrauch, zugleich aber eine Abnahme an Beziehungshäufigkeit und Beziehungsintensität. Gleichzeitig bilden sich zwei Subsysteme heraus, die Generationen. Da die Eltern beim ersten Kind schon Erfahrungen und Kompetenz erworben haben, erziehen sie das zweite Kind (und weitere Kinder) gelassener; es wird darum anders erzogen als das erste. Hinzu kommt, daß die Geschwister ein rivalisierendes Subsystem bilden. Sie streben danach, jedes die größere Aufmerksamkeit der Eltern zu erringen, und sie wollen die erste Position in der Geschwisterreihe einnehmen. Vor allem das erstgeborene Kind muß erleben, wie es nicht mehr der alleinige Mittelpunkt der Elternbemühungen ist und deren Aufmerksamkeit teilen muß. Dies führt zur Geschwisterrivalität. Etwa die Hälfte der erstgeborenen Kinder reagiert auf das Neugeborene negativ. Dies wird verstärkt, wenn das zweite Kind laufen kann und das ältere beim Spielen stört oder wenn die Eltern das jüngere Kind in Schutz nehmen.

Jedoch erfährt das Kind erst durch eine Mehrzahl von Bezugspersonen die Realität eines sozialen Systems. Das Kind erlangt das Wissen vom Wir. Aber dies wird nicht wahrgenommen, sondern gelebt. Und es wird verwirklicht durch Kommunikation, Interaktion, Kompromiß und Teilen. Hierbei spielen die Eltern eine prägende Rolle als Vorbilder des sozialen Lernens. Dabei ist die Kontinuität von bedeutungsvollen Personen, von Identifikationen und Vorbildern nötig.

Das Familiensystem ändert sich nicht nur mit der Zahl, sondern auch mit dem Alter der Kinder. Die Kinder lernen zu sprechen und zu laufen; sie werden also autonom in ihrer Beweglichkeit. Mit zwei Jahren erkämpfen sie sich eine gewisse Unabhängigkeit; sie befreien sich aus der Mutter-Kind-Symbiose und errichten eine eigene Ich-Grenze. Gleichzeitig lernen sie unglaublich viel; sie wollen über alles belehrt werden und alles selbst machen. 70% aller Kinder besuchen ab 3 Jahren den Kindergarten. Dies bedeutet, daß sich das Kind noch stärker von zu Hause löst, sich verselbständigt, gleichzeitig aber eingeübt wird in Sozialität. Dies kann für die Eltern, namentlich die Mutter, eine Entlastung bedeuten, aber auch eine Ablösungskrise erzeugen. Nur etwa die Hälfte der Eltern erlebt den Eintritt des Kindes in den Kindergarten ohne Krise.

Die Familie mit Schulkindern. Die Kinder werden, wenn sie mit 6 Jahren eingeschult werden, neuen Konkurrenzen ausgesetzt. Zu den innerfamilialen Konkurrenzen mit den Eltern und den Geschwistern treten nun die Konkurrenzen mit den Peers und den gesellschaftlichen Anforderungen durch die Schule. Leistung wird gefordert, und wenn Kinder den Anforderungen nicht genügen können, entwickeln sie Minderwertigkeitsgefühle und Leistungsunlust. Gerade der Wechsel der Schulform mit 10 Jahren kann das Leben des Kindes aufs stärkste beeinflussen. Die Wahl der Schulform kann Über- oder Unterforderung mit sich bringen, aber vor allem entscheidet sie über den sozialen Aufstieg (Harsdorf, 1996: 13 f.).

Kinder verbringen ein Drittel des Tages, das ist oft länger, als die Arbeitszeit der Eltern dauert, in der Schule. Hierdurch ist sie ein Sozialisations- und Bildungsfaktor ersten Ranges. Es ist bemerkenswert, daß relativ wenige Menschen gern an die Schulzeit zurückdenken (1985 waren es 43%). Das liegt an vielen Gründen: Da ist der Lerndruck, der freies Lernen nicht erlaubt; der Qualifikationsdruck, der das Kind unter Dauerbelastung hält; die segmentierte Bildung, die wenig Verknüpfung mit der Alltagsrealität hat; der Konkurrenzdruck der Mitschüler; die Großgruppenvereinzelung; die großen Klassen, die auch dem Lehrer die individuelle Behandlung der Schüler unmöglich machen; die hohe Abstraktion, die soziale Kompetenz, wie Empathie, verbale Konfliktlösung, Kompromißbildung usw. vernachlässigt; und vieles mehr.

Wegen der Wichtigkeit der Schule nimmt sie im Familiensystem eine zentrale Rolle ein, besonders wenn Schulschwierigkeiten auftreten. Wenn die Familie obendrein leistungsorientiert ist, kann dies auf das Kind einen so hohen Druck ausüben, daß es mit Leistungsverweigerung, Schulangst und psychosomatischen Störungen reagiert. Andererseits kann die Familie die Kinder zu wenig fördern, wenn das Kind nicht Initiativzeit, Initiativraum und Initiativmittel erhält. Eltern sollten sich nicht in die Schulanforderungen einmischen, sich aber für den Unterricht der Kinder interessieren. Den größten

Beitrag zu guten Schulleistungen tragen Eltern jedoch durch die Ermutigung des Kindes bei. Ein großes Problem kann entstehen, wenn das Normensystem der Familie und das der Schule divergieren. Bei solchen Normenkonflikten wird das Kind in der Regel noch von der Familie geprägt.
In dem Maße, in dem die Gesellschaft durch die zunehmende Rationalisierung und Individualisierung den Menschen zum angepaßten Rollenverhalten zwingt, wird die Familie zu einer der letzten Zufluchtsstätten der Personhaftigkeit. Hier kann der Mensch in einem System von Kommunikation und Interaktion seine Gefühle äußern. Daß dies notwendig ist, zeigen vor allem psychoanalytische Untersuchungen. Gerade die gefühlsmäßigen Familienbeziehungen sind für die Struktur der Persönlichkeit wichtig. Von noch entscheidenderer Bedeutung scheint die emotionale Zuwendung für die Kinderentwicklung zu einer reifen Person zu sein. Es gibt nicht nur Zusammenhänge zwischen dem Grad emotionaler Unterstützung durch die Familie und einer gesunden Lebensweise, Arbeitsbereitschaft oder auch Schulleistung, sondern auch zwischen emotionaler Unterstützung und Selbstmord oder Kriminalität. Denn in dem Maße, in dem die Familie eine hohe Kohäsion aufweist, können Kinder und Jugendliche Frustrationen und Enttäuschungen verarbeiten.
Die Familienkohäsion scheint weitgehend von der Stellung und Leistung der Mutter innerhalb der Familie abhängig zu sein (Kaufmann, 1990: 38 f.). Sie bietet den Familienmitgliedern sozusagen eine Flexibilitätsressource. So erscheinen Kohäsion und Flexibilität außerordentlich mutterzentriert zu sein.
Die Familie mit Jugendlichen. Teils überschneidet sich diese Phase mit der vierten, wenn Jugendliche nach Eintritt der Pubertät nicht einen Beruf wählen, sondern die Schule weiterhin besuchen. Ob nun der Jugendliche im Beruf arbeitet oder weiter zur Schule geht: er löst sich von der Familie, übernimmt Verantwortung für sich und wird in Schule und Beruf selbständig.
Die Pubertät bringt für das System Familie große Belastungen. Der Jugendliche erlebt körperliche und psychische Umwälzungen. Die primären und sekundären Geschlechtsmerkmale reifen heran, das Gehirn wird fähig zum abstrakten, linear-kausalen Denken in logischen Systemen, und der Jugendliche übernimmt die Geschlechterrolle. Dies macht ihn fähig zur Selbstdifferenzierung, Individualisierung und Handlungskompetenz. Andererseits wird der Jugendliche durch die Identitätsdiffusion (bis 17 Jahre) und die Identitätskrise (bis etwa 22 Jahre) verunsichert. Dies führt ihn unter Umständen einerseits in Gegensatz zu den Eltern und andererseits in die Bindungen an Gleichaltrigengruppen, die er wählt. Allerdings zeigen neuere

Untersuchungen, daß an die Stelle des Gegeneinanders das Nebeneinander der Generationen getreten ist, wobei die Jugend ihre Identität außerhalb der Familie sucht (Böhnisch, Münchmeier, 1990: 118). Und die Orientierung auf die Gleichaltrigen führt nicht mehr ausschließlich in Peer-groups, sondern häufig auch in Cliquen.

Für die Eltern bedeutet dies, zu akzeptieren, daß ihr Einfluß auf die Kinder abnimmt, daß die Kinder zu Partnern werden, die sich individualisieren und von den Eltern lösen. Oft bedeutet diese Ablösung und der Verlust des Kindes für die Eltern Trauerarbeit. Die Trennung von den Kindern kann für die Eltern aber auch positive Auswirkungen haben. Sie haben wieder mehr Zeit für einander; und die Frau (oder der Mann) kann jetzt unproblematischer arbeiten gehen. Gleichzeitig wird zu den Kindern ein Verhältnis der Partnerschaft aufgebaut.

Die Familie nach Ablösung der Kinder, die Kontraktionsphase. Wenn die Kinder die Familie verlassen haben, reduziert sich das Familiensystem wieder auf die Gattenbeziehung. Dies kann eine Erneuerung der Liebe bedeuten, aber manchmal auch die Ehescheidung, wenn die Gatten nur noch wegen der Kinder zusammengeblieben waren. Auf alle Fälle entsteht eine gewisse Leere, die die weggezogenen Kinder hinterlassen. Die Eltern müssen sie füllen mit neuen Gesprächsthemen, Weiterbildung, Freizeitaktivitäten oder sozialem Engagement. Besonders wenn Frauen als Mütter nicht berufstätig waren, können depressive Verstimmungen, Gefühle der Verlassenheit und das Empfinden, nicht mehr gebraucht zu werden, entstehen. Die kinderlos gewordene Mutter könnte wieder berufstätig werden. Aber das alte Drei-Phasen-Modell funktioniert heute nicht mehr. Es besagte, daß die Frau vor der Geburt des Kindes berufstätig ist, während der Kindheit die Kinder versorgt, und wenn die Kinder das Haus verlassen haben, wieder in den Beruf eintritt. Denn zum einen entwickeln sich die Berufe heute so schnell weiter (wenn sie nicht unterdessen ausgestorben sind), daß der Anschluß an den Fortschritt verloren gegangen ist, und zum anderen werden ältere Personen kaum noch in den Arbeitsprozeß übernommen. Wenn aber beide Ehepartner berufstätig waren, erreichen sie jetzt den Höhepunkt ihrer Karriere und ihres Einkommens. Da die Kinder manchmal nicht mehr so viel kosten, ist der Lebensstandard hoch, und oft wird jetzt gebaut oder eine neue Wohnungseinrichtung, ein neues Auto usw. angeschafft, oder es werden kostspielige Reisen unternommen.

Wenn die beiden Partner sich nicht weiterbildeten und ihre Lebensentfaltung stagniert, tritt zwischen 40 und 50 Jahren die Midlife-Crisis auf, die bei der Frau noch durch das Klimakterium verstärkt werden kann. Ziello-

sigkeit, Sinnverlust, depressive Verstimmungen und sexuelle Abenteuer sind einige Symptome der Krise (Erikson, 1995: 261f.).
Falls die Kinder studieren, sind sie noch von den Eltern finanziell abhängig. Diese Phase der Sozialadoleszens ist gekennzeichnet durch intellektuelle, politische und soziale Kompetenz, durch Kritikfähigkeit, Offenheit und Bildung, während gleichzeitig eine finanzielle Abhängigkeit zu den Eltern besteht, die als schwierig erlebt wird. Die Eltern wiederum sind hohen finanziellen Belastungen ausgesetzt und legitimieren oftmals daraus Ansprüche gegenüber den Kindern.
Wenn die Kinder heiraten, erweitert sich das Familiensystem, wenn auch oft im Sinne der multilokalen Mehrgenerationenfamilie. Neue Personen treten in das Gesichtsfeld: Die Partner der Kinder und deren Eltern und Verwandtschaft, was als bereichernd, aber auch als belastend erlebt werden kann. Eine neue Rolle ist nun die Großelternrolle, die eine Quelle des Glücks, aber auch neuer Anpassungsleistungen ist. Dabei ist es wichtig, daß die Großeltern nicht die Erzieherrolle einnehmen, also auch nicht den Erziehungsstil bestimmen, sondern Träger der Tradition sind (und eine nicht versiegende Quelle von Geschenken und Abenteuern für die Enkel).
Die Familie im Alter. Diese letzte Phase des Familienzyklus beginnt mit dem Verlassen der Berufswelt und reicht bis zum Tod. Dieser Ausstieg aus der Arbeitswelt – und Arbeit ist ja für viele ein zentraler Sinnwert gewesen – bedeutet für eine große Anzahl von alten Menschen einen Schock. Vor allem Männer sind betroffen vom Verlust an Status und Autorität. Hinzu kommt, daß der Tag unstrukturiert ist. Verknüpft mit den Gefühlen von Bedeutungsverlust und negativer Besetzung des Selbstbildes, kann eine Altersdepression auftreten mit den Inhalten Verzweiflung und Ekel. Darum müssen alte Menschen ihre Beziehungen umdefinieren, Rollen verändern, neue Aufgaben, Hobbies, soziale Tätigkeitsfelder und einen neuen Lebenssinn in der Altersdyade finden.
Die Mann-Frau-Dyade ist nun neuen Belastungen ausgesetzt. Hatte sich in der dritten Phase des Familienzyklus eine mehr traditionelle Rollenverteilung durchgesetzt, so gleichen sich nun die Rollen wieder an, da der Mann den ganzen Tag zu Hause verbringt und sich am Haushalt beteiligt. Dies kann zu einem Altersmatriarchat führen, aber auch zu unerträglichen Spannungen. Gut wäre es, wenn sich eine neue Alters-Partnerschaft entwickelt, die auch die Sexualität umfaßt. Eine Kultur der Zärtlichkeit und Sexualität bestimmt gerade auch die Alters-Dyade.
Andererseits bringt das Alter auch neue Chancen mit sich. Es bestehen weiterhin enge Kontakte zu den Verwandten und Freunden, mit denen die alten

Menschen kommunizieren und Leistungen austauschen, wobei sie überwiegend die Gebenden sind. Sie unterstützen Kinder und Enkel mit Geld, beaufsichtigen die Enkel oder helfen auch sonst in Notlagen aus. Etwa zwei Drittel der über 65-Jährigen haben regelmäßigen Kontakt zu Verwandten, wobei die Beziehung zur Familie der Tochter meist intensiver ist als zur Familie des Sohnes, und Großmütter engagieren sich mehr als Großväter. Hinzu kommt, daß etwa 20% der alten Menschen über 65 bei ihren Kindern leben und nur 5% in Heimen. Jedoch umfassen nur 2% aller Haushalte drei oder mehr Generationen (Textor, 1991: 151 f.). In diesem Zusammenhang muß aber daran erinnert werden, daß die Wandlung der Familie zur multilokalen Mehrgenerationenfamilie hin tendiert.
Der Tod eines Ehepartners, meist ist es der Mann, der zuerst stirbt, bedeutet einen letzten großen Einschnitt. Die zurückbleibende Person muß Trauerarbeit leisten, sich umorientieren, lernen, allein zu leben, die vom Gatten versehenen Aufgaben übernehmen und einen letzten Lebenssinn finden.
Das Modell vom Familienzyklus ist nur begrenzt gültig (Scheller, 1989: 157 f.). Die meisten Theorien berücksichtigen nicht, daß der Zyklus gestört wird bei Scheidung, Tod von Ehepartnern oder Kindern oder ergänzt wird durch Wiederverheiratung und, daraus folgend, Stieffamilien oder Kinderlosigkeit. Andererseits muß eine Eheauflösung nicht den Zerfall der Familie bedeuten. Und nicht wenige Kernfamilien entsprechen ungefähr dem Familienzyklus. Die meisten Familien allerdings existieren als multilokale Mehrgenerationenfamilie weiter, während das Alter eine eigene, spezifische Lebensphase mit neuen Chancen und Möglichkeiten ist. So müssen wir den Familienzyklus eingebettet sehen in eine prä- und eine postfamilienzyklische Phase.

4.4.6. Die Familie in verschiedenen Soziotopen und sozialen Schichten

Familien leben nicht isoliert, sondern erhalten Struktur und Inhalt durch die Soziotopen und sozialen Schichten, denen sie zugehören. Soziotope (Textor, 1991: 160-169) sind abgegrenzte Lebensräume, die sich durch Naturumwelt, Bauen und Wohnen, Sachbesitz und Sozialbeziehungen bilden. Solche Soziotope werden von den Individuen durch Kommunikation und Interaktionen geschaffen, erhalten, interpretiert, genutzt und verändert. Es ist ein großer Unterschied, ob eine Familie in der Großstadt oder auf dem Lande lebt, ob das Soziotop ein Arbeiter,- Kleinbürger- oder Villenviertel mit Einfamilienhäusern ist. Andere Soziotope wären Trabantenstädte mit Hochhausburgen, verstädterte Schlafdörfer oder auch stadtnahe oder stadt-

ferne Landsiedlungen, Streusiedlungen oder überbevölkerte Hochhausviertel. Dies alles bezeichnet verschiedene Bedingungen zum Lernen, Erfahrungen zu machen, Herausforderungen und Belastungen anzunehmen. Soziotop-Differenzen sind oft größer als Schichtendifferenzen.
Aber auch Schichten verleihen der Familie Gestalt. Sozialisationsprozesse werden völlig anders verlaufen in Oberschichtenfamilien, die geprägt sind durch Hochkultur, Besitz, Macht, Bildung und Prestige; in Familien der oberen Mittelschicht, und hier dem Bildungsbürgertum mit der Hochkultur und den Individual- und Entfaltungswerten, der Zukunftsbezogenheit und einer ausdifferenzierten Familienkultur; der unteren Mittelschicht mit der Trivialkultur, verbunden mit Aufstiegsstreben und den Pflicht- und Akzeptanzwerten; der Arbeiterschicht mit dem Spannungs- und Trivialschema oder in bäuerlichen Familien mit ihrer konservatistischen Verbundenheit mit der pflegenden und anbauenden Lebenswelt. Kinder werden ganz unterschiedliche Entwicklungen aufweisen, wenn sie in Wohungskonzentrationen aufwachsen ohne Sozialräume oder auf dem Lande, wo die Natur noch spiel- und abenteueroffen ist und sie in die bäuerliche Arbeitswelt der Eltern früh einbezogen werden (Müller-Schneider, 1994: 169 ff.).
Sozialpädagogische Interventionen werden vor allem bei folgenden Familiensoziotopen nötig sein (Aller, Bieback-Diehl, Oberle, Seyfahrt, 1994: 46-55; Neidhardt, 1977: 275-308):

- Das Herkunftsmilieu von Eltern aus der mittleren Mittelschicht und unteren Mittelschicht (nicht aus der oberen Mittelschicht, die mit der Oberschicht zusammenwächst).
- Das Herkunftsmilieu von Eltern aus den ländlichen Unterschichten, differenziert in Familien mit geringem und hohem Status im ländlichen Schichtengefüge.
- Das Herkunftsmilieu von Eltern aus der traditionellen Unterschicht.
- Das Herkunftsmilieu von Eltern aus traditionell randständigen Milieus.

All diese Milieus sind modernitätsrückständig, und darum eignen sich ihre Anpassungstechniken und ihre sozialmoralischen Normen nur eingeschränkt für eine zeitsynchrone Sozialexistenz unter anhaltendem Individualisierungsdruck. Kinder aus diesen Schichten werden in arbeitsteilige, entfremdende Arbeitsprozesse eingeführt und der Gefahr der späteren Arbeitslosigkeit ausgesetzt. Die soziale Erlebniswelt dieser Schichten ist deshalb kleinräumig und ausgelegt auf kleine soziale Bezugsgruppen. Die Interaktionsbarrieren zu Nachbarmilieus sind hoch.

Bei der Herkunft der Eltern aus der mittleren und unteren Mittelschicht handelt es sich um Angestellte und kleine Beamte, um Handwerker und Kleingewerbetreibende. Sie verstehen sich selbst als Hauptträger der kleinbürgerlichen Normalmoral. Wenn innerhalb der Familie Abweichungen von dieser Moral auftreten, werden besonders strenge Kriterien an die familialen Sanktionen gelegt. Da sie aufstiegsorientiert sind, trifft sie sozialer Abstieg und Armut besonders hart. Darum aber gibt es auch in dieser Schicht besonders viele Kinder, die durch Ausgrenzung aus der Familie randständig werden. Geheiratet wird von ihnen extrem asymmetrisch, d.h. sozial abgestiegene Mittelklassenpersonen heiraten unter dem Standesniveau und suchen sich schichtenfremde Partner. Dadurch beschleunigt sich der soziale Abstieg, denn der Partner stimuliert nicht positiv, und schulische und betriebliche Aufstiegsmöglichkeiten bleiben darum ungenutzt. Gleichzeitig bleiben die hohen moralischen Standards in Kraft, die eine solide, ehrbare, bürgerliche Lebensführung fordern. Es ist nicht möglich, die Spannung zwischen hohen Normen und eigenem Verhalten zu lösen. Das führt zu Spannungen in der Ehe und zu Mängeln in der Kindererziehung.
Im Normalfall allerdings werden Kinder, besonders der mittleren Mittelschicht, bürgerlich sozialisiert. Sie identifizieren sich mit den Vätern, die in der Arbeitswelt Tugenden wie Verantwortungsbereitschaft, Durchsetzungsfähigkeit, Fleiß, Ordnung, Genauigkeit, Sauberkeit, Pflicht und Anpassung entwickeln. Auch die erwerbstätigen Frauen haben gehobene Positionen inne. Nichtberufstätige Frauen hingegen leiden unter nicht verwirklichten Emanzipationsansprüchen. So kommt es in der Familie zu Auseinandersetzungen um die Geschlechterrollendefinition, die um so härter geführt werden, als der Mann ein hohes Maß an Autorität beansprucht. Mittelschichtenfamilien sind in der Regel offen gegenüber den anderen Beziehungsnetzen und investieren Geld und Zeit in die Beziehungspflege. Zur Familienkultur gehören Lesen, Besuch von kulturellen Veranstaltungen, gemeinsames Ausgehen oder auch Mitwirken in verschiedenen Vereinen. Intellektualität dominiert darum über die Emotionalität. Es wird in Mittelschichtenfamilien viel mehr gesprochen als in den unteren sozialen Statusschichten. Dabei wird ein elaborierter Sprachcode verwendet. Zugleich werden hohe Leistungsanforderungen an die Kinder gestellt, die Abitur und möglichst Hochschulabschluß erreichen sollen. Zu diesem Zweck werden die Kinder vielfältig gefördert: durch Kindergarten, musische Erziehung, Literatur, Gespräche usw. Die Familie ist somit zukunftorientiert mit Verhaltensmustern aufschiebender Belohnung. Die Eltern entwickeln auch ein psychologisches Verständnis für ihre Kinder, die kaum geschlagen, sondern eher durch moralische Appel-

le und Einsicht erzogen werden. Dennoch ist der Erziehungsstil eher autokratisch. Wenn Kinder solch hohen Erwartungen nicht entsprechen können, entstehen familial induzierte Neurosen.
Bei der Herkunft der Familie aus den *ländlichen Unterschichten* handelt es sich zunächst um unterbäuerliche Schichten. Die traditionellen Landarbeiter, wie Melker, Tagelöhner, Knecht und Magd stammen aus den geschlossenen, partikularen Sozialwelten, in denen das Denken von Hof und Feld bestimmt war. Es ist eine sterbende Klasse. Denn einerseits macht sie die Modernisierungen nicht mit, andererseits fällt sie ihnen zum Opfer. Die Bauern wandeln die bäuerliche Produktion immer mehr in eine durchtechnisierte, rationalisierte und spezialisierte Nahrungsmittelproduktion um. Dadurch wird der Bedarf an landwirtschaftlichen Arbeitskräften immer geringer. Die traditionellen Landarbeiterfamilien sind also geprägt durch die Loyalitätsbindung an die Wertesysteme der Eltern und Großeltern, andererseits jedoch erweisen sich die Berufsaussichten als immer schlechter, und die Kinder schließlich werden in ihren Mobilitätswünschen von den Eltern nicht gefördert. Es entstehen Spannungen zwischen den Generationen, die als vormodern/modern gekennzeichnet werden können. Für die Eltern wiederum bedeutete ein Berufswechsel beispielsweise, von einem angesehenen Melkerberuf zu einem nichtagrarischen Ungelerntenberuf wechseln zu müssen, einen hohen Prestigeverlust. Diese Spannungen können eine Familienlebenswelt sprengen.
Kleinbauern haben auf ähnliche Weise einen beruflichen Modernisierungsprozeß zu verarbeiten. Auch ihre Familienauffassung sowie ihre Vorstellung von Erziehung und Biographieplanung sind traditionalistisch und kaum anpassungsfähig. Allerdings besitzen sie, wenn sie noch in einem intakten Dorfverband leben, den alten Bauernstolz. Sie sind die Träger der traditionalen Normalmoral und selbständige Kleinbesitzer. Aber auch hier ist die Spannung groß zwischen den Traditionsnormen und den Modernisierungsnotwendigkeiten, die berufliche Aussichtslosigkeit auf dem Agrarmarkt und die Spannung zu den Kindern mit ihren Modernisierungs- und Mobilitätswünschen, die der Loyalitätsbindung an Hof und Feld widersprechen. Auch in diesen Familien entstehen immer wieder familial induzierte Neurosen.
Das ländliche Handwerk und das Kleingewerbe sind ebenfalls Sozialwelten ohne Überlebenschancen, denn auch hier wird rationalisiert, zentralisiert und modernisiert. Der Stolz dieser Traditionsfamilien stammt noch aus der Zeit, als sie durch Tatkraft und Leistungsethik eine angesehene Klasse waren. Aber die Anpassungsproblematik besteht auch hier, vor allem auch,

weil der unzeitgemäße Betrieb nicht an die Kindergeneration weitergegeben werden kann. Diese müssen Industriearbeiter oder Angestellte werden, oder sie kombinieren den Elternbetrieb mit einer Zweitarbeit. Auch diese ländliche soziale Klasse leidet unter der Modernisierungsnotwendigkeit und der Unfähigkeit, die Anpassung leisten.
Bei der Herkunft der Familien aus der *traditionellen Basisschicht* handelt es sich um die Industriearbeiter, angelernte und ungelernte Arbeiter, Forstarbeiter und die untersten Angestelltengruppen. Es ist wichtig, in dieser Schicht weitere Subgruppen zu unterscheiden. So haben die gelernten Arbeiter und Facharbeiter mehr von der Modernisierung und dem steigenden Lebensstandard profitiert als die Mitglieder der unteren Basisschicht. Wegen des geringen Lohnes sind viele Frauen zur Berufstätigkeit gezwungen. In der Regel sehen sie das Erwerbsleben allerdings als positiv an, weil sie durch den Beruf eine Aktivierung ihrer Fähigkeiten erleben, soziale Anerkennung finden und Sozialkontakte aufbauen können. Gleichzeitig verschafft es ihnen eine größere Unabhängigkeit vom Mann.
Gleichwohl ist in den meisten Basisschichtenfamilien der Vater dominant. Da er in der Arbeitswelt abhängig und autoritätsarm ist, überkompensiert er zu Hause durch ein aggressives, autoritäres und patriarchalisches Verhalten. Dessenungeachtet haben oftmals beim genauen Hinsehen die Frauen die Kompetenz und Entscheidungsbefugnis. Nichtsdestoweniger wird die traditionelle Geschlechterrollenverteilung in der Basisschicht eher akzeptiert als in den Mittelschichten. Damit ist eine rigide Aufteilung von Rollenerwartungen und Aufgabenverteilung verbunden. Dies ermöglicht eine deutliche Orientierung, die Empathieleistungen unnötig macht. Mann, Frau und Kinder betrachten sich mehr in ihren Rollen als in ihren Beziehungen und schon gar nicht in einem Austausch von Innerlichkeit. Dem entspricht der restringierte Sprachcode. Ihr Beziehungsnetz ist in der Regel klein, das bedeutet, Basisschichtenangehörige haben wenig Beziehungen zu Arbeitskollegen, zu Freunden und Nachbarn, und aufgrund des restringierten Sprachcodes sind sie auch kaum Mitglied eines Vereins. Darum achten sie auf die Stabilität der Familienverhältnisse.
In der Erziehung neigen Basisschichteneltern zu Erziehungszielen, wie Gehorsam, Anständigkeit, Sauberkeit, Anpassung und Solidarität. Die Kinder werden erzogen nach einem System von Belohnung und Bestrafung, wobei die Eltern den Kindern recht viel Freiheit lassen. Da die Sprachkompetenz gering ist, können die Kinder wenig gefördert werden, allerdings sind die manipulativen Einwirkungen der Eltern auf die Kinder auch geringer als in Mittelschichtenfamilien. Der traditionalen Einstellung entsprechend, wer-

den Mädchen auf den Haushalt und den Beruf vorbereitet, die Jungen dagegen ausschließlich auf den Beruf und auf den Stolz auf Kraft und Körperlichkeit, nicht aber zugleich auf Hausarbeit und Kindererziehung. Die Kinder werden gar nicht oder nur in geringem Maße zukunftsbezogen erzogen; das Verhaltensmuster aufschiebender Belohnung spielt keine Rolle. Direktheit und Affektbestimmtheit sind darum vorherrschend. Gleichzeitig kann mit dem Zukunftsmangel verbunden sein die Neigung zu einem gesellschaftlichen Fatalismus und einer geringen Bereitschaft, das Leben selbst zu planen. Dieser Fatalismus, verbunden mit Apathie und Unsicherheit, schafft die gesellschaftliche Distanzierung und den sozialen Rückzug von öffentlichen Institutionen, wie Behörden, Staat, Parteien, Kirchen usw. Dieser Mangel an öffentlichen Kontakten wird kompensiert durch Bindung an kleine Primärgruppen, an sehr private und verwandtschaftliche Beziehungen. Mitglieder der Basisschicht tendieren also mehr zu emotional-diffusen, familialistischen Verhaltenszügen als zu zweckrationalen, instrumentalen öffentlichen Wertorientierungen, die in der modernen Leistungsgesellschaft, in den Betrieben, Verbänden und Bürokratien vorgeschrieben und belohnt werden. Die Ursachen für die Verhaltensweisen der Basisschicht liegen vor allem in den viel geringeren Lebenschancen und der Schwierigkeit, höhere Statuspositionen zu erlangen.

Vielfältig sind darum die Familienprobleme. Zwischen den Partnern herrscht wegen des restringierten Sprachcodes wenig Kommunikation. Es gibt kaum sprachliche Problemlösungskompetenzen, darum schreien sich die Partner gegenseitig an und schlagen sich sogar. Die Kinder lernen dadurch, daß Schlagen und Gewalt die angemessenen Mittel der Durchsetzung sind. Leicht können deshalb Kinder von Arbeiterfamilien in randständige Milieus abgleiten.

Familien aus *traditionell randständigen Milieus* kommen einmal aus Familien, die aus der ländlichen Unterschicht sozial abgestiegen sind oder die aus dem traditionellen Arbeitermilieu in den gesellschaftlichen Rand hineingleiten. Daneben gibt es Familien mit einer langen Familientradition extremer sozialer Unterprivilegisierung und Deprivation. Randständigkeit wird intergenerationell weitergegeben, wodurch sie sich fortsetzt, verdoppelt und Biographien abschreibt. Auch die Kinder werden Außenseiter und richten ihre Familien als Verlierer ein. Verbunden ist damit ein noch größerer Fatalismus als in den Basisschichtfamilien, ein Glaube an die Unabänderlichkeit des Schicksals und die Ausweglosigkeit eigenen Handelns. Es gibt keine Zukunftserwartung, statt dessen herrscht eine Skepsis gegenüber Veränderungszumutungen. Solche Familien sind nicht nur voller Probleme, ihre Konflikte sind darüber hinaus diffus, und Hilfeleistungen lösen

sich sofort wieder auf; wird eine Randgruppenfamilie z.B. entschuldet, verschuldetet sie sich in der Regel sofort wieder.
Die Kenntnis der verschiedenen Soziotope und sozialen Schichten ist für den Sozialpädagogen von eminenter Bedeutung, wenn er kompetent intervenieren will.

4.4.7. Die Familie als Netzwerk

Wenn wir von der Familie als Netzwerk sprechen, beschreiben wir drei Konstrukte, die sich aus dem Familiennetz ableiten lassen, die Haushaltfamilie, die Hausfamilie und die Kernfamilie (Bien, Marbach, 1991: 3-44).
Die *Haushaltfamilie* erfaßt die Verwandten, die zu der Familie in Beziehung stehen, die Mitbewohner des Haushaltes, die Personen, die die Familienfunktionen erfüllen und die wahrgenommene Familie.
Die *Hausfamilie* besteht aus Personen, die im Gegensatz zur Haushaltfamilie nicht in Haushalten zusammenleben, sondern unter einem Dach. Naturgemäß ist die Hausfamilie größer als die Haushaltfamilie. Die hinzukommenden Personen sind vor allem alte Leute, wie Großeltern, aber auch Freunde, die ins Familienleben einbezogen werden und teilweise sogar zur Familie dazu gerechnet werden. Besonders intensiver Kontakt wird verständlicherweise mit Verwandten gepflegt, die unter dem Dach wohnen.
Zur *Kernfamilie* gehören Personen, die Teil des Haushaltes sind und etwa der Bezeichnung „Ehepartner mit Kind" entsprechen. Dabei sind zwei Gesichtpunkte zu verfolgen: Die Teilnahme der Kinder am sozialen Netzwerk der Eltern und die Einbindung der Eltern in eine soziale Welt (Cochran, Brassard, 1979: 607 f.).
Die Teilnahme der Kinder am sozialen Netzwerk der Eltern (innerfamiliales Netz) übt eine große Wirkung auf die Sozialisation aus. Sie realisiert sich bei Gesprächen, Tischgesprächen, Gefühlsaustausch, Finanzerhalt (Kinder erhalten Geld von den Eltern) und Finanzgabe (Eltern geben Kindern Geld für Dritte) sowie als Partner in der Freizeit. Das stärkste Band sind allerdings die gemeinsamen Mahlzeiten, die emotionalen Beziehungen und die Partnerschaft in der Freizeit.
Die Einbindung der Eltern in die soziale Umwelt (außerfamiliales Netz) ist wiederum nach Cochran und Brassard (ebd.) notwendig für die Umweltoffenheit der Familie, was den größten Einfluß auf die Sozialisation der Kinder ausübt. Entscheidend für die außerfamilialen Netzwerke ist die Zahl der nichtverwandten Personen, die an den Sozialbeziehungen der Personen mit Familienfunktionen teilhaben und die Teilnahme dieser Personen an öffent-

lichen Einrichtungen, Verbänden und Institutionen und vor allem die Mitgliedschaft in Vereinen, Parteien, Gewerkschaften usw. Dabei sind die freiwilligen Kontakte wichtig, weil die Umweltoffenheit der Familie ja nicht durch Zwangsbeziehungen konstituiert wird.
Dabei sinkt die Umweltoffenheit mit dem höheren Alter und der Zahl der Kinder.
Das Prinzip „Offenheit“ ist also für die Familie als Netzwerk strukturgebend. Darum ist es wichtig, den Raum für eine neue Nachbarschaftskultur zur Verfügung zu stellen und einzurichten. Dies geschieht durch alltagsweltliche und lebensweltliche Gemeinwesenarbeit. Geschaffen werden müssen Familien- und Nachbarschaftszentren als offene Lern- und Erfahrungsräume (Hebenstreit-Müller u.a., 1993: 101-111). Möglich wäre ein Kinderhaus, in das die Eltern mit eingebunden sind, oder ein Familien- und Nachbarschaftszentrum, ein Familiencafé usw. Diese Einrichtungen müssen offen und ohne Verpflichtung sein. Alltagswelt heißt in diesem Fall, daß Eltern und Kinder zwanglos spielen und umhertollen und die Eltern sich unterhalten, wodurch ein Beziehungsnetz entsteht. Lebensweltlich heißt, daß Stadtteilarbeit zugehende, aufsuchende Sozialarbeit ist, und zwar die Kinder und Eltern zu Hause zu besuchen und ihre Lebenswelt kennenzulernen (auch in diese zu intervenieren, was oft nötig ist).

4.4.8. Interventionsformen in der Familienarbeit

Die Interventionsformen der Familienarbeit sind vielfältig und spielen sich in vielgestaltigen Arbeitsfeldern ab. Folgende sind wichtig (Oswald, 1988: 101-163):
Die *Familientherapie* bezieht die ganze Familie in die Beratung ein, wenn beispielsweise das Kind auffällig ist. Dabei wird die Familie als ökologisches System gesehen, in dem auffälliges Verhalten einzelner Personen gedeutet wird als familiäre Anpassungsmuster, wobei Individuen zu Symptomträgern gemacht werden (Projektion, Rollenzuweisung). Diese systemische Betrachtungsweise wird ergänzt durch die wachstumsorientierte Betrachtungsweise (Satir, 1987: 15.16).
Vier Schlüsselfaktoren des Familienlebens gilt es wiederherzustellen: den Selbstwert der Familienangehörigen, die Kommunikationsfähigkeit, die Regeln, die für alle verbindlich sind und die familientransgressive Verbindung zur Gesellschaft. Dabei verhält sich der intervenierende Therapeut systemdivergent, das bedeutet, daß er systemkonkordante Erwartungen auf Heilung und Bündnis enttäuschen muß.

Die *Psycho-soziale Familienberatung* besitzt zwei Wirkungsfelder. Zunächst erfüllt sie den Auftrag sozialer Einrichtungen im Lebensraum Familie, und zwar in der Form von Familienberatung, Erziehungsberatung, Eheberatung, Schwangerenkonfliktberatung und Bildungsberatung. Weiterhin besteht die Beratung in juristischen Hilfen. Auch die psycho-soziale Familienberatung ist systemisch und lebensweltlich und faßt die Beratung als einen ganzheitlichen, die gesamte Existenz des Ratsuchenden umfassenden Prozeß auf. Dabei lassen sich drei Arbeitsweisen des Sozialpädagogen unterscheiden: die problemorientierte Familienberatung, die krisenzentrierte Familienberatung und der Langzeitkontakt. Die problemorientierte Familienberatung folgt dem schon klassischen Ablaufmuster: Orientierungsphase, strukturierende Phase, Modifikationsphase und Ablösungsphase. In der krisenorientierten Beratung reagiert der Berater auf aktuelle Krisen, ohne die oben beschriebene Strukturierung, da der Notfall einen Langzeitprozeß nicht erlaubt. Die Arbeitsweise des stützenden Langzeitkontaktes ist für den Sozialpädagogen problematisch, da ihm lange Beratungszeiten nicht zugestanden werden. Sie wird die Form einer informellen und formlosen Betreuung annehmen.

Die *sozialpädagogische Familienhilfe* umfaßt in der Auffassung familialer Problemsituationen alle Bereiche des Familienlebens. Es lassen sich folgende Problemlagen definieren, in denen sozialpädagogische Familienhelfer eingesetzt werden (Nielsen, Müller, 1987: 101-112): 1. Einzelkrisen, bei denen das Familiensystem intakt ist und nur Einzelereignisse, wie Partnerverlust, Krankheit, Invalidität, Suchtanfälligkeit usw., auftreten, die Beratung erfordern. Einzelkrisen beeinflussen nicht die gesamte Familienorganisation. 2. Strukturkrisen sind zu beobachten in Familien, die jahrelangen Dauerbelastungen ausgesetzt waren, wie Partnerproblemen, Suchtproblemen, Erziehungsproblemen, Gewalt in der Familie, Geldmangel, Langzeitarbeitslosigkeit, schlechten Wohnverhältnissen usw. Einzelereignisse stören solche Familien viel stärker als intakte Familien. Aber Familien mit Strukturkrisen können den Alltag noch partiell beherrschen. 3. Chronische Strukturkrisen hingegen sind zu finden in Familien, in denen schon die Eltern dissozialisiert und bildungsarm sind. Dadurch existieren fast keine Problembewältigungsstrategien, weswegen alle Bereiche der Familie belastet sind. Das Ziel der sozialpädagogischen Familienhilfe ist es, zu beraten, zu helfen, zu motivieren, zu informieren, Entscheidungen zu fördern, Entlastungsangebote zu machen, die Situation in der Familie zu verbessern, die Versorgung zu organisieren, die Familie zu stabilisieren und ihr in der Alltagsbewältigung zu helfen. Die Arbeitsweise des Familienhelfers ist dadurch gekennzeichnet, daß er nicht in einer Beratungsstelle sitzt oder formale, von Behörden dirigierte Familienbesuche macht, sondern viel Zeit in der Familie verbringt. Dadurch wird seine Arbeit alltagsweltliche Sozialpädagogik, wie Nahrungsmittel einkaufen, Anleitung zum Zubereiten von Mahlzeiten, Hinweise zur Körperpflege, Arztbesuche initiieren, die Kindergartenkarriere der Kinder fördern, Hausaufgabenhilfe geben, die Kinder anleiten zum Lesen und zu außerfamiliären Beziehungen, Beziehungsprobleme sowohl zwischen den Ehepaaren als auch den Eltern und Kindern wie auch zwischen den Geschwister alltagsweltlich bearbeiten, den Umgang mit Geld üben, Anträge bei Ämtern usw. anfertigen und vieles mehr. Diese alltagsweltliche Arbeit bedeutet für die Familie eine Entlastungsfunktion. Sie muß aber übergehen in eine Kooperation mit dem Ziel, Familien anzuleiten, eigenverantwortlich und aktiv zu werden. Es wird deutlich, daß solch eine alltagsweltliche Familienhilfe beziehungsorientiert ist.

Der Familienhelfer wird also überwiegend systemkonkordant arbeiten: Er wird weniger distanziert beraten als unmittelbar zupacken. Allerdings setzt dies die Kooperationsbereitschaft der Familie voraus, weil sonst der Familienhelfer ausgenutzt würde. Es gibt Mindestkriterien für den Erfolg von Familienhilfe (Decker, 1985: 121): Die Familie muß den Wunsch haben zusammenzubleiben. Zwischen den Familienangehörigen müssen noch tragfähige emotionale Beziehungen bestehen. Weiterhin ist ein bestimmtes Maß an Einsichtsfähigkeit und die Bereitschaft, mit dem Familienhelfer zusammenarbeiten zu wollen, nötig. Dagegen ist Familienhilfe nicht angebracht, wenn die Ursache der familiären Desorganisation in schweren psychischen oder hirnorganischen Störungen liegt oder ein offenkundiges Suchtproblem vorliegt, das die Familienprobleme hervorbringt.

Die *soziale Arbeit im Lebensraum Familie* als soziale Netzwerkarbeit findet im Feld der primären Außenbeziehungen statt. Es gibt vor allem zwei Arbeitsfelder für die familienbezogene soziale Netzwerkarbeit:

- Gruppenarbeit mit Familienangehörigen
- Nachbarschaftshilfe.

Interaktionale Probleme ergeben sich zumeist daraus, daß einerseits belastete Familien Außenkontakte verlieren und nicht mehr pflegen, und umgekehrt, daß die Nachbarschaft solche Familien übersieht oder sogar meidet. Dies wirft die Familie in innerfamiliale Konfliktfelder zurück, die sich dadurch verstärken. Zielsetzung des Familienberaters ist es nun, Beziehungen zwischen der Problemfamilie und Außengruppen zu vermitteln. Er wird also primäre Netze knüpfen und Hilferessourcen im Netzwerk aktivieren.

Folgende Möglichkeiten bieten sich: Netzwerkmitglieder unterstützen einander, indem sie sich gegenseitig helfen, aber auch kommunizieren und dabei problem-, schuld- und angstentlastende Gespräche führen. Ferner können Gruppen, aus Angehörigen bestehend, die Mitglieder stützen und beraten. Weiterhin werden in diesen Gruppen Informationen ausgetauscht, die hilfreich sind. Und schließlich können solche Gruppen den Bedürfnissen der Problemfamilien in der Nachbarschaft, der kommunalen oder auch der religiösen Gemeinde Gehör verschaffen.
Auch die familienorientierte Netzwerkarbeit verfolgt die vier Ziele sozialer Familienarbeit: Funktionale Interaktionsmuster einführen, dysfunktionale unterbrechen, Informationen vermitteln und vorübergehend ausfallende Funktionen im System ersetzen.
Diese familialen und transfamilialen Netzwerke bilden Nahtstellen zwischen primärer Netzwerkarbeit und den familientransgressiven Netzen. Einerseits entlastet die Familiennetzwerkarbeit die sozialen Institutionen, andererseits muß Gemeinwesenarbeit den Familien Krabbelstuben, Kindertagesstätten, Horte, Arbeit, Wohnung usw. bereitstellen. Netzwerkarbeit darf also nicht zu einer einseitigen Verschiebung der Sozialpolitik des Staates zur freiwilligen Hilfe führen (Noack, 1995: 413).
Gruppenarbeit mit Familienangehörigen verläuft in drei Phasen (Baumann-Meinhardt, Kind, 1987: 158): Vorphase, in der die Angehörigen zur Mitarbeit gewonnen werden; geleitete Phase, in der die Angehörigen in Gruppenabenden unterrichtet werden; und die Phase der sich selbst regulierenden Gruppe, in der die Begleitung durch den Sozialpädagogen immer mehr abnimmt.
Organisierte Nachbarschaftshilfe verläuft in den gleichen drei Phasen. Sie besitzt ihre eigene Problematik. Nachbarschaftsgruppen bieten Hilfe und Gemeinschaft an, aber sie leiden unter hoher Mobilität. Bei zu starker Fluktuation zerreißt das Nachbarschaftsnetz. Auch fehlt hier das Zusammengehörigkeitsgefühl wie in den Familien oder in Selbsthilfegruppen. Dennoch sollten im Zusammenhang mit der Gemeinwesenarbeit auch Nachbarschaftsnetze geknüpft werden.

4.4.9. Familientransgressive Transferwirkungen und -leistungen der Familie und ihre Auswirkungen auf die soziale Mikronetzwerkbildung

Familientransgression bedeutet, die Familienmembran zu überschreiten und Reziprozität und wechselseitige Beeinflussung zu anderen Mikrosystemen, die mit der Familie verknüpft sind, aufzubauen. Dies führt zur Netzwerkentwicklung. In diesem Zusammenhang läßt sich feststellen, daß solch familientransgressive Leistungen in engem Zusammenhang stehen zu den innerfamilialen Beziehungsstrukturen und den Leistungsressourcen von Familien. Deshalb muß bei allen Formen der Familienintervention darauf geachtet werden, wo Beziehungsmängel zu den benachbarten Netzen vorhanden sind, um sie wieder herzustellen und neu zu strukturieren. Dabei wollen wir im Anschluß an Schenk und Keupp (Schenk 1982; Keupp 1982; 1987) unter sozialen Familiennetzwerken die vielen sozialen Beziehungen verstehen, die Einzelpersonen in einer Familie oder die ganze Familie zu anderen außerfamilialen Personen oder Familien unterhalten. Somit beschreiben soziale Familiennetze ein breites Spektrum von außerfamilialen Beziehungen, die zeitlich, inhaltlich und emotional begrenzt (uniplex) sein können oder umfassend, dicht und dauerhaft (multiplex). Auf diese Weise entsteht ein dichtes Geflecht von Beziehungen, in das Personen und Familien in unterschiedlicher Weise und in differenten Graden eingebunden sind. Für Familien als Systeme ist Systemtransgression von lebenserhaltender Bedeutung. Diese geschieht in der Form der Netzwerkentwicklung. Daraus ergeben sich zwei Untersuchungsansätze (Mair, 1989: 44-70): Die strukturellen Mängel in den Binnen- und Netzwerkbeziehungen der Familien sowie Wege und Ziele der Netzwerkentwicklung in der Familienarbeit.

Familientransgressive Beziehungen unterliegen der Zweckdienlichkeit und den Bedürfnissen der Familie. Wegen solch einer instrumentalen Orientierung erfolgen Teilnahme und Mitwirkung in den verschiedenen Netzwerken unter Vorbehalt und ohne feste Loyalitätsbindung. Feste Ligaturen sind denkbar zu Verwandten, engen Freunden, Nachbarn und Arbeitskollegen, die sozusagen nicht aufgekündigt werden können, die dafür aber auch oft als Belastung empfunden werden. In den anderen Netzwerken bleiben die Verbindlichkeit und Dauer und auch das Engagement ausgesprochen begrenzt. Sie werden gerade so stark aktiviert, daß die notwendigen Netzwerkbeziehungen noch aufrecht erhalten werden. Dies mag bei Freizeitgestaltung, Nachbarschaftskommunikation usw. unproblematisch sein, aber wenn es um wichtige Dinge geht, die den Fortbestand der Primärnetze garantieren, dann können Labilität und mangelnde Verbindlichkeit bedrohlich werden. Derartige Situationen wären beispielsweise Haushaltspflichten, Reparaturen, Pflege von Kindern, Kranken, Alten oder Behinderten. In solchen Fällen sind Hilfeleistungen der Familie und Verwandtschaft, der Freunde und Nachbarn lebenswichtig.

Damit in Notlagen soziale Netze helfen können, müssen sie entwickelt und gepflegt werden. Deshalb kann nur der, der in die Netzwerke Zeit, Mittel,

Einsatz und Verpflichtung investiert hat, sie auch in Anspruch nehmen. Dies zeigt aber auch die Grenzen der Netzwerkbildung auf. Denn in dem Maße, wie die Zugehörigkeit zu einem Netzwerk die Zeit- und Energieressourcen der Personen übersteigen, werden sie notgedrungen vernachlässigt. Wählen wir als Beispiel eine Frau, die sich jahrelang um die Familie sorgte, vielleicht sogar pflegebedürftige Angehörige versorgen mußte, dann wird sie erst nach Wegfall dieser Verpflichtungen die innerfamiliale Isolation bemerken.
Daraus ergibt sich die Notwendigkeit, im Rahmen der Familienarbeit Netzwerke aufzubauen. Dies kann geschehen, indem man Familien ermutigt, Selbstautoren ihres Netzwerkes zu sein, das Bedürfnis nach Netzwerken zu erkennen und in sie netzwerkangemessene Beiträge einzubringen. Die Familienberatung wird es sich also zur Aufgabe machen, Familien zu befähigen, eigene Netzwerkrecherchen und -kontrakte vorzunehmen. Besonders Familien, die Unterstützung brauchen, sollten sich nach Hilfepotentialen innerhalb vorhandener Netzwerke umsehen. Solche Recherchen kann die Familie nur selbst vornehmen, wobei der Familienhelfer Unterstützung anbieten kann. Netzwerkkontrakte beinhalten die formellen oder informellen Bedingungen der gegenseitigen Hilfen, wobei der professionelle Helfer als Vermittler auftritt. Oft bestehen schon sehr ausgedehnte Netze, die aber nicht strukturiert und in ihren Verknüpfungen unbekannt sind. Dies gilt es, bewußt zu machen. Ergänzt werden solche Netzwerkrekonstruktionen durch das Angebot von professionellen Sekundärnetzen, wie Gruppenangeboten, wo die wechselseitige Neustrukturierung der internen und externen Familienbeziehungen bewußt gemacht wird. Dabei wird sich herausstellen, daß interne und externe Netzwerkbildung interdependent sind. In dem Maße, in dem familientransgressive Netze hergestellt werden, schwächen sich innerfamiliale Konflikte ab. Diese Gruppen werden zugleich Familienbildungsarbeit leisten, um der Orientierungslosigkeit zu begegnen. Und schließlich sind sie Orte, wo Familienprobleme und Netzwerkbeziehungsprobleme aufgearbeitet werden.
Netzwerkbildung mit den benachbarten Primärnetzen ist also eine zentrale Aufgabe in der Familienarbeit. Die Primärnetze, die unmittelbar mit der Familie zusammenhängen, sind Verwandtschaft, Freundschaft und Nachbarschaft (vgl. Lüschen, 1989: 435-452).

4.4.9.1. Familie und Verwandtschaft

Verwandtschaft läßt sich zunächst interaktionalistisch verstehen. Pfeil und Ganzert (Pfeil, Ganzert, 1973: 366-383) haben für Hamburger Familien gezeigt, daß Verwandtschaftskontakte häufig sind, daß sie intensive Transferleistungen bringen, wie Hilfen und Beratung, und daß dabei die verschiedene soziale Schichtzugehörigkeit nur eine geringe Rolle spielt. Kontakte von Familien mit Verwandten weisen also eine hohe Kontinuität auf, wobei Rituale wie Verwandtschaftstreffen, Hochzeiten, Beerdigungen usw. beziehungsstiftend sind.

Im weiteren kann man Verwandtschaft auffassen als ein kognitives System. In diesem Zusammenhang hat Farber versucht nachzuweisen, daß sich Muster sozialen Verhaltens aus Verwandtschaftsstrukturen erklären lassen. Sogar Schulerfolg, Studieninteressen und Studienerfolg lassen sich durch Zugehörigkeit zu bestimmten Verwandtschaftssystemen erklären, weil sich die Verwandten gegenseitig im Willen zum sozialen Aufstieg bestärken. In diesem Zusammenhang spielen Rechtsverhältnisse eine Rolle, wie Verwandtschaft als Besitzsystem oder auch als Bildungsgemeinschaft (Farber, 1977: 227-240).

Vor allem ist Verwandtschaft ein Netzwerk von Beziehungen und Interaktionen. Diese können sich verwirklichen in Dyaden, wie die Freundschaft zwischen zwei Cousinen oder Cousins, in Triaden und vor allem in Blökken, wobei ganze Familien miteinander befreundet sind, sich gegenseitig besuchen, miteinander kommunizieren oder auch gemeinsame Unternehmungen veranstalten. Diese Verwandtschaftsligaturen werden geprägt von Freundschaft, aber auch von Sachbezügen, wenn beispielsweise Cousins und Cousinen, Nichten und Neffen verbunden werden durch gemeinsame Ferien, Austausch von Studieninhalten, gemeinsame Hobbys usw. Durch solche Kommunikations- und Interaktions-Transfers entsteht eine Verwandtschaftskultur. Vor allem sind auch Verwandtschaften oft multilokal. Trotz räumlicher Trennung können enge Beziehungen bestehen durch Telefonate oder wechselseitige Besuche.

Ein weiterer Aspekt der Verwandtschaft in den westlichen Industriegesellschaften ist die intergenerationale Verlagerung des Verwandtschaftssystems. Diese besteht nach Lüschen aus der gewachsenen Lebenserwartung, die vor allem bei Frauen zu beobachten ist, sowie durch die Reduktion der Haushaltsgrößen (Lüschen, 1988: 145-172). Einerseits gibt es durch die kleine Familiengröße weniger Geschwister, Cousins und Cousinen, Nichten und Neffen, Onkel und Tanten. Andererseits ergibt sich durch die höhere Lebenserwartung eine intergenerationale Expansion des Verwandtensystems. Dabei läßt sich wegen der höheren Lebenserwartung der Frau eine Feminisierung der Verwandtschaft beobachten.

Solch einer Verstärkung der Verwandtschaft steht einschränkend die Individualisierung entgegen, die in der Industriegesellschaft normativ ist.

Die Funktionen der Verwandtschaft sind vielfältig. Zwar hat sie ihre Funktion als wirtschaftliche Einheit eingebüßt, obgleich in den besitzenden Familien Verwandtschaftsverbände immer noch eine große Rolle spielen. Alltagsweltlich jedoch ist sie nach wie vor funktional. Verwandtschaft ist ein wichtiger Ort von sozialer Sicherheit bei Krankheit, Lebenskrisen und teilweise auch bei finanziellen Schwierigkeiten. Zwischen Verwandten finden aber auch kognitiver und emotionaler Austausch sowie gemeinsame Interaktionen statt. Es scheint so zu sein, daß Menschen kurzfristige Hilfen von Freunden und Nachbarn erwarten, während sie bei langfristigen Problemen auf die Verwandtschaft zurückgreifen, wobei den verwandtschaftlichen Beziehungen Zusammenhang, Dichte, Festigkeit und Beständigkeit zukommt (Litwak, 1985).

4.4.9.2. Familie und Freundschaft

Sie ist für den modernen Menschen genauso existentiell wichtig wie für Menschen früherer Zeiten, mögen auch die Verhaltensmuster sich gewandelt haben und insbesondere die Intimität geringer geworden sein als beispielsweise in der Zeit der Empfindsamkeit, der Klassik und Romantik. Dabei hat sich herausgestellt, daß Verwandtschaft und Freundschaft komplementär sind. Verwandten- wie Freundesbesuche sind etwa gleich häufig. Einseitig auf Freunde ausgerichtete Familien gibt es nur wenige, während einseitige Verwandtschaftskontakte häufiger anzutreffen sind. Gleichzeitig gehören aber neben Verwandten und Freunden auch Nachbarn, Berufskollegen und Vereinsmitglieder zu den Interaktionspartnern des modernen Menschen, so daß die These von der Isolation des Individuums in der industriellen Massengesellschaft eingeschränkt werden muß (Lüschen, 1988). Nicht zu vergessen sei, daß oft Verwandte die engsten Freundschaften bilden, wie Cousinen, Cousins, Neffen und Nichten.
Als Ressourcen der Freundschaft entwickelt Nötzoldt-Linden die Sozialität, die in Freiwilligkeit und Gleichgewichtigkeit besteht; Wissen, Nähe und Bindung, die das Wissen über den andern beinhaltet, häufige und starke Nähe sucht sowie sich an den Freund/die Freundin bindet; Emotionalität durchwebt die Freundschaft mit freundlichen und guten Gefühlen; Vertrauen ermöglicht es, dem Freund auch die intimen Gedanken und Probleme mitzuteilen, weil ich auf seine Verschwiegenheit vertrauen kann; Solidarität als prosoziale Haltung bedeutet, daß ich für den anderen Sensitivität, Wertschätzung und Verantwortung entwickle; personale und soziale Sicherheit bedeutet für den Freund, geschützt und geborgen zu sein und auch

in Notlagen Hilfe erwarten zu dürfen; schließlich können Freunde trösten (Nötzoldt-Linden, 1997: 7-11).

4.4.9.3. Familie und Nachbarschaft

Sie steht unter einer Komplementarität von Distanz und Solidarität (Noack, 1994). Distanz beinhaltet zunächst, daß der Nachbar kein Freund ist (er kann es jedoch werden). Distanz entspricht dem Individualisierungsdruck, aber auch dem Wunsch des Individuums nach Selbstsein, Individualität, Nichteinmischung, Abgrenzung und Ruhe. Sie beschreibt das Bedürfnis nach dem kleinen Kosmos von Erholung, der, fern von der Welt der Notwendigkeit, ein Utopia von Alltagsferne und Bei-sich-Sein suggeriert. Solidarität dagegen baut nicht auf Liebe und Freundschaft auf, sondern auf Hilfsbereitschaft. In den Mangelgesellschaften war sie funktional. Sie bedeutete die Ausleihe und den Austausch von Mangelgütern. Heute sind Helfen, Tauschen und Mitbenutzen fast überflüssig geworden, weil jeder Haushalt die notwendigen Güter selbst besitzt und der Sozialstaat die meisten Nachbarschaftsfunktionen übernommen hat. Aber nach wie vor gibt es Nachbarn, die zum Familiennetz dazugehören, die Nachbarschaftshilfe leisten und mit denen die Familie zusammenleben muß.
Die nachbarliche Familie ist zugleich eingebunden in die Wohngemeinde und die politische Gemeinde (Strohmeier, 1989: 454-473). Als solche ist sie ein Mehrebenensystem. Familien sind einerseits Subsysteme, bestehend aus den Kommunikationen und Interaktionen der Familienglieder sowie dem sozialen Zusammenhang von sozialem Lernen und persönlicher Entwicklung, und andererseits Akteure eines Obersystems, nämlich der Wohngemeinde und der politischen Gemeinde. Die Wohngemeinde besteht aus den lokalen Netzwerken sozialer Beziehungen und den materiellen Ausstattungen der Familie für den Alltag, wie Wohnung, Möbel und andere Ressourcen, aber auch dem sozialökologischen Umfeld. Die politische Gemeinde hingegen stellt eine Gebietskörperschaft dar mit eigener demokratischer Legitimation und Selbstverwaltung. Die Familie hat ihren Ort in der politischen Gemeinde als verfassungsrechtliche Institution, wodurch sie den Schutz und die Förderung durch die Gemeinde erhält. Dies kann in Notsituationen wichtig werden. So bilden sowohl die Wohngemeinde als auch die politische Gemeinde einen wesentlichen Zusammenhang zum Familienalltag, der familialen Entwicklung und der familialen Leistungen. Dabei sind diese beiden makrosystemischen Gemeindeformen einerseits zentriert auf das Familiensystem, wobei die Familie sich selektiv ihre eigene soziale Umwelt gemäß ihren eigenen Strukturmerkmalen und Leistungsanforderungen

schafft, und andererseits ist sie auch exzentrisch eingebettet in die sozialökologische Umwelt.

4.4.9.4. Familie und Arbeit

Die Arbeitsstelle ist sowohl eine familientransgressive Sozialwelt als auch ein System, das gestaltend in das System Familie hineinwirkt. Familienzufriedenheit wirkt sich positiv auf die Arbeit aus und Arbeitszufriedenheit auf das Familienklima. Zugleich strukturiert die Arbeitswelt das Familiensystem zu einer Wohn- und Wirtschaftsgemeinschaft, d.h. zu einem Haushalt. Dabei sind von den 26,4 Millionen Privathaushalten in der Bundesrepublik (1986) nur ein Drittel Familienhaushalte, eine Zahl, die weiter sinkt (Hegner, Lakemann, 1989: 491-511).
Die Teilnahme am Erwerbsleben erfolgt aufgrund mehrerer Motive (Jahoda, 1983: 46 ff.):

- Sicherung des Lebensunterhaltes durch Erwerbseinkommen oder erwerbsgebundene Sozialleistungsansprüche.
- Erwerb eines sozialen Status durch berufsgebundene, erworbene Statusmerkmale, einschließlich des dadurch gewonnenen Sozialprestiges.
- Selbstbestätigung und Selbstverwirklichung durch die Erprobung und Weiterentwicklung der Kompetenzen.
- Vermittlung von sozialen Kontakten und Partizipationschancen außerhalb der Familie.
- Zeitstrukturierung des Tages und damit Vermeidung einer Zeitdiffusion und Depravierung des Verhaltens.

Darum sind Arbeitswelt und Familienhaushalt eng miteinander verknüpft. Weiterhin bedeutet der Familienhaushalt als eine Lebenswelt einen ausdifferenzierten Erlebens- und Verhaltenszusammenhang. Er setzt sich zusammen aus (Hegner u.a., 1987):

- Familie
- Haushalt
- Personales System
- Familienhaushalt.

Das Sozialsystem *Familie* wird durch drei Subsysteme gebildet: Durch die Ehe (bzw. Partnerschaft), d.h. die Relation zwischen Mann und Frau; durch die Elternschaft, d.h. die Relation zwischen Vater, Mutter und Kind bzw.

Kindern; durch die Relation zwischen den Geschwistern. Das Sozialsystem Familie mit seinen drei Subsystemen ist gegründet auf ein System von Normen, Verhaltenserwartungen, Aktivitäten, Zuordnung zu Rollen und Positionen sowie Sanktionen. Sie regeln die interpersonalen Beziehungen genauso wie Ehedauer und Kinderzahl.

Das Sozialsystem *Haushalt* wird durch zwei sozial organisierte Subsysteme organisiert. Zunächst sind es bedarfswirtschaftliche Normen, Aktivitäten, Rollen und Positionen, die die Bedürfnisse der Familie durch nichtmonetäre Tätigkeiten sichern. Zum andern sind es erwerbswirtschaftliche Normen, Aktivitäten, Rollen und Positionen, die die Familie durch Geldeinkünfte erhalten und absichern. Durch die Komplementarität des bedarfswirtschaftlichen und erwerbswirtschaftlichen Subsystems werden für die Familie Bedürfnisse und ihre Befriedigung sowie Bedarfsdeckung gewährleistet.

Die *personalen Systeme* von Mann, Frau und Kind bzw. Kindern werden durch leibliche, seelische, geistige und soziale Anteile gebildet. Sie sorgen für die Erledigung haushalts- und familienspezifischer Aufgaben, wodurch sie Bedarfsdeckung und Erwerbsdeckung sicherstellen.

Das Sozialsystem *Familienhaushalt* schließlich ist eine Konstellation von Rollen, Positionen, Normen, Verhaltenserwartungen und Aktivitätsmustern, durch die es das personale System mit den anderen beiden Sozialsystemen Familie und Haushalt verknüpft. Es stellt damit die Familie als einen Erlebens- und Verhaltenszusammenhang her, der sie von der Umwelt als ein eigenes System abgrenzt.

Zwischen Familienhaushalt und Umwelt erfolgt ein reger Ressourcenaustausch. Hegner nennt vor allem zwei Austauschprozesse zwischen Familienhaushalt und Umweltsektoren (Hegner u.a., 1987: 55 ff.). Erstens verbrauchen die Personen des Familienhaushaltes während der Erwerbsarbeit Energien, Aufmerksamkeit und emotionale Kräfte. Wenn es in der modernen Industriearbeit zur Arbeit als totaler Absorption kommt, dann können Energien für die haushalts- und familienspezifischen Aktivitäten und Funktionen fehlen. Völlig energienentleerte Personen suchen in der Familie neue Kraftreserven, aber steuern nicht mehr genügend Dienstleistungen zum Familiensystem bei. Damit verlagert der Familienhaushalt Energien von innen nach außen, die ihm dann für die bedarfsdeckenden Tätigkeiten fehlen können (an Kindererziehung oder auch an Sexualität ist hier zu denken). Die Arbeitswelt kann eine so große Bedeutung annehmen, daß der arbeitende Mensch in zwei Welten siedelt, der Familie und dem Arbeitsplatz, wobei oft der Arbeitsplatz die Familie kolonialisiert.

Weiterhin erhalten die Familienangehörigen für die Erwerbstätigkeiten Geldeinkünfte, mit denen Anschaffungen gemacht werden oder Urlaub und

andere Freizeitbeschäftigungen finanziert werden können. Aber die Erwerbstätigkeit kann auch Ressourcen ganz anderer Art erschließen: Anspruch auf Sozialleistungen, Sozialprestige, Arbeitsplatzkontakte, Strukturierung der Zeit, Selbstverwirklichung und Kompetenzentwicklung usw. Durch Sicherung des Lebensunterhaltes und des gesellschaftlichen Status kann der Familienzusammenhalt gefestigt werden, und die beruflichen Erfahrungen können die Familie kommunikativ und interaktional bereichern. Indem die Erwerbstätigkeit Ressourcen aus dem Familienhaushalt verbraucht, ihm aber zugleich Geldeinkünfte zuführt, wirkt sie auf alle vier Komponenten, Familie, Haushalt, Personen und Familienhaushalt, ein. Es wäre auf ein Gleichgewicht zwischen Erwerbstätigkeit und allen vier Komponenten der familialen Lebenswelt zu achten, so daß sowohl die materiellen Bedürfnisse durch die Erwerbstätigkeit erfüllt werden als auch die immateriellen aus der Familienlebenswelt. Solch eine Balance ist allerdings problematisch, da Zeitmöglichkeiten und die körperliche wie psychische und geistige Leistungsfähigkeit begrenzt sind und die Arbeitswelt immer höhere Leistungsforderungen stellt. Dies soll im folgenden konkretisiert werden.
Zunächst soll der Zusammenhang zwischen Erziehungszeit und Erwerbstätigkeit gezeigt werden. Berger-Schmitt weist nach (Berger-Schmitt, 1985: 105-174), daß nichterwerbstätige Mütter acht Stunden am Tag für die Betreuung der Kinder aufwenden, während es bei erwerbstätigen Müttern nur 5,4 Stunden sind. Umgekehrt beträgt der Zeitaufwand der Väter bei Nichterwerbstätigkeit der Frau 2,6 Stunden, bei Erwerbstätigkeit der Frau hingegen 3,8 Stunden. Die Väter gleichen also teilweise die Zeitreduktion der erwerbstätigen Mutter aus, erreichen aber maximal die Hälfte der Zeit, die die Mutter aufwendet. Dies bedeutet, daß Erwerbstätigkeit die Zeit des Kontaktes der Eltern mit den Kindern reduziert. Dabei differenzieren sich die Zuwendungszeiten noch einmal schichtenspezifisch. Während Frauen der oberen Mittelschicht und unteren Oberschicht ihre Beschäftigungszeiten mit dem Kind bei Erwerbstätigkeit kaum einschränken (was darauf zurückzuführen ist, daß die Mütter oft teilzeitbeschäftigt sind und sie den Haushalt rationalisieren), macht sich die Berufstätigkeit der Mütter der beiden Basisschichten deutlich in einer Reduktion der Zuwendungszeiten bemerkbar, was sich wiederum aus der Vollzeitarbeit der Mutter mit niedrigem Einkommen und der mangelnden Haushaltsrationalisierung erklärt. Interessanterweise wird diese Zeitreduktion von den Müttern in der Regel nicht als problematisch angesehen. In diesem Zusammenhang ist es wichtig, zwischen der Quantität und der Qualität der Zuwendung zu unterschei-

den. Die Qualität der Zuwendung, das bedeutet auch der Erziehungsstil, die Intensität der Kommunikation und der Interaktionen, die Formen der Bereicherung des Kindes usw. entscheiden mehr über die Güte der Eltern-Kind-Beziehung als eine bloß quantitative Zuwendung.

Damit berühren wir das Verhältnis von Erwerbsarbeit und Familienkontakten. Hondrich stellt fest (Hondrich, u.a., 1988), daß Eltern um so häufiger und regelmäßiger innerfamilial kommunizieren und agieren, je verantwortlicher und vielseitiger ihre Arbeit ist und je stärker sie modernen Rollenbildern folgen, bei denen Zuneigung und Interessengemeinschaft sowie partnerschaftliche Verhaltensmuster vorherrschen. Dagegen reduziert sich innerfamilialer Kontakt bei Eltern mit einseitiger und nervlich belastender Arbeit. Es ist verständlich, daß es eine Rolle spielt, ob die Eltern abends zuhause sind, da die meisten Menschen den Abend mehr genießen als den Morgen; ob die Eltern Schichtarbeit verrichten, was die größten Störungen in der Familienkommunikation hervorruft; oder ob Vater und Mutter beide vollzeitlich berufstätig sind, weil in diesem Fall die Arbeit die körperlichen und psychischen Energien beider Elternteile so sehr verbraucht, daß die Kommunikation, die affektive Zuwendung und die Freizeitgestaltung darunter leiden.

Einen bedeutenden Einfluß hat die Arbeitswelt auch auf den Zeitaufwand für die Hausarbeit. Krüsselberg u.a. haben gezeigt (Krüsselberg u.a., 1986: 167), daß nichterwerbstätige Frauen 393 Minuten am Tag Hausarbeit verrichten, erwerbstätige Frauen hingegen nur 282 Minuten, während sie bei teilzeitbeschäftigen Frauen (10 bis 19 Stunden Wochenarbeitszeit) etwa in der Mitte liegt. Die Differenz im täglichen Zeitaufwand für die Haus- und Erziehungsarbeit zwischen nichterwerbstätigen und vollzeiterwerbstätigen Frauen beträgt drei bis vier Stunden am Tag, zwischen teilzeit- und vollzeiterwerbstätigen etwa 2,5 Stunden. Dabei scheint es so zu sein, daß nichterwerbstätige Frauen durch den Mehraufwand an Arbeitszeit die soziale Anerkennung ihrer Hausarbeit zu steigern versuchen, um das ökonomische Ungleichgewicht zwischen Mann und Frau zu kompensieren. Erwerbstätige Frauen hingegen ermöglichen durch ihr Zusatzeinkommen, Güter für die Bedarfsarbeit anzuschaffen und somit die Ausstattung des Haushaltes mit technischen Hilfsmitteln zu verbessern. Sie rationalisieren die Hausarbeit und sparen somit Zeit. Zugleich entwickeln sie ein stärkeres Kompetenz- und Gleichwertigkeitsgefühl gegenüber dem Mann, weil sie eine ihm gleichwertige Arbeit verrichten.

Einen Einfluß auf das Familiensystem hat auch die Verteilung der Hausarbeit. Hegner u.a. haben gezeigt, daß neben der Aufteilung der Arbeit zwi-

schen der Frau, die die routinemäßigen Hausarbeiten, und dem Mann, der die handwerklich-technischen verrichtet, auch die Zeitdauer innerhalb der Aufgabenverteilung maßgeblich durch die Berufstätigkeit der Frau bestimmt wird (Hegner, u.a., 1987). Männer mit erwerbstätigen Frauen engagieren sich stärker in der Hausarbeit als Männer mit nichterwerbstätigen Frauen. Krüsselberg u.a. haben nachgewiesen, daß in einer Familie mit zwei Kindern der Mann im Durchschnitt täglich 55 Minuten Zeit aufwendet für die Hausarbeit und Kinderbetreuung, wenn die Frau nur wenig oder gar nicht berufstätig ist. Wenn die Frau hingegen vollzeitbeschäftigt ist, wendet der Mann 90 Minuten für den Haushalt auf (Krüsselberg u.a., 1986: 202). Allerdings bleibt die Doppelbelastung der Frau bestehen. Es spielt jedoch auch der Bildungsfaktor eine Rolle. Je höher der Bildungsabschluß und der Berufsstatus der Frau ist, desto stärker ist die Mitarbeit des Mannes. Sobald aber die Frau ihre Arbeitszeit reduziert oder aufhört, erwerbstätig zu sein, schränkt der Mann sofort seine Mithilfe ein. Allerdings gälte es auch, die Mithilfe der Kinder zu berücksichtigen. Diese Beobachtungen zeigen deutlich, daß Aufgaben im Familienhaushalt und die Erwerbsarbeit in einem komplementären, ambivalenten und konkurrierenden Verhältnis zueinander stehen, wobei die Hausarbeit wegen ihres geringen Sozialprestiges stets geringer eingeschätzt wird, woraus der Wunsch vieler Frauen erwächst, eine Vollzeit- oder zumindest eine Teilzeitbeschäftigung anzunehmen.
Schließlich spielt für das Verhältnis von Familie und Arbeit die Komplementarität von Familienglück und Berufszufriedenheit eine große Rolle. Obwohl die Erwerbstätigkeit in der Gesellschaft höher eingeschätzt wird als die unbezahlten Haushalts- und Erziehungsarbeiten, nehmen für die Lebenszufriedenheit familiale Orientierungen einen höchsten Stellenwert ein. Habermehl und Schulz konnten nachweisen, daß die Wertpräferenz bei Verheirateten mit Kindern dergestalt ist, daß die Familienzufriedenheit und die Kindererziehung unter zehn vorgegebenen Alternativen den höchsten Rang einnahmen. Berufliche Leistungen als Wert nahmen nur die fünfte Stelle ein (Habermehl, Schulz, 1982: 741). Dabei korrelieren die Qualität der Partnerbeziehung und die Freude an Kind und Familie und differiert die Zufriedenheit bei Frau und Mann. Die Frau hat eine größere Lebenszufriedenheit, wenn sie gemeinsam mit dem Mann einer Berufstätigkeit nachgeht und keine Kinder da sind oder sie bereits die Familie verlassen haben. Hingegen ist die Lebenszufriedenheit bei Männern größer, wenn die Frau nicht einem Beruf nachgeht (Berger-Schmitt, 1985: 144 ff.). Das bedeutet, daß die Zufriedenheit des Mannes, und damit korrelierend die Stabilität der Ehebeziehung, in dem Maße beeinträchtigt wird, in dem die berufliche Ar-

beitszeit der Frau anwächst und umgekehrt die Zufriedenheit am größten ist, wenn die Frau nicht einem Beruf nachgeht. Für die Frau bedeutet das, daß die traditionelle Rollenverteilung immer noch für sie eine Doppel- bzw. Vielfachbelastung mit sich bringt, wenn sie berufstätig ist, und sie die Erziehungs- und Haushaltsaufgaben und die Erwerbstätigkeit als zwei Lebensfelder betrachtet mit einer gleich großen Herausforderung. Wenn in Zukunft der Mann zunehmend seinen Anteil an der Hausarbeit leistet, wachsen die Chancen, die Polarität von Familie und Arbeit zu reduzieren.

4.4.9.5. Familie und Freizeit

Freizeitinteressen und Freizeitgestaltung betreffen sowohl innerfamiliale Räume als auch familientransgressive Sozialräume. Dabei verbringen die Bundesbürger 70% der gesamten Freizeit, das heißt am Werktag, am Wochenende und im Urlaub, in der Wohnung. An Werktagen werden durchschnittlich 78% der Freizeit innerfamilial verbracht, am Wochenende 64%. Die außerfamilial genutzte Freizeit ist noch einmal abhängig von der Siedlungsform: 35% der Großstadtbewohner fahren aus der Stadt hinaus, während es bei den Mittelstädtern 25% und bei den Kleinstädtern nur 15% sind (Hildebrand, 1980: 83). Die Großstadt bietet offenkundig zu wenig befriedigende Freizeitangebote mit dem Charakter von Natur. Ob jemand die Freizeit zu Hause verbringt, unterliegt allerdings oft nicht seinen Präferenzen, sondern ob die Mittel für außenorientierte Aktivitäten überhaupt ausreichen. Menschen der mittleren Mittelschicht verbringen aus finanziellen Gründen mehr Zeit zuhause, als sie möchten, weil Fernsehen billiger ist als Ausgehen. Angehörige der unteren Mittelschicht oder der Basisschichten sind gezwungen, sich außenorientiert zu verhalten, weil die Straße, die Parkanlage oder das Einkaufszentrum (Erlebniskauf) oft angenehmer sind als die enge Wohnung (Middeke, 1979: 89 f.).
Typische familienorientierte Indoor-Aktivitäten sind Essen und Zubereiten von Mahlzeiten, Fernsehen und Radio, Hausarbeit, Körperpflege und Kleidung, Stricken, Nähen, Kinderpflege, Wäsche, Basteln, Hobbies, Weiterbildung, Lesen, Ausruhen, d.h. Nichtstun, u.a. (Abrams, 1972: 186). Außenorientierte Outdoor-Aktivitäten sind dem öffentlichen Freizeitbereich zugehörig. Wir können folgende funktionale Differenzierung der Freizeitteilbereiche vornehmen (Braun, Mathias, 1975: 69): Sport-, Spiel- und Badeeinrichtungen, naturbezogene Freizeiteinrichtungen und topographische Gegebenheiten, Erwachsenenbildungs- und Kultureinrichtungen, Vergnügungsstätten und gastronomische Einrichtungen, Treffpunkte, Kommunikations-

bereiche und Freizeithäuser, regional und überregional bedeutsame Freizeit- und Erholungsräume sowie Einrichtungen für Freizeitwohnen. Nicht vergessen werden dürfen die raumgreifenden Freizeitaktivitäten, wie Erlebnisreisen, Tourismus und moderne Erlebniswelten. Erlebnis geht heute vor Bedarfsdeckung (Opaschowski, 1995: 138-147). Darum werden den Menschen Erlebniswelten vermittelt und nicht Lebensnotwendiges. Kriterien von Erlebniswelten sind: Sie sind unverwechselbar, prägnant, einmalig, ereignisbezogen, neuartig, aktuell, trendbezogen, emotionalisierend, individualisierend, lebensstilprägend, orientierbar, übersichtlich, klar, einprägsam. Die Instrumente der Erlebniswelten sind: Differenzierungs- und Marktnischenstrategie, Produktionsgestaltung, Produktionsqualität, Markenpolitik, Preisstrategie, Verkaufsförderung, persönliche Beziehungen aufbauen, Werbung, Public Relations. Die Wirkungen der Erlebniswelten sind: Aufmerksamkeit, Attraktivität, Akzeptanz, Glaubwürdigkeit, Bedeutsamkeit, Wichtigkeit, Wahrnehmung, Resonanz, Kaufabsicht. Darum müssen die Unternehmer, die die Erlebniswelten managen, darauf achten, Markterfordernisse, Konsumentenerwartungen, Freizeitbezug und Erlebnisorientierung miteinander zu verbinden.

Allerdings werden solche Chancen von Männern und Frauen sehr unterschiedlich genutzt (Lenz-Romeiß, 1974: 23f.). So haben Frauen, wenn sie berufstätig sind, durch die Doppelbelastung und die Doppelrolle besonders wenig Freizeit. Kann es sein, daß Männer es schaffen, der Frau die Freizeit zu stehlen (Rastetter, 1996: 45-66)? Frauenzeit ist gebundene Zeit und sozial unterbewertete Zeit. Außerdem lassen sich bei den Freizeitmustern und den Erlebniswelten Geschlechtersegregationen feststellen: Viele von ihnen sind männlich, wie Outdoor-Activities, während die Frauen die Fankultur und das Shopping pflegen dürfen.

Freizeit besitzt zugleich eine Machtkomponente: Wer über die freie Zeit verfügen darf, wer über die knappe Ressource Zeit bestimmen kann, der besitzt mehr Macht. Dies führt zu einer Geschlechterkonkurrenz um Frei-Zeiten, in der die Frau unterlegen ist, in der sie aber auch um die Verfügbarkeit über eigene Zeit kämpfen muß, denn die Gesamtarbeitszeit der Frau, wenn sie erwerbstätig ist, ist stets höher als die des Mannes. Frauen haben also weniger eigene Zeit als Männer, und zwar verbringt die Frau ohne Kinder eineinhalbmal so viel Zeit wie der Mann in der Hausarbeit, was sich für die Frau noch einmal verschlechtert, wenn Kinder dazukommen, während für den Mann die im Haushalt aufgewendete Zeit fast gleich bleibt; auch am Wochenende hat die Frau deutlich weniger Zeit für sich als der Mann. Und sie muß die Zeit mehr nützlich und konstruktiv als hedonistisch verbrauchen.

Vor allem aber ist die Freizeit der Frau männlich definiert. Ausgehend vom Dual Arbeit und Freizeit, arbeitet der Mann in der Berufswelt und sucht zu Hause Erholung und Entspannung, Bindung, Liebe, bedingungslose Akzeptanz und selbstbestimmtes Handeln. Diese Atmosphäre soll die fürsorgliche, gefühlvolle und verantwortungsbewußte Frau schaffen. Die Frau wird durch diese Rollenzuweisung zu einem Bestandteil der männlichen Freizeit. Wenn aber die Frau die Freizeit des Mannes ist, dann besitzt sie keine eigene frauliche Zeit mehr. Für Frauen bedeutet darum Freizeit: Alltagsarbeit, Organisationsarbeit, Hausarbeit, Emotionsarbeit und sexualisierte Arbeit (Rastetter, 1996: 51), aber wenig selbstbestimmte Zeit und geringe Zeitsouveränität.

Freizeit ist insofern weiblich, als die Frau keine Freizeit hat, sondern sie Freizeit für andere ist. Vor allem aber besitzt die Arbeit der Frau, wenn sie Hausarbeit, Alltagsarbeit und Erziehungsarbeit leistet, eine andere Zeitlogik als die des Mannes. Sie darf nicht gemäß der Dichotomie Arbeit und Freizeit zwischen beidem unterscheiden, sondern ihre Zeit ist soziale, zyklische (eine ewige Wiederkehr des Gleichen) und aufgabenbezogene Zeit. Bei Alltagsarbeiten wechseln kürzere Arbeitsphasen und kürzere freie Phasen ab, wodurch eine Patch-Work-Zeit entsteht, eine unplanbare Zeit-segmentierung. Das verbietet auch eine Unterscheidung von Arbeit und Freizeit, beide überlagern sich. In der Freizeit kauft die Frau schnell noch ein, und sie beaufsichtigt zugleich das Kind. Weiterhin ist ihre Alltagsarbeit mit der Familie verbunden, was die Frau in eine ambivalente Gefühlslage bringt, denn einerseits schätzt auch sie die Freizeit mit der Familie hoch ein, andererseits bedeutet das Beisammensein mit der Familie für sie Arbeit. Dies betrifft vor allem die Wochenenden, die ja der Familie gehören.

Auch bei Besuchen von Freunden und Bekannten ist bei der Frau die Freude über den Besuch verbunden mit Hausarbeit und Emotionsarbeit. Darum unterscheiden Frauen solche Einladungen von Freundinnenbesuchen. In der Zeitlogik ist der Unterschied zwischen Hausfrauen und erwerbstätigen Frauen gering. Für die Hausfrau ist die Patch-Work-Zeit charakteristisch; die Minutenferien und die Kurzzeittätigkeiten bilden einen Flickenteppich von Arbeits- und Freizeitsegmenten, in denen sich zudem Freizeit- und Arbeitsaspekte überlagern. Die kurzen Arbeitspausen können kaum für die Nutzung größerer Freizeitangebote genutzt werden. Zur Zeitlogik der Frau gehört auch, daß sie wegen ihrer fragmentierten Patsch-Work-Zeit flexible Freizeitmöglichkeiten bevorzugt, die spontan begonnen werden können und die wenig Vorbereitung und Planung erfordern.

Erwerbstätige Frauen hingegen fallen zunächst, genau wie der Mann, unter das Arbeits- und Freizeit-Dual. Darum werden sie zwischen Arbeit und

Freizeit unterscheiden. Aber wenn sie nach der Arbeit nach Hause kommen, beginnt für sie der Frauen-Alltag. Während die Erwerbstätigkeit für die Frau einerseits finanzielle Unabhängigkeit, Sozialkontakte außerhalb der Familie und vom Mann unkontrollierte Zeit ermöglicht, so bezahlt sie diesen Gewinn mit der Doppelrolle und der Vielfachbelastung.
Schon die Mädchen werden für die Zeitlogik der Frau sozialisiert. Sie haben weniger Freizeit als die Jungen, da sie der Mutter im Haushalt helfen oder auch auf jüngere Geschwister aufpassen müssen, sie haben weniger Aktionsraum und Sozialraum, da sie oft weniger Taschengeld als die Jungen bekommen, und sie werden in den gemischtgeschlechtlichen Cliquen in die Passivrolle der bewundernden Zuschauerin gedrängt. Sobald ein Mädchen einen Freund hat, bestimmt oft der Freund über ihre Zeit. So ist Frauenfreizeit weitgehend kontrollierte Zeit. Foucault, der den Machtverästelungen in der Gesellschaft nachspürt, hat festgestellt, daß diese Zeitkontrolle Machtausübung bedeutet (Foucault, 1989). Die Zeitarrangements der Kindergärten, Schulen und Behörden besitzen nicht nur Zweckfunktionen, sondern auch Kontrollfunktionen. So werden die Zeit der Frau, die Orte, die sie aufsuchen darf oder meiden muß, die Normen des Schicklichen und die Geldmittel der Frau durch den Mann kontrolliert. Frauenzeit hat also eine doppelte Problemstruktur: Sie bringt Beschränkungen für Freizeit und Beschränkungen durch die Freizeit; und es gibt sehr wenig selbstbestimmte Frauen-Zeit.
Freizeit und Freizeitverhalten sind eben nicht allgemein beschreibbar, sondern sie sind in die Gesamtheit der Lebensvorgänge integriert und differieren bei verschiedenen Personengruppen mit unterschiedlichen sozialen Lagen, Alltagswelten und Lebenswelten. Familienstand und Familienzyklus, das Alter, Schulbildung, Bildung und Beruf, Einkommen, Wohnortgröße, Lage der Wohnung in der Stadt, Größe der Wohnung und die soziale Schichtzugehörigkeit haben einen großen Einfluß auf die Nutzung von Freizeit. Der Sozialpädagoge muß darum immer auch die Freizeitgestaltung im Auge behalten, wenn er Familienarbeit leistet.

4.4.10. Ergebnis

Soziale Arbeit bedeutet heute, alltagsweltlich, lebensweltlich und netzwerkorientiert vorzugehen. Der Klient ist ja ein Individuum, das in Netzwerken und Systemen lebt. Bei allen Arbeitsfeldern der sozialen Arbeit wird bei lebensweltlicher Vorgehensweise die Familie mit ihren familientransgressiven Lebensfeldern ins Gesichtsfeld treten. Eine wichtige Aufgabe sozialer Arbeit besteht deshalb in der Heilung des Familiensystems und der familialen Lebenswelt, welche die familientransgressive Verwandtschaft, Freundschaft, Nachbarschaft, Arbeit und Freizeit umfaßt. Dieses Total der Lebenswelt muß in jede soziale Arbeit einbezogen werden, um Menschen zu heilen und zu resozialisieren. Darum ist nicht nur jede Einzelberatung zugleich Familienberatung, sondern auch Gemeinwesenarbeit, durch die gesellschaftliche Bedingungen für die Entfaltung der Lebenswelten geschaffen werden.

4.5. Die Seniorenarbeit

Seniorenarbeit wird immer wichtiger und dringlicher, denn die Zahl der alten Menschen nimmt stetig zu, und die Qualität ihres Lebens verändert sich. Denn auch die alten Menschen profitieren von der Zunahme individueller Lebensentwürfe und Optionen unserer Gesellschaft, verbunden mit den Fortschritten der Medizin. Die alten Menschen sind nicht nur gesünder als früher, sie fühlen sich zum überwiegenden Teil auch gesund und gar nicht alt.

4.5.1. Die Altersgesellschaft und ihre Konsequenzen

Wenn wir von einer alternden Gesellschaft sprechen, dann müssen wir zwei Entwicklungen im Auge behalten (Eppe, 1994: 107 f.):

(1) Die Altersgruppe der 19-60-Jährigen, die erwerbstätige, produktive Gruppe in der Gesellschaft, nimmt zahlenmäßig ab. Dies bedeutet entweder, daß immer weniger Berufstätige für immer mehr alte Menschen aufkommen müssen oder daß die alten Menschen länger im Arbeitsprozeß bleiben. Daraus ergäben sich neue Formen von Kommunikation, Innovation und Gesundheitszustand im Betrieb. Allerdings wird diese Perspektive bisher kaum verfolgt. Welche der beiden Alternativen verwirklicht wird, hängt ab von der Arbeitsmarktsituation, der Konjunkturentwicklung, den Lohnkosten usw. Die Frage ist tatsächlich, ob wir in Zukunft von der Alterslast oder von dem Alterskapital sprechen wollen.

(2) Die Zahl der über 60-Jährigen wird ständig zunehmen, was dazu führt, daß immer weniger Personen für immer mehr Menschen finanziell aufkommen müssen. Gleichzeitig wird die Gesellschaft herausgefordert, das Pflege- und Gesundheitssystem weiterzuentwickeln.

Diese Veralterung der Gesellschaft wird aufgehalten von den Zuwanderern. Weil sie in der Regel jung sind, kann durch sie der Überalterungsprozeß der Gesellschaft verlangsamt werden. Auf lange Sicht allerdings bedeutet dies, daß der Anteil von alten Menschen, die einst zugewandert sind,

auch steigen wird. Noch ist nicht abzusehen, was eine multi-ethnische und multikulturelle Altengesellschaft bedeuten wird. Denn viele Zuwanderer haben andere Vorstellungen vom Alter als man in unserer mitteleuropäischen Kultur hat (übrigens oftmals keineswegs „schlechtere").
In Zahlen ausgedrückt, stellt sich die Langlebigkeitsgesellschaft wie folgt dar (Lehr, 1987: 11 f.; Braun, 1992: 12 f.): Die Lebenserwartung eines Neugeborenen zur Zeit des Perikles im klassischen Griechenland betrug 20 Jahre. Kaum länger lebte der Durchschnitt der Bevölkerung in Deutschland während des frühen und hohen Mittelalters. Noch 1875 wurde der Durchschnitt der Bevölkerung nur 35 Jahre alt. Heute liegt die Lebenserwartung der Männer bei 72 Jahren und die der Frauen bei 78 Jahren. Dies bedeutet lebensweltlich, daß noch 1871 nur eines von vier Kindern das 14. Lebenjahr erreichte. Noch um 1750 herum verlor ein Kind zumindest einen Elternteil mit 14 Jahren. Heute hingegen erleben viele Kinder Eltern in allen Lebensphasen. Zugleich erkennen wir, daß es früher wegen des frühen Todes die Drei-Generationen-Familie äußerst selten gab. Was uns heute als Norm erscheint, projizieren wir anachronistisch und romantisierend in die Vergangenheit. Es gab früher nur wenige alte Menschen, die darum auch einen hohen Wert repräsentierten (obgleich auch damals schon die Haltung alten Menschen gegenüber ambivalent war). Heute dagegen sind 21% der Bevölkerung über 60 Jahre alt. Diese Tendenz setzt sich fort. Man erwartet für das Jahr 2030 einen Altenanteil von 31%. Dies schließt ein, daß auch der Anteil der Hochbetagten zunimmt. Die Konsequenzen dieser Langlebigkeitsrevolution sind noch kaum abzusehen. Viele Vorurteile über alte Menschen stammen noch aus der Zeit der frühen Vergreisung und des unzeitigen Todes. Andererseits wird nun das Leben planbar, und lebenlanges Lernen wird sinnvoll.
Altwerden geschieht heute in einer Welt der Modernisierung. *Modernisierung* (Backes, 1997: 197-199) bedeutet für den alten Menschen folgendes:

(1) Die demographische Struktur in modernen Gesellschaften ist gekennzeichnet durch die Verlängerung der Lebenserwartung und den Rückgang der Geburten. Durch Zuwanderung kann die Bevölkerung wachsen, aber Phasen der Stagnation und des Schrumpfens der Bevölkerung überwiegen dennoch.

(2) Zweitens ist die moderne Gesellschaft gekennzeichnet durch die soziale Schichtung und die sozialen Ungleichheiten. Die soziale Schichtung wird immer komplexer, und sie verändert sich. Traditionelle Schichtungen werden ergänzt durch Lebenslagen, Milieus, Lebensstile und Lebensläufe. An-

dererseits gewinnen Geschlecht, Alter, Ethnien und Lebenslauf eine immer größere Bedeutung.

(3) Trotz der Emanzipation bleibt die Frau in der Geschlechterhierarchie unterprivilegiert. Sie ist nach wie vor gegenüber dem Mann ungleich. Trotz gleicher Qualifikation wird die geschlechtshierarchische Ungleichheit fortgesetzt: Frauen arbeiten vorwiegend in geringer bezahlten Berufen, ihre Arbeit ist oft wenig gesichert. Dazu kommt die Mehrfachbelastung der Frau durch Beruf, Haushalt, Erziehung und „vorzeigbarer" Frau. Gertrud M. Backes spricht darum zu Recht von einer halbierten Moderne für die Frau, bei der Haushalt und Erziehung nur partiell modernisiert sind. Für alte Frauen gilt sogar eine geviertelte Moderne, da Altersarmut vor allem Frauenarmut ist und gerade alte Frauen nach wie vor ihre traditionelle Helferrolle zu spielen gezwungen sind.

(4) Auch das Alter nimmt eine neue Stellung in der modernen Gesellschaft ein. Die Zahl der alten Menschen nimmt zu. Aber es bilden sich nach wie vor Altershierarchien und Altersungleichheiten heraus. Mit dem Eintritt ins Alter nimmt die soziale Gefährdung zu. Vor allem ungelernte Arbeiter und Frauen verarmen im Alter, und zwar um so mehr, je älter sie werden. Andererseits gibt es eine große Anzahl alter Menschen mit guter Lebenszufriedenheit, und die Mehrheit der Älteren lebt im gesicherten Wohlstand (Schäuble, 1995: 16).

(5) Es gibt neue Ungleichheiten, die weniger durch Schichten- und Klassenzugehörigkeit geprägt sind als durch Lebensbereiche, Lebenslagen, Zugangschancen, Lebensverläufe und Lebensstile. Wer beispielsweise in einer benachteiligten Schicht lebt, der muß mit einer schlechteren Wohnung, einer weniger guten Wohnumgebung vorlieb nehmen, und er hat weniger Chancen, seine Rechte durchzusetzen und seinen Lebensstil und Lebenslauf zu gestalten. Ungleichheiten und Konflikte sind sehr unübersichtlich, vielschichtig, rasch veränderbar und manchmal sogar unsichtbar geworden. Die Gesellschaft bleibt zwar vertikal geschichtet, aber vorwiegend differenziert sie sich horizontal aus.

(6) In modernen Gesellschaften verändern sich die Lebensverlaufsmuster. Es gibt neue Lebensphasen, z.B. die Sozialadoleszenz der 20-30Jährigen, und neue Altersdifferenzierungen. Andere Lebensphasen haben sich ausgedehnt, vor allem das Alter, das 30 Jahre und mehr umschließt. Während der Lebenslauf immer noch institutionalisiert ist (Schuleintritt, Schulabschluß, Berufseintritt bzw. Studium, Berentung bzw. Pensionierung), entwickelt sich allmählich daneben eine Deinstitutionalisierung des Lebenslaufes, daß

weite Zeiträume nicht mehr von Institutionen definiert werden. So sind der Normalarbeitsverlauf und der Normalfamilienzyklus in Deutschland zurückgegangen. Die Ein-Kind-Familie zwingt das Ehepaar für die lange Nach-Kind-Phase zu planen, und auch die Auflösung der Rentengrenzen deuten eine Deinstitutionalisierung und Destandardisierung an.

(7) Vor allem ist die moderne Gesellschaft geprägt durch die Individualisierung und Pluralisierung der Lebensstile und Lebensverläufe. Durch die Bauernbefreiung (Aufhebung der Schollenbindung) und des Zunftzwanges wurden die Menschen aus den ständischen Bindungen und den dazugehörigen Lebensstilen freigesetzt. Auch gab die moderne Gesellschaft, die alle Zwecke dem Bedürfnis und der Bedürfnisbefriedigung aller unterordnete, die anderen Lebensbereiche dem Individuum frei. Gleichzeitig definierte sich der moderne Verfassungsstaat als die Übertragung der Souveränität des Individuums auf den Staat, kontrolliert und auf Zeit, durch Wahlen. Dies bedeutet, daß zum ersten Mal in der Geschichte der Mensch frei ist. Er ist ein sich selbst bestimmendes, autonomes, autopoietisches Wesen mit Wert und Würde. Aber es besteht nicht nur die Möglichkeit, sondern sogar ein Zwang zur Individualisierung, zum Entwurf eines eigenen Lebenslaufes und Lebensverlaufes. Individualisierung bedeutet verständlicherweise zugleich Pluralisierung, weil ja jedes Individuum sein Leben individuell, d.h. unterschiedlich entwirft. Individualisierung und Pluralisierung bedeuten jedoch auch eine Zunahme von Risiko. Gleichzeitig allerdings wird die Individualisierung wieder eingeschränkt durch die zunehmend institutionellen Zwänge des Verwaltungsstaates.

(8) Schließlich wird die moderne Gesellschaft geprägt durch die Individualisierungsschübe. Sie bewirken, daß das Individuum bestimmt ist durch mehr Selbstentscheidung und Entscheidungsspielräume, mehr Selbstregulierung, mehr lokale und soziale Mobilität, Herauslösung aus den traditionellen Schutzverbänden, mehr Ich-Identität und weniger Wir-Bindung (die sich allerdings nicht auflöst). Jedoch sind die Wir-Bindungen individualisiert, d.h. selbst gewählt, für verschiedene Lebenssegmente unterschiedlich ausgesucht und auch beendbar.

Das Alter, in der sich noch entwickelnden, unfertigen Moderne sozialisiert, hat es schwer, sich mit den veränderten Verhältnissen zu arrangieren. Alte Menschen leben immer noch in der Vorstellung eines verdienten, ruhigen und gesicherten Lebensabends, obgleich dieser immer weniger garantiert werden kann. Die Arbeit mit alten Menschen schließt deshalb auch immer ein, sie mit der Modernisierung vertraut zu machen.

4.5.2. Die Lebenswelten alter Menschen und die Struktur ihrer Netzwerke

Je nach ihrer psycho-sozialen Entwicklung entwerfen alte Menschen unterschiedliche Verhaltensrepertoires. Daraus differenzieren sich unterschiedliche Lebenswelten. M. Ristau und P. Mackroth haben vier Verhaltenstypen dargestellt (Ristau, Mackroth, 1994: 240; vgl. auch Brauchbar, Heer, 1993: 24; Schäuble, 1995: 89 f., 118):

(1) Die *pflichtbewußten, konformistischen Älteren* (etwa 30%). Sie sind selbstzufrieden und passen sich an die gegebenen Umstände an. Sie sind traditionsgeleitet und lehnen Veränderungen ab, stattdessen erstreben sie Sicherheit und Ruhe im Privaten. Im übrigen zeigen sie Eigenschaften, wie Bescheidenheit, Sparsamkeit, Ordnung, Familiengebundenheit, Pflichttreue auch in häuslichen Pflichten, Harmoniestreben und Konfliktabwehr. Tätigkeitsfelder sind Gartenarbeit, Kaffeekränzchen bzw. Stammtisch, Hobbys und der Besuch von Kindern und Enkeln. Die Aktivitäten spielen sich im kleinen Kreis der eigenen engeren Umgebung ab. Groß ist das Unabhängigkeitsgefühl, woraus auch eine Angst vor dem Altersheim resultiert. Der oftmals erreichte bescheidene Wohlstand soll bewahrt werden, was konservatistische Einstellungen fördert, die gesellschaftliche Veränderungen und die junge Generation oftmals ablehnen.

(2) Die *sicherheits- und gemeinschaftsorientierten Älteren* (etwa 29%). Aufgrund des Verlustes der Werte der Arbeitswelt ergeben sich Orientierungsprobleme, die zu protestierendem oder resignierendem Verhalten führen. Dem Sicherheitsbedürfnis entspricht nüchtern-kritisches Verhalten. Mit ihm korrespondiert die Ernsthaftigkeit und Disziplin bei allen Tätigkeiten, denen aber oft Sublimationsfreude mangelt. Andererseits bedeutet der Rückzug aus der Arbeitswelt gleichzeitig ein Rückzug ins Private. Da sie aber zugleich gemeinschaftsorientiert sind, bestimmen Hobbys und der Kontakt zu Nachbarn den Alltag. Das Erarbeitete soll in traditionell geselligen Formen genossen werden. Feste zu feiern ist darum wichtig. Auf Veränderungen im Sozialleistungsbereich reagieren sie empfindlich, weil sie die materielle Sicherheit gefährden könnten.

(3) Die *resignierten, zurückgezogenen Älteren* (16%). Sie entsprechen Eriksons Beschreibung der unreifen alten Menschen, die keine Ich-Integrität entwickelt haben, und die, wenn sie auf ihr Leben zurückblicken, merken, daß ihr Leben verfehlt war und sie es nicht wiederholen können. Deshalb entwickeln sie Gefühle von Pessimismus, Einsamkeit, Ohnmacht und Resignation. Teils entsprechen solche Einstellungen den tatsächlichen Umständen, denn bei ihnen häufen sich soziale und materielle Benachteiligun-

gen sowie Gesundheitsprobleme und Isolationstendenzen. Oft suchen sie Trost in der Religion (besonders die Frauen) oder in den Erinnerungen an frühere bessere Zeiten. Ihr Sicherheitsbedürfnis ist groß, und sie haben Angst, abgeschoben zu werden. Sie gehören oft zu den sozial Schwachen und Benachteiligten, die von Kleinstrenten oder Sozialhilfe leben. Darum haben sie Angst, sozial noch tiefer zu sinken, abgeschoben und entmündigt zu werden.

(4) Die *aktiven, neuen Älteren* (25%). Gekennzeichnet sind sie durch aktives Freizeitverhalten, Mobilität, kulturelle Interessen, Weiterbildung sowie Leistungs- und Verantwortungsbereitschaft für neue Tätigkeitsfelder. Ihre erstrebten Werte sind Selbstverwirklichung, Kreativität, Aufgeschlossenheit für Neues, Rezeptivität, Genußfähigkeit und auch soziale Aktivität; denn sie sind sozial integriert und kontaktfreudig. Sie nehmen aktiv am politischen und gesellschaftlichen Leben teil. Während sie sich also sozial engagieren, achten sie darauf, das Leben zu genießen. In dieser Gruppe befinden sich die meisten alten Menschen mit hohem Bildungsstand und gutem Einkommen.

Vergleichen wir die Gruppe der resignierten Älteren und der aktiven neuen Älteren miteinander, dann sehen wir, was für eine Bandbreite im Verhalten alter Menschen möglich ist. Zugleich erkennen wir die Bedeutung von Bildung und Einkommen für den Lebensstil der Senioren.
Der soziale Wandel mit seiner Individualisierung hat auch zu einem Strukturwandel des Alters geführt. Es gibt neue und veränderte Lebensstile von alten Menschen. Und die oben skizzierten Lebenswelten sind nur Verallgemeinerungen. Das reale Leben der Menschen kann sich aus den oben genannten Grundformen mischen und anders ausvariieren. Vor allem ist zu beobachten, daß in manchen Altersanalysen die Existenzverfassung des alten Menschen fehlt: die Erfahrung der Endlichkeit, Trennungen, Trauer und Tod.
Trotzdem enthält das Alter viele Ressourcen, und noch im hohen Alter sind geistige Leistungssteigerungen möglich. Selbst die körperliche Leistungsfähigkeit muß nicht verlorengehen. Das Alterskapital ermutigt dazu, in der Seniorenarbeit Ältere nicht zu Betreuungsobjekten zu machen, sondern sie als Akteure in den einzelnen Tätigkeitsbereichen zu fördern und ihnen Chancen zu sinnvollem Tun zu eröffnen. Dies gilt vor allem für die Lebenswelt „neue Alte".
Die *Netzwerke alter Menschen* sind unterschiedlich dicht geflochten. Ein dünn geflochtenes Netzwerk wird der resignierte, zurückgezogene Ältere

haben. Auch die pflichtbewußten, konformistischen Älteren haben kein ausgedehntes Netzwerk. Die sicherheits- und gemeinschaftsorientierten Alten hingegen haben durch die Gemeinschaftsorientierung viele Beziehungen, die ihr Netzwerk verdichten. Ausgedehnt und dicht sind die Netzwerke des aktiven, neuen Älteren, weil sie durch ihre Aktivität, die auf die Umwelt gerichtet ist, viele neue Beziehungen aufbauen, die nicht mehr vom Leistungs- und Konkurrenzprinzip bestimmt sind (Schultz, 1985). Ein Problem bleibt allerdings, daß es notwendig ist, die neu entstandene Lebenszeit gesellschaftlich zu strukturieren. Wollen wir die Netzwerke älterer Menschen empirisch beschreiben, müssen wir uns ins Gedächtnis rufen, daß das Alter von 55 Jahren bis ins hohe Alter reicht, daß also eine Generation entstanden ist, die fast ein Drittel des menschlichen Lebens umschließt. Netzwerke werden sich deshalb im Verlaufe der Alters-Jahrzehnte verändern, und sie werden je nach Alterssozialisierung und Bildung sowie je nach Lebensstil anders strukturiert sein.

Netzwerke sind ja Netze von kommunikativem Handeln, d.h. von sozialen Beziehungen. Die Struktur sozialer Netzwerke und die Verbreitung sozialer Beziehungen im Alter lassen sich wie folgt klassifizieren (Wagner, Schütze, Lang, 1996: 304): Innerhalb der Verwandtschaft sind es Partnerschaft und Ehe, Elternschaft (Kinder, Enkel, Urenkel, Schwiegerkinder), Geschwister und andere Verwandte, wie Nichten und Neffen, Schwager und Schwägerinnen, Cousins und Cousinen; außerhalb der Verwandtschaft können es informelle soziale Beziehungen sein, das sind nichteheliche Partner, Freunde, Bekannte und Nachbarn, oder es sind formelle Beziehungen zu Pflegepersonen oder Ärzten. Im einzelnen bauen sich soziale Netzwerke alter Menschen wie folgt auf (ebd. 305-311).

(1) Ehe und Partnerschaft. Bedenken wir, daß das Alter mehrere Jahrzehnte umfaßt, dann wird verständlich, daß zwischen 70 und 74 Jahren noch drei Viertel aller Männer verheiratet sind, mit 95 Jahren hingegen nur noch 20%. Dagegen sind Frauen zwischen 70 und 74 Jahren nur zu 20% verheiratet, im hohen Alter ab 85 Jahren gibt es so gut wie keine verheirateten Frauen mehr, weil sie ihre Männer fast 10 Jahre überleben. Der Familienstand unterliegt also sehr ausgeprägten geschlechtsspezifischen Unterschieden. Allerdings bedeutet nicht verheiratet zu sein noch nicht, keinen Partner zu haben. 14% der Männer und 5% der Frauen leben in nicht-ehelichen Partnerschaften.

(2) Geschwister: Zum Netzwerk alter Menschen gehören auch die Geschwister. Noch die Hälfte von ihnen haben wenigstens einen Geschwister-

teil, was sich allerdings mit zunehmendem Alter verändert, denn 95-Jährige haben nur noch zu 15% ein Geschwister. Die Erfahrung, Geschwister zu überleben, wird zu einer wichtigen Erfahrung im Leben alter Menschen. Die Besuchshäufigkeit zwischen alten Geschwistern ist hoch: Männer besuchen ihre Geschwister einmal im Monat, Frauen alle zwei bis drei Wochen. Allerdings muß berücksichtigt werden, daß nicht nur die Familien, sondern auch die Verwandtschaften heute multilokale Verwandtschaften sind. Sie besuchen sich selten, aber sie kommunizieren häufig miteinander, vor allem durch das Telefon.

(3) Elternschaft. Die häufigsten Kontakte in den Netzwerken alter Menschen finden mit den Kindern statt. 77% der Männer und 70% der Frauen haben mindestens noch ein lebendes Kind. Die Kontakthäufigkeit zu den Kindern ist ungleich höher als die zu den Geschwistern, wobei sie mit hohem Alter zunimmt. Allerdings gibt es besonders in Großstädten lebenslang Kinderlose. Für sie spielen Geschwister oder nahe Verwandte eine große Rolle. Oftmals werden aus Eltern Großeltern und sogar Urgroßeltern. Die Zahl der Großeltern steigt mit dem Lebensalter. 70-Jährige sind zu 57%, 84-Jährige zu 62% Großeltern. Auch die Zahl der Urenkel nimmt mit dem Alter zu: 29% der 85-Jährigen sind Urgroßeltern. So bildet gerade die Elternschaft ein sehr ausgedehntes Netzwerk. Allerdings ist eine Polarisierung zwischen den kinderlosen Alten und denen, die Familien mit vier Generationen haben, zu beobachten.

(4) Entfernte Verwandte, Freunde und Nachbarn. Entfernte Verwandte, wie Nichten und Neffen, Cousins und Cousinen, Onkel und Tanten, Schwager und Schwägerinnen, spielen für die Netzwerke alter Menschen eine große Rolle. 66% der alten Menschen haben Beziehungen zur weiteren Verwandtschaft. Betrachten wir nun die Nicht-Verwandten der Alten, dann haben 64% einen Freund, 49% Bekannte und 29% einen Nachbarn als Netzwerkteilnehmer. Dabei spielen neben den Kindern die Freunde die größte Rolle im Leben alter Menschen.

Wie groß ist also ein soziales Netzwerk alter Menschen? Es variiert zwischen Null und 49 Personen, woraus sich eine mittlere Netzwerkdichte von 10,9 Personen ergibt. Jedoch nimmt mit zunehmendem Alter die Netzwerkgröße ab. Große Differenzen ergeben sich aus den Lebensverhältnissen alter Menschen. So haben Verheiratete 14,1 Netzwerkpartner, Verwitwete 10,6, bei den Geschiedenen sind es 7,8 Personen; kinderlose alte Menschen haben ein noch kleineres Netzwerk, nämlich 8,1 Personen, während das kleinste Netzwerk bei Heimbewohnern zu finden ist mit 4,5 Netzwerkpartnern. Die These von der Einsamkeit im Alter läßt sich also nicht uneingeschränkt vertreten. Sicherlich fühlen sich vor allem alte Menschen in Heimen und je älter sie werden zunehmend vereinsamt. Verwitwete fühlen sich häufiger einsam als Verheiratete bzw. nicht-eheliche Partner. Auch sind Alte, die Kinder haben und in einem Privathaushalt leben, sehr viel weniger einsam als Heimbewohner. Ebenso zeigt die Untersuchung, daß mit zunehmendem Alter sowohl die Größe des Netzwerkes abnimmt als auch die Einsamkeit zunimmt.

Betrachten wir zuletzt die Leistungen des Netzwerkes alter Menschen, dann sollen vor allem Hilfeaustausch, soziales Beisammensein und Zärtlichkeit als Indikatoren dienen. Die Beziehungen alter Menschen sind multifunktional und multiplex, d.h. konkrete Unterstützungen beispielsweise symbolisieren gleichzeitig Zuwendung und Anteilnahme. 86% aller alten Menschen leisten zumindest einer Person Hilfe, während 87% von einer Person Hilfe empfangen. Der Austausch ist also reziprok. Dabei ist es verständlich, daß die Menschen, je älter sie werden, zunehmend mehr Hilfe empfangen als geben. Etwa 25% aller helfenden sozialen Beziehungen geschehen durch Personen, die nichtprofessionell sind, was bedeutet, daß alte Menschen nicht nur institutionelle Hilfe empfangen, sondern auch informelle. Immerhin nannten Senioren 3,7 Netzwerkpartner, mit denen Austausch stattfand.

Zärtlichkeit tauschen alte Menschen durchschnittlich mit 2 Personen aus, wobei zwar die Zahl der zärtlichen Kontakte mit höherem Alter abnahm, die Zahl der Personen dagegen kaum; in allen Altengruppen hatten sie mit 20% der Netzwerkteilnehmer zärtlichen Austausch. Dabei haben alte Menschen mit Kindern mehr Austausch von Hilfe und Zärtlichkeit als kinderlose, wobei sie mehr Hilfe empfangen als geben. Andererseits gibt es zwischen verheirateten, verwitweten, geschiedenen oder ledigen alten Menschen kaum einen Unterschied in der empfangenen Hilfe, der ausgetauschten Zärtlichkeit und des sozialen Beisammenseins, während verheiratete Paare mehr Hilfe geben als die Alleinstehenden.

4.5.3. Autonomie und Produktivität im Alter

Alte Menschen stehen oft in der Spannung zwischen Autonomie und Abhängigkeit. Eine Aufgabe der Seniorenarbeit ist es darum, die Autonomie zu fördern und gleichzeitig auf die Zeit vorzubereiten, wenn die Autonomie durch Abhängigkeit eingeschränkt ist. Eine der wichtigsten Möglichkeiten, die Autonomie zu fördern, ist die Seniorenbildungsarbeit (Rudolph, 1996: 2-10). Sie zielt nicht primär auf die Verlängerung der beruflichen Qualifi-

kation und Akkumulation bürgerlicher Bildung, sondern will neue oder durch das oft eindimensionale Berufsleben verschüttete Identitäten, d.h. verdrängtes, ungelebtes Leben, aufsuchen und aufdecken. Deswegen sollten sog. Seniorenuniversitäten nicht einfach die europäische Bildungstradition weitergeben, sondern wirklich bilden. Dies schließt bewegungsorientierte Aktivität ein, die jedoch nicht verstanden werden darf als Technik der Inganghaltung der Maschine Mensch, sondern als ein Weg der Leibgestaltung. Des weiteren ist Bildung die Entfaltung seelischer und gemütsmäßiger Lebenskräfte. Ferner gehört zur Bildung das Leben in einem Geflecht von sozialen Beziehungen, die tragen und Verantwortungen verlangen. Schließlich ist Bildung auch kulturelle und religiöse Kompetenz: befreit vom Druck der Arbeitswelt, hat der alte Mensch Muße, sich in die künstlerische, philosophische, gesellschaftliche und politische Welt seiner Kultur einzuleben und in seiner Religion Lebenssinn und Lebensvollendung zu finden. Bildung ist allerdings schichtenspezifisch. Arbeiter werden sich anders bilden als Personen der oberen Mittelschicht. Aber wenn das Alter sinnvoll sein soll, ist eine allseitige und ganzheitliche Bildung erforderlich. Der ganzheitlichen Bildung entspricht die Entfaltung der autonomen Individualität als eine Einheit von Vielheiten. Veelken unterscheidet fünf Dimensionen der Identitätsentfaltung (Veelken, 1990: 94 ff.):
Auf der Ebene des *Körpers* ist eine neue Beziehung zum Körper notwendig im Sinne von Schmerzfreiheit, Fähigkeit zur Freude, der Zufriedenheit und einer Begeisterung über den eigenen Körper. Durch gesunde, vollwertige Ernährung, Entspannung und Streßfreiheit sowie altersgemäßen Sport wird ein positives Körpergefühl gefördert.
Auf der Ebene des *Gefühls* werden angenehme, aber auch unangenehme Gefühle zugelassen. Besonders Männer müssen den Umgang mit Gefühlen lernen. Gefühle werden durch Dichtung, Musik, Natur sowie Erlebnisse mit anderen Menschen gefördert.
Auf der Ebene des *Denkens* geht es darum, sich gedanklich und reflektierend mit sich und anderen Menschen auseinanderzusetzen. Das bedeutet, sich selbst in der vorhandenen Ichheit zu akzeptieren. Dies beinhaltet die Auseinandersetzung mit dem verdrängten Schatten und belastenden Kindheitsereignissen wie auch den Aufbruch zu neuen Erlebnissen und Erfahrungen. Aber hier hat auch die Bildungstradition der Kultur ihren Platz, der Umgang mit Dichtung und Kunst, Geisteswelt und gesellschaftlich-politischer Welt.
Auf der *Existenzebene* ergibt sich die Aufgabe der Selbsterhellung und Selbsterfahrung, die Entwicklung von Kongruenz, Authentizität, Echtheit

und Identität (vgl. Rogers). Der Weg nach innen kann aber auch mit Angst verbunden sein, vor allem, wenn zu viel unbewußtes Material zur gleichen Zeit aktiviert wird. Jedoch besteht auch die Möglichkeit, daß der Weg ins eigene Innere zu einer beglückenden Selbsterfahrung führt.
Auf der *spirituellen Ebene* überschreitet sich der Mensch selbst auf ein Überindividuelles hin. Er gelangt zum inneren Frieden, zur Achtung anderen menschlichen Lebens und der Natur, aber auch zur Verantwortung für andere Menschen und neue Aufgaben. Weisheit und Entsagung sind die spirituellen Eigenschaften des alten Menschen.
Auf der *sozialen Ebene* öffnet sich der Mensch exzentrisch zu Mitmenschen hin und lebt in der Intersubjektivität. Denn die Person existiert in Beziehung zu Co-Subjekten. Darum ist Identitätsentfaltung undenkbar ohne den Aufbau und die Pflege intersubjektiver Beziehungen.
Selbstwerdung und Identitätsentfaltung ist ein lebenslanger Prozeß voller Erfolge und Fehlschläge. Viele Menschen entziehen sich diesem schweren und oft auch mühsamen und schmerzhaften Prozeß und resignieren und stagnieren. Wer aber den Weg der Selbstwerdung gegangen ist, der kann ihn im Alter vollenden.
Identitätszuwachs und Autonomie sind für alte Menschen unverzichtbar, weil die Gesellschaft durch *Individualisierung*, Zweckrationalität und Entzauberung bestimmt ist (Schachtner, 1994: 299). Die Individualisierung erfordert die Autonomie des Menschen; die Zweckrationalität braucht das autonome Individuum, das sich selbst setzend, frei, zielgerichtet und reflektiert das Leben gestaltet; und die Entzauberung schließlich folgt aus der Zweckrationalität. Das Alter ist eben nicht mehr durch Mythen geprägt, sondern durch Rationalität und Vernunftswissen. Will auch der alte Mensch noch zeitsynchron sein und mit dem Erlebnisstrom seiner Gesellschaft mitfließen, dann muß er sich weiterbilden, Autonomie und Rationalität fortentwickeln und sich mit der Entzauberung der Welt abfinden.
Andererseits sind Individualisierung, Zweckrationalität und Entzauberung auch Chancen für den alten Menschen. Denn die Individualisierung führte ja zur Befreiung des Menschen aus den feudalen Fesselungen. In immer neuen Bewegungen befreite sich der Mensch von den unmündig machenden Mächten Staat und Kirche. Zuerst haben sich die bürgerlichen Schichten vom Feudalismus befreit, dann emanzipierten sich Schichten und Klassen und schließlich die sozialen Milieus und die Individuen. Die Befreiung auch des Individuums zur Autonomie bedeutet eine gewaltige Glücksmöglichkeit des Menschen. In diesem Zusammenhang stellt sich die Frage nach der Gemeinschaftsfähigkeit der autonomen Person. Bedeutet Autonomie

und Lösung von unmündig machenden Mächten auch die Auflösung der sozialen Bindungskräfte und der Gemeinschaftsfähigkeit? Unsere Darstellung der Netzwerke alter Menschen zeigt, daß dies nicht notwendig der Fall sein muß, ja, daß die meisten Senioren ein reiches Beziehungsnetzwerk unterhalten. Allerdings werden Ligaturen heute frei gewählt. Das bedeutet, daß der Individualisierungsprozeß keineswegs neue Formen der Sozialität hervorbringt, sondern daß es eine soziale Leistung des alten Menschen ist, Beziehungsnetzwerke aufzubauen, die er bewußt und sogar unter Mühen vollbringen muß.
Die *Zweckrationalität* hinwiederum ermöglicht es dem alten Menschen, ein sorgenfreies oder zumindest sorgenarmes Leben zu führen. Er weiß, nach eigenen Zwecken zu handeln und Absichten, Mittel und Ziele bzw. Erfolge in Relation zu setzen. So sorgt er durch die sozialen Versicherungen vor und schließt womöglich zusätzlich eine Lebensversicherung und weitere Versicherungen ab, er nutzt also alle gesellschaftlich vorgesehenen Mittel um das Alter rational zu sichern.
In gleicher Weise schützt die *Entzauberung* vor Armut. Einerseits bedeutet die Individualisierung, daß traditionelle Sicherheiten, Überlieferungen und Verbindlichkeiten aufgelöst werden und ihre Handlungsweisen, Lebensentwürfe, leitende Werte und Normen nicht mehr gelten, aber zugleich werden sie nicht mehr dem Menschen verordnet, und das Ausbeutungsparadigma des Feudalismus, daß alte Menschen fromm seien, weise und – arm, wird nicht mehr geglaubt. Die plurale Gesellschaft kann heute nur noch vielfältige Offerten von Sinnfindung und Identitäten anbieten, und der Mensch, auch der alte, wählt sie frei. Allerdings ist er auch „zur Freiheit verdammt". Denn er kann sich nicht mehr auf externe Autoritäten verlassen, sondern er muß frei wählen, eigenverantwortlich entscheiden und autonom handeln. Dies nimmt ihm niemand mehr ab. Aber zugleich ist diese Entzauberung befreiend, und der alte Mensch sollte nicht auf die vielen neuen Verzauberungsangebote hereinfallen, die die plurale Gesellschaft anbietet.
Die Autonomie des Senioren steht in einem engen Zusammenhang zu seiner *Produktivität*. Dabei unterscheidet R. Schmidt zu Recht zwischen prozeßorientierter und produktorientierter Produktivität (Schmidt, 1996: 254-259). H. P. Tews vertritt die *produktorientierte Produktivität* des Alters (Tews, 1996: 189 ff.). Für ihn ist das produktive Leben im Alter vor allem Werte erzeugendes, sozial nützliches Verhalten, das ein Handeln an Dritten ist. Dabei unterscheidet Tews vier Ebenen, auf denen sich die Produktivität des Alters erstreckt: Erstens die Aufrechterhaltung der selbständigen Lebensführung, zweitens die intergenerative Produktivität, drittens die intra-

generative Produktivität und viertens die Umfeld-Produktivität, die sich auch auf die Gesellschaft bezieht. Diese Formen der Produktivität ermöglichen es dem alten Menschen, seine Lebenskultur mitzuproduzieren und mitzugestalten als aktive und kompetente und nicht bloß betreute, Dienstleistungen konsumierende Person. Im Gegensatz dazu vertritt Baltes die *prozeßorientierte Produktivität* des Alters als aktive, gestaltende Umweltaneignung und Arbeit an sich selbst, die jedoch die soziale Verantwortung mit einschließt (Baltes 1996: 405). Auch der alte Mensch ist entwicklungsfähig und wandelbar. Er kann, indem er die Umweltverhältnisse verarbeitet und in sein Leben integriert, seine Existenzverhältnisse prozessual gestalten. Beide Aspekte, die individuelle Veränderungsoffenheit und die gesellschaftliche Produktivität, d.h. die Arbeit an sich selbst und die Arbeit für andere, werden wir im Begriff der Produktivität des Alters miteinander vereinigen.

4.5.4. Gesundheit, Wohlbefinden und Pathologisierung von Lebenslagen im Alter

Es wäre ein methodischer Fehler, alle Krankheiten im Alter als Krankheiten des Alters zu verstehen. Denn Krankheit gibt es in allen Lebensphasen, und viele Krankheiten werden aus dem früheren Leben ins Alter mitgenommen. Und da sich der Mensch bereits früher mit der Krankheit arrangiert hatte, wird sie im Alter nicht mehr als übermäßig belastend empfunden. Deshalb zeigt sich trotz objektiver Krankheit oft ein gutes subjektives Wohlbefinden.

So zeigt G. Schäuble, daß sowohl Frauen als auch Männer ihr geistiges und körperliches Wohlbefinden nach Eintritt in den Ruhestand höher bewerteten als vorher, während sich das seelische Empfinden nur unbedeutend veränderte (Schäuble, 1995: 164-168). Die meisten Personen empfanden sich ein Jahr nach Beginn des Ruhestandes als körperlich und geistig gesünder. Allerdings schätzen Frauen ihr Wohlbefinden nach der Berufsaufgabe kritischer ein als die Männer.

Als Grund für die Verbesserung des Gesundheitszustandes nach der Berufsaufgabe geben Schäuble und Ernst vor allem an, daß der Anforderungs- und Zeitstreß, die während des Arbeitsprozesses die Gesundheit belastet hatten, wegfallen. Statt dessen verläuft nun das Leben ruhiger, bewußter und gemäß den persönlichen Vorlieben. Daß Frauen hingegen das Wohlbefinden negativer einschätzen, liegt daran, daß sie durch die ständige Gegenwart des Mannes mehr Arbeit im Haushalt haben, wie mehr Reinigen, häufiger Kochen usw. Auch entsteht durch das nun stärkere Bezogensein der Partner aufeinander eine stärkere Anspruchshaltung gegenüber dem anderen, mehr Zeit aktiv miteinander zu verbringen (Schäuble, 1989: 111-127; Ernst, 1994: 504 f.).

Da das Alter eine Zeitspanne von etwa 30 Jahren beträgt, ist wiederum zu differenzieren zwischen jungem und hohem Alter. Je älter der Mensch wird, desto anfälliger wird er für Multimorbidität und schwere Erkrankung. Allerdings hat U. Lehr nachgewiesen, daß die älteren Menschen dazu neigen, eine positivere Selbsteinschätzung ihrer Gesundheit zu geben, als es der objektive Gesundheitszustand erlaubt (Lehr, 1987). Andererseits gibt es widersprechende Befunde, nach denen alte Menschen ihre Gesundheit zu pessimistisch einschätzen (Levkoff, Cleary, Wettle, 1987). Dies zeigt, daß das Alter inhomogen ist. Die Einschätzung der eigenen Gesundheit fällt um so positiver aus, je höher das Bildungsniveau oder das Einkommen ist sowie bei Verheirateten und bei Männern (Perrig-Chiello, 1997: 64 f.).

Gesundheit und Wohlbefinden korrelieren miteinander. Hierbei ist die subjektive Gesundheitseinschätzung ein wichtigerer Indikator für das Wohlbefinden als die objektiven Gesundheitswerte es sind (Perrig-Chiello, 1997: 65). Mossey und Shapiro haben sogar nachgewiesen, daß die subjektive Einschätzung der eigenen Gesundheit ein besserer Indikator für Langlebigkeit ist als der objektive Gesundheitszustand (Mossey, Shapiro, 1982: 800-808). Ebenso korrelieren *Wohlbefinden und Lebensqualität.* Was bedeutet Wohlbefinden im Alter? Es läßt sich entweder aus den objektiven materiellen Ressourcen einer Person oder aus der subjektiven Wahrnehmung und Bewertung der Lebensumstände begründen. Smith, Fleeson, Geiselmann, Settersten und Kunzmann stellen folgende Parameter für die Einflüsse von Lebensbedingungen auf individuelle Bewertungen des Wohlbefindens im Alter auf (Smith, Fleeson, Geiselmann, Settersten, Kunzmann, 1996: 499). Wohlbefinden ergibt sich danach aus folgenden Variablen:

- Soziodemographische Variablen, wie Alter, Geschlecht, Familienstand und Wohnsituation.
- Objektive Lebensbedingungen, das ist die Anzahl der schwer- bis mittelgradigen körperlichen Erkrankungen, Sehvermögen, Gehör, Mobilität, finanzielle Situation, Anzahl der Verwandtenbeziehungen und soziale Aktivitäten.
- Subjektive Bereichsbewertungen, dazu gehören subjektive Gesundheit, Sehvermögen, Gehör, Mobilität, Zufriedenheit mit finanzieller Situation und Aktivitäten, Zufriedenheit mit sozialen und Familienbeziehungen.

Aus ihnen setzt sich das allgemeine subjektive Wohlbefinden zusammen. Dabei läßt sich Wohlbefinden noch einmal analytisch differenzieren in Lebenszufriedenheit, emotionale Befindlichkeit und allgemeines subjektives Wohlbefinden.
Becker schlägt überdies eine *Differenzierung zwischen aktuellem und habituellem Wohlbefinden* vor (Becker, 1991). Aktuelles Wohlbefinden meint das momentane Erleben einer Person, das positive Gefühle und Stimmungen sowie gute körperliche Empfindungen einschließt. Das habituelle Wohlbefinden hingegen wird als eine relativ stabile Eigenschaft definiert, weshalb es zugleich ein überdauerndes Wohlbefinden ist. Dabei darf das aktuelle Wohlbefinden nicht unterschätzt werden, da es ja ein Maß ist für die Erlebnisfähigkeit des Alters und es in der Summierung die Basis für das habituelle Wohlbefinden bildet. Dieses wiederum ist ein überdauerndes Gefühl von gutem Leben und entscheidet über gelungenes oder verfehltes Alter. Auf alle Fälle besteht das Wohlbefinden des Menschen aus einem ausgewogenen Verhältnis von kurzfristigen, aktuellen und langfristigen, habituellen Affekten.
Perrig-Chiello unterscheidet vorwiegend *drei Komponenten des allgemeinen Wohlbefindens*, und zwar physisches, psychisches und soziales Wohlbefinden (Perrig-Chiello, 1997: 115-128). Die Basis des allgemeinen Wohlbefindens liegt im körperlichen Bereich mit den ursprünglichen Bedürfnissen nach Sättigung, Wärme, Schmerzfreiheit und Versorgtsein. Diese Grundbedürfnisse werden ergänzt durch die psychischen Komponenten des Wohlbefindens, wie das Bedürfnis nach Geborgenheit, Zufriedenheit, Glück und Kontrolle über die Umwelt. Schließlich machen sich die sozialen Inhalte des Wohlbefindens geltend: Das Bedürfnis der Dazugehörigkeit, der Teilhabe an sozialen Prozessen, nach Geben und Nehmen (sie entsprechen den sozialen Modi Festhalten und Loslassen, die beide libidinös oder aggressiv besetzt sein können). Alle drei Komponenten des Wohlbefindens stehen sowohl in einer ständigen und immer wieder neuen Wechselwirkung zueinander als auch in wechselnder Stärke. Vor allem sind sie eng miteinander verknüpft. So sind beispielsweise die psychischen Gefühle persönlicher Kontrolle mit dem sozialen Erleben von Unabhängigkeit und Autonomie verbunden. Diese drei Wohlbefindens-Aspekte sind also verschiedene Ausprägungen des allgemeinen Wohlbefindens, die bei verschiedenen Personen, in verschiedenen Altersphasen und auch in unterschiedlichen Lebenssituationen verschiedene Gewichtungen erhalten können. Vor allem scheint der Zeitfaktor eine wichtige Funktion einzunehmen. Besonders für alte Menschen hat die Rückerinnerung, die mit Gefühlen verbun-

den ist, eine große Bedeutung für das Wohlbefinden. Der Zeitfaktor spielt auch insofern eine das Wohlbefinden beeinflussende Rolle, als das aktuelle Wohlbefinden oft überschattet ist von diffusen Zukunftsängsten.
Aus dem Gesagten ergibt sich eine Pyramide des Wohlbefindens, die sich aus den dominanten Themen des Alters ergibt: Zuunterst befindet sich das Bedürfnis nach körperlicher Zufriedenheit und Beschwerdefreiheit. Darüber lagert sich das Bedürfnis nach Lebenszufriedenheit, Kontrolle und Lebenssinn. Und schließlich überwölbt alles das Bedürfnis nach Autonomie und Partizipation (ebd. 117). Nach diesen drei Aspekten soll das allgemeine Wohlbefinden aufgeschlüsselt werden.
Physisches Wohlbefinden: Nach den empirischen Untersuchungen von Perrig-Chiello (ebd. 130-135) gaben 81% der Befragten an, sich bei guter Gesundheit zu fühlen. 18% empfanden, bei mäßiger und nur 1% bei schlechter Gesundheit zu sein. Jedoch stellt auch diese Untersuchung fest, daß mit zunehmendem Alter das Urteil über das physische Wohlbefinden stetig negativer ausfällt. Entgegen anderen Untersuchungen, z.B. Lehr (Lehr 1987), fand sie jedoch keine Unterschiede in der Selbsteinschätzung ihrer Gesundheit zwischen Männern und Frauen und auch keine Abhängigkeit vom Bildungsniveau oder vom Status des Ledigen, Verheirateten oder Verwitweten. Während also die Selbsteinschätzung über den Gesundheitszustand außerordentlich positiv ausfällt, entspricht dem keinesfalls die objektive Gesundheit. Besonders mit zunehmendem Alter steigt die Multimorbidität an (biographisch verankerte, chronische Krankheiten, primäre Alterskrankheiten und Krankheiten im Alter treten synchron auf). Allerdings ergeben sich auch bei den objektiven Krankheitsindikatoren keine signifikanten Unterschiede zwischen Männern und Frauen oder Personen verschiedenen Bildungsniveaus. Wie erklärt sich die Tatsache, daß die subjektive Gesundheitseinschätzung nicht dem objektiven Gesundheitszustand entspricht? Der Blick auf das psychische Wohlbefinden zeigt, daß die subjektive positive Gesundheitseinschätzung hochsignifikant mit dem psychischen Wohlbefinden korreliert. Offenkundig beeinflussen positive psychische Einstellungen außerordentlich die Wahrnehmung und Interpretation von objektiven Veränderungen des Gesundheitszustandes.
Psychisches Wohlbefinden: Es lassen sich vier Wohlbefindensfaktoren annehmen: Die Wohlbefindensvergangenheit, die Zufriedenheit mit den gegenwärtigen Lebensumständen, der Lebenssinn und die Kontrolle über die Gefühle, Handlungen und Verhältnisse (mastery).
Erikson hat bereits darauf hingewiesen, daß für den alten Menschen zum Erreichen der Ich-Integrität die Frage entscheidend ist, ob das bisherige Leben

sinnvoll war, daß es so war, daß ich es ein zweites Mal genauso leben würde (Erikson, 1995: 262-264). Nur 30% der befragten Alten waren mit ihrer Vergangenheit zufrieden, 59% waren es teilweise, 11% gar nicht. Besser steht es mit der gegenwärtigen Lebenszufriedenheit. 70% waren völlig zufrieden, 28% teilweise und nur 5% überhaupt nicht. Die Frage nach dem Lebenssinn stellten sich 47% der alten Menschen. Sie fanden sinnvolle Beschäftigungen und Lebensziele. Auf 48% der Befragten traf dies nur teilweise zu, auf 4% gar nicht. 58% der alten Menschen schließlich erklärten, ihre momentane Situation und ihre Zukunft planen und kontrollieren zu können. Für 38% galt dies jedoch nur teilweise und für 4% nicht (Perrig-Chiello, 1997: 136). Dabei zeigte es sich, daß das psychische Wohlbefinden im Gegensatz zum physischen mit zunehmendem Alter nicht abnimmt. Wohl aber nehmen die Zufriedenheit und das Mastery mit fortschreitendem Alter zu. Niedrige Werte weisen alte Menschen hingegen bei den Wohlbefindensdimensionen Vergangenheitszufriedenheit und Lebenssinn auf. Dabei kommen Geschlecht, Bildung und Zivilstand keine Bedeutung zu.

Soziales Wohlbefinden: Es setzt sich zusammen aus der Zufriedenheit mit den sozialen Kontakten, der Zufriedenheit mit der Wohnsituation und der Zufriedenheit mit der finanziellen Situation.

Die Zufriedenheit mit den sozialen Kontakten ist bei alten Menschen groß: 81% der Befragten gaben an, so viele soziale Kontakte zu haben, wie sie es für wünschbar und ihnen zukommend ansahen. 15% waren nur teilweise zufrieden, 4% wünschten sich mehr soziale Kontakte. Mit der Wohnsituation waren 82% der Personen zufrieden, 15% teilweise und 3% nicht. Selbst bei der finanziellen Situation erklärten sich 80% für zufrieden, 16% für teilweise zufrieden und 4% gaben an, auf Hilfe Dritter angewiesen zu sein. Interessant ist, daß auch bei der sozialen Zufriedenheit es keine nennenswerten Unterschiede durch den Faktor Bildungsniveau gab, wohingegen der Zivilstand sich signifikant auf die Wohnzufriedenheit auswirkte. Ledige und Verwitwete waren mit ihrem Wohnen unzufriedener als Verheiratete und Geschiedene (ebd. 140-143).

Zur *Pathologisierung des Alters* ist zu sagen, daß pflegerische Hilfe mit zunehmendem Alter wichtig wird. Nach Linden, Gilberg, Horgas und Steinhagen-Thiessen sind 20% der über 65-Jährigen in irgendeiner Form auf Hilfe angewiesen, und zwar brauchen 5% der 65- bis 79-Jährigen Pflege leichterer Intensität und hauswirtschaftliche Unterstützung. Bei den über 80-Jährigen steigt die Zahl der Hilfebedürftigen auf 13%. Intensive Pflege allerdings brauchen nur 1% der 65-79-Jährigen und 7% der über 80-Jährigen (Linden, Gilberg, Horgas, Steinhagen-Thiessen, 1996: 476). Dabei ist es hilfreich, mehrere Formen der Unterstützung zu unterscheiden (ebd. 479):

- Selbsthilfe bedeutet die Hilfe, die der alte Mensch sich selbst leisten kann, aber auch die von Familienangehörigen vermittelt wird, die im Haushalt leben.
- Informelle Hilfe erfolgt durch Familienangehörige, Verwandte, Nachbarn, Freunde und Bekannte, die nicht im Haushalt der unterstüzungsbedürftigen Person leben.
- Professionelle bzw. formelle Pflege geschieht durch ambulante Dienste.
- Institutionelle Versorgung wird in Institutionen gegeben, wobei Seniorenwohnheime, Seniorenheime, Altenkrankenheime und Altenpflegeheime zusammengefaßt werden.

M. Linden u.a. haben folgende Ergebnisse über den *Umfang der Inanspruchnahme medizinischer und pflegerischer Dienste* zusammengestellt (ebd. 480-482):
Arztkontakte hatten 93% der alten Menschen, wobei der Hausarzt, und zwar der Arzt für Allgemeinmedizin und der Facharzt für innere Medizin, die größte Rolle spielten. Die Zahl der Arztbesuche lag bei 6,3 im Quartal. Hausbesuche der Ärzte spielen keine große Rolle, und auch Notfallkontakte sind mit 4% selten.
Der *Medikamentenverbrauch* ist bei alten Menschen hoch. 97% von ihnen nehmen pro Tag 6 Medikamente ein (Kombinationspräparate werden als eines gezählt). Die maximale Anzahl von Arzneimitteln pro Tag waren 24 eingenommene Medikamente. Daß viele Krankheiten des Alters nicht auf das Alter, sondern auf die unerwünschten Nebenwirkungen der Medikamente zurückzuführen sind, ist verständlich (Steinhagen-Thiessen, Borchelt, 1996: 164). Andererseits muß man verstehen, daß alte Menschen, weil sie oft zu Ärzten gehen, unterschiedliche Medikamente verschrieben bekommen. So beträgt die durchschnittliche Zahl der Diagnosen pro Person 7,4. 58% der Arzneimittel beschaffen sich die alten Menschen privat als selbstverordnete Medikamente. Insgesamt nimmt der Arzneimittelverbrauch ab dem 40. Lebensjahr zu. Die Bevölkerung über 60 Jahre, die 21% der Gesamtbevölkerung ausmachen, verursachen 55% der gesamten Arzneimittelkosten der gesetzlichen Krankenversicherungen, das bedeutet das 2,6-fache im Vergleich zu ihrem Anteil an der Bevölkerung. Dabei ist die Selbstmedikamentation, die ja 58% beträgt, nicht berücksichtigt (Klauber, Selke, 1993).
Die *Pflege- und Hilfsbedürftigkeit* bei den täglichen Grundtätigkeiten ist gering. 4% der Senioren brauchen Hilfe beim Essen, 5% beim Besuch der

Toilette, 6% beim Ankleiden und 14% beim Baden. 80% der 70-Jährigen und Älteren sind völlig selbständig und unabhängig in der Lebensführung. Die Inanspruchnahme außerhäuslicher pflegerischer Dienste ist ebenfalls nicht groß. 83% der alten Menschen leben in Privatwohnungen, 8% in Seniorenwohnhäusern (die auch noch den Privatwohnungen zugerechnet werden), 6% in Seniorenwohnheimen und 3% in Pflegeheimen. Auch dies zeigt die große Unabhängigkeit und Selbständigkeit alter Menschen. Krankenhausbehandlungen sind einerseits temporal, andererseits sind sie kostenaufwendig und gleichzeitig für den Menschen wichtig. 21% der 70-Jährigen und Älteren waren einmal im Jahr in stationärer Behandlung. Das bedeutet, daß das Krankenhaus eine wichtige Versorgungsnotwendigkeit für alte Menschen ist.

Bei den *psychischen Erkrankungen* im Alter differenziert sich das Bild weiter (Helmchen, Baltes, Geiselmann, Kanowski, Linden, Reischies, Wagner, Wilms, 1996: 185-219). 44% aller 70-Jährigen und Älteren zeigen keinerlei psychische Auffälligkeit, während 24% eindeutig psychisch krank sind. 16% sind Träger psychopathologischer Symptome ohne Krankheitswert, und 17% haben psychische Störungen mit Krankheitswert. Unter den psychischen Erkrankungen nehmen Demenz und Depression den breitesten Raum ein. Unter den 70-Jährigen und älter erkranken 14% an Demenz, während es bei den über 90-Jährigen 40% sind. Die Demenz nimmt offenkundig mit dem Alter zu. Die Depression findet sich bei 9% der alten Menschen. Sowohl Demenz als auch Depression wirken sich ebenfalls auf die Zunahme körperlicher Erkrankung aus. Dabei spielen allerdings soziale Risikofaktoren eine signifikante Rolle und bei der Demenz auch das Bildungsniveau. Ein hohes Bildungsniveau vermindert die Wahrscheinlichkeit einer Demenz. Insgesamt jedoch ist die psychiatrische Gesamtmorbidität mit etwa 20% bis 30% trotz der altersbedingten Zunahme der Demenz bei den über 65-Jährigen nicht größer als bei den Jüngeren (Cooper 1992; Dilling 1991).

Schließlich gehört zu den psychischen Abweichungen auch die *Kriminalität*. Sie ist bei alten Menschen unterdurchschnittlich vertreten. Auf 100 000 Einwohner kommen 2280 Tatverdächtige, jedoch nur 580 Alte. Sie machen also nur ein Viertel der Kriminalitätsrate aus (Witterstätter, 1994: 53). Es ist einzusehen, daß alte Menschen nur noch Delikte begehen, die ohne körperlichen Krafteinsatz möglich sind; das sind beispielsweise Diebstahl, Betrügereien oder Beleidigungen. Ursachen für die Kriminalität sind vielfältig (ebd. 53 f.). Sie kann beispielsweise aus dem früheren Lebensalter fortgesetzt werden. Eine andere Erklärung ist der kontrolltheoretische Ansatz:

Weil alte Menschen gesellschaftlich ausgegliedert werden, läßt die soziale Kontrolle ihnen gegenüber nach. Man erwartet von ihnen keine Straftaten mehr und trifft keine Vorkehrungen, sie zu verhindern. Dieser unkontrollierte Freiraum kann manche alte Menschen veranlassen, eine Straftat zu begehen. Es scheint allerdings häufig die Erlebniskriminalität eine Rolle zu spielen. Auch Vereinsamungssyndrom und Erlebnissuche veranlassen alte Menschen unter Umständen, kriminell zu werden. Schließlich mag auch eine Rolle spielen, daß alte Menschen ähnlich, wie Jugendliche, Konsumwünsche haben, die auf Augenblicksbefriedigung drängen, ohne die Zeit zum Sparen abzuwarten.

4.5.5. Die Ressourcen und Chancen älterer und alter Menschen

Die Lebenszufriedenheit baut schließlich auf die Ressourcen des Alters auf. Wir können unterscheiden zwischen physischen, psychischen, kognitiven und sozialen Ressourcen.

Physische Ressourcen. Das Alter ist nicht undifferenziert determiniert durch Multimorbidität, Kräftezerfall, Nachlassen der kognitiven Fähigkeiten, Verlangsamung, Schwäche usw. Deshalb weist Lehr darauf hin, daß es weder ein generelles noch universelles Altersdefizit gebe, sondern daß intra- und interindividuelle Unterschiede beachtet werden müssen (Lehr, 1985: 167). Tatsächlich nehmen im Alter die Krankheiten zu, doch sind die individuellen Unterschiede derart ausgeprägt, daß das nominelle Alter kaum eine Aussagekraft hat über den erwarteten Gesundheitszustand (Schaie 1993). Hinzu kommt, daß auch die Altersspanne sich derartig ausgeweitet hat, daß es nicht möglich ist, das Alter als homologe Phase zu betrachten, da sie ja oftmals mit 55 Jahren beginnt und nach Fries in den westlichen Industrienationen die maximale mittlere Lebenserwartung auf 85 Jahre geschätzt wird (Fries, 1989: 20). Bedeutet nun aber die höhere Lebenserwartung, daß mit ihr notwendig auch Krankheiten und Mißbehagen verbunden sind? Zweifellos lassen sich Krankheiten im Alter vorbeugen, wenn man schon vor dem Altwerden Risikofaktoren vermeidet und indem man im Alter gesund lebt. Denn nach Fries entstehen 70% aller chronischen Krankheiten im Alter durch Risikofaktoren (Fries, 1989). Das bedeutet, daß Krankheiten sich primär aus Verhalten und Lebensstil erklären und weniger aus dem nominellen Alter.

Zu den physischen Ressourcen gehört auch die *Alterssexualität.* Während einerseits die sexuellen Aktivitäten im Alter nachlassen, ist der Einfluß der Sexualität auf das psychische Wohlbefinden unbezweifelbar (Stoppe, Radau, 1992). Tatsächlich jedoch nimmt nur bei der Frau das Ovar, der Eierstock, im Alter an Gewicht ab. Hiermit ist das Versiegen der Hormonproduktion verbunden. An den Hoden des Mannes hingegen lassen sich keine unmittelbaren Alterserscheinungen feststellen, und das Sperma bleibt unverändert, während die Hormonproduktion abnimmt. Das bedeutet für beide Geschlechter die Möglichkeit, das Sexualleben fortzusetzen, und ohne jede Angst vor einer Schwangerschaft. So ist mehr als die Hälfte der verheirateten Personen noch sexuell aktiv, und sogar 8% der Unverheirateten. Differenziert stellt sich das Bild wie folgt dar (Lüth, 1985: 185-198): Zwischen 50 und 60 waren 90% der Männer sexuell aktiv, zwischen 60 und 70 noch 75%, zwischen 70 und 80 noch 45%, zwischen 80 und 90 waren es 15% und über 90 immer noch 3%. Sexualität muss im Alter also keine Ausnahme bedeuten, sondern sie kann den Menschen sein ganzes Leben lang begleiten.

Auch Brauchbar und Heer zeigen, daß Sexualität ein Leben lang nicht erlischt, da die körperlichen Gegebenheiten für ein erfülltes Sexualleben fortbestehen (Brauchbar, Heer, 1995: 138-143). Die hormonelle Umstellung der Wechseljahre (geringere Östrogenproduktion) wirkt sich auf das sexuelle Verlangen der Frau nicht aus. Zwar verlieren die Sexualreaktionen der Frau nach der Menopause an Intensität, der Orgasmus wird kürzer, und die Anzahl der Kontraktionen nimmt ab. Trotzdem verliert sich die Fähigkeit zum Orgasmus nur unbedeutend. Stärker sind die Veränderungen beim Mann. Die Erektion erfolgt ab 60 Jahren weniger spontan, braucht mehr Zeit als in jungen Jahren, sie ist auch anfälliger und kann verloren gehen, ehe es zur Ejakulation kommt. Sie ist auch weniger explosiv als in der Jugend. Aber auch dies besagt nicht, daß Männer im Alter nicht mehr sexuell aktiv sein könnten. Im Gegenteil schätzen Frauen bei ihnen, daß die Ejakulation nicht zu früh erfolgt. Andererseits scheint sich das sexuelle Interesse alter Menschen vom Genitalen auf das Erotische zu verschieben. Dabei stellt sich heraus, daß Männer sexuell stärker und länger aktiv bleiben als Frauen. So sagten 40% der Frauen, aber 82% der Männer über 65, daß sie sexuell aktiv seien. Dies erklärt sich einmal daraus, daß Frauen im Alter keinen Sexualpartner mehr finden, wenn sie alleinstehend sind, und zum anderen liegt es an der weiblichen Sozialisierung in unserer Gesellschaft, die von der Frau fordert zu hegen und zu pflegen, aber nicht sexuell aktiv zu sein.

Da es für Alleinstehende sehr schwer ist, neue Sexualpartner zu finden, ist im Alter die Masturbation weit verbreitet. Etwa 50% der Männer und 50% der Frauen zwischen 60 und 69 Jahren bejahten die Masturbation; bei den über 70-Jährigen praktizierten noch 33% der Männer und unverändert 50%

der Frauen die Masturbation. Ist es also ohnehin im Alter schwer, neue Partner zu finden, so ist die Sexualität ein noch größeres Problem in den Institutionen wie Krankenhäusern, Alters- und Pflegeheimen (Höpflinger, Stuckelberger, 1992: 117).

Psychische Ressourcen. Sie liegen zunächst in der *Persönlichkeit* selbst. Wenn die Persönlichkeit ein Leben lang stabil war, wird sie es wahrscheinlich auch im Alter sein. Und wenn das Leben ein Leben der Reifung und des Wachstums war, wird es im Alter nicht stagnieren. Nach Erikson ist ja der Reifungsvorgang mit Krisen und Wachstum durch den folgenden Weg vom Neugeborenen bis zu Alten beschrieben (Erikson, 1995: 241-270): Urvertrauen, Autonomie, Initiative, Leistung und Werksinn, Identität, Intimität, Lebensentfaltung und zeugende Fähigkeit und schließlich die Ich-Integrität. Das bedeutet, daß ein erfülltes Alter abhängig ist von einem lebenslangen Reifen und Wachsen. Denn umgekehrt ist ja auch ein verfehltes Leben möglich, das sich neurotisierend wie folgt aufbaut: Ur-Mißtrauen, Beschämung und Selbstzweifel, Schuldgefühle, Inferioritäts- und Minderwertigkeitsgefühle, Rollenkonfusion und Identitätsdiffusion, Isolierung und Distanzierung, Stagnation und schließlich Ekel und Verzweiflung. Auch in diesem Falle ist ein verfehltes Alter ein Ergebnis der Lebensgeschichte und der Persönlichkeitsentwicklung. Umgekehrt können die Lebensgeschichte und die ein Leben lang gewachsene Person Ressourcen sein, aus denen der alte Mensch immer wieder schöpft.

Eine weitere psychische Ressource ist die *Widerstandsfähigkeit.* Sie ist das Vermögen, Lebensereignisse, die Streß erzeugen, durch kognitive Interpretation optimistisch umzudeuten und aktive Entscheidungen zu treffen. Drei Komponenten können ihr zugeschrieben werden: 1. Widerstandsfähigkeit ist das Können, Dinge zu beeinflussen, sich also der Umwelt nicht ausgeliefert zu fühlen, sondern sie kontrollieren zu können. 2. Sie ist die Fähigkeit, gesetzte Ziele in gewissenhafter Verpflichtung zu verfolgen, bis sie erreicht sind. 3. Sie faßt Lebensereignisse nicht als blindes Schicksal auf, sondern als Herausforderung (Kobasa, Maddie, Kahn, 1982).

Zu den seelischen Ressourcen gehören ganz zentral das *Selbstkonzept* und die *Selbstwertschätzung.* Das Selbstkonzept ist ein Aspekt der Identität eines Menschen. Wenn auch die Identität während der Jugendzeit erworben wird, so wird sie doch ein Leben lang fortentwickelt (Erikson, 1995). Eine zentrale Dimension der Identität ist das Bewußtsein vom Selbstwert, die Selbstwertschätzung. Beide besitzen eine hohe Stabilität über das ganze Leben hinweg und werden durch Alterseinbußen nicht eingeschränkt. Es gibt also kaum eine augenscheinliche Zunahme von Selbstwertproblemen im Al-

ter (Deusinger, 1990), und dies unabhängig von positiven oder negativen Lebensereignissen.
Schließlich ist eine entscheidende psychische Ressource die *Kontrolle*, d.h. das Vermögen, die Umgebung und die eigenen Handlungen kontrollieren und dadurch planen und beherrschen zu können. Es ist sinnvoll, zwischen primärer und sekundärer Kontrolle zu unterscheiden. Bei der *primären* Kontrolle werden physikalische Umweltrealitäten (wozu auch die eigene körperliche Befindlichkeit gehört) und soziale Realitäten an die eigenen Wahrnehmungen, Zielverfolgungen und Wünschbarkeiten angeglichen. Wenn dies nicht gelingt, tritt die *sekundäre* Kontrolle inkraft. Hierbei werden Wahrnehmungen und Zielverfolgungen an die vorhandenen Realitäten angepaßt und anbequemt. Nach Flammer hat die sekundäre Kontrolle eine vierfache Ausdifferenzierung (Flammer, 1990):

- Uminterpretation. Bei der interpretativen Kontrolle geht es um die Anpassung und Uminterpretation der eigenen Ansprüche auf die objektiven Gegebenheiten.
- Angepaßte Vorhersagen. Bei der prädikativen sekundären Kontrolle haben die angepaßten Vorhersagen den Zweck, Auswirkungen auf die eigene Person kontrollieren zu können.
- Die Identifikation mit den Kontrollinhabern. Bei der vikarisierenden Kontrolle identifiziert sich die Person mit den Macht innehabenden anderen, die über die eigene Person Kontrolle ausüben.
- Die Meinung, auf der Seite des glücklichen Zufalls zu stehen. Bei der illusorischen Kontrolle glaubt die Person völlig zu Unrecht, das Schicksal auf seiner Seite zu haben.

Gerade die sekundäre Kontrolle scheint für alte Menschen sehr wichtig zu sein, und zwar im Sinne der adaptiven, kognitiven Umdeutungen, aber auch durch die Veränderungen der Realitäten und durch die Fähigkeit, sich auf Modifikationen der eigenen Person wie der Umwelt einstellen zu können.
Ein enger Zusammenhang besteht zwischen *Kontrolle und Coping* (Bewältigung). Coping ist die Fähigkeit des Menschen, mit Streßsituationen umgehen zu können. Dies kann auf zwei Wegen geschehen: Zum einen kann die Problemlage selbst verändert werden, zum anderen wird die subjektive emotionale Befindlichkeit verbessert. Diese beiden Funktionen können auf vierfache Weise erreicht werden: durch Informationssuche, durch direkte Handlungen, durch Vermeiden von Handlungen und durch innerpsychische Prozesse (Mayring, 1988).

Kognitive Ressourcen. Kognitive Vorgänge spielen im Alter eine große Rolle, und zwar nicht nur als reale Quellen von Wohlbefinden, sondern gerade auch als Ursache von Ängsten. Geistiger Abbau, wie Verwirrtheit, Gedächtnisverlust, Unzurechnungsfähigkeit usw. wird befürchtet. Als subjektiv wahrgenommene altersbedingte kognitive Veränderungen beklagen sich alte Menschen besonders über ihr schlechtes Gedächtnis. Dabei übersehen sie, daß sie vielleicht schon früher, ohne es zu bemerken, vergeßlich waren; jetzt aber fällt es ihnen auf. Auch differiert das Gedächtnis individuell sehr stark. Wer sein Leben lang intensiv geistig tätig war, hat eine größere Chance, kognitive Ressourcen nutzen zu können, als wer schon ab 30 Jahren stagnierte. Dennoch lassen sich objektive kognitive Veränderungen im Alter feststellen.
Die Frage, die sich allerdings stellt, ist, ob die kognitiven Veränderungen eine Funktion des Lebensalters sind oder individuell erklärt werden müssen, d.h. durch die Persönlichkeit und das soziale Umfeld. Diese Frage ist deshalb so wichtig, weil sie darüber entscheidet, ob kognitive Ressourcen bis ins hohe Alter genutzt werden können oder nicht. P. Perrig-Chiello stellt fest, daß die Forschung diese Frage außerordentlich kontrovers behandelt (Perrig-Chiello, 1997: 83 f.). Sie entscheidet sich für einen psychometrischen und einen Informationsverarbeitungsansatz.
Beim *psychometrischen* Ansatz wird unterschieden zwischen kristalliner und flüssiger Intelligenz. Kristalline Intelligenz besteht im Wortverständnis, der Fähigkeit zur Begriffsbildung, dem logischen Denken und dem allgemeinen Verständnis, in der ganzen Bandbreite kultureller Werte also; sie bleibt ein Leben lang konstant oder wächst sogar durch Akkumulation an. Die *flüssige* Intelligenz hingegen ist kultur- und bildungsunabhängig und beinhaltet die Fähigkeit, komplexe visuelle Information differenzieren und einzelne Informationen aus ihr herausziehen zu können. Sie kann durch physiologische und neurologische Veränderungen, d.h. durch eine Akkumulation von Verletzungen und Krankheiten abnehmen.
Beim *Informationsansatz* geht es um die Untersuchungen, wie sich durch das Alter Beschaffenheit und Effizienz des Enkodierens, Speicherns und Dekodierens ändern.
Es ist offenkundig nicht leicht festzustellen, was sich im Alter ändert. Fest scheint nur zu stehen, daß überhaupt Veränderungsprozesse stattfinden.
Schließlich sollen *Selbstwirksamkeit, Kontrolle und Leistungsattribution* als kognitive Ressourcen behandelt werden. Selbstwirksamkeit bezeichnet das Vermögen des Individuums, überzeugt zu sein, eine Aufgabe und die mit ihr verbundenen Anforderungen erfüllen zu können. Zwei wichtige Elemente der Selbstwirksamkeit sind erstens der nötige Aufwand und zweitens die

Ausdauer, die aufgebracht werden müssen, um ein Ziel zu erreichen. Menschen mit starken Selbstwirksamkeitsüberzeugungen brachten mehr Energie auf und blieben länger bei einer Aufgabe als Personen mit Selbstzweifel. Auch sind Menschen mit hohen Selbstwirksamkeitsüberzeugungen effizienter im analytischen Denken und bei komplexen Problemlösungsaufgaben. Nun werden Selbstwirksamkeitsüberzeugungen außerordentlich stark durch soziale Einflüsse geprägt. Wenn alte Menschen überzeugt sind, daß Gedächtnisverluste und Nachlassen der Selbstwirksamkeit notwendig zum Alter dazugehören, werden sie aufhören, sich anzustrengen. Dies wiederum äußert sich in geringen Leistungen und hoher Stressanfälligkeit. Persönliche Kontrolle und Leistungsattributionen betreffen am stärksten das als schmerzlich empfundene Nachlassen der Gedächtnisleistung. Das bedeutet beispielsweise eine geringe Merkfähigkeit von Namenserinnerungen, Namen-Gesicht-Verbindungen, kurzfristiges Behalten und Erinnern von Dingen, die man gerade tun wollte, und generelle Klagen über nachlassende Leistungen. Solche Einstellungen gehen einher mit dem Gefühl des Schicksalhaften, das unkontrollierbar sei. Zweifellos werden solche Einstellungen durch soziale Einflüsse, wie Presse-, Zeitschriften- und Fernsehberichte, die alten Menschen Angst machen, verstärkt. Querschnittsstudien haben zwar gezeigt, daß alte Menschen glauben, daß das Alter selbst schuld sei am Nachlassen kognitiver Vermögen. Längsschnittstudien dagegen haben nachgewiesen, daß Kontrollüberzeugungen vom früheren Leistungsniveau beeinflußt werden. Wer ein Leben lang geistig intensiv trainiert war, profitiert davon auch im Alter.

Alte Menschen neigen also dazu, das Nachlassen kognitiver Leistungen als alters- und schicksalsbedingt anzusehen, was sie dazu veranlaßt, wenig zur Entwicklung der kognitiven Ressourcen zu tun. Solche Überzeugungen stehen im Widerspruch zur Forschung, die zwar alterskorrelierte Leistungseinbußen nachweist, aber gleichzeitig große individuelle Unterschiede und vielfältige Kompensationsmöglichkeiten aufzeigt. Tatsächlich haben alte Menschen große kognitive Reserven, die sie als Ressourcen nutzen können.

Soziale Ressourcen. Sie entscheiden in hohem Maße darüber, ob ein Mensch in ständiger Wechselwirkung mit seinem Familien- und Netzwerksystem lebt, und daraus Wohlbefinden und Stabilität zieht oder nicht. Tatsächlich lebt der alte Mensch in einem sozialen Netzwerk, und zwar nicht hilflos und pflegebedürftig, sondern in Autonomie und Kompetenz. Nach Pedroni und Zweifel waren bei den 65-69Jährigen 0,4%, bei den 70-79Jährigen 4% und bei den 80-89Jährigen 20,2% institutionalisierte Pflegebedürftige (Pedroni, Zweifel, 1989). Das Vorurteil vom pflegebedürftigen, abhängigen Alten ist also eine Pauschalisierung. Gleichzeit macht uns aber die Angst alter Menschen, abhängig zu werden, auf eine wichtige Ressource des Alters aufmerksam, die Autonomie. Das Autonomiebedürfnis ist keineswegs auf das Alter beschränkt, sondern begleitet den Menschen vom zweiten Lebensjahr an ein Leben lang. Es ist das Bedürfnis, das eigene Leben aktiv zu beeinflussen, Entscheidungen eigenständig zu treffen und sein Leben autonom zu gestalten. Für den alten Menschen tritt die funktionelle Autonomie hinzu, die Fähigkeit, ohne fremde Hilfe den Alltag meistern zu können. Mit der Autonomie korreliert das Sicherheitsbedürfnis. Dieses bedeutet vor allem, daß für die Verwirklichung wichtiger Lebensziele die notwendigen Ressourcen zur Verfügung stehen. Es lassen sich makro-, meso- und mikroökologische Ressourcen unterscheiden.

Makroökologische Ressourcen. Zunächst scheint es wichtig zu sein, ob ein alter Mensch auf dem Land oder in der Stadt lebt. Aber die Ortsgröße, so hat es den Anschein, spielt keine Rolle für das Wohlbefinden des Menschen im Alter (Kozma, Stones, McNeil, 1991). Stadt und Land sind gleichwertige Ressourcen, wobei sich Vor- und Nachteile gegenseitig die Waage halten. In der Stadt gibt es insgesamt eine höhere Stimulation. Die Stadt bietet zahlreiche Freizeitangebote; die Dienstleistungsressourcen, wie Einkaufsmöglichkeiten, medizinische und soziale Versorgung stehen leicht zur Verfügung; und öffentliche Verkehrsmittel machen lokale Ziele leicht erreichbar. Andererseits besteht die Gefahr der Vereinsamung (die allerdings nicht sehr groß ist), die Unsicherheit des alten Menschen im Straßenverkehr und auch die Angst vor der Kriminalität. Auf dem Land dagegen haben Menschen das Gefühl größerer Sicherheit, sie fühlen sich in Gemeinschaften eingefügt und nehmen am ländlichen Leben teil, dafür aber gibt es Transportprobleme, geringere Gesundheitsversorgung, weniger Wohnkomfort und insgesamt weniger Stimulanz. So scheint die Ortsgröße keinen großen Einfluß auf das Wohlbefinden alter Menschen zu haben; Stadt und Land sind gleichermaßen mögliche Ressourcen, auf die der alte Mensch zurückgreifen kann.

Mehr als die Wahl des Ortes selbst scheint der Ortswechsel das Wohlbefinden von alten Menschen zu beeinflussen, vor allem der Umzug aus einer eigenständigen Wohnung in eine Altersinstitution. Aber auch in dieser Situation ist es entscheidend, ob der alte Mensch die Entscheidung selbstkontrolliert und eigenständig trifft. Wenn dies geschieht, ist er bereit, sich neu anzupassen (Saup, 1990).

Mehr dem *mesosozialen Bereich* zugehörig ist die Nachbarschaft. Nachbarschaftsumwelten spielen für die Netzwerkbildung alter Menschen eine gro-

ße Rolle. Nachbarn sind nach wie vor wichtig für kleine Hilfen, und vor allem vermittelt Nachbarschaft ein Gefühl von Sicherheit und Zugehörigkeit (Saup, 1990).
Mikrosoziale Ressourcen sind mannigfaltig. Zu ihnen gehören zunächst die Wohnverhältnisse. Wenn alte Menschen selbständig ihr Leben und ihren Haushalt führen können, bedeutet dies für sie ein zentrales Element für soziale Unabhängigkeit und Autonomie. Vor allem aber sind es auch die im Laufe langer Zeit gewachsenen wechselseitigen Beziehungen, die physische, psychische und lebensgeschichtliche Zugehörigkeit vermitteln. Besonders im institutionalisierten Wohnen ist die Wohnzufriedenheit problematisch. Je größer die soziale Kontrolle in einem Heim ist, desto geringer ist die Zufriedenheit der Einwohner (Kozma, Stones, McNeil, 1991).
Die *finanzielle Situation* ist eine Ressource, die am stärksten das Alter im Sinne von Ungleichheit differenziert. Im Alter kann ja das Armutsrisiko zunehmen, da Rente und Pension sehr viel niedriger sind als das frühere Einkommen, während sich die Ausgaben nicht verringert haben. Im Falle der Sozialhilfe ist die finanzielle Situation noch problematischer. Vor allem alleinstehende alte Frauen unterliegen dem Armutsrisiko bzw. der Verarmung. Dennoch scheinen Zufriedenheit und finanzielle Situation nicht eindeutig zu korrelieren. Menschen können mit weniger Geld zufriedener sein und andere trotz wohlsituierter finanzieller Versorgung besorgt und unzufrieden. Trotzdem besteht ein Zusammenhang zwischen niedrigem sozialökonomischem Status, Verwitwung und schlechter Gesundheit mit Resignation und dem Mißtrauen gegenüber der Zukunft (Thomae, 1993).
Wichtig für ein glückliches Alter und als Ressource ist der *Zivilstand*. Die Dichte außerfamilialer und familialer Beziehungen nimmt erst im ganz hohen Alter ab. Dennoch kommt dem Lebenspartner eine zentrale Bedeutung zu. Verheiratete sind insgesamt glücklicher als Alleinstehende, und Thomae stellt sogar die These auf, daß verheiratete Männer langlebig, ledige, verwitwete oder geschiedene dagegen kurzlebig seien (ebd.). Darum ist zu bedenken, daß alte Menschen, wenn sie ihren Lebenspartner verloren haben, nicht nur diesen Verlust erleiden, sondern zunehmend auch schlechtere Gesundheitswerte, finanzielle Einbußen und reduzierte soziale Interaktionen aufweisen, die die Stimmungslage zusätzlich verdunkeln.
Als soziale Ressourcen des Alters kommen weiterhin *soziale Aktivitäten und soziale Netzwerke* in Frage. Die Anteilnahme und Auseinandersetzung mit der sozialen Umwelt und der Natur mit der Vielfalt ihrer Dinglichkeit ist neben der Gesundheit das wichtigste Element für das Wohlbefinden im Alter, und das um so mehr, je komplexer und multidimensionaler solche

Beziehungsgeflechte sind. Dabei kommen den Kontakten zu Familienmitgliedern, Verwandten und Freunden eine höhere Bedeutung zu als zu Nachbarn und weiteren formalen Sozialkontakten. Solche sozialen Kontaktpartner sind ja entscheidend für die sozialen Aktivitäten alter Menschen. Von der Menge und Qualität derartiger Interaktionen hängen Lebenszufriedenheit und Wohlbefinden im Alter signifikant ab. Dabei ist es wichtig, den Zeitfaktor zu berücksichtigen. Die sozialen Kontakte des Alters wurzeln in früheren Lebensaltern. Die Struktur des Familiensystems hat sich über Jahrzehnte gebildet, mit der Verwandtschaft wurde über lange Zeit hinweg Kontakt gehalten, Freundschaften sind im frühen Alter geschlossen und fortgesetzt worden, und Nachbarschaftsbeziehungen wurden jahrelang gepflegt. Frühere Netzwerke werden also einfach beibehalten; jedoch sterben sie langsam bis zum hohen Alter ab.

Zu den sozialen Aktivitäten gehört auch das *Freizeitverhalten* alter Menschen. Es ist reichhaltig und komplex. Mit dem Eintritt in die Pensionierung bzw. die Berentung steht nicht nur mehr Zeit für Sozialkontakte zur Verfügung, sondern auch zum Reisen, Wandern, Spazierengehen, Hobbies pflegen, Besuch von kulturellen oder auch religiösen Angeboten usw. Dabei spielt wiederum der Bildungsfaktor eine große Rolle, denn Arbeiter beispielsweise bleiben lieber im eigenen Zuhause, während Gebildete auch außerhalb der Wohnung aktiv bleiben und ein jugendlicheres Verhalten zeigen (Das Schweizer Bundesamt für Statistik, 1991).

Schließlich sind *Alltagsbelastungen und Lebensereignisse* Ressourcen oder auch Gewichte für das Alter. Es sind vor allem zwei soziale Stressoren, die die Befindlichkeit im Alter belasten. Das sind zum einen die Alltagsbelastungen in ihrer Routine und sinnlosen Wiederkehr des Gleichen und zum anderen kritische Lebensereignisse, wie Verwitwung, Scheidung, Erkrankung oder Heimeinweisung. Umgekehrt kann die Alltagsroutine auch stabilisieren, nämlich den Tag zeitlich strukturieren und die Tätigkeiten ordnen. Genauso können Ereignisse auch Freude bringen, wie Familienfeste, mit Freunden zusammen Ausflüge erleben, Besuche machen oder empfangen usw.

So hat das Alter vielfältige und multiplexe physische, psychische, kognitive und soziale Ressourcen, die es für Hilfen und Unterstützungen nutzen kann und die das Alter sinnvoll und gut machen und ihm Wohlbefinden und Lebenszufriedenheit schenken.

4.5.6. Offene Seniorenarbeit

Offene Seniorenarbeit ist vorrangig Bildungsarbeit. Das interventionsgerontologische Dilemma allerdings ist (Karl, 1993: 16-19), daß gerade die

sozialen Schichten mit niedrigem Bildungsstatus, die am notwendigsten bildungsmäßige Unterstützung benötigen, sie nicht suchen, während alte Menschen mit hoher Bildung, höherer Intelligenz und größeren materiellen Ressourcen die Bildungsangebote für das Alter nutzen. Wie die Bildungsangebote so werden auch die Beratungsangebote von den unteren sozialen Schichten nur selten besucht, während alte Menschen mit höherem gesellschaftlichem Status dies eher tun. Darum vertritt Karl zu Recht das Konzept der zugehenden und aufsuchenden Altenarbeit (ebd. 19-21). Zugehende Altenarbeit ist zunächst zielgruppenorientiert. Dabei ist es nicht notwendig, die Zielgruppenbestimmung über die Problem- oder Defizitbearbeitung zu definieren, sondern die Altenarbeit kann auch über gemeinsame Interessen und Ziele organisiert werden. Weiterhin ist zugehende Altenarbeit stadtteilbezogene aufsuchende Bildungsarbeit. Bildungsentfernte und bildungsentwöhnte Menschen besuchen eher Bildungsangebote, wenn die Veranstaltungen in ihrem Stadtteil stattfinden, das bedeutet, daß die Wege kurz und die Umgebung und Räume bekannt sind. Zugehende Altenarbeit ist immer zugleich lebensweltlich. Dies bedeutet zum einen, alte Menschen in ihrer Lebenswelt aufzusuchen, und zum anderen, Erlebtes und Erfahrenes, die Inhalte der Lebenswelt also, zum Thema zu machen. In diesem Zusammenhang bedeutet der Lebenslaufansatz, daß Persönliches und Kollektives thematisiert werden. Im Erzähl-Café wiederum wird z.B. über Reisen, über frühere Lebensereignisse, über die politische Vergangenheit, aber auch über gegenwärtige Fragen berichtet.
Will die Altenarbeit zugehend, aufsuchend und zielgruppenbestimmt tätig werden, muß das Bildungsangebot sehr umfassend sein, damit auch ein genügend breitgefächertes Angebot besteht. Dies kann erreicht werden, wenn die fünf vorherrschenden Bildungskonzepte für ältere Menschen in der offenen Altenarbeit miteinander verbunden werden. G. Schäuble hat sie dargestellt (Schäuble, 1995: 241-253):

Das traditionelle Bildungskonzept für alte Menschen: Betreuen, unterhalten, beschäftigen.
Dieses Konzept gilt heute als veraltet (Veelken, 1990: 34; Voges, 1991: 36 f.), ist in der Praxis aber immer noch das verbreitetste. Es folgt der Defizithypothese und der Vorstellung vom Alter als Rückzug und Disengagement, die heute nicht mehr vertreten werden. Die Veranstalter betrachten die alten Menschen als isolierte, von der Einsamkeit und der Ab- und Eingeschlossenheit Bedrohte, Alleinlebende ohne Familie, Verwandte und Freunde, die unter Lethargie und Passivität sowie Rückzug leiden. Sie gelten als Betreuungsobjekte, die man betreuen, putzen, pflegen, kurz: erhalten muß. Ange-

bote wie Dia-Abende, Gesangs- und Musikdarbietungen, Vorträge über Reisen, vor allem Kaffeekränzchen, Bastelstunden, Hobbys ohne ernsthaften Wert, Spiele, Tanzen usw. beabsichtigen nicht die Notwendigkeit der Alterssozialisation. Die alten Menschen werden weniger gebildet als vielmehr in eine gesellige Atmosphäre und in eine unterhaltsame, bewegte, freudige Stimmung gebracht. Die Hobbys dienen dazu, Vorzeigeobjekte herzustellen, wobei die Vorstellung besteht, daß Basteln die Entwicklung kognitiver, körperlicher und sozialer Fähigkeiten erhält. In Altentages- und Begegnungsstätten, Altenclubs, Altenheimen, in den Häusern der Wohlfahrtsverbände, der Vereine und Kirchen herrscht dieses Konzept noch immer vor. Jedoch werden die Älteren und Alten zu Passivität und Konsum und zu einer bloßen Mitmache-Mentalität gebracht. Schöpferische Produktivität, Eigentätigkeit, kooperatives Handeln und Selbstorganisation werden gar nicht beabsichtigt, da ja dem alten Menschen solche Fähigkeiten nicht mehr zugetraut werden.

Das kognitive Bildungskonzept: Informations- und Wissensvermittlung.
Bei diesem Konzept wird das 30 Jahre währende Alter und wird die Gruppe der gleichaltrigen Senioren als außerordentlich differenziert gesehen. Ein großer Anteil der alten Menschen gilt als bildungshungrig, wissensdurstig, weswegen sie sich über alles Neue informieren und austauschen. Hierher gehört auch der Erwerb von Zertifikaten. Angeboten werden juristische Kenntnisse, Wissen über Ernährung, Gesundheit, Wohnen, staatliche und nichtstaatliche Hilfen, psychologische Themen, Technik, Soziales, Politik, Sprachen, Literatur, Kunst, Geschichte usw. Solche Angebote werden vor allem von Volkshochschulen, Universitäten, Akademien, freien Bildungsträgern und Wohlfahrtsverbänden gemacht. So wichtig das kognitive Bildungskonzept auch als ein integrales Element von Altenbildung ist, so faßt es den Menschen doch zu sehr als eindimensional kognitiv auf. Auch ist die Methodik zu einseitig darbietender Art: Frontalunterricht, Vortrag, Diskussion und nur selten Gruppenarbeit. Das Hintergrundmodell für diese Methodik ist die Vorstellung von der Aktivierung alter Menschen, ihrer Kompetenz und ihrem Bedürfnis nach Austausch.

Das Bildungskonzept als Bildung zur Aktivierung: Hilfen zur Lebensplanung und -gestaltung.
Dieses Bildungskonzept wandte sich bewußt gegen die Disengagementshypothese und setzte dagegen das Konzept der Aktivitätstheorie. Ihr zentraler Gedanke ist, daß Menschen sich dann glücklich fühlen, wenn sie Aktivitäten und Interessen aus den mittleren Lebensjahren im Alter fortsetzen kön-

nen. Sie macht Ernst mit der Erkenntnis, daß das Alter ein langer Zeitraum geworden ist, währenddem ein nur langsamer Funktionsverlust eintritt. Dementsprechend sind die Bildungsinhalte. Sie sollen der Lebensbewältigung im Alter dienen. Dazu gehört beispielsweise, mit neuen Haushaltsgeräten oder neuen Techniken (Computer, Internet usw.) umgehen zu können; neue Koch- und Ernährungsweisen, die dem Alter entsprechen, zu lernen; die arbeitslose Zeit neu einzuteilen in Tages-, Wochen- und Jahrespläne, wodurch das dritte Lebensalter strukturiert wird und nicht in Alltäglichkeit zerfließt; die Sinnfrage zu stellen und für sich selbst zu beantworten; und schließlich die vorhandenen Fähigkeiten und Fertigkeiten zu erhalten, zu fördern und anzuwenden.
Das Ziel solcher Bildungsarbeit ist es, Kompetenz- und Altersabbau zu verlangsamen und Senioren zu motivieren, am politischen und sozialen Leben teilzunehmen. Darum sollen alte Menschen auch in gesellschaftspolitisch relevanten Gruppen mitarbeiten oder sogar leitend tätig sein. Damit werden beim alten Menschen Aktivierung, Austausch, Entwicklung und Kompetenz erzielt.
Der Nachteil dieses Konzeptes ist, daß die Alten in die aktiven und kompetenten neuen Alten und die hilfs- und betreuungsbedürftigen Passiven eingeteilt werden. Außerdem werden die alten Arbeitsstrukturen in gewandelter Form fortgesetzt. Der alte Arbeitsdruck kann sich in Aktivitätszwang verwandeln, der sich durchaus einstellt, wenn verantwortliche Tätigkeitsfelder besetzt werden.

Das Bildungskonzept nach dem Biographie- und Identitätsansatz (Osborne, Schweitzer, Trilling, 1997; Ruhe, 1998).
Entstanden ist er als Gegenbewegung zum Konzept des Lernens von Qualifikationen, die ohne Beziehung zum Alter standen. Biographisches und Identitätslernen ist ein Lernen aus der eigenen Vergangenheit und Identitätsgeschichte. Dabei wird versucht, die sowohl individuelle als auch altersgruppenspezifische Lebensgeschichte zu strukturieren, nachzuerleben und zu deuten (Karl, 1992: 44 ff.). Sie ist die subjektive Deutung des eigenen Lebens, die in die Gegenwart hineinreicht und zur Zukunft mit ihren Möglichkeiten geöffnet ist. Vor allem ist die Biographiearbeit ein Heilmittel gegen die Zersplitterung des Lebens in Zeitabschnitte und Erfahrungswelten in einer immer stärker funktional ausdifferenzierten Gesellschaft. Biographiearbeit versucht darum, Lebensintegration und Erfahrungsintegration zu leisten. Ruhe entwickelt vor allem folgende Funktionen des *Biographielernens* (Ruhe, 1998: 10-13):

(1) Sinn: Biographisches Arbeiten ist zuvörderst Sinngebung, Sinnerklärung und Sinnsuche. Indem im Vergangenen Sinn gefunden wird und die vorhandenen Lebensmöglichkeiten erhellt werden, erwachsen daraus Begründungen, warum die Zukunft lebenswert ist. Biographische Sinnfindung verknüpft somit Vergangenheit, Gegenwart und Zukunft zu einem sinntragenden Ganzen.

(2) Kontinuität: Biographielernen versucht, die vergangenen Lebenserfahrungen so zu ordnen, daß sich durch die Fülle des Lebens ein sinnvoller Weg abzeichnet. Dadurch erfährt der Mensch Kontinuität. Er erkennt, was selbstgewähltes und was fremdbestimmtes Leben gewesen ist und kann beides einordnen. Daraus erwächst die Sicherheit, daß auch das künftige Leben eingefügt sein wird in das gelebte Leben.

(3) Realität: Biographisches Erinnern ist Arbeit mit dem realen, glaubhaften, vergangenen Leben, des eigenen Lebens und der fremden Leben, die mit dem eigenen verknüpft waren. Dabei ist es wichtig zu wissen, daß Erinnern selten objektiv ist. In die reale Erinnerung mischen sich Verdrängungen und Verklärungen.

(4) Konstruierte Wirklichkeit: Teilweise ist erinnerte Realität konstruierte Wirklichkeit. Es wird nicht die Vergangenheit beschrieben, wie sie war, sondern real Vergangenes vermischt sich mit dem Erleben, der Reproduktion, der Erinnerung, dem Rückgriff auf eben diese Erinnerung und die Sinngebung des Erinnerten. So schafft sich der Mensch durch die Biographiearbeit eine konstruierte, tragbare Wirklichkeit.

(5) Veränderungen: Biographische Reflexion deckt Veränderungen auf, vor allem, wenn der Mensch alt wird und körperliche Zerfallserscheinungen offenkundig werden. Dann hilft die Biographiearbeit, das innere Wachstum zu erkennen.

(6) Kommunikation: Kommunikation mit Personen, die das Leben begleitet und mitgestaltet haben, fördern das Biographielernen. Kommunikation spielt aber auch eine Rolle, wenn sich die erinnernde Person in der Gruppe an ihr Leben erinnert und sich Gespräche mit Fragen und Antworten entwickeln.

(7) Fragment: Zunächst ist verständlich, daß sich niemand an alles erinnern kann. Alles Erinnerte bleibt fragmentarisch. Es fragt sich jedoch darüber hinaus, ob alles Erinnern überhaupt wünschenswert ist, ob Versagen und Schuld bekannt werden soll, oder ob es nicht besser ist, sie zu verschweigen.

(8) Gemeinschaft: Biographiearbeit kann bei der intergenerativen Arbeit für das gegenseitige Verstehen sehr förderlich sein. Indem unterschiedliche

Lebenszeiten, Lebenswelten und Erfahrungsfelder offengelegt werden, wird gegenseitige Anerkennung möglich. Besonders Jugendliche können auf diese Weise die Erfahrungskompetenz alter Mensch anerkennen.

(9) Ganzheitlichkeit: Biographisches Arbeiten umfaßt drei Sinndimensionen: die individuelle, die gesellschaftliche und die tiefenpsychologische. Die individuelle Dimension schreibt die Lebensgeschichte, wie sie war, wobei sie sich auf die objektiven Daten konzentriert. Die gesellschaftliche Dimension sieht die Person verflochten mit dem Ganzen der Gesellschaft, sie macht die verwirklichten Lebenschancen deutlich und die Einwirkungen gesellschaftlicher Veränderungen auf die Biographie. Die tiefenspychologische Dimension schließlich erhellt die psychischen Verletzungen und Heilungen, Hemmungen und Entfaltungen usw. Alle drei Sinndimensionen bilden eine Einheit.

(10) Kollektives Gedächtnis: Biographiearbeit schließlich erinnert auch Geschichte. Besonders alte Menschen werden hierdurch zu Zeitzeugen. Gerade in der intergenerativen Altenarbeit spielen historische Erinnerungen eine tragende Rolle, wodurch das kollektive Gedächtnis der Gesellschaft gefördert wird.

Ähnlich dem lebensgeschichtlichen Lernen ist das *Identitätslernen.* Auch die Identität ist nicht nur konstanz- und kontinuitätsstiftend, sondern sie wächst und reift, d.h. sie verändert sich im Laufe der Lebensgeschichte. Dabei dürfen wir nicht von einem einfachen und einheitlichen Ich ausgehen, weil in der pluralen Gesellschaft auch die Identität segmentiert, wiewohl integriert ist. Identitätslernen hat es also mit den einzelnen Lebenssegmenten zu tun, die die Identität ausmachen; das sind die berufliche, die geschlechtliche, die soziale, die kulturelle, die politisch-gesellschaftliche, die weltanschauliche, die religiöse und die praktische Identität, die das Ich integriert. Dazu kommt, daß die Identität durch bedeutsame Lebensereignisse beeinflußt wurde, wie berufliche Erfolge, wichtige Freundschaften, gemeinsame Erlebnisse, Eltern werden, Erfolge der Kinder erleben usw. Aber es können auch traumatisierende Erlebnisse sein, die die Identität prägen, aber verdunkeln. Dies alles gilt es, bewußt zu machen, indem es erzählt wird.
So bilden lebensgeschichtliches und Identitätslernen eine sich ergänzende Einheit. Biographisches Lernen erschließt die eigene Lebensgeschichte, macht sie bewußt und eröffnet ihren Sinn (Blimlinger u.a., 1994). Dabei werden geschichtliche, gesellschaftsgeschichtliche, altersgruppenspezifische und zwischengenerative Aspekte mit einbezogen (Alheit, 1993). Solch eine Lebensgeschichte und Identität aufhellende Retrospektive erlaubt es,

das vergangene Leben besser verstehen und sich aneignen zu können, wodurch auch das gegenwärtige Leben durchsichtiger wird. Indem die Lebens- und Identitätsgeschichte in die Zukunft interpoliert wird, lassen sich auch identitätsgerechte, zukünftige Lebensziele und neue Aufgaben finden. Allerdings sind diese konzeptionellen Ansprüche und Methoden recht anspruchsvoll und darum bildungs- und schichtenabhängig. Hinzu kommt, daß Menschen, die integrative, feste Gehalte als Charakter aufweisen, nicht gern ihr Inneres offenlegen. Überhaupt steht die Generation vor 1968 psychologischen Verfahren skeptisch gegenüber. Und leider wird auf der Angebotsseite der Markt teilweise von obskuren und dilettantischen Anbietern beherrscht, so daß auf der Nachfrageseite Vorsicht geboten ist.

Seniorenbildung als Erlebnispädagogik.
Obgleich die Erlebnispädagogik aus der Jugendarbeit erwachsen ist, wird sie heute zur Aktivierungs- und identitätsorientierten Altenbildung erweitert. Die Erlebnispädagogik kritisiert ja die moderne Wohlstands- und Konsumgesellschaft als erlebnis- und erfahrungsarm. Darum will sie Erlebnis und Risiko anbieten, damit der alte Mensch Körperlichkeit, handwerkliches Können, Kreativität und künstlerisches Vermögen, Naturerfahrung und Selbstverantwortung, aber auch Gemeinschaft und Sozialität erwirbt. Angeboten werden Natursportarten, wie Wandern, Bergwandern, Reiten, Trekking, Expeditionen, Segeln, Fahrradfahren, ökologische Projekte, musische, künstlerische, technische und kreative Angebote, jedoch auch, wenn wir an social bound denken, soziale Aufgaben; und beim city bound wird nicht nur die Natur, sondern auch die Stadt erkundet. Während die Erlebnispädagogik heute nicht mehr aus der Altenbildung wegzudenken ist, muß sie sowohl die Selbstgefährdung als auch die kräftemäßige Überforderung vermeiden.

Offene Seniorenarbeit ist sehr häufig *kurzzeitpädagogische Altenbildung*, worauf G. Schäuble zu Recht hinweist (Schäuble, 1995: 267-281). Viele Bildungsveranstaltungen finden nur einmal statt, und überdies kurzzeitig. Besonders Gesprächsreihen, Seminare oder Kurse sind in der Regel auf vier bis zwölf Abende oder drei bis fünf Tage festgelegt. Es steht also im Vergleich zur Arbeit in kleinen, überschaubaren Gruppen von langer Dauer nur wenig Zeit zur Verfügung. Dies begrenzt den Inhalt und auch die Vertiefung der Bildungsinhalte sowie die Auswahl der Methoden, die Ergebnisse und die Gruppenstruktur. Neben den räumlichen Umständen ist also die Zeit der wesentliche Faktor der Veranstaltung. Die Kürze der Zeit macht auch verständlich, daß kurzzeitpädagogische Angebote kaum zu

Verhaltens- und Lebensstiländerungen führen, sondern eine Anstoß- und Impulsfunktion haben.

Themenzentrierte Seminare bieten Themen an, die für alte Menschen wichtig sind. Dies sind zunächst zukunftsorientierte Zielsetzungen, die Alters- und Ruhestandsthemen behandeln. Diese Probleme werden thematisch aufbereitet mit dem Ziel, daß alte Menschen solche Probleme vermeiden, ihr Alter positiv betrachten und die Zukunft realistisch einschätzen können. Weiterhin werden gesundheitliche, wirtschaftliche und rechtliche Aspekte des Alters behandelt, ergänzt durch psychologische, psychosoziale und weltanschauliche Themen. Es werden auch Hinweise auf Einrichtungen, Dienste und Freizeitangebote für Senioren gegeben. Der Informations- und Beratungscharakter der themenzentrierten Seminare drückt sich auch in der Methodik aus. Es gibt Vorträge (möglichst mit Visualisierungen), Referate mit anschließender Aussprache, Forumsdiskussion, aber ergänzend auch Gruppenarbeit in Workshops. Wir bemerken, daß die kognitive gegenüber der affektiven oder interaktiven Ebene überwiegt.

Teilnehmerorientierte Veranstaltungen sind auf das Hier und Jetzt der Teilnehmer und ihre Eigenzeit bezogen. Die Gegenwart soll erhellt werden mit ihren Situationen und Problemen, die mit den anderen Teilnehmern ausgetauscht werden. Genauso wird im Sinne der Lebenslaufforschung mehr die Vergangenheit aufgedeckt als die Zukunft thematisiert. Das Leben wird als Entwicklungsaufgabe gesehen, das es nachzuzeichnen und in der Gegenwart zu verwirklichen gilt. Methodisch entspricht diesem Konzept, daß nicht Lerninhalte im Mittelpunkt stehen, sondern es geht um die Teilnehmer mit ihren Erfahrungen, Erwartungen und Befürchtungen, aber auch mit ihrer Kompetenz. Die Beteiligten sollen ihre Wünsche und Vorschläge einbringen und bei der Planung mithelfen. Wenn Inhalte gebracht werden, dann sollen sie schon in der Veranstaltung erfahren werden. Dazu dienen Rollenspiele, Wahrnehmungsübungen, Meditationen usw. Es geht bei diesem Konzept primär um Selbsterfahrung, Selbstreflexion und aktive Teilnahme am Kurs. Themen für teilnehmerorientierte Veranstaltungen können sein Veränderungen im Selbstbild und im Rollenwandel, in den familialen und außerfamilialen Kontakten, im Lebensrhythmus und in den Aufgaben und Anforderungen des Alters.
All diesen Bildungsangeboten stehen gegenüber die Bildungsinteressen der alten Menschen. Und da muß festgestellt werden, daß es nicht nur das interventionsgerontologische Dilemma gibt: daß nämlich alte Menschen oftmals diejenigen Angebote der Altenarbeit annehmen, die sie nicht brauchen, und die sie benötigt würden, die lehnen sie ab; sondern darüber hin-

aus ist festzustellen, daß nur 2% bis 5% der Älteren die Angebote überhaupt annehmen (v. Ferber, 1993: 127). Auch das Alter ist vom Individualisierungsdruck und der Subjektivierung erfaßt.

4.5.7. Mobile Altenhilfe

Der Zweck mobiler Altenhilfe ist die Absicht, alten Menschen, wenn sie sich nicht mehr oder nur noch teilweise selbst versorgen können, zu helfen, ohne sie aus der gewohnten Umgebung und ihrer Lebenswelt zu entfernen. Die Übersiedlung ins Heim soll dadurch vermieden oder zumindest hinausgezögert werden. Im einzelnen gibt es folgende Bereiche der Hilfe, die im Wohnbereich ansetzen (Witterstätter, 1994: 93):

- Gesundheit, wie Essen, Pflege und Gesundheitsversorgung, Fußpflege und Gymnastik.
- Persönliche und technische Hilfen, das sind Einkaufen, Wäsche bringen und abholen, Reparaturen, Haushaltsreinigung, Behördenumgang.
- Kommunikationshilfen, z.B. Besuche, Fahrdienst, Büchereidienst, Vorlesedienst, Informationsdienste und Behördenhilfen.

Diese Dienste werden zunächst von den Trägern der freien Sozial- und Altenhilfe angeboten, d.h. den Wohlfahrtsverbänden und den Trägern der öffentlichen Sozial- und Altenpflege, den Städten und Landkreisen. Zu den wichtigen ambulanten Altenhilfsdiensten gehören (ebd. 96-105):

(1) Die Sozialstationen (Oppl, 1983). In ihnen arbeitet in der Regel ein Team von Krankenschwestern, Altenpflegern und Familienpflegerinnen. Für alte Menschen bieten sie die Grundpflege an, wie Ankleiden, Körperpflege, Betten machen und die Alten betten, Hygienehilfen oder auch Tag- und Nachthilfen. Zum zweiten geben sie Behandlungspflege und aktivierende Pflege, z.B. Injizieren, Verbandswechsel, Einläufe, Spülungen, Vermeiden von Druckgeschwüren vom Liegen, Kathederwechsel, Bewegungs- und Atemübungen usw. Schließlich beraten sie alte Menschen in Diät- und Gesundheitsfragen, unterweisen sie die Angehörigen in der Pflege, und sie vermitteln alte Menschen an andere Einrichtungen weiter. Wichtig wäre auch die Einbeziehung der lebensweltlichen Ressourcen in die Pflege.

(2) Essen auf Rädern. Die Aufgabe dieses Dienstes ist es, alten Menschen, die nicht mehr einkaufen und kochen können, fertige Mahlzeiten ins Haus zu liefern. Dabei wird in der Regel auf altersgerechte Nahrung geachtet.

(3) Einkaufsdienste. Sie kaufen für alte Menschen, die an die Wohnung gebunden sind, Waren jeder Art ein.

(4) Ähnlich sind Wäschedienste, die für die Reinigung der Körper-, Bett- und Haushaltswäsche sorgen. Wichtig werden solche Hilfen, wenn die alten Menschen nicht mehr fähig sind zur Toilettenhygiene. In der Regel werden zur Reinigung Wäschereien beauftragt, mit denen Sondertarife ausgehandelt werden. Wichtig ist bei dieser Hilfe die Regelmäßigkeit.

(5) Besuchsdienste. Sie dienen dazu, Begegnungen und Beziehungen zwischen alleinstehenden und an die Wohnung gefesselten alten Menschen und ihrer Umgebung herzustellen. Meist erfolgt der Besuchsdienst durch ehrenamtliche Mitarbeiter. Diese sollten kontaktfähig sein und sich weiterbilden. Inhalte des Besuches können sein: Plaudern, Vorlesen, Spiele spielen, Spaziergänge usw.

(6) Es werden aber auch mobile Alte der Umgebung ins Heim zu bildungsorientierten oder freizeitpädagogischen Veranstaltungen eingeladen mit dem Ziel, mit ihnen Seniorengruppen zu bilden.

(7) Telefonketten und Notrufanlagen geben dem alten Menschen ein Gefühl von Sicherheit, weil sie in Notfällen schnelle Hilfe ermöglichen. Mit Telefonketten können auch Vereinsamungsgefühle abgebaut werden, denn alte Menschen lernen sich durch das Telefonieren gegenseitig kennen und auch miteinander zu kommunizieren.

Seit der Verabschiedung des Gesundheitsreformgesetzes einschließlich der Pflegeversicherung 1988 wurde der entscheidende Schritt zur finanziellen Absicherung der Pflegebedürftigkeit gemacht (Herweck, 1992: 43-53). Das Gesundheitsreformgesetz führte erstmals Leistungen der Krankenversicherungen für Pflegefälle ein, auch wenn keine Krankheit vorlag. Die Leistungen des Gesetzes sind im einzelnen folgende:

- Prävention und Rehabilitation. Versicherte haben einen Anspruch auf ärztliche Behandlung und Versorgung, aber auch auf ambulante Vorsorgekuren oder auf die Behandlung in einer Vorsorgeeinrichtung, um Pflegeprävention zu erzielen. Es werden aber auch Rehabilitationsmaßnahmen finanziert, um Pflegebedürftigkeit zu vermeiden.
- Häusliche Pflegehilfe. Seit dem 1. Januar 1991 haben Schwerpflegebedürftige einen Anspruch auf häusliche Pflegehilfe. Sie umfaßt die Grundpflege und die hauswirtschaftliche Versorgung bis zu einer Stunde pro Pflegeeinsatz und bis zu 25 Pflegeeinsätzen im Monat, jedoch dürfen 750 DM nicht überschritten werden. Wenn der Pflegebedürftige seine Pflege selbst organisieren kann, darf die Krankenkasse auf Antrag dem Pflegebedürftigen 400 DM pro Monat bewilligen.

- Ersatzpflege. Schwerpflegebedürftige haben den Anspruch auf Ersatzpflege. Wenn die Pflegeperson beispielsweise Urlaub hat, steht dem Pflegebedürftigen für längstens 4 Wochen und einem Kostenaufwand von 1 800 DM pro Jahr eine Ersatzkraft zur Verfügung.

Wenn man bedenkt, daß für die neue Pflegeversicherung 26 Milliarden DM vorgesehen sind, dann wird offenkundig, daß ein neuer Markt entstanden ist, auf den Anbieter drängen, und zwar nicht nur die klassischen Einrichtungen, die nun miteinander konkurrieren müssen, sondern auch private Unternehmen. Tatsächlich ist der Bedarf an Arbeitskräften für den neuen Arbeitsmarkt groß. Bei 80 Millionen Personen, die in Deutschland leben, sind etwa 1% schwerpflegebedürftig. Bei einem Schlüssel von 7:1 ergibt sich die Zahl von 114 000 Arbeitskräften. So ist es nicht zu verwundern, daß auch dieser Markt dem Zwang und der Notwendigkeit zur Professionalisierung ausgesetzt ist. Es gibt unterdessen Diplomstudiengänge an Fachhochschulen und Universitäten für Pflegewissenschaft. In Zukunft wird auch dieser Markt berufsmäßig sein.
Die Grenzen der offenen Altenhilfe sind offenkundig: Die offene Altenarbeit ist zu wenig aufsuchend und zugehend, sondern eher reaktiv. Sie beginnt erst, wenn der Hilfebedarf dringend geworden ist. Auch ist das Personal vor allem in den Sozialstationen überfordert. Wenn für einen Einsatz 20 Minuten Betreuungszeit abgerechnet werden dürfen und ein Patient zweimal täglich besucht wird, kann eine Kraft nur 12 Personen versorgen. Und auch dann ist sie nur in der Lage, eine Mindestversorgung anzubieten. Man kann auf 50 000 Einwohner 225 alte Menschen rechnet, die ambulant betreut werden müssen. Bei einer Sozialstation mit 8 Mitarbeitern müßte jeder Helfer 80 Patienten versorgen (wenn man Ferien, Krankheitstage usw. berücksichtigt). Auch sind die Wohnungen oft nicht geeignet für eine Pflege, so daß eine Übersiedlung in ein Heim besser wäre als die ambulante Versorgung. So gibt es in der mobilen Altenpflege viele ungelöste und unlösbare Probleme.

4.5.8. Altenarbeit bei institutionalisiertem Wohnen

Die aufwendigste Art der Pflege ist die institutionalisierte Versorgung in Sonderwohnformen. Dies sind zunächst die Alten- bzw. Seniorenwohnhäuser, die zwar auf die Bedürfnisse der alten Menschen abgestimmt sind, aber doch noch privates Wohnen darstellen. Alten- bzw. Seniorenwohnheime bieten abgeschlossene Wohnungen, die privates Wohnen erlauben, aber gleichzeitig geben sie, soweit notwendig und von den Bewohnern ge-

wünscht, auch pflegerische Unterstützung und Verköstigung. In Alten- bzw. Seniorenheimen haben die Einwohner in der Regel keinen Privatraum mehr, sondern Versorgung und Pflege stehen im Vordergrund. Altenkrankenheime und Altenpflegeheime schließlich beherbergen Personen, die gänzlich auf Versorgung und Pflege angewiesen sind. Anzustreben wären mehrgliedrige Einrichtungen, die alle Heim-Typen umfassen, indem sie die Menschen in verschiedenen Wohnhäusern oder Stockwerken unterbringen. Dies macht ihre Verlegung von einem Heimtyp zum anderen problemlos.
Es leben ungefähr 660 000 Menschen in 8 300 Alteneinrichtungen (Heinz, 1997: 19)). Die Gründe, um in ein Heim überzusiedeln, sind vielfältig (Witterstätter, 1994: 106):

- Es können körperliche Abbauprozesse sein, die den alten Menschen nicht in die Lage versetzen, die Alltagspflichten zu erfüllen.
- Die Wohnverhältnisse können für einen alten Menschen unzumutbar sein (was in Ostdeutschland häufiger der Fall ist).
- Die Angehörigen können darauf drängen, ins Heim überzuwechseln, weil sie die Pflege des alten Vaters oder der Mutter nicht mehr leisten können.
- Manchmal soll der alte Mensch ins Heim gehen, weil die Angehörigen seine Wohnung übernehmen wollen.
- Der Übertritt in ein Heim wird notwendig, wenn der alte Mensch so hochgradig vergeßlich und desorientiert wird, daß er nicht mehr selbständig leben kann.
- Schließlich gehen manche alten Leute frühzeitig in ein Heim, um für das spätere Alter einen Heimplatz sicher zu wissen.

Wenn ein Mensch, warum auch immer, in ein Heim übersiedelt, dann verläßt er seine bisherige Lebenswelt und tritt in ein neues soziales System ein, das sich von allem, worin er bisher gelebt hat, unterscheidet. Es ist ein geschlossenes, zweckrationales System, das aus einem System von Menschen besteht mit unterschiedlichen und oft festgelegten Rollen. Für totale Systeme hat Goffmann vier Merkmale gefunden (Goffmann, 1972):

(1) Alle Lebensvollzüge des alten Menschen finden an einem Ort und unter dem Einfluß einer Autorität statt.

(2) Für alle Heimbewohner gilt der gleiche Tagesablauf.

(3) Dieser Tagesablauf ist exakt geplant. Die Durchführung und die Zeiteinhaltung wird durch das Personal garantiert.

(4) Die Möglichkeit des einzelnen, sich den Zielen der Institution zu entziehen, gibt es nicht. Alle Tätigkeiten und Interessen haben sich nach den Zielen der Institution zu richten.

Wenn auch institutionales Wohnen strukturell zur totalen Institution tendiert, kann sie doch abgemildert werden von der Person des Heimleiters, dem Grad der Subjektbezogenheit der Mitarbeiter und der Durchlässigkeit des Systems nach außen.
Das Heim als ein ausdifferenziertes System von Rollen bleibt nicht frei von zahlreichen *Rollenkonflikten* (Knobling, 1990). Es gibt Konflikte zwischen dem Heimleiter und allen anderen Teilnehmern des Systems Heim, Mitarbeitern und Bewohnern; zwischen Mitarbeitern, Bewohnern und der Verwaltung; zwischen den Mitarbeitern; zwischen Mitarbeitern und Bewohnern; zwischen den Bewohnern usw. Die Konflikte können so zahlreich werden, daß sich die Aufgabe des Heimleiters im Konfliktmanagement erschöpft.
Die Möglichkeiten, die negativen Folgen der Institutionalisierung durch sozialpädagogische Intervention zu mildern, sind vielfältig (Witterstätter, 1994: 115-124):

(1) Das Normalisierungsprinzip verlangt, daß alte Menschen wie normale Personen behandelt werden, daß sich der Umgang mit ihnen von dem Umgang mit der Normalbevölkerung, den Jungen und den Älteren, nicht unterscheidet. Darum wäre es erstrebenswert, daß Heime nicht zu groß sind (was der wirtschaftlichen Rationalisierung widerspricht) und daß sie sich zur Umwelt öffnen. Im einzelnen kann dies bedeuten, daß Gruppen von außen eingeladen werden, der Tagesablauf variabel und normal (nicht genormt) abläuft, der alte Mensch über genug Geld verfügt und er die Privatheit eines eigenen Zimmers sein eigen nennen kann. Schließlich sollten die alten Leute an Veranstaltungen außerhalb des Heimes teilnehmen und wenigstens einmal im Jahr Urlaub machen, damit sie das Gefühl haben, an der Gesellschaft normal teilzuhaben.

(2) Das Training zur Überwindung erlernter Hilflosigkeit soll den alten Menschen dazu bringen, Entscheidungen selbst zu treffen, sein Leben so weit als möglich selbst zu gestalten und auch der Alltagswelt einen privaten Rhythmus zu geben (Schneider, 1979: 26 ff.). Dazu dienen gleitende Essenszeiten, Fahrten in die Stadt zu unterschiedlichen Terminen, eigene Gestaltung des Zimmers, freie Wahl des Mobiliars, der Pflanzen und Gardinen, der Tischordnung, die Möglichkeit zwischen verschiedenen Speisen zu wählen usw. Das bedeutet, daß die Heimbewohner Herr ihres Lebens

und Lebensablaufes bleiben und nicht dem autonomen, totalen System unterworfen sind.

(3) Das Realitätstraining versucht, die Menschen in den Heimen ständig mit Realität zu konfrontieren. Das Leben in einem autonomen, totalen System schneidet ja von der Realität und ihrer Realitätsfülle ab und überläßt den einzelnen dem Realitätsverlust und der Desorientierung, dem Leben in Surrogaten, Vorurteilen und Illusionen. Darum ist es notwendig, daß das Personal die Bewohner kontinuierlich über Zeiten, Orte und Geschehnisse informiert. Dafür sind große Informationswände hilfreich, auf denen alle Veranstaltungen und wichtige Mitteilungen angezeigt werden. Bei fortschreitender Demenz und Verwirrtheit allerdings wird das Realitätstraining schwieriger oder sogar unmöglich.

(4) Die Milieutherapie versucht, das Milieu für den alten Menschen günstig zu beeinflussen; das bedeutet eine veränderte Gestaltung des Pflegeortes. Das Pflegestockwerk oder die Pflegestation sollen unter Mitwirkung der Bewohner gestaltet werden, so daß aus ihnen autonom gebildete Sozialräume werden. Dies ist nach Hummel nur möglich, wenn das Leitbild des Heimes ganzheitlich ist und der Heimbewohner als ein individuelles, zeitgeschichtliches und unverwechselbares Individuum-Subjekt aufgefaßt wird (Hummel, 1988: 20 ff.). Dies kann praktisch bedeuten, das Heim wohnlich zu gestalten, Informationswände mit Fotos aus dem Leben der Heimbewohner einzurichten oder Kartengrüße und Termine von Veranstaltungen anzuschlagen, Sitzecken aufzustellen usw. Auch können Bewohner und Personal gemeinsame Aktivitäten entwickeln, wodurch die Rollen von Pfleger und Bewohner nicht mehr starr sind.

(5) Die soziale Gruppenarbeit (Bechtler, 1993) mit alten Menschen will nicht nur therapeutische Gruppen anbieten, sondern Gruppenaktivitäten im weitesten Sinne organisieren, wie gemeinsames Einkaufen, Besuchsfahrten, Theater- und Konzertbesuch, Museumsbesuche, Fahrten zu Sehenswürdigkeiten, Ausflüge, Besuch von Sportveranstaltungen usw. Dies erhöht den Realitätskontakt und gibt den Heimbewohnern ein Gefühl von Selbständigkeit, Selbstsicherheit und Selbstwert. Daneben sollten Gruppen angeboten werden, in denen die Lebens- und Zeitgeschichte, Identitätswachstum und Lebenssinn gesucht und gefunden wird, aber auch aktuelle Heimprobleme besprochen werden. Solche Gruppen können weiterhin Sport und Gymnastik, aber auch ästhetische Handlungs- und Erlebnisformen organisieren.

(6) Bei der Remotivation geht es ähnlich wie in der Gruppenarbeit darum, daß die Heimbewohner gemeinsam handeln und Realitätsbezug lernen. Sie

sollen gemeinsam etwas für sich, aber auch für andere tun. Ein soziales Engagement, das die Gruppe nach ihren Interessen und Fähigkeiten auswählt, motiviert zur Sozialität, dient aber auch der Subjektstabilisierung.

(7) Die Revitalisierung setzt vor allem auf Bewegung, Tanz und Gymnastik, die mit Musik kombiniert werden. Aber die Bewohner sind angehalten, auch selber Musik zu machen. Durch solche Angebote werden Bewegungsfähigkeit, Rhythmusempfinden, Hörfähigkeit usw. gestärkt. Auch wirkt sich das Gruppenerleben positiv aus. Ästhetik schließt aber auch die Literatur ein. So werden alte Leute Gedichte und Geschichten lesen, vortragen, miteinander besprechen und auch selbst schreiben, wodurch ihre kreativen Kräfte revitalisiert werden.

(8) Die Resensibilisierung will vor allem die Sinne wiederbeleben. Die Sehfähigkeit kann durch Bildmeditation gestärkt werden, Geruchs- und Geschmackssinne werden durch unterschiedliche Nahrungs- und Genußmittel trainiert, der taktile Bereich wird gestärkt, indem verschiedene Materialien befühlt und bei verbundenen Augen erraten werden, das Gehör schließlich wird durch verschiedene vorgegebene Laute, Töne und Musik verbessert.

(9) Bei der Selbstbildtherapie gilt es, dem Menschen ein positives Bild von sich selbst zu vermitteln. Dies geschieht durch freundliche, ermutigende Zuwendung, durch Gespräche, in denen die positiven Erlebnisse und Leistungen der Vergangenheit thematisiert und auch die gegenwärtigen positiven Seiten der Person gestärkt werden.

(10) Das Management von Problemsituationen ist in einem Heim von eminenter Bedeutung. Es bedeutet, daß immer wieder auftretende Spannungen und Unverträglichkeiten gelöst werden. Aber oftmals müssen Heimbewohner auch lernen, mit den Gegebenheiten des Heimes, die nicht verändert werden können, zurecht zu kommen. Die Aufgabe des Bewohners ist dann, sein Verhalten zu ändern und seine Lebensziele, Bedürfnisse und Wünsche mit den Heimrealitäten in Einklang zu bringen. Hilfreich können dabei häufige und liebevolle Kontakte zu Mitbewohnern, Freunden, Verwandten oder Familienangehörigen sein.

Eine wichtige Aufgabe des Heimes und seiner Pflegepersonen ist der rechte Umgang mit *Sterben und Tod*. Während vor hundert Jahren noch 95% der Menschen zu Hause im Kreise der Familie starben, erleben heutzutage 90% der alten Menschen ihren Tod in Krankenhäusern, Heimen oder ähnlichen Einrichtungen (Witterstätter, 1994: 124 f.). Darum muß sich nicht nur der

alte Mensch, sondern müssen sich auch die Pfleger mit dem Tod auseinandersetzen.
Der Mensch hat im Gegensatz zum Tier nicht nur den Augenblick, sondern die Gegenwart als Erlebnis- und Handlungsraum, die Vergangenheit als erinnertes Leben und gesellschaftliches, geschichtliches Traditionsgut sowie die Zukunft als das Sich-Vorwegsein, ein Vorlaufen in die Zukunft. Zwischen Gegenwart und Zukunft ist die Sorge und das Besorgtsein gespannt. Der Mensch sorgt vor und sorgt sich vor. Denn Zukunft heißt auch, vom Tod zu wissen. In der unendlichen Sorge um die eigene Existenz droht der Tod als Ende alles Bemühens und aller Existenzentwürfe. So führt die Sorge zum Wissen der Existenz als ein Sein zum Tod und darum zur Angst und Verzweiflung (Heidegger, 1993: 235-267). Im § 53 von „Sein und Zeit" gibt Heidegger fünf Bestimmungspunkte für das Verfallensein an den Tod:

(1) Der Tod als eigenste Möglichkeit. Der Tod ist die einzige Möglichkeit, sich selbst als Subjekt zu bestimmen ohne Bezug auf ein Co-Subjekt oder die anonyme Masse der Menschen. Allerdings ist dies nur eine Möglichkeit, ein Können. Tatsächlich ist der Mensch faktisch verloren an das Alltägliche, die Massenanonymität, wodurch er den Tod vergißt.

(2) Der Tod als unbezügliche Möglichkeit. Wenn sich das Subjekt durch seinen Bezug zum Tod selbst bestimmt, trennt es sich ab von allen anderen Bezügen, es ist bezuglos zu ihnen. So bringt er sich hervor als ein Einzelner in seiner Einzigartigkeit. Alle anderen Bezüge zu den Mitmenschen und der Gebrauchswelt verschwinden angesichts des Todes. Wenn auch das Subjekt als ein einzelnes nur getrennt von allen Mit-Menschen und Dingen als auf den Tod bezogen ein Einzigartiges ist, so bleibt es doch verantwortlich für Versorgung von und die Fürsorge für die anderen.

(3) Der Tod als unüberholbare Möglichkeit. Das Sein zum Tode macht dem Menschen bewußt, daß seine letzte und äußerste Möglichkeit ist, sich aufzugeben. Damit aber lernt er den Modus des Aufgebens als lebenslangen Prozeß. Er lernt, sich nicht an die zufällig sich andrängenden Möglichkeiten hinzugeben, sondern frei zu sein für das Eigentliche. Indem der Mensch Zukunft hat, er in die Zukunft vorläuft, weiß er von der Möglichkeit der Selbstaufgabe und zerbricht so jede Versteifung auf die je erreichte Existenz. Das Vorlaufen in die Zukunft verhütet, daß er hinter das Erreichte zurückfällt, den jeweiligen Besitz fixiert, sondern frei wird vom Zufälligen und offen für die tatsächlichen Möglichkeiten. Frei zu werden für das Mögliche ist aber auch frei zu sein für die vom Ende her bestimmten, die endlichen Möglichkeiten. Das Bewußtsein der Endlichkeit bewahrt davor, andere Menschen in ihren Existenzmöglichkeiten zu beschneiden und sie auf

meine eigenen hinzuzwingen. Denn Dasein ist immer zugleich Mitsein und das Seinkönnen für den anderen. Weil nun schließlich das Vorlaufen in die Zukunft zum Ende alle Möglichkeiten, die bis dorthin da sind, enthält, liegt darin die Möglichkeit der existentiellen Vorwegnahme des ganzen Daseins, eines vollständigen Lebensentwurfs.

(4) Der Tod als gewisse Möglichkeit. Dies bedeutet, daß der Tod unumstößlich sicher kommt. Davon weiß ich in strikter Evidenz nicht durch den Tod anderer. Unbezweifelbare Evidenz gewinnt er allerdings nur durch mein eigenes Vorlaufen in die Zukunft, bei dem ich alle Bezüge zu dem mich Umgebenden abbreche. Es ist mein eigener Tod, nicht der anderer, der ihn so apodiktisch evident macht.

(5) Der Tod als unbestimmte Möglichkeit. Tag und Stunde des Todes sind unbestimmt. Dies Vorlaufen zum unbestimmten und doch gewissen Tod bringt eine aus diesem Dasein selbst hervorgehende Bedrohung hervor. Im Vorlaufen auf den Tod kann die Todesdrohung nie ausgeblendet werden. Sie ist immer gegenwärtig. Die Befindlichkeit aber, welche die ständige aus dem eigensten, vereinzelten, einmaligen Sein des Daseins aufsteigende Bedrohung als eine immer vorhandene Bedrohung offen hält, ist die Angst. In ihr befindet sich der Mensch vor dem Nichts. Das Sein zum Tode ist wesenhaft Angst.

Die fünffache Bestimmung des Menschen als Sein zum Tode faßt Heidegger zusammen unter dem Begriff „Freiheit zum Tode". Denn der Mensch, vorlaufend zum Tode, löst sich von allen illusionären Stützen und Mitmenschen, er ist frei, und ist das seiner selbst gewisse und doch sich ängstigende Selbst. Auf diese Weise macht der Tod frei.
Damit kehrt sich Heidegger total von einer transzendentalen Diskussion über Tod und Fortleben nach dem Tod ab. Seit ihm hat die Philosophie keine Begründung mehr für eine Fortdauer oder ein Fortleben gefunden (Ebeling, 1979). Die Religionen allerdings versuchten zu allen Zeiten Hoffnung zu schenken (oder sie bauten Illusionen auf). Die Aufgabe einer Person, die Beistand beim Sterben leisten will, muß darum beides bewußt halten: die Funktion des Todes im Dasein des Menschen als ein Sein zum Tode als ein stetiger irreversibler Zerfallsprozeß auf der einen Seite und andererseits die Hoffnung, die der Glaube geben will, der sich rückbezieht auf die Auferstehung Jesu Christi, die unsere Auferstehung garantiert.
Nun ist der Tod, wie Heidegger zu Recht feststellt, eine unbestimmte Möglichkeit. Jeder Mensch kann jederzeit sterben. Der Tod ist keineswegs dem Alter vorbehalten. Wir kennen auch den frühen Tod. Und in den vergange-

nen Zeitaltern war der frühe der normale Tod. Noch vor 100 Jahren lag das mittlere Sterbealter der Frauen bei 38 und der Männer bei 36 Jahren. Nur 11% der lebendgeborenen Knaben und 14% der Mädchen erreichten ein Alter von 75 Jahren (Dinkel, 1992: 62-93). In bloß 100 Jahren hat sich die durchschnittliche Lebenserwartung verdoppelt. Deshalb ist heute der späte Tod der normale. Er ist ein Altersphänomen geworden. Weil der Mensch so spät stirbt, hat er es nicht nötig, sich vor der Zeit mit ihm auseinanderzusetzen; er lernt nicht die ars moriendi (die Kunst zu sterben). Darum kann aber der Mensch auch nicht eine neue ars vivendi (Lebenskunst) entwikkeln, da diese ja, wie Heidegger gezeigt hat, nur aus einem Bezug auf den Tod möglich wird. Die technisierte Lebensverlängerung und der dadurch technisierte Tod haben ihn aus der Öffentlichkeit verbannt und hinter den Mauern der Krankenhäuser und Altenheime verborgen. In den großen Systemen der Versorgung Sterbender gibt es oft keine Intimsphäre mehr, und der Mensch wird entpersonalisiert. Der soziale Tod wird zum unpersönlichen technischen Tod, falls er nicht zu Hause stirbt. So leben die meisten Menschen ohne die Kunst der Lebensführung und die Kunst eines reifen Sterbens.
Weil der Umgang mit dem Tod aus gesellschaftlichen Gründen ausbleibt, gibt es auch nur wenig bewußte Angst vor dem Tod. Es scheint sogar so zu sein, daß mit zunehmendem Alter die Angst vor dem Tod abnimmt, jedenfalls nicht ansteigt (Schmitz-Scherzer, 1992: 594). Dabei haben Frauen eine ausgeprägtere Angst vor dem Tod als Männer. Auch scheint die Religion keinen Einfluß auf das Maß der Angst zu haben, sondern letztere ist eher individuell geprägt, und auch die Sinngebung des Todes ist individualisiert. Alte Menschen stellen sich den Tod vorwiegend als Erlösung von Schmerzen, jüngere vorzugsweise als angstbesetzt vor. Ein hoher Bildungsstand scheint hingegen die Angstbesetzung der Todesvorstellung zu reduzieren. Immer aber ist es wichtig, daß Sterbende begleitet und nicht allein gelassen werden. Vier Grundsätze sollten dabei beachtet werden (Witterstätter, 1994: 125):

(1) Sterbende sollten zu möglichster Schmerzfreiheit medikamentiert werden.

(2) Das Bewußtsein des Sterbenden soll, so weit die Schmerzmedikamente es zulassen, bei personalem Bewußtsein bleiben, um die letzte Lebensaufgabe, das Loslassen des Lebens und das Sterben, zu bestehen.

(3) Sehr wichtig ist, daß der Sterbende nicht einsam sterben muß, sondern daß ihm nahestehende Personen anwesend sind; das können der Ehepart-

ner, Kinder, Verwandte oder auch Freunde sein (die sich bei einem längeren Sterbeprozeß ablösen können).

(4) Hilfreich ist auch der Besuch eines Seelsorgers, der dem Glaubensbekenntnis des Sterbenden angehört, der mit ihm betet, Verheißungsworte der Bibel (oder bei anderen Religionen der ensprechenden heiligen Bücher) spricht, ein geistliches Lied singt oder auch das Abendmahl gibt oder eine adäquate geistliche Handlung zelebriert. Auch Ungläubige schätzen einen liebevollen, einfühlenden und undogmatischen Zuspruch eines Seelsorgers.

Solch einen verstehenden Zugang zum Sterbenden will die *Hospizbewegung* öffnen (Prahl, Schröter, 1996: 216-218). Entstanden ist sie vor allem in Großbritannien, und sie führt ihre Wurzeln bis ins 19. Jahrhundert auf die Krankenschwester Mary Aikenhead in Dublin zurück, die eine Pflege für unheilbar Kranke ins Leben rief. 1967 gründete die Ärztin Cicerly Saunders das St. Christopher's Hospice in London, um mit einem Team von Ärzten, Physiologen, Schwestern, Psychologen, Geistlichen und über 200 freiwilligen Helfern Menschen beim Sterben zu begleiten. Die Idee ist, daß viele pflegebedürftige Menschen in den normalen Kliniken nicht angemessen sterben können, weil sie durch die Apparate am Leben erhalten werden mit dem Ziel, das Leben unter allen Umständen zu verlängern. Während also das System Krankenhaus in der Sterbebegleitung versagt, sind die Familien mit der Pflege und Begleitung ihrer Sterbenden oftmals überfordert. Das Hospiz nun will weder das Leben der Sterbenden technisch verlängern noch alle medizinisch-technischen Möglichkeiten ausnutzen, sondern durch Schmerzlinderung und intensive Begleitung mit Gespräch, durch Zeit haben und Einfühlen das Sterben menschlich machen. Auch den Schwerkranken und Sterbenden sollen noch Mündigkeit und Autonomie zugebilligt werden. Die Angehörigen werden in den Prozeß der Begleitung einbezogen. Sie können unter Umständen sogar im Hospiz wohnen. Patienten haben aber auch die Möglichkeit, nur zeitweise im Hospiz unterkommen, um die Angehörigen vorübergehend zu entlasten.

In Großbritannien gibt es unterdessen etwa 130 solcher Hospize, und auch in den skandinavischen Ländern, der Schweiz und den Niederlanden hat sich der Hospizgedanke durchgesetzt. In Deutschland hat die Bundesregierung zunächst die Finanzierung von Hospizen abgelehnt, da solch spezielle Pflegeeinrichtungen inhuman seien (Brauchbar, Heer 1993: 335). Unterdessen aber gibt es die Deutsche Hospizhilfe, die Internationale Gesellschaft für Sterbebegleitung, die ALPHA/Ansprechstelle im Lande NRW zur Pflege Sterbender, Hospizarbeit und Angehörigenbegleitung, OMEGA

– mit dem Sterben leben usw. Sie haben die Hospiz-Idee auch in Deutschland heimisch gemacht. Es scheint so, als hätte die Hospizbewegung mit zwei Problemen zu tun: Zum ersten ist der Zeitpunkt und die Wahrscheinlichkeit des Sterbens kaum vorherzusagen, was den Zeitpunkt der Einweisung erschwert. Und zum anderen ist die Begleitung außerordentlich personalintensiv und dadurch teuer.
Abgesehen von solch unterdessen auch schon wieder institutionalisierten Sterbehilfen, sollte sich jeder sozial Tätige zumindest in den Grundzügen in Thanatagogie ausbilden lassen (Sterbeanleitung), vor allem wenn er in den pflegerischen und medizinischen Diensten im Gesundheitswesen und in der Altenbetreuung arbeitet.

4.5.9. Innovationen in der Altenarbeit

Generell müssen zwei Innovationen in der Altenarbeit beachtet oder noch stärker ausgebaut werden: das social case management und die lebensweltliche Netzwerkarbeit.
Das *social case management* organisiert die Altenhilfe in der Weise, daß es alle Ressourcen aufdeckt, bündelt, aktiviert und organisiert, die den alten Menschen unterstützen im Sinne eines Unterstützungsmanagements. Das bedeutet, daß alte Menschen nicht mehr als isolierte Personen aufgefaßt werden, sondern als eingefügt in Netzwerke, wodurch sich monolineare Hilfe umwandelt in eine multiplexe, integrierende Unterstützung. Dabei wird vermittelt zwischen dem Helfer, dem Senioren-Klienten und dem Lebens- und Selbstmanagement. Es werden also organisierend die Familie und die familienüberschreitenden kleinen Netze, nämlich Nachbarschaft, Verwandtschaft, Freundschaft und Kollegialität einbezogen. Zudem besteht die Aufgabe, vielfältige Dienste zu organisieren, was auch die Zusammenarbeit mit anderen Fachkräften und Einrichtungen einschließt. Auch ist es wichtig, daß zu den Dienstleistungen des social managements der Aufbau eines Unterstützungsnetzwerkes gehört, in dem der Klient aufgefangen und zu einem eigenen Lebens- und Selbstmanagement befähigt wird.
Eng verbunden mit dem social case management ist die *Einbeziehung der Lebens- und Alltagswelt* des alten Menschen in die Altenarbeit sowie die Aktivierung eines Netzwerkes. Bei der Darstellung der Lebenswelten alter Menschen konnte ja beobachtet werden, daß die Netzwerke sehr unterschiedlich eng geknüpft sind. Darum müssen die Ressourcen von Ehepartnern, Partnerschaften, Kindern und weiteren Verwandten, von Freunden und Nachbarn entweder gefestigt und bewußt gemacht oder auch aufgebaut und erneuert werden. Denn je ausgedehnter und reicher eine Lebenswelt ist,

desto größer ist das Wohlbefinden von alten Menschen und desto besser ist das Selbstmanagement in der Alltagswelt. Allerdings gehören zur Lebenswelt alle intersubjektiven Beziehungen, also sowohl die umgebende Sozialwelt als auch die Kultur und die Politik des Landes und in gewisser Weise die ganze Weltgesellschaft. Wichtig ist vor allem die Berücksichtigung der Gemeinwesenorientierung. Denn das Ziel der Altenarbeit ist ja nicht die „Entsorgung“ alter Menschen, ihre Isolation und Desintegration, sondern sie sollen ein Teil des Gemeinwesens bleiben. Darum ist die Zielbestimmung einer integrierenden und solidarisierenden Altenhilfepraxis die Gemeinwesenorientierung. Das Problem allerdings ist, daß die Kommunen als Hauptkostenträger der Altenhilfe so verschuldet und finanzschwach sind, daß sie kaum gemeinwesenorientierte Angebote machen können und in der Konkurrenz mit den kommerziellen Anbietern, wie Reisebüros, Fitness-Centern usw. nicht mithalten können. Die Folgen sind nach Angelika Trilling erstens eine neue Zwei-Klassen-Altenhilfe, bei der die Wohlhabenden sich privat versorgen, während nur die Armen und Selbsthilfeunfähigen die Abnehmer der öffentlichen, weniger professionellen Leistungen sind, und zweitens geht der Einfluß der Öffentlichkeit und der Kommunen auf die Gestaltung der Angebote, auf die Standards und die gesamte Struktur der Altenhilfe immer mehr zurück. Statt einer fortschrittlichen subjektbezogenen Altenhilfe beobachtet man die Ent-Sorgung der jüngeren Generation von der Risikopopulation „alte Menschen“ (Trilling, 1992: 196-207). Als Gegenstrategien nennt sie Grenzüberschreitungen. Denn alte Menschen gehen nicht gern in Altenclubs und Altenheime und andere altersspezifische Angebote, weil dort, wie sie sagen, so viele Alte seien. Darum versuchen engagierte Altenarbeiter, mit generationenübergreifenden Veranstaltungen Jüngere und Ältere zu vereinigen. Aber wie der Versuch Menschen gleichen Alters zusammen zu führen problematisch ist, so ist es auch bei generationsübergreifenden Angeboten. Diese müssen schon sehr aufwendig sein, um von Jung und Alt gleichermaßen angenommen zu werden. Aber vor allem ist ja Gemeinwesenarbeit langfristig und kontinuierlich. Da aber eine personalaufwendige Altenarbeit vorwiegend durch ABM-Kräfte getragen wird, sind alle diese Projekte nur kurzfristig und darum kaum als Gemeinwesenarbeit zu bezeichnen.

4.5.10. Die Arbeitsfelder der Altenhilfe

Weil die Lebenswelten alter Menschen immer differenzierter und pluriformer werden, muß sich auch der professionelle Helfer immer umfassender bilden, spezialisieren und zugleich universalisieren. Denn die Dienste sind außerordentlich vielfältig, wie Selbsthilfe organisieren, familiale und nachbarliche Hilfe leisten, Netzwerkarbeit aufbauen, offene und stationäre Hilfen verschiedener Träger einbeziehen usw. Dazu bedarf es einer kompetenten, multiperspektivischen Altenarbeit. Es gibt im wesentlichen drei Tätigkeitsfelder in der Altenarbeit.

Die soziale Arbeit in der offenen Altenhilfe. Sie hat ihren Platz bei den öffentlichen Trägern, bei den Sozialämtern und den Gesundheitsämtern und dort bei der Abteilung Altenhilfe. Auch viele freie Beratungsstellen bieten Beratung für alte Menschen an. Schließlich stellen auch Sozialstationen und Mobile Soziale Hilfsdienste Sozialpädagogen und Sozialarbeiter ein. In der offenen Altenhilfe stellen sich folgende Aufgaben (Landeswohlfahrtsverband Baden, 1989: 64 f.):

- Die Klienten müssen über die vorhandenen Dienste informiert werden. Die offene Hilfe ist ja oftmals fragmentiert, und der alte Mensch findet sich in der Vielzahl der Möglichkeiten nicht zurecht. Es ist die Aufgabe, ihn zu informieren, aber auch ein social case management für ihn aufzubauen. Dabei sollten nicht zu schnell Fremdhilfen organisiert werden, sondern die lebensweltlichen Ressourcen gefunden und zusammengeschlossen werden.
- Die Dienste müßten über Netzwerkarbeit aufgeklärt werden, damit sie sich untereinander verknüpfen und sich kommunikativ austauschen.
- Schließlich ist es notwendig, daß die offenen Hilfen kooperieren und sich koordinieren, um gemeinwesenorientiert alten Menschen Hilfe anzubieten.

Soziale Dienste im Heim. In den Heimen ergeben sich zwei Hauptproblemkreise. Zum einen neigt das Heim als ein totales System zur Reglementierung aller Lebensbereiche und Lebensäußerungen, wodurch die Personalität, Identität, Autonomie, Selbsttätigkeit und die Selbstwertgefühle des alten Menschen beeinträchtigt werden. Zum anderen verlieren die Senioren, wenn sie ins Heim eintreten, ihre bisherige Lebenswelt und das soziale Netzwerk, in das sie eingebettet waren. Die Heim-Sozialarbeit muß gerade hier eingreifen, um das System Heim zu humanisieren, die Kontakte zur Außenwelt wiederherzustellen oder auch neue Beziehungen zu bauen und den Bewohnern des Altenheimes die Anpassung zu erleichtern. Das bedeutet, daß der soziale Arbeiter zwischen den Bewohnern, dem Heim und der Außenwelt (einschließlich des Trägers) vermittelt.

Bei den bewohnerbezogenen Elementen der Heim-Sozialarbeit (Kuratorium Deutsche Altenhilfe, 1989: 19 ff.) knüpft der Helfer an die einzigartige

Biographie des einzelnen Bewohners an, wobei er zwischen nur betreuender Unterforderung und einer Überforderung vermittelt, wenn die Autonomie und Selbsttätigkeit überforciert werden. Dazu müssen Diskrepanzerlebnisse, durch die der alte Mensch aus der Passivität herauskommt, multiple Stimulierung und produktive Anpassung gefördert und schließlich Netzwerke zwischen den Heimbewohnern aufgebaut werden. Endlich gilt es, das Individuum in seinen autonomen und kreativen Kompetenzen gegenüber der Institution zu stärken.

Bei den mitarbeiterbezogenen Elementen der Heim-Sozialarbeit ist es wichtig, mit den Mitarbeitern kommunikativen Kontakt zu pflegen. Dies ermöglicht ihm die Mediation zwischen Mitarbeitern, Bewohnern und der Institution, aber auch zwischen den Mitarbeitern und unter den Bewohnern. Solche Mediation trägt entscheidend zu einer gesunden Heimatmosphäre bei. Auch ist der Sozialpädagoge verantwortlich für die Fortbildung der Mitarbeiter.

Bei den umweltbezogenen Elementen der Heim-Sozialarbeit ist es die Hauptaufgabe, ehrenamtliche Helfer zu gewinnen. Diese können allerdings auch unter den rüstigen Heimbewohnern gefunden werden. Mit ihnen ist es möglich, Besuchsdienste zu organisieren. Die Vielzahl der ehrenamtlichen Mitarbeiter erlaubt sogar eine Gemeinwesenarbeit, bei der sich das Heim zum Gemeinwesen öffnet. Möglich sind Tage der offenen Tür, Öffentlichkeitsarbeit, die Pflege von Kontakten zu Vereinen, Kindergärten, Schulen, Jugendgruppen usw., aber auch mit Sozialstationen, Krankenhaus-Sozialdiensten, Behörden usf. Umweltbezogen ist allerdings auch die Netzwerkarbeit, bei der die früheren Netzwerke des alten Menschen erneuert und gestärkt werden. Das beinhaltet die Aufgabe, die Beziehungen zu Familienangehörigen, Verwandten, Freunden und Nachbarn zu festigen oder neu zu knüpfen.

Innovative Dienste im Zwischenbereich zwischen den dualen Diensten der Altenarbeit. Zwischen dem Dual offener und institutioneller Altenhilfe hat sich ein großer Markt an innovativen Diensten entwickelt, der den autopoietischen sozial Tätigen verlangt (Seibert, Noack, 1996: 58-68; 87-91).

4.6. Die sozialpädagogische Arbeit in sozialen Brennpunkten

4.6.1. Die Neue Armut

Armut, Arbeitslosigkeit, Verschuldung, Wohnungslosigkeit und sogar Straffälligkeit bilden oftmals einen untrennbaren Zusammenhang. Denn Arbeitslosigkeit bedeutet reduzierte Ressourcen, aber nicht reduzierte Optionen. Ansprüche, die bei vollem Lohn befriedigt werden konnten, bleiben im

Zustand der Arbeitslosigkeit bestehen, werden jedoch fortgesetzt und produzieren dadurch Verschuldung und Armut. Dabei sind die Quellen von Armut und Verschuldung vielfältig.

4.6.1.1. Unterversorgung und Armutslage

Unterversorgung wird heute gesehen (Hanesch u.a., 1994: 128; Hanesch u.a., 1995: 35) als:

- Mangelndes Einkommen, d.h. bedarfsgewichtetes (Warenkorb), verfügbares Haushaltseinkommen; die Unterversorgungsschwelle liegt bei 60% des durchschnittlichen bedarfsgewichteten Haushaltsnettoeinkommens.
- Arbeit betrifft Art und Umfang der Beschäftigung; die Unterversorgungsschwelle ist entweder registrierte Arbeitslosigkeit oder geringfügige Beschäftigung.
- Bildung differiert zwischen schulischer und beruflicher Bildung; die Unterversorgungsschwelle ist hier der nicht vorhandene Bildungsabschluß.
- Wohnen bezieht sich auf Wohnungsgröße und die Belegungsgröße der Wohnung sowie die Wohnungsausstattung; die Unterversorgungsschwelle liegt beim Wohnraum bei weniger als einem Raum pro Person und bei der Wohnungsausstattung, beispielsweise wenn kein Bad und WC in der Wohnung ist.
- Gesundheit schließlich ist definiert als subjektive gesundheitliche Zufriedenheit; die Unterversorgungsschwelle läßt sich für die Lebenszufriedenheit nicht finden.

Armut als Unterversorgung bezieht sich heute also nicht mehr nur auf mangelndes Einkommen, sondern auch auf Arbeitslosigkeit, mangelnde Bildung, vor allem fehlende Schul- und Berufsabschlüsse, die Qualität des Wohnens und den Gesundheitszustand. Insbesondere scheint der Bildungsfaktor weitgehend über sozialen Aufstieg oder Abstieg und damit über Wohlstand und Armut zu entscheiden.
Unterversorgung ist indes ein relativer Begriff, weswegen zu Recht zwischen absoluter und relativer Armut differenziert wird (Zander, 1987: 137-140; R. Hauser, 1997: 29-44). Absolute Armut liegt vor, wenn die Lebenslage so schlecht ist, daß dauerhaftes Überleben nicht möglich ist, weil die Grundbedürfnisse an Nahrung, Kleidung, Obdach und Gesundheitspflege so wenig gesichert sind, daß der Tod durch Hunger, Kälte, Dürre, Krankheit usw. abzusehen ist. Absolute Armut ist in der Bundesrepublik Deutschland

noch wenig verbreitet, wenngleich etwa 150 000 Personen in unserem Land als sehr arm gelten. Charakteristisch für unseren Sozialstaat ist darum die relative Armut. In welcher Verbindung und wozu ist sie relativ? Sie kann relativ zur Klassenzugehörigkeit sein. In der sozialen Unterschicht z.B. wird Armut sehr viel deutlicher sichtbar als in den gehobenen Bürgerschichten. Auch Distributions- und Konsumtionsverhältnisse können zur Bestimmung von Armut herangezogen werden. Dabei werden die höchsten Einkommen mit den niedrigsten verglichen. Es ist aber auch möglich, die Armut in Relation zu dem durchschnittlichen Lohn eines Arbeitnehmers zu setzen. Es gibt weiterhin die Relationen des Mindestbedarfs an Konsumtionsmitteln mit dem durchschnittlichen Wert der Arbeitskraft; die Relation der Kaufkraft zur Teuerungsrate; die Relation gesellschaftlich üblicher Ansprüche zu den disponiblen Möglichkeiten. Relativ ist Armut also bezogen auf die Gesamtheit der gesellschaftlich verteilten Konsumtionsmittel und auf den Umfang und die Qualität der unter den Klassen aufgeteilten Geld-, Dienst- und Sachleistungen. Die Folge der Armut ist, daß der Arme so weit an den Rand der Gesellschaft gedrängt wird und von den gesellschaftlich üblichen und angebotenen Aktivitäten und Konsumptionen ausgeschlossen wird, daß er nicht mehr in die Gesellschaft integriert ist. Man meidet den Umgang mit ihm, verweigert die Vermietung einer Wohnung, man nimmt ihn nicht in einen Verein auf, er verliert seine Freunde und kann keine neuen gewinnen, und seine Kinder werden in der Schule und bei den Peers isoliert. So bringt die Pauperisierung die Marginalisierung hervor. Dies kann so weit gehen, daß sich eine Kultur der Armut entwickelt, die von den Gesellschaftsnormen abweicht. Dies ermöglicht einerseits eine eigene Alltagskultur, welche die armen Menschen befähigt zu überleben, andererseits jedoch macht es diese Armutskultur den Kindern der verarmten Schicht schwer, die Armutslage zu verlassen.

Von der Unterversorgung heben wir die *Armutslage* ab. Sie kann durch mehrere Merkmalsgruppen beschrieben werden (Hauser, 1995: 114-117). Bezogen auf die Versorgungslage besteht ein Mangel an Gütern des täglichen Bedarfs, wie Nahrung, Kleidung, Transport- und Kommunikationsmöglichkeiten sowie der Teilhabe am kulturellen und politischen Leben. Zudem herrschen schlechte Wohnverhältnisse vor, oder eine Wohnung fehlt ganz. Weiterhin existieren eine schlechte Wohnumgebung (Milieus mit gesundheitlicher oder krimineller Gefährdung), eine schlechte Gesundheitsversorgung, eine mangelnde öffentliche Infrastruktur und fehlende Bildungsmöglichkeiten. Schließlich erfolgt eine soziale Marginalisierung und Ausgrenzung aufgrund von Vorurteilen. Eine andere Merkmalsgruppe

für die Armutslage bezieht sich mehr auf die Perspektiven. Menschen werden die Armutslage voraussichtlich nicht verlassen, wenn sie körperlich oder geistig behindert sind, wenn sie eine geringe Bildung und Ausbildung haben und ihre Sprachkenntnisse fehlerhaft sind, wenn Alkohol- und Drogenabhängigkeit besteht, die oft verbunden sind mit Verlotterung und Arbeitsunlust, wenn Erwerbsmöglichkeiten fehlen, kein Vermögen vorhanden ist, das die Versorgung mit Gebrauchsgütern sichert und vor Verschuldung schützt, wenn eine Wohnung fehlt oder auch soziale Dienste und andere Hilfsangebote nicht vorhanden sind. Schließlich läßt sich die Armutslage durch die zeitliche Dimension beschreiben, wie lange die Armutslage bereits besteht, wie lange sie voraussichtlich dauern wird, wie groß die Chance zum Verlassen der Armutslage ist und wie groß die Gefahr des Rückfalls in die Armutslage aufgrund von Krankheit, Pflegebedürftigkeit, Arbeitslosigkeit, Erwerbsunfähigkeit, Alter, Erwerbsunmöglichkeit wegen Kindererziehung, Pflege, Ausbildung usw. eingeschätzt werden muß.
Auch personell definiert ist die Armut komplex. Es gibt nicht den Typus „Armer". Folgende *Personengruppen* erscheinen heute als *arm* (Hanesch u.a., 1995: 31; Reinl, 1997: 113-133; Noack, 1999: 68 f.):

- Arbeitslose, vor allem Langzeitarbeitslose, die nur noch Arbeitslosenhilfe erhalten und vielleicht Ratenzahlungen leisten müssen, die noch aus ihrer Zeit der Arbeit stammen.
- Alleinerziehende, vorwiegend Frauen, die entweder für geringen Lohn arbeiten müssen oder Sozialhilfe empfangen. 95,8% von ihnen beziehen Hilfe zum Lebensunterhalt. Auch für die Kinder bedeutet die Sozialhilfe soziale Deklassierung, weil sie die Prestigeobjekte der Peergroup nicht aufweisen können.
- Wohnungslose, die aus vielfältigen, individuellen Gründen ihre Wohnung verloren haben, sei es durch Arbeitslosigkeit, Verschuldung, Krankheit usw.
- Behinderte und chronisch Kranke, die von den Sozialhilfesätzen abhängig sind.
- Senioren, wenn sie nicht zu den „Neuen Alten" gehören.
- Frauen generell verfallen der Armut durch Ehescheidung (alleinerziehende Mütter), geringere Entlohnung, niederstufige Arbeit, mangelhafte Existenzsicherung und Altersversorgung, und vor allem geraten sie in die Altersarmut.

- Familien mit mehreren Kindern werden durch die hohen Mieten in die Nähe der Armut gedrängt.
- Junge Familien haben bereits ein oder zwei Kinder, aber noch immer ein geringes Einkommen, und trotzdem müssen sie hohe Mieten aufbringen, wozu sie nicht immer in der Lage sind. Etwa eine halbe Million Kinder leben deshalb in schlechten und beengten Wohnverhältnissen unter inhumanen Bedingungen. Solche Kinder können sich unter diesen Bedingungen selten gesund entwickeln, zumal sie von den Gleichaltrigen deklassiert werden.

4.6.1.2. Individualisierung und Typisierung von Armutslagen

Wir haben bereits festgestellt, daß Armut Personen marginalisiert. Das bedeutet, sie werden nicht mehr danach beurteilt, was sie tun, sondern was mit ihnen getan wird. Ihre Privatheit ist aufgehoben, sie sind als Objekte sozialstaatlichen Handelns gesetzt, und sie sind Ziel sozialer Kontrolle und sozialer Sanktionen. Auf diese Weise werden die Menschen durch die Marginalisierung pathologisiert. Zander hat solche Interventionsmodi dargestellt, die die Armut pathologisieren (Zander, 1987: 134-136).
Individualisierung: Wenn die Hilfe für den Armen die vom Sozialstaat vorgesehene Hilfe überschreitet, muß er seine Hilfsbedürftigkeit in jedem Fall nachweisen, z.B. beim Wohnungsgeld, dem Kleidergeld, der Hilfe für die Kinder usw. Dieser Nachweis der Hilfsbedürftigkeit hat seine Wurzel in der Zeit, als sich die Feudalgesellschaft transformierte zur bürgerlich-kapitalistischen Gesellschaftsform. Aus der Fürsorge wurde der Nachweis der Bedürftigkeit, die der Arme erbringen mußte. Dadurch wurden Schwellen geschaffen, um die Anerkennung als Hilfsbedürftiger zu erschweren. Diese Schwelle liegt heute auf Seiten des Armen bei seiner Scham und seinen Überlegungen, ob er sich nicht selbst helfen könne, und auf der Seite der Behörde bei der Kontrolle auf Bedürftigkeit und der Anlage einer Sozialakte. Dabei spielt der Begriff der „Würdigkeit" immer noch eine Rolle, vor allem aber die Definition von Not. Die Not wird zwar subjektiv erlebt, aber objektiv definiert, nämlich durch die Behörde. Entspricht der Arme der sozialstaatlichen Definition von Armut, darf er Antrag auf Hilfe stellen. Tut er es nicht, erhält er keine Hilfe. Wie wirksam diese Schwelle durch die Individualisierung der Not ist, weist die Untersuchung von Lebenslagen der Armen auf, die zeigt, daß besonders viele Frauen aufgrund von Peinlichkeitsgefühlen keinen Antrag auf Sozialhilfe stellen, obgleich sie einen Anspruch darauf hätten (Noack, 1999: 69).

Typisierung: Durch Typenbildung versucht die Forschung die Armen in unterschiedliche Gruppen einzuteilen. Dies dient der Handlungsorientierung für sozial Tätige. Dafür gibt es verschiedene Möglichkeiten. Zum einen ist eine temporale Typisierung möglich zum andern eine *personale*. Friedrich und Schaufelberger teilen die Armen unter dem Gesichtspunkt der Dauer des Lebens unter Armutsbedingungen in drei Gruppen ein (Friedrich, Schaufelberger, 1975: 203; vgl. auch Buhr, 1995: 44-54):

- Subchronische Armut bezeichnet Menschen, die erst vor kurzem arm geworden sind oder von der virtuellen Arbeitslosigkeit und Verarmung bedroht sind.
- Chronifizierte Armut besagt, daß Menschen bereits an den sozialen Rand gedrängt wurden und periodisch von den ökonomisch bedingten Entlassungswellen betroffen werden.
- Chronische Armut schließlich ist die Gruppe von Menschen, die schon immer arm waren und die für alle Zukunft Empfänger von Fürsorge und privater Unterstützung waren, sind und sein werden.

Die *Determinanten der Dauer von Armut* sind nach Petra Buhr folgende (Buhr, 1995: 78-83):

1. Individuelle und haushaltsstrukturelle Merkmale. Folgende Menschen sind vor allem von Langzeitarmut betroffen: Ältere Menschen, Frauen, Alleinerziehende, Ein-Personen-Haushalte (vor allem von Frauen), Ausländer, Personen mit geringer Bildung, Asylbewerber, Aussiedler, Personen mit nicht ausreichenden Versicherungs- und Versorgungsleistungen, Langzeitkranke, Rentner, Personen mit geringem Erwerbseinkommen, kinderreiche Familien und Haushalte, in denen eine pflegebedürftige Person lebt. Diese Menschengruppen zeichnen sich entweder durch individuelle oder haushaltsstrukturelle Merkmale aus, die ihre Armut erklären.

2. Lebensereignisse. Die Dauer von Armut kann bei verschiedenen Lebensereignissen sehr unterschiedlich sein. Wenn junge Erwachsene einen eigenen Haushalt gründen, kann vermutet werden, daß die Phase der Armut von kurzer Zeitdauer ist. Eine mittlere Zeitdauer der Armut ist zu erwarten, wenn sie durch Veränderungen im Einkommen des Haushaltsvorstandes zustande kommt. Langzeitarmut hingegen ist heute wahrscheinlich, wenn eine Familie gegründet wird, in der die Mutter das Geld verdient und der Vater zu Hause bleibt. So spielen Lebensereignisse, z.B. Veränderungen der Haushaltsstruktur oder Arbeitslosigkeit bei der Herausbildung, der Häufigkeit und der Dauer von Armut eine große Rolle.

3. Grad der Abhängigkeit von der Sozialhilfe. Es ist zu vermuten, daß hohe Zahlungen von Sozialhilfe ihre Inanspruchnahme verlängert. Wenn in Deutschland beispielsweise die Sozialhilfe, verglichen mit dem Arbeitslohn, höher, gleich hoch oder annähernd so hoch ist, besteht kaum ein Motiv zum Arbeiten und die Sozialhilfe abzubrechen. Höhere Zahlungen der Sozialhilfe durch großzügige Ämter können also zu einer längeren Bezugsdauer führen und zu einer geringeren Bereitschaft, zu arbeiten, sich fortzubilden und persönliche Ressourcen zu erschließen.

4. Gesamtgesellschaftliche Bedingungen für die Armutsdauer. Da der Zusammenhang zwischen Arbeitslosigkeit und Armut signifikant ist, spielen Konjunkturen und Krisen eine große Rolle in Bezug auf die Armutsdauer. In Zeiten der wirtschaftlichen Konjunktur werden neue Arbeitsplätze geschaffen, was das Überwechseln von Sozialhilfeempfängern in die Arbeitswelt erleichtert. Umgekehrt verringert eine hohe Arbeitslosigkeit die Möglichkeit, die Sozialhilfe zu beenden. Eine große Rolle scheinen allerdings auch sozialräumliche Bedingungen zu spielen. In Bundesländern mit hohem Fleiß und geringer Arbeitslosigkeit, wie in Süddeutschland, ist die Bereitschaft zu arbeiten größer als in Distrikten mit einer Arbeitslosigkeit von 25%. Auch kleine Sozialräume dürften sich auf die Arbeitswilligkeit auswirken. Wohnquartiere, in denen vorwiegend Arbeitslose, Sozialhilfeempfänger und andere Arme wohnen, fördern die Arbeitsunwilligkeit und damit sogar die intergenerative Fortdauer von Armut.

Eine Möglichkeit der *personalen Typisierung* versucht Monika Ludwig (Ludwig, 1996: 194-262). Die idealtypische Begriffsbildung verallgemeinert allerdings die Einzelschicksale, indem sie versucht, das vielen Gemeinsame herauszuarbeiten. Dabei geht sie nicht auf die Zeitdimension ein, sondern generalisiert Problembewältigungsstrategien. Folgende Typen lassen sich finden:

1. Der ewige Verlierer ohne Problembewältigung. Sein Lebensskript heißt: Was ich auch tue, zuletzt ist immer irgendein Amt für mich zuständig. Personen dieses Typs können während ihrer Armut und Sozialhilfe weder ihr Lebenskonzept verändern noch das Verhältnis zu dem Ämtern normalisieren. Die Langzeitarbeitslosigkeit führen sie zunächst auf eigenes Versagen zurück und erst später auf die Umstände. Auch steht am Anfang der Wille, Arbeit zu finden und die Armut zu bewältigen. Aber durch die Summierung der Mißerfolge verlieren sie das Vertrauen in das Vermögen und die Kompetenz des eigenen Selbst. Immer häufiger erwartet man die Hilfe vom Sozialstaat und seinen Ämtern. Diese sollen Geld und Hilfeleistungen erbringen, wodurch eigene Leistungen unnötig werden. Je häufiger die Notwendigkeit der Ämterhilfe, die Gänge zu den Ämtern und die Abhängigkeit von ihnen wird, desto mehr empfindet sich der Arme als diskriminiert und allmählich auch von der Umgebung stigmatisiert. So verliert der Arme die Handlungskompetenz und Handlungskontrolle; er wird immer weniger fähig, Probleme, auch geringfügigster Art, zu lösen. Die Abhängigkeit von den Ämtern, die finanzielle Knappheit und die Stigmatisierung durch die Menschen seiner Umgebung erzeugen eine diffuse Depressivität, eine negative Bewertung aller Erfahrungen und das Bewußtsein, fremdbestimmt zu sein und nicht mehr über sich selbst verfügen zu können.

2. Der notgedrungene Verwalter mit schlechter Problembewältigung. Das Lebensskript des Verwalters heißt: Es ist überall gleich gut oder schlecht; ich muß sehen, wie ich zurechtkomme. Personen dieses Typs verlassen sich, vor allem zum Beginn der Armut, nicht ausschließlich auf den Sozialstaat, sondern versuchen, ihre Probleme zumindest partiell selbst zu lösen. Grundsätzlich kommen sie sowohl mit ihrem Leben als auch mit den Ämtern gut zurecht. Aber jede finanzielle oder lebensgeschichtliche Krise wirft sie sofort wieder zurück. In den stabilen Phasen verwalten sie die Armut, so daß sie den Alltag bewältigen können und auch auf Eigeninitiativen setzen. Meist werden die ökonomischen Alltagsprobleme bewältigt, nicht aber die intersubjektiven Lebensumstände. Vor allem ist die Sinnfrage unbewältigt; es gibt kaum eine Lebens- und Zukunftsperspektive.

3. Der pragmatische Gestalter mit akzeptabler Problembewältigung. Sein Lebensskript besagt: Schwierigkeiten sind dazu da, um überwunden zu werden. Dieser Typus lernt es, im Laufe seiner Armutsgeschichte seine biographischen, wirtschaftlichen und institutionellen Probleme zu lösen. Seine Armutsgeschichte ist nicht stetig aufsteigend, sondern unterbrochen von Krisen und Fehlschlägen. Aber diese krisenhaften Lebenserfahrungen bedrohen die Person nicht dauerhaft, sondern sie werden durch einen sozialen Lernprozeß überwunden, und zwar nicht nur aktuell, sondern strukturell. Pragmatische Gestalter gestalten ihr Leben und sind nicht mehr ausschließlich fremdbestimmt. Sie formen ihre Vita, entwerfen eine Zukunfts- und Sinnperspektive und können auch variabel Ziele und Interessen auswechseln, wenn die Umstände es erzwingen. Vor allem wird die Sozialhilfe nicht angestrebt, sondern als zweitbeste Lösung akzeptiert, jedoch mit dem Ziel, langfristige Lösungen für das Leben zu finden.

4. Der strategische Benutzer mit optimaler Problembewältigung. Sein Lebensskript kann lauten: Ich nehme alles, was ich kriege, wenn es für mein Leben wichtig ist. Dieser Typus arbeitet sowohl an der Lebensgeschichte als auch an den ökonomischen Verhältnissen. Das heißt, das eigene Leben und seine Bewältigung und Gestaltung steht im Vordergrund, und wenn dafür die Sozialhilfe notwendig ist, wird sie in Anspruch genommen. Zuvörderst steht also nicht das Armutsmanagement, sondern das Lebensmanagement. Wenn mit den Ämtern Schwierigkeiten auftreten, werden diese als unvermeidbar in Kauf genommen. Lebensgeschichte, individuelle Interessen und Lebensmanagement stehen also im Vordergrund, während die Sozialhilfe sekundär in Anspruch genommen wird.

5. Der aktive Gestalter mit maximaler Problembewältigung. Sein Lebensskript läßt sich wie folgt beschreiben: Mein Lebenskonzept und meine Zukunftsperspektive sind sinnvoll, und darum ordne ich ihnen die materiellen Dinge unter. Dieser Typus gestaltet sowohl seine Lebensgeschichte als auch die wirtschaftlichen und institutionellen Probleme. Dabei halten sich individuelle Interessen der Lebensgestaltung und das ökonomische hauswirtschaftliche Überleben im Gleichgewicht. Als aktiver Gestalter plant er strategisch seine Interessen und Ziele, um die Probleme zu lösen. Wenn biographische oder wirtschaftliche, monetäre Krisen auftreten, wird das Lebenskonzept nicht aufgegeben, weil es ja sinnvoll ist, sondern der Zeitraster wird variiert und die Sozialhilfe wird zeitlich eingeplant, damit der Lebensentwurf aufrecht erhalten werden kann.

Der Nachteil idealtypischer, phänomenologischer Typik ist die Verallgemeinerung, in der das Einzelne nicht mehr enthalten ist. Der Vorteil ist der Erkenntniswert, denn die diffuse soziale Wirklichkeit kann strukturiert, differenziert und geklärt werden. Die von Ludwig vorgenommene Typenbildung zeigt zumindest, daß es nicht den Sozialhilfeempfänger schlechthin gibt, sondern daß die Problembewältigungsstrategien sehr differenziert sind.

4.6.1.3. Intransitivität, Transitivität und Virtualität von Armut

Armut verstehen wir zunächst und offenkundig als einen Mangel an Möglichkeiten, den konsumtiven Individualbedarf zu decken. Während der Staat dafür sorgt, daß die Masse der Bevölkerung ihren Bedarf an Waren und Dienstleistungen decken kann, gilt Armut als soziale Ungleichheit, und zwar verhindert zu sein, gesellschaftlich produzierte Güter und Leistungen wahrnehmen zu können. Das bedeutet, daß wir Arme fälschlicherweise betrachten als passive, unproduktive Empfänger von Sozialleistungen. *Intransitivität* bedeutet (Zander, 1987: 146 f.), daß zwar Armut in Beziehung gesetzt wird zu den von der Gesellschaft produzierten Produkten und Leistungen und deren Verteilung durch den Markt und die Staatsmacht, aber sie fragt nicht nach den tatsächlichen Wurzeln der Armut. Sie definiert Armut durch den Grad an Teilhabe und Nichtteilhabe an der Konsumtion der produzierten Produkte und Leistungen. Dadurch definiert sie zugleich Armut quantitativ und ermöglicht durch solch eine Definition die endlose Fortsetzung der Armut durch Armutsinstitutionalisierung.

Transitivität (ebd. 146 f.) hingegen fragt nach den Wurzeln der Armut in den wirtschaftlichen und gesellschaftlichen Verhältnissen. Denn individuelle Konsumtion beinhaltet ja zweierlei. Erstens ist sie die Voraussetzung für die Nutzung und Entfaltung der menschlichen Fähigkeiten. Denn die Umwandlung der Natur durch die Produktion in menschlich konsumierbare Natur ist für die Entwicklung des Humanen unabdingbar. Zum anderen ist individuelle Konsumtion die Aneignung produzierter Güter und Dienstleistungen auf dem Wege des Güterkreislaufes und der gesellschaftlichen Zuteilung. Armut entsteht nun, wenn Menschen von beiden Prozessen ausgeschlossen werden oder nur partiell teilhaben können.

Virtualität (ebd. 146 f.) bezeichnet die Modalform der Armut, die in der Akkumulation und Konzentration des Kapitals beruht. Immer wenn Modernisierungsprozesse ablaufen und Konzerne durch Firmenkonzentration Synergieeffekte erwarten, werden Arbeitskräfte freigesetzt, d.h. Arbeiter entlassen, die das Heer der Arbeitslosen vergrößern. Strukturelle Arbeitslosigkeit ist also nicht in der Person des Arbeiters begründet (wenn ich gut bin, werde ich nicht entlassen), sondern in der Struktur der Modernisierung. Armut bedroht darum heute jeden. Sie ist nicht mehr schichtenabhängig, obgleich die soziale Basisschicht immer noch am stärksten der modalen Armut ausgeliefert ist. Aber Armut bedroht heute virtuell jeden.

Strategien der Armutsbekämpfung (Hauser 1995: 127-130). Zunächst ist es wichtig, zwischen der Primäreinkommensarmut, der Sekundäreinkommensarmut, der bekämpften und der verdeckten Armut zu unterscheiden. *Primäreinkommensarmut* liegt vor, wenn Personen ein Primäreinkommen unter der Armutsgrenze haben. Durch Vollbeschäftigungs-, Arbeitsmarkt- und Ausbildungspolitik kann das Primäreinkommen erhöht und damit diese Form der Armut vermieden werden. Primärarbeitslosigkeit liegt auch vor, wenn durch Steuern und Sozialabgaben das Primäreinkommen unter das Existenzminimum gedrückt wird. Darum müssen niedrige Einkommen von Sozialbeiträgen und Steuern befreit werden. *Sekundäreinkommensarmut* liegt vor, wenn die Einzahlungen in die Sozialversicherung zu gering waren und darum zu niedrigen Auszahlungen führen, wenn der Schutztatbestand eintritt. Dies ist zugleich die Sekundäreinkommensarmut I. Von ihr ist zu unterscheiden die *Sekundäreinkommensarmut II*, die mit der Sozialhilfebedürftigkeit gleichzusetzen ist. Sozialhilfebedürftigkeit läßt sich wiederum differenzieren in die *bekämpfte* Armut und die *verdeckte* Armut. Wenn die Sozialhilfe ausreicht, um das sozio-kulturelle Niveau zu sichern, dann ist die Armut bekämpft und damit nicht mehr vorhanden. Wenn hingegen das Sozialhilfeniveau zu niedrig ist oder die Sozialhilfe, auf die ja ein Rechtsanspruch besteht, der auf Antrag gewährt werden muß, nicht in Anspruch genommen wird, dann fällt die Person unter die verdeckte Armut. In diesem Falle bedeutet Armutsbekämpfung, Ansprüche bewußt zu machen und durchzusetzen.

4.6.2. Soziale Arbeit mit Arbeitslosen

Arbeitslosigkeit und Armut bilden heute oftmals Synonyme, obgleich, wie wir gesehen haben, die Armut viele Wurzeln besitzt. G. Bäcker sieht die Zunahme der Arbeitslosigkeit vor allem im Strukturwandel des Arbeitsmarktes und des Beschäftigungssystems (Bäcker, 1997: 95-97). Jeder Wirtschaftszyklus von Konjunktur und Krise erhöht den Arbeitslosensockel, und gleichzeitig nimmt die Zahl der Mehrfach- und Dauerarbeitslosen zu. Schon ein Drittel aller registrierten Arbeitslosen sind länger als 12 Monate ohne Arbeit und gelten darum als Dauerarbeitslose. Weil jedoch Arbeit und Arbeitseinkommen die wichtigsten Quellen für die Sicherung des Lebens und den Erhalt der Familie sind, besteht ein enger Zusammenhang zwischen Arbeitslosigkeit und Armut.

4.6.2.1. Arbeitslosigkeit und Armut

Die Aufgabe, den sozialen Abstieg durch Arbeitslosigkeit zu verhindern, muß der Sozialstaat erfüllen. Er sollte dafür sorgen, daß Arbeitslose ihren Lebensstandard halten und ihre wirtschaftliche Existenz sichern können. Dies ist jedoch nicht der Fall. Nach Hanesch und Neuhäuser werden Arbeitslose mehr als dreimal so häufig von der relativen Armut erfaßt als die Normalbevölkerung, und ein Drittel der Personen, die um Sozialhilfe nachfragen, geben als Grund die Arbeitslosigkeit an (Hanesch, 1994: 181 f.; Neuhäuser, 1995: 70). Darum ist die Arbeitslosigkeit die Ursache für den steilen Anstieg der Zahl der Sozialhilfeempfänger.

Wenn wir von Einkommensarmut aufgrund von Arbeitslosigkeit sprechen, dann dürfen wir nicht übersehen, daß Arbeitslosigkeit nicht bloß ein monetäres Problem ist. Denn Erwerbsarbeit wirkt sinnstiftend, prägt den sozialen Status und die Positionierung in der Gesellschaft, sie stiftet Selbstwertgefühle, das Wissen, gebraucht zu werden und sozial notwendig zu sein, sowie soziale Anerkennung. Ausschluß aus der Arbeitswelt bedeutet dementsprechend, ausgeschlossen zu werden aus der sozialen Welt und den wachsenden Verlust von Status, Positionierung, Selbstwert und sozialen Kontakten hinzunehmen. Ebenso erwächst aus der Arbeitslosigkeit ein Risiko von Isolation, von Partnerschafts- und Familienkonflikten und von sozialer, psychosozialer sowie gesundheitlicher Gefährdung. Das bedeutet, daß selbst bei genügender Einkommenssicherung die individuellen und gesellschaftlichen Probleme nicht gelöst sind (Bäcker, 1997: 97).

Das Problem der Arbeitslosigkeit für den Arbeitnehmer ist, daß er sich gegen das Risiko des Arbeitsplatzverlustes nicht absichern kann. Denn die Gefahr, wann das Risiko eintritt, ist abhängig von Konjunkturen und Krisen, und auch die Schadenshöhe ist nicht vorhersehbar. Deshalb bleibt die Absicherung eine Sache des Sozialstaates. Aber seine Schutzwirkung ist begrenzt. Denn zunächst wird die beitragsfinanzierte Versicherungsleistung als Arbeitslosengeld nur sechs bis maximal 32 Monate geleistet, je nachdem wieviel und wie lange der Arbeitslosenbeitrag gezahlt wurde und wie alt der Versicherungsnehmer ist. Die Höhe der Leistung beträgt 60% bzw. 67% bei Arbeitslosen mit unterhaltspflichtigen Kindern. Weil aber die Unterstützung abzüglich aller Sonderleistungen, wie Überstunden, Weihnachts- und Urlaubsgeld, Gratifikationen usw. gewählt wird, beträgt das Bruttoeinkommen im Risikofall in Wirklichkeit nur 54% bzw. 61%. Die Einkommenseinbuße ist also groß, und wenn beispielsweise Ratenzahlungen anstehen, sinkt das Arbeitslosengeld schnell unter die Armutsgrenze. Wenn die Versicherungszeit abgelaufen ist und keine neue Arbeitsstelle gefunden wurde, tritt die Arbeitslosenhilfe auf den Plan. Dies jedoch nur, wenn der Arbeitnehmer mindestens 150 Tage versicherungspflichtig gearbeitet hat. Die Leistungshöhe beträgt 53% bzw. 57%, allerdings abzüglich der Sonderleistungen nur 48% bzw. 52% des letzten Lohnes. Die Arbeitslosenhilfe ist zeitlich nicht begrenzt. Wenn sie jedoch unter die Bedürftigkeitsgrenze fällt, tritt die kommunal finanzierte Hilfe zum Lebensunterhalt auf den Plan.

Gut gesichert sind nach dem Gesagten alle, die gut verdient und lange gearbeitet haben, also über eine lange Zeit eine hohe Arbeitslosenversicherung eingezahlt haben und nur vorübergehend und kurzzeitig arbeitslos sind. Durch das soziale Netz hingegen fallen die *armen Arbeitslosen* (Bäkker, 1997: 101f.).

- Die sog. „Stille Reserve" besteht aus der großen Zahl der nicht-registrierten Arbeitsuchenden, die wegen der fehlenden Meldung ihres Arbeitsverhältnisses nicht unter das Kriterium „Arbeitslosigkeit" fallen. Für 1995 schätzt das IAB die „Stille Reserve" auf fast 2 Millionen Menschen (Bundesanstalt für Arbeit, 1996: 24).
- Registrierte Arbeitslose, die aber bisher nicht gearbeitet haben. Das sind Jugendliche, die direkt von der Schule oder der Ausbildung kommen oder auch Frauen, die mehr als drei Jahre hindurch nicht gearbeitet haben.
- Beschäftigte in ungeschützten Beschäftigungsverhältnissen sind Personen, die keinen Status als Arbeitnehmer besitzen, weil sie weniger als 18 Wochenstunden gearbeitet haben und darum nicht unter den Versicherungsschutz fallen. Ihre Zahl wird auf 4,5 Millionen Personen geschätzt.
- Die Langzeitarbeitslosen, die keine neue Arbeitsstelle finden, wechseln schnell vom Arbeitslosengeld zur Arbeitslosenhilfe. Diese aber erhält er nur, wenn er die Bedingungen der Hilfsbedürftigkeit erfüllt, d .h. wenn er alle persönlichen Ressourcen vorher ausgeschöpft hat. Darum erhält nur etwa die Hälfte der Arbeitslosen nach dem Ablauf des Arbeitslosengeldes die Arbeitslosenhilfe.
- Schließlich ist die Gruppe der Mehrfacharbeitslosen zu nennen, denen es nicht gelingt, auf die Dauer eine Arbeitsstelle zu finden und aus der Arbeitswelt herausfallen.

Aber selbst wenn die Arbeitslosenhilfe gewährt wird, ist ihre Höhe bei Arbeitnehmern mit mittleren oder niedrigen Einkommen so niedrig, daß der Tatbestand der Armut vorliegt. Denn es werden ja nur etwa 50% des Nettolohnes ausgezahlt. Wenn ein Arbeitsloser über dem Satz der Sozialhilfe bleiben will, muß er, wenn er beispielsweise ein alleinverdienender Familienvater ist, 5 500 DM Brutto verdient haben. Dies Beispiel zeigt, wie problematisch die finanzielle Lage von Menschen ist, die wenig verdient hatten oder die Teilzeitarbeitnehmer waren. Darum erweisen sich Vorstellungen als falsch, die meinen, die Sozialhilfe sei höher als die Arbeitslosenhilfe und daß darum Arbeitslose keine neue Arbeit suchen, weil es sich finanziell nicht rechne. Im Gegenteil geben 79% der Arbeitslosen an, intensiv nach einer neuen Arbeitsstelle zu suchen, auch unabhängig vom Arbeitsamt.

4.6.2.2. Typisierung von Arbeitslosen

Arbeitslosigkeit ist heute ein Risiko, dem faktisch alle Arbeitnehmer ausgesetzt sind. Die Stellungnahme zum Status des Arbeitslosen freilich ist unterschiedlich. Kronauer, Vogel und Gerlach haben eine Typisierung versucht, indem sie sechs Typen herausarbeiten, die sie in drei Gruppen einordnen (Kronauer, Vogel, Gerlach, 1993: 90-217; vgl. auch Ludwig, 1996: 192-262). Die drei Grundeinstellungen heißen: 1. Die Arbeitslosigkeit wird gesehen als eine Chance auf Zeit. 2. Die Integrierbarkeit der Arbeitslosigkeit in die Erwerbsbiographie steht in Frage. 3. Die Arbeitslosigkeit wird zur lebensbestimmenden sozialen Realität. Diesen drei Grundeinstellungen lassen sich je zwei Typen zuordnen.

Typus 1: Die Männer und Frauen, die diesem Typ angehören, sehen die Arbeitslosigkeit als einen integrierbaren Bestandteil ihrer Erwerbsbiographie an. Für sie ist die Arbeitslosigkeit eine Chance auf Zeit. Die Chance sehen sie darin, in einer befristeten Zeit von Arbeitslosigkeit Erfahrungen zu machen, Pläne zu realisieren, sich Wünsche zu erfüllen, Initiativen und Aktivitäten zu ergreifen, für welche die Zeit der Berufstätigkeit keine Gelegenheit läßt. Die Voraussetzung zu solch einer Einstellung ist jedoch, daß die Betroffenen die Gewißheit haben, wieder Arbeit zu bekommen und über genug Ressourcen verfügen, den Zeitpunkt und die Bedingungen für den Wiedereintritt in die Arbeitswelt selbst bestimmen zu können. Erst diese Einstellung macht es möglich, Arbeitslosigkeit als Chance zu empfinden. Allerdings ist Arbeitslosigkeit immer mit einer gewissen Zukunftsunsicherheit verbunden, aber diese Ungewißheit wird von dieser Personengruppe noch kaum erlebt.

Typus 2: Auch diese Personen sehen die Arbeitslosigkeit als einen integrierbaren Bestandteil der Erwerbsbiographie an. Aber für sie ist die Erwerbslosigkeit ein Einschnitt, der nicht als Chance erlebt wird, sondern mit dem man eine Zeitlang zurechtkommen kann. Sie gehen davon aus, daß sie wieder Arbeit finden werden und sie ihre Lebenspläne weiter verfolgen können. Sie sehen also die Arbeitslosigkeit als eine Lebensphase an, die zu keinem Identitätsbruch führen wird. Auch die Zukunftsperspektive ist für sie noch nicht so bedrohlich, daß sie bereit wären, ihre Erwerbshoffnungen zu begrenzen, obgleich ihnen die Gefahren einer langen Arbeitslosigkeit bereits bewußt sind. Die Zeitperspektive ist die des „noch nicht“. Noch droht für sie nicht der soziale Abstieg. Aber sie sehen die Arbeitslosigkeit nicht als Chance zur Selbstverwirklichung, sondern sie verbringen ihre Zeit mit Beschäftigungen des Zeitvertreibs, und sie betrachten diese Zeit als

eine Gelegenheit zur Erholung. Und doch herrscht immer noch die Erwartung vor, wieder ins Erwerbsleben zurückkehren zu können.
Typus 3: Dieser Typus sieht die Integrierbarkeit der Arbeitslosigkeit in ihre Erwerbsbiographie als in Frage gestellt. Statt dessen wächst der Druck, sich an das gesellschaftlich Mögliche anzupassen. Die Arbeitslosigkeit wird als Bedrohung empfunden, der man etwas entgegensetzen muß. Die gegenwärtige Arbeitslosigkeit verunsichert sie in ihrer Lebensplanung. Die Zukunft wird als bedrohlich erlebt, und man ist sich unsicher, ob die berufliche Perspektive und ob die mit der Erwerbsarbeit verbundenen Lebensmöglichkeiten aufrecht erhalten werden können. Der Arbeitslosigkeit werden Aktivitäten entgegengesetzt, die kompensatorisch sind: Arbeit im Haushalt oder Garten, das Engagement für den Verein oder ein Nebenerwerb bilden einen kurzzeitigen Gegenentwurf zur Erwerbslosigkeit. Diese Personen leben in einem ambivalenten Zustand: Einerseits sind sie erfüllt von Gefühlen von Unsicherheit und Ungewißheit für ihre Erwerbszukunft, gleichzeitig jedoch können sie andererseits durch ihre Nebenbeschäftigungen oder auch Umschulungen die Arbeitslosigkeit kompensieren. Aber die Zeiterfahrung ist doch die des „nicht mehr". Die Sorge nimmt zu, daß eine neue Arbeitsstelle nicht mehr gefunden wird und man die finanziellen Einbußen nicht mehr bewältigen kann.
Typus 4: Auch der vierte Typus sieht die Integrierbarkeit der Arbeitslosigkeit in seine Erwerbsbiographie als in Frage gestellt. Sie sehen die Arbeitslosigkeit als eine Bedrohung an, der man ausgeliefert ist. Darum setzen sie alles daran, eine neue Arbeit zu ermitteln. In ihrem Alltagshandeln versuchen sie unter allen Umständen eine Erwerbstätigkeit zu finden, auch wenn sie unterbezahlt wird. Denn im Gegensatz zum Typus 3 verfügen sie über keine kompensatorischen Nebenerwerbstätigkeiten. Sie erleben ihre Arbeitslosigkeit als kritische und belastende Phase ihres Lebens, weil die finanziellen Mittel immer knapper werden, der Alltag immer gleichförmiger und inhaltsleerer wird und die sozialen Beziehungen bröckeln. Gerade der soziale Handlungsspielraum verengt sich für sie, weil sie mit der Arbeitsstelle auch die Beziehungen zu den Arbeitskollegen und damit die soziale Einbindung und Anerkennung verloren haben. Das Mehr an Zeit der Arbeitslosigkeit wird als belastend empfunden, weil sie sie nicht sinnvoll nutzen können, sondern ihnen die geregelte Arbeitszeit fehlt. Schließlich wächst die Furcht, zur Gruppe der Dauerarbeitslosen überzuwechseln und damit aus der Erwerbsgesellschaft ausgegrenzt zu werden.
Typus 5: Bei diesem Typus wird die Arbeitslosigkeit zur lebensbestimmenden sozialen Realität, zu einem Zwang zur Anpassung an das Unmögliche.

Arbeitslosigkeit ist für diese Personen eine schlechte Realität, der man sich unterwirft. Während der Typus 4 noch alle Kräfte verzweifelt einsetzte, um Arbeit zu finden, resigniert der fünfte Typus. Die Kräfte sind erlahmt, der Mensch ist zermürbt von den vielen, schmerzvollen, vergebliche Versuchen, Arbeit zu finden. Es beginnt der Rückzug vom Arbeitsmarkt, und die Bemühungen um eine Arbeitsstelle hören auf. Resignation kennzeichnet diese Personen, und das bedeutet Handlungsverzicht und Weltverlust durch den Rückzug auf sich selbst. Auch dieser 5. Typus leidet unter einer Ambivalenz: Einerseits ist er aus der Arbeitsgesellschaft und ihren Gratifikationen ausgeschlossen worden, andererseits gehört er ihr insofern weiterhin an, als die normativen Anforderungen und die Erwartungen der Arbeitsgesellschaft bestehen bleiben. Denn es gilt als Norm, Arbeit zu suchen und zu finden. Darum leiden diese Menschen in zwiefacher Weise, einmal unter der Langzeitarbeitslosigkeit mit ihren Folgen und zum anderen unter ihrem eigenen Verhältnis zu den Normen und Erwartungen der Gesellschaft, nämlich unter der Gesellschaft, in der sie leben müssen, und der Gesellschaft in ihnen selbst, die sie internalisiert haben. Resignation und Rückzug auf und in sich selbst können autoaggressive Züge annehmen. Die Folge sind dann oftmals Alkoholismus (vgl. Schweer, 1997: 221-248), Abstumpfung, Verlotterung und Selbstzerstörung. Die Zeiterfahrung ist die der langen und leeren Zeit.

Typus 6: Auch bei diesem Typus wird die Arbeitslosigkeit zur lebensbestimmenden sozialen Realität, zu einem Zwang zur Anpassung an das Unmögliche. Aber die Arbeitslosigkeit wird als eine schlechte Realität gesehen, in der man sich einrichtet. Wie schon im fünften Typus haben wir es beim Typus 6 mit Langzeitarbeitslosen zu tun. Sie haben jegliche Aktivität, eine neue Arbeitsstelle zu finden, verloren. Statt dessen nehmen sie eine neue Haltung gegenüber der Arbeitslosigkeit ein. Diese besteht darin, die Lebensführung so zu gestalten, daß sie mit dem geringen Geld auskommen, sich von der Vorstellung eines Erwerbslebens lösen, statt dessen aber neue Aktivitäten aufzunehmen, wie unentgeltliche oder entgeldliche Tätigkeiten. Das bedeutet, eine neue Identität zu finden, die nicht mehr an den Normen der Erwerbsgesellschaft orientiert ist. Darum spielen die vielfältigen Tätigkeiten, die an den bisherigen Beruf anknüpfen, eine große Rolle. Sie verhindern auch die soziale Isolation. Die Zeiterfahrung wird durch das „Jetzt" bestimmt. Diese Personen besitzen keine Zukunftsperspektive mehr, vielmehr haben sie das Gefühl, daß alles immer so weitergeht.

Diese Differenzierung zwischen 6 Typen von Arbeitslosen zeigt zugleich, wie vielfältig ihre Lebenswelten und Netzwerke sind. Bongartz und Gröhnke haben die soziale Isolation bei Langzeitarbeitslosen und ihre Netzwerke untersucht (Bongartz, Gröhnke, 1997: 197-219). Es wird ja allgemein angenommen, daß Arbeitslose an den Privilegien der Gesellschaft nicht mehr teilhaben, als da sind Anerkennung, Prestige, Bildung und finanzielle Mittel. Die Frage ist, ob dieses Vorurteil stimmt oder ob die Netzwerkforschung zu einem anderen Ergebnis kommt.

4.6.2.3. Die Struktur der Netzwerke Arbeitloser

Die Bedeutung von Netzwerken für Langzeitarbeitslose geht schon aus der Beobachtung hervor, daß Unternehmen bevorzugt Arbeitsuchende einstellen, wenn diese nicht vom Arbeitsamt vermittelt werden, sondern, wie Klems u.a. feststellt, sie von Netzwerkteilnehmern vermittelt werden, wie Belegschaftsmitgliedern, Kunden oder Geschäftspartnern (Klems, Krömmelbein, Schmidt, 1992: 22). Eine große Rolle bei der Vermittlung einer neuen Arbeit spielen auch Bekannte, Nachbarn, ehemalige Arbeitskollegen, Familienangehörige und Freunde (Deeke, 1991: 92), was besonders auf Personen von niederem sozialen Status zutrifft, die vor allem auf die Unterstützung des Milieus angewiesen sind. Dies zeigt die Bedeutung des Vorhandenseins von Netzwerken und die schwindende Chance auf dem Arbeitsmarkt bei dem Verlust von Netzwerkbeziehungen. Auch indirekt wirken sich Netzwerke auf die Arbeitsplatzfindung aus. Denn ein Netzwerk ist ein Geflecht von Beziehungen, Kommunikationen und Interaktionen. Es trainiert demzufolge soziale und kommunikative Fähigkeiten ein, die heute bei der Neueinstellung eine entscheidende Rolle spielen (Klems, Krömmelbein, Schmidt, 1992: 23). Die Struktur von Netzwerken von Langzeitarbeitslosen stellt sich im einzelnen wie folgt dar (ebd. 200-217):
Familienbeziehungen: Je länger der Zustand der Arbeitslosigkeit währt, desto größer wird die Zahl der Ehescheidungen (sie ist doppelt so hoch wie bei der Gesamtbevölkerung) oder die Unfähigkeit, eine Partnerschaft zu beginnen. Dabei sind Ehen von den Folgen der Arbeitslosigkeit um so schlimmer betroffen, je ausgeprägter die traditionelle Familienrollenverteilung ist.
Verwandte: Die Zahl der Verwandtschaftsbeziehungen ist relativ gering, was sich aus der Multilokalität der Verwandtschaft erklärt. Trotzdem ist ihre Bedeutung hoch, weil diese Beziehungen intensiv sind. So werden Verwandte bevorzugt als Gesprächspartner bei Problemen kontaktiert. Denn zu ihnen besteht eine größere emotionale Nähe und vor allem auch Beständigkeit, da ja Verwandte nicht wechseln können wie Freunde.

Außerverwandtschaftliche Beziehungen: Sie sind von entscheidender Bedeutung für die soziale Integration des Individuums und die Verhinderung von Ausgrenzung und Marginalisierung. Denn die Zahl der Kontaktpersonen entscheidet zugleich über die Zahl der Kommunikationen und Interaktionen. Und da zeigt ein Vergleich der Zahl der Kontaktpersonen, verglichen zwischen denen von Arbeitslosen und den Kontaktpersonen der Gesamtbevölkerung, nur geringe Unterschiede. Unter den außerverwandtschaftlichen Beziehungen spielen Freunde eine große Rolle. Sie kommen vor allem als Freizeitpartner in Frage, wobei indes die Freizeitaktivitäten durch die finanzielle Lage eingeschränkt sind. Interessant ist, daß Arbeitslose ihre Freunde und Bekannten weiterhin auch unter Erwerbstätigen haben (und nicht nur unter gleichfalls Arbeitslosen) und sie berufstätige Personen mit höherem sozialen Status bevorzugen. Offenkundig versprechen sie sich durch diese Beziehungen Kontakte und Verbindungen zu Betrieben und Informationen über den Arbeitsmarkt.
Vereins- und Organisationsmitgliedschaft: Während in der Gesamtbevölkerung 64% der Menschen Vereinsmitglieder sind oder einer Organisation angehören, sind es unter den Langzeitarbeitslosen nur 19%. Wer lange arbeitslos war, kann also nur sehr begrenzt in der Öffentlichkeit sichtbar werden. Der Grund liegt offenkundig in der Schwierigkeit, die Mitgliedsbeiträge aufzubringen. Dies ist wohl auch der Grund dafür, daß Langzeitarbeitslose so gut wie gar nicht Mitglied in einer Gewerkschaft sind (1,7%).
Die Bedeutung von Netzwerken ist also sehr groß. Darum ist es erfreulich, daß die Netzwerke von Arbeitslosen ungefähr so groß sind wie in der Gesamtbevölkerung und nicht durchgängig die Gefahr der sozialen Isolation besteht, sondern im Gegenteil vielfältige Unterstützungsleistungen erfolgen. Auch haben sich Annahmen über die Verkleinerung und Auflösung von Netzwerken nicht bestätigt. Über 10 Jahre Arbeitslosigkeit hinweg ist die Zahl der Verwandten und Freunde des Netzwerkes ungefähr gleich geblieben (ebd. 212). Netzwerke scheinen also in Größe und Struktur sehr stabil zu sein. Ihre Unterstützungsleistung darf darum nicht unterschätzt werden.
Die *Folgen von Arbeitslosigkeit* sind trotz der Unterstützungsleistungen des Netzwerkes bedeutend. Finkeldey hat fünf Erlebniskategorien der Arbeit aufgestellt (Finkeldey, 1992: 43), die dem Arbeitslosen verloren gehen. Dies ist vor allem das Fehlen einer festen Zeitstruktur; die familientransgressiven Beziehungen in der Arbeitswelt können verloren gehen; seine soziale Identität als wertvolle soziale Person ist in Frage gestellt; und schließlich geht er der systematischen Tätigkeit über persönliche Zwecke hinaus

verlustig. Es entsteht die Gefahr, daß die Identität diffundiert und die Person an den sozialen Rand gleitet.

4.6.2.4. Integrative Arbeitslosenarbeit

Darum ist Arbeitslosenarbeit wichtig. Wolski-Prenger und Rothardt haben ein Konzept integrativer Arbeitslosenarbeit entwickelt, das folgende Elemente aufweist (Wolski-Prenger, Rothardt, 1996: 138-140):

(1) Es ist eine Arbeit, die sich die Re-Integration der Dauerarbeitslosen in die Gesellschaft und in die Arbeitswelt zum Ziel setzt.

(2) Weiterhin beachtet die integrative Arbeit die verschiedenen Ebenen der Belastung durch Arbeitslosigkeit, wie finanzielle Einbußen, verbunden damit Einschränkungen in den sozialen Kontakten und Freizeitmöglichkeiten; zweitens körperliche Belastungen durch Erhöhung von Blutfettwerten und des Körpergewichts sowie Schwächung des Immunsystems, Erhöhung des Zigaretten-, Alkohol- und Tablettenkonsums und Zunahme psychosomatischer Syndrome. Eine dritte Ebene der Belastungen ist psychischer Art, wie der Mangel an Selbstbetätigung, Erfahrungen des Scheiterns bei ständig wiederholten Ablehnungen von Bewerbungen, Zukunftsungewißheit, der Umschlag von Optimismus in Resignation usw. Auch auf einer vierten Ebene, der geistigen, können sich Stagnation und Verblassen der Kompetenzen einstellen.

(3) Wichtig ist es auch, die Arbeitslosenarbeit in ein Gemeinwesenkonzept zu integrieren. Dazu gehört genauso die soziale Einzelfallhilfe in der Beratung wie auch die soziale Gruppenarbeit und die soziale Gemeinwesenarbeit, die für die Einzelfallhilfe und die Arbeit mit Gruppen die Möglichkeiten schafft, wie Beratungs- und Aktionsräume, und zugleich die Öffentlichkeit einbezieht.

(4) Gemeinwesenarbeit in der Arbeitslosenhilfe beinhaltet das Bemühen, mit anderen Trägern oder helfenden Personen in der Arbeitslosenhilfe auf lokaler, kommunaler und bundesweiter Ebene zusammenzuarbeiten.

(5) Schließlich werden Kontakte zu Partnern mit ähnlichen Interessen aufgebaut, wodurch ein Netzwerk von Beziehungen und Hilfen entsteht.

Integrative Arbeitslosenarbeit, wenn sie den obigen Grundsätzen folgt, verringert die Leiden der Arbeitslosen, baut Konflikte ab, gibt neue Hoffnung auf Besserung der Lebenslage oder verhilft zu einer neuen Lebensordnung im Arbeitslosenalltag.

Darum ist eine wichtige Arbeit des Sozialpädagogen die Arbeitslosenberatung und die Arbeitslosenbildung. Für die Arbeitslosenberatung haben Wolski-Prenger und Rothardt ein integratives Modell entwickelt (ebd. 139-143). Das *ad intra* entwickelte Netzwerk umfaßt zunächst die Einzelfallhilfe, wie Beratung, soziale Begleitung bei Arbeitsuche und Arbeitsaufnahme, Training für die Verbesserung der Lebenslage und für Bewerbungen und Basisqualifizierungen; weiterhin Gruppenarbeit mit vielfältigen Begegnungsmöglichkeiten, wie Arbeitslosenfrühstück oder Mittagstisch, Lesezimmer, ein Café, regelmäßige Hausversammlungen und Nachbarschaftstreffs, aufsuchende Arbeit für informelle Arbeitslosentreffs usw., ferner Bildungsarbeit und Seminare je nach Interessenlage, indem Gesprächskreise über arbeitslosenspezifische Fragen geschaffen werden, außerdem eine Informationsbörse, Arbeitskreise, Gesprächswochen oder Wochenenden, Aufbau einer kleinen Bibliothek usw.; danach offene Arbeitslosenarbeit durch die Schaffung von Betätigungsmöglichkeiten durch kleine Werkstätten, Schaffung eines Vermittlungspools, Einbeziehung der Arbeitslosen in die Netzwerkarbeit, Freizeitmöglichkeiten in der Form von kulturellen und sportlichen Veranstaltungen, Aufbau von Neigungsgruppen, Ferienaktivitäten für homogene Gruppen usw., und schließlich Öffentlichkeitsarbeit und politische Arbeit.

Ad extra entwickelt sich das Netzwerk durch die Erstellung individueller Förderkonzepte in Zusammenarbeit mit den Ämtern, wie Arbeitsamt, Kinder- und Jugendhilfeamt und Sozialamt, Verknüpfung der Beratung mit den Gewerkschaften zum Zwecke des Rechtsschutzes und schließlich Familien- und Suchtberatung, Psychotherapie, Schuldnerberatung usw. Außengerichtet sind auch die Strategien der Zusammenarbeit mit berufsbildenden Maßnahmen und anderen Beschäftigungsangeboten der Region, beispielsweise indem Arbeitslose erkunden, wo es Stellenangebote, berufsbildende Maßnahmen, Beschäftigungs- und Qualifizierungsangebote gibt. Zuletzt gehört zur externen Arbeitslosenarbeit die Kooperation mit anderen Einrichtungen und Projekten der Arbeitslosenarbeit durch die Zusammenarbeit mit Arbeitgeber- und Arbeitnehmervertretern, mit den Einrichtungen der Beschäftigungsförderung, mit der Arbeits-, Sozial- und Jugendverwaltung, mit anderen Beratungsstellen, mit Einrichtungen der Jugendberufshilfe und mit anderen Arbeitsloseninitiativen. Auf diese Weise entsteht eine integrative Arbeitslosenarbeit im Sinne einer Netzwerkbildung. Denn all diese Maßnahmen sind ja miteinander integriert, d.h. verknüpft zu einem Netzwerk.

Im Zentrum der integrativen Arbeitslosenarbeit steht die *Arbeitslosenbildung*. Denn aus den Bildungsmaßnahmen für Arbeitslose ist die Arbeitslosenarbeit erwachsen. Ursprünglich hatte diese Bildungsarbeit zum Ziel, den Arbeitslosen für die Arbeitswelt zu befähigen. Aber dieses Ziel ist heute, wenn auch lokal differenziert, problematisch geworden. Berufsbildungsmaßnahmen können in Gebieten mit geringer Arbeitslosigkeit noch Erfolg haben (Blaschke, 1992: 16). Aber wenn die Arbeitslosigkeit wie in vielen Gebieten Ostdeutschlands über 20% beträgt, werden durch berufsbildende Maßnahmen falsche Hoffnungen erweckt, und Enttäuschungen und Resignation werden programmiert. Darum vertreten Wolski-Prenger und Rothardt ein alltags- und lebensweltliches Konzept (Wolski-Prenger, Rothardt, 1996: 185-205). Arbeitslosenbildung soll sowohl Strategien zur Wiedergewinnung eines Arbeitsplatzes entwickeln als auch zum Leben in der Arbeitslosigkeit befähigen. Dies kann allerdings nicht von vereinzelten Angeboten geleistet werden. Wienen betont darum, daß Arbeitslosenbildung Langzeitpädagogik ist, die zeitlicher und personeller Kontinuität bedarf und eine Pädagogik der Langsamkeit ist (Wienen, 1994: 33).

Als strukturbildende didaktische Prinzipien für Bildungsarbeit mit Arbeitslosen haben sich *Teilnehmerorientierung* und Handlungsorientierung herausgestellt (Haverkamp, 1991: 227). Teilnehmerorientierung ist schon deshalb notwendig, weil alle Bildungsangebote freiwillig sind, weswegen der Anbieter sich nach Interessen und Bedürfnissen der Nachfrager richten muß. Sie ist aber auch notwendig, weil Arbeitslose keine homogene Gruppe sind, sondern hochkomplex differenziert. Schließlich bedeutet Teilnehmerorientierung, daß die Anbieter die Lebens- und Alltagswelt Arbeitsloser kennen und daß sie die entsprechende Einfühlungsgabe besitzen, auf die Gefühle der Arbeitslosen Rücksicht zu nehmen.

Handlungsorientierung, verbunden mit Teilnehmerorientierung, bedeutet zunächst einmal, daß Standesunterschiede, Kompetenz- und Wissensvorsprünge zwischen Darbietern und Nachfragern in der Weise verringert werden, daß der Kompetenzvorsprung des Sozialpädagogen genutzt und die Selbstbeteiligung der Arbeitslosen gefördert wird. Zum anderen bedeutet Handlungsorientierung, Arbeitslose im Handeln einzuüben, um ihre Lebenssituation besser bewältigen zu können. Indem sie lernen, daß eigenes Handeln, zumal gemeinsam mit anderen, Probleme lösen kann, gewinnen sie sowohl einen wichtigen Baustein für die Suche nach Arbeit als auch zum Leben in der Arbeitslosigkeit. Weiterhin bemüht sich die handlungsorientierte Arbeitslosenarbeit darum, mit anderen Gruppen der Arbeitslosenbewegung zusammenzuarbeiten, wie den Gewerkschaften, Kirchen und anderen Initiativen und Institutionen, weil es dem Einzelnen sehr schwer fällt, das Problem seines Ausscheidens aus der Arbeitswelt zu bewältigen. Schließlich wendet sich die Handlungsorientierung gegen die einseitig rationale Aufklärung und Bearbeitung der Probleme. Vielmehr gewinnt Handlung den Primat als Bewältigungsstrategie.

4.6.3. Schuldnerberatung

Die neue Armut, Arbeitslosigkeit und Verschuldung bilden einen engen, wenn auch nicht zwingenden Zusammenhang. Denn die Ursachen für die Verschuldung könne sehr vielfältig sein. Als wichtigste Ursachen entwickeln Münder, Höfker, Kuntz und Westerath Wohnen, Konsum, Unterhalt und weitere Verpflichtungen (Münder, Höfker, Kuntz, Westerath, 1994: 86-177).

4.6.3.1. Ursachen von Verschuldung

Wohnen und Überschuldung. Eine Wohnung zu haben, bedeutet gleichermaßen über Wasser, Licht und Wärme zu verfügen, die kostenintensiv sind und zur Miete dazugerechnet werden müssen. Wer beispielsweise Miete, Strom oder Wasser nicht mehr bezahlen kann, dem drohen Stromsperre oder gar Obdachlosigkeit. Besonders Dauerarbeitslosigkeit ist ein Grund für den Verlust von Wohnungen mit Zwangsräumungen bzw. Zwangsversteigerungen von Eigenheimen und Eigentumswohnungen. Weil Wohnen einen so hohen Stellenwert besitzt (was mit unseren Klimaverhältnissen – Regen und Kälte – zu tun hat), versuchen die Verschuldeten in der Regel Miet- und Energieschulden zu vermeiden. Eher sparen sie an Lebensmitteln als an Wohnungsmiete, Kochenergie, Beleuchtung und Instandhaltung der Wohnung (Hartmann, 1985: 228). Überschuldung auf dem Gebiet des Wohnens hängt darum nicht mit dem Zahlungsverhalten zusammen, sondern eindeutig mit zu niedrigem Einkommen. So hatten die wegen Mietschulden gekündigten Personen nur einen Sozialhilfesatz von 97% zur Verfügung. Wenn die Einkommen niedrig sind, machen die Miet- und Energiebelastungen schon bald die Hälfte des zur Verfügung stehenden Geldes aus. Dies reicht oft nicht für die Befriedigung der Grundbedürfnisse. Treten noch die Ausgaben für Kinder hinzu oder womöglich Konsumwünsche, dann ist der Weg zur Kreditaufnahme und zur Verschuldung kurz.
Konsum und Verschuldung. Reichtum, Konsum und Verschuldung stehen in einem engen Zusammenhang (Groth, Schulz, Schulz-Rakoll, 1994: 16-20). Einerseits ist die Bundesrepublik ein immens reiches Land. So ist in den vergangenen Jahren die Zahl der Privathaushalte mit einem durchschnittlichen Einkommen zwischen 3000 DM und 4000 DM stetig gestiegen, während der Anteil von Haushalten, wo Menschen lediglich zwischen 1000 DM und 2000 DM verdienen, auf fast die Hälfte zurückgegangen ist.

Andererseits ist die Einkommensverteilung disparat. Betrug schon 1988 das durchschnittliche Einkommen 4024 DM pro Monat, so hatten immer noch 4 Millionen Haushalte nur 2000 DM, und einer halben Millionen standen nur 1000 DM zur Verfügung. Insgesamt lagen 70% der Haushalte unter dem Durchschnittseinkommen. Dies erklärt zum einen die anwachsende Verschuldung. Arbeitslosigkeit und Konsumkredite sind die häufigsten Ursachen für die Verarmung (Holzschek, Hörmann, Daviter, 1982). So lag die Kreditaufnahme der Privathaushalte 1991 bei den Geldinstituten bei einer Milliarde DM, was etwa 26% des Kreditvolumens des Darlehensgeschäftes ausmacht. Zum andern betrug der Reichtum, den die Haushalte angesammelt haben, 1991 3,4 Billionen DM. Rechnet man allerdings noch den Wert der Immobilien zum Geldvermögen hinzu, dann kommt man auf einen Vermögensberg von 7 Billionen DM (Stand 1993). Nun müssen die Geldinstitute für das angelegte Geld Zinsen und Dividenden geben; das waren 1991 177 Milliarden DM. Um diese ungeheuer hohen Zinserträge zu erwirtschaften, müssen die Geldinstitute entsprechend hohe Kredite ausgeben, mit denen sie den Reichtum der Gesellschaft in Form von Zinsen finanzieren. Der große Reichtum der Gesamtbevölkerung zwingt also die Geldinstitute zur Kreditvergabe, weswegen sie oft großzügig und unverantwortlich Geld in Form von Verbraucherkrediten ausleihen und eine aggressive Werbung für eine problemlose Kreditvergabe starten. Personen, die arm sind und sich trotzdem Konsum gönnen wollen, werden deshalb zur Kreditaufnahme verführt. In diesem Zusammenhang machen sich die kreditaufnehmenden Menschen nicht den Unterschied zwischen Investitionskrediten und Konsumkrediten klar. Während Investitionskredite aus den erwirtschafteten Gewinnen zurückgezahlt werden können, trifft dies auf Konsumkredite nicht zu. Sie müssen aus dem laufenden Einkommen finanziert werden, was dann nicht möglich ist, wenn die Kredite zu vielfältig, unübersichtlich und zu hoch sind und durch die eintretende Arbeitslosigkeit der Verdienst sich real halbiert. Dem stehen die gesellschaftlichen Normen, wie Sparsamkeit, wirtschaftliche Vernunft, Anschaffungen nur aus Erspartem zu machen und nur niedrige, rückzahlbare Kredite aufzunehmen, gegenüber. Wer die gesellschaftliche Forderung nach Konsum und Kredit erfüllt, gleichzeitig aber die Normen verletzt, wird zum Außenseiter.

Weil die Haushalte versuchen, die Mittel für Wohnen und Energie aufzubringen, liegt das Hauptschwergewicht der Überschuldung auf dem Gebiet der Konsumkredite. Nach Westerath ist die Verschuldung durch Konsumkreditverträge seit 1970 ununterbrochen gestiegen (Münder, Höfker, Kuntz, Westerath, 1994: 108). Zusätzliche Verschuldungsprobleme entste-

hen bei überhöhten Zinsen, bei Abzahlungsgeschäften und Haustürgeschäften.
Unterhalt und Verschuldung. Die Bezahlung von Unterhalt gliedert sich vor allem in zwei Kategorien: Ehegattenunterhalt, besonders bei Scheidung; und Verwandtenunterhalt zwischen Verwandten in gerader Linie, vor allem der Unterhalt von Eltern durch ihre Kinder oder auch der Unterhaltsanspruch von nichtehelichen Kindern gegenüber ihren Vätern. Dabei wird berücksichtigt die Bedürftigkeit des Unterhaltsberechtigten; er muß außerstande sein, sich selbst zu versorgen. Ebenso wird einberechnet die Leistungsfähigkeit des Unterhaltspflichtigen; er muß seine Leistungen erbringen können, ohne den eigenen Unterhalt zu gefährden. Unterhaltszahlungen können zur Verschuldung führen, wenn sie zu hoch sind.
Weitere Verpflichtungen und Schulden. Während in den Bereichen Wohnen, Konsum und Unterhalt die Schuldnerberatung regelmäßig tätig wird, gibt es eine ganze Anzahl von Überschuldungsmöglichkeiten, die in Sanierungszwängen liegen. Solche sind (Münder, Höfker, Kuntz, Westerath, 1994: 166-177):

- Schadensersatzansprüche. Wenn beispielsweise das Kind einen Unfall verursacht, sind die Eltern schadensersatzpflichtig. Die Schadensersatzansprüche beziehen sich auf den Sachschaden, den Personenschaden und das Schmerzensgeld. Wenn die Eltern keine ausreichende Haftpflichtversicherung abgeschlossen haben, können die Kosten so sehr anwachsen, daß eine Überschuldung möglich ist.
- Geldstrafen und Bußgelder. Geldstrafen entstehen durch Verurteilungen der Strafgerichte oder auch in Bußgeldern nach Ordnungswidrigkeiten. Dabei spielt die wirtschaftliche Lage der bestraften Personen keine Rolle.
- Gerichts- und Anwaltkosten. Wenn jemand seinen Rechtsanspruch bei Gericht durchsetzen will, nimmt er einen Rechtsanwalt. Die Anwaltskosten muß er zunächst selbst übernehmen. Gewinnt er den Prozeß, dann muß zumindest ein Teil die unterlegene Partei übernehmen. Verliert er jedoch den Prozeß, dann bezahlt er doppelt. Dies können hohe Kosten sein, die zur Verschuldung führen.
- Dauerverpflichtungen. Es kommt vor, daß Schuldner aufgrund von Verträgen derartig gebunden sind, daß sie langfristig und kontinuierlich finanziellen Belastungen unterliegen. Dies sind in der Regel Ratenzahlungen, Versicherungsbeiträge, Zeitungs- und andere Abonnements, Fernseh- und Rundfunkgebühren, oft sehr hohe Telefonkosten und Mit-

gliedsbeiträge. Solche Verpflichtungen können sich summieren und den Zahler unter die Armutsgrenze sinken lassen.

- Versicherungsschulden. Die wichtigsten Versicherungen sind die private Krankenversicherung und Zusatzversicherungen, Kapital- und Lebensversicherungen, Risikolebensversicherungen, Unfallversicherungen, Hausrats- und Haftpflichtversicherung, Rechtsschutzversicherung u.a. Manche von ihnen sind durchaus sinnvoll. Aber die Schwierigkeit besteht darin, daß sie oft langfristig angelegt sind. Sie werden auf 5 bis 10 Jahre und länger abgeschlossen. Auch hier liegt das Problem in ihrer Summierung. Bei Arbeitslosigkeit z.B. halbiert sich das Einkommen, und dann wird die Summe all dieser Versicherungen problematisch.
- Abonnements, Rundfunk- und Fernsehgebühren, Telefongebühren. Das Problem besteht heute vor allem in den Telefongebühren. Das Handy verleitet zum häufigen Telefonieren; und der blühende Telefonsex treibt die Gebühren in die Höhe von Tausenden von Mark.
- Mitgliedsbeiträge. Sicherlich sind die Beiträge für einen Verein, dem das Mitglied angehört, nicht sehr belastend. Aber Mitgliedsbeiträge können sich summieren und dann zum Problem werden.

Wenn sich eine Vielzahl solcher Verpflichtungen häuft, dann wachsen die Verpflichtungen so sehr an, daß sie die Zahlungskraft des Haushaltes überschreiten, ihn unter die Armutsgrenze drücken und ihn verschulden lassen.

4.6.3.2. Die Phasen des BeratungsprozessesVerschuldeter

Beratung in der Wirtschaftssozialarbeit ist vor allem Rechts- und Lebensberatung. Das Ziel der Rechtsberatung ist es, die Ratsuchenden über ihre Rechte und Ansprüche aufzuklären. Damit ist sie zugleich Bildungs- und Wissensvermittlung, die versucht, den Wissenshorizont des Ratsuchenden zu erweitern und die Handlungskompetenz zu steigern. Lebensberatung hingegen ist darauf gerichtet, dem Ratsuchenden Einsichten und Einstellung zu vermitteln, die es ihm ermöglichen, seine Lebensprobleme zu lösen. Dafür ist allerdings in der Regel eine Verhaltens- und Lebensumstrukturierung notwendig. Es ist einsichtig, daß beides, Rechts- und Lebensberatung, untrennbar miteinander verbunden sind. Denn integrative Schuldnerberatung will finanziell-rechtliche, hauswirtschaftliche, psycho-soziale und gesellschaftliche Aspekte miteinander verknüpfen.
Der *Beratungsprozeß* selbst gliedert sich in fünf Schritte: (Hombach, Dingerkus, 1994: 24-29; Münder, Höfker, Kuntz, Westerath, 1994: 51-73).

Kontaktaufnahme und Beziehungsaufbau. In dieser Einstiegsphase entscheidet es sich, ob die Beratung gelingt oder nicht. Denn grundlegend für jeden Beratungserfolg ist der Aufbau einer Vertrauensbeziehung. Ratsuchende kommen ja häufig ängstlich und nervös in die Beratung. Deshalb ist es wichtig, eine entspannte Atmosphäre zu schaffen. Dies ermöglicht, die aktuellen Überschuldungsprobleme des Ratsuchenden zu klären. Der Berater fragt nach der Problemlage aus der Sicht des Klienten und wie er sich die Lösung seiner Verschuldung vorstellt. Dann erhellt der Berater die Lebenssituation des Ratsuchenden, und zwar nach allen Gesichtspunkten seines Netzwerkes: Persönliche Probleme, die Struktur des Familiensystems, die umgebenden Netzwerke von Verwandten, Nachbarn, Freunden, Arbeitsplatzkollegen und schließlich die Verhältnisse im Wohnquartier und in der Region. So wird das Problem analysiert und eine Diagnose versucht. Dieser Einstieg in die Schuldnerberatung ist in der Regel mit Krisensituationen konfrontiert, wie Auszahlungssperre der kontoführenden Bank, Wohnungskündigung wegen Mietschulden, drohende Energiesperre, Ladung vor das Gericht und Haftandrohung. Krisenintervention bedeutet dementsprechend, die aktuelle Gefährdungssituation zu klären, die Intervention zu planen, sie durchzuführen und eine in die Zukunft gerichtete Strategie zu entwickeln.
Bestandsaufnahme und Zielformulierung. Die Bestandsaufnahme erfordert in der Regel mehrere Gesprächstermine. Denn es müssen alle Problembereiche berücksichtigt werden, nämlich die finanziell-rechtlichen, die hauswirtschaftlichen und die psycho-sozialen. Im *finanziell-rechtlichen* Bereich geht es vor allem um die genaue Betrachtung des Schuldenberges, der ja in der Regel aus einer Vielzahl sich akkumulierender Schulden besteht. Es gilt deshalb zuerst, die Unterlagen zu sichten, zu ordnen und zu überprüfen oder auch fehlende Unterlagen zu beschaffen. Bei dieser zeitintensiven Arbeit sollte der Ratsuchende selbst tätig werden. Im *hauswirtschaftlichen* Bereich wiederum sind die Einkommens- und Ausgabenverhältnisse zu ermitteln. Es wird das Monatsbudget aufgestellt, aus dem ersehen werden kann, wo die Einnahmen beispielsweise durch Sozialleistungen und Nebensjobs erhöht, durch Kündigung von Dauerverpflichtungen und Konsumeinsparungen hingegen die Ausgaben verringert werden können. Gute Erfahrungen habe ich gemacht mit der Einteilung des Einkommens in mehrere Rubriken, wobei die Geldbeträge in verschiedene Briefumschläge kommen, und in Wochenbudgets, die eisern eingehalten werden müssen. Im *psycho-sozialen* Bereich schließlich wird eine Sozialanamnese erstellt. Zuerst ist eine Erhellung des Familiensystems notwendig, das heißt, das Ausgabeverhalten aller Mitglieder des Systems Familie. Wichtig ist jedoch auch das Ausgabeverhalten in den Herkunftsfamilien von Mann und Frau. Dort ent-

stehen ja die Lebenslinien und Lebensskripts, die das Verhalten prägen. Geiz, Sparsamkeit, Großzügigkeit oder Verschwendung, Verzicht oder Sucht nach Dingen werden in der Herkunftsfamilie vorgeprägt. Schließlich spielen auch Eigenschaften der Persönlichkeitsstruktur eine Rolle bei der Entstehung und Bewältigung von Schulden. Mangelnde Selbstwertgefühle und Beziehungslosigkeit drängen den Menschen zum Haben-Modus hin und zu Überkompensations- und Substitutionsmechanismen. Auch Familien- und Partnerschaftsprobleme spielen eine Rolle. Vor allem entstehen bei Süchten und kostenintensivem Freizeitverhalten immense Geldausgaben. Auch ist bei der Bewältigung von Schulden der Bildungsgrad entscheidend. Je gebildeter eine Person ist, desto leichter fällt es ihr, Bewältigungsstrategien zu entwickeln und zu verfolgen. Darum ist Schuldnerberatung mit Menschen ohne Ausbildung oftmals so erfolglos und entmutigend.

Handlungsplan und Umsetzungsstrategie. Nach der Anamnese und Diagnose, die ja die Problemlage erhellt haben, sollte ein gemeinsamer, zwischen Ratsuchendem und Berater ausgehandelter Hilfeplan entwickelt werden. In diesem Zusammenhang ist die finanzielle Situation des Ratsuchenden von entscheidender Bedeutung. Ist noch ein Teil des Einkommens frei verfügbar (freie Einkommensspitze) oder gibt es Drittmittel, dann ist eine sofortige Schuldentilgung möglich.

Durchführung. Sie erfolgt in drei Arbeitsschritten. Das erste ist die Informationsphase. Sie dient dazu, den Ratsuchenden endgültig über die einzelnen Maßnahmen zu informieren. Zum zweiten wird dabei gleichzeitig der Eigenanteil des Ratsuchenden festgelegt. Wenn dies geschehen ist, erfolgt drittens die Maßnahme des Beraters, der nun direkten Kontakt mit den Gläubigern aufnimmt, um eine Lösung zu finden. Nach dieser Maßnahme ist in der Regel eine Nachbetreuung nötig, die zugleich die Funktion der Prävention hat. Durch sie soll eine Neuverschuldung verhindert und eine dauerhafte, verantwortliche Haushaltsführung und Lebensperspektive etabliert werden.

Beratungsabschluß und Dokumentation. Nach Abschluß der finanziellen, haushalterischen und psycho-sozialen Veränderungen erfolgt die Effektivitätskontrolle. Diese Evaluation kann in der Form der Selbstevaluation vom Berater selbst vorgenommen werden, oder sie erfolgt durch Außenstehende. Schließlich wird der gesamte Beratungsprozeß dokumentiert.

Diese fünf Schritte einer Schuldnerberatung unterliegen allgemeinen Prinzipien. Diese sind: Die Motivation des Ratsuchenden herzustellen und zu erhalten, systemisch und lebensweltlich vorzugehen, Reduzierung unangemessener Erwartungen an die Schuldnerberatung und schließlich das Selbstverständnis, daß Schuldnerberatung zugleich Lebensberatung ist.

Aus dem Gesagten geht hervor, daß Wirtschaftssozialarbeit immer zugleich *Bildungsarbeit* ist (Groth, Schulz, Schulz-Rackoll, 1994: 213 f.). Wir müssen Schuldnerberatung als Bildungsaufgabe sehr weit fassen. Sie umschließt vielfältige Inhalte. Zum einen geht es um die Vermittlung praktischer und rechtlicher Kenntnisse, wie kaufrechtliche Fragen, sinnvoller und begrenzter Versicherungsschutz für einen privaten Haushalt, Kenntnisse über Ratenkäufe und Umgang mit Geld- und Kreditinstituten. Damit hängen eng die Fragen der Konsumsteuerung zusammen. Oft bestehen ja Diskrepanzen zwischen Konsumwünschen und objektiver Leistungsfähigkeit. Weiterhin müssen Planungstechniken vermittelt werden, um als mündiger Konsument bestehen zu können. Es wird gelernt, mit einem bestimmten Budget auszukommen, indem überlegt, kontrolliert und vergleichend gekauft wird. Wo finanzielle Ressourcen ausreichend sind, wird Sparverhalten thematisiert und eingeübt. Dies ist deshalb schwierig, weil die häufigste Ursache für Verschuldung auf dem Gebiet des Konsums liegt, daß also alles Geld ausgegeben und nicht gespart wird. Häufig sind auch Ernährungs- und Hauswirtschaftsfragen zu thematisieren. Denn viele verschuldete Familien leiden an Unter- und Fehlernährung. Darum ist es wichtig, Kenntnisse über gesunde Ernährung und eine abwechselungsreiche Kost zu vermitteln. Dabei ist es genauso bedeutsam zu lernen, billig und gesund einzukaufen wie neue Kochrezepte für geschmackreiche Mahlzeiten zu beherrschen. Schließlich gehört zur Schuldnerbildungsarbeit die allgemeine Bildungsarbeit, als da sind Informationen über Weiterbildungs- und Qualifizierungsmaßnahmen, ökologische Nischen auf dem Arbeitsmarkt, die Notwendigkeit lokaler Mobilität, um in Gebieten mit geringer Arbeitslosigkeit Arbeit zu finden, gesellschaftliche Zusammenhänge und Globalisierung. Auch gehören Bildung und Ästhetik eng zusammen. Eine Ästhetisierung des Leibes, der Wohnwelt und der Wohnumwelt geben so viel Schönheit, die dem Seins-Modus angehört, daß der Mensch nicht mehr auf die Fixierung auf den Haben-Modus angewiesen ist.

Es ist verständlich, daß der soziale Arbeiter, der in der Schuldnerberatung tätig ist, *Zusatzqualifikationen* braucht. Zwar helfen ihm seine Kenntnisse über Einzelfallhilfe, soziale Gruppenarbeit und Gemeinwesenarbeit auch bei der Beratung von Schuldnern, aber darüber hinaus braucht er genaue Kenntnisse in Rechts- und Versicherungsfragen. Das bedeutet, er muß sich auskennen im Mietrecht, in Energieversicherungsverträgen, im Darlehensrecht und anderen privaten Schuldverhältnissen, in Fragen der Geldstrafen und Gerichtskosten, der Zwangsvollstreckung und Pfändung usw. Das Problem dabei ist die Abgrenzung der Rechtskompetenz des Sozialpädagogen zu Rechtsanwälten (Just, Ohnesorge, Roßmanith, Schleimer, Wagner, Willensen, 1990: 79-87).

4.6.4. Wohnungslosenarbeit, Nichtseßhaftenarbeit

Wer arbeitslos geworden ist und dessen Reallohn sich auf die Hälfte reduziert hat, kann oftmals die steigenden Mieten oder gar den Mietschub nach einer Haus- und Wohnungsrenovierung nicht bezahlen, und er wird wohnungslos. Dies ist der Zusammenhang zwischen Obdachlosigkeit und neuer Armut. Allerdings existiert Wohnungslosigkeit, einschließlich der damit verbundenen Segregation, schon solange es geschichtliche Quellen gibt. Denken wir nur an die fahrenden Studenten und Gesellen, die vagabundierenden Soldaten sowie die Vaganten und Vagabunden in der deutschen Vergangenheit. Aber auch das indische Kastenwesen schuf eine Segregationsgesellschaft, in der die niederen Kasten und schließlich die Kastenlosen zum sozialen Rand gedrängt wurden. Und endlich ist Randgruppenbildung ein Resultat des Prozesses der Zivilisation, an dessen Ende die Modernisierung steht (Elias, 1978). Alle, die diesem Prozeß der Zivilisation nicht entsprechen konnten, wurden ausgegrenzt.

4.6.4.1. Umfang und Folgen der Abstiegsspirale

Tatsächlich besteht noch heute ein großer Prozentsatz der Obdachlosen aus Menschen, die dem Normensystem der Moderne nicht folgen können: das sind Fleiß, Ordnung, Sparsamkeit, Sauberkeit, Anpassung, Zukunftsplanung und Staatsförmigkeit. So entsteht eine Gruppe von Menschen, die Sidler wie folgt systematisiert (Sidler, 1989: 150 f.):

- Sie sind gekennzeichnet durch Isolation, Desintegration und soziale Distanz.
- Weiterhin sind sie unterprivilegiert, benachteiligt, relativ depraviert und diskriminiert.
- Für sie typisch ist die Ohnmacht und die gesellschaftliche Einflußlosigkeit.
- Trotzdem gelten sie im gesellschaftlichen Vorurteil als gefährlich und die Gesellschaft bedrohend.
- Durch ihre Andersartigkeit werden sie zur Projektionsfläche für Vorurteile und Stigmatisierungen.
- Sie stellen für die Bevölkerungsmehrheit ein soziales Problem dar.

- Andererseits legitimieren sie die Existenz und Tätigkeit von Instanzen sozialer Hilfe und Kontrolle.

Weil sich das Arbeitsfeld schwer systematisieren läßt (wer ist wohnungslos, obdachlos oder nichtseßhaft?) schwanken auch die Zahlen zur Wohnungslosigkeit. Weber und Blankenfeld schätzen die Zahl der Wohnungsnotfälle auf 5% der Bevölkerung, das sind 4 Millionen Menschen; die Zahl der Wohnungslosen hingegen, die über keinen mietvertraglich abgesicherten Wohnraum verfügen, auf 920 000 Menschen; Nichtseßhafte wiederum, die auf der Straße leben, werden auf 30 000 bis 35 000 Menschen geschätzt, davon 3 000 bis 4 000 Frauen (Weber, Blankenfeld, 1997: 676). Viele Obdachlose leben allerdings nicht ständig auf der Straße. Sie finden vorübergehend Unterkunft bei Freunden, Bekannten und Verwandten, weswegen es schwer ist, die Zahl der akut Obdachlosen zu schätzen, diejenigen, die kein Dach über dem Kopf haben und Tag und Nacht auf der Straße zubringen müssen. Wohnungsnot erschöpft sich indes nicht in der Tatsache, keine Wohnung zu haben; im weiteren Sinne leiden alle jene Personen unter Wohnungsnot, deren Wohnung unter der definierten Wohnraumversorgung des Zweiten Wohnungsbaugesetzes liegen, wonach jedes Haushaltsmitglied über einen Raum verfügen soll. Nach dieser Definition waren 15,8% aller ostdeutschen und 10,5% aller westdeutschen Personen über 16 Jahre unterversorgt. Offenkundig leiden besonders Familien mit drei und mehr Kindern unter akutem Wohnraummangel. Wohnungsnot besteht auch bei unzureichender Qualität der Wohnungsausstattung und unzumutbar hohen Mieten.

Die *Folgen des sozialen Abstiegs* in Notunterkünfte sind nach Bauer: Zunahme von Orientierungsunsicherheit mit Tendenzen zur Anomie; Senkung des Ausbildungsniveaus; Abnahme der siedlungsübergreifenden Sozialbeziehungen, Zunahme hingegen der siedlungsinternen und nachbarlichen Sozialbeziehungen oder aber sogar der Abbruch aller Beziehungen auch in der Siedlung und Isolation; Rückzug aus Bereichen des Engagements, wie Vereinen und Organisationen; eine zunehmend negative Einstellung zu den Behörden, der Gesellschaft und dem Staat; Sozialisationsdefizite und Fehlentwicklungen bei den Kindern, vor allem verzögerte Sprachentwicklung, mangelnde kognitive Fähigkeiten und nachlassende Leistungsbereitschaft, Schulschwierigkeiten und Zunahme der Krankheitsanfälligkeit. Weitere Probleme sind die Herausbildung eines negativen Selbstbildes, eine Auflösung der bisherigen Identität und die Schwierigkeit, eine neue aufzubauen. Demzufolge ist ein Anwachsen der Apathie, Resignation und Hoffnungslosigkeit zu beobachten. Die Kinder besuchen vorwiegend die Hauptschule, werden also von vornherein auf den Weg einer Billiglohnbiographie und der Arbeitslosigkeit gelenkt. Delinquenz und Verhaltensauffälligkeit, Arbeitslosigkeit und Gesundheitsmängel nehmen zu (Bauer, 1987: 697 f.). Hinzu kommt, daß die Familien in den Notunterkünften einer behördlichen und sozialarbeiterlichen Dauerobservation unterliegen. Dies macht eine eigene Zukunftsplanung sehr schwer. Das Problem ist ja, daß die Notunterkunft nicht als Dauerzustand, sondern als Notbehelf und Übergang definiert ist, daß aber die Kommunen, die ja für Wohnraumbeschaffung zuständig sind, in Wirklichkeit gezwungen sind, Obdachlosenheime als Unterbringungsorte eines auf Dauer eingestellten Ausnahmezustandes anzusehen (Preußer, 1993: 103).

4.6.4.2. Die Struktur der Lebenswelt in Notunterkünften

Obdachlosenunterkünfte bilden häufig eigene Wohnquartiere. In ihnen entsteht eine eigene *Binnenstruktur von Notunterkünften.* Diese differenziert sich wie folgt (Preußer, 1993: 104-130):
Sozialstruktur. Notunterkünfte stellen eigentlich eine historische Regression dar. Sie erinnern mehr an die frühkapitalistischen Armenviertel als an modernes Wohnen. Sowohl optisch als auch geographisch sind sie an den Rand gedrückt, wodurch sie für den Rest der Bevölkerung unsichtbar werden. Da sie nicht Wohnungen, sondern Unterkünfte sind, behalten sie den Charakter des Vorläufigen und doch zugleich Endgültigen. Die Menschen sind entrechtet und kontrolliert, wodurch sie weder für die Zukunft planen noch sich die gegenwärtigen Verhältnisse produktiv aneignen können. Und während sie weiterhin den bürgerlichen Werten verpflichtet bleiben, sehen sie zugleich die Unmöglichkeit, sie auch nur annähernd zu erfüllen.
Alters- und Familienstruktur. Während in der Gesamtgesellschaft der Trend zur Ein- oder Zweikindfamilie offenkundig ist, zeigen die Obdachsiedlungen mit ihrem Kinderreichtum ein anachronistisches Verhalten. Der Anteil von drei oder mehr Kindern in Obdachlosensiedlungen beträgt 40 bis 50 Prozent gegenüber 7% in der Gesamtbevölkerung. Vor allem ist der Anteil der vaterlosen Familien sehr hoch. Mädchen bekommen schon früh Kinder und werden vom Mann bzw. von den Männern alleingelassen. Dieser Kinderreichtum erklärt sich wiederum aus der historischen Regression. Weil die Menschen nicht für die Zukunft planen können, versuchen sie, durch möglichst viele Kinder die Gegenwart zu sichern, und zwar in der Form von Kindergeld, aber auch durch die Ausnutzung der familialen Arbeitskraft. In der Armenbevölkerung mit ihrer Einkommensarmut halten sich tradierte gruppenspezifische Vergesellschaftungen, die sich über Generationen hin erstrecken. Und zwar ist das zukunftslineare Denken mit der Erziehung zur aufschiebenden Belohnung in den oberen Gesellschafts-

schichten beheimatet, nicht aber in den Armenklassen, für die ein Erwartungshorizont des zukunftsorientierten sozialen Aufstiegs wenig vorhanden ist. Darum sind sie gegenwartfixiert und lediglich auf Subsistenz orientiert. So meint Medick, daß der Zwang zur maximalen Ausnutzung der familialen Arbeitskraft sowohl ein frühes Heiratsalter als auch eine enge Zusammenarbeit von Mann und Frau erfordert. Kinder bedeuten Arbeitskraft und Produktionsfähigkeit und damit die Chance zu überleben und womöglich die Armutsschwelle überschreiten zu können (Medick, 1977: 125). Diese Überlebens- und Aufstiegsstrategie gelingt nur, wenn die Kosten zur Erziehung und dem Heranwachsen der Kinder gering sind, bis sie selbst verdienen und die Konsummöglichkeiten der Familie vermehren. Dies ist erreichbar durch die enge Familienbindung. Der Kinderreichtum bringt in den Obdachlosenquartieren eine pyramidenförmige Altersstruktur hervor: Auf einem breiten Sockel von zahlreichen Kindern und Jugendlichen bauen sich die mittleren Lebensalter auf, während die Pyramidenspitze schmal ausläuft. So waren 1990 in Wiesbaden 9% aller Einwohner älter als 75 Jahre, in den Obdachlosensiedlungen jedoch nur 0,9%. Dies weist auf ein niedrigeres Durchschnittsalter in den Obdachlosenquartieren hin als in der Gesamtbevölkerung.

Arbeit und Einkommen. Weil viele Menschen auf einer für sie unvorhersehbaren Armutsspirale hinabsinken, ist es nicht erlaubt, Bewohner von Obdachlosensiedlungen unterschiedslos als arbeitsscheu und asozial anzusehen. 80% der Obdachlosen kommen aus der Arbeiterschicht. Allerdings werden die wenigsten Arbeiter wohnungslos, was die Frage hervorruft, wodurch sich die wohnungslosen Arbeiter von den andern unterscheiden. Es finden sich wenig gelernte und Facharbeiter unter den Wohnungslosen, wohl aber ungelernte und angelernte Arbeiter, die also in erster Linie die industrielle Reservearmee bilden. Nur wenige Obdachlose haben einen Beruf gelernt, oder sie können ihn aus Gesundheitsgründen nicht mehr ausüben, oder er ist unter Umständen sogar durch die industrielle Entwicklung verschwunden (Arbeitsgemeinschaft Sozialpolitischer Arbeitskreise, 1977: 19). Der größte Teil der Arbeiterbevölkerung in Obdachlosensiedlungen setzt sich also zusammen aus weniger qualifizierten Arbeitern und aus Facharbeitern, deren Qualifikationen durch die technische Entwicklung entwertet wurden (60%). Der berufliche Abstieg manifestiert sich im sozialen Abstieg. Diese wenig oder nicht ausgebildeten Arbeiter sind in den peripheren Segmenten des Arbeitsmarktes beschäftigt, die wenig gewerkschaftlichen Schutz haben und wo der Betrieb durch hohe Lohn- und geringe Kapitalintensität gekennzeichnet ist. Das bedeutet, daß diese Arbeitsstellen wenig Ar-

beitsschutz bieten, daß die Löhne niedrig sind und die Schwere der Arbeit viele zu Frührentnern macht. Dies macht verständlich, daß ein hoher Prozentsatz von Obdachlosen arbeitslos wird, besonders auch Jugendliche. Die Ghettokultur und die Ghettomentalität beeinflussen die Kinder und Jugendlichen so stark, daß sich intergenerativ das Elend fortsetzt.
Ausbildung. Wenn eine Familie augenblicksbezogen und ohne Zukunftperspektive lebt, kennt sie nicht das Prinzip der aufschiebenden Belohnung. Die Eltern werden darum darauf sehen, daß die Kinder die Hauptschule besuchen und schnell Geld verdienen. Es ist verständlich, daß in einem Klima der materiellen Not und der Mühe, den Alltag zu bewältigen, wenig Neigung zu einer formalen Bildung besteht. Die Schulpflicht zwingt zwar die Familien, die Kinder in die Schule zu schicken, aber weiterführende Schulen besuchen sie nur in Ausnahmefällen. Allerdings ist dies nicht allein auf die Ghettomentalität zurückzuführen, sondern es gehört zugleich zur Arbeiterkultur, daß die Kinder nach der Schulpflicht einen praktischen Beruf erlernen.
Wohnen und Gesundheit. Es verwundert nicht, daß der Gesundheitszustand in einer Familie schlecht ist, wenn 10 Menschen ein Wohnraum von 50 qm zugemessen wird. Überpopulation und epidemische Krankheiten erzeugen vielfältige psycho-somatische Erkrankungen. Die Wohnbedingungen haben sich zwar in den letzten Jahren gebessert, aber die Logik der Aussonderung bleibt bestehen.
Die *Klassenanalyse* (Bauer, 1987: 702-705). Es lassen sich vier Gruppen von Obdachlosen unterscheiden: 1. Eine erste Gruppe von Obdachlosen ist gekennzeichnet durch Merkmale einer spezifischen Familienstruktur: frühe Eheschließung, jung verheiratete Paare, Kinderreichtum. Sie können die Mieten auf dem freien Wohnungsmarkt nicht bezahlen. So zeigt auch die Statistik, daß etwa in Nordrhein-Westfalen 41,5% aller Obdachlosen kinderreich waren. 2. Eine zweite Gruppe von Obdachlosen ist bestimmt durch Merkmale der mangelnden Qualifikation. Es handelt sich um Haushalte, deren Ernährer wenig oder nicht ausgebildet waren: An- und ungelernte Arbeiter, Hilfs- und Lagerarbeiter, Boten, Fernfahrer usw., auch Personen, die handwerklich und technisch überholte Qualifikationen erworben haben, wie Bäcker, Schuster, Schlachter usw. Sie alle können bei Bedarf zu ungünstigen Bedingungen Arbeit erhalten, aber bei weniger guter Wirtschaftsentwicklung oder Rationalisierung auch wieder entlassen werden. Aufgrund niedriger Löhne oder durch Arbeitslosigkeit geraten solche Familien in Mietschwierigkeiten und verlieren ihre Wohnung. Noch schwieriger gestaltet sich die Lebenslage für unverheiratete, getrenntlebende, geschiedene, verwitwete, alleinerziehende Frauen oder Frauen von Strafgefangenen. Sie

alle stehen unvollständigen Familien vor und befinden sich in einer permanenten kritischen finanziellen Lage, die sie jederzeit wohnungslos machen kann. 3. Eine dritte Gruppe von Obdachlosen setzt sich aus Arbeitern und Kleinbürgern zusammen, deren Qualifikationen auf dem Arbeitsmarkt gefragt sind und die darum auch ein mittleres Einkommen haben. Sobald jedoch außergewöhnliche Belastungen auftreten, wie Krankheit des Ernährers, ungeplante Schwangerschaft, längere Krankheiten mit hohem Betreuungsaufwand, unabgedeckte Versicherungsfällen usw., dann sinkt das Einkommen unter das zum Leben notwendige Niveau. Oftmals verschlechtern sie die Lage dadurch, daß sie die Sozialhilfe nicht in Anspruch nehmen. Diese Gruppe macht etwa ein Drittel aller Obdachlosen aus. 4. Eine vierte und letzte Gruppe bietet ein buntes Kaleidoskop von Menschen: Alleinstehende, Familien oder ganze Familienverbände, die seit Generationen arm und obdachlos sind. Ihnen ist gemeinsam, daß sie kein Einkommen aus Lohnarbeit beziehen. Sie bilden eine farbenreiche Gesellschaft von Deklassierten: Psychisch Gestörte, Personen, die durch Sonderschule und Erziehungsheim sozialisiert wurden, ehemalige Prostituierte, entlassene Strafgefangene, Kleinkriminelle und Gewalttäter, Alkoholiker, Drogensüchtige, Invaliden, Behinderte, Sozialhilfeempfänger, Früh- und Kleinrentner, ehemalige Stadt- und Landstreicher, aber auch Kleingewerbetreibende, wie Schrottsammler, Lumpensammler, Scherenschleifer, Schausteller usw. Diese Deklassierten werden sowohl von den anderen drei Gruppen von Obdachlosen als auch von den Arbeitern und Kleinbürgern abgelehnt. Es ist für viele Wohnungslose schmerzlich, mit dieser vierten Gruppe identifiziert zu werden. Sie stehen auch in der Nähe zu den Nichtseßhaften.

Die *Etablierten-Außenseiter-Beziehung*. Elias und Scotson haben darauf hingewiesen, daß Menschen, die aufgrund ihrer Macht anderen Gruppen überlegen sind, von sich glauben, sie seien in ihrer menschlichen Qualität besser als andere (Elias, Scotson, 1990). Die machtstärkere nimmt deshalb an der machtschwächeren Gruppe die Minderwertigkeit wahr, woraus sie ihre eigene Überlegenheit postuliert und legitimiert. Der Kampf um die gesellschaftlichen Ressourcen und ihre Aneignung erfordert offenkundig eine Legitimation. Denn warum besitzen die einen gesellschaftliche Güter, die anderen dagegen nicht? Die ungleiche Verteilung von Besitz, Status, Macht und Prestige muß offenkundig damit legitimiert werden, daß einige aufgrund ihrer Höherwertigkeit in den Genuß von Privilegien kommen, die Mehrheit hingegen wegen ihrer Minderwertigkeit ausgeschlossen wird. Die einen besitzen ein Gruppencharisma, die anderen sind ausgeliefert der Gruppenschande. Diese Polarisierung erklärt auch die starren Klassenschranken

in Klassengesellschaften. Gruppencharisma allerdings erfordert Befolgung der Gruppennormen durch Selbstbeherrschung, während die Mitglieder der Gruppenschande sich solchen Gruppennormen nicht unterwerfen, weswegen sie individuell und kollektiv als anomisch empfunden werden. Wenn wir wohnungslosen Menschen helfen wollen, müssen wir solche Mechanismen von Gruppencharisma und Gruppenschande durchschauen, da der Helfer ja in der Regel auf der Seite des Gruppencharismas steht.
Die *Gruppenkultur*. Sie hängt mit der Verteilung von Gruppencharisma und Gruppenschande zusammen. Wer ausgegrenzt ist, läßt sich nicht mehr beeinflussen und kontrollieren. Daraus ergibt sich der erste Widerspruch: Wer unterdrückt wird, der wird gerade dadurch unabhängig und unbeeinflußbar. Eingriffe der Administration werden darum als Freiheitsberaubung verstanden. Der zweite Widerspruch ergibt sich aus der Gruppenschande: Wer unterprivilegiert ist, dessen Verhalten schlägt immer wieder um von Unterwürfigkeit zu Auflehnung und umgekehrt. Die Gruppenschande, verknüpft mit der Gruppenkultur, macht die Arbeit mit Wohnungslosen in Obdachlosensiedlungen so arbeitsintensiv und erfolglos. Dies muß sich jeder Sozialpädagoge, der mit Wohnungslosen arbeitet, bewußt machen und selbstreferentiell seine Position klären.

4.6.4.3. Interventionsmodi in der Wohnungslosenhilfe

Zum einen ist Arbeit mit Menschen ohne Wohnung Gemeinwesenarbeit, und das bedeutet makrosystemische Arbeit mit Behörden, Politikern und gesellschaftlichen Gruppen, um Obdachlosenheime zu renovieren und zu sanieren sowie für einkommensschwache Gruppen finanzierbaren Wohnraum zu schaffen. Zum anderen ist Wohnungslosenarbeit Einzelfallhilfe, Familienarbeit und Quartierarbeit.
In der *Gemeinwesenarbeit* ist es notwendig, mit anderen spezifischen Gruppen, Institutionen und Behörden, mit den Gewerkschaften und Parteien zusammenzuarbeiten und Aufklärungsarbeit zu leisten, damit Obdachlosensiedlungen renoviert, und zwar nicht nur die Fassaden, sondern auch die Wohnräume, und dadurch die gesamten Wohnquartiere saniert werden. Eine Alternative zur Sanierung wäre die Zersiedlung des Ghettos: Das Obdachlosenviertel wird aufgelöst, und die Bewohner werden auf andere Stadtviertel verteilt, damit die Integration in die Normalbevölkerung gefördert wird (Arbeitsgemeinschaft sozialpolitischer Arbeitskreise, 1977: 53-57). Allerdings dürfte es nicht leicht sein, die geschlossenen Nachbarschaftssysteme in Obdachlosensiedlungen aufzulösen und neue Wohnquartiere zu finden, die den Obdachlosensiedlungen sozial vergleichbar sind.

Ebenso wichtig ist der Neubau von Wohnungen, die von den einkommensschwachen, oft auch verschuldeten Familien bezahlt werden können. Dies leistet die Wohnungspolitik bisher nur begrenzt. Denn das Wohnungsbauförderungssystem bevorzugt die einkommensstarken Bevölkerungsgruppen, weil eine Förderung des unteren Einkommensdrittels wegen der hohen Förderungskosten für kaum finanzierbar gehalten wird. Trotzdem ist eine wohnungspolitische Förderstrategie anzustreben, die sich an die unterschiedlichen Einkommensverhältnisse anpaßt und den einkommensschwachen Bevölkerungsgruppen bedürfnisgerechten Wohnraum verschafft. Bedürfnisgerecht wäre nach Sautter und Schuler-Wallner, daß für jede Person ein Wohnraum zur Verfügung steht, daß es eine Wohnung mit Zentralheizung, WC mit Bad oder Dusche ist und daß die Miete nicht mehr als 20% des verfügbaren Einkommens beträgt (Sautter, Schuler-Wallner, 1995: 338). Es ist offenkundig, daß solche Ziele bisher nicht erreicht wurden. Soll also Wohnungsnot behoben werden, muß nicht nur der Wohnungsbau gefördert werden, sondern für einkommensschwache Familien muß sichergestellt werden, daß nach Ablauf der Förderung (sie beträgt 15 Jahre) Räumungsklagen und Zwangsräumungen vermieden werden. Der beste Weg dazu wäre der kommunale Wohnungsbau (Preußer, 1993: 131-145). Denn einkommensschwache Bevölkerungsteile können weder frei finanzierte Wohnungen noch eine Eigentumswohnung bezahlen. Weil also die Kapitaleigner kapitalintensive Wohnungsstrategien verfolgen, ist ein kommunales Marktsegment im Wohnungsbau notwendig, das private Kapitalgesellschaften ausschließt. Denn private Träger sind nicht bereit, Sozialwohnungen ohne Profitaneignung zu bauen. Darum kann nur der kommunale Wohnungsbau ein tragbares Mietniveau einhalten und einen Sozialwohnungsbestand erhalten, der dauerhaft ist. Solch eine Strategie wäre für die kommunalen Haushalte zunächst eine große Last, sie würde aber langfristig keine höheren Belastungen hervorrufen. Kommunaler Wohnungsbau kann also durch den Verzicht auf Gewinn einen dauerhaften Bestand von gemeindeeigenen Wohnungen schaffen und eine Mietexplosion vermeiden.
Der zweite Weg der Wohnungslosenhilfe ist *alltagsweltlich und lebensweltlich* orientiert. Es geht darum, Wohnungslose individuell in ihrer Leiblichkeit und Alltäglichkeit, in ihrem Familiensystem und den Wohnquartieren zu unterstützen. Gahleitner hat folgende Prinzipien als normative Linien für eine Arbeit mit Wohnungslosen aufgestellt (Gahleitner, 1996: 187-208).

(1) Selbstbestimmung und Selbstverfügung des Klienten. Gerade weil Wohnungslose an den gesellschaftlichen Rand gedrängt werden und sie unter Gefühlen der Unterlegenheit und Minderwertigkeit leiden, ist es so

wichtig, sie zu ermutigen, ihnen Mut und Wert zuzusprechen und ihre soziale, psychische und körperliche Integrität zu wahren. Die Rolle des Helfers ist dabei die Begleiter- nicht die Expertenrolle, obgleich er seine Fachkompetenz zur Verfügung stellt.

(2) Konsens und Transparenz. Weil Wohnungslose ständig undurchschaubaren Reglementierungen durch die Behörden und die Siedlungsverwaltung ausgesetzt sind, wirken Konsens und Transparenz für sie geradezu heilend. Konsens bedeutet, daß bei allen Plänen und Zielverfolgungen, wie Entschuldung, Suche einer Wohnung, Arbeitsuche usw. zwischen dem Klienten und dem Helfer Konsens besteht. Transparenz bedeutet, daß alle Interventionen so erfolgen, daß Wege, Ziele und Mittel klar und deutlich erkennbar sind. Denn, wie schon erwähnt, leiden Wohnungslose ja unter Entscheidungen, die ihr Leben bestimmen und die sie weder durchschauen noch beeinflussen können.

(3) Parteilichkeit und partnerschaftliche Grundhaltung. Wer wohnungslosen Menschen helfen will, muß ihre Partei ergreifen und darf nicht ein Agent der Behörden sein. Parteilichkeit ist die Voraussetzung zur Partnerschaftlichkeit. Denn Partner wird jemand, der weiß, daß der andere für ihn eintritt. Allerdings bedeutet Parteilichkeit nicht, für den Klienten einzutreten, wenn er unrecht hat. Darum möchte ich lieber von Allparteilichkeit sprechen. Denn der Sozialpädagoge ist nicht nur dem Klienten, sondern auch seinem Arbeitgeber und anderen Instanzen gegenüber verpflichtet.

(4) Perspektivenwechsel. Darunter ist einmal der Wechsel von der Objekt- und Methodenzentrierung zum Subjektbezug zu verstehen. Gerade in der Arbeit mit Randgruppen und unterprivilegierten Menschen besteht die Gefahr, sie zu Objekten der Betreuung und Hilfe zu machen und die erlernte Methode in den Vordergrund zu stellen. Zum anderen bedeutet Perspektivwechsel im Sinne der Allparteilichkeit, die Perspektive immer wieder zu wechseln zwischen gesellschaftlichen Verhältnissen und individuellem Verhalten, zwischen Stärken und Schwächen des Klienten, wobei es notwendig ist, beide Seiten gleichzeitig zu sehen. Schließlich kann sich Perspektivwechsel auch darauf beziehen, daß sich der Klient in seiner Lebenswelt in vielen Lebensfeldern bewegt, wie in Familienzusammenhängen, in Partnerbeziehungen, im Kollegenkreis, bei Freunden; vielleicht hat er eine neue Arbeit und damit neue Arbeitskollegen gefunden; schließlich hat er es mit Behörden zu tun. Es ist also wichtig, multiperspektivisch andere soziale Systeme in die Betrachtung mit einzubeziehen und sich nicht auf das Wohnungslosenmilieu zu fixieren.

(5) Dialog und Ressourcenorientierung. Um multiperspektivisch und perspektivwechselnd vorgehen zu können, ist es nötig, stets in Übereinstimmung mit dem Klienten zu handeln. Konsens ist wichtig bei der Planung einzelner Hilfeschritte, aber auch bei Zielen und Mitteln, die notwendig sind, um dem Milieu zu entgehen oder es zu humanisieren. Ein wichtiges Mittel in der Ressourcenerschließung ist die Aktivierung der sozialen Netzwerke. Verwandte, Nachbarn, Freunde, frühere oder auch gegenwärtige Arbeitskollegen bilden ein Netzwerk von Beziehungen, das pathologisieren, aber auch heilen kann. Soziale Isolation ist ja eine zentrale Lebensstruktur benachteiligter Lebenslagen. Sie nimmt im Verlauf der Spirale der Abwärtsmobilität zu. Darum ist die Wiederherstellung von Netzwerken von entscheidender Bedeutung.

(6) Nähe und Unmittelbarkeit im Kontakt. Subjektbezug und alltags- und lebensweltliche Arbeit erfordern eine große Nähe zur Bezugsperson. Dies ist mehr als methodische Einfühlung. Was die Klienten wollen, ist eine Haltung alltäglicher Normalität (v. Kardorff, 1991: 367). Nähe und Unmittelbarkeit bergen allerdings Gefahren in sich, die bekannt sind: Kollusion, Inklusion und Überidentifikation, sowie Übertragung und Gegenübertragung. Es kommt zu Zusammenstößen, man macht die Probleme der Klienten zu den eigenen, man gleicht sich an die Klienten an, schließlich entstehen erneuerte symbolisierte Eltern-Kind-Beziehungen und sexuelle Verhältnisse (Noack, 1999). Um das zu verhindern, ist Supervision notwendig.

(7) Alltags- und lebensweltlicher Bezug. Soziale Arbeit ist heute nicht denkbar ohne Bezug auf die Alltags- und Lebenswelt. Alltäglichkeit drückt sich in den alltäglichen Sorgen, Armutsschwierigkeiten, Armut und Verachtung auf allen Ebenen und in verschiedenen Lebenslagen aus. Darum bedeutet Hilfe zunächst konkrete Hilfe in Fragen der Lebenspraxis. In der Lebenswelt wiederum berücksichtigen wir die triadische Struktur des Menschen (Ottomeyer, 1991: 153-186). Die menschliche Lebenspraxis ist erstens die Leiblichkeit des Menschen mit dem geistig-reflexiven und emotionalen Bezug auf sich selbst, sie ist zweitens die Intersubjektivität, wodurch die Person mit Ko-Subjekten in kommunikativem und interaktionalem Zusammenhang steht und drittens der reale Naturbezug, der ein produktiv-sachlicher Gegenstandsbezug ist. Diese triadische Struktur schließt die Einzelfallhilfe, die Familienhilfe, die Netzwerkarbeit und die makrosystemische Arbeit mit Institutionen und Behörden ein. In der Einzelfallhilfe geht es um Ermutigung, Findung von Wegen, Mitteln und Zielen, um dem Ghetto zu entrinnen, indem eine neue Wohnung und Arbeitstelle gefunden oder die Wohnwelt ästhetisiert wird. Familienhilfe ist hochkomplex, da, wie wir gesehen haben,

Wohnungslosenfamilien kinderreich sind. Solche Familien bilden keine Dyaden und Triaden, sondern sie bestehen aus fünf bis acht und mehr Personen, wodurch ein hochkomplexes System von Ausschließungen, Kriegsparteien, Gleichgültigkeiten, Allianzen und symbiotischen Beziehungen entsteht. Dabei sind dies keine feststehenden Strukturen, sondern ununterbrochen wechselnde Ausschließungen und Allianzen. Über die Familie hinaus gibt es alte und neue Nachbarn, neue und alte Arbeitskollegen, die bei der Vermittlung einer neuen Arbeitsstelle unschätzbare Dienste leisten, Verwandte und Freunde. Sie alle bilden die mikro- und mesosoziale Lebenswelt des wohnungslosen Menschen, Personen mit denen er kommunizieren und handeln kann, die ihm helfen, ihn unterstützen, ihm das Ghettodasein erleichtern usw. Über diese Welt der Beziehungen dürfen wir nicht das Wohnquartier vergessen, das auch zur Lebenswelt gehört. Darum scheint mir eine wichtige Arbeit mit Wohnungslosen die Ästhetisierung des Wohnquartiers zu sein (Noack, 2000: 53-55). Dies beinhaltet beispielsweise, vor den Häusern Pflanzen und Blumen anzupflanzen sowie Grünpflanzen und Blühendes in die Fenster zu stellen und die Wohnung schön einzurichten, was keineswegs eine Frage des Geldes ist. Ich selbst habe bei Hausbesuchen beobachten können, wie in Armenquartieren Wohnungen desselben Zuschnitts verwahrloste, dunkle Löcher oder kleine Schmuckstücke sein konnten, und das bei vergleichbaren finanziellen Verhältnissen. Eine Ästhetisierung der Wohnquartiere würde das sog. Armenviertel entghettoisieren und es zu einer humanen Wohnwelt machen. Schließlich gehören zur Lebenswelt auch die Makrosysteme, die Behörden und Verwaltungen, mit denen Wohnungslose umzugehen lernen müssen. Wenn Wohnungslosenarbeit alltags- und lebensweltlich geschieht, dann bleibt die Anschlußfähigkeit der Hilfen an die konkrete Lebenswirklichkeit des Klienten erhalten (v. Kardorff, 1991: 361).

4.6.4.4. Das System der Nichtseßhaftenhilfe nach dem Schwellenstufenmodell

Von wohnungslosen Personen sind die nichtseßhaften Menschen zu unterscheiden. Sie sind definiert als Personen, die ohne wirtschaftliche Lebensgrundlage umherziehen oder sich dauerhaft in einer Betreuungseinrichtung für Nichtseßhafte aufhalten (Holtmannspötter, 1997: 673). Zu ihnen gehören nicht nur die auf der sozialen Abstiegsspirale am Rand angelangten Alkoholiker, Drogen- und Tablettenabhängigen, sondern auch fahrende Schausteller und Händler, wohnungslos gewordene Einzelpersonen, Mindestpensionisten, verarmte alleinerziehende Mütter, Menschen, die von einer Lebenskatastrophe aus der sozialen Normalbiographie hinausgeworfen

wurden, Arbeitslose oder Arbeiter mit einem sehr niedrigen Einkommen (Gahleitner, 1996: 6). Die sog. „Wanderarmen" hingegen bilden die geringste Anzahl Nichtseßhafter. *Nichtseßhaftenarbeit* hat es also mit Personen zu tun, die in den unterschiedlichsten Lebenswelten leben. Gemeinsam scheint allen zu sein das Fehlen einer gesicherten und geordneten Finanzgrundlage und das Fehlen örtlicher Bindungen (Aderhold, 1970: 4).
Die Hilfe für Nichtseßhafte folgt einem *Schwellenstufenmodell* (Pfennig, 1996: 153f.). Die erste Stufe sieht den Kontakt des Streetworkers mit den nichtseßhaften Menschen vor, der Vertrauen aufbaut und sie vorsichtig an Kontakt- und Beratungsangebote vermittelt. Die zweite Stufe besteht darin, daß langfristig ein Vertrauensverhältnis hergestellt und gepflegt wird. Nun können Obdachlose zu Schlafstellen geleitet werden, die keine Ansprüche an den Besucher stellen und noch lange Zeit die Anonymität wahren. Auf der dritten Stufe können die obdachlosen Personen nach einer mehrmonatigen Aufenthaltsdauer in einer Notunterkunft in ein betreutes Wohnen mit flexibler Betreuung übergeführt werden, in der individuelle Bedürfnisse berücksichtigt werden und das bisherige Milieu nicht verlassen wird. Erst in einem späten Stadium können und müssen Ausstiegswünsche erweckt werden.
Für das *System der Nichtseßhaftenhilfe* ergeben sich aus dem Schwellenstufenmodell einige Grundsätze (Pfennig, 1996: 154-165):

(1) Lebensweltorientierung. Zunächst bedeutet Lebensweltorientierung, sich auf die neue Lebenswelt der Nichtseßhaften einzustellen, das bedeutet auf das Milieu der kollektiven Räume. Im Sinne des Schwellenstufenmodells wird der sozial Tätige zunächst an der aktuellen Lebenslage ansetzen und mit dem wachsenden Vertrauen des Betreuten ihn aus seiner Lebenssizuation herauszuführen versuchen. Es mag aber auch Nichtseßhafte geben, für die die alte Lebenswelt, aus der sie herkommen, sich noch nicht aufgelöst hat. In der dritten Stufe ist der Versuch wichtig, alte Lebenswelten zu aktivieren. Denn die Unterbringung in ein Heim oder in betreutes Wohnen scheint nicht die beste Lösung zu sein. Alte Familien- und Verwandtschaftsbeziehungen, alte positive Freundschaften sollten erneuert werden. Nichtseßhafte, vor allem wenn sie alkoholkrank, drogen- und tablettenabhängig sind, brauchen den Milieuwechsel. Der beste Weg wäre, sie wieder in die alte Lebenswelt, sofern sie Halt gibt ist, einzugliedern.

(2) Zielgruppenorientierung. Bei der Hilfe für Nichtseßhafte ist es zunächst wichtig, sich von der Vorstellung zu lösen, sie seien falsch sozialisiert, und aus ihrer psychischen Mangellage heraus brächen sie die Gesellschaftsregeln. Drogenabhängige beispielsweise sind vor allem durch den Zwang zum Überleben gekennzeichnet. Prostitution und Kriminalität dienen ja

zum Beschaffen von Drogen, die wiederum die Gefühle erträglichen Lebens sichern sollen. Ähnlich ist auch der Mißbrauch von Alkohol eine Strategie, Depression und Lebensangst zu überdecken. Weil das so ist, muß sich die Hilfe auf neue Lebensmöglichkeiten konzentrieren, zu denen der Betreute hingeführt wird.

(3) Berücksichtigung von Beziehungsdefiziten. Nichtseßhafte haben wenig Beziehungen untereinander, und letztlich muß jeder für sich selbst leben. Um jedoch Beziehungen aufzubauen, muß der Sozialpädagoge es zunächst lernen, sich auf die Lebenswelt der Nichtseßhaften einzustellen. Erst dann ist er in der Lage, Vertrauen aufzubauen. Es kann darum nicht genug betont werden, daß die Vertrauensbeziehung die notwendige Grundlage für jegliche Hilfe ist. So lernt der Nichtseßhafte durch die Vertrauensbeziehung zum Helfer eine neue Beziehungsfähigkeit. Ein anderer Weg ist die Gruppenarbeit. Welche Methode der Gruppenarbeit auch der Pädagoge wählt, immer muß sie dazu dienen, Vertrauen und Beziehungsfähigkeit aufzubauen. Ein dritter Weg ist, im Sinne der lebensweltlichen Hilfe alte Beziehungen wiederherzustellen. Gerade weil Nichtseßhafte, vor allem wenn sie alkoholkrank, drogen- oder tablettenabhängig sind, Beziehungsabbrüche erleben und als Folge davon beziehungsarm leben, besteht die wichtigste Arbeit im Beziehungslernen.

(4) Vernetzung von Hilfsangeboten. Für Nichtseßhafte sind in der Regel mehrere Ämter und Institutionen zuständig. Gerade die Lebensweltorientierung verlangt die Vernetzung der Hilfen. Denn segmentierte Hilfen zerlegen die Lebenswelt der Betroffenen in isolierte Segmente. Darum ist es notwendig, daß die Hilfsinstanzen vernetzt werden, indem sie sich regelmäßig über die betreuten Personen austauschen.

(5) Schaffung längerfristiger Angebote. Das Schwellenstufenmodell ist auf Langfristigkeit angelegt. Auf jeder Schwellenstufe ist der pädagogische Prozeß ein lange andauernder Vorgang voller Erfolge und Rückschläge. Nach meinen eigenen Erfahrungen dauert der Prozeß der Wiedereingliederung, wenn er überhaupt gelingt, fünf bis zehn Jahre.

(6) Akzeptanz haltgebender Netzwerkbezüge. In der Phase der Niederschwelligkeit wird der Pädagoge nicht auf die Freundesbezüge des Netzwerkes „Milieu" verzichten, falls es solche gibt. Allerdings ist dieses Konzept ambivalent. Einerseits ist es denkbar, daß Milieufreundschaften Halt geben, daß sie sogar im Sinne der Selbsthilfe und Selbstorganisation Lösungen selbst erarbeiten. Andererseits zeigt die Erfahrung, daß letztlich das Ausstiegsmilieu verlassen werden muß, da es immer wieder zum Rückfall

verführt. Allmählich müssen alte Netzwerkbezüge des Herkunftsmilieus erneuert und neue Beziehungen aufgebaut werden, die außerhalb der Szene liegen.

(7) Normalisierung von Hilfen. Normalisierung bedeutet, daß die Betreuten keine Objekte sind, die durch Betreuung hilflos und dadurch hilfsbedürftig gehalten werden, sondern daß ihnen im Sinne des Empowerments (Herriger, 1995; Knapp, 1999: 157-163) Selbstmächtigkeit und Menschenstärke zugesprochen wird. Dadurch wird Hilfe normal, und der Betroffene wird als ein Mensch angesehen, der Wert und Würde und Einmaligkeit besitzt.

Letztlich ist Nichtseßhaftenarbeit eine *lebensgeschichtliche Identitätsarbeit*. Dies beinhaltet zweierlei. Zum einen ist es notwendig, daß der nichtseßhaft gewordene Mensch seine Identität gewinnt, indem er sich klar wird über seine verschiedenen Rollen in den unterschiedlichen Lebensbezügen (Ottomeyer, 1991). Zum anderen darf er bei einer Reintegration in die Gesellschaft seine Nichtseßhaftenzeit nicht verdrängen, sondern er muß sie in die neue Identität integrieren. Nichtseßhaftenarbeit hingegen, die lediglich auf die Sicherung materieller Lebensbedürfnisse konzentriert ist, auf Wohnungsbeschaffung (oft Zuweisung in Notunterkünfte), Beratung in rechtlichen und persönlichen Fragen, Hilfe bei der Suche nach einem neuen Arbeitsplatz, Schuldenregulierung, Vermittlung von Arbeitslosen- oder Sozialhilfe usw., reicht nicht aus. Erst wenn der Nichtseßhafte seine Identität gewonnen hat, kann er einen neuen Lebensentwurf wagen.

4.6.5. Suchtkrankenhilfe

Wir haben beobachtet, daß die Lebenswelten der neuen Armut, der Arbeitslosen, der Verschuldeten, der Wohnungslosen und Nichtseßhaften zwar nicht notwendig, aber eng mit Suchtverhalten verbunden sind. Allerdings ist Suchtverhalten in allen sozialen Schichten anzutreffen. Daraus erklärt sich die bedenkliche Verbreitung von legalen und illegalen Drogen.

4.6.5.1. Kulturintegrierte und illegale Drogen

Neben den kulturintegrierten, legalen, stoffgebundenen Drogen (Alkohol, Tabak, Medikamente) und den legalen nichtstoffgebundenen Suchtmöglichkeiten (Glücksspiel) gibt es die stoffgebundenen, illegalen Drogen. Allerdings: Gegenüber 2,5 Millionen Alkoholabhängigen, 6 Millionen Nikotingebundenen, 1 Million Medikamentenabhängigen und nahezu einer Million pathologischer Glücksspieler machen die Abhängigen von illegalen Drogen

weniger als 3 Prozent der Konsumenten aus. 1994 wurden 1 624 Todesopfer im Zusammenhang mit illegalen Drogen registriert, hingegen etwa 90 000 Todesfälle durch Tabakkonsum und 30 000 bis 40 000 Tote durch Alkoholmißbrauch; 1 800 Kinder von alkoholkranken Müttern kommen jährlich behindert zur Welt; die Hälfte der jährlich 10 000 Verkehrstoten werden durch alkoholisierte Fahrer umgebracht (Bergner, 1997: 11). Darum müssen wir, wenn wir von Suchtkrankenhilfe sprechen, Alkohol-, Tabak- und Tablettenmißbrauch mit einbeziehen. Und es ist wichtig, darüber hinaus die nichtstoffgebundenen Suchtformen, z.B. Spielsucht, nicht zu übersehen. Suchtkrankenhilfe ist also nicht beschränkt auf die Arbeit mit illegalen Drogenkonsumenten, sondern sie ist ein sehr umfassendes Arbeitsfeld.
Bei den illegalen Suchtstoffen handelt es sich um Substanzen, deren ökonomische Zirkulation verboten ist, weil sie ein hohes Suchtpotential aufweisen und keinerlei medizinischen Nutzen, wie Medikamente ihn haben. Eine Übersicht über die Drogen versuchen Becker, Brömer und Rießelmann (Becker, Brömer, Rießelmann, 1997: 228-231).

- Schmerzmittel: Zu ihnen gehören Opium, Morphin, Heroin, das Substitutionsmittel Methadon, Levomethadon, Codein, Dihydrocodein u.a.
- Beruhigungs- und Schlafmittel: Das sind vor allem Benzodiazepine, Antidepressiva sowie verschiedene andere Schlafmittel.
- Anregungsmittel (Stimulantien): Dies sind vor allem Kokain und Amphetamin bzw. Methamphetamin in ihren vielfältigen Handels- und Szenenformen. Halluzinogene. Zu ihnen gehören LSD, Phencyclidin, Mescalin, Psilocybin, Psilocin, Canabis (Haschisch und Marihuana) und Designerdrogen (vor allem Amphetamin-Derivate).
- Appetitzügler: Ihnen gehören Norpseudoephedrin und Fenfluramin an.
- Andere Drogen sind Biperiden sowie Ethanol und Schnüffelstoffe, Extasy u.a.

In ihrer Quantität spielt die Epidemie der illegalen Drogen in der Reihe der Süchte und Abhängigkeiten eine sehr geringe Rolle. Dennoch ist der Drogengebrauch in der Bevölkerung mit Angst besetzt. Heckmann stellt sogar fest, daß die Zahl der Drogentoten (nicht aber der Toten durch Tabak, Alkohol und Tabletten) einer Stadt zum Index für die Bewertung von Sozial,- Gesundheits- und Sicherheitspolitik geworden ist (Heckmann, 1987: 147). Wenn auch die Wirkung der illegalen Drogen nicht verharmlost werden darf, so muß doch das Mißverhältnis zwischen der Bewertung der kulturintegrierten, legalen und der illegalen Drogen bewußt gemacht werden.

Ein großes Problem ist, und das hängt mit der einseitigen Negativbewertung der illegalen Drogen zusammen, die *Drogenökonomie*. Ökonomie hat es ja zu tun mit Preisen, die aus Angebot und Nachfrage (Bedürfnis, Bedarf) resultieren, mit der Kosten-Nutzen-Relation (Effizienz) bzw. dem Kosten-Schaden-Kalkül und Einnahmen und Ausgaben. Die Drogenökonomie hat es demzufolge mit Marktverhältnissen zu tun. Die finanzpolitische Brisanz der illegalen Drogen ist (Tretter, 1998: 229-234), daß der internationale Geldstrom aus den Drogengeschäften von 500 Milliarden Dollar im Jahr unkontrolliert auf den Weltmärkten zirkuliert. Den Staatshaushalten gehen die Steuern aus dem Drogengeschäft verloren, und die Finanzmärkte kämpfen gegen den unkontrollierten Geldstrom auf dem Weltmarkt. Allein in Deutschland dürften 7,2 Milliarden DM jährlich für Heroin umgesetzt werden. Dies entspricht dem Preis von 200 DM pro Tag (ein Gramm), 6000 DM pro Monat und 72 000 DM pro Jahr, den ein Heroinabhängiger für seine Sucht ausgeben muß. Dazu kommen natürlich noch die Lebenshaltungskosten, sodaß der Drogenabhängige etwa 7 200 DM pro Monat braucht. Umgerechnet auf alle Heroinabhängigen in Deutschland sind es 9 Milliarden DM, die illegal beschafft werden müssen. Der volkswirtschaftliche Schaden ist immens. In den USA werden für 100 Milliarden Dollar Drogen umgesetzt, und weltweit sind es 500 Milliarden Dollar.
Der Umsatz legaler Drogen hingegen, wobei wir uns auf Alkohol und Tabak beschränken, liegt in Deutschland bei 60 Milliarden DM pro Jahr, wofür die Werbeindustrie jährlich ungefähr 500 Millionen DM ausgibt. Und während der vergleichsweise kleine Drogenmarkt von Staat, Gesellschaft und Medien ständig beobachtet wird, werden Personen, die vor den Auswirkungen der legalen Drogen warnen, lediglich toleriert oder ignoriert. Zwar hat der Staat die Tabakindustrie gezwungen, die Gefährlichkeit ihres Produktes zu deklarieren, für den Alkohol steht solch eine Warnung allerdings noch aus.

4.6.5.2. Suchtstrukturen

Die *Ursachen der Suchtkrankheiten* sind spezifisch und vielfältig. Dennoch gibt es Strukturen, die hinter allen Formen der Sucht stehen.
Vermischung von innerer und äußerer Realität (Heigl-Evers, 1995: 11-29). Äußere Realität beinhaltet alle personalen und nichtpersonalen Gegebenheiten, die unabhängig vom subjektiven Bewußtsein existieren. Es ist also die gesamte bewußtseinsunabhängige Außenwelt. Von ihr unterschieden ist die innere Realität, die begrenzt wird von der Membran der Sinnesorgane. Diese Membran vermittelt zwischen den Reizen der Außenwelt und der rezipierenden Innenwelt in der Weise, daß jene Reize bevorzugt werden,

die der Selbsterhaltung und der Arterhaltung und weiterhin der Orientierung, Selbststeuerung und Anpassung dienen. Darüber hinaus werden die Wahrnehmungen erlebt, beurteilt, kritisch-rational gewertet und zu abstrakten Ideen umgestaltet. Hinzu treten unbewußte und vorbewußte Inhalte, wenn sie durch Innenschau und Erinnern in das Bewußtsein gelangen. Diese innere Realität ist also außerordentlich komplex und strukturiert. So ist es verständlich, daß es Menschen gibt, die diese reiche Innenwelt für realer halten als die bewußtseinsunabhängige Außenwelt. Es bildet sich also die Fiktion heraus von einer reichen Innenwelt und einer simplen und reizarmen Außenwelt. Beim seelisch intakten Menschen dient die Innenwelt der Interpretation der Außenwelt, diese wiederum hat die Funktion, die Innenwelt durch Wahrnehmungen, die vorher auf Realität geprüft wurden, realitätsorientiert zu strukturieren. Bei suchtkranken Personen jedoch wird die Realitätsprüfung gestört. Innenwelt und Außenwelt können sich vermischen, sodaß sie ununterscheidbar werden, oder die Gültigkeit der Innenwelt wird über die äußere Realität gestellt, oder diese wird sogar verworfen, so daß der Suchtkranke ausschließlich in der Innenwelt lebt, die er für einzig real hält. Die Folge sind Wahrnehmungsstörungen, falsche Realitätseinschätzung, Realitätsflucht, interpersonale Beziehungsbrüche usw. Eine Aufgabe der Therapie bei Suchtkranken ist, sie aus der scheinbaren Gültigkeit des inneren Erlebens auf die realen Bedingungen der Außenwelt zu führen.

Die *Selbstdestruktion.* Ferner gehört zur Struktur jeder Sucht die Selbstdestruktion. Zunächst sollte zwischen direkter und indirekter Selbstdestruktion unterschieden werden. Das offene direkt-selbstdestruktive Verhalten ist sichtbar im Suizid oder in Selbstverletzungen oder auch in Androhungen und Ankündigungen von Selbstdestruktion. Indirekte Selbstdestruktion hingegen ist schleichend; sie entwickelt sich über einen langen Zeitraum hinweg, so daß weder der Betroffene noch die wichtigsten Personen seiner Umgebung es zunächst bemerken. Die wichtigsten Formen der Selbstdestruktion sind der Gebrauch aller stoffgebundenen und nichtstoffgebundenen Suchtmittel. Ihrer Verbreitung entspricht das Ausmaß der Selbstdestruktion in unserer Gesellschaft; es ist, wie wir bereits nachgewiesen haben, immens. Der Zusammenhang zwischen direkt- und indirekt-selbstdestruktivem Verhalten ist sehr eng. Es ist zu vermuten, daß der indirekte Weg gewählt wird, wenn die Suizid-Hemmung zu hoch ist.

Zirkularität und Nichtlinearität. Zum Dritten gehören zur Struktur der Sucht Zirkularität und Nichtlinearität. Hurrelmann und Bründel haben den Suchtzirkel wie folgt dargestellt (Hurrelmann, Bründel, 1997: 17 f.):

(1) Am Anfang steht der Wunsch nach Entspannung, Erleichterung und Flucht vor Problemlagen.

(2) Darauf folgt die Befriedigung durch die Drogen.

(3) Der Drogenkonsum erzeugt größeres Verlangen.

(4) Dies führt zur Dosissteigerung.

(5) Daraus resultieren Schuldgefühle,

(6) die zur Rechtfertigungsmanövern

(7) und zu Täuschungsmanövern führen.

(8) Nun folgt das Versprechen der Drogenreduktion,

(9) welches nicht eingehalten wird.

(10) Die Drogenbeschaffung führt zu neuen Problemen,

(11) die so groß sind, daß die Droge zum Lebensinhalt wird.

(12) Die Folge ist Beschaffungskriminalität und Beschaffungsprostitution.

(13) Die erhöhte Problemlage führt zum erneuten Wunsch nach Entspannung, Erleichterung und Flucht.

(14) Die Zirkularität beginnt von neuem auf höherem Niveau.

Solche malignen Zirkulationen finden wir bei allen Formen stoffgebundener wie nichtstoffgebundener Sucht. Die Zirkularität wird ergänzt durch die *Nichtlinearität.* Während der sozialintegrierte Mensch vorwiegend in logischen Folgen handelt, beobachtet man bei Suchtkranken ein nichtlineares Verhalten, das sich zwischen Polen hin und her bewegt. Nach Ziegler läßt sich dies wie folgt darstellen (Ziegler, 1995: 8): Spannungen, Krisen und Probleme führen zum Drogenkonsum. Die Krisen werden durch die Einnahme von Drogen vergessen, und man fühlt sich besser. Bei Nachlassen der Drogenwirkung treten jedoch die Probleme wieder auf. Erneuter Drogenkonsum wird notwendig. Wieder können Krisen und Probleme vergessen und kann die Spannung vermindert werden. Erneut läßt die Wirkung der Droge nach, und die Probleme tauchen wieder auf. Daraufhin wird die Drogendosis gesteigert. Wir beobachten eine ständige nichtlineare Zick-Zack-Bewegung zwischen den Polen Entspannung und Drogengebrauch.
Systemische Modellierung. Nach Hurrelmann und Bründel stehen sich Person und soziale wie natürliche Umwelt gegenüber, während Gesundheit oder Drogen als gemeinsame Schnittmenge beide teilidentisch schneiden (Hurrelmann, Bründel, 1997: 6-22). Die Person ist gekennzeichnet durch Leiblichkeit und Psyche, die ihrerseits bestimmt sind durch Veranlagung,

vielfältige sich ergänzende oder auch ausschließende Bedürfnisse und Triebe, durch Sinnfindung und Weltbildaufbau usw. Die Umwelt besteht aus der sozialen und natürlichen Umwelt. Die soziale Umwelt setzt sich zusammen aus: Familie, Verwandte, Nachbarn, Freunde, Wohnumwelt, Schul- bzw. Arbeitsbedingungen, Gesellschafts- und Staatsform usw.; während die Natur sich so darstellt, wie sie der Mensch umgewandelt hat in die unterschiedlichsten Kulturräume und ökologischen Lebensbedingungen. Zwischen beiden, der Person und der Umwelt, vermittelt die gesunde Person durch eine produktive Lebensbewältigung. Dadurch entsteht eine Gesundheitsbalance. Wenn diese gesunde, produktive Lebensbewältigung mißlingt, tritt an die Stelle der Gesundheit die Droge, die Stabilisierung, Beruhigung, psychische Heilung und Stärkung der Bewältigungskapazitäten verspricht. Tatsächlich jedoch schafft die Droge Abhängigkeit und bedeutet eine gestörte Gesundheitsbalance zwischen Person und sozialer wie natürlicher Umwelt. Die Störung besteht also in der nichtproduktiven, illusionären Vermittlung durch die Droge, die regelmäßig und unkontrolliert und verknüpft mit Dosissteigerung genommen werden muß, um die Illusion der Lebensbewältigung aufrecht zu erhalten.

4.6.5.3. Das Suchthilfesystem

Abschließend soll ein Überblick über das System der Beratung für Suchtkranke gegeben und Möglichkeiten der Prävention erörtet werden. Die Struktur des Suchthilfesystems als Umwelt für den Suchtkranken setzt sich aus folgenden Elementen zusammen (Tretter, 1998: 353-360): Beratung, Entgiftung, Entwöhnung, Rehabilitation und Selbsthilfe.

Erste Phase. In der Beratungsphase erfolgt die erste Berührung des Suchtkranken mit dem Hilfesystem (Ärzte, Suchtberatungsstellen, Klinik, toxikologische Abteilung im Krankenhaus, Selbsthilfegruppen usw.). So stehen sich zwei Systeme gegenüber: Das System Lebenswelt des Kranken, das sind primär Familie, Wohnen, Freizeit, Schule bzw. Arbeiten als Herkunftslebenswelt und die Suchtszene als gegenwärtige Lebenswelt, und auf der anderen Seite das System institutionelle Umwelt des Beraters. Der Suchtkranke darf also nicht als isolierter Einzelfall betrachtet werden, weil er in einer Lebenswelt existiert, die an seiner Sucht und auch an seiner Therapie beteiligt ist. Der Berater hingegen muß sich seiner institutionellen Bindungen und Vorgaben bewußt sein. Diese Phase der Beratung ist zugleich die Kontaktphase. Oft erweist sich die Erstberatung als dirigierte Beratung, weil der Suchtkranke in vielen Fällen nicht freiwillig kommt. Darum muß der Berater zunächst die Veränderungsmotivation, das Krankheitsbedürfnis, die Therapiemotivation und vor allem den Leidensdruck klären. Viele Berater beachten allerdings wenig, was sie einem Suchtkranken zumuten, wenn sie einen Klinikaufenthalt empfehlen. Die Patienten müssen sich auf neue Menschen einstellen, auf die Mitpatienten, auf die Gruppe der Therapeuten, denen sie ausgeliefert sind, auf Gebäude und Räume, enge Räume, die geteilt werden müssen, ein Wohnmilieu also, das ungewohnt und neu ist, und schließlich das Gefüge von Regeln, denen sie unterworfen sind. Die Intervention verfolgt im wesentlichen drei Interventionsziele, die sich auf das Beziehungsgefüge von Störung, Person und Therapie beziehen:

- Problemeinsicht
- Veränderungsmotivation
- Therapiemotivation.

Zweite Phase und Einrichtung einer Entgiftung und des Stoffentzugs. Wenn stoffgebundene Drogen über längere Zeit konsumiert werden, entsteht körperliche und psychische Abhängigkeit. Wenn der Stoff abgesetzt werden soll, ist dafür eine Fachklinik am geeignetsten. Dabei wählen Suchtkranke lieber eine somatische Klinik als eine psychiatrische. Die Gefahr besteht allerdings, daß die Suchtmittel dort weiterhin genommen werden.

Dritte Phase und Einrichtungen der Entwöhnung. Nach der körperlichen Entziehungsphase sollte eine Entwöhnungsphase stattfinden. Diese Phase ist der Kern der Behandlung, und sie dauert mindestens 6 Wochen, in der Regel aber 6 Monate. Sie findet normalerweise in einer Fachklinik statt, in welcher der Patient 24 Stunden unter Aufsicht steht. Es gibt jedoch auch halbstationäre Behandlungen, die das Prinzip der gemeindenahen Behandlung ermöglichen. Wenn Suchtkranke noch sozial integriert sind, steht ihnen eine ambulante Psycho- und Sozialtherapie zur Verfügung. Das Ziel der Entwöhnung ist es, eine lang anhaltende Entwöhnung zu ermöglichen. Dies geschieht durch den Aufbau einer Abstinenzhaltung, Streßbekämpfung und Erlernen des Umgangs mit Emotionen, Konflikten und Lebensumständen. In die Therapie werden im Sinne der systemischen Beratung die Angehörigen mit einbezogen. Die Methoden der Beratung sind vor allem Gruppentherapie, Einzelberatung, Beschäftigungstherapie mit kreativen Arbeiten, Arbeitstherapie für die Alltagstätigkeiten, Entspannungstechniken, Sport, musikalische Gymnastik, Musiktherapie udgl. Es werden auch medikamentöse Entwöhnungstherapien angeboten (Soyka, 1996), z.B. Naltrexon bei Opiat- und Alkoholabhängigen, Acamprosat für Alkoholiker. Weil Alkoholismus auch eine verdeckte Depression sein kann, ist es sinnvoll, Antidepressiva einzusetzen. Allerdings besteht immer die Gefahr der Substitution, daß die Person vom Substitut abhängig wird.

Vierte Phase und Wiedereingliederung (Rehabilitation). Sie bezeichnet die Integration des Suchtkranken in das soziale Leben. Es gilt, neue Freunde zu finden, einen neuen Arbeitsplatz und neue Freizeitmöglichkeiten zu wählen, wodurch die Stabilisierung der neuen Verhaltensweisen gefördert wird. Dieses ganze soziale Umfeld ist außerordentlich entscheidend für den Therapieerfolg (Becker, Leitner, Schulz, 1986). Einrichtungen der Rehabilitation sind Suchtberatungsstellen, psychosoziale Beratungsstellen, Selbsthilfegruppen u.a.

Fünfte Phase und Selbsthilfe. In der Selbsthilfe nehmen die Selbsthilfegruppen die zentrale Stelle ein. Es gibt für die meisten Suchtformen spezifische Selbsthilfegruppen.

Prävention. Wir können auch für die Suchtkrankenprävention drei Arten der Prävention unterscheiden (Brandstätter, v. Eye, 1982; Sieber, 1993: 58-66):

Die primäre Prävention umfaßt Maßnahmen, die gesundheitsfördernd sind und dem Gebrauch von Drogen vorbeugen. Dazu gehören Impfungen, Geschwindigkeitsbegrenzungen und Promillegrenzen im Straßenverkehr, Einschränkung des Alkoholverkaufs, Verbot der Zigarettenwerbung, Aufklärungskampagnen über die gesundheitsschädigende Wirkung von Alkohol, Tabak, Medikamenten, Drogen usw. Diese Maßnahmen können personenorientiert oder strukturorientiert sein. Personenorientierung bedeutet die Stärkung des Selbstwertgefühls, der Handlungs- und Kommunikationsfähigkeit sowie der Konfliktlösungskompetenz usw. Bezogen auf das Suchtverhalten bedeutet dies, daß die spezielle auf stoffgebundene und nichtstoffgebundene Abhängigkeiten gerichtete Handlungskompetenz erhöht und erweitert wird. Zugleich erfolgt zur Prävention des Suchtmittelgebrauchs Information und Aufklärung. Strukturorientierung wiederum bedeutet die Verbesserung der Lebensqualität, z.B. in den Bereichen Luft, Wasser, Lärm und vor allem im Sektor soziales Klima. Strukturorientierte Prävention in bezug auf das Suchtverhalten besteht im Abbau suchtbegünstigender Strukturen in Betrieben und Vereinen (z.B. Trinkzwang), in der Schule und in den verschiedenen Peergroups. Für die Prävention des Suchtmittelmißbrauches ist die Gesetzgebung zuständig.

Die sekundäre Prävention greift ein, wenn sich die Suchtkrankheit im Frühstadium befindet. Der Zweck der sekundären Prävention ist es darum, Symptome, Spannungszustände, Konfliktpotentiale im Familiensystem und in der Lebenswelt möglichst früh zu erkennen und zu behandeln.

Die tertiäre Prävention schließlich bezeichnet das Eingreifen nach dem manifesten Ausbruch der Suchtkrankheit, um die Sucht zu heilen, die Dauer der Suchtkrankheit zu verkürzen, Rückfällen vorzubeugen und Rehabilitation zu ermöglichen.
Das Schwergewicht der sozialpädagogischen Tätigkeit liegt offenkundig auf dem Gebiet der primären Prävention. Ihr Ziel ist die Abstinenz von Alkohol, Tabak, Medikamentenmißbrauch, Drogen und auch von den stoffungebundenen Glückspielen. Allerdings wird meist zwischen legalen und illegalen Drogen differenziert, wobei die legalen Drogen eher akzeptiert werden als illegale.

4.6.6. Straffälligenhilfe

Die wohl auffälligste Form abweichenden Verhaltens ist die Straffälligkeit. Es gibt in Deutschland (Koetz, 1998: 141 f.) 761 000 Verurteilte. Von ihnen wurden 109 000 zu Freiheitsstrafen, 14 000 zu Jugend-Freiheitsstrafen, 90 000 zu Zuchtmitteln und 15 000 zu Erziehungsmaßnahmen verurteilt. Für die Aufnahme Straffälliger stehen 219 Anstalten mit etwa 71 000 Plätzen zur Verfügung, die zu 85% ausgelastet sind. Zuzüglich gibt es 128 000 Bewährungsaufsichten, von denen 42 000 Aufsichten beendet wurden, und zwar 30 000 wegen Bewährung, 10 000 wegen neuer Straffälligkeit und 2 000 aus verschiedenen anderen Gründen. Mit 200 Inhaftierten auf 100 000 Einwohner nimmt die Bundesrepublik im internationalen Vergleich eine mittlere Position ein. Allerdings tendieren deutsche Richter zu höheren und längeren Strafen, als es im internationalen Vergleich üblich ist. Von 100 Verurteilten werden 84 zu einer Geldstrafe und 16 zu einer Freiheitsstrafe verurteilt. Davon werden 10 Fälle zur Bewährung ausgesetzt, und nur in 6 Fällen wird eine Freiheitsstrafe verbüßt. Ungefähr 2 000 Sozialpädagogen stehen im Straffälligendienst, von denen jeder etwa 60 Probanden gleichzeitig betreut. Dies bedeutet eine große Arbeitsüberlastung, zumal die Zahl der Arbeitsfelder groß ist. Die wichtigsten sollen zur Sprache kommen. Das Ziel ist die Summe aller öffentlichen und privaten Hilfeformen zur Resozialisierung des Straffälligen anzuwenden. Straffälligenhilfe gliedert sich vorwiegend in folgende Arbeitsfelder (Maelicke, 1997: 928; Salmann, 1986: 45-99):

- Die soziale Gerichtshilfe als Haftentscheidungs- und Haftvermeidungshilfe.
- Die soziale Hilfe in der Untersuchungshaft und im Strafvollzug.
- Die Entlassenenhilfe.

- Die Bewährungshilfe sowie begleitende Hilfen durch die Familienfürsorge, durch allgemeine Sozialdienste, durch Gemeinwesenarbeit und prophylaktische Sozialarbeit.
- Die Prävention.

4.6.6.1. Soziale Gerichtshilfe als Haftentscheidungs- und Haftvermeidungshilfe

Der sozialen Gerichtshilfe als Haftentscheidungs- und Haftvermeidungshilfe (Hering, 1986: 45-56) ist die *Sofort- und Frühhilfe* vorgeordnet. Wird ein Beschuldigter in Untersuchungshaft genommen, dann braucht er unter Umständen eine Fülle von Hilfen. Hering listet folgende auf (ebd. 48):

- Sind Sicherheitsvorkehrungen für eine vielleicht leerstehende Wohnung zu treffen?
- Muß Eigentum an der Arbeitsstelle gesichert werden?
- Kann der Arbeitsplatz erhalten bleiben? Dieser Umstand ist besonders wichtig, weil 70% der Straffälligen arbeitslos sind (Maelicke, Simmedinger, 1987: 14).
- Was geschieht mit dem Posteingang, vor allem mit Rechnungen?
- Wurden Termine vereinbart, die abgesagt oder verschoben werden müssen?
- Muß für unterhaltsberechtigte Personen gesorgt werden, vor allem für den Partner und die Kinder?
- Befinden sich verderbliche Lebensmittel oder auch Tiere und Pflanzen in der Wohnung?

All solche Alltagfragen sind für den Inhaftierten wichtig und belastend. Darum muß der Gerichtshelfer, unterstützt durch freiwillige Helfer, eine Lösung für solche und ähnliche Probleme der Alltagswelt finden. Wichtig wäre dafür eine Vernetzung zwischen Polizei, Gerichtshilfe, den Vollzugsanstalten und dem Sozialdienst. Der Beschuldigte wird oftmals weit entfernt von seiner Wohnung inhaftiert, weswegen vielfältige häusliche Angelegenheiten zu klären sind.

Während die Sofort- und Frühhilfe ausschließlich sozial tätig ist, wird der Sozialpädagoge im Zusammenhang mit der *Haftentscheidungshilfe* auch ermittelnd tätig. Das Ziel dabei ist, die Untersuchungshaft zu vermeiden oder zumindest zeitlich zu verkürzen. Zusätzlich soll der Haftschock vermindert und sollen negative Haftfolgen gemildert werden, wie Arbeitsstellenverlust, wirtschaftliche Not, Wohnungsverlust, Familienprobleme usw. Wenn es gelingt, eine Haftverschonung zu erreichen, müssen soziale Hilfen organisiert und koordiniert werden. Eine wichtige Tätigkeit des Straffälligenhelfers ist es, Hintergrundinformationen zum Täterprofil und seiner Lebens- und Alltagswelt zu erheben und eine Prognose zu erstellen, damit der Staatsanwalt und der Haftrichter über genaue Informationen verfügen können. Ein anderes Ziel der Haftentscheidungshilfe ist, wie schon gesagt, die Vermeidung von Untersuchungshaft (Cornel, 1995: 145-166). In der Untersuchungshaft muß von der Schuldlosigkeit des Angeklagten ausgegangen werden. Darum sind die Schäden der Untersuchungshaft nicht zu vertreten. Nach Spieß sind soziale Benachteiligung, wie Etikettierung und Stigmatisierung sowie Verlust der sozialen Positionierung, Desintegration der Person und Suizidgefahr möglich, und sie sollten darum vermieden werden (Spieß, 1982: 571 ff.). Die Untersuchungshaft soll dazu dienen, ein geordnetes Strafverfahren zu gewährleisten und die eventuelle spätere Strafvollstreckung sicherzustellen. Wie verträgt sich solch eine Strafzielsetzung mit dem Grundgesetzgebot, jede Person als unschuldig zu betrachten, bis sich die Schuld einwandfrei erwiesen hat? Wie ist es möglich, einen Unschuldigen zu inhaftieren? Und dazu unter Bedingungen, die schlechter sind als im Strafvollzug! Als Voraussetzung zu einem Haftbefehl dienen der dringende Strafverdacht, Flucht oder Fluchtgefahr, Verdunkelungsgefahr (Kollusion), d.i. die Gefahr, daß sich Täter und Zeugen über Falschaussagen verständigen, die Schwere der Tat und schließlich die Wiederholungsgefahr. In 95% aller Fälle allerdings trifft die Fluchtgefahr, in 4% die Verdunkelungsgefahr und in weniger als 2% die Tatschwere und die Wiederholungsgefahr zu (ebd. 149). Die Fluchtgefahr ist also der weitaus häufigste Inhaftierungsgrund. Dazu bemerkt Scholz, es sei ihm schwerer gefallen, eine betreute Person aus einer negativen Clique zu entfernen, als daß die Gefahr bestanden hätte, die Person könnte sich durch Flucht aus der Clique dem Gericht entziehen. Cliquenmitglieder sind oft nicht in der Lage, eine Flucht aus der Gruppe und womöglich zu einem von der Gruppe weit entfernten Ort zu verwirklichen (Scholz, 1994: 167). Für den größten Teil der zur Untersuchung Inhaftierten existiert die Fluchtgefahr offenkundig nicht. Cornel bringt den Begriff apokrypher Haftgründe auf (Cornel, 1995: 146 f.), die nicht dazu dienen, Gefahren abzuwenden, sondern die Verhöre bequemer und im Sinne der Staatsanwälte effizienter zu machen (Drohungen, Einschüchterungen, repressiver Alltag usw.). Dies widerspricht dem Grundgesetz; und darum sollte der Sozialpädagoge für eine *Haftvermeidung* eintreten, was er durch folgende Interventionen tun kann (ebd. 153-163):

An erster Stelle stehen Prävention, Rückfallvermeidung und Begleitung (z.B. in der Bewährungshilfe). Dies ist ein indirekter Weg der U-Haftvermeidung, denn wer nicht oder nicht mehr straffällig wird, dem droht keine Untersuchungshaft.
An zweiter Stelle stehen die Initiativen zur Haftentscheidungshilfe, die ja dem Richter bei der Haftentscheidung helfen sollen, indem er die soziale Situation und die gesamte Lebenswelt und Alltagswelt des Angeklagten kennenlernt und das Verhältnismäßigkeitsprinzip besonnener anwenden kann.
Drittens: Durch das erste Änderungsgesetz zum Jugendgerichtsgesetz wurden die Aufgaben der Jugendgerichtshilfe im Sinne der Haftentscheidungs- und Haftvermeidungshilfe klarer definiert. Danach soll der Richter noch vor dem Antrag des Staatsanwaltes auf Inhaftierung von der Jugendgerichtshilfe informiert werden. Das bedeutet, daß ein flächendeckendes Netz von Diensten aufgebaut werden muß.
Viertens ist es notwendig, für eine Untersuchungshaftvermeidung bei Erwachsenen einzutreten. Der Schwerpunkt der Haftvermeidungshilfe liegt bei der Einzelfallhilfe, den Gesprächen mit den Angehörigen, die Bereitstellung von Wohnraum oder betreutem Wohnen und unter Umständen Suchttherapieplätzen.
Fünftens: Als Alternative zur Untersuchungshaft sieht der Gesetzgeber eine Heimunterbringung und betreutes Wohnen vor. Dies müssen allerdings offene Heime (und nicht fluchtsichere) sein, weil die Weglaufquote aus geschlossenen Heimen größer ist als aus offenen.
Wenn sich sechstens eine Untersuchungshaft nicht vermeiden läßt, sollte sich der Sozialpädagoge für eine Untersuchungshaftverkürzung einsetzen.
Die *Haftvermeidungshilfe* wiederum versucht, die Haft durch gemeinnützige Arbeit zu ersetzen. Vor allem gilt dies für Ersatzfreiheitsstrafen, d.h. bei einem Freiheitsentzug, weil der Täter die Geldstrafe nicht bezahlen kann und darum ersatzweise kurzzeitig inhaftiert wird. Abgesehen davon, daß dies unverhältnismäßig teuer ist (ein Haftplatz kostet am Tag weit über 100 DM), dissozialisiert die Ersatzfreiheitsstrafe. Darum ist an ihre Stelle die gemeinnützige Arbeit getreten, eine Lösung, die vor allem in der Jugendstrafhilfe angewandt wird. Es muß allerdings entschieden werden, ob der Straffällige die Geldstrafe wirklich nicht bezahlen kann und ob es möglich ist, eine gemeinnützige Arbeit zu vermitteln; dies entscheidet die soziale Gerichtshilfe. Sie versucht auch in Zusammenarbeit mit Behörden und freien Trägern, Einsatzmöglichkeiten für gemeinnützige Arbeiten zu finden.
Eine besondere Tätigkeit der Gerichtshilfe ist die *Konflikthilfe und Opferhilfe*. Sie versucht, den Täter zu einer Wiedergutmachung zu bewegen (so-

weit es möglich ist), wodurch ein Ausgleich zwischen Opfer und Täter möglich wird; Gerichtshilfe als Vermittlungshilfe nimmt friedenstiftende und verurteilungslose Züge an. Als Opferhilfe sorgt die Gerichtshilfe für ein opferadäquates Verfahren, in dem das Opfer geschützt wird, damit es nicht durch seine Vorladung als Zeuge vor dem Gericht zu einem zweiten Opfer-Erleiden gezwungen wird.

4.6.6.2. Die soziale Hilfe in der Untersuchungshaft und im Strafvollzug

Wenn ein Mensch verurteilt wird, betritt er einen neuen Kosmos von Regeln und Beziehungen, die seiner bisherigen Lebenswelt unähnlich sind, und dies unter Umständen für lange Zeit. Das Gefängnis ist eine totale Institution, in welcher der Inhaftierte der totalen Kontrolle mit ihren Sanktionen unterliegt und in der er von der Außenwelt weitgehend isoliert ist. So steht der Verurteilte einer neue Lebenswelt, einem neuen Subsystem der Gesellschaft, einer neuen Kultur gegenüber, in die er sich akkulturieren muß. Dieser Zwang zur Akkulturation geht sowohl von der Gefängnisverwaltung als auch von der Insassenkultur der Mitgefangenen aus.
Schon die Aufnahmeprozedur dient der Entpersönlichung (Harbordt, 1972: 10 f.), wenn die Akte angelegt wird, der Gefangene eine Nummer zugewiesen bekommt und er registriert wird (Foto, Fingerabdruck, Größe usw.). Der Besitz wird ihm abgenommen, er wird uniform eingekleidet, die Anstaltsordnung wird ihm vorgelegt, und schließlich weist man ihn in das Quartier ein. Wie es für totale Institutionen üblich ist, wird also die Person entpersonalisiert. Besonders gravierend ist die Verweigerung von Eigentum, weil ja der Mensch mit ihm Selbstgefühl verbindet, ferner der Verlust der eigenen, individuellen, die Person repräsentierende Mode und der Zwang zur kollektiven Kleidung. Sich nackt ausziehen zu müssen, um die neue Kleidung in Empfang zu nehmen, ist unwürdig, entehrend und entpersonalisierend. Dazu treten die Deprivationen, die der Gefangene erleidet (ebd. 11-20):
Der Freiheitsentzug bedeutet die radikale Einschränkung von sozialen Beziehungen, vor allem zu der Familie, und den partiellen Verlust sozialer Rollen, wie der des Vaters oder Freundes. Diese Isolation läßt im Laufe der Zeit die Außenwelt, d.h. auch die Familie verblassen.
Der Entzug materieller und immaterieller Güter ruft ein Gefühl von Verarmung hervor, auch wenn das Existenzminimum institutionell gesichert ist. Die Folge ist der ausgedehnte, unerlaubte Tauschhandel, bei dem alles und jedes getauscht wird, um die Illusion von Besitz zu haben; denn in einer Erfolgsgesellschaft ist der Verlust von Eigentum zugleich Verlust von Status.

Hinzu kommt, daß auch immaterielle Güter entzogen werden, wie freie Meinungsäußerung, das Briefgeheimnis oder das Recht auf Eigentum.
Der Entzug heterosexueller Beziehungen wiegt besonders schwer. Sexuelle Tagträume bestimmen das Alltagsleben des Gefangenen, und homosexuelle Beziehungen entwickeln sich.
Ebenso gravierend ist die Begrenzung der Autonomie. Die Anstaltsordnung reguliert total den Tagesablauf. Die Versorgung mit Nahrung, Kleidung und Wohnen übernimmt die Anstalt, während gleichzeitig die Verantwortung gegenüber der Familie erlischt. Dazu kommt die permanente Aufsicht über alle Handlungen des Inhaftierten. Dies alles bewirkt bei längerer Haftdauer eine Infantilisierung, die sich in Hilflosigkeit und Abhängigkeit äußert. Diese Regression in infantiles Verhalten scheint schichtenunabhängig zu sein; sie erfaßt alle sozialen Schichten, Bildungsgrade und Alterstufen.
Schließlich besteht eine ständige Furcht vor den Mitinsassen, vor denen der Inhaftierte nicht genug geschützt ist. Denn sie fordern vom Neuankömmling eine Akkulturation in die Insassenkultur.
Der Inhaftierte muß sich ja nach zwei Seiten hin akkulturieren. Er ist darauf angewiesen, sich mit der Institution zu arrangieren, und er ist gezwungen, sich auf die Mitgefangenen einzustellen, mit denen er eine neue Alltagswelt mitleben muß. Diese Insassenkultur setzt sich zusammen aus Werten, Normen und Einstellungen sowie der Sozialstruktur (Harbordt, 1972: 21-82; Ortner, 1988: 63-117; Girtler, 1996: 69-77). Das Wert- und Normensystem der Insassenkultur umfaßt vor allem folgende Erwartungen:

(1) Zusammenhalt und Solidarität mit den Mitgefangenen. Diese Solidarisierung gegen die Institution Gefängnis scheint der oberste Wert zu sein. Sie fordert, daß der Gefangene immer auf der Seite der Mitgefangenen stehen muß und niemals Partei für die Institution ergreifen darf.

(2) Ein zweiter hoher Wert, der erstrebt wird, ist die Macht, d.h. einen hohen Status in der Gefangenenhierarchie einnehmen zu können. Gleichzeitig verschafft eine hohe Positionierung nicht nur Ruhe vor den Mitgefangenen, sondern der Hochpositionierte kann den Mitinsassen und teilsweise sogar den Aufsehern seinen Willen aufzwingen. Er gewinnt also Unabhängigkeit.

(3) Ruhe ist ein weiterer Wert. Er bedeutet, Ruhe zu bewahren, aber auch die Ruhe anderer nicht zu stören. Vor allem die Nachtruhe ist heilig und darf nicht unterbrochen werden.

(4) Eine große Wertschätzung besitzt die Männlichkeit. Es wird erwartet, daß Gefangene Härte und Zähigkeit zeigen, und zwar nicht nur gegenüber den Wärtern, sondern besonders in Bezug auf die Mitgefangenen, von de-

nen man sich nichts gefallen lassen darf. Darum sind sowohl Mut als auch Gewaltsamkeit Zeichen der Männlichkeit.

(5) Der Gesichtspunkt „Schonung der Mitgefangenen" beinhaltet, sie in Ruhe zu lassen und nicht in ihre Vergangenheit und Intimität einzudringen.

(6) Es gibt im Gefängnis auch Werte, wie sie für alle Primärgruppen charakteristisch sind: Loyalität, Aufrichtigkeit, Verläßlichkeit, Uneigennützigkeit und Hilfsbereitschaft. Allerdings werden solche Werte eher gefordert als befolgt, und wenn sie befolgt werden, dann aus zweckgerichteten Zielen heraus, z.B. um jemanden als Freund zu gewinnen. Auch Religion beispielsweise wird verachtet. Wenn jemand echte Frömmigkeit annimmt, wird ihm dies als Schwäche ausgelegt, wenn er es hingegen tut, um Vorteile zu erlangen, wird er bewundert.

(7) Schließlich ist als ein letzter Wert die Individualität zu erwähnen. Gerade weil das Gefängnis als totale Institution alle egalisiert, strebt jeder danach, sich auf irgendeine Weise von den anderen zu unterscheiden. Er kann dies z.B. tun, indem er sich bildet, einen Beruf erlernt, Sport treibt oder irgendwelche Ticks entwickelt. Allerdings muß die Individualität immer der Einigkeit und Loyalität untergeordnet bleiben.

Wenn man bedenkt, daß der Gefangene von der Außenwelt abgeschnitten und auf die Duldung durch die Mitgefangenen angewiesen ist, wird verständlich, daß er versucht, diese Normen einzuhalten. Tut er dies nicht, erfolgen Sanktionierungen durch die Mitgefangenen. Beispielsweise wird er lächerlich und verächtlich gemacht; er wird isoliert, vom Tauschhandel ausgeschlossen; er erfährt keine Nachrichten und bekommt keinen Schutz. Schließlich kann es zu schweren körperlichen Strafen kommen, wie Zusammenschlagen, die Treppe hinabstürzen, Arbeitsunfälle provozieren, Vergewaltigungen usw.

Trotzdem ist die Lebenswelt der Insassen nicht harmonisch, von Normen und Werten geregelt. Vielmehr gibt es keine Gemeinschaft. Viele der Insassen sind unvollständig sozialisiert, sie sind asozial und können sich in keine Gemeinschaft einfügen. Darum ist die Gefängnislebenswelt durchwirkt von Neid, Mißgunst, Egoismus, Denunziation und Übervorteilung des anderen.

Gefängnisinsassen müssen sich aber nicht nur in das System der Institution und in die Insassenkultur akkulturieren, sie stehen auch im Konflikt zwischen beiden. Denn einerseits verlangt die Solidarität die geschlossene Front gegenüber der Gefängnisleitung, andererseits gewährt diese für gute Führung gute Posten, höhere Löhne und vorzeitige Entlassung. Dieses Ver-

günstigungssystem dient dazu, die Phalanx der Insassen aufzubrechen. So entsteht ein janusförmiges Verhalten gegenüber dem System und den Insassen. Denn nicht nur die Institution, sondern auch die Insassenkultur sind totale Systeme. Dies bildet eine Lebensform universaler Heuchelei heraus, was die Internalisierung von Normen verhindert.
Wenn wir die Lebenswelt Strafgefangener als eine eigene, von der Gesellschaft isolierte Subkultur betrachten, die Janusköpfigkeit von Anpassung an die Insassenkultur und das Gefängnissystem, dann fragen wir nach der Wirksamkeit einer Straffälligenhilfe. Beckmann äußert sich darum sehr skeptisch über die Chancen einer Resozialisierung Strafgefangener aufgrund der Insassenstruktur (Beckmann, 1996: 78-86). Die andere Schwierigkeit ist die Positionierung des Sozialpädagogen/Sozialarbeiters selbst. Nach Maelicke und Simmedinger befindet er sich in der Spannung zwischen sozialer Hilfe und sozialer Kontrolle (Maelicke, Simmedinger, 1987: 40 f.). Die institutionelle Einbindung in das Gefängnissystem gibt dem Helfer zwar ein größeres Gewicht, aber gleichzeitig verliert er an Vertrauenswürdigkeit. 40% der befragten Insassen gaben an, kein Vertrauen zu ihrem Sozialarbeiter zu haben. Die Ursachen sind vielfältig. Vor allem ist der Helfer in das Sanktions- und Privilegiensystem des Gefängnisses eingebunden. Er richtet sich nach den Normen der Anstalt, wie Ordnung, Pünktlichkeit, Fleiß, Pflichterfüllung usw. Und indem er seine Arbeit bürokratisiert, wird er selbst zu einem Bestandteil der totalen Kontrolle durch das totale System. Grundlegend notwendig wäre darum die Trennung von Pädagogik und Justiz.
Trotzdem ist die Tätigkeit des Sozialpädagogen im Vollzug wichtig, wenn er sich nicht von der Fülle der Anstaltsbestimmungen fesseln läßt, sich den Ansprüchen der Vollzugsbeamten so weit als möglich entzieht und sich nicht als Zulieferer zu der Justiz versteht. Wir können das Gesamtkonzept der Hilfe in drei Phasen einteilen (Tiesler, Rogers, Figge, 1986: 91 f.):
Die Phase des Zugangs. Der neu Inhaftierte steht zunächst hilflos der neuen subkulturellen Lebenswelt gegenüber. Der Sozialpädagoge beteiligt sich darum an der Ausarbeitung eines Vollzugsplanes und berät ihn bei der Verarbeitung des Inhaftierungsschocks. Er bietet stützende und bewahrende Einzelfallhilfe an, damit der Gefangenen seine Identität nicht verliert.
Die Phase des Vollzugs. In dieser Phase hilft der Sozialpädagoge dem Gefangenen, seine Rechte und Pflichten wahrzunehmen, er hält die Verbindung zu der Familie und anderen signifikanten Netzwerkteilnehmern aufrecht, und er versucht, den Straffälligen zur Wiedergutmachung des Schadens zu bewegen, sofern dies möglich ist. Die Tätigkeit des Sozialpädagogen ist also zunächst erzieherische Einzelfallhilfe. Ergänzt wird sie durch die soziale Grup-

penarbeit im Vollzug. Die Art der Gruppenangebote kann und sollte sehr vielfältig sein. Zu nennen sind therapeutische Gruppen, Wohngruppen, Alkohol- und Drogenarbeit, ferner Freizeitangebote, wie Sport, Werken, Musik, Video, Theater u.a. Zu solch sozialpädagogischen Tätigkeiten kommen institutionelle, administrative hinzu, wie Beschaffung von Papieren, Berichterstattung an die Gefängnisleitung, Stellungnahmen zu Lockerungen der Haft oder zu Disziplinarmaßnahmen oder auch vorzeitiger Entlassung. Auch ist es seine Aufgabe, zwischen Gefangenen und der Anstalt zu vermitteln.
Ein neuer Weg, Gefangene zu stabilisieren und zu resozialisieren, ist die *erlebnispädagogische Straffälligenarbeit* (Nikolai, Quensel, Rieder, 1991; Nikolai, 1998: 128-140; Koch, 1995: 167-187). Sie wird vorwiegend in der Arbeit mit straffälligen Jugendlichen eingesetzt. Solche erlebnispädagogischen Angebote können Hochgebirgswanderungen, Klettertouren, Kajakwanderungen, Segeln, Übernahme einer DLRG-Rettungswache für mindestens 10 Tage, Skikurse oder auch mehrtägige Fahrradtouren sein. Die Ziele solcher Angebote sind folgende (Nikolai, 1998: 134):

- Dissozialisierte Straffällige können Gruppenerfahrungen machen und soziale Integration erleben.
- Sie können praktisches Zusammenleben erlernen, d.h. Sozialverhalten.
- Es werden ihnen neue Erlebnis- und Erfahrungsmöglichkeiten angeboten, die sie stabilisieren können, wenn sie sie nach der Entlassung weiterpraktizieren.
- Es wird also ein neues künftiges Freizeitverhalten eingeübt, das ein Gegengewicht zur trivialen Konsumkultur darstellt.
- In der Jugendgerichtshilfe werden Jugendlichen solche Angebote gemacht, die dem jugendlichen Bedürfnis nach Bewegung, Erleben und Abenteuer entgegenkommen.

Die Wirkungskraft erlebnispädagogischer Unternehmungen darf indes nicht überschätzt werden. Denn ein gefestigtes Selbstbewußtsein in abenteuerpädagogischen Situationen bedeutet noch nicht, auch die Alltagsanforderung nach der Entlassung bestehen zu können (Nikolai, 1998: 133).
Die Entlassungsphase. Sie ist eine Phase des Übergangs. Die Aufgabe des Sozialpädagogen ist es, dem Inhaftierten zu helfen, sich auf die Entlassung und die Wiedereingliederung in das Leben vorzubereiten. In der Zeit kurz vor der Entlassung wird der Bezug zur Außenwelt verstärkt. Der Sozialpädagoge gibt Informationen über Sozialhilfe, Sozialversicherungen, Wohnungs- und Arbeitsmöglichkeiten, Schulden- und Schadensregulierungen

sowie über freie und staatliche Hilfsorganisationen für die Zeit nach der Entlassung. Schließlich stellt der Sozialpädagoge die ersten Kontakte mit den Angehörigen und Bekannten, Firmen und möglichen Arbeitgebern, Behörden, freien Wohlfahrtsverbänden und den künftigen Entlassungshelfern her. Ideal wäre es, wenn es gelänge, Arbeit und Wohnung für den Inhaftierten noch vor der Entlassung zu finden. Für eine große Anzahl von Gefangenen ist es auch wichtig, ihnen für die Zeit nach der Entlassung zu einem Therapieplatz für Alkohol-, Drogen- oder Medikamentenabhängige zu verhelfen.

4.6.6.3. Die Entlassenenhilfe

Die *Haftentlassenenhilfe* als drittes Arbeitsfeld des Sozialpädagogen wird wirksam, wenn die männlichen oder weiblichen Straffälligen entlassen werden. Die Aufgaben sind (Klotz, 1986: 95):

- Die Beschaffung eines Arbeitsplatzes, soweit es möglich ist.
- Anforderung und Aushändigung von Arbeitspapieren, wie einer Lohnsteuerkarte, Versicherungsnachweisheften usw.
- Organisieren notwendiger Kleidung, die sie nicht in das alte Milieu zurückführen.
- Regelung familiärer Angelegenheiten, besonders die Bereitschaft der Familie, die Entlassenen wieder aufzunehmen.
- Falls keine Familie existiert, muß eine Wohnung gesucht und verbindlich vermittelt werden.
- Schließlich werden die Personalpapiere angefordert und übergeben.

Oftmals ist es notwendig, daß Entlassene entschuldet werden, wozu Entschuldungsverfahren eingeleitet werden müssen. Gerade die Verschuldung belastet in erdrückender Weise die Entlassungssituation. Durchschnittlich beliefen sich die Schulden im Erwachsenenstrafvollzug auf 45 000 DM, und im Jugendstrafvollzug auf 10 000 DM (ebd. 96). Dies bedeutet, daß manche weniger, andere hingegen außerordentlich hoch verschuldet sind. Die Verschuldung streut sich von 100 DM bis zu Millionenbeträgen. Auch brauchen viele Entlassene einen Therapieplatz. Für nicht wenige ist eine Umschulung angebracht. Schließlich müssen manche Entlassene in ein Wohnheim, eine Wohngemeinschaft oder in betreutes Wohnen vermittelt werden.

4.6.6.4. Die Bewährungshilfe

In Bewährungsfällen beginnt nach der Haftentlassung die Tätigkeit der Bewährungshilfe. Sie wird grundsätzlich in zwei Fällen wirksam. Zum einen kann die Strafe zur Bewährung ausgesetzt werden. In diesem Falle sind die Hauptziele die Haftvermeidung und die Prävention, damit der zur Bewährung ausgesetzte Straftäter nicht straffällig wird. Zum andern kann eine Haftstrafe verkürzt und der Strafrest zur Bewährung ausgesetzt werden. In diesem Falle wird die Bewährungshilfe bereits im Gefängnis beginnen und im Sinne der Haftentlassenenhilfe tätig werden. Auch in diesem Falle ist es das Ziel, einer erneuten Straffälligkeit vorzubeugen (Rogers, 1986: 101). Während der Bewährungszeit ist der Verurteilte der Aufsicht und Leitung eines Bewährungshelfers unterstellt, um ihn von Straftaten abzuhalten. Bei Straffälligen, die zu mehr als 9 Monaten Freiheitsstrafe verurteilt wurden und die noch nicht 27 Jahre alt sind, wird in der Regel ein Bewährungshelfer bestellt. Bei Personen, die älter sind oder bei denen ein Strafrest zur Bewährung ausgesetzt ist, besteht nur eine Kannbestimmung (ebd. 101 f.).
Die beiden Formen der Strafaussetzung unterscheiden sich nur im Zeitpunkt ihrer Anordnung, nicht aber in der sozialpädagogischen Zielsetzung. Das Ziel der Bewährungshilfe ist es zu erreichen, daß der Proband nicht mehr straffällig wird. Zu diesem Zwecke muß der Bewährungshelfer die sozialpädagogische Alltags- und Lebenshilfe leisten, gleichzeitig jedoch die Auflagen des Richters kontrollieren und durchführen. Damit ist zugleich der Grundkonflikt des Bewährungshelfers aufgedeckt worden, nämlich der zwischen sozialer Hilfe und sozialer Kontrolle (Maelicke, Simmedinger, 1987: 35). Und dieser Konflikt ist normativ-institutionalisiert, denn die Kontrolle ist verknüpft mit dem Kontroll- und Sanktionsapparat, den Straffällige zur Genüge kennen. Indem der Bewährungshelfer zu einem Bestandteil des strafrechtlichen Systems sozialer Kontrolle und Sanktionierung geworden ist, wird seine sozialpädagogische Hilfeabsicht eingeschränkt. Hinzu tritt wegen der Zentrierung auf die Einzelfallhilfe die totale Überlastung des Bewährungshelfers auf der einen Seite und die Gefahr, daß der Proband unselbständig und abhängig wird, auf der anderen Seite. Erschwert wird die Arbeit des Bewährungshelfers überdies dadurch, daß ein Drittel der Probanden in der Bewährungshilfe alkohol- oder drogensüchtig ist. Das bedeutet, daß der Bewährungshelfer zusätzlich zu der ohnehin schwierigen Klientel etwa 12 drogen- und 12 alkoholabhängige Personen betreuen muß, die zudem noch nicht einmal therapiewillig sind (Rogers, 1986: 104).

Während der Bewährungshelfer eine bereits schwierige Ausgangsposition hat, steht er zusätzlich einer äußert schwierigen Klientel gegenüber (ebd. 105). Bei manchen Strafentlassenen sind die Startbedingungen außerordentlich schlecht. Ihre Intelligenz ist wenig entwickelt, sie verfügen über kein Problemlösungs- und Konfliktbewältigungswissen, vielleicht erlebten sie eine schädigende Kindheit mit daraus resultierenden Vereinzelungsängsten (die sie in kriminelle Cliquen treiben), Liebes- und Gerechtigkeitssehnsüchten, Urmißtrauen usw. Dies bedeutet (Blumenstein, 1986: 76), daß die meisten Probanden unreife Personen sind, die Entwicklungsdefizite aufholen müssen. Sie sind passiv und fordern vom Bewährungshelfer Versorgung und grenzenlose Hilfe. Erschwerend ist die Arbeitslosigkeit vieler Probanden, die es verhindert, daß die Betreuten wieder in der Gesellschaft Fuß fassen. Nach Wirth waren 1996 drei Viertel der jugendlichen Straftäter bereits seit 1 ½ Jahren arbeitslos (Wirth, 1998: 56). Oft ist die Arbeitslosigkeit mit Obdachlosigkeit verbunden. Viele Betreute haben keine Wohnerfahrung und können den Ansprüchen des Vermieters und der Mitbewohner auf Hygiene und Wohnverhalten nicht genügen.
Die wichtigsten Aufgaben eines Bewährungshelfers sind traditionell auf den Einzelfall bezogen. Es sind (Melicke, Simmedinger, 1987:68 f.) folgende:

- Wenn die Strafe verkürzt und zur Bewährung ausgesetzt wird, tritt die Bewährungshilfe bereits in der Vollzugsanstalt in Tätigkeit. Der Bewährungshelfer wird darauf hinarbeiten, die Haftzeit zu verkürzen.
- Einzel- und Familiengespräche. Durch die Familienhilfe tritt zur Einzelfallhilfe die systemische Beratung hinzu.
- Beratungen im Sinne der Einzelfallhilfe und des Case-Managements.
- Hausbesuche, um die Lebens- und Alltagswelt des Klienten kennenzulernen und in sie zu intervenieren.
- Gewährung von Hilfen, die vom Bewährungshelfer selbst geboten werden, die aber auch durch Behörden oder freie Träger erfolgen können.
- Vermittlung an weitere Hilfsangebote, die der Klient braucht und die im Gemeinwesen angeboten werden. Dies ist die ganze Palette von Angeboten sozialer Dienste in den Bereichen Arbeit, Wohnen, Schuldenregulierung, Drogen-, Alkohol- und Medikamentenabhängigkeit, Freizeit und den sozialen Beziehungen.
- Kontrolle der Bewährungsauflagen und der Lebensführung. In diesem Fall vertritt er den Richter und die rechtliche Behörde.

- Schriftverkehr. Er kann so umfangreich werden, daß für die Arbeit am Klienten wenig Zeit übrig bleibt.
- Berichterstattung. Der Bewährungshelfer muß dem Gericht Bericht erstatten über die Lebensführung des unter Bewährung stehenden Klienten.

Zusätzlich zu diesen traditionellen Aufgabenfeldern versuchen Bewährungshelfer neue Wege der Hilfe zu gehen, vor allem soziale Gruppenarbeit, die in enger Zusammenarbeit mit freien Trägern erfolgt, oder auch Gemeinwesenarbeit, wie die Schaffung von Arbeits- und Wohnprojekten.

4.6.6.5. Die Prävention

Schließlich ist wie bei allen sozialpädagogischen Hilfen in sozialen Brennpunkten die Prävention von eminenter Bedeutung. Es ist üblich, drei Formen der Prävention zu unterscheiden (Koetzsche, 1998: 12 f.):
Primäre Prävention bezieht sich auf die Gesamtbevölkerung, namentlich auf die Jugend, um durch die Verdeutlichung von Normen und durch ein ethisches Bewußtsein das Rechtsbewußtsein zu stärken, so daß Straftaten nicht entstehen. Sozialisationsdefizite zu vermeiden oder zu beseitigen und Mängellagen vorzubeugen, wirkt einem kriminellen Milieu entgegen. Schließlich muß der Staat nichtkriminelles Verhalten belohnen, damit es reizvoll wird. Die primäre Prävention liegt also vor allem auf dem pädagogischen und sozialen Gebiet und besteht in der Erziehung und sozialen Hilfe.
Die *sekundäre Prävention* arbeitet mit Abschreckung, die verhindern soll, daß Straftaten begangen werden. Abschrecken kann die Verminderung von Tatgelegenheiten durch größere Sicherheitsstandards, durch welche die Tatgelegenheit verringert wird. Durch höhere Sicherungen und Verminderung der Zugänglichkeit von Zielobjekten wird der Schwellenwert der erforderlichen Täterenergie so weit erhöht, daß viele potentielle Täter diese Energie nicht mehr aufbringen. Auch wenn die Aufklärungsquote sehr hoch ist, sinkt der Reiz, eine kriminelle Tat zu begehen. Schließlich kann in manchen Fällen (z.B. Notzucht, Überfall) die Zahl der Straftaten gesenkt werden durch ein verändertes Opferverhalten. Die sekundäre Prävention hat in der Regel sehr schnelle Erfolge. Wenn z.B. die Schließeinrichtungen der Türen und Fenster verbessert, Wegfahrsperren an den Autos installiert werden und Überwachungskameras Geschäfte und Geldinstitute sichern, dann nehmen Delikte auf diesen Gebieten deutlich ab. Auch versucht die Polizei durch Aufklärungsarbeit potentiellen Opfern bestimmte Verhaltensweisen anzuraten, wenn sie bedroht werden. Schließlich kann die Polizei allein durch ihre Präsenz Straftaten verhindern.

Die *tertiäre Prävention* will durch Sanktionierungen, therapeutische Behandlung oder die Lebensbegleitung durch einen Bewährungshelfer den Täter von einer neuen Straftat abhalten. Sie besteht also vor allem in justiziellen Maßnahmen, in förmlichen Strafverfahren und in der Straffälligenhilfe. Sie will aber auch durch Betreuung, Beratung und Sozialtraining Menschen wieder in die Gesellschaft integrieren, damit sie keine Straftaten mehr begehen, sondern ein gemeinnütziges und lebenswertes Leben führen. Allerdings sind solche Bemühungen langfristig angelegt, und sie sind von Rückschlägen begleitet. Im Rahmen der Straffälligenhilfe nimmt die tertiäre Prävention den größten Raum ein. Die Arbeit mit Straffälligen möchte erreichen, daß Menschen nicht mehr etikettiert und ausgegrenzt werden, sondern daß, wenn sie straffällig geworden sind, sie wieder in die Gesellschaft integriert werden.
Wie in vielen sozialpädagogischen Arbeitsfeldern, so ist auch in der Straffälligenhilfe die Unterstützung durch *ehrenamtliche Mitarbeiter* unverzichtbar (Künkel, 1986: 113-119; Stieglitz, 1988: 114-124). So wie der Sozialpädagoge, wenn er im Arbeitsfeld der Straffälligenhilfe tätig werden will, Zusatzqualifikationen erwerben muß, so braucht auch der ehrenamtliche Mitarbeiter eine Basisausbildung (Künkel, 1986: 116). Diese besteht in folgenden Themenbereichen:

- Erstens ist die Motivationsklärung notwendig. Der freiwillige Helfer muß sich selbst klar werden über seine Motive, seine Fähigkeiten und Begrenzungen, wieviel Zeit Beruf, Familie, Freundschaften und Vergnügen übrig lassen, welcher Energieaufwand, welche Belastungen für ihn vertretbar sind und wieviel konkurrierende Verpflichtungen es gibt. Welche Erwartungen stellt er an die Gefangenen, aber auch an die professionellen Mitarbeiter?

- Zweitens braucht der freiwillige Helfer Grundkenntnisse über Rechtsfragen, und er muß Bescheid wissen über die Behörden und Institutionen, die sich mit Straffälligen befassen.

- Drittens muß sich der ehrenamtliche Helfer im Behördenumgang auskennen.

- Viertens ist es für den freiwilligen Helfer wichtig, sich über Faktoren, die zur Kriminalität führen, und über Ursachen für Straffälligkeit kundig zu machen.

- Fünftens braucht er Kenntnisse über totale Institutionen und wie er mit ihnen umgehen kann, aber auch über die Auswirkungen des Strafvollzugs auf die Strafgefangenen. Endlich ist es für ihn notwendig, die Anforderungen der Vollzugsanstalt an ihn zu kennen.

Schließlich ist der ehrenamtliche Mitarbeiter aufgerufen, die Ziele seines Arbeitsfeldes zu kennen:
Auf der ersten Stufe der Einwirkung hilft der freiwillige Helfer dem Inhaftierten bei aktuellen Konfliktlösungen, etwa bei der Bewältigung von Haft- oder auch Entlassungsbedingungen, er gibt ihm psychologische und materielle Hilfen und versucht ganz allgemein die Haftbedingungen zu mildern.
Auf der zweiten Stufe unterstützt der freiwillige Helfer den Strafgefangenen bei der Befähigung zur eigenen Konfliktbewältigung. Dies bedeutet für den Klienten im einzelnen die Kenntnis von Konfliktfeldern, die Realitätswahrnehmung, die Fähigkeit zur Realitätsprüfung und zur Realitätsbewältigung.
Auf der dritten Stufe ist es das Ziel, dem veränderungswilligen Strafgefangenen zur Integration und Emanzipation zu verhelfen. Er soll sich als eine soziale Person begreifen, die in einer Gesellschaft und für sie lebt. Das bedeutet aber auch, dem Entlassenen die staatlichen Normen zu vermitteln, ihm seine sozialen Rollen klar zu machen und sich dieser Rollen gemäß zu verhalten.

4.7. Heimerziehung und betreutes Wohnen

4.7.1. Heimerziehung

Heimerziehung als eine stationäre Erziehungshilfe ist ein Angebot der Sozialpädagogik als Hilfe zur Erziehung von Kindern und Jugendlichen bei Problemlagen (Blumenberg, Schrapper, 1997: 454 f.). Dies sind möglicherweise individuelle, lebensweltliche (Familie, Schule, Clique usw.) und gesellschaftliche (z.B. Jugendarbeitslosigkeit) Probleme. Die Herkunftsfamilie kann mit solchen Schwierigkeiten überfordert oder sogar gefährdet sein, wenn sie nicht selbst die Ursache der Lebensproblematik des Kindes oder Jugendlichen ist. Das Heim soll in solchen Fällen einen neuen Lebensort anbieten, der pädagogisch geleitet und professionell strukturiert ist. In diesem Zusammenhang habe ich in ostdeutschen Heimen gute Erfahrungen gemacht mit der sozialen Mütterlichkeit. Nachstehende Zielsetzungen verfolgt die Heimerziehung (Thiersch, 1977: 76; Post, 1997: 70-75):

(1) Kinder und Jugendliche können Distanz gewinnen und dadurch Entlastung erfahren von Beziehungen (zu Eltern, Geschwistern, Schule, Cli-

quenmitgliedern), in denen sie gescheitert sind und die ein Grund für ihr Scheitern waren.

(2) Das Heim bietet einen neuen Lebensraum, der für die spezifischen Belastungen und Bedürfnisse der Kinder und Jugendlichen geeignet ist und wo sie gegebenenfalls eine therapeutische Hilfe erfahren.

(3) Weil die Erzieher besonderen Belastungen gewachsen sind, können die Kinder und Jugendlichen stabile affektive Beziehungen zu Erwachsenen aufbauen.

(4) Die Lernfelder im Heim sollen sowohl attraktiv sein als auch für die Berufszukunft vorbereiten (vgl. auch Stüttler, 1990: 18-25; Zielke, 1990: 26-31).

Solchen wichtigen Zielen stehen indes auch Bedenken gegenüber (Blumenberg, Schrapper, 1997: 454): Kinder und Jugendliche werden aus ihrem vertrauten sozialen Umfeld, aus ihrer gesamten Lebenswelt herausgerissen und vieler sozialer Bindungen beraubt. Dies müssen sie eintauschen mit dem Lebensfeld „Heim", das geprägt ist durch Anonymität, Diskontinuität der Bezugspersonen und der zu ihnen aufgebauten Beziehungen, durch die Strukturen totaler Versorgung und Kontrolle. Daraus erwachsen die spezifischen Heimschädigungen (Hospitalismus). Dyck nennt folgende schwerwiegende Schädigungen (Dyck, 1978: 76-94) durch die Unterbringung im Heim:

Die Gefährdung durch Bindungsverlust. Kinder, die elternlos in ein Heim aufgenommen werden, haben es schwer, Bindungen zu Gleichaltrigen aufzubauen, während sie sich nach Bindungen an Erwachsene sehnen. Kinder und Jugendliche hingegen, die in einer Familie aufgewachsen sind, stehen nicht vor dem Problem, keine Familie zu haben, sondern mit ihr nicht zurecht kommen zu können. So stellt das Heim für sie eine Entlastungsinstitution dar. Aber wenn das Kind bzw. der Jugendliche die Einweisung in das Heim nicht einsehen kann, ist es möglich, daß Trennungsängste entstehen. Damit ein Kind in einem Heim heimisch werden kann, muß es zum ersten Abstand gewinnen zu seiner familialen Vergangenheit, und es muß zum zweiten ein Vertrauensverhältnis zu seinem Betreuer aufbauen. Dann erst kann das Kind die Heimumwelt als neue Lebenswelt akzeptieren und die neuen Erfahrungen als Bereicherung und Neuorientierung erleben.

Die Gefährdung durch die Gruppe. Das Leben im Heim wird außerordentlich dadurch geprägt, ob ein Kind Anschluß an eine Gruppe findet und was für eine Gruppe dies ist. Kann es keine Clique finden, zu der es paßt, vereinzelt es sich und wird an den sozialen Rand des Heimes gedrängt. Sein ohnehin auffälliges Verhalten verstärkt sich. Wird er dagegen Mitglied in einer Clique, dann kann sie das Kind fördern und ihm eine unerwartete therapeutische Hilfe geben. Oftmals indes sind solche Cliquen negativ und zwingen durch den Gruppenzwang die Cliquenmitglieder zu Handlungen, die der Heimordnung zuwider laufen oder die sogar kriminell sind. Auch besteht in ihnen die Gefahr, daß der Gruppendruck die Mitglieder unter Zwang setzt, Alkohol, Tabak und Drogen zu konsumieren. Schwierig ist es für einen Erzieher, wenn er mit solchen pathogenen Gruppen konfrontiert wird.

Allerdings läßt sich auch die ganze Heimbewohnerschaft als Gruppe auffassen. Jeder Neuankömmling wird durch die Heimbewohner Aufnahmeritualen unterzogen, und es werden ihm die Gruppennormen klar gemacht. Diese unterscheiden sich jedoch von den Normen der Erzieher und widersprechen ihnen sogar. Dies kann Kinder und Jugendliche in ein Beziehungsdilemma stürzen, weil sie die Erzieher als Eltern-Substitut brauchen und gleichzeitig die Zugehörigkeit zur Gruppe wichtig ist. Hierdurch können aktualneurotische Symptome entstehen. Solche Beobachtungen zeigen, daß Heime nicht nur Probleme lösen, sondern sogar multiplizieren können. Erzieher müssen darum einsehen, daß eine Erziehung gegen die Gruppennormen nicht möglich ist, sondern daß es notwendig ist, die Gruppenprozesse genau zu beobachten und zur Erziehung zu nutzen. In diesem Zusammenhang ist es die Pflicht der Pädagogen, darauf zu achten, daß in den einzelnen Cliquen die konstruktiven Kräfte gegenüber den destruktiven und asozialen überwiegen, so daß die Identifikation mit dem Erzieher möglich bleibt.

Die Gefährdung durch verlorene Zeit. In vielen Heimen herrscht viel Alltagsroutine mit einer Fülle von Alltagspflichten. Oftmals verdrängen die alltäglichen Notwendigkeiten für die kleineren Kinder das Spiel und für die Jugendlichen das Erlebnis. Zeit geht dann nicht verloren, wenn die Kinder genügend Spielzeit, Spielmittel und Spielanregung haben und wenn die Jugendlichen erlebnispädagogische Angebote wahrnehmen können.

Die Gefährdung durch Orientierungslosigkeit. Wenn Kinder und Jugendliche längere Zeit in einem Heim wohnen und enge Beziehungen zu ihrem Erzieher aufgenommen haben, stellt sich die Frage, ob das Heim nicht neben der Herkunftsfamilie eine neue Familie geworden ist. Diese jungen Leute haben also zwei Familien zur Auswahl. Nur: Welches ist die wichtigere oder sogar richtigere? Andere kommen elternlos oder aufgrund von Familienschäden ins Heim. Für sie ist es eine Ersatzfamilie. Allerdings bleibt die Frage nach der Gültigkeit und Wichtigkeit der Herkunftsfamilie bestehen.

Die Gefährdung durch das Heim als totale Organisation. Eine völlig anders geartete Gefährdung zeigt Müller-Kohlenberg auf, daß nämlich das Heim als eine totale Institution den Menschen in allen seinen Lebensbereichen erfaßt und ihn total vom System abhängig macht (Müller-Kohlenberg, 1981). Es stehen im Heim sowohl Freiräume zur individuellen Gestaltung des Lebens nicht zur Verfügung als auch werden durch die totale Versorgung die Erfahrungen über das Verhältnis von Leistung und Erfolg und eine dynamische Leistungsbereitschaft verhindert. Darum scheitern so viele Heimbewohner nach ihrer Entlassung und enden in Asozialität und Kriminalität. Vor allem bietet das Heim nicht genügend Bildungschancen, denn nur wenige Heimkinder besuchen weiterführende Schulen, während sie überproportional in Sonderschulen anzutreffen sind. Schließlich sind die Heimstrukturen autoritär, was eine oberflächliche Anpassung hervorruft, verbunden mit negativen Durchsetzungsstrategien, wie Verschlagenheit, Scheinheiligkeit, Aggressivität, Rücksichtslosigkeit und Egoismus.
Im Gegensatz dazu spricht P. Flosdorf vom Heim als einem therapeutischen Milieu (Flosdorf, 1988: 102-110), in dem der Betreuer in der Lage ist, den provozierenden Druck, das Potential aus Angst, Mißtrauen und Aggression, das von den Heiminsassen ausgeht, auszuhalten. Gleichzeitig finden die Kinder und Jugendlichen ein Heimmilieu vor, in dem sie sich entwickeln können, denn 6% aller Kinder, die in ein Heim aufgenommen werden, sind ausgeschult, 27,7% sind bereits seit längerer Zeit Sonderschüler, 36,5% aller Jungen und 12% der Mädchen sind notorische Schulschwänzer und 44,7% der Jungen und 18,1% der Mädchen leiden unter schwerwiegenden schulischen Konzentrationsschwächen (Heitkamp, 1984: 18 f.). Das Heim als therapeutisches Milieu erlaubt ihre Heilung durch Freundschaften und beziehungsfähige Sozialpädagogen.
Die sozialpädagogische Intervention in der Heimerziehung ist multiplex. Es ist notwendig, die unterschiedlichsten Angebote zu machen, wie Wandern, Radtouren, Fahrt und Lager, Reiten, Schwimmen, Segeln, Rudern oder auch, im Sinne einer Jugendkulturarbeit, sich an Mal-, Werk-, Musik-, Literatur- und Theatergruppen zu beteiligen. Eine Auflistung methodischen Handelns in Heimen finden wir unter den verschiedensten Autoren in dem Sammelband, den Flosdorf herausgegeben hat (Flosdorf, 1988: 190-286): Spielen und Beschäftigen (Zahalka), Üben und Lernen (Müller), Werken und Gestalten (Patzelt), Spielsport – ein heilpädagogisches Konzept zur gezielten psychomotorischen Behandlung verhaltensauffälliger Kinder (Flosdorf), die therapeutische Anwendung von Spiel und Sport zur Förderung bewegungsgestörter Kinder und Jugendlicher (Müller), Bewegungserziehung

in der Heimerziehung für Jugendliche – ein motopädagogischer Ansatz (Knab), Tanzen als heilpädagogisches Medium (Euting), Wagen und Erleben. Aspekte einer heilpädagogisch orientierten Erlebnispädagogik (Fürst), Besinnen und Feiern (Zahalka). Was m. E. nicht vergessen werden darf, ist die Ermutigung zu einem guten Schulabschluß, einschließlich höherer Abschlüsse, und die Vorbereitung auf den Beruf bzw. auf ein Studium.

4.7.2. Betreutes Wohnen

Betreutes Wohnen ist ein weites sozialpädagogisches Arbeitsfeld. 1994 gab es 2 160 Einrichtungen der Heimerziehung, 610 betreute Wohngruppen und ähnliche Wohnformen, 95 Kinderdörfer, 140 Einrichtungen der vorläufigen Unterbringung bei einer Person oder einer sonstigen betreuten Wohnform, 250 pädagogisch betreute selbständige Wohngemeinschaften und 380 Einrichtungen für behinderte junge Menschen. Insgesamt sind ungefähr 70 000 Personen in der Heimbetreuung tätig (Blumenberg, Schrapper, 1997: 455).
Während Heimerziehung eine stationäre Erziehungshilfe darstellt, ist betreutes Wohnen eine externe sozialpädagogische Wohnbetreuungshilfe. Es handelt sich um selbständige, betreute Wohngemeinschaften oder auch um betreutes Einzelwohnen. Was diese Wohnformen auszeichnet, ist die Betreuung, und zwar durch fachlich ausgebildete Sozialpädagogen. Betreutes Wohnen wird dadurch zu einer ganzheitlichen Wohn-, Lebens-, Eingliederungs- und Berufshilfe (Proksch, 1997: 142).
Die Ziele des betreuten Wohnens bestehen in sozialpädagogischen Beratungs- und Betreuungshilfen, die erreichen wollen, daß Personen wieder selbständig werden, sich gesellschaftlich eingliedern und ihr Leben selbstinitiativ organisieren und bewältigen können. Zu diesem Zweck ist der Sozialpädagoge dem Klienten behilflich bei der praxisgerechten und realitätsnahen Organisation und Gestaltung aller Lebensbereiche, wodurch die sozialpädagogische Arbeit alltagsorientiert und lebenslagenbezogen erfolgt. Der Vorzug des betreuten Wohnens ist, daß keine Gefahr der Isolation und der Stigmatisierung besteht (ebd. 142). Im übrigen sind die Formen betreuten Wohnens außerordentlich vielfältig (Proksch, 1997: 142 f.; Schlitt, 1997: 143; Tews, Winter, 1997: 143 f.; Kiehn, 1990: 54-74):
Die Wohngemeinschaft für Kinder in Notlagen. Es gibt Versuche, Kinder, die von ihren Eltern mißhandelt werden, von ihnen zu trennen und vorübergehend in Kinderwohngemeinschaften aufzunehmen. Dies führt zu einer Entlastung der Eltern und gibt Gelegenheit zu einer Familienberatung, die zum Ziel hat, das Kind wieder in die Familie zu integrieren.

Die Wohngruppe für Mutter und Kind. Wenn Mädchen sich entscheiden, ihr Kind zu behalten, erweist sich eine Wohngruppe oftmals als geeigneter, verglichen mit einem Heim für Mutter und Kind. Solch ein betreutes Wohnen wird notwendig, wenn sie nicht in der Familie bleiben können, der Partner sie verläßt, ihre Arbeitsstelle gefährdet ist und Suizidgefahr besteht.
Das sozialpädagogisch betreute Einzelwohnen von Mutter und Kind. Junge Mütter, die nach ihrer Niederkunft allein stehen und für die eine Wohngemeinschaft nicht in Frage kommt, können eine betreute Einzelwohnung erhalten. Jedoch werden mehrere solcher Mütter zu Beratungsgruppen zusammengefaßt. Die Kinder werden in einer eigenen Kinderkrippe versorgt, während die Mutter arbeitet.
Die Krisenwohnung für sexuell mißbrauchte Mädchen. Dieses betreute Wohnen ist mit einer Beratungsstelle verbunden und will mißbrauchte Mädchen so lange aufnehmen und beraten, bis ihre Situation geklärt und die akute Krise überwunden ist.
Die Wohngruppe mit Schule oder Berufsausbildung. Vor allem junge Menschen mit mangelhaften Schulzeugnissen, Schulabbrüchen und Lernbehinderungen werden in Wohngemeinschaften zusammengefaßt mit der Absicht, sie auf das Berufsleben vorzubereiten. Die Jugendlichen können den Hauptschulabschluß nachholen und durch den Besuch von Werkstätten bei der Berufsfindung besser entscheiden. Wohnen, Schule und Beruf werden sozialpädagogisch begleitet.
Die Wohngruppe für arbeitslose junge Menschen. Jugendarbeitslosigkeit ist besonders in den benachteiligten sozialen Schichten weit verbreitet. Und selbst wenn in Zukunft mehr Ausbildungsplätze zur Verfügung gestellt würden, so blieben die Jugendlichen aus den benachteiligten Gruppen wieder benachteiligt. Das Ziel solcher Wohngemeinschaften ist es, die jungen Leute von der Straße wegzuholen, vor der Kriminalisierung zu bewahren und in ihnen den Arbeitswillen zu erhalten. Wichtig ist auch die Erziehung zur Flexibilität, weil heute der einmal gelernte Beruf nicht mehr ein Leben lang ausgeübt werden kann. Ständig sterben Berufe ab, und es entstehen neue. Die Gefahr solch eines betreuten Wohnens für Arbeitslose ist, daß die arbeitslosen Jugendlichen wochenlang tagsüber in der Wohngruppe verweilen, so daß ihr Arbeitswille nachläßt und sie andere Mitglieder der Wohngruppe mit ihrer Lustlosigkeit anstecken.
Die Wohngruppe anstelle einer Untersuchungshaft. Es werden Möglichkeiten erprobt, junge Strafverdächtige bis zum 16. Lebensjahr nicht in Untersuchungshaft zu nehmen, sondern bis zu ihrer Verhandlung in einer Wohngruppe zu betreuen.

Die Wohngruppe für obdachlose junge Leute. Oftmals verbunden mit einer Alkohol- oder Drogenkarriere, nimmt die Zahl der nichtseßhaften Jugendlichen zu. Sozialpädagogisch betreute Wohngruppen können solchen Jugendlichen und jungen Erwachsenen Obdach gewähren und ihnen behilflich sein bei der Suche nach Wohnung und Arbeit, wodurch sie wieder in die Gesellschaft eingegliedert werden.

Wohngemeinschaften und betreutes Wohnen eignen sich besonders für junge Leute bis zum Alter von etwa 30 Jahren. Denn in der Adoleszenz sucht der Mensch Gleichaltrige; er wünscht Peergroups, um die eigene Identität zu finden. Dies ist der Grund, warum viele der Projekte für betreutes Wohnen Jugendliche betrifft. Daneben gibt es spezifische betreute Wohngruppen.

Betreutes Wohnen für Behinderte und psychisch Kranke. Wohngruppen für Behinderte sind noch wenig entwickelt, denn in der Regel werden Behinderte in Anstalten versorgt. Eine solche Wohngemeinschaft erfordert von Behinderten und nichtbehinderten Betreuern ein hohes Maß an Rücksichtnahme, Verstehen und Vertrauen. Gleiches gilt für therapeutische Wohngruppen für psychisch Kranke. Sie brauchen noch mehr Zuwendung und intime Betreuung und Erziehung. Oftmals sind solche Wohngruppen Auffangnetze für Patienten, die entlassen werden. Wohngruppen dieses Typs sollten gemeinde- und familiennah sein.

Die Nachsorge-Wohngruppe für Suchtkranke. Diese Art von Wohngruppen dient der nachgehenden Betreuung von Suchtkranken (Alkohol, Drogen, Medikamente), nachdem sie aus dem Entzug entlassen worden sind. Bei anderen Suchtkranken handelt es sich um Straffällige, die wegen des Drogenkonsums inhaftiert worden waren. In der Regel haben sie in der Haftanstalt einen Entzug gemacht und brauchen jetzt nach ihrer Entlassung die Stabilisierung, die sie befähigt, abstinent zu leben und sich in die Berufs- und Sozialwelt zu integrieren.

Betreutes Wohnen für alte Menschen (Service-Wohnen). Es stellt eine Alternative zwischen dem Alleinwohnen in der eigenen Wohnung und der Unterbringung in einer Sonderwohnform (Altenheim, Altenwohnheim, Pflegeheim) dar. Beim Service-Wohnen können alte Menschen in ihren Wohnungen leben bleiben, sie erhalten aber eine umfangreiche Betreuung, die ein sorgenfreies Leben ermöglicht.

Wie in den sozialen Brennpunkten, so braucht auch der Sozialpädagoge im Heim und für das betreute Wohnen eine Zusatzausbildung sowie Fortbildungen. Seine Arbeit ist außerordentlich vielfältig. Er ist Gruppenerzieher, Therapeut, Gruppenberater, Erziehungsleiter, Heimleiter, Familientherapeut, er steht im Außendienst, leistet institutionelle Arbeit und ist im übrigen für fast alles zuständig. Darum ist die Spezialisierung, verbunden mit kontinuierlicher Fortbildung, notwendig. Fortbildung kann institutions- und arbeitsfeldbezogen oder personenbezogen erfolgen. Auch kann sie von Fortbildungsakademien im Sinne der Weiterbildungsqualifikation angeboten werden oder heimintern in Wochenendseminaren erfolgen. Von letzterer Möglichkeit wird zunehmend Gebrauch gemacht, weil sie durch Praktiker erfolgt und weil sie auf die speziellen Bedürfnisse der Arbeit vor Ort eingehen kann.

4.8. Behindertenarbeit und Rehabilitationspädagogik

Behindertenarbeit ist ein weites Feld sozialpädagogischer Tätigkeit. Es gibt in Deutschland 6 496 000 schwerbehinderte Personen, davon sind 3 453 000 männlich und 3 042 000 weiblich. Wenn Behinderung auch auf alle Lebensalter ausgedehnt ist, so zeigt sich das Alter doch als überrepräsentiert: Es gibt 3 486 000 Schwerbehinderte über 65 Jahre (Ronge, Schäfer, 1997: 115). Eine so große Anzahl von Menschen zu differenzieren fällt nicht leicht.

4.8.1. Diversifizierung der Behinderungen

Zunächst läßt sich die Behinderung in den *Grad der Schwere* einteilen, das bedeutet, in leicht, mittel, schwer und extrem. Diese Klassifizierung bezieht sich auf die *Art der Behinderung*, und zwar (Klauer 1992: 14; Bach, 1995):

- *Sehschäden* bedeuten Blindheit bei schwerer Behinderung. Solche Personen haben kein Sehvermögen mehr, oder sie sind sehr schwer beeinträchtigt. Informationen, die normalerweise über die Augen aufgenommen werden, müssen über andere Wahrnehmungssysteme angeeignet werden (z.B. Blindenschrift). Bei mittlerer Schädigung liegt Sehbehinderung vor, das bedeutet eine Sehfähigkeit von 1/20 bis 1/50 der Sehnorm. Wesentliche Informationen aus der Umwelt nimmt der sehbehinderte Mensch noch auf.
- *Hörschäden*. Auch sie können schwer oder mittel sein. Bei schwerer Gehörlosigkeit ist die Person taub, oder sie besitzt nur noch geringe Hörreste. Taube können in der Regel die Lautsprache nicht erlernen und sind

darum auch stumm. Nur wenn sie im Jugend- oder Erwachsenenalter ertauben, können sie noch sprechen, wenn auch gestört. Bei mittlerer Schwerhörigkeit können die Personen noch akustische Signale und Sprache, meist mit Hilfe eines Hörgerätes, wahrnehmen. Wegen ihrer verminderten Hörfähigkeit sind sie oftmals auch sprachbehindert.

- *Intelligenzschwäche* kann in leichter, mittlerer und schwerer Form auftreten. Die Behinderungen werden dann schwach begabt, lernbehindert und geistig behindert genannt. Bei geistiger Behinderung bleiben die Personen hinter der normalen Lernentwicklung zurück. Sie können ausschließlich anschauend wahrnehmen und lernen, wobei sie sich auf ein kleines Wahrnehmungsfeld beziehen, und sie drängen auf augenblickliche, unmittelbare Bedürfnisbefriedigung. Meist sind sie auch im sprachlichen, emotionalen und motorischen Bereich beeinträchtigt, und sie brauchen darum ständige pädagogische Leitung.
- *Bewegungsstörungen* finden sich besonders bei körperbehinderten Personen. Sie sind häufig nicht nur in ihrer Bewegungsfähigkeit gestört, sondern die organischen Schädigungen wirken sich auch auf die kognitiven, emotionalen und sozialen Bezüge aus.
- *Sprachstörungen* bewirken Sprachbehinderungen. Die davon Betroffenen sind nicht in der Lage, die allgemeine Umgangssprache zu verstehen oder zu äußern. Darum sind ihre Persönlichkeit und ihre Sozialentwicklung gefährdet.
- *Verhaltensstörungen* verursachen Erziehungsschwierigkeiten. Solche verhaltensgestörten Personen weichen bewußt oder unbewußt zweckmäßigen Regeln aus, und zwar nicht gelegentlich und auch nicht durch ihr Lebensalter oder durch Umstände begründet. Vielmehr wird der sinnvolle Handlungsablauf bei der eigenen Person, bei anderen Personen oder Sachen gefährdet. Darum ist sozialpädagogische Hilfe nötig.

Nun gibt es nicht nur die oben aufgeführten monotonen Behinderungen, sondern auch *Mehrfachbehinderungen* (Hensle, 1988: 166-194). Diese können gegliedert werden: Erstens in multiple primäre Defekte, bei denen z.B. eine Hirnschädigung des Embryos im Mutterleib vorliegt, die sich mehrfach ausdrückt, etwa als spastische Lähmung, Sprachstörung und Lernbehinderung. Zweitens gibt es konsekutive Verbildungen, die als Folge einer gegebenen Behinderung auftreten, z B. Stummheit als Folge der Taubheit. Drittens schließlich gibt es Sekundärschädigungen, die unabhängig voneinander erfolgen, so kann ein Gehörloser einen Verkehrsunfall erleben, ein Bein verlieren und dadurch zusätzlich körperbehindert sein.

Nicht alle Formen der Behinderung drängen die betroffenen Personen an den sozialen Rand. Vor allem aber für Menschen jeder Altersstufe mit Intelligenzschwäche, Sprachstörungen und Verhaltensstörungen gilt (Klauß, Wertz-Schönhagen, 1993: 18 f.), daß es wahrscheinlich ist, daß sie

- ihren Lebensunterhalt nicht selbst verdienen werden, das bedeutet, weder ihren Arbeitsplatz noch ihre Konsumgüterwahl selbst wählen können,
- ihren Wohnort nicht selbst bestimmen,
- sie keine Voraussetzungen für gesellschaftlich normale Mobilität besitzen werden, d.h. kein Auto und keine selbst benutzten Verkehrsmittel,
- daß sie keine normalen menschlichen Beziehungen eingehen, keine Sexualität erleben, keine Familien gründen und keine Kinder bekommen,
- ihre gesellschaftlichen Rechte nicht ausüben,
- nicht über andere Menschen Macht ausüben oder Verantwortung tragen werden
- und nur mit fremder Hilfe und Bevormundung leben können.

Dies muß sich jeder, der auf dem Arbeitsfeld „Behindertenarbeit“ tätig wird, bewußt machen und bewußt halten. Und dieses ist um so wichtiger, als es in der Gesellschaft gegenüber den Behinderten viele Vorurteile gibt, die in früheren Gesellschaftsverhältnissen wurzeln. So hat man früher alle Behinderte (vielleicht mit Ausnahme der Blinden) als Irre und Schwachsinnige angesehen, als bloße massa carnis (Fleischmasse), die man in Zucht-, Narren- und Tollhäusern, in Leprosien, Narreteien, Tollkoben oder in transportablen Käfigen, den sog. Tollkisten, einsperrte. Ihre Aufseher waren Geistliche, aber öfter noch entlassene Soldaten. Im Jahr 1494 wurden 160 seelisch und geistig Behinderte als Hexen verbrannt. Und noch um 1700 erlaubte ein englischer Parlamentsbeschluß den Bauern, Jagd auf Behinderte zu machen. Sie wurden mit Zwangsstühlen, Zwangsjacken, Zwangsschränken, Zwangsbetten, Mundbirnen (riesige Knebel), Treträdern, Drehmaschinen, Wassergüssen, Tauchbrunnen, glühenden Eisen und anderen Marterinstrumenten traktiert (Schröder, 1998: 9). Heute ist die Gesellschaft zwar nicht mehr offensichtlich grausam zu Behinderten, aber genauso uninformiert, von Vermutungen geprägt, hilflos und durch Vorurteile und Vermeidungsverhalten bestimmt wie früher (Jansen, 1994: 283-303).

4.8.2. Die Lebenslagen Behinderter

So wie die Behinderten als soziale Gruppe differenziert werden müssen, so auch ihre *unterschiedlichen Lebenslagen*. Nach Thesing lassen sich folgende Lebenslagen Behinderter unterscheiden (Thesing, 1998: 61-96):
Das *Wohnen im Elternhaus* oder in der *Geschwisterfamilie*. Wohl die meisten der Behinderten leben nicht nur in der Kindheit und Jugend, sondern auch im Erwachsenenalter in der Familie zusammen mit den Eltern und Geschwistern (soweit die Familie noch eine Mehr-Personen-Familie ist). Sogar die schwierigen und versorgungsaufwendigen geistig behinderten Menschen leben zu 70% in ihren Familien (Sagi, 1985: 134-139). Es ist überraschend, daß die Familie als Lebenslage sehr kritisch gesehen wird. Sie halte die behinderte Person unselbständig, isoliert, infantil, unfähig zur beruflichen Eingliederung, und sie werden nicht genügend gesundheitlich und sozial versorgt. Wenn auch solche Einwände in vielen Fällen zutreffen, so spricht nicht nur der Kostenfaktor für die Familie, sondern die Familiengeschichte fügt darüber hinaus den Behinderten in die Familie ein als in einen Ort, wo er geboren und erzogen, umhegt und gepflegt wurde. Klauß und Wertz-Schönhagen weisen darauf hin, daß Familien mit behinderten Angehörigen eine Geschichte haben (Klauß, Wertz-Schönhagen, 1993: 21-49). Oft wissen Eltern schon vor der Geburt von der Schädigung des behinderten Familiengliedes und haben sich dennoch entschieden, dies Kind zur Welt zu bringen. Trotzdem ist die Behinderung ein schwerwiegendes Problem, das später die gesamte Familiendynamik bestimmt und das behinderte Familienmitglied, je älter es wird, in den Mittelpunkt der Familie rückt. Auch wenn das Kind gewollt war, bleibt es eine große Belastung für das System Familie. Es gibt allerdings auch den Umstand, daß ein Kind nicht im Mutterleib, sondern erst während oder kurz nach der Geburt geschädigt wird. In diesem Falle sind die Eltern unvorbereitet, ja, sie leben in der Hoffnung, die Schäden könnten behoben werden. Oft wird eine geistige Behinderung erst in der Schule augenfällig. Die Eltern hatten gehofft, nur ein körperlich behindertes und kein geistig geschädigtes Kind zu haben. Wird die Mehrfachbehinderung offenkundig, zerbrechen mit den Verleugnungsstrategien oftmals die Eltern selbst. Schließlich ist es auch möglich, daß ein Kind jahrelang normal heranwächst, und plötzlich wird es durch eine Hirnhautentzündung, einen Unfall oder ein anderes Unglück zu einem behinderten Kind. Dies trifft die Eltern gänzlich unverhofft. Alle Vorstellungen über die Zukunft des Kindes brechen zusammen. Sie müssen sich auf ein völlig neues Kind einstellen. Unterschiede in dem Verhalten der Eltern zur Behinderung hängen natürlich auch vom Schweregrad der Behinderung ab.

Die Belastungen der Familie durch ein behindertes Familienglied sind groß. Sie bedeuten zusätzliche Arbeit, vermehrten Zeitaufwand, eine große finanzielle Bürde und eine sehr belastende Beziehungsarbeit. Bei Mehrfachbehinderungen, wie geistige Behinderung, plus Sprachstörungen, plus Sehbehinderungen, plus Verhaltensstörungen, plus Krampfanfällen, plus Körperbehinderungen und plus Hörbehinderungen, wird vor allem von der Mutter ein Pflegeaufwand gefordert, den sie eines Tages nicht mehr leisten kann.

Ein behindertes Kind wird nicht in eine beliebige Zahl von Menschen hineingestellt, sondern in ein System von Beziehungen und Handlungen, d.h. in die Familie als System (Klauß, Wertz-Schönhagen, 1993: 49-58; Noack, 1997: 187-193). Dabei können wir unterscheiden zwischen den Positionierungen der Mutter, des Vaters, der Elterndyade, der Geschwister und des behinderten Kindes.

Die Mutter, zusätzlich belastet durch die traditionelle Mutterrolle, trägt die größten Mühen. Wenn schon für Mütter mit Kindern ohne Behinderung die Fesselung an Kinder, Wohnung und Mann zu psychosomatischen Beschwerden führen kann, dann trifft dies auf Mütter mit behinderten Kindern in viel größerem Umfang zu (66% gegenüber 16% bei berufstätigen Frauen). Denn das behinderte Kind ist viel stärker auf die Mutter konzentriert, während sie ihre eigenen Bedürfnisse nicht für die begrenzte Zeit des Heranwachsens, sondern für immer zurückstellen muß (A. D. Fröhlich, 1986). Gleichzeitig muß sie dem Ehemann und den anderen Kindern gerecht werden, woraus eine immense Überbelastung resultiert.

Der Vater scheint eine distanzierte Rolle zum behinderten Kind einzunehmen (Klauß, Wertz-Schönhagen, 1993: 53 f.). Er beschränkt seine Funktion weitgehend darauf, durch die Tüchtigkeit im Beruf die Mittel bereitzustellen, um das Leben der Familie zu sichern. Manche Väter machen jedoch die Lebensplanung nicht nur der ungeschädigten, sondern auch des behinderten Kindes zu ihrem Lebensinhalt.

Die Elterndyade wird durch das behinderte Kind stark beeinflußt. Die Eltern können seltener ausgehen, und das Sexualleben leidet. Andererseits scheint aber auch die gemeinsame Sorge um das behinderte Kind Paare zusammenzuschließen, und auch die Scheidungsrate liegt nicht höher als in Familien mit nichtbehinderten Kindern (Schubert, 1987).

Die Geschwister müssen ebenfalls mit dem behinderten Geschwisterteil umgehen. Dabei scheint die Positionierung in der Geschwisterreihe wichtig zu sein. Wenn das behinderte Kind das Letztgeborene ist, dann konnten die Geschwister zunächst normal aufwachsen und sind nun bereit, das behin-

derte Kind in seiner Nesthäkchenrolle zu verwöhnen. Auch die Eltern konnten erst einmal Erziehungserfahrungen mit ungeschädigten Kindern machen. Größere Probleme entstehen, wenn das behinderte ein erstgeborenes Kind ist. Die nachfolgenden Kinder müssen in diesem Fall die Eltern mit dem behinderten Geschwister teilen. Dabei erhält das behinderte Kind ungleich mehr Aufmerksamkeit. Trotzdem entwickeln sich die Geschwister positiv in die Richtung zu sozialintegrativem Verhalten hin. Hackenberg hat gezeigt, daß die nichtbehinderten Kinder reif, selbständig, zuverlässig und sehr sozial eingestellt sind. Die Behinderung ihres Geschwisters hat bei ihnen Sozialverhalten, Verantwortungsbereitschaft und Persönlichkeitsreifung gefördert. Auch ordnen sie Behinderten kaum negative, wohl aber viele positive Eigenschaften zu. Allerdings müssen sie damit leben, daß sie relativ vernachlässigt werden (Hackenberg, 1983; 1985).
Auch das behinderte Kind schließlich ist ein Teil des Systems Familie. Seine Lage ist schwierig. Während es viel länger als normal entwickelte Kinder, wenn nicht sogar auf Lebenszeit, Objekt der elterlichen, vor allem der mütterlichen Bemühungen ist, haben die Eltern die Rolle der permanenten Elternschaft angenommen. Diese Rolle wirkt aber nun auf das Kind zurück. Der Behinderte bleibt auf die Kindrolle verwiesen, und Selbständigkeitsversuche werden nicht wahrgenommen. Im Gegenteil haben nach Thannhäuser zwei Drittel der Behinderten keine außerfamilialen Beziehungen, sie verfügen über kein Taschengeld, dürfen abends nicht ausgehen, und sexuelle Kontakte werden unterbunden (Thannhäuser, 1975). Vor allem leiden Behinderte unter Überbehütung und Überforderung, worauf sie mit Anpassung oder Protest reagieren. Sobald sie jedoch versuchen, ihr Leben selbst zu bestimmen, werden sie als tyrannisch empfunden, zumal sie ja ohnehin bereits den Tagesablauf der Familie bestimmen. Die drei wichtigsten dysfunktionalen Rollenzuweisungen sind: Das behinderte Kind als 1. das gemeinsame Sorgenkind der Familie, 2. das behinderte Kind als Gattensubstitut und 3. das behinderte Kind als Sündenbock.
Eine Sonderform des Wohnens von Behinderten ist das Leben in einer Gastfamilie (Thesing, 1998: 68 f.). Sie gliedert sich unter in die Wohnformen:

- Die Kontaktfamilie, in der der behinderte Mensch in einem lockeren Untermieterverhältnis oder in der engen Nachbarschaft wohnt, wodurch er zwar keine Pflege erhält, wohl aber Kontakt und Verantwortlichkeit.
- Die Pensionsfamilie verpflegt den Behinderten und stellt ihm Wohnraum zur Verfügung.

- Die Pflege- oder Wohnfamilie schließlich nimmt einen oder mehrere Behinderte in die Familie auf, und sie wachsen zusammen mit den eigenen Kindern in der Lebensgemeinschaft einer Familie auf.

Neben der familialen Lebensform ist am verbreitetsten die *Heimunterbringung* des Behinderten (ebd. 69-72). Heime können Wohnheime, Großwohnheime, Anstalten und Behindertenzentren sowie Pflegeheime sein.
Wohnheime sind Wohneinrichtungen mit etwa 30 bis 40 Plätzen. Sie bieten primär eine Wohnmöglichkeit an und sind oft verbunden mit Werkstätten für Behinderte.
Großwohnheime sind Einrichtungen, die über 40 Plätze hinausgehen und ebenfalls den erstrangigen Zweck haben, Wohnraum zur Verfügung zu stellen.
Anstalten und *Behindertenzentren* bieten einer großen Zahl von Behinderten Arbeit, Wohnen, Freizeit und Therapie an, die auf einem relativ geschlossenen Gelände angesiedelt sind. Sie sind oft so groß, daß sie ein eigenes Gemeinwesen mit Selbstversorgung darstellen. Sie stellen den Behinderten nicht nur ein Heim oder ein Zuhause, sondern ein komplettes Soziotop bereit. So perfekt auf der einen Seite die medizinische und therapeutische Versorgung ist, so entwickeln sich solche Großeinrichtungen leicht zur totalen Institution, d.h. zu einem Verwaltungssystem, das autoritäre, zentralistische und hierarchisch strukturierte Züge aufweist.
Pflegeheime schließlich begrenzen ihre Fürsorge auf die Pflege. Vor allem alte Menschen werden von Pflegeheimen betreut. Im Mittelpunkt der Pflegeheime steht die pflegerische und bewahrende, weniger hingegen die therapeutische Tätigkeit oder die Rehabilitation.
In welcher Form institutionalisierten Wohnens ein Behinderter auch leben mag, immer steht er in einem *vierpolaren Beziehungsgeflecht*. Die vier Pole bilden: der Behinderte, seine Familie (Eltern und Geschwister), das Heim und die staatlichen Institutionen. Durch das Prinzip der Subsidiarität entsteht für die Familie zunächst die Tripolarität von Eltern, Staat (Kostenträger) und freiem Träger (Anbieter). Einerseits besteht für die Familie ein Recht auf Hilfe und Rehabilitation, das sie sogar einklagen kann. Die Hilfe wird jedoch von einem freien Träger gebracht, dem gegenüber kein Anspruch auf Leistung besteht. So können zwar die Eltern die finanziellen Leistungen einfordern, nicht aber die Leistungen durch das Heim. Sie befinden sich trotz ihres Rechtes in einer Position des Bittstellers. Eine andere Tripolarität ist die von Familie, Behindertem und Heim. Zwischen ihnen besteht ein dynamisches Gleichgewicht. Jede der drei Pole tritt mit den anderen beiden in eine dynamische Wechselwirkung. So modifiziert das Ver-

hältnis Behinderter – Erzieher zugleich das Verhältnis zwischen Eltern und Erzieher sowie Behinderter und Eltern. Wenn sich z.B. das Befinden des Behinderten bessert, dann freuen sich sowohl die Eltern als auch die Heimerzieher darüber, entwickelt sich hingegen der Behinderte krisenhaft, dann sind nicht nur Eltern und Erzieher traurig, sondern es entstehen unter Umständen Spannungen zwischen Eltern und Erziehern oder auch eine vertiefte Zusammenarbeit.

Außenwohngruppen versuchen, dem Behinderten ein selbstbestimmtes und wenigstens teilweise selbstverantwortliches Leben zu ermöglichen. Sie können auch unter dem Oberbegriff „Betreutes Wohnen" zusammengefaßt werden. Thesing stellt folgende Möglichkeiten dar (Thesing, 1998: 72-96):

Die *eigene barrierefreie Wohnung*. Durch sie soll dem behinderten Menschen in einem selbstbestimmten Wohnbereich Selbständigkeit, Autonomie und Selbstwert vermittelt und gleichzeig die Gefahr der Etikettierung und Stigmatisierung vermieden werden. Allerdings muß in jedem Einzelfall entschieden werden, ob ein Mensch mit einer Behinderung in einer eigenen Wohnung leben kann.

Verbundsysteme von barrierefreien Wohnungen und Gemeinschafts- und Behandlungsräumen. Sie versuchen, barrierefreie Wohnungen mit dem Bedarf nach Pflege, Behandlung und Versorgung zu verbinden. Dies ist ein Versuch, die klassische Anstalt und das Behindertenheim mit dem nichtstigmatisierten und barrierefreien Wohnen zu verbinden.

Das *Leben in einer eigenen Wohnung, ergänzt durch Assistenz*. Diese Möglichkeit ergibt sich vor allem für körperbehinderte Menschen, die zwar in einer eigenen Wohnung leben können, aber dennoch Pflege und Versorgung brauchen. Beim Independent-Living tritt der Behinderte als eigener Arbeitgeber auf, d.h. er engagiert und bezahlt seine Betreuer selbst.

Betreutes Wohnen. Dies ist eine Wohnform, die als Einzel-, Paar- oder Gruppenwohnen verwirklicht werden kann. Die Vorteile betreuten Wohnens sind vielfältig:

- Die Bewohner der Wohnung besitzen eine große Selbständigkeit und benötigen lediglich betreuende Hilfe.
- Weiterhin sind sie die eigenständigen Mieter ihrer Wohnung.
- Sie sind für viele Lebensbereiche selbst zuständig.
- Auch verfügt der Behinderte über ein eigenes Einkommen und erhält keine Mittel durch die Einrichtung.
- Der Träger des Wohnangebots übernimmt nur Teilverantwortungen, was in kurzen Betreuungszeiten zum Ausdruck kommt.

- Und schließlich fordert der Behinderte selbst Hilfe für besondere Bereiche oder Situationen an.

Das betreute Wohnen wird auch als „Beschützte Wohngruppe" oder „Geschützte Wohnung" bezeichnet. Die Mitglieder einer Wohngemeinschaft bilden keine Familie, sondern sie haben sich aufgrund einer eigenen Entscheidung zu einer Form des selbstverantwortlichen Zusammenlebens entschlossen. Auch die Mithilfe außenstehender Personen (zum Zwecke der Betreuung) regeln sie eigenverantwortlich.

4.8.3. Die Ästhetisierung der Lebenswelt Behinderter

Für alle Formen der Behindertenarbeit sind sozialpädagogische Interventionsformen notwendig. Wichtig sind m. E. die Ästhetisierung der Lebenswelt Behinderter, Sport und Erlebnis, Empowerment und integrative Pädagogik. Die Ästhetisierung der Lebenswelt (Noack, 2000: 49-53) beginnt mit der Gestaltung des Wohnfeldes (Mahlke, Schwarte, 1992). Ihr zugrunde liegen das Normalisierungsprinzip und das therapeutische Milieu. Normalisierung bedeutet, daß dieselben Kriterien, die für jegliches ästhetisches Wohnen gelten, auch den Behinderten zuzusprechen sind. Das therapeutische Milieu wiederum wendet die Ästhetik auf die besonderen Bedürfnisse und Lebenslagen Behinderter an. Grundwahrnehmungen, aus denen sich Ästhetik aufbaut, sind:

- Das Fühlen mit der Oberfläche der Haut, vor allem mit den Händen und dem Mund. Darum sind Fühlerlebnisse am Holz, an textilen Stoffen, Fellen, Polstern, Decken usw. von großer Bedeutung.
- Die Hauptwahrnehmungen des Menschen werden über das Sehen vermittelt. Darum sind die Lichtverhältnisse entscheidend. Das Licht schafft die Farben und die Hell-Dunkel-Abstufungen. Darum sind dem Tageslicht genauso Aufmerksamkeit zu schenken wie den Wand-, Steh- und Tischleuchten. Deckenleuchten sind in der Regel zu vermeiden. Räume mit Ausleuchtung, Streiflichtern und Schatten erziehen zum Sehen. Hinzu treten die Wahrnehmungsqualitäten von Möbeln mit ihren Materialien und Farben, die einen Raum schön machen.
- Nicht zu unterschätzen ist die Geruchswahrnehmung. Wer schon einmal alte Krankenhäuser besucht hat, kennt den Geruch von Krankheit, abgestandener Luft und Reinigungsmitteln. Ästhetisierung meint auch, den Geruch von Blumen, Pflanzen und Kräutern anzuwenden, damit eine optimistische und heilende Geruchsatmosphäre entsteht.

- Das Gehör ermöglicht es dem Menschen, Töne zu hören und selbst zu erzeugen. Darum gehören zu einem ästhetischen Lebensfeld auch die Klänge von Vögeln, Wasser, Feuer, einer Standuhr, der Tätigkeiten der Bewohner oder auch von Musik, die gehört und selbst ausgeübt wird.

Aus all diesen Wahrnehmungsqualitäten setzt sich ästhetisches Wohnen zusammen. Es berücksichtigt die Form, das Material und die Farben von Tisch, Stuhl, Schrank, des Fußbodens, der Wände und der Decke, der gemeinsamen Kanten von Wand und Decke, der Fensterbänke, der Fußbodenleiste, der Raumecken, der Verkehrszonen und die Bewahrung alter Gegenstände und Bauelemente. Ästhetisches Wohnen ist eine wichtige Voraussetzung für das ästhetische Handeln Behinderter. Der Vorzug ästhetischer Tätigkeit gegenüber anderen Wirklichkeitsbezügen besteht in folgenden wirklichkeitsaneignenden und -verändernden Vermittlungen (Richter-Reichenbach, 1992: 93-99):

(1) Durch ästhetische Aktivität erschließt sich das Ich Wirklichkeit, und es wird zugleich offen für Realität, und beide, Person und Dasein, verbinden sich miteinander. Dabei sehen wir Ästhetik nicht bloß als musikalischen Vermittlungsmodus, als Rhythmik, Melodie, Tanz, musikalische Gymnastik usw., sondern auch im meditativen und verstehenden Anschauen von Bildern und Skulpturen und in der geistigen, emotionalen und existentiellen Auseinandersetzung mit Lyrik, Epik und Dramatik. Gleichfalls ist genauso wichtig wie eine ästhetische Wirklichkeitsaneignung eine eigene produktive Wirklichkeitsschöpfung durch eigenes künstlerisches Schaffen. Malen, Dichten von Geschichten, Märchen und kleinen Schauspielen (die von den Behinderten aufgeführt werden) oder auch von Gedichten erlaubt es den Handelnden, sich mit hochkomplexen, vieldeutigen und mehrwirksamen Strukturen auseinanderzusetzen. Dies ermöglicht es ihnen, sich selbst auszudrücken und zu verständigen (ebd. 95).

(2) Beim Betrachten und Schaffen von Kunst wird ein Vokabular zur Darstellung der Wirklichkeit gewonnen. Wir haben ja nur so viel Wirklichkeit, wie wir Wörter haben. Wofür keine Sprache da ist, das existiert nicht in unserem Bewußtsein. Sprache allerdings sollten wir differenzieren in die allgemeine Sprache, die den Menschen vom Tier unterscheidet, die nationale Kultursprache und die persönliche Sprache (Radtke, 1995: 86-96). So ist Ästhetik zugleich ein wichtiger Baustein für die Aufrechterhaltung von Realitätsbezügen.

(3) Ästhetisches Handeln versetzt die Person in den Stand ihrer Möglichkeiten und der Entwicklung von bisher verschütteten Ressourcen. Es stellt

solch eine qualitative Bereicherung dar, daß eine vielseitige Entfaltung der Persönlichkeitsanteile möglich wird.

(4) Dies bedeutet zugleich die Möglichkeit, sich mit sich selbst und anderen Menschen auseinanderzusetzen, die eigene und die Wirklichkeit anderer bedeutender Menschen zu begreifen und dabei Ich-Identität zu entfalten und schließlich seine eigene und die allgemeine Wirklichkeit mitzugestalten.

Neben der ästhetischen Interventionsebene gibt es das, was ich *Alltagsästhetik* nenne (Noack, 2000: 53-55). Sie beginnt mit der Ästhetisierung der Leiblichkeit (Kleidung, Körperpflege, Verschönerung der Erscheinung), setzt sich fort über die Ästhetisierung des Milieus (Zimmer, Flure, Kommunikationsnischen, Parkanlagen) bis hin zur Ästhetisierung der Zeit. Ästhetische Zeit bedeutet Feiern und Feste, die ästhetisch gestaltet werden (Morgenstern, 1979). Feste zu feiern, ist notwendig. Ob wir die Feste im Jahreskreislauf feiern, persönliche Feste oder frei angesetzte Feiern erleben, immer sind sie geprägt durch ästhetisch gestaltete Freuden: eine schön gedeckte Tafel, festliche Musik, geladene, gut gekleidete Gäste, eine frohe Atmosphäre, eine Zeit, die dem Alltag entrückt ist. Enge Beziehungen bestehen zwischen Fest und Geist. Nur aus der Freiheit des Geistes heraus kann ein Mensch feiern. Wo der Geist verschwindet, herrscht eintönige Alltäglichkeit. Beziehungen bestehen auch zwischen dem Feiern und der Kultur. Feste erwachsen ja häufig aus kulturellen Traditionen, wie die Jahresfeste oder die Geburtstagsfeier. Sollen Feste eine prägende Wirkung haben, dann dürfen sie nicht bloße Kaffeerunden sein, sondern sie brauchen die Verankerung in der Kultur. Weiterhin besteht ein Zusammenhang zwischen Fest und Spiel. Der spielende Mensch ist der freie, nicht das dem Arbeitszwang und dem Realitätsernst unterworfene Wesen, sondern die freie Person, die wiederholbar und unernst mit den schönen Dingen spielt. Schließlich gibt es den Zusammenhang zwischen Fest und Kunst. Feste brauchen, um an die Existenz des Menschen zu rühren, die Vertiefung und Verfeinerung der Formen. Ein Fest findet seine Vollendung, wenn Fest und Kunst miteinander verbunden sind.

4.8.4. Sport und Erlebnis in der Behindertenarbeit

Sport und Erlebnis sind wichtige sozialpädagogische Interventionsformen, gerade auch in der Behindertenarbeit. Es versteht sich, daß erlebnispädagogische und sportliche Angebote abhängig sind von der Art und dem Grad

der Behinderung. Erlebnispädagogik bedeutet ja Lernen und Persönlichkeitsentwicklung am und im Leben. Dabei sollen Individualität und Ganzheitlichkeit (die wiederum Sozialität einschließt) im Mittelpunkt stehen. Die Erlebnismedien sind Natur, aber auch handwerkliche, künstlerisch-kreative und musische Erfahrungsprozesse (Bauer, 1997: 274 f.). Damit ist bereits angedeutet, daß sich die Erlebnispädagogik in zwei Richtungen gliedert, in die Outdoor-Aktivitäten und die Indoor-Tätigkeiten (Theunissen, Plaute, 1995: 194-203). Bei Outdoor-Erlebnissen handelt es sich um Wanderungen, Abenteuerwochenenden, Exkursionen oder Übernachtungen im Freien, die Naturerfahrungen möglich machen, wie Tierbeobachtungen, Pflanzenbestimmen, ökologische Zusammenhänge entdecken usw. Damit berührt sich die Erlebnispädagogik mit der Ökopädagogik. Wichtig sind Erlebnisse, wie Natur, Bewußtsein, Gemeinschaft, Bewegung und die Beziehung zwischen Mensch und Natur. Dabei werden wir für Behinderte den sanften Weg wählen, der ganz langsam vom Gehen auf dem Weg, zum Gehen durch wegloses Terrain bis hin zu schwierigeren Bewegungsformen steigert (Harder, 1990). Indoor-Tätigkeiten beinhalten eine polyästhetische Erziehung, die sowohl handwerklichen Umgang mit Materialien, wie auch Theater, Dichtung, Musik, Malerei, Skulpturen betrachten usw. und eigenes kreatives und künstlerisches Schaffen einschließt.
Ergänzend zu den erlebnispädagogischen Interventionen tritt der *Sport* (Resch, 1994: 43-53). Wie bei der Erlebnispädagogik mit Behinderten ist die Art und Schwere der Behinderung zu berücksichtigen, und auch die Sportart wird sich nach der Art der Benachteiligung richten. Dabei dürfen wir uns nicht von den etablierten Behindertensportarten leiten lassen. Denn Sport und Spiel mussen fur Behinderte einen umfassenderen Sinngehalt haben als eine ausschließlich leistungsorientierte und medizinisch-therapeutische Bedeutung. Vor allem darf die Sportpädagogik nicht von defizitären Vorstellungen ausgehen, die der Sport ausgleichen soll, sondern muß den Behinderten als bildsam und lernfähig betrachten, wodurch er in der Lage ist, größere Selbständigkeit, Autonomie, Mündigkeit, Emanzipation und Selbst- und Lebenskompetenz zu entwickeln (Theunissen, 1991). Eine ganzheitliche Sportauffassung setzt den Sport zu ergänzenden Begriffen in Beziehung (Resch, 1994: 44-51):

(1) Sport und Spielen. Behindertensport sollte kein Leistungssport sein (im Gegensatz dazu Schüle, 1996: 256-267). Als Sport ohne Leistung entspricht er dem Spiel. Dies ist unernst, wiederholbar, mit veränderbaren, wenn auch feststehenden Regeln, und vor allem spielt es in einem Reich der Freiheit. Das Zweckfreie von Sport und Spiel ist es gerade, das dem Behinderten durch Bewegung, Eifer und Erfolg Selbstwertgefühle vermittelt.

(2) Sport und Bewegung. Zu jedem sportlichen Spiel gehört die Bewegung. Dadurch ist sportliches Spiel immer dynamisch und weist bestimmte Bewegungsstrukturen auf. Diese sind nicht nur körperlich, sondern auch seelisch (Begeisterung, Freude, Schreien, Enttäuschung), geistig (Stolz, Selbstgefühle) und sozial (Wir-Gefühle). Bewegung bewegt uns also ganzheitlich.

(3) Sport und Sozialität. Behindertensport ist selten Individualsport, meist findet er in Gruppen statt. Mit anderen gemeinsam spielen und sich bewegen, schafft ein Gefühl der Gemeinsamkeit, des Aufgehobenseins und Dabeiseins. Es entsteht ein Wir-Gefühl, durch das sich das Individuum mit andern verbunden weiß. Allerdings ist es notwendig, daß der Behindertensport nicht den Leistungsanforderungen der Gesellschaft unterliegt, sondern eingebettet bleibt in das freie Spiel.

(4) Sport und Individuation sowie Integration. Behindertensport verbindet zwei Intentionen: Einerseits die Entwicklung der Person und ihrer Fähigkeiten (Individuation) und zugleich die Integration der Person in die Gesellschaft samt deren Erwartungen an ihn. In diesem Sinne unterscheidet Habermas zwischen der personalen Identität, die die Kontinuität des Ich trotz aller lebensgeschichtlicher Veränderungen garantiert, und der sozialen Identität, die die Einheit innerhalb der verschiedenen Rollensysteme herstellt (Habermas, 1975). Für Behinderte ist sowohl die personale als auch die soziale Identität in Frage gestellt. Hemmende Faktoren für die Identitätsentwicklung sind: Wahrnehmungsverarmung, unzulängliche Begriffsbildung, Widerspruch zwischen Entwicklungs- und Lebensalter, Mangel an Handlungserlebnissen, Fremdbestimmung der gesamten Lebenswelt, Initiativhemmung durch Bewegungsmangel, Konflikthäufung usw. Weil Handeln und Identität bei Behinderten eins ist, gewinnen sie durch ihre handelnde Identität ein Gefühl von Sicherheit, Vertrautheit und Gleichbleiben. Gleichzeitig entsteht die soziale Identität durch Kommunikation und Interaktion. Alle drei Elemente, Handlung, Kommunikation und Interaktion, können durch Sport verbessert und entwickelt werden. Und wir verstehen, daß Behindertensport und Erlebnispädagogik besonders wichtig sind für Behinderte, die in Institutionen leben.

4.8.5. Empowerment und Behinderung

Das Empowerment versteht sich als eine durchgängige Methodik für alle sozialpädagogischen Handlungsfelder. Es setzt an die Stelle des hilfebe-

dürftigen, befürsorgten und abhängigen, des defizitären Objektes sozialpädagogischer Intervention das selbstmächtige Individuum mit seinen Bedürfnissen in der Lebenswelt und deren Ressourcen. Theunissen und Plaute haben die bisher praktizierte Behinderten- und Heilpädagogik dem Empowermentkonzept gegenübergestellt (Theunissen, Plaute, 1995: 17):
Die herkömmliche Behinderten- und Heilpädagogik sah den Behinderten als Patienten, den professionellen Helfer hingegen als Experten. Dadurch war die Intervention helferdominant und autoritär. Die Intervention erfolgte vorwiegend nach dem medizinischen Konzept. Es wurden die individuumszentrierten, biologischen Ursachen erforscht, man orientierte sich an den Defiziten des Patienten, und die Eingriffe waren individualistisch-disziplinierend. Das Ziel der Hilfe war die reibungslose Anpassung und die wiedergewonnene gesellschaftliche Nützlichkeit des behinderten Menschen. Sofern er in Sondereinrichtungen, totalen Institutionen, untergebracht war, erfolgte Segregation, Besonderung und menschliche Entfremdung.
Das Empowermentkonzept dagegen sieht den Behinderten als Experten, den professionellen Helfer jedoch lediglich als Assistenten. Dadurch ist die Beziehung betroffenendominant und kooperativ. Die Intervention erfolgt nach dem sozialwissenschaftlichen Modell. Dies berücksichtigt die kontextuellen, bio-psycho-sozialen Probleme. Sie ist ressourcenorientiert und berücksichtigt darum die Lebenswelt des Behinderten. Das Ziel aller Interventionen ist die Selbstbestimmung des Behinderten, der in die Gesellschaft integriert wird und zu einer sinnerfüllten Lebensverwirklichung gelangt. Darum sind alle Hilfen mobil, bedarfsgerecht, gemeindeintegriert, lebensweltlich und vernetzt.
Dies ist eine außerordentlich anspruchsvolle Konzeption, die eine neue Fachlichkeit erfordert. Und sie wird in der Behindertenhilfe auch gewisse Einschränkungen erfahren (ebd. 21-24). Während die Fähigkeit zum Selbstsein und der Selbstbestimmung untrennbar zur Menschenwürde gehört, können sie bei Behinderten so gering entwickelt sein, daß sie in einem langwierigen und kontinuierlichen Prozeß angeregt werden müssen. Auch die Selbstbemächtigung kann bei geistig behinderten Personen nur schwach vorhanden sein. Darum müssen Prozesse in Gang gesetzt werden, durch die Behinderte lernen, Wünsche und Bedürfnisse auszudrücken und sich in Selbsthilfegruppen zu organisieren. Und schließlich kann durch die starken Lernbeeinträchtigungen ein so großes Maß an Abhängigkeit vom Helfer bestehen, daß eine lebenslange Begleitung und Assistenz notwendig ist. Dadurch ist die Idee der Selbstmächtigkeit und der Menschenstärke außeror-

dentlich eingeschränkt. Andererseits sind Behinderte derartig benachteiligt, daß in diesem Arbeitsfeld der Empowermentgedanke besonders wichtig ist. Behinderte werden oftmals in der Familie infantil gehalten, die Erziehungsmaßnahmen können überfordernd, aber auch überbehütend sein, und wenn ein Behinderter in eine Institution aufgenommen wird, dann ist er als ein Teil der totalen Institution endgültig fremdbestimmt. Darum ist die Erziehung zur Selbstbestimmung für die Entwicklung Behinderter so wichtig. Weil gerade Behinderte weitgehend entmächtig sind, ist ihre Ermächtigung durch das Empowermentkonzept von entscheidender Bedeutung.

4.8.6. Integrative Pädagogik als sozialpädagogische Intervention.

Unter der integrativen Erziehung verstehen wir die Integration Behinderter in die Regelschule, das bedeutet, daß behinderte und nichtbehinderte Kinder und Jugendliche gemeinsam erzogen und unterrichtet werden. Diese Vorstellung wendet sich also bewußt gegen die Sonderschulen für Behinderte, weil sonst nicht nur die pädagogischen Konzepte der Lehrer der beiden Schulen verschiedenen Typs auseinandergehen, sondern auch die Schüler wieder segrediert werden. Allerdings bedeutet Integration nicht den Verzicht auf Lehrer mit sonderpädagogischer Ausbildung und daß auf die behinderten Schüler keine Rücksicht genommen wird. Dies wäre nach Hensle eine „unreflektierte Integration" (Hensle, 1988: 304), und sie würde nur zu einer schulischen Abkapselung führen. Im Vergleich zur schulischen Isolation bedeutete zweifellos die separierende Sondererziehung einen Fortschritt. Die Schule stellte sozusagen einen Schonraum dar, in dem jeder Behinderte fachlich und individuell gefördert wurde. Dementsprechend expandierte das Sonderschulwesen. Nach Hensle gibt es etwa 400 000 behinderte Schüler in 2 726 Sonderschulen mit ungefähr 35 400 Lehrern (ebd. 304). Jedoch erwies sich der Schonraum Sonderschule bald als Barriere. Wenn Schüler die Sonderschule verlassen, werden sie unerträglich hart mit der Außenwelt konfrontiert. Darum ist das Konzept integrativer Pädagogik wichtig. Jedoch scheint es so zu sein, daß Behinderte recht unterschiedlich integrationsfähig sind (Stadler, 1976). Am integrationsfähigsten hielten Sonderpädagogen Körper-, Sprach- und Lernbehinderte, als weniger integrationsfähig galten die Sehbehinderten, Schwerhörigen und Verhaltensgestörten, und für am wenigsten integrationsfähig wurden Blinde, Gehörlose und geistig Behinderte bezeichnet. Für die integrative Erziehung ergeben sich allerdings bestimmte Voraussetzungen, die Jantzen dargestellt hat (Jantzen, 1990: 250):

- Das Regionalitätsprinzip fordert, daß alle Schülerinnen und Schüler aus dem unmittelbaren Einzugsbereich der Schule kommen. Die behinderten Kinder dürfen also keinen weiten Schulweg haben, und sie sollen aus dem gleichen sozialen Milieu kommen wie die anderen Schüler.
- Aufnahme aller Schüler, unabhängig von der Art und dem Grad der Behinderung. Weitergehende Aufnahmekriterien, die bestimmte behinderte Schüler ausschließen würden, darf es nicht geben.
- Wichtig ist die Orientierung der Klassenzusammensetzung an der Normalverteilung der Relation behinderter bzw. nichtbehinderter Schüler in der Bevölkerung. Das bedeutet, nicht mehr als 10% behinderter Schüler in einer Klasse zu unterrichten.
- Kein Sonderstatus für behinderte Kinder. Sie werden schulrechtlich an der integrativen Schule geführt, und sie werden ohne Probezeit aufgenommen.
- Gemeinsames Curriculum für alle Schüler.
- Berichte über die individuelle Lernentwicklung für alle Schüler. Solch ein schriftlicher Bericht tritt an die Stelle der Notengebung in Ziffern und der Zeugnisse.
- Aufhebung der leistungsorientierten Versetzungsentscheide für alle Schüler.
- In den Unterricht werden Therapiemaßnahmen integriert.
- Zum Kollegium der Integrationsschule gehören auch Sonderschullehrer.
- Team-Teaching von Sonderschullehrern und normalen Lehrern in den meisten Unterrichtsstunden.
- Offene und freie Arbeitsformen, z.B. Gruppenarbeit während des Unterrichts, Individualisierung, innere Differenzierung und Projektunterricht. Besonders bei Projekten können behinderte und nichtbehinderte Schüler partnerschaftlich zusammenfinden.
- Kooperative Unterrichtsplanung, Unterrichtsdurchführung und Auswertung der Lehrstunden.
- Kompetenztransfer zwischen allen Mitarbeitenden der integrativen Arbeit.
- Supervision, wissenschaftliche Begleitung und spezifische Fortbildung für das pädagogische und therapeutische Personal.

Es ist verständlich, daß die Schule als Institution das stärkste Hemmnis für eine integrative Pädagogik ist (ebd. 252-259). Institutionalisierte Schule bedeutet ja, daß sie eine Qualifikations-, Selektions- und Legitimationsfunktion besitzt (Meyer, 1987: Bd.1, 60). Als solche ist sie sowohl dem Staat und der Gesellschaft rechenschaftspflichtig als auch den Schülern und Eltern. Qualifikation, Selektion und Legitimation werden durch die Noten ermöglicht. Sie messen einerseits die Leistung eines Schülers (Naturalform) und andererseits die Wertform, d h. inwieweit die Arbeit des Lehrers ein gesellschaftlich gefordertes Ergebnis hat. Man kann geradezu sagen, daß der Lehrer durch die Prüfung seiner Schüler geprüft wird. Insofern die Schulen diese Aufgaben organisieren, sind sie Bürokratien und tendieren zu totalen Systemen. Die Chance der Schule ist, daß sie ein autonom funktionales System wird, und als solches sich von den Ansprüchen des Staates und der Gesellschaft partiell lösen kann. Aufgrund ihres pädagogischen Auftrags und ihrer relativen Verselbständigung hat sie die Möglichkeit, Modelle integrativer Pädagogik zu versuchen.

4.8.7. Rehabilitationspädagogik

Sozialpädagogische Intervention hat nicht nur zum Ziel, Behinderten zu helfen und sie zu erziehen, sondern sie sollen schließlich in die Gesellschaft mit ihren Ansprüchen reintegriert werden. Dies ist die Aufgabe der *Rehabilitation.* Sie geht aus von einer Behinderung (disablement), die Ihre Ursache in Krankheit, angeborenen Leiden oder äußerer Schädigung haben kann. Sie gliedert sich in drei Formen und Ebenen der Behinderung (Bundesarbeitsgemeinschaft für Rehabilitation, 1994: 24 f.):

- In die Schädigung (impairment), den Wegfall oder auch die Abweichung von psychologischen, physiologischen oder anatomischen Strukturen und Funktionen.
- In die individuelle, funktionelle Einschränkung und Fähigkeitsstörung (disability).
- In die Benachteiligung auf der sozialen Beziehungsebene durch eine begrenzte oder ausfallende Teilhabe am gesellschaftlichen Leben (handicap).

Alle drei haben persönliche, familiäre und gesellschaftliche Folgen. Ausgehend von diesen drei Ebenen der Behinderung lassen sich vier Formen der Rehabilitation unterscheiden: die medizinische, die berufliche, die soziale

und die schulisch-pädagogische Rehabilitation (Bundesarbeitsgemeinschaft für Rehabilitation, 1994: 236-238; M. Buchka, 1999: 392-409).
Die *medizinische Rehabilitation* hat zum Ziel, die Schädigung oder Behinderung zu beseitigen oder wenigstens zu mindern und physische sowie psychische Stabilität anzustreben. Dies geschieht durch medizinische Leistungen, die darauf abzielen, die Schädigungen, die eingetretenen individuellen und funktionellen Einschränkungen und Beeinträchtigungen des Alltags zu beseitigen oder zu verbessern. Auch soll eine berufliche und gesellschaftliche Integration durch medizinische Intervention ermöglicht werden. Dies können ärztliche und zahnärztliche Behandlung, Arznei- und Verbandsmittel, Heilmittel, wie Krankengymnastik, Bewegungs-, Sprach- und Beschäftigungstherapie, oder auch Körperersatzstücke, orthopädische und andere Hilfsmittel sein.
Die *berufliche Rehabilitation* beabsichtigt, Hilfen zu organisieren zur Erhaltung oder Erlangung eines Arbeitsplatzes, zur Berufsfindung und Berufsvorbereitung, zur beruflichen Anpassung, Fortbildung und Umschulung oder die Vermittlung an eine Werkstatt für Behinderte. Beruf und Arbeit dienen ja nicht nur der Subsistenzsicherung, sie prägen auch die Persönlichkeit, beeinflussen das Familienleben und haben einen entscheidenden Einfluß auf die gesellschaftliche Positionierung. Darum sollen auch Behinderte Zugang zum Berufsleben haben, und zwar nach den gleichen Bedingungen und an denselben Arbeitsorten wie Nichtbehinderte. Die meisten berufstätigen behinderten Menschen, vor allem geistig Behinderte, arbeiten jedoch in Werkstätten für Behinderte. Unterdessen gibt es aber Alternativmodelle (Buchka, 1999: 396 f.).

- Die Fachdienste für die berufliche Integration beschäftigen sich vor allem mit der Integration geistig- oder körperbehinderter Menschen auf dem allgemeinen Arbeitsmarkt.
- Weiterhin gibt es Außenarbeitsplätze der Werkstätten für Behinderte. Die Arbeitskräfte werden also aus den Behindertenwerkstätten ausgegliedert, auf dem allgemeinen Markt vermittelt und durch zusätzliches und ausgebildetes Werkstattpersonal betreut.
- Schließlich versuchen Selbsthilfefirmen, das sind kleinere Betriebe, den Behinderten Arbeitsplätze anzubieten, die mit denen auf dem allgemeinen Arbeitsmarkt zu vergleichen sind.

Solche Alternativmodelle zu den Werkstätten für Behinderte sollten gefördert werden, weil sie die Integration in die Berufswelt anstreben.

Die *Soziale Rehabilitation* beabsichtigt die Integration Behinderter in die Gesamtheit der Gesellschaft, also nicht nur in den Beruf und die Arbeitswelt. Sie sollen in alle Bereiche des gesellschaftlichen Lebens einbezogen werden, und ihnen stehen die gleichen Teilhabechancen zu. Dies betrifft vor allem die Lebensbereiche Freizeit und Wohnen.
Die *schulisch-sozialpädagogische Rehabilitation* beginnt schon vor der Schulpflicht mit der Entwicklung der geistigen und körperlichen Fähigkeiten des behinderten Kleinkindes. Während der Schulzeit wird die Schullaufbahn begleitet und gefördert. Nach dem Schulabschluß gilt es, eine angemessene Berufsleistung zu unterstützen und zu entwickeln. Im übrigen geht es bei der sozialpädagogischen Rehabilitation darum, daß behinderte Menschen am sozialen Leben teilnehmen können, sich mit ihrer Umwelt verständigen, wenn möglich ihren Haushalt führen und ihre Wohnung gestalten und daß ihre körperliche, seelische und geistige Fähigkeit so weit erhalten, gebessert oder wiederhergestellt ist, daß sie ihre Freizeit gestalten und am gesellschaftlichen und kulturellen Leben teilnehmen können (BAG für Rehabilitation, 1994: 237). Dies ist die Aufgabe der sozialpädagogisch-rehabilitativen Arbeit. Sie erstreckt sich nach Speck auf vier Bereiche (Speck, 1996: 372).

(1) Behinderungsbezogene Aufgaben: Sie dienen der Prävention, um Behinderungen einzuschränken; der Substitution, als Unterstützung nichtgeschädigter Funktionsbereiche; der Korrektion, um fehlgeleitete und fehlentwickelte Verhaltensweisen abzubauen; und schließlich der Kompensation, um dem Behinderten zu helfen, die Behinderung in sein Leben zu integrieren.

(2) Die lebenslaufbezogenen Aufgaben begleiten den Behinderten auf allen Lebens- und Entwicklungsstufen, um ihn zu fördern.

(3) Die methodenbezogenen Aufgaben differenzieren sich in die Prävention, um Risikokinder zu beachten und zu fördern; in die Rehabilitation, welche die physischen, psychischen, geistigen und sozialen Entwicklungs- und Lebensbedingungen verbessert; in die Integration, durch die Behinderte in die Gesellschaft eingegliedert werden; und in die Normalisierung, die bewirken will, daß Behinderte mit Nichtbehinderten zusammenleben und gemeinsam arbeiten.

(4) Die sozialökologischen Aufgaben beziehen sich auf die Funktionalität der einzelnen Lebensbereiche, die für Menschen mit Behinderung notwendig und wichtig sind. Sie beziehen sich also auf eine allgemeine Verbesserung der Lebensbedingungen.

Es zeigt sich, daß Sozialpädagogen in der Behindertenarbeit eine Zusatzausbildung brauchen und sich lebenslang fortbilden müssen.

4.9. Schulsozialpädagogik

Schulsozialarbeit ist ein Arbeitsfeld der Sozialpädagogik, das Zukunft hat; und dies aus zwei Gründen. Erstens ist sie ein neues, sich erst noch entwikkelndes Arbeitsfeld, für das es erst Ansätze zu einer Theorie gibt (Hollenstein, 1999: 117-122). Es lassen sich folgende Konzeptionen und Handlungsprinzipien definieren (ebd.; Mühlum, Rothe, 1991):

(1) Hausaufgaben- und Schülerhilfe. Sie haben ihren Handlungsort außerhalb der Schule und unterstützen die Schüler bei Schulproblemen. Diese Hilfe kann durch einen Sozialpädagogen oder einen Laienhelfer geleistet werden.

(2) Die freizeitpädagogische Tätigkeit der Schulsozialpädagogik findet sich besonders in Ganztags- und Internatsschulen. Der Schulsozialpädagoge hilft den Erziehern bei der Organisation und Durchführung von Angeboten der Freizeitgestaltung der Schüler außerhalb des Unterrichts.

(3) Der Jugendhilfeansatz versucht, Schüler zu beraten, und ist darum besonders an Problemschulen bzw. Brennpunktschulen vertreten. Die Aufgabe des Sozialpädagogen ist es, Ansprechpartner für Problemschüler (oder ihrer Opfer) zu sein und zu der Schulleitung und den Lehrern zu vermitteln.

(4) Die Kooperation bezieht sich auf die Schulsozialarbeit im engeren Sinne. Der Schulsozialpädagoge ist ein Mitglied des Kollegiums und will schulunterstützend und schulverändernd wirken. Er arbeitet schülerzentriert, wenn er auch Schule, Lehrer und Eltern einbezieht.

(5) Die Gemeinwesenarbeit beinhaltet eine umfeldorientierte Schulsozialarbeit. Das Ziel ist es, das umgebende Gemeinwesen so zu verändern, daß die Lebenswelten der Schüler verbessert werden.

(6) Die lebensweltliche Arbeit schließlich bedeutet, daß die ganze Lebenswelt des Schülers, einschließlich seiner Wirklichkeitserfahrung und Wirklichkeitsbearbeitung, einbezogen wird. Praktisch bedeutet das, daß der Schüler in seinen Mikrosystemen Familie, Verwandschaft, Nachbarschaft, Freundschaft, Clique und Schulalltag gesehen wird.

Zweitens besteht eine große Dringlichkeit für soziale Hilfe an den Schulen. Worin besteht sie? Drei Gesichtpunkten soll unsere Aufmerksamkeit gelten: Die Gewalt an den Schulen nimmt zu; viele Familien können ihrer Erziehungspflicht nicht genügend nachkommen; und immer mehr Schüler sehen keinen Sinn im Schulbesuch, weil sie in veränderten Lebenswelten und unter erschwerten Sozialisationsbedingungen leben.

4.9.1. Schulsozialpädagogik und Gewalt an Schulen

Zunächst einmal darf die Gewalt an Schulen nicht überbewertet werden. Nach Horn und Knopf trat beispielsweise in Sachsen-Anhalt aus der Sicht der Lehrer Gewalt an der Schule „selten“ mit einer Tendenz zu „gelegentlich“ auf. „Oft“ wurde kaum genannt und „sehr oft“ gar nicht. Dabei ist eine Skala zu beobachten von häufigerer verbaler Gewalt, gefolgt von Gewalt gegen Sachen und Gewalt gegen Schüler. Sexuelle Belästigung tritt nahezu nie auf, und Gewalt gegen Lehrer nie oder selten. Auch die Schulformen differieren stark in der Gewaltskala. Am häufigsten gibt es sie in Sonderschulen, gefolgt von Hauptschulen und Berufsschulen, während in Grundschulen und Gymnasien Schüler äußerst gering gewaltanfällig sind (Horn, Knopf, 1995: 136 f.). Die Formen schulischer Gewalt hat Balser versucht zu definieren. Danach stellen sich die Gewaltformen wie folgt dar (Balser 1997: 27):

Die *Autoaggressivität* besteht als verdeckte Aggressivität darin, sich die Haare auszureißen, das Gesicht zu zerkratzen, sich zu schneiden usw., die manifeste Gewalt hingegen im sich Verstümmeln und im Suizid.

Die *sexuelle Gewalt* verletzt andere in der Weise der versteckten Gewalt im Anmachen, Pöbeln, verbaler und handgreiflicher Belästigung, die offene Gewalt dagegen im Rufmord und in der Vergewaltigung.

Gewalt gegen Sachen führt als verdeckte Aggressivität dazu, zu sprayen, zu bekritzeln, Blumen auszureißen, Flaschen zu werfen, Türen zu treten, alles mögliche zu beschädigen usw. Sie kann sich steigern zur manifesten Gewalt, dem Zerstören von Möbeln, Fenstern, Türen, zum Vandalieren (Toiletten), Feuer legen und Autos und Fahrräder beschädigen.

Gewalt gegen Lehrer scheint vorwiegend verdeckt zu sein. Sie besteht im Fertigmachen, Provozieren, den Unterricht zu sabotieren usw., während offene Gewalt gegen Lehrer eher selten ist, wie schlagen, verletzen, mit dem Messer oder anderen Waffen bedrohen, Auflauern, Drohbriefe schreiben und Telefonterror.

Schließlich gibt es die *Aggression gegen Mitschüler*, die in verdeckter Form darin besteht, zu ängstigen, zu bedrohen, zu hänseln, zu provozieren, anzurempeln, Sachen abzunehmen oder sie zu verstecken; in offener Ge-

walt hingegen äußert sich die Aggression in quälen, erpressen, schlagen, mit Waffen angreifen, berauben usw.
Diese vielfältigen Formen der Gewalt können differenziert werden zwischen phasenspezifischen, nämlich pubertären Aggressionen, und Gewalt als personaler Fehlentwicklung. Der junge Mensch muß seine Identität suchen und entwickeln und gleichzeitig die Integration in die Gesellschaft leisten. In dieser Transitionsphase aus der Kindheit zum Erwachsenenalter lernt der Jugendliche neue Rollen; neuartige Erwartungen werden an ihn gestellt, und dabei kann es zu Widersprüchen zwischen der Ich-Entwicklung und den sozialen Erwartungen kommen (Butz, Bronner, Reinders, 1998: 348). Mit anderen Worten: Die pubertäre Identitätsdiffusion macht männliche Jugendliche aggressionsbereit. Auch ist es wichtig, zwischen drei Gruppen von Tätern zu unterscheiden, und zwar zwischen den körperlich starken, selbstbewußten, aggressiven Schülern, die nach Dominanz und Überlegenheit streben, den passiven Mitläufern und Gefolgsleuten sowie den Schülern, die zwischen der Täter- und Opferrollen hin- und herpendeln (Lotz, Balser, 1997: 17). Und schließlich ist Gewalt an der Schule auch Gewalt auf dem Schulweg, auf dem Opfer durch Gewalt besonders gefährdet sind, weil der Heimweg völlig ungeschützt ist.
Die *Ursachen schulischer Gewalt* sind multiplex. Individuelle Ursachen von Gewalt sind nach R. Malarski folgende Entwicklungsdefizite (Malarski, 1997: 118):

- Gewaltbereite Jugendliche weisen eine verzerrte Realitätswahrnehmung und eine beeinträchtigte Wahrnehmungssicherheit auf.
- Ihre Gefühlsausbildung und die Wahrnehmung von Gefühlen anderer Menschen ist reduziert.
- Ihr Verhältnis zwischen dem Ich und dem Wir ist gestört; das Gemeinschaftsgefühl und das Sozialverhalten sind demzufolge gering ausgebildet.
- Sie haben keine oder nur eine geringe Vorstellungen vom eigenen Lebensentwurf.

Andere Gewaltursachen werden in der Struktur der Schule, im Elternhaus und in der Gesellschaftsentwicklung gesehen. Schulische Ursachen können sein, die Überforderung von Schülern, schulische Langeweile durch den vorwiegend wissenschaftsorientierten Unterricht, die Häufigkeit von Bestrafungen, hohe Klassenfrequenzen und große Schulen, schlechte Schüler-Lehrer-Beziehung, Leistungsdruck und Schulangst bei gleichzeitiger ver-

muteter Chancenlosigkeit nach dem Schulabschluß, Autoritätsverweigerung und diffuse Normvorstellungen, verknüpft mit Ellenbogenverhalten und Gewalt als Mittel der Konfliktlösung (Horn, Knopf, 1995: 140-145). Weitere Schulstressoren sind stundenlanges Stillsitzen, Prüfungsangst, einseitige, realitätsferne Unterrichtsmethoden und Konkurrenz um gute Noten, wodurch Lern- und Leistungsstörungen und Verhaltensauffälligkeiten begünstigt werden. Solche Lebensweltstressoren können bis zur Totalverweigerung anwachsen (Mühlum, 1995: 219 f.).
Als Ursachen in der Familie stellt Olweus folgende Faktoren fest: Erstens ist die Grundeinstellung der Eltern und Geschwister zum Kind in den ersten Lebensjahren von entscheidender Bedeutung, ob sie negativ ist, wie fehlende Anerkennung, mangelnde Liebe, kein Zugehörigkeitsgefühl, Entmutigung (die zur aggressiven Überkompensation führen kann), mangelnde Wärme usw.; oder positiv, wenn sich das Kind bedingungslos geliebt fühlt. Entscheidend scheint zweitens zu sein, wenn Eltern dem Kind wenig Liebe und Zuwendung schenken und gleichzeitig dem aggressiven Verhalten des Kindes keine Grenzen setzen. Drittens sind es machtbetonte Erziehungsmethoden, wie körperliche Züchtigung oder Wutausbrüche der Eltern, die das Kind imitiert. Die Eltern versäumen es, Vorbild zu sein und dem Kind Normen und Werte zu vermitteln, die dem aggressiven Verhalten Grenzen setzen. Und viertens spielt offenkundig das sog. Temperament des Kindes eine Rolle. Robuste, selbstbewußte, sehr agile Kinder neigen eher zur Gewalt als ruhige, schwächliche und passive. Letztere werden eher als Opfer ausgewählt (Olweus, 1996: 46; 48 f.).
Gesellschaftliche Ursachen für Gewalt an den Schulen liegen in der veränderten Lebenswelt der Kinder und den erschwerten Lebensbedingungen. Die Generation der Schulkinder ist eine verunsicherte Generation, die einem Pluralismus von Meinungen, Lebensstilen und Alltagskonzepten ausgesetzt ist. Viele ziehen sich darum in Minicliquen zurück, die je nach sozialer Schicht ihr Territorium in der elterlichen Wohnung oder auf der Straße haben. Die Gleichaltrigengruppe soll Geborgenheit, Anerkennung und Selbstwertgefühle schenken. Gleichzeitig ist das Leben komplexer geworden. Tradierte Verhaltensmuster werden ungültig, neue müssen entdeckt werden; durch die Entstrukturierung der Gesellschaft sind das Kind und der Jugendliche gezwungen, eigene Lebenswelt- und Alltagsstrukturen zu entwerfen. Dies kann sie überfordern. Die Folgen sind Überanpassung, Protest, Aggression oder Verweigerung. So sind die Kinder und Jugendlichen genauso wie die Erwachsenen bio-psycho-sozialem Streß ausgesetzt, einer Doppelspirale von Langeweile und Überforderung. Darum fliehen Kinder und Jugendliche (Mühlum, 1995: 218-220) aus der Gegenwart und aus der Realität

- in die Vergangenheit (Nostalgie, Traditionalismus, Konservatismus),
- in die Zukunft (Utopie, Messianismus),
- in die Verweigerung (Ausstieg),
- in die Gewalt (Radikalismus, Autoritarismus, Totalitarismus).

4.9.2. Lebensweltliche Schulsozialpädagogik

Allerdings hat es der Sozialpädagoge in der Schulsozialarbeit nicht nur mit der Gewalt zu tun, sondern er sieht sich einer Vielzahl von Schulproblemen, Familienproblemen und Sozialproblemen gegenüber, die sich gegenseitig verstärken. Mühlum nennt folgende (Mühlum, 1993: 254):
Die *mikrosoziale Ebene* erfaßt vor allem das Familiensystem. Auch intakte Familien erleiden einen Funktionsverlust. Viele Eltern sind durch den Beruf überfordert, es wird wenig in der Familie kommuniziert, und die emotionale Geborgenheit wird geringer. Familien werden auch strukturell überlastet. Die Kleinfamilie, zerbrochene Familien und vor allem alleinerziehende Mütter können den Kindern häufig keine phasengerechte Entwicklung des Selbst vermitteln. Oft werden Kinder, wenn beide Elternteile berufstätig sind, allein gelassen. Manche Eltern verweigern geradezu ihren Erziehungsauftrag und ihre Erziehungsverantwortung. Hinzu treten materielle Probleme. So wirken sich Arbeitslosigkeit, Armut und Wohnungsdefizite immens auf das Schulverhalten des Kindes aus. Es kann mit den andern Kindern nicht mehr um den Besitz von Prestigeobjekten konkurrieren, und es besitzt in der Wohnungsenge kein eigenes Territorium, in dem es sein Selbst entwickeln kann. Wenn in der Familie schließlich Beziehungsprobleme oder gar Gewalt auftreten, dann wird dadurch das gesamte Verhalten des Kindes negativ geprägt, auch das Schul- und Leistungsverhalten.
Das Kind und der Jugendliche sind einerseits Teile des Familiensystems, aber sie sind auch gleichzeitig autonome psychische Systeme, die sich phasenspezifisch entwickeln. Vielfältig sind die Übergänge, die der junge Mensch erlebt und meistert. Einmal sind es die Übergänge vom Kindergarten zur Grundschule, von ihr zur weiterführenden Schule und von ihr schließlich zur Hochschule oder in den Beruf. Zum andern muß das Kind während der Pubertät das Kindsein verlassen und sich von den Eltern und Elternsymbolen trennen, um eine eigene Identität zu suchen und zu finden. Dies alles sind krisenhafte Vorgänge, die vor allem in den Übergangsphasen durch Diffusion gekennzeichnet sind. Viele Kinder sind diesen psychi-

schen Vorgängen ausgesetzt, ohne sie verstehen zu können und ohne Hilfe zu bekommen.
Auf der *mesosozialen Ebene* belasten nicht nur Familienprobleme die Schule, sondern die Schule ihrerseits bewirkt Familienbelastungen. Hausaufgabenprobleme und die Notwendigkeit, gute Noten zu bekommen bei gleichzeitiger Zukunftsangst, wirken prägend auf das Familiensystem ein. Auch das Gemeinwesen kann Schulprobleme verstärken, wenn es zu wenig Treffpunkte und Spielräume zur Verfügung stellt. Die Straße, die früher einmal der Spielplatz für Kindheit und Jugend war, ist mit Autos verstopft. Viele Spielorte sind kommerzialisiert und fragwürdig. Von den Kindern und Jugendlichen selbst eroberte Sozialräume im Wohngebiet hingegen sind ständig von den Anwohnern und von der Polizei bedroht.
Auf der *makrosozialen Ebene* ist es die Gesellschaft, die Schulprobleme erzeugt und verstärkt. Neue Erwartungshaltungen konkurrieren miteinander. Die Normen der Clique, der Jugendkultur, des Meinungsklimas, der Medien, der Familie und der Schule können ungemein divergieren. In diesem Entscheidungsdilemma sind viele Jugendliche allein gelassen.
Hinzu tritt die Pluralität der Lebensstile, die verknüpft ist mit der Pluralität der Normen und Werte. Daraus erwächst die Orientierungsnot des Jugendlichen. Obendrein kommt bei manchen Kindern und Jugendlichen der zweiten und dritten Generation von Einwanderern und Aussiedlern der Kulturkonflikt hinzu.
Wenn Jugendliche sich in der pluralen Gesellschaft nicht mehr zurechtfinden, dann bilden sich Sinnverlust und Sinnkrise heraus. Der junge Mensch verliert eine eigene Lebensperspektive, er wird unfähig zum eigenen Lebensentwurf, und er verliert die Zukunft.

4.9.3. Die Positionierung des Schulsozialpädagogen im multiplexen Arbeitsfeld

Diesen Verhältnissen muß sich der Schulsozialarbeiter stellen. Allerdings befindet er sich in einer unsicheren Situation, da seine Positionierung unklar ist. Es lassen sich vier Positionierungen unterscheiden (Knapp, 1999: 354-356).
Zum ersten kann der Sozialpädagoge organisatorisch fest in die Schule integriert sein. Er ist Mitglied des Lehrerkollegiums, der Schulleiter ist sein Vorgesetzter, und seine Arbeit orientiert sich an den Bedürfnissen der Schule. Es werden weniger sozialpädagogische Ansprüche an ihn gestellt als vielmehr reparative. Es kann vorkommen, daß er so sehr in Konfliktsituationen eingesetzt wird, daß er für die prophylaktische Schulsozialarbeit keine

Zeit mehr erübrigen kann. Seine Arbeit besteht in der Mediation zwischen Schülern, zwischen Schülern und Lehrern, zwischen Schülern und Schulleitung, zwischen den Lehrern untereinander und den Lehrern und der Schulleitung. Ferner besteht seine Arbeit in der psychosozialen Beratung verhaltensauffälliger und lernunwilliger Kinder, so daß er keine kontinuierliche präventive Arbeit leisten kann, wie Gruppenarbeit, erlebnispädagogische Angebote, Projekte usw. Dieser Ansatz ist ein adaptiver Ausgangspunkt.
Eine zweite Positionierung besteht darin, daß der Schulsozialarbeiter vom Jugendamt angestellt wird und von außen auf die Schule einwirkt. Er bildet gleichsam das Bindeglied zwischen Jugendhilfe und Schule. Seine Arbeitsformen sind soziale Einzelfallhilfe in Problemfällen, sozialpädagogische Gruppenarbeit mit Schülern und Lehrern, um die Konfliktstrukturen aufzudecken und zu bearbeiten, Beratung von Schülern und Eltern, Arbeitsgemeinschaften und Angebote der Freizeitpädagogik. Der Vorteil dieser Positionierung ist, daß der Schulsozialarbeiter eine eigenständige, legitimierte Stellung in der Schule hat und die Schüler ihm gegenüber keine Vorurteile haben, weil er kein Mitglied des Lehrerkollegiums ist. In diesem Falle können wir von einem präventiven Ansatz sprechen.
Eine dritte Positionierung ist innovativ. Der Schulsozialarbeiter versucht, die Schule zu reformieren im Sinne einer sozialpädagogischen Schule. Das bedeutet, die gesellschaftlichen Funktionen der Schule abzuschwächen, und zwar die übertriebene Leistungsorientierung, die Auslese und den Notendruck sowie belastendes dominantes Lehrerverhalten usw. Die normale Schule ist nicht sozialpädagogisch orientiert. Sie erfüllt drei Funktionen (Tilmann, 1999: 36 f. ; Rolff, 1997):

- Qualifikation: Die Schule rüstet den Schüler mit jenem Basiswissen aus, das er braucht, um fähig zu sein, in der Gesellschaft einen Beruf auszuüben.
- Integration: Gleichzeitig führt die Schule neben dem Elternhaus in die Tradition der kulturellen Überlieferung ein und vermittelt die Normen und Werte der Gesellschaft, in die der Schüler sich integrieren muß.
- Selektion: Die Schule selektiert auch, und zwar die leistungsmäßig Besten, denen damit bevorzugte Optionen und Chancen in einer ungleich gegliederten Gesellschaft ermöglicht werden.

Solche Zielsetzungen sind zwar notwendig, doch müssen sie im Sinne einer sozialpädagogischen Schule abgeschwächt werden in Richtung auf ein selbstbestimmtes Lernen hin, eine Erziehung zur Ermutigung, einen humanen Umgang miteinander, die Förderung auch außerschulischer, individua-

ler Interessen, Einzelfallberatung, die Öffnung der Schule zum Gemeinwesen hin und ein reicheres Schulleben (Noack, 1999: 124-129). Jedoch bedarf es dazu einer intensiven Beziehungsarbeit zwischen dem Schulsozialpädagogen und den Lehrern und einer kontinuierlichen Weiterbildung der Unterrichtenden, weil sie Altgewohntes verlassen und sich für Innovationen entscheiden müssen, was ja vielen Menschen schwerfällt.
Die vierte Positionierung schließlich besteht in der institutionellen Kooperation zwischen unterschiedlichen Institutionen und der Schule, wodurch ein schulsozialpädagogisches Netzwerk entsteht. Ein Jugendamt z.B. bietet während eines Landschulaufenthalts einen Kurs über Berufswahlvorbereitung an. Die Mädchensozialarbeit kann ein Berufspraktikum in verschiedenen sozialen Berufsfeldern organisieren, begleiten, betreuen und auswerten. Eine Drogenberatungsstelle geht an die Schule und klärt auf. Horte, Heime oder Tagesstätten können Schüler bei den Hausaufgaben unterstützen. Jugendzentren greifen Schulprobleme auf und machen sie bewußt. Sozialpädagogen und Psychologen in Schulberatungsstellen oder in schulpsychologischen Diensten arbeiten eng mit dem Elternhaus und den Schulen zusammen, da ohnehin die Hälfte ihrer Beratungen in der Hilfe bei Schülerproblemen besteht. Die Arbeit des Schulsozialpädagogen ist es nun, aus all diesen Institutionen, der Schule und den Eltern ein Netzwerk der Hilfe und pädagogischen Innovation aufzubauen.

4.9.4. Handlungsfelder und Handlungskompetenzen des Schulsozialpädagogen

Die Handlungsfelder der Schulsozialpädagogik beinhalten zahlreiche Aufgaben (Frommann, 1987: 877; Mühlum, 1993: 259; v. d. Ah, 1999: 180 ff):

(1) Labile Schüler brauchen präventive Maßnahmen, wie Kontaktaufnahme und Kontaktpflege, Einbinden in Arbeitsgemeinschaften oder verantwortungsvolle Aufgaben, in denen Selbstwertgefühle und soziale Verantwortlichkeit gesteigert werden.

(2) Bei Krisen ist Intervention vonnöten. Krisenhaft sind Streitigkeiten mit den Eltern, Alkohol-, Medikamenten- oder Drogenmißbrauch, schwache Schulleistungen und Versetzungsschwierigkeiten, Verhaltensstörungen oder auch Isolation in der Klasse.

(3) Gegebenenfalls mit Unterstützung des Jugendamtes wird Einzelfallhilfe geboten, bei der individuelle Beratung und unter Umständen das social case management zum Tragen kommen.

(4) Auch die Lehrer können die Hilfe des Schulsozialpädagogen annehmen, wenn sie Konflikte mit Schülern haben oder diese den Unterricht stören.

(5) Im Sinne der lebensweltlichen sozialen Arbeit werden die Eltern in die Beratung einbezogen, besonders wenn auch sie mit ihren Kindern Schwierigkeiten haben.

(6) Andere Arbeitsfelder ergeben sich aus den Projektangeboten für die Schüler. So wird der Schulsozialpädagoge Projekte für den Nachmittagsunterricht oder auch für den Unterricht mit Lehrkräften erstellen und umsetzen.

(7) Ergänzt werden solche Projekte durch freizeit- und erlebnispädagogische Angebote im Rahmen des Unterrichts oder für die Freizeit, wie Ausflüge, sportliche Wanderungen, Fahrt und Lager, Bildungsreisen oder auch unterschiedliche Sportangebote.

(8) Voraussetzung dafür ist, daß der Sozialpädagoge eine vielfältige Beziehungsarbeit durch Gespräche, aber auch durch gemeinsame Handlungen leistet. Gemeinsames Tun schließt die Beteiligten enger zusammen als bloße Gespräche. Zeitaufwendig, aber notwendig ist die Mediation zwischen den Schülern, den Lehrern, der Schulleitung und den verschiedenen Aktionsgruppen.

(9) Persönlich, aber auch gemeinsam mit Kollegen, ist das Nachdenken über die Schule und die Schulentwicklung wichtig, wie Teamteaching, ein Tutoren- und Mentorensystem zwischen Lehrern und Schülern, jedoch auch zwischen älteren und jüngeren Schülern, fächerübergreifender Unterricht usw. Und auch die Positionierung und Wirksamkeit des Schulsozialpädgogen bedarf der Evaluation und Reflexion.

(10) Besonders an Ganztags- und Internatsschulen, aber grundsätzlich an jeder Schulart sind Nachmittagsangebote zu erstellen. Dabei müssen die Bedürfnisse der Schüler mit den Kapazitäten der Lehrer (die sich zu einer zusätzlichen Freizeitarbeit mit ihren Schülern bereit erklären) aufeinander abgestimmt werden. Folgende Möglichkeiten hat H. v. d. Ah (ebd.) erprobt: Basketball, Mädchengruppe, Schulzeitung, Kanu-Polo, Tiffany, Mofaführerschein, Jazz-Dance, Fitness für Mädchen, Mädchenfußball, Segeln, Handball, ein Green-Team, Seidenmalerei, Gestaltung der Außenwand. Diese Liste von Tätigkeiten läßt sich beliebig erweitern durch Theaterpädagogik, Kunstpädagogik, Medienpädagogik, Musikpädagogik usw.

(11) Wenn Eltern bei der Betreuung von Arbeitsgemeinschaften mitarbeiten, dann brauchen auch sie Ermutigung, Betreuung und Fortbildung. Auch werden sie bei Schulveranstaltungen mit einbezogen.

(12) Schließlich werden all diese Arbeitsfelder ausgeweitet zur Gemeinwesenorientierung. Der Ausbau und die Pflege von Kontakten zu den Bürgern, zu den Vereinen und anderen Einrichtungen des Stadtteils ist genauso wichtig wie die Vernetzung mit der im Stadtteil vorhandenen Jugendarbeit. Nach außen gewandt ist auch die Verbindung zu anderen Schulen, die schon einen Schulsozialpädagogen eingestellt haben oder die mit Schulsozialpädagogik bekannt gemacht werden sollen.

Für all solche vielfältigen Tätigkeiten braucht der Sozialpädagoge an der Schule drei *Schlüsselkompetenzen* (Hollenstein, 1999: 192-198), die Basiskompetenz, die Feldkompetenz und die Querschnittskompetenz. Die *Basiskompetenz* beinhaltet die grundlegende Ausbildung in den Methoden und Arbeitsfeldern der Sozialpädagogik, die ihm eine berufliche Identität vermittelt, aber auch die Fähigkeit, mit den unterschiedlichen Zielvorstellungen der Schulleitung, der Lehrer und dem sozialpädagogischen Auftrag zurechtzukommen.

Die *Feldkompetenz* verlangt eine multiplexe Aufgabenstellung, weil der Sozialpädagoge nicht nur seine Basiskompetenz braucht, sondern es treten innerhalb der Projekte immer neue Praxisfelder auf, die sozialpädagogische Kompetenz verlangen. Auch gehört zur Feldkompetenz, in der Schule als einem zweckrationalen, funktional ausdifferenzierten System Handlungspfade zu finden, welche die schulsozialpädagogische Arbeit ermöglichen. Denn mit Lehrern und Schülern zu kommunizieren und zu handeln, ist räumlich, zeitlich, von der Gelegenheit her und thematisch sehr diffizil, weil ja die Schulräume, die Unterrichtszeiten und auch die curricularen Themen festgelegt sind. Auch ist die Positionierung und die Rollenverteilung im Schulsystem schon längst festgelegt, ehe der Schulsozialpädagoge das Feld betritt. Eine Nische im schulischen Ökosystem zu finden, ist schwierig und mit Ohnmachtsgefühlen verbunden. Darum ist ein wichtiger Handlungsfaktor die Fähigkeit, schülerorientierte und pädagogisch interessierte Lehrer als Bündnispartner zu gewinnen, denn auf sich allein gestellt, ist der Schulsozialpädagoge zum Scheitern verurteilt. Die *Querschnittskompetenz* schließlich ist notwendig wegen der großen Querschnittsbreite an Arbeitsfeldern mit den dazugehörenden Kompetenzen, in denen der Schulsozialpädagoge tätig wird. Die Schulsozialarbeit umfaßt ja Einzelfallhilfe und Beratung, Gruppenarbeit mit unterschiedlichsten Gruppen, Freizeit- und Kulturpädagogik usw. Diese praxisbezogene Querschnittskompetenz dürfte ein besonderes Merkmal der Schulsozialarbeit sein.

Schulsozialpädagogik ist ein soziales Arbeitsfeld, das immer aktueller und immer dringender wird, denn die Erziehungs- und Sozialisationsbedingungen in Familie, Schule bzw. Beruf, Freizeit und Gleichaltrigengruppen sind verändert und multiplex. Nach Ferchhoff sind die Entwicklungs- und Lebensbewältigungsaufgaben neu zu definieren (Ferchhoff, 1999: 77-83). Von Jugendlichen wird erwartet, daß sie ihrer Biographie entsprechende Entwicklungschancen nutzen, indem sie in Gesprächen und gemeinsamem Handeln ihre Identität finden und ihr einen produktiven Sinn geben (Henneberger, Deister, 1996: 19). Diese Identitätsfindung ist abhängig von sozialen Strukturen, materiellen Lebensbedingungen, unterschiedlichen Lebenswelten und sozialen Milieus (Ulbrich-Herrmann, 1998: 187-191). Die Identität wird in den verschiedenen Lebenslagen und sozialen Lebensbedingungen außerordentlich verschieden strukturiert sein. Im konservativ gehobenen Milieu, im aufstiegsorientierten Milieu, im technisch-liberalen Milieu, im kleinbürgerlichen Milieu, im traditionellen Arbeitermilieu, im traditionslosen Arbeitermilieu, im neuen Arbeitermilieu, im hedonistischen Milieu und im alternativen Milieu erfolgen einfachere oder komplexere Identitätsbildungen. Darauf zu achten, ist für den Schulsozialpädagogen in den unterschiedlichen Schulformen erforderlich. Hinzu kommt, daß die Identifikationsangebote, die ja für die Identitätsbildung notwendig sind, sich vielfältig und komplex darstellen. Darum entsteht besonders in den gehobenen und gebildeten Milieus eine Patchwork-Identität. Entscheidend allerdings ist nicht, ob die Elemente, aus denen sich die Identität aufbaut, homogen oder heterogen sind, sondern ob die Teilsegmente der Identität integriert sind oder ein diffuses Aggregat bilden. Jedenfalls hat es die Jugend heute schwerer, die notwendigen Identitätsfindungen, Assimilations- und Akkomodationsleistungen zur Adaption an die Gesellschaft zu erbringen. Sie braucht die Hilfe schülerorientierter Lehrer und die pädagogische Hilfe von Schulsozialpädagogen.

4.10. Sozialpädagogik in der Verwaltung

4.10.1. Der Sozialpädagoge als Mediator zwischen Lebenswelt und System

Wenn wir von der Differenzierung zwischen Lebenswelt und System nach Habermas ausgehen, dann ist die Position des Sozialpädagogen dialektisch polarisiert in die Lebenswelt von verständnis-orientiertem, kommunikativem Handeln, seinem genuinen Praxisfeld, und in die Verwaltung mit ihrem zweckrationalen Handeln, das den Menschen entpersonalisiert und zur

Akte mutieren läßt. Darum fordert Brüggemann die menschliche Person als Subjekt der Arbeit. Das Subjekt muß dem ökonomischen Prinzip, dem Kapital, dem Staat und der Gesellschaft vorgeordnet bleiben (Brüggemann, 1994). Dies bedeutet eine Umpolung der Verwaltung von der zweckrationalen Aktenverwaltung zur subjektbetreuten Arbeit. Hierin liegt eine der Hauptaufgaben des Sozialpädagogen in der Verwaltung. Hinzu kommt, daß junge Menschen, die beabsichtigen, Sozialpädagogik zu studieren, als Motiv angeben, daß sie anderen Menschen helfen und daß sie etwas mit Menschen tun wollen (Puch, 1994: 11 f.). Sie suchen den zwischenmenschlichen Umgang mit Kindern, Jugendlichen, Erwachsenen und Senioren, weil sie sich davon Sinnerfüllung versprechen und sie sich für Menschen engagieren können, die Erziehung und Hilfe benötigen. Im Gegensatz dazu verlangt man später von ihnen, Anträge zu stellen, Berichte und Gutachten aufzusetzen, zu verwalten, Büroarbeiten zu verrichten, Finanzierungen sicherzustellen, mit Vorgesetzten und Behörden umzugehen, Bürovorschriften zu beachten, Schriftverkehr und Aktenführung zu pflegen, kurz: die bürokratische Organisation der Arbeit aufrechtzuerhalten, wenn sie nicht sogar ihre Arbeitsstelle in der Verwaltung finden. Diese Spannung zwischen Erziehung und Hilfe auf der einen Seite und der Verwaltung auf der anderen bedeutet andererseits nichts anderes als die integrative Kompetenz des Sozialpädagogen, die sich aus der fachlichen und der organisatorischen Kompetenz zusammensetzt (ebd. 13). Nach Klapprott gibt es für den sozialen Arbeiter drei zentrale Berufsrollen (Klapprott, 1987):

(1) Organisator und Repräsentant sein: Dies sind Tätigkeiten, wie organisieren, koordinieren, durchsetzen, entscheiden, konzipieren, verwalten und leiten.

(2) Bezugsperson sein: Als Bezugsperson ist der Sozialpädagoge Ansprechpartner nicht nur für die Klienten, sondern auch für den Auftraggeber und die Behörden. Für die Klienten bedeutet die Arbeit des sozial Tätigen helfen, beschäftigen, unterhalten, pflegen, betreuen, erziehen, beraten und therapieren.

(3) Sachbearbeiter sein: Das bedeutet Gesetze auslegen, dokumentieren, beraten im Sinne von informieren, mündlich und schriftlich berichten, Gutachten abfassen und im weiteren Sinne Öffentlichkeitsarbeit leisten.

Nach einer Untersuchung in Österreich nehmen Büroarbeiten, Schriftverkehr, Planung, Organisation und Management etwa ein Drittel der Gesamtarbeitszeit ein (Badelt, 1993). Bei Kolloquien zum Anerkennungsjahr, die ich abhielt, sagten einige Kandidaten, daß die Verwaltungsarbeit sogar

zwei Drittel der Arbeitszeit ausmache. Dies zeigt die große Bedeutung von Verwaltung, die zu Erziehung und Hilfe hinzutritt.
Nicht wenige Sozialpädagogen allerdings finden ihr Berufsfeld unmittelbar in der Verwaltung, d.h. in Sozial- und Gesundheitsorganisationen, wie Jugend-, Sozial- und Gesundheitsämtern oder bei freien Sozialorganisationen, wie Wohlfahrtsverbänden, Kirchen, Jugendverbänden, Vereinen und Verbänden zur Hilfe, Unterstützung und Wiedereingliederung gesellschaftlicher Randgruppen, Schulen und Krankenkassen, wobei allein die freie Wohlfahrtspflege 80 962 freigemeinnützige Einrichtungen mit 2 929 121 Betten/Plätzen und mit 937 405 hauptamtlichen Mitarbeiterinnen und Mitarbeitern und 1,5 Millionen ehrenamtlichen sozialen Helfern aufweist (Bock, 1996: 16 f.) mit einem Wirtschaftsvolumen von ungefähr 130 Milliarden DM. Die sozialpädagogische Arbeit nimmt in den Institutionen die Form der sozialen Arbeit als gesetzlich organisierte Hilfe an (Maas, 1996: 13-36), sei es in Behörden oder bei freien Trägern.
Behörden sind Organisationseinheiten, die der Bund, die Länder, die Gemeinden oder Gemeindeverbände unterhalten, um die öffentliche Verwaltung zu gewährleisten und die behördlichen Aufgaben zu erfüllen (Wagener, Böttcher, 1997: 121 f.). Sie sind entweder büromäßig, und das bedeutet in der Regel monokratisch aufgebaut, wenn etwa ein Regierungspräsident oder Oberbürgermeister der Behörde vorsteht, oder sie sind eine Kollegialbehörde, wenn wie im Falle des Magistrats eine Mehrheit entscheidet. Die verschiedenen Bundes-, Landes- und Kommunalbehörden allerdings sind in der Regel hierarchisch strukturiert. Hierarchien sind stufenförmig gebaute Ordnungen, die in Über- und Unterordnungen bestehen. Hierarchien gehen von der Annahme aus, daß obere Ränge höhere Bildung besitzen und über mehr Übersicht, Wissen und Information verfügen, so daß sie mehr Verantwortung übernehmen und in die Entscheidungen der niederen Instanzen eingreifen können. Hierarchisch können einerseits verschiedene Behördeneinheiten zueinander aufgebaut werden, die Hierarchie kann aber andererseits auch die Binnenstruktur innerhalb einer Behörde sein. Solche Hierarchien finden sich nicht nur in bürokratischen Behörden, sondern auch in Staatsorganen, Verbänden, Vereinen und Unternehmen (Freier, 1997: 459). Heute versucht man im Sinne der neuen Steuerung mehr demokratische Mitbestimmung in die Verwaltung einzuführen, um damit monokratische Strukturen aufzuweichen.
Jede Behörde hat ihre bestimmte Kompetenz und Zuständigkeit und steht in Wechselwirkung und Konkurrenz zu anderen Behörden und deren Zuständigkeiten. Wenn sie einander übergeordnet sind, entsteht dadurch der

Instanzenweg, der in der sozialpädagogischen Arbeit immer wieder hinderlich und zeitaufwendig ist. Die wichtigsten Behörden für den Sozialpädagogen sind das Jugendamt, das Sozialamt und das Gesundheitsamt. Konkurrierend, aber auch kooperativ und ergänzend zu den öffentlichen Behörden steht die *freie Wohlfahrtspflege*. Sie hat sich organisiert zur Bundesarbeitsgemeinschaft der Freien Wohlfahrtspflege e. V., einem Zusammenschluß der Spitzenverbände der Freien Wohlfahrtspflege, und zwar die Arbeiterwohlfahrt, der Deutsche Caritasverband, der Deutsche Paritätische Wohlfahrtsverband, das Deutsche Rote Kreuz, das Diakonische Werk der EKD und die Zentralwohlfahrtsstelle der Juden in Deutschland. Ihre Aufgaben sehen sie (Loges, 1997: 167) in der Koordination der Freien Träger, in der Mitwirkung bei der Gesetzgebung, die die Freien Träger berührt, in der Volkserziehung zur Sozialität, in der Öffentlichkeitsarbeit, in der Kooperation mit europäischen Institutionen, mit Bund, Ländern und Kommunen sowie in der Unterstützung von Projekten zur Hilfe bei Not- und Katastrophenfällen.

4.10.2. Die Neue Steuerung

Sowohl für die öffentlichen Behörden als auch für die Verwaltung der Freien Träger ist eine *Verwaltungsmodernisierung* notwendig. Nach Max Weber ist die Bürokratie eine rationale Maschine, die folgenden Strukturprinzipien folgt (Brülle, Reis, Reis, 1997: 1006):

(1) Aufspaltung von Zuständigkeitsbereichen: Dem Prinzip der Arbeitsteilung folgend, werden größere Komplexe von Aufgaben in kleinere Teilkomplexe zergliedert und diese sog. Stellen zugeordnet, d h. in der Regel einzelnen Sachbearbeitern, die wiederum ihr Sachgebiet weiter untergliedern nach regionalen oder alphabetischen Prinzipien.

(2) Hierarchische Entscheidungs- und Kontrollstrukturen: Diese arbeitsteiligen, zerlegten Teilgebiete der Verwaltung werden nach oben hin über eine vielstufige Hierarchie wieder zusammengefügt. Dabei sind die Unterordnungsverhältnisse und die Befugnisse der Anordnung, Kontrolle und Aufsicht durch Verordnungen klar geregelt. In der Behördenleitung vereinigen sich Macht und Verantwortung.

(3) Entsubjektivierung der Verwaltungsabläufe. Die Entsubjektivierung und Objektwerdung des Individuums ist m. E. das eigentlich Inhumane der Bürokratie. Die Zweckrationalität der rationalen Maschine Bürokratie zwingt alle Mitglieder der Verwaltung zur Objektivität und damit zur Ab-

straktion von subjektiven Gefühlen, Motiven, Anliegen, Werten, Bedürfnissen usw., wodurch eine objektive Anwendung von Gesetzen und Verordnungen möglich wird. Der Entsubjektivierung entspricht die Mutation von Personen zu Akten und Vorgängen, die eine vom konkreten Subjekt gelöste Eigendynamik entwickeln.

(4) Konditionale Programmierung. Behörden werden nur und erst dann tätig, wenn gesetzliche Regelungen es verlangen. Damit werden auch die Ziele und die Modi der Zielverwirklichung extern vom Gesetzgeber vorgegeben. Subjektive lebensweltliche und alltagsweltliche Realitäten werden nicht berücksichtigt, wenn die Gesetzes- und Verordnungslage es nicht vorsieht.

Die Krisenerscheinungen in Staat und Gesellschaft haben dieses Modell bürokratischer Herrschaft in Frage gestellt. Die Finanzkrise zwingt zur Überprüfung der Wirtschaftlichkeit von Bürokratien. Die Legitimationskrise nötigt die Bürokratie, die sich gegenüber dem Bürger verselbständigt hatte, zur Bürgernähe und Kundenorientierung. Und die Anpassungskrise der starren Strukturen von Großorganisationen muß wegen der Chronotachysierung (Zeitverschnellerung) der gesellschaftlichen und wirtschaftlichen Dynamik auf Flexibilität drängen. Diese dreifache Krise führte zu den zentralen Themen des *neuen Steuerungsmodells* (Brülle, Reis, Reis, 1997: 1007-1010; Laux, 1996: 129-144):

(1) Schaffung von Wettbewerb. In der Konkurrenzgesellschaft soll auch die träge, selbstgenügsame Bürokratie Wettbewerbssituationen ausgesetzt werden, um sie zu dynamisieren.

(2) Kundenorientierung und die Behandlung der Öffentlichkeit sowie des Bürgers als Kunden. Dies beinhaltet vor allem die Verwandlung des Publikums in Subjekte und in Personen mit dem Primat der Menschenwürde. Bereits in der Vergangenheit versuchte man die bloße Verwaltung von Leistungen zu transformieren in ein partnerschaftlich orientiertes Verwaltungshandeln. Trotzdem verharrte die Bürokratie in der Struktur der Eingriffsverwaltung, in der die Eingriffe der Verwaltung in Fälle verwandelt werden, wobei die Bürger und Bürgerinnen bloßes Publikum („Publikumsverkehr“) und Klienten sind. Sie werden nicht als Subjekte, sondern als Objekte verwaltet und behandelt. Die neue Steuerung hingegen will dieses Verhältnis umkehren. Dem Kunden, also dem nach Unterstützung und Hilfe nachfragenden Subjekt, kommt eine große Bedeutung bei. Die verwaltungsinternen Prozesse müssen sich darum umstellen von der Aktenverwaltung zur intersubjektiven Bürgerbegegnung (Grunow, 1988; 1996: 32-60). Ob eine Behörde bürgerbezogen handelt, läßt sich an vier Qualitätsmerkmalen ablesen

(Grunow, 1996: 47): der Bedürfnisgerechtigkeit, der Sachgerechtigkeit, der Anliegensgerechtigkeit und der Situationsgerechtigkeit. An ihnen lassen sich Qualität und Bürgernähe von Verwaltungen messen.

(3) Die dezentrale Ressourcen- und Ergebnisverantwortung. Im althergebrachten Verwaltungsmodell erhielt eine Behörde einen bestimmten Etat, der verordnungsgemäß verwaltet und ausgegeben wurde. Die Neue Steuerung dagegen will an die Stelle zentralisierter Etatverwaltung dezentralisierte Verwaltungseinheiten setzen, die Handlungsspielräume besitzen, um die Ressourcen effektiver, aber auch bedürfnisgerechter anwenden zu können.

(4) Das Kontraktmanagement. An die Stelle der Befehls- und Kontrollhierarchie tritt der vertragliche Kontrakt teilautonomer Arbeitsgruppen, in denen Ressourcen (z.B. Etats) und Kompetenzen vereinbart werden.

(5) Die Trennung des politischen Entscheidungsfindungsprozesses vom Managementprozeß der Leistungsproduktion (Pitschas, 1996: 108 f.). Die Strukturmerkmale der neuen Steuerung über das Verhältnis von Staat und Verwaltung sind folgende:

- Politik und Verwaltung brauchen beide eine neues Rollenverständnis. Hiernach entscheidet die Politik über das Was der Verwaltung (Ziele und Ergebnisse), die Verwaltung hingegen über das Wie (die Ressourcenverwendung und die Ergebnisrealisierung).
- Das öffentliche Rechnungswesen muß outputorientiert sein. Dies bedeutet, daß das Verwaltungshandeln das Leistungsprodukt mit den Kosten in Relation setzt. Die Entscheidung über die Kosten allerdings trifft die Politik, die feststellt, ob sie beispielsweise die Kosten für soziale Dienste übernehmen will.
- Eine Steuerung über Ziele erfordert die Entwicklung eines Systems von quantifizierten Zielen und Leitbildern für das Verwaltungshandeln.
- Die Verantwortungsbereiche müssen über Absprachen abgesteckt werden, wobei die politischen Entscheidungen mitentscheiden.
- Die Budgetierung ermöglicht globale Finanzvorgaben an die Verwaltung, die ihrerseits darauf achtet, die Kosten zu senken und die Leistung zu steigern.
- Leistungssteigerung betrifft vor allem das klientenorientierte Qualitätsmanagement, d.h. welches Qualitätsniveau dem intersubjektiven, partnerschaftlichen Verwaltungshandeln zugesprochen wird.

- Das leistungsorientierte Personalmanagement schließlich setzt die Personalkosten in Beziehung zum Leistungsprodukt, aber auch zu der Interaktionsaufwendung für die Intersubjektivität. Hierfür sind Fort- und Weiterbildungsangebote wichtig.

(6) Die Outputorientierung der Dienstleistungsproduktion. Behörden können Akten verwalten, ohne daß ihnen weder ein Input noch ein Output entspricht. Effizienz wird erzielt, wenn Input und Output korrelieren. Dabei ist es hilfreich zwischen Output und Outcome zu unterscheiden. Während Output und Input in Beziehung gesetzt werden, bezeichnet Outcome die mittel- und langfristigen Wirkungen von Handlungen. Die Berücksichtigung des Outcome ist deshalb so wichtig, weil ja öffentliche und soziale Leistungen nicht immer unmittelbar gemessen werden können. Erst mittel- oder langfristig lassen sich beispielsweise Normalisierungsprozesse im Verlaufe abweichender Sozialisierung als Resultat erzieherischer Intervention erkennen.

(7) Ein systematisches Konzept der Personalentwicklung entscheidet über das Gelingen der Neuen Steuerung, denn nur neue Mitarbeiter ermöglichen ein neues System von Verwaltung. Darum ist die systematische Personalentwicklung ein notwendiger Bestandteil der Organisationsentwicklung. Unter Personalentwicklung verstehen wir, Mitarbeiter entsprechend ihrem Entwicklungsstand und ihren Interessen auszubilden, damit ihre Qualifikation für die gegenwärtigen und künftigen Aufgaben gesichert ist. Dazu gehört auch die Information über die Ziele und Konzepte der Institution, welche die Mitarbeiter anstellt. Fort- und Weiterbildungsmaßnahmen sind wichtig, weil sich Arbeitsplatz-, aber auch Gesellschaftsbedingungen ständig ändern. Sie müssen eingebettet sein in ein Gesamtkonzept der Organisation und in die Aussagen über den strategischen Gesamtentwurf von langfristigen Entwicklungsperspektiven. Bei der Fortbildung können wir positionsorientierte und potentialorientierte Förderung unterscheiden (Hanke, 1997: 694). Erstere beabsichtigt die Laufbahn- und Nachfolgeplanung; die letztere will die vorhandenen Qualifikationspotentiale der Mitarbeiter fördern. Mittel dafür können Maßnahmen der Arbeitsgestaltung sein, wie Hinzufügen qualitativ gleichwertiger Tätigkeiten des Arbeitsinhaltes (job enlargement) oder Anreicherung der Tätigkeit durch höherwertigere Arbeitselemente (job enrichment) oder auch Qualifikationssteigerung durch Wechsel des Arbeitsplatzes (job rotation). Andere Mittel sind Bildungs- und Trainingsmaßnahmen, als da sind: planmäßige Unterweisung on the job, Übertragung von Sonderaufgaben, Teilnahme an Projektgruppen, Qualitätszirkel und Erfahrungsaus-

tauschgruppen, hauseigene oder außerhäusliche Fortbildung oder auch Fernstudium, Weiterbildungsprogramme und Hospitationen.

Die Neue Steuerung ist also ein Entwurf zur Humanisierung und Subjektorientierung des Verwaltungshandelns, ein notwendiges Konzept also für alle sozialen Arbeiter in der Verwaltung.
Für die soziale Arbeit bedeutet die Neue Steuerung vor allem zweierlei: Erstens fallen Produkt und Konsum der Leistung zusammen. Die Hilfe und die Annahme der Hilfe bilden einen einheitlichen Akt, der auch kaum in Akten und Computern speicherbar ist. Denn die Qualität der sozialen Leistung hängt von der Qualität der Intersubjektivität und damit auch von der Kooperationsfähigkeit und Kooperationswilligkeit des Hilfeempfängers ab. Eine Interaktionsbeziehung läßt sich zwar quantitativ erfassen (Besuch bei Familie Meier, 19. 3., 13 Uhr bis 14. 30 Uhr, Anträge besprochen), aber in keiner Weise qualitativ. Und trotzdem ist ja gerade diese nicht erfaßbare intersubjektive Leistung ein konstituierendes Merkmal der Leistung, und vor allem ihrer Qualität. Und zweitens sind personenbezogene Dienstleistungen heterogene Produkte; sie sind in ihrer Qualität mit anderen Angeboten der Gesellschaft nicht vergleichbar. Darum lassen sie sich auch nicht standardisieren. Die Qualität einer sozialen Hilfe mißt sich ausschließlich daran, ob eine Beziehung gelungen ist, ob sie wirksam war und ihr Ziel erreicht hat.

4.10.3. Stufen des Verwaltungshandelns

Für jegliches Verwaltungshandeln gibt es Stufen der Verwaltungsentscheidung (Gotthardt-Lorenz, 1992: 51-100; Maas, 1996: 38-41).

1. Phase: Zweck- und Zielsetzung des Handelns. In der Verwaltung werden Zwecke und Ziele in der Regel bereits durch das gesetzliche Handlungsprogramm vorgegeben.

2. Phase: Festlegung von Prioritäten. Wenn mehrere Zwecke und Ziele zu verfolgen sind, wenn z.B. die Anträge von mehreren Personen gleichzeitig vorliegen, dann muß eine Rangfolge der Wichtigkeit aufgestellt werden nach dem Maßstab der Wichtigkeit und der Dringlichkeit.

3. Phase: Definition der Situation. Der Sachbearbeiter wählt aus den Informationen, die er vom Klienten erhält, die zweck- und zielrelevanten Tatsachen aus, um sie für die verwaltungsinterne Verarbeitung aufzubereiten. Dabei muß er sich aber im klaren sein, daß die Akten und die Abspeicherungen im Computer lediglich das institutionalisierte Bild von der Realität

ist, nicht sie selbst. Was der Sachbearbeiter verwaltet, ist reduzierte Realität. Aufgrund dieser Abbildung einer Problemsituation werden Problemlösungen angestrebt.

4. Phase: Suche nach Handlungsalternativen. Die Verwaltung sucht Handlungsalternativen, um zwischen mehreren Lösungsmöglichkeiten für die Problemlösung entscheiden zu können.

5. Phase: Bewertung der entscheidungsrelevanten Handlungsalternativen. In die Bewertung für eine Entscheidung spielen drei Faktoren hinein. Zunächst entscheidet sich die Verwaltung für Maßnahmen, die die Zukunft betreffen. Dies ist ein Unsicherheitsfaktor, weil die Zukunft noch nicht ist und darum unwägbar. Sodann kann die Maßnahme nur das berücksichtigen, was der Problemdefinition und der Entscheidung zugrunde liegt. Treten neue Faktoren auf, können sie nur begrenzt berücksichtigt werden. Schließlich müssen für jede Entscheidung die Kosten und die Rechtslage bedacht werden.

6. Phase: Die Auswahl der besten Handlungsalternativen. Aus den entscheidungsrelevanten Alternativen wird die beste ausgewählt. Problematisch kann jedoch der Maßstab sein, nach dem die beste Alternative ausgesucht wurde. Das Kriterium der Wirtschaftlichkeit, um nur einen Gesichtspunkt zu nennen, ist für die soziale Hilfe nicht immer anwendbar. Am besten ist wohl die Wahl, bei der das Beratungs- und Hilfeziel erreicht wird.

7. Phase: Bestimmung der Rechtsform der ausgewählten Maßnahme. Nachdem die Entscheidung getroffen wurde, muß sie noch einmal geprüft werden, ob sie der Gesetzeslage entspricht. Danach braucht sie eine rechtliche Form. Sie wird zu einem Verwaltungsakt oder einem rechtlichen Vertrag.

8. Phase: Realisierung und Durchführung (Implementation) der Entscheidung. Sie kann sich in einem einfachen Verwaltungsvorgang realisieren, z.B. einer Geldauszahlung im Rahmen der Sozialhilfe, aber sie kann auch ein langfristiger und komplexer Vorgang sein, etwa wenn persönliche und erzieherische Hilfen notwendig sind, die ja als Interaktionsprozesse zwischen der Verwaltung und der hilfesuchenden Person stattfinden.

9. Phase: Rückmeldung und Erfolgskontrolle. Ob eine Entscheidung erfolgreich war, wird durch die Rückmeldung über den Verlauf der Hilfe sichtbar. Auch macht sie deutlich, ob der Hilfeprozeß modifiziert werden muß, weil sich die Verhältnisse im Zeitverlauf ändern können. Wichtig ist also, daß der Verwaltungsvorgang flexibel bleibt, um gegebenenfalls den gesamten Hilfeprozeß ändern zu können.

Die Analyse eines Verwaltungsvorganges zeigt, daß die zentrale Kategorie die Informationsverarbeitung ist, da ja, wie wir in der Phase 3 beobachtet haben, das institutionalisierte Bild der Realität nicht die lebensweltliche Realität selbst ist, sondern nur ein Abbild von ihr. Darum muß bei der Informationsverarbeitung darauf geachtet werden, daß zwischen der Akte und dem Leben Ähnlichkeit besteht. Denn die Hilfe ist als Verwaltungshandeln verrechtlichte Hilfe. Deshalb ist es wichtig, daß die Lebenswelt des Hilfesuchenden dem Recht möglichst realitätsgerecht zugeführt wird.
Am wenigsten von Rechtsnormen geprägt scheint die Handlungsphase zu sein, die Verwirklichung von Hilfe und Leistungserbringung. Dies ist auch das genuine Arbeitsfeld des Sozialpädagogen, das außerhalb rechtlicher Zwänge liegt. Es ist der helfende und beratende Sozialpädagoge, welcher der Verwaltung die Rückmeldung über den Hilfeprozeß gibt und gegebenenfalls auf eine Veränderung der Hilfestrategie drängt.
Am stärksten werden die Phasen 1 bis 7 durch die Rechtsnormen bestimmt. Denn es wird in diesen Phasen bestimmt, ob die Gesetze oder Verordnungen überhaupt Hilfe zulassen; und sie legen auch die Art und den Umfang der Hilfe fest.
Sozialpädagogen, die in der Verwaltung arbeiten, müssen wissen, daß die professionelle Arbeit in der Bürokratie und den sozialen Institutionen an einer Grenze angelangt sind, die sie nicht mehr expansiv überschreiten können. Darum muß sich die Verwaltung qualitativ weiterentwickeln. Die neuen Handlungsprinzipien sind folgende (Schwarz, 1995: 70):

- Dienstleistung statt Eingriff und Kontrolle,
- Prävention statt Reaktion,
- Flexibilität statt Bürokratisierung,
- Kooperation und Vernetzung statt Einzelfallbearbeitung,
- Partizipation statt Bevormundung,
- Soziale Kompetenz statt formaler Autorität.

Obwohl die Verwaltungen als große Organisationen schwerfällig und wenig veränderbar sind, darf der Sozialpädagoge, auch wenn er in einer Organisation tätig ist, sein Ethos der Erziehung und Hilfe nicht vergessen, sondern es ist seine Aufgabe, im Sinne der Neuen Steuerung und der neuen Handlungsprinzipien auch die rechtliche Verwaltung zu humanisieren, als Mediator zugunsten seiner Klienten zwischen Lebenswelt und System zu vermitteln und die Subjektorientierung zu verwirklichen.

5. Sozialpädagogische Netzwerkarbeit

5.1. Gebiets- und Bedürfnisanalyse

Jeder Netzwerkbildung geht die Gebiets- und Bedürfnisanalyse voraus. Der Pastor einer Gemeinde in einer Industriestadt mit vorwiegend Arbeiterbevölkerung und ohne eine Hochschule bot Bildungskurse an und litt darunter, daß seine Angebote nicht wahrgenommen wurden. Seine Pfadfinderarbeit hingegen blühte. Während eine bürgerliche Stadt mit einem hohen Anteil an Studenten und höheren Beamten und Angestellten, d.h. mit Bildungs- und Kulturbürgern, offen ist für Bildungs- und Gesundheitsangebote, spricht Kinder- und Jugendarbeit die Arbeiterbevölkerung einer Industriestadt an.
Wie kann ein Sozialpädagoge eine Gebietsanalyse vornehmen? Zunächst muß ein Fragebogen ausgearbeitet werden, der die Bedürfnisse erfragt. Die Befragung erfolgt nach dem Stichprobenverfahren. Es werden repräsentative Siedlungsgebiete ausgewählt und wohnungsweise befragt. Die so gewonnenen Daten können evaluiert und durch qualitative Interviews ergänzt werden. Dies geschieht z.B. durch Besuche bei Volkshochschulen und anderen Bildungs- und Kultureinrichtungen; statistisches Material der Kommune sollte verwendet werden usw. Sind die Bedürfnisse des Ortes bekannt, kann der Sozialpädagoge sein Projekt entwickeln.

5.2. Sozialer Wandel und die Notwendigkeit von Netzwerken

Vom Mittelalter bis zur Gegenwart hat sich ein umwälzender gesellschaftlicher Wandel vollzogen, der eine neue, in der Geschichte noch nie da gewesene Gesellschaft geschaffen hat. Aus der Einheit von Lebenswelt und Institution, wie wir sie in der mittelalterlichen Stadtgesellschaft beobachten können, differenzieren und entkoppeln sich beide in der Moderne immer mehr. Auf der einen Seite individualisiert sich die Person zum autonomen Subjekt, auf der anderen Seite bildet sich die Institution (der Staat, seine Bürokratie, die Institutionen und die Produktionssysteme) als eine unabhängige totale Institution heraus, eine das Individuum beherrschende und bedrohende, wenn auch helfende Macht. Beide Vorgänge sollen skizziert werden.
Einerseits beobachten wir die Individualisierung als neue Form der Lebenswelt (Bullinger, Novack, 1998). Sie stellt sich erstens dar als ein sozialer Prozeß, in dem sich das Individuum aus den traditionellen Gemeinschaften

herausindividualisiert. Zweitens beschreibt sie einen Lebensstil, der alle Lebensbereiche bestimmt und gestaltet. Und drittens bewirkt sie einen Wertewandel von den Pflicht- und Akzeptanzwerten hin zu den Individual- und Entfaltungswerten.
Andererseits entkoppelte sich das System immer mehr von der Lebenswelt und wurde eine selbständige, ihr gegenüberstehende Gewalt. Es begann damit, daß die Fürsten die feudalen Gewalten entmachteten und alle feudalen Funktionen zentralisierten (Noack, 1966: 113-163). Durch den fürstlichen Rat, die fürstliche Finanzverwaltung (Kammer), das fürstliche Zentralgericht, die Verwaltungsstatistik und das stehende Heer von Berufssoldaten vereinigte der Fürst alle Gewalt in der Person des Monarchen und schuf den Staat als eine einheitliche, souveräne Willensorganisation. Parallel zur politischen Entwicklung verlief die gesellschaftliche. Industrialisierung, Urbanisierung, Demokratisierung, der Rechts- und Sozialstaat und schließlich die Europäisierung und Globalisierung förderten nicht nur die Individualisierung, sondern führten zur Herausbildung totaler Institutionen.
Individualisierung und die Herausbildung totaler Institutionen lassen die Bildung und Pflege von sozialen Netzwerken als notwendig erscheinen.

5.3. Lebensweltliche Figuration als Konstrukt für soziale Netzwerke

Jeder Mensch lebt im Laufe seiner Sozialisation in zahllosen Beziehungen. Er ist, so sagt Elias (Elias, 1970), kein homo claustus, keine fensterlose Monade, sondern ein homo non-claustus. Er bedarf sowohl einer Sozialintegration in die verständnisorientierte, durch kommunikatives Handeln geschaffene Lebenswelt als auch einer Systemintegration in das zweckrationale, erfolgsorientierte System. Dadurch wird er sozusagen mit Ketten, Verflechtungen, Interdependenzen sowohl in Figurationsstrukturen als auch Figurationsprozessen an die anderen Menschen und an die Institutionen gebunden. Diese Ketten sind aber reversibel, es sind Interdependenzketten, wodurch jeder an jeden figuriert ist. Die Frage ist nun, ob sich diese Interdependenzen infolge der Individualisierung verdünnt haben oder komplexer geworden sind. Elias meint, daß die Interdependenzketten immer länger und immer komplexer werden (Elias, 1986: 141-143). Vor allem nimmt ihre Komplexität zu durch die Einbindung und Ankettung der Individuen an die zunehmend komplexer werdende Gesellschaft. Die Antriebe für die Figurationsprozesse sind:

- Zunächst ist zu nennen die Konkurrenz der kleinen und großen Überlebenseinheiten miteinander, wodurch Gesellschaft und Staat stetig stratifizierter und mehrstöckiger werden.
- Die Fortschritte im Wissen wachsen an, wodurch die Orientierungsmittel zunehmen.
- Die Entwicklung der Produktionsmittel bewirkt, daß ständig längere Figurationsketten und mehrstöckige Figurationsstrukturen geschaffen werden.
- Die Entwicklung der Selbstkontrolle schließlich führt zu einer stärkeren Beherrschung der Triebe, die längere Figurationen und strukturiertere Figurationsstrukturen möglich macht.

Solche Antriebe sind relativ autonom. Sie schaffen immer komplexere Dependenzgeflechte, d h. Figurationen mit mehr oder weniger stabilen und zugleich fluktuierenden Machtbalancen und komplexeren Menschengeflechten. Der Prozeß dieser Entwicklung besteht vor allem in folgenden Vorgängen:

- Die gesellschaftlichen Funktionen differenzieren sich immer stärker.
- Die Interdependenzketten nehmen an Komplexität zu und verlängern sich zunehmend mehr.
- Es erfolgt ein Übergang von kleinen, einstöckigen, segmentierten Gesellschaften zu mehrstöckigen stratifizierten und schließlich funktional differenzierten Gesellschaften.
- Durch den Abbau sozialer Barrieren erfolgt eine zunehmende Humanisierung.
- Die Ungleichheit wird verringert, und die Machtgewichte und Machtdifferenziale werden gleichmäßiger verteilt. Es entsteht eine funktional differenzierte Gesellschaft.

Figurationen können als Vielpersonenspiele auf einer Ebene erfolgen, aber auch auf mehreren. Dabei unterscheidet Elias drei- vier- und sogar fünfstökkige Figurationen. Sie ergeben komplizierte Gefüge, deren Struktur- und Prozeßentwicklung so komplex ist, daß nur wissenschaftliche Forschung sie durchschaubar machen kann. Als Beispiel für eine dreistöckige Figuration bietet Elias die Untersuchung über die drei Ebenen der Wissenschaft.

(1) Die primäre Ebene ist die der natürlichen oder sozialen Ereignisse.

(2) Die sekundäre Ebene stellen jene Wissenschaften dar, die den Zusammenhang von Ereignissen auf der Primärebene erforschen.

(3) Die tertiäre Ebene bezeichnet diejenigen Wissenschaften, die sich mit der Erforschung und Erklärung des Zusammenhangs von Wissenschaften auf der Sekundärebene befassen, was Objekte der Primärebene mit einschließt.

Figurationsstrukturen und Figurationsprozesse verknüpfen Institutionen und Systeme mit den Individuen zu Figurationen, zu Menschengeflechten und vielfältigen Verflechtungserscheinungen und Interdependenzen, die sie miteinander figurieren. Das bedeutet, wie Elias festgestellt hat, eine zunehmende Humanisierung der Gesellschaft, d h. sowohl der Lebenswelt als auch des Systems. Dies beschreibt das System als ein Versorgungs-, Sicherungs- und Fürsorgesystem. Andererseits ist das System ein Machtapparat, ein Machtsystem mit einer Tendenz zur Totalität, das den Menschen beherrscht.
Unter Figuration, so haben wir gesehen, versteht Norbert Elias die interdependente Verknüpfung, ja Verkettung von Menschen aneinander, wodurch sie Menschengeflechte bilden, die in Figurationsstrukturen und Figurationsprozessen in stetiger Wandlung eingefügt sind. Lebenswelt wiederum, so definiert Habermas, ist eine Welt des kommunikativen Handelns. Soziale Netzwerke sind demzufolge nichts anderes als Figurationen zwischen Individuen durch kommunikatives Handeln. Dies aber sind keine hypostatischen Kommunikationswelten, sondern konkrete, beschreibbare soziale Beziehungen zwischen Einzelpersonen in ihrer Lebenswelt von Familie, Arbeits- und Berufswelt, Schule und Fortbildung, Nachbarschaft, Freundschaft und Verwandtschaft, Stadtteil, Verein, Freizeitwelt, Staat, Behörden, Gesellschaft usw. Hier überall reden Personen miteinander und handeln zusammen und bilden Figurationen.
Und in all diesen Segmenten der Lebenswelt hat das Individuum unterschiedliche Rollen, einen verschiedenen Status und eine differenzierte Positionierung. Ist eine Person beispielsweise Vorsitzender eines Vereins, so mag er in der Arbeitswelt eine untergeordnete Position einnehmen; sein Status ist aber durch seine Position als Vereinsleiter höher als wäre er nur ein Angestellter im Betrieb. Nun aber ist eine Person nicht bloß als Subjekt tätig. Schon Fritz Künkel hat darauf hingewiesen, daß der Mensch immer Subjekt und Objekt zugleich ist (Künkel, 1935). Wer handelt, an dem wird gleichzeitig gehandelt. Was also Netzwerke konstituiert, ist kommunikatives Handeln in Wechselseitigkeit.
Da die Gesellschaft eine Figuration von kommunikativem Handeln in Netzwerken darstellt, können wir im Anschluß an H. Bullinger und J. Nowak von einer Netzwerk-Gesellschaft sprechen (Bullinger, Nowak, 1998:

56). Trotz der Individualisierung der Person mit ihrer Tendenz zur Isolation des Individuums und der Institutionalisierung der Gesellschaft mit der Tendenz zur totalen Institution leben die Menschen immer noch eingebunden in Netzwerke, die allerdings im Vergleich zur mittelalterlichen Kollektivgesellschaft offen sind, dem Individuum eigene Gestaltungsmöglichkeiten lassen, in denen die soziale Kontrolle gering ist und in denen die Sanktionen wegfallen. Hier suchen und finden die Menschen Gespräch, Hilfe, Unterstützung und Gemeinschaft. An drei für unsere Gesellschaft typischen Beispielen soll das erläutert werden (ebd. 57-60).

Das erste Beispiel soll eine Familie mit drei Kindern sein. Zunächst entsteht das Familien-Netzwerk, in dem das Ehepaar miteinander und mit den Kindern und die Kinder untereinander ko-respondieren. Aber diese Familie besitzt vielfältige familientransgressive Verknüpfungen. Vater und Mutter haben gemeinschaftliche Beziehungen zu den Großeltern, den Nachbarn, zum Kindergarten, zur Schule, zum Arbeitsamt und zu gemeinsamen Freunden, die sie sogar zusammen mit den Kindern haben können. Darüber hinaus hat der Mann spezifische Beziehungen, und zwar zu persönlichen Freunden, zu Arbeitskollegen und den Sportfreunden. Die Frau hat individuelle Beziehungen zu ihren intimen Freundinnen, zu speziellen Nachbarn, zu ihren Arbeitskollegen und ihren Freundinnen im Frauensport. Die Kinder sind verknüpft mit den Großeltern, den Nachbarn, mit verschiedenen Freunden der Eltern, mit den eigenen Sportkameraden, der Clique, den Freunden in der Schule bzw. im Kindergarten usw. Die ganze Familie wiederum ist abhängig von den Institutionen des Staates und der Gesellschaft: Vom Betrieb, wo die Eltern Arbeit finden – oder nicht, von den sozialen Leistungen des Staates, wie Arbeitslosenversicherung, Krankenversicherung, Rentenversicherung usw., vom Wohngeld, von den Schulmöglichkeiten für die Kinder, vom Verkehrsnetz usf.

Als zweites Beispiel soll eine alleinerziehende Mutter dienen. Zunächst entsteht auch hier wieder das primäre Familien-Netzwerk: Die Mutter und die Kinder sowie die Kinder untereinander sind miteinander verknüpft. Die Mutter hat enge Beziehungen zu ihrer Mutter, die als Großmutter für die Kinder da ist und in großem Umfang Erziehungsaufgaben übernimmt, weil die Mutter arbeiten muß. Familientransgressiv hat die Mutter Beziehungen zu Freunden, den Nachbarn, zu Bekannten auf dem Spielplatz, zur Schule bzw. dem Kindergarten, zur Selbsthilfegruppe, wo sie Freundinnen findet, und zum Sozialamt. Die Kinder haben als zweite Erziehungsperson die Großmutter, des weiteren müssen sie mit den Nachbarn rechnen, sie haben Freunde in der Schule und in der Spielwelt. Diese Familie ist viel stärker an

Institutionen gebunden als die Familie mit drei Kindern, die wir oben dargestellt haben. Die Mutter ist abhängig von der Sozialhilfe des Sozialamtes, von den Arbeitsmöglichkeiten, die der Arbeitsmarkt bietet, von einem Kindergartenplatz, von der Schule und von den öffentlichen Verkehrsmitteln, da sich die alleinerziehende Frau kein Auto leisten kann.
Als drittes Beispiel wählen wir das Netzwerk eines alleinstehenden alten Menschen männlichen Geschlechts. Er hat Beziehungen zu einer Nachbarin, zu wenigen ehemaligen Arbeitskollegen, zu den Kindern, die manchmal zu Besuch kommen, zum Pflegedienst und den Ämtern und vor allem zu den Freunden in der Kneipe. Dies Netzwerk ist dünn geflochten. Die Zahl der Kontakte des alleinstehenden alten Menschen ist gering, aber sie sind immer noch vorhanden; es besteht aber die Gefahr der Isolation und Vereinsamung. Die institutionelle Abhängigkeit ist groß: Die Person ist abhängig von den Zahlungen der Rentenversicherung und von der ambulanten Versorgung durch die Pflegeversicherung. Allerdings gibt es neben dem sich zunehmend isolierenden alten Menschen, die sog. „Neuen Alten", die in reichen und eng geknüpften Netzwerken leben.
Für alle Formen sozialer Arbeit ergeben sich aus dem Gesagten drei Folgerungen:

- An die Stelle individualisierter sozialer Einzelfallhilfe und monolinearer Hilfeleistungen durch die Institutionen muß die Netzwerkanalyse treten. Sie zeigt uns den Menschen in der Vielzahl seiner individualisierten Beziehungen, die ihn pathologisieren, aber auch stützen und heilen können.
- Nachdem sich Lebenswelt und System immer mehr entkoppeln und die Lebenswelt durch das System kolonialisiert wird, muß soziale Arbeit die Lebenswelt stärken, ästhetisieren, lebenswert machen, aber auch den Menschen bei der Sozialintegration und Systemintegration behilflich sein.
- Eine dritte Funktion sozialer Arbeit ist die Vermittlung zwischen Lebenswelt und System, wobei der sozial Tätige Mediator ist. Er vermittelt für den Klienten zwischen seiner persönlichen Lebenswelt und der Systemwelt der Verwaltung. Dabei hilft er ihm, daß er erhält, was ihm zusteht.

5.4. Definition und Netzwerkstrukturen

Unter einem Netzwerk verstehe ich im Anschluß an Boskamp (Boskamp, 1996: 164):

- Knoten: Sie sind Individuen, aber auch soziale Gebilde, wie Gruppen, Kollektive, Organisationen und Behörden, Zusammenschlüsse, Staaten usw.
- Verbindungen und Beziehungen: Sie stellen das Potential an Ressourcen dar, das von einem Knoten (Netzwerkmitglied) zum andern fließt im Sinne der Reziprozität. Diese Beziehungen lassen sich zunächst klassifizieren als persönliche Beziehungen; sie betreffen das Verhalten einer Person in strukturierten und unstrukturierten Situationen in der Form von persönlichen Verbindungen, die diese Person zu anderen Personen hat, die auch ihrerseits mit weiteren Personen verknüpft sind, wie zum Beispiel Freundschafts-, Verwandtschafts- oder Bekanntschaftskontakte. Sodann gibt es kategoriale Beziehungen, die das Verhalten einer Person in unstrukturierten Situationen beschreiben und die in Stereotypen zum Ausdruck kommen, z.B. geschlechtsspezifische, ethnische oder religiöse Orientierungen. Und schließlich gibt es strukturelle Beziehungen, die sich in Handlungsmustern ausdrücken, die sozialen Positionen entsprechen, die eine Person innehat, etwa Familienstand, Berufsposition, Vereinszugehörigkeit und die Positionierung in diesem Verein, Positionierungen in Organisationen, Parteien usw.
- Relationen: Sie bilden soziale Beziehungen kommunikativen Handelns in Figurationen, die auf bestimmte Zwecke und Ziele hin orientiert sind.

An die Stelle monolinearer Hilfestellen mit abwartender und dirigierter Kommstruktur treten also polylineare Angebote an eine hochsegmentierte Gesellschaft mit durchsegmentierten Lebens- und Alltagswelten. Dahrendorf (Dahrendorf, 1979) versucht, die gesellschaftlichen Modernisierungsprozesse als eine Veränderung der Korrelation von Optionen und Ligaturen zu beschreiben. *Optionen* sind die Wahl- und Handlungsalternativen, die dem autonomen Individuum offenstehen. *Ligaturen* bezeichnen die Zugehörigkeiten und Bindungen, durch die das autonome Individuum in soziale Gruppen und die Gesamtgesellschaft integriert ist. Ligaturen sind somit Handlungslinien, durch die das Individuum sozial und integriert in Gruppen handelt: in Sippen, Heimat, Volk, Gemeinde, Kirche usw. Solche Ligaturen stabilisieren einerseits die Lebensgestaltung des Individuums, sie bedeuten jedoch andererseits Agenten der sozialen Kontrolle, die das Individuum unfrei machen. Modernisierung nun bedeutet nach Dahrendorf die Zunahme von Optionen und die Abnahme von Ligaturen. Das Problem ist nun, wie das Individuum Optionen wahrnehmen kann, wodurch es sich individualisiert, und wie es andererseits nicht in einen anomischen (normenlosen) Li-

gaturverlust gerät. Weil nun tatsächlich Dahrendorfs Prognose eingetreten ist, müssen wir heute Ligaturen erneuern und Ligatur-Substitute schaffen. Während Dahrendorf aber noch egozentrierte Netzwerke (Kaufmann, u.a., 1989: 14) im Sinn hatte, wobei die sozialen Netze sternförmig auf die Person bezogen sind und die Vernetzung der Personen untereinander nicht erfaßt werden, brauchen wir heute Ligatur-Netze, Figurationen, die Geflechte sind (Gräbe, 1991: 348 f.). Ligatur-Netze sehen die Vernetzung aller kommunikativ handelnden Personen, Aktionen, Projekte und Institutionen mit einem reziproken Wahrnehmungs-, Erwartungs- und Handlungsgefüge untereinander vor, und zwar als vertikale und horizontale Vernetzung.
Netzwerke lassen sich zunächst *definieren* als primäre, informelle, natürliche, sodann als sekundäre formale, künstliche Netzwerke sowie schließlich als tertiäre Netzwerke. Primäre Netzwerke sind die Familie, die Verwandtschaft, die Nachbarschaft, die Freundschaft, die Arbeitsplatzbeziehungen und die Freizeitgruppen. Sekundäre Netze hingegen sind künstlich geschaffen, wie Selbsthilfegruppen, Solidaritätsnetze, Nachbarschaftsgruppen, Laienhilfegruppen, Vereine, usw. Institutionen und Verbände sowie die staatliche Bürokratie sollten als tertiäre Netzwerke im Sinne professioneller Hilfe gesehen werden. Ihre gemeinsame Aufgabe ist die Produktion und Verteilung verschiedener sozialer Unterstützungsleistungen. Der wesentliche Aspekt ist hierbei die Unterscheidung zwischen natürlichen und künstlichen Netzwerken (Straus, 1990: 497), wobei natürliche Netzwerke ohne gezielte Intervention zustande kommen, während künstliche Netzwerke gezielt initiiert werden müssen. Im einzelnen unterscheidet Bronfenbrenner (Bronfenbrenner, 1981: 19 ff.) folgende Ebenen der Netzwerkförderung:

(1) Das *Mikrosystem* stellt die Primärbeziehungen des Individuums dar, die Kommunikationen, Interaktionen und kommunikativen Handlungen innerhalb der Lebenswelt. In ihm funktionieren die Menschen im unmittelbaren Lebenszusammenhang, nämlich als Familienmitglieder, Freunde, Nachbarn, Arbeitsplatzkollegen bzw. Geschäftspartner, als Mitglied einer Kleingruppe sowie im materiellen Feld ihrer Tätigkeit. Da nun auch die anderen Personen ko-respondieren und ko-agieren, bildet sich ein funktionales Netzwerk wechselseitiger Abhängigkeiten heraus. Betrachten wir die wichtigsten Mikro-Netzwerke.

- Zum familialen Netzwerk gehören die Eltern und die Kinder, die untereinander Geschwister sind. Es ist das kleinste und wahrscheinlich auch heute noch das dichteste Netzwerk. Einerseits segmentiert sich die Familie zu einer Patchwork-Familie, in der jedes Mitglied ein persönliches Netzwerk aufbaut, das familientransgressiv ist; Freunde, Verwandte ersten Grades, Bekannte, Nachbarn, Kollegen usw. gehören zur Familie dazu, die dadurch zu einer Erweiterten Familie heranwächst. Andererseits aber nehmen Dichte, Direktheit, Intensität und Reichweite der Familienbeziehungen zu. Während Beck meinte, die Individualisierung löse die Familie auf, so zeigen empirische Forschungen, daß sich die Familienstruktur nicht aufgelöst, sondern gewandelt hat. Während sich patriarchalische Traditionen mit festen Positionierungen in der Familie fortsetzen, bildet sich eine neue partnerschaftliche, sozialintegrative Familienkultur heraus. Auch die Formen der Familie wandeln sich; aber Familie und Verwandtschaft bleiben die wichtigsten Bezugsgruppen (Höllinger, 1989: 514).

- Verwandtschaftliche Netzwerke umfassen die Großeltern, die Enkel, die Tanten und Onkel, Cousinen und Cousins, Nichten und Neffen. Wegen der geringen Kinderzahl und der sozialen Mobilität nimmt heute die Dichte des Verwandtschafts-Netzes ab, aber sie ist immer noch wichtig. Verwandte sind zuverlässige Helfer in Krisenzeiten.
- Nachbarschaftliche Netzwerke beinhalten die Beziehungen zu Personen des Wohnumfeldes und der Lokalität. Wegen der sozialen Mobilität können Nachbarn wechseln, wodurch nur schwer ein Nachbarschafts-Netzwerk entsteht. Im übrigen fällt die traditionelle Funktion der Nachbarschaft als Notgemeinschaft in der Wohlstandsgesellschaft weg. Deshalb hat ihre Bedeutung abgenommen. Aber für helfende Gespräche, gegenseitige Besuche und kleine Aushilfen sind Nachbarn immer noch wichtig (Diewald, 1991: 111).
- Freundes-Netzwerke entstehen in der Regel durch freie Wahl. Die Entscheidung, wer ein Freund sein soll, fällt auf Schulfreunde, Berufskollegen, Freizeitbekanntschaften, verwandte Gleichaltrige, seltener Nachbarn. Durch die Individualisierung spielen die selbstgewählten Freunde eine zunehmend wichtigere Rolle, wenn Probleme gelöst werden müssen, wichtiger als Verwandte, die ja oft räumlich entfernter wohnen als Freunde.
- Netzwerke können auch alters-, geschlechts- und schichtenspezifisch sein. *Altersspezifische* Netzwerke differenzieren sich durch die Lebensalter. Die Netzwerke von Kleinkindern sind klein. Entwicklungspsychologisch gesehen, sind sie noch nicht in Lage, über ihre eigene Phantasiewelt und das eigene Erleben hinaus zu denken. Sie überschreiten kaum die Grenzen von Familie und Verwandtschaft. Allerdings können ab drei Jahren Kindergartenfreundschaften wichtig wer-

den. Anders die älteren Kinder, die in der Realwelt heimisch werden und Abenteuer suchen. Ihr Netzwerk ist familientransgressiv. Freunde zum Spielen und zu Abenteuern im Stadtteil bzw. der Stadt und in der weiteren Wohnumgebung werden wichtige Elemente des kindlichen Netzwerkes. Die 6-12-Jährigen verknüpfen also die familialen und außerfamilialen Netzwerke miteinander. Für die Jugendlichen bleiben Eltern und Familie weiterhin wichtig, wenn sich auch ihre Funktion für sie gewandelt hat. Neben die Familie tritt bei Jugendlichen der oberen Mittelschicht der Freundeskreis, in der Basisschicht die Clique. Im mittleren Lebensalter gehören vielfältige Beziehungsnetze zur Generativität. Alte Menschen brauchen einerseits ein Netzwerk, um die Kommunikation aufrechtzuerhalten, um noch etwas gemeinsam unternehmen zu können und um Unterstützung und Hilfe in Notfällen zu erhalten. Andererseits verdünnt sich das Netzwerk alter Menschen. Gleichaltrige, die zum Netz gehört hatten, sterben. Neue Beziehungen zu bauen, fällt alten Leuten schwer. Allerdings haben Menschen aus den gehobenen Schichten, die Neuen Alten und wer schon in der Jugend und im Erwachsenenalter ein großes und intensives Netzwerk unterhalten hatte, auch im Alter ein tragendes soziales Netz. *Geschlechtsspezifische* Netzwerke sind beispielsweise Frauen-Netzwerke. Sie spielen im Leben der Frau eine große Rolle. Frauen sind in der Regel stärker in Netzwerke eingebunden, und sie tun auch für Beziehungen viel mehr als die Männer. In vielen Familien sind sie geradezu für die innerfamilialen Beziehungen, aber auch für die Kontakte zu Nachbarn, Verwandten und Freunden zuständig. Eine besondere Rolle spielen Netzwerke für alleinerziehende Mütter. Sie haben einen Anteil von etwa 10% an der Bevölkerung (in Großstädten beträgt ihr Bevölkerungsanteil bis zu 25%). Alleinerziehende Mütter brauchen nicht nur ein Netzwerk, sie bauen sich auch in der Regel ganz bewußt eins auf, und zwar aus Personen der Herkunftsfamilie, aus Freundinnen, die sehr wichtig sind, und aus Bekannten. Es ergibt sich aus dem Umstand, daß ein Partner fehlt, daß die Netzwerke alleinerziehender Mütter kleiner sind und stärker gleichgeschlechtlich (Niepel, Nestmann, 1994: 233). Vor allem stellen die Mutter-Kind-Beziehungen eine wichtige Quelle interner Unterstützungsressourcen dar (ebd. 241 f.). Schließlich gibt es *schichtenspezifische* Netzwerke. In der Basisschicht, sie wird vorwiegend von der Arbeiterklasse gebildet, besteht das Netzwerk überwiegend aus Familienmitgliedern, Verwandten sowie Freunden, Nachbarn und Kollegen, wenn sie gleich empfinden, denken und urteilen und dieselben Vorurteile haben wie die beziehungssuchende Person. M. Stein beschreibt Netzwerke der Basisschicht wie folgt (Stein, 1987: 114): Netzwerke bei Arbeitern sind intensiv, von langer Dauer, erfordern schnelle Erreichbarkeit, beinhalten homogene Erfahrungen und Einstellungen, werden bestimmt durch häufige Interaktionen, schnellen Informationsfluß und großes Wissen übereinander. Im Gegensatz dazu sind Netzwerke der oberen Mittelschicht umfassender: Es kommen Mitglieder aus anderen Gesellschaftsgruppen hinzu, wie ehemalige Studienfreunde, Sport- und Freizeitfreunde, Berufskollegen und Beziehungen aus der Zugehörigkeit zu verschiedenen Vereinen und Initiativgruppen. Dabei sind die Freundschaften oftmals spezialisiert (für verschiedene Aktivitäten sind verschiedene Freunde zuständig), sie sind aber auch offen, so daß neue Freunde Zutritt zum Netzwerk haben.

(2) *Mesosysteme* sind wechselseitig miteinander verbundene Mikrosysteme, also Wechselbeziehungen zwischen verschiedenen Lebensweltsegmenten, an denen die Person beteiligt ist, wie Beziehungen eines Kindes oder Jugendlichen zwischen Elternhaus, Schule und Peergroup, deren Teil sie sind, oder eines Erwachsenen zwischen Familie, Arbeitswelt und Bekanntenkreis, denen sie angehören. Als Mesosysteme treten auch vermittelnde Instanzen auf, wie Ämter in ihrer administrativen Funktion oder das Sozialleistungssystem mit seinen Diensten und Einrichtungen. Typische mesosystemische Gruppen sind Selbsthilfegruppen (Seibert, Noack, 1996: 69 f.), die in den letzten Jahren an Zahl zugenommen haben und ein integrierter Bestandteil der sozialen Arbeit geworden sind. Es gibt etwa 50 000 Einzelgruppen, die sich zu spezifischen Hilfen zusammengeschlossen haben. Es können Selbsthilfegruppen Betroffener sein, wie Stillgruppen, Frauenhilfe nach Krebs usw.; es gibt aber auch außenorientierte Selbsthilfegruppen, wie die Anonymen Alkoholiker, der Kneipp-Verein, Guttemplergruppen usw.; schließlich existieren Selbsthilfeinitiativen, die sich weniger auf Sinnsuche und Lebensstilveränderung spezialisiert haben, sondern sich eher sozialpolitisch engagieren, wie der Kinderschutzbund, Arbeitslosentreffen, Ausländerbeirat usw. – Andere Meso-Netzwerke sind solche Gruppen, die intermediäre professionelle Dienstleistungen anbieten. Intermediär sind sie, weil sie zwischen den Individuen und den gesellschaftlichen Institutionen vermitteln. Sie helfen, weil das System immer komplexer und für den Einzelnen undurchschaubar geworden ist (das weiß jeder, der Formulare ausgefüllt hat). Aus den ursprünglichen Hilfesystemen werden organisierte, verrechtliche Bürokratien mit der wachsenden Tendenz

zur Totalitarisierung. Solche intermediären Instanzen sind Rechtsanwälte, Steuerberater, Wirtschaftsprüfer, aber auch Sozialarbeiter, Beratungseinrichtungen und Behörden. Allerdings stehen sie in der Gefahr, zu Makrosystemen zu werden und damit zum System hinzuzuwachsen.

(3) *Exosysteme* sind Lebensbereiche, die auf gleicher Ebene wie Mesosysteme stehen, an denen das Individuum zwar nicht beteiligt ist, deren Prozesse die sich entwickelnde Person aber beeinflussen. Ein Exosystem wäre beispielsweise die Polizei oder eine Behörde. Sobald das Exosystem eine Person beansprucht oder von ihm beansprucht wird, verändert sich das Exosystem zum Mesosystem. Typische Exosysteme sind Behörden, die ständig indirekt auf unser Leben Einfluß nehmen.

(4) *Makrosysteme* sind Großgruppen innerhalb der Gesellschaft, die Mikro-, Meso- und Exosysteme miteinander verähnlichen und unterstützen. Sie umfassen die Bedingungen aller Subsysteme der Gesellschaft, nämlich Staat, Wirtschaft, Verkehr, Verwaltung, Politik, Wissenschaft und Kultur sowie Religion für das Individuum. Die wichtigsten Makrosysteme dürften allerdings für das Individuum einerseits die öffentlichen institutionellen Netzwerke sein und andererseits jene, die politisch-infrastrukturelle und sozialstaatliche Dienste anbieten. Das sind z.B. Kindergärten, Schulen, Universitäten, Kirchen, Arbeitsplätze, Dienstleistungen der Verkehrssysteme, die Kommunalverwaltungen, die staatlichen Behörden, die Gerichte, die Polizei, die Armee usw. Neben diesen öffentlichen institutionellen gibt es die marktwirtschaftlichen institutionellen Netzwerke. Dazu gehören die produzierenden Unternehmen und die Dienstleistungsunternehmen. Dies sind beispielsweise Industrieunternehmen, Handwerksbetriebe, Kaufhäuser usw. Allerdings möchte ich unter Makro-Netzen auch die Vernetzung von Institutionen miteinander verstehen. Sie vermeidet voneinander isolierte lineare Hilfen zwischen Amt und Individuum, sondern vernetzt vielmehr horizontal Ämter und Behörden miteinander, um als Makronetzwerk den Hilfesuchenden zu helfen, aber auch Mehrfachbetreuung zu vermeiden. Die Bedeutung der Makronetzwerke ist, wie wir bereits gezeigt haben, janusartig: Auf der einen Seite nehmen die sozialen Dienste zu, wodurch eine große soziale Sicherheit gewährleistet wird, auf der anderen Seite entstehen soziale Abhängigkeiten, vor allem bei Arbeitslosigkeit, Verarmung, Obdachlosigkeit usw.

(5) Das *globale System* schließlich umfaßt die internationalen Makrostrukturen, wie die internationale Weltpolitik, die Weltwirtschaft, das globale Banken- und Börsensystem oder auch die weltweite Arbeitsstruktur. Dies alles wirkt bis in die Mikroebene der Gesellschaft hinein; denn die globalen

Strukturen bestimmen weitgehend die Arbeits- und Konsummöglichkeiten des Einzelnen.

Wichtig ist m. E. auch die Unterscheidung von *symmetrischen* und *asymmetrischen* Netzformen (Schneider, 1988: 13 ff.). Eine symmetrische Führungspyramide war ein Erfolgsnetz in einfachen, urtümlichen Gesellschaften. In einer Armutsgesellschaft mit wenig Kompetenzen gab es u. U. nur eine Führungsperson, die die Spitze der Entscheidungspyramide einnahm. Auf der nächsten Ebene standen seine Stellvertreter, und darunter folgten die Ebenen drei, vier usw. Solche pyramidenförmig strukturierten Netze finden sich zwar immer noch in den Verwaltungen, sind für unsere segmentierte, ausindividualisierte Gesellschaft aber untragbar. Es ist nicht möglich, daß der Sozialfunktionär die Ebene 1 einnimmt, die weniger Qualifizierten die Ebene 2, die volunteers die Ebene 3 und die Betreuten die Ebene 4. Vielmehr brauchen wir asymmetrische Netzwerkformen. Die Überflußgesellschaft mit ihrem Überfluß auch an Kompetenzen bedarf lateraler Netze. Asymmetrisch-laterale Netzwerke verknüpfen alle Individuen des Netzes in symmetrischen Beziehungen von Gleichwertigkeit und gleicher Kompetenz.

5.5. Netzwerk und Lebenswelt

Die Netzwerkkonzeption und der Begriff der Lebenswelt korrespondieren miteinander. Während die Lebenswelt letztlich das durch Intersubjektivität erzeugte Kommunikativ- und Handlungsgeflecht ist, in dem ein Individuum lebt, also der durch kommunikatives Handeln geschaffene Wirklichkeitsbereich, erforscht das Netzwerkkonzept die objektiv vorhandenen Verbindungen des Individuums im Netz, wie Status, Rolle, Positionierung in der Gesellschaft, Bildung, Geschlecht, Alter usw. und die vorhandenen Ressourcen.

5.6. Netzwerk und Lebenslage/Alltagswelt

Ebenso korrespondieren begriffsmäßig Netzwerk und Lebenslage miteinander (Wendt, 1990: 83 ff.). Während wiederum die Lebenswelt die Sinn- und Lebenserfahrung, die ganze Welt kommunikativen Handelns des Individuums bezeichnet, beschreibt die Lebenslage das Zusammenspiel von Lebensplanung, potentiellen Ressourcen, Lebenserfahrung und schichten- und milieutypischen Einstellungen. *Lebenslagen* können also nicht eindimensional durch ein einziges Merkmal, wie Bildung oder Beruf, beschrieben werden, sondern bedürfen der mehrdimensionalen Betrachtungsweise. Es lassen sich vier Dimensionen unterscheiden (Wendt, 1990: 36-40): Eine handelnde Person orientiert sich zunächst an seiner *Lebensgeschichte* und seinen *Perspektiven*. In beiden, der vergangenheitsorientierten Lebensgeschichte als auch den zukunftsorientierten Perspektiven, spielen physische, seelische, soziale und geistige Gesichtspunkte eine Rolle. Der Mensch findet sich in einem bestimmten Gesundheitszustand und Alter vor, und er befindet sich auf dem Weg in die Zukunft, die ihm Entwicklungsaufgaben stellt. Dieser Lebenslauf aus der Vergangenheit in die Zukunft kann kontinuierlich verlaufen oder Brüche aufweisen, er kann Aufstieg oder Abstieg gebracht haben. Der zeitlichen Erstreckung des individuellen Lebens muß hinzugefügt werden das Innen-Außen-Verhältnis. Zur Lebenslage gehören darum auch das innere Milieu, d.i. das Ererbte und Erworbene, und die Verwirklichung der Lebenslage in der Umwelt. Die *Innenwelt* kann das Individuum mit den Kenntnissen der Psychologie, vor allem der tiefenpsychologischen Schulen, erhellen. Durch Introspektion und Selbstreferenz ist der Mensch in der Lage, sich autopoietisch, d.h. sich selbstorganisierend, zu entwerfen. Dabei ist er verflochten in seine Alltagssicht und in die Ausdeutung seiner materiellen, emotionalen und sozialen Lagen, wodurch er sie verändert. Die *Umwelt* wird auf diese Weise autopoietisch verwandelt, das bedeutet, daß diese so veränderte Umwelt auf das Individuum bereichernd zurückwirkt. Praktisch heißt das, daß es in kommunikative, produktive und konsumtive Beziehungen sowohl zu anderen Personen tritt als auch zu sozialen Institutionen. In der aktiven Auseinandersetzung mit der Umwelt wird der eigene Lebensunterhalt erworben und gesichert, die Glücksmöglichkeiten, wie Einkommen, soziale Position, Wohnstandard, Berufszufriedenheit, Qualität und Quantität der sozialen Kontakte werden verwirklicht – oder nicht. Diese vier Dimensionen der Lebenslage müssen nun durch drei Annahmen ergänzt werden: 1. Das Individuum ist in seiner Umwelt autopoietisch. Es setzt sich mit den vier Dimensionen der Lebenslage auseinander und organisiert dadurch seine Lebenssituation. 2. Dabei beachtet es Aufwand und Erfolg, um seine Lebenslage zu stabilisieren. 3. Die Lebenslage ist stets kontextabhängig. Personen und Familien beispielsweise grenzen sich von der Außenwelt ab durch eine Membran, durch die sie Distanz und Differenz genauso erzielen wie Übereinstimmung, Wertschätzung und soziale Nähe. Bedenken wir die Kontextabhängigkeit von Individuen und Gruppen, dann ist es nötig, das Lebenslagenmodell zu erweitern. Denn die individuelle Lebenslage wird ja konfrontiert mit anderen, zu denen sie auch konkurrieren muß. Der Kontext der Lebenslage ist demzufolge die soziale Lage, weil Lebenslagen ja stets eingefügt sind in ein Gemeinwesen. Von daher läßt sich die *soziale Lage* differenzieren als gruppenbezogen, familien- und personenbezogen. Die Lebenslage, die eine individuale Definition erfährt, wird stets gesellschaftlich definiert und zugleich relativiert. Man hält sich für wohlhabend, gebildet und von einflußreichem sozialen Status oder für arm und krank oder für isoliert und vereinsamt, also relativ zu anderen Lebenslagen. Bei dem Versuch, Lebenslagen zu typisieren, stoßen wir auf die Tatsache der *Pluralisierung* der Lebensstile, d.h. eine Zunahme von gruppen-, milieu- und situationsspezifischen Ordnungsmustern zur Organisation der Lebenslage, Ressourcen und Lebensplanung (Zapf, 1984: 18).

Nach den bisherigen Ausführungen lassen sich drei Termini unterscheiden: Erstens die individuelle Lebenslage, zweitens die durch die Gesellschaft definierte soziale Lage und drittens die zwischen beiden vermittelnde soziale Lebenslage. Über die Lebenslage entscheidet das Individuum mit seinem selbstreferentiellen, autopoietischen Lebensentwurf. Über die soziale Lage bestimmen gesellschaftliche Zuweisungen, wie Einkommen, Arbeitsplatz, Wohnraum, Mitbestimmung, Ausgrenzung (als Ausländer, Behinderter usw.). Das konkrete Verhältnis zwischen individueller Lebenslage und gesellschaftlicher sozialer Lage vermittelt die soziale Lebenslage, die beschreibt, wie sich das Individuum in seiner gegenwärtigen Situation auf die gesellschaftlichen Bedingungen seiner Umwelt bezieht. Es leidet unter ihnen oder profitiert von ihnen. Die soziale Lage sollte so gestaltet sein, daß dem Individuum Lebensqualität und eine zufriedenstellende Zukunft gewährleistet wird.

Die Betrachtung der Lebenslage stellt für den Sozialpädagogen eine zentrale Aufgabe dar. Er interpretiert die subjektiven und objektiven Chancen einer Person in der gesellschaftlichen Umwelt. Dabei wird diese Interpretation stets unabgeschlossen sein und im Resultat offen bleiben, da sich die Lebenslage in ständiger Veränderung befindet.

5.7. Netzwerk und Autopoiese

Netzwerke sind keine trivialen (einbahnige), sondern nichttriviale (vernetzte, autopoietische) Systeme (v. Foerster, 1985: 41 ff.). Während triviale Systeme Reiz-Reflex-Bündel darstellen, die vorhersehbar sind, entsprechen nichttriviale Systeme den lebendigen Organismen, die auf ihre Umwelt zu ihrem Überlebensvorteil einwirken und sie so verändern, während die so verwandelte Umwelt auf den Organismus zurückwirkt. Dadurch werden nichttriviale Systeme unvorhersagbar. Autopoiese entspricht nichttrivialen Systemen. Die autopoietische Person wird sich ihrer selbst durch Selbstreferenz bewußt und wirkt nun verändernd auf die Systeme Umwelt und Natur ein, die ihrerseits auf die Person zurückwirken.

Autopoietische Systeme werden bestimmt durch Selbstorganisation, Selbsterhaltung und Selbstreferenz (Reinhardt, 1993: 94 ff.). *Selbstorganisation* beinhaltet Komplexität, Selbstreferenz, Redundanz und Autonomie, das meint, daß sich Systeme aus kontingenten, modalen Anfangszuständen aus bestimmten Anfangs- und Randbedingungen selbst organisieren. Dabei entwickeln sie Komplexität, indem sie immer mehr Elemente miteinander relationieren; sie reflektieren autonom die Selbstorganisation, und zwar sowohl im Sinne des Wachstums als auch des Zerfalls. *Selbsterhaltung* bedeutet, daß Systeme bestrebt sind, der Entropie entgegenzuwirken und sich durch Reproduktion immer neu zu organisieren. *Selbstreferenz* meint, daß das System sich selbst reflektiert, indem es nicht nur sich statisch reflektiert, sondern auch Prozesse, in denen die Elemente der Reflexion auf ein Vorher und Nachher bezogen werden im Sinne einer Zeitreflexion.

Allerdings unterliegen Netzwerke der Redundanz und der Entropie. Alle Elemente des Netzwerkes beginnen zu diffundieren, sich aufzulösen, wodurch das Netz stirbt. Das wichtigste Mittel gegen die Entropie ist die Interpenetration und die Zeitsynchronizität. Netzwerke müssen in der Interpenetration sich selbst transzendieren, mit anderen Netzwerken korrespondieren und interagieren, um zu wachsen. Und das Netzwerk muß zeitsynchron sein, damit es bei der Bevölkerung angenommen wird.

Für Netzwerke bedeutet dies, daß sie sich ununterbrochen wandeln, indem sie wachsen – oder zerfallen. Ebenso verändern sich alle Teilnehmer des Netzes durch Motivwandel, Änderungen in der Lebenslage, Wachsen oder Stagnieren der Person usw. Schließlich sind auch die professionellen und freiwilligen Mitarbeiter autopoietisch, sich selbst erhaltend, reflektierend, wachsend – oder stagnierend.

Wir müssen uns darüber klar sein, daß Netzwerke keine trivialen, sondern nichttriviale Systeme sind. Triviale Systeme verhalten sich wie Zwei-Körper-Systeme: Zwei Körper wirken so aufeinander ein, daß sie Kausalitäts- und Wechselwirkungsverhältnisse erzeugen. Sie sind dadurch genau vorhersehbar. Jede Wirkung eines Objekts auf ein anderes läßt sich berechnen und damit vorhersagen. Es ist ein nach außen abgeschirmtes, exklusives System. Im Gegensatz dazu sind Netzwerke nichttriviale Systeme, die Drei- und Mehrkörper-Systeme darstellen (Ganoczy, 1995: 39 ff.). Drei-

Körper-Systeme lassen sich nicht mehr wie ein Zwei-Körper-System unter idealen Bedingungen exakt berechnen, denn der dritte Körper wirkt als ein nicht exakt berücksichtbarer Faktor auf die zwei anderen Körper ein. Nun steht der dritte Körper symbolisch für eine Vielzahl von Körpern, so daß die Welt als ein Viel-Körper-System ungeheuer komplex ist, da sich alle die unzähligen Körper durch Wechselwirkung und Rückkoppelung beeinflussen. Ist das Zwei-Körper-System linear, so ist das Viel-Körper-System nicht-linear. Das bedeutet, es ist nicht einfach poly-linear, so daß viele Kausalitätsstränge parallel verlaufen, sondern durch Wechselwirkung entstehen unzählige Quer-Einwirkungen, das bedeutet Netze. Netzwerke als nichttriviale Viel-Körper-Systeme sind deshalb sehr störanfällig. Sie entwickeln sich nicht nur unvorhersehbar und autopoietisch, sie sind auch außerordentlich krisenanfällig und müssen darum ständig reflektiert, umgebaut und erneuert werden.

5.8. Soziale Netzwerke und Hierarchie

Makronetzwerke sind groß und hierarchisch strukturiert. Das kommunikative Handeln besitzt hier die Top-down-Struktur, die dann ausreicht, wenn die Organisation auftragsorientiert arbeitet, die Leitung über eine klare Vorstellung über den Auftrag verfügt und nur geringe Anpassungsleistungen erforderlich sind. Handelt es sich indes um komplexe Organisationen, die einer ständigen Anpassungsleistung und Weiterentwicklung ausgesetzt sind, dann müssen sie sich eine motivierte Mitarbeiterschaft sichern und Netzwerkbildungen in der Organisation fördern. Nach Rogers und Kincaid brauchen solch informelle betriebliche Netzwerke Verbundenheit, Integration, Mannigfaltigkeit und Offenheit (Rogers, Kincaid, 1991). Alle Mitarbeiter des Netzwerkes sollten in solche informellen Netzwerke eingebunden sein, um die Arbeitszufriedenheit und die Produktivität zu steigern. Nun entstehen ohnehin in allen größeren Organisationseinheiten Cluster. Die Leitung sollte darum solche Cluster erkennen und fördern und ihnen Unterstützung zusichern.

5.9. Soziale Netzwerke und Innovation

Alle zumindest formalen Netzwerke sind dem Zwang zur Innovation ausgesetzt (Boskamp, 1996: 181-185), weil sie ja in einem gesellschaftlichen

Kontext stehen. Der rasche soziale Wandel zwingt durch die Verbundenheit von Netzwerken mit dem sich wandelnden gesellschaftlichen Umfeld zu Innovationen. Nun sind Innovationen zu begrüßen, denn sie schaffen neue Wege, bessere Lösungen und den Anschluß an die sich verändernde Gesellschaft. Zugleich bringen sie Veränderungen, welche die Teilnehmer zwingen, sich fortzubilden und den bevorzugten status quo zu verlassen. Auch zeigen genügend Beispiele, daß die Entstehung von kleineren informellen Netzwerken, von Clustern, innerhalb von Makronetzwerken zu hoher Motivation, Innovationen, hoher Arbeitseffektivität und Arbeitszufriedenheit führen.

5.10. Netzwerkkonzept und Unterstützungsleistung

Nun bestehen soziale Netzwerke nicht aus statischen Punkten, sondern aus autopoietischen Netzwerk-Akteuren. In der Sozialpädagogik setzen sie sich aus Hilfe-Empfängern und professionellen sowie freiwilligen Helfern zusammen. Dabei sind die Hilfe-Empfänger autopoietisch, d.h., sie gestalten ihr Leben selbst, wenn auch manchmal gesellschaftsmarginal. Ebenso ist der Helfer autopoietisch, sich selbst und sein Arbeitsfeld und seine Konzeption selbst erstellend. Er wird auch derjenige sein, der in die vorhandenen Netzwerke interveniert. Es lassen sich acht Interventionstypen der Netzwerkförderung unterscheiden (Nestmann, 1991; 45 ff.; Hillers, 1994: 79 ff.):

(1) Zunächst geht es bei dem ersten Interventionsansatz darum, die alltagsweltlichen sozialen Netzwerke auf Mikro- und Mesoebene zu bereichern und zu stabilisieren. Netzwerke können wir ja auffassen als Systeme von kommunikativem Handeln. Die Intervention bestünde dann zunächst darin, die Kommunikation und die Interaktionen zu verbessern oder wiederherzustellen oder zu variieren, d.h. das Netzwerk strukturell zu verändern. Bei der social network therapy wird das Netzwerk neu aufgebaut und strukturiert. Das ist notwendig, wenn das natürliche primäre Netzwerk zerstört ist. Beim network coaching werden maligne Beziehungen abgebrochen und wachstumsorientierte gefördert. Die Intervention bezieht sich hier auf das gesunde Wachstum der Netzwerk-Beziehungen. In network sessions werden unterschiedliche Primärnetze einander angenähert und miteinander verknüpft, wie Nachbarschaften, Freundschaften, Verwandtschaft usw. Bei der network construction werden neue Linien ins Netzwerk eingefügt, d.h. neue Beziehungen und Interaktionen geschaffen.

(2) Der zweite Ansatz bezieht sich auf die Entwicklung von sekundären, künstlichen Netzwerken. Das bedeutet, die Verknüpfung primärer, informeller Netzwerke mit Selbsthilfegruppen, Nachbarschaftskreisen, Freundschaftsmeetings, Vereinen usw. Dadurch erhalten Personen zusätzliche Stützung und Beratung sowie oftmals Kenntnisse über den Zugang zu professionellen Versorgungssystemen.

(3) Der dritte Interventionsansatz fördert die allgemeine Netzwerkorientierung. Es wird zum einen das Bewußtsein von Netzwerkarbeit gefördert. Dann aber werden auch unterschiedliche Netzwerke miteinander verknüpft, vor allem auch die Mikro- und Meso- mit den Makronetzwerken.

(4) Viertens soll durch Bildung und Erziehung den unterschiedlichen Gruppen und alltagsweltlichen Personen Hilfe geboten werden, Netzwerke aufzubauen und zu pflegen. Sie sollen bemächtigt und befähigt werden, Netzwerkpotentiale und eigene Ressourcen zu erkennen. Gleichzeitig werden Netzwerke aufgebaut, die sich gegenseitig fördern.

(5) Fünftens sollen vorhandene Versorgungssysteme (tertiäre Netze) und professionell tätige Personen kundig werden, auf die vorhandenen Ressourcen primärer, informeller Netzwerke zurückzugreifen. Das bedeutet zugleich, die informellen Netzwerke zu fördern, zu stabilisieren und zu bereichern.

(6) Sechstens sollen informelle und formelle Netzwerke miteinander verknüpft werden. Dabei steuern die informellen Netzwerke Alltagsverflechtung, Gegenseitigkeit, Spontaneität und Ganzheitlichkeit bei, die formellen hingegen Reflexivität, Außenperspektive und Verbindlichkeit.

(7) Siebentens ist es nötig, Einfluß auf Institutionen, Organisationen und Bürokratien zu nehmen, damit Netzwerke und soziale Unterstützung nicht behindert, sondern gefördert werden. Darunter fällt aber auch, daß durch das Prinzip der Reversibilität Problemgruppen zu Aktionsgruppen und Klienten zu Akteuren werden.

(8) Schließlich beinhaltet der achte Interventionsansatz die Unterstützung der Unterstützer. Gerade die Unterstützer in den Primärnetzen (bei zwei Drittel bis drei Viertel aller Krankheitsfälle und psycho-sozialer Erkrankungen werden sie von Alltags-Helfern geleistet) benötigen materielle, personelle, psychologische und soziale Unterstützungsleistungen durch professionelle Helfer.

5.11. Inhaltliche Typologie sozialer Unterstützung

Die Funktion der Netzwerke besteht in der sozialen Unterstützung. Sowohl das Netzwerkkonzept als auch das Unterstützungskonzept bilden eine Einheit. Denn Netzwerke besitzen soziale Wirksamkeit. Folgende inhaltliche Typologie sozialer Unterstützung durch Netzwerke ist möglich (Diewald, 1991: 70 ff.):

Konkrete Interaktionen wären:

- *Arbeitshilfen*, die personenbezogen oder güterbezogen sein können. Das bedeutet, daß der Helfer entweder Dienste leistet (Beratung, Vermittlung, Botengänge usw.) oder auch Geld vermittelt oder Reparaturen oder Hausarbeit u.ä. leistet.
- *Pflege* tut nicht etwas für den Hilfebedürftigen, sondern an ihm, besonders wenn er partiell handlungsunfähig ist.
- *Materielle Unterstützung* können Sachleistungen wie Gegenstände oder Wohnungsvermittlung oder Geldleistungen sein.
- *Intervention* kann entweder das Einschreiten für eine Person innerhalb des Netzwerkes bedeuten, wie Streit schlichten und Hilfen der horizontalen Integration vermitteln, oder es kann meinen, bei Personen oder Institutionen außerhalb des Netzes für den Hilfebedürftigen einzutreten.
- *Information* bezieht sich auf alle sachbezogenen Informationen im Sinne von praktischem Wissen und Auskünften, beispielsweise Nachricht über freie Arbeitsplätze oder über die Berechtigung für Sozialleistungen.
- *Beratung* bezieht sich auf persönliche Ratschläge, die entweder mehr sachlicher Natur sind oder auch (vor allem bei psychologischer Beratung) den Intimbereich betreffen können. Beratung erfolgt allerdings nicht nur personbezogen, sondern darüber hinaus systemisch und lebensweltlich.
- *Geselligkeit* ist ein wichtiges Merkmal netzwerklicher Unterstützungsleistungen. Durch die horizontalen Querverknüpfungen des Netzes entstehen gegenseitige Besuche, Partyeinladungen, gemeinsame Spaziergänge und Wandern, kultureller Genuß bzw. kulturelle Aktivität. Solche Unterstützungsleistungen tragen zu einer gesunden Gefühlslage bei und können Personen aus der Isolation oder einer depressiven Verstimmung herausreißen.
- *Alltägliche Interaktionen* bedeuten, die hilfesuchende Person in Alltagsrituale einzuüben, die verhaltensstabilisierend und in gewisser Weise

auch sinnstiftend sind, wie feste Zeiteinteilung, konstante Handlungsabläufe, Alltagsabfolgen, ritualisierte Tageseinschnitte usw.

Von diesen konkreten, objektiven Interaktionen können wir die Vermittlung von Kognitionen unterscheiden, die Bewußtseinszustände positiv verändern. Solche sind:

- *Vermittlung von Anerkennung.* Hierbei unterscheiden wir wiederum zwischen Vermittlung persönlicher Wertschätzung und der Status-Vermittlung. Persönliche Wertschätzung beinhaltet außerordentliche Stabilisierungs- und Heilungskräfte. Wenn ein Mensch akzeptiert, geschätzt, bewundert und anerkannt wird, erfährt er sich als eine Person mit Wert und Würde. Bei der Vermittlung von Status handelt es sich darum, Personen in soziale Vereinigungen einzuführen, in denen sie Status-Zuwachs erfahren. Beispielsweise festigte sich der Heilungsprozeß bei einer depressiv erkrankten Frau, als sie im Gesangverein des Ortes die Verwaltung der Noten und der Kasse übernahm. Statuszuwachs kann offenkundig stabilisieren.
- *Orientierung* gibt dem Hilfebedürftigen Werte und neue, angepaßte, aber auch die Umwelt gestaltende Verhaltensnormen. Allerdings dürfen sie nicht die Funktion sozialer Kontrolle übernehmen.
- *Vermittlung eines Zugehörigkeitsgefühls* bedeutet, daß alle Mitglieder des Netzwerkes ein Gefühl der Zugehörigkeit besitzen, das gegenseitige Verpflichtungen und Kommunikationen einschließt. Aus ihm kann auch das Gefühl erwachsen, gebraucht zu werden, worin stabilisierende Wirkungen liegen.
- *Erwartbarkeit von Hilfe* verschafft den Teilnehmern am sozialen Netz Rückhalt. Man weiß sich aufgehoben in einer Bereitschaft zur Hilfe.
- Als Ort *für den Erwerb sozialer Kompetenzen* werden neben Orientierung (Werte, Normen) auch soziale Kompetenzen vermittelt.
- *Bildung* ist ein unabdingbares Element in der Netzwerkarbeit, weil Bildung Ich-Stärke vermittelt, zur Selbstwerdung verhilft, den Blick universalisiert und den Menschen humanisiert.
- *Kultur und Ästhetik* sind schließlich m. E. fundierende Bausteine für die Durchschönung und Bildsamkeit des Netzwerkes.

Neben konkreten Interaktionen und der Weitergabe von Kognitionen gibt das Netzwerk auch *emotionale Unterstützungskomponenten.*

- *Vermittlung eines Geborgenheitsgefühls* resultiert aus dem Zugehörigkeitsbewußtsein und der Erwartbarkeit von Hilfe. Es verleiht ein Gefühl von Stabilität, Aufgehobensein, Dazugehörigkeit und Sicherheit.
- *Vermittlung von Liebe und Zuneigung* erzeugt ein Klima von Vertrauen, Geborgenheit, Empathie und heilender Annahme. Gerade hierdurch geschieht eine identitätsbildende und stabilisierende Unterstützung.
- *Motivale Unterstützung* besteht darin, daß sich Menschen gegen die Unbilden der Realität wappnen, eine Trotzmacht des Geistes entwickeln, durch die sie Ängste, Hilflosigkeitsgefühle und Versagensfurcht überwinden und ein seelisches Gleichgewicht und Menschenstärke gewinnen.

Bei all dem ist zu beachten, daß diese Hilfeleistungen nicht eine einseitige und einzelne Hilfe ist; sondern soziale Beziehungen sind multifunktional, zumal sie ja auch reversibel sind. Hinzu kommt, daß sowohl der professionelle Helfer als auch der um Hilfe Nachsuchende wie auch das Netzwerk selbst autopoietisch sind, d.h. sie entwickeln sich nichtvorhersehbar weiter und gestalten sich und die Umwelt selbst.
Ebenfalls sind auch die einzelnen Interaktionen multifunktional. So kann eine materielle Unterstützung oft neben der materiellen einen symbolischen Wert haben. Oder allein die Zugehörigkeit zum Netzwerk kann Zuneigung und persönliche Wertschätzung signalisieren.
Soziale Unterstützung ist eben nicht bloß eine einzelne Leistung, sondern ein sozialer Austauschprozeß, der die verschiedenen Akteure und Beziehungen miteinander verknüpft. Dadurch ist die soziale Unterstützung ein zwischenmenschlicher Prozeß, der beide Beteiligten (den Bereitsteller und den Empfänger der Unterstützung) einschließt, und zwar im Sinne von Symmetrie und Reversibilität. Dabei spielen subjektive Befindlichkeiten eine große Rolle. Diese können positiv sein, aber auch negativ, vor allem dann, wenn das Netz die Helfer überfordert. Netzwerke bieten nicht nur Nutzen, sondern sie fordern auch Kosten.

5.12. Der direkte Effekt sozialer Unterstützung durch Netzwerke

Der Nutzen von sozialen Netzwerken darf nicht unterschätzt werden. Denn sie helfen ja nicht nur in konkreten Krisen- und Überlastungssituationen, sondern sie erfüllen Alltagsbedürfnisse und steigern individuelles Wohlbe-

finden. Denn die soziale Einbindung einer Person in ein soziales System wirkt sich unmittelbar auf das Wohlbefinden aus durch die Einbindung in Zugehörigkeit, soziale Verortung, Umwelteinbettung und Sinnfindung. Besonders eindrucksvoll ist die Auswirkung sozialer Netze auf die soziale Integration und das Selbstkonzept (Eggert, 1995: 65 ff.).
Die *soziale Integration* bedeutet die Einbindung des Individuums in ein System kommunikativen Handelns, das durch stabile Beziehungen, Loyalitätsbindungen und lebenssinnstiftende Inhalte gekennzeichnet ist. Soziale Integration findet zunächst auf der Ebene ritualisierter Alltagsbeziehungen statt, die entlasten und Sinn stiften. Sodann gibt die soziale Integration ein Zugehörigkeitsbewußtsein. Man wird sich bewußt, daß man durch gemeinsame Bezüge und Verpflichtungen in ein Beziehungsgeflecht integriert ist und somit seinen sozialen Ort gefunden hat. Ebenfalls erzeugt die soziale Integration das Gefühl von Geborgenheit, Sicherheit, Stabilität und Aufgehobensein. Soziale Integration bedeutet hingegen nicht die An- und Einpassung des Individuums in das soziale System. Vielmehr beinhaltet sie im Sinne der Autopoiese, daß die hilfeempfangende Person die Umwelt so gestaltet, daß eine wechselseitige Individuum-Umwelt-Anpassung erfolgt. Es lassen sich vier Arten sozialer Integration unterscheiden (Badura, 1981: 29 f.): 1. Vertrauensbeziehungen sind Beziehungen zu Menschen, mit denen man eigene, auch intime Probleme austauscht, das geschieht beispielsweise mit Ehepartnern, Freunden, Geschwistern usw. Freundschaften können hierfür oft wichtiger sein als Familienbeziehungen. 2. Enge Beziehungen entstehen durch die Häufigkeit des Kontaktes. Sie müssen nicht intensiv und intim sein, aber sie ermöglichen Partner, mit denen intensive Kommunikationen und Interaktionen möglich sind. 3. Oberflächliche Beziehungen sind gekennzeichnet durch das geringe Maß an gegenseitiger Verpflichtung. Zwar ist die Zeitdauer der Beziehung in der Regel kurz, die Emotionalität gering und die Bindung locker, jedoch erkennt man sich gegenseitig an. Meist handelt es sich um Interessengleichheiten von Personen an einem Wohnort, Arbeitsplatz, in einem Verein oder einer Kirchengemeinschaft. Sie stellen das Potential zum Aufbau sozialer Beziehungen dar. 4. Keine Beziehungen bedeutet das Ausbleiben von sozialer Integration und damit soziale Marginalität oder Isolation.
Das Selbstkonzept oder das Selbstbild enthält die Vorstellungen und Gefühle, die ein Mensch während seines Lebens über sich und seine Eigenschaften und Fähigkeiten und seine Stellung in der Gesellschaft entwickelt. Vor allem ist es ein Gefühl von Konstanz und Kontinuität. Es enthält Selbstwertgefühl, Selbstvertrauen und Kohärenzempfinden.
Das Selbstbild beinhaltet das Selbstwertgefühl. Selbstachtung und Wertschätzung beruhen genauso auf der eigenen Einschätzung wie auf dem Ur-

teil der Umwelt über die Leistungsfähigkeit, Kompetenz und Tauglichkeit der Person. Dies geschieht in Interaktionen, das bedeutet also mehr durch Handlungen als durch Kommunikationen.
Das Selbstvertrauen besteht in der Erfahrung, sich selbst etwas zutrauen zu können und in der Fähigkeit zur Selbstkontrolle.
Das Kohärenzempfinden entspricht dem Bedürfnis, innerlich zusammenzuhängen und ein integriertes Selbst zu sein, das Handlungs- und Verhaltenskompetenzen besitzt.
Solche sozialen Unterstützungen geben sozialen Rückhalt, und zwar entweder durch einen Haupt- oder Direkteffekt oder durch einen Puffereffekt. Im ersteren Fall geht es darum, daß eine Person in ein Netzwerk eingebettet ist und mit der Unterstützung anderer rechnen kann. Dies vermittelt ein Gefühl von Sicherheit und Geborgenheit. Der Puffereffekt hingegen besteht darin, daß eine Netzwerkunterstützung geholfen hat, eine Krise zu überstehen oder eine Belastungssituation zu bewältigen.

5.13. Unterstützungseffekte sozialer Netzwerke auf den verschiedenen Netzwerkebenen

In diesem Abschnitt soll die Netzwerkunterstützung konkretisiert werden, welche Ressourcen sich auf den verschiedenen Ebenen der Netzwerkbildung ergeben (Bullinger, Nowak, 1998: 106-129).
Mikro-Netzwerke, wie Haushalt, Familie, Verwandtschaft, Nachbarschaft, Freundschaft, Kollegialität usw. besitzen einen hohen Unterstützungswert. Dies soll an paradigmatischen Beispielen verdeutlicht werden.
Unterstützungsleistungen in *Haushalt und Familie*. Diewald hat folgende Daten ermittelt (Diewald, 1991: 179 ff.): In 9% aller Haushalte werden gebrechliche Menschen gepflegt. Bei älteren Ehepaaren ist ein Viertel von ihnen pflegebedürftig. 16% aller Familien leisten Unterstützung bei der Betreuung von Kranken und Behinderten. Bei der Kinderbetreuung sind immer mehr Vater und Mutter gleichermaßen tätig. Die Familie bleibt also immer noch die zentrale Instanz für die Unterstützungsnetzwerke. Auch wenn die Pflegeversicherung (makrosoziales Netzwerk) Pflegeleistungen übernimmt, bleibt der Familie weiterhin die Hauptlast der Pflege.
Unterstützungsleistungen durch *Verwandte*. Nach Diewald (ebd. 107) sind die Verwandten nach der Familie das zweitwichtigste Unterstützungsnetzwerk. Besonders bei Krankheiten und Notfällen, die eine längere, umfangreiche und zeitintensive Betreuung erfordern, sind Verwandte unverzicht-

bar. In der oberen Mittelschicht allerdings spielen in Krisenzeiten auch Freunde eine wichtige Rolle.

Unterstützungseffekte für *Ehepaare*. Bei Ehepaaren hat jeder Partner einen etwa gleichen Anteil an Netzwerkbeziehungen und gegenseitiger Unterstützung, wenn auch die Unterstützungsinhalte geschlechtsspezifisch sein können (Pionter, Baumann, 1990).

Soziale Netzwerkunterstützung für *junge Eltern*. Gräbe und Lüscher haben gezeigt (Gräbe, Lüscher, 1984), daß Unterstützungsleistungen für junge Eltern vor allem aus beiden Herkunftsfamilien kommen. Auch Freunde spielen eine große Rolle. Nachbarn und Arbeitskollegen hingegen sind von geringerer Bedeutung. Dabei bieten die einzelnen Unterstützer spezifische Unterstützungsleistungen an. Bei der Freizeitgestaltung werden Freunde als Netzwerkteilnehmer gewählt. Dagegen spielen bei der sozialen Unterstützung, wie Kinderbetreuung, Krankheit, bei finanziellen Schwierigkeiten oder auch für die emotionale Hilfe, Verwandte die entscheidende Rolle. Zweitwichtigste Unterstützer sind Freunde und Nachbarn, während Kollegen kaum eine Rolle spielen, es sei denn bei der Arbeitsplatzvermittlung.

Unterstützungsleistungen für *Frauen*. Frauen, so haben wir gesehen, spielen im Netzwerk eine bedeutende Rolle. Sie schaffen das Netzwerk und unterhalten es durch Beziehungspflege. Dabei sind ihre persönlichen Netzwerke im Vergleich zu den Männern größer und multiplex. Während sie die größten Unterstützungsleistungen bringen, erhalten sie selbst nur durchschnittliche Hilfe durch das Netzwerk. Das bedeutet, Frauen leisten eher Unterstützung, als daß sie sie empfangen. Dabei finden schichthöhere Frauen und jüngere Frauen eher Unterstützung als kinderreiche und ältere Frauen, und auch Frauen aus der Basisschicht haben weniger Ressourcen in ihrem Netzwerk (Mayr-Kleffel, 1991: 268).

Unterstützungsnetzwerke für *alleinerziehende Mütter*. Sie unterscheiden sich von der Netzwerkstruktur einer Familie mit Vater recht stark. Da ein Partner fehlt, steht an erster Stelle das Bedürfnis nach emotionaler Unterstützung. Niepel hat nachgewiesen (Niepel, 1994), daß alleinerziehende Frauen vor allem emotionale Unterstützung suchen, dann folgt praktische Hilfe, und am wenigsten gefragt ist informatorische Unterstützung. Am wichtigsten sind offenkundig die Gemeinschaft sowie emotionale und wertschätzende Unterstützung. Dabei spielen Freunde, vor allem die Freundin, eine tragende Rolle (76,9%), während Familienangehörige mit 14,8% und Kollegen mit 7,5% folgen. Nachbarn haben fast keine Bedeutung. Die wichtigsten Freunde sind häufig wiederum alleinerziehende Frauen. Sie bauen sozusagen ein übergreifendes Netzwerk auf mit der Funktion gegenseitiger

Unterstützung. Kinder helfen ihren alleinerziehenden Müttern wenig. Doch geben sie emotionale Unterstützung.

Unterstützungsnetzwerke von *Gleichaltrigengruppen.* Vor allem in der Phase der Lösung vom Elternhaus spielen außerfamiliale Gruppen verständlicherweise eine zunehmend wichtige Rolle. Nach Bönner vermitteln Gleichaltrigengruppen soziale und nichtsoziale Fähigkeiten, besonders soziale Kontakt- und Kooperationsfähigkeit, das Einüben sozialer Regeln und Normen und die Vermittlung von sexuellen Kenntnissen (Bönner, 1995: 64-66). Die Gleichaltrigengruppen können eine bedeutende Unterstützungsleistung für Jugendliche sein (Wertfindung, Weltorientierung, Identitätsfindung), aber auch zu antisozialem und sogar kriminellem Verhalten verführen. Eltern sollten darum darauf achten, daß ihre Kinder positive, fördernde Gruppen finden.

Unterstützungsnetzwerke für *Männer.* E. K. und U. Scheuch haben nachgewiesen, daß Männernetzwerke oft Seilschaften sind, die der Förderung der eigenen Karriere dienen (Scheuch, 1992).

Meso-Netzwerke sind vor allem Selbsthilfegruppen. Ihre Unterstützungsleistung ist bedeutend. Vor allem der Typus Selbsthilfegruppen für Betroffene (sie umfassen 46% aller Selbsthilfegruppen) bietet ein großes Unterstützungspotential. In der Regel sind sie klein. Zwei Drittel aller dieser Gruppen haben nicht mehr als 15 und keine mehr als 50 Mitglieder (Seibert, Noack, 1996: 69 f.). Diese geringe Größe ermöglicht den Teilnehmern, sich offen zu äußern und über sich selbst zu sprechen. Vor allem werden diese Gruppen in der Regel nicht von Professionellen geleitet, sondern von informellen Leitern. Daraus ergibt sich das Gruppenselbsthilfeprinzip: Jeder entwickelt sich in der Gruppe selbst, hilft aber zugleich den andern Gruppenmitgliedern. Die Unterstützungsleistungen werden von Braun wie folgt charakterisiert (Braun, 1996: 15. 65): Krankenhausaufenthalte und Therapien werden seltener; die Gruppe leistet auch praktische Hilfe; und vor allem erlaubt die Gruppe, über Gefühle offen zu sprechen; und sie gibt emotionale Unterstützung.

Eine zweite wichtige Unterstützungsleistung von mesosozialen Netzwerken wird von den informellen Helfern und vor allem Helferinnen gebracht. Wir haben schon im Kapitel über die soziale Einzelfallhilfe über die Triangulation gesprochen: Der Klient, der Professionelle und der kompetente Laie bilden eine Unterstützungs-Triangulation. Netzwerke können nicht ohne eine Schar von nichtprofessionellen Helfern existieren. Ihre wichtigsten Unterstützungsleistungen sind der Aufbau und die Pflege von Beziehungen, aufmerksames Zuhören, Aufmuntern und Ermutigen, Trösten, aber auch Beraten und im Umgang mit Behörden helfen. Der Vorzug informeller Helfer ist, daß sie weder eine soziale Kontrolle und Sanktion ausüben, wie die Familie, die Nachbarschaft (vor allem wenn sie dörflich und kleinstädtisch ist), die Verwandtschaft usw., und auch keine kontrollierende Macht ausüben wie der Professionelle. Wenn die primären Netze in ihrer Unterstützungsleistung nachlassen und die makrosozialen Mächte das soziale Netz immer mehr auflösen, dann wird der informelle Helfer, der volunteer, zum unentbehrlichen Unterstützungshelfer, wie das in den USA bereits der Fall ist (Seibert, Noack, 1996: 70-72).

Die *Makro-Netzwerke*, die im modernen Staat als Mittel für die Zentralisierung der Herrschaft entwickelt wurden, haben aber zugleich den Charakter der Hilfe angenommen. Makrosoziale Hilfeleistungen sind zahlreich und durchaus wirkungsvoll. Drei Unterstützungssegmente wollen wir herausgreifen: den sozialen Sektor, die Unterstützung am Arbeitsplatz und die Schule.

Der *soziale Sektor* wird vornehmlich von den Sozialpädagogen und Sozialarbeitern besetzt. In all den vielfältigen und multiplexen Arbeitsfeldern der Sozialpädagogik – überall werden Unterstützungsleistungen erwartet. Und zwar sollen die Unterstützer vor allem die Interessen des Klienten wahrnehmen (zuweilen sogar gegen die Ämter oder die Polizei). Aber auch die vielen Erzieher, Pfleger, die ambulanten Pfleger, die sich durch die Pflegeversicherung gebildet haben, sie alle geben zahlreiche Unterstützungsleistungen, wobei die Art der Unterstützung vom Dienstleistungssegment abhängt. Immer aber erwarten Klienten auch in den vielfältigen sozialen Diensten, daß man ihnen zuhört, sie ernst nimmt, ihnen hilft, sie bei Ämtern vertritt usw.

Ein Drittel der Lebenszeit verbringt der Mensch im *Beruf*, und für viele ist er der Lebenssinn schlechthin. Welche Unterstützungsleistungen bietet der Arbeitsplatz? Resetka nennt ihn den Aktivitätsraum, der Selbstbestätigung verschafft und die Kommunikationsmöglichkeiten fördert (Resetka, 1996: 19). Frauen beispielsweise arbeiten vor allem, um der häuslichen Isolation zu entgehen und Sozialkontakte am Arbeitsplatz zu finden. Allerdings spielt fast eine ebenso große Rolle die finanzielle Unabhängigkeit, die der Frau Selbstwert- und Unabhängigkeitsgefühle vermittelt. Wie groß die Unterstützungsleistung am Arbeitsplatz ist, die ja weit über die finanzielle Sicherung hinausgeht, erkennen wir an den Folgen der Arbeitslosigkeit. Resetka (ebd. 19-32) beschreibt die Zusammenhänge zwischen Arbeitslosigkeit und Mortalität, Suizid, Morbidität und weiterhin psychosoziale Auswirkungen des Arbeitsplatzverlustes, wie Überempfindlichkeit, Apathie, Schlaflosigkeit, Alkoholismus usw.

Die *Schule* als makrosoziales Netz enthält weit mehr Unterstützungsleistung als die Vorurteile über die Schule vermuten lassen. Hurrelmann hat nachgewiesen, daß zwar für die Jugendlichen auch in der Ablösungsphase Eltern, Geschwister und andere Verwandte den ersten Rang einnehmen. Doch nach den Freunden nehmen die Lehrerinnen und Lehrer als Bezugspersonen die dritte Stelle ein (Hurrelmann, 1990: 118). Lehrer rangieren nach den Eltern und Freunden zusammen mit den Verwandten auf Platz drei, wenn es darum geht, über ein persönliches Problem zu sprechen. Damit liegen sie vor den professionellen Helfern. Wir können also feststellen, daß die Schule, allerdings nicht als Institution, sondern personalisiert in der Gestalt der Lehrer, eine wichtige Unterstützungsfunktion hat. Eine besondere Unterstützungsfunktion der Schule wird in der Literatur kaum erwähnt: Die meisten ersten Lieben werden in der Schule erlebt. Sie bilden für die Beteiligten ein unvergeßliches Erlebnis, wenn auch nur jede zehnte erste Liebe zu einer dauernden Partnerschaft führt.

5.14. Strukturmerkmale sozialer Netzwerke

Für soziale Netze lassen sich folgende Strukturmerkmale aufstellen (Eggert, 1995: 80 ff.; Diewald, 1990: 65 ff.):

- *Herkunftskontext bzw. Verankerung.* Er betrifft die Lebensgeschichte der Person, welche Herkunft die Beziehungen einnehmen und welchen Ort in der Biographie sie haben.
- *Reichweite.* Sie umfaßt die Anzahl der Verbindungen und die Zusammensetzung des Netzwerkes. Die Reichweite sagt sowohl etwas über die Situation der Person aus wie auch über die Größe des Netzes. Wichtiger indes ist die Aussage über die Qualität der Beziehung, ob sie homogen ist (gleiches Alter, Geschlecht, gleicher Beruf, gleiche soziale Lage) oder inhomogen. Je heterogener ein Personenkreis ist, desto eher ergeben sich Verbindungen zu anderen Netzwerken.
- *Besuchs- und Kontakthäufigkeit.* Sie sagt zwar nichts über Intensität oder Haltbarkeit der Beziehung aus, und doch entscheidet sie über die Kontaktfähigkeit eines Netzwerkmitgliedes. Im übrigen sind zahlreiche Kontakte die Voraussetzung zu intensiven Beziehungen.
- *Dauer der Beziehung.* Sie bezeichnet die Zeitdimension des Netzwerkes. Es gibt lebenslange Beziehungen, die stabilisierend und sinnstiftend wirken, aber auch phasenspezifische, d.h. Kinder-, Jugend- oder Er-

wachsenenfreundschaften, die auf die Zeitdauer der Phase beschränkt sind, aber oft auch ein Leben lang dauern. Es können Ferienbekanntschaften sein oder Schicksalsgemeinschaften. Grundsätzlich sagt die Dauer von Beziehungen etwas über das Beziehungsverhalten einer Person aus.

- *Räumliche Distanz und Erreichbarkeit.* Die räumliche Erreichbarkeit beeinflußt die Dauer von Beziehungen ungemein. Oft werden sie durch weite räumliche Distanzen verdünnt oder gar aufgelöst. Soziale Netzwerke bedürfen der Erreichbarkeit ihrer Angebote. Jedoch werden durch die modernen Verkehrs- und Kommunikationsmittel die räumlichen Distanzen relativiert.
- *Inhalt der Beziehung.* Mit der Variablen „Inhalt" fragen wir zunächst nach den sozialen Inhalten, durch die alle Teilnehmer eines Netzwerkes miteinander verbunden werden. Es ist möglich, zwischen freundschaftlichen, verwandtschaftlichen, wirtschaftlichen oder nachbarschaftlichen Beziehungen zu unterscheiden. Dabei kann der Inhalt sehr unterschiedlich sein: Gleiche Interessen oder die Verknüpfung verschiedener Rollen, wie gesellschaftliche, kulturelle, sexuelle usw. Dabei lassen sich wiederum latente und aktualisierte Beziehungen unterscheiden. Aktualisierte Kontakte bestehen in regelmäßigen Kommunikationen und Interaktionen, während latente Beziehungen zwar subjektiv und emotional bedeutsam sind, aber, zeitlich gesehen, selten realisiert werden. Zur Qualität der Beziehung gehört auch die Frage, ob sie als bereichernd oder als belastend erlebt wird.
- *Multiplexität.* Multiplexität oder Multidimensionalität bezieht sich auf die Anzahl der Funktionen innerhalb einer Beziehung. So kann eine Geldzuwendung gleichzeitig Not lindern, Annahme und Wertschätzung signalisieren, Selbstwert stabilisieren und Freude auslösen usw. Im Gegensatz zur Multiplexität steht die Uniplexität der Verbundenheit von Personen. In diesem Fall ist es nur ein einziges Interesse, das die Personen miteinander verknüpft.
- *Intensität und Stärke.* Netzwerke gewinnen Intensität und Stärke durch die Menge der konkreten Transaktionen und ausgetauschten Ressourcen, und, nicht zu vergessen, die aufgewendete Zeit. Genauso wichtig sind die subjektiven Faktoren. Intensität und Stärke beziehen sich jetzt auf die Zuneigungsstärke und die Wichtigkeit und Bedeutung der Beziehung.

- *Intimität.* Die Stärke einer Intimität mißt sich an dem hohen Grad an Vertrautheit miteinander sowie dem Austausch und der Kenntnis sehr privater Anliegen des anderen. Sie besteht in der bewußt wahrgenommenen Nähe und Bindung.
- *Verpflichtung.* Sie beinhaltet primär die Perseveration (Beharrlichkeit). Verpflichtung geht eine Person ein, wenn sie bereit ist, diese Beziehung als dauerhaft zu betrachten und sich verpflichtet fühlt, sie optimal zu gestalten.
- *Art der Beziehung.* Hierbei wird zwischen zugeschriebener und erworbener Beziehung unterschieden. Erworbene Beziehungen sind frei gewählt und gehen aus selbstbestimmten, selbstreferentiellen und individuellen Akten hervor. Sie sind also selbst hervorgebracht und können als individuelle Lebensleistung betrachtet werden. Zugeschriebene Beziehungen hingegen werden nicht selbst gewählt, wie Familie und Verwandtschaft, aber sie liegen beispielsweise auch vor, wenn Menschen in ein Heim eingewiesen werden und hier fremdgesteuerte Beziehungen aufnehmen sollen. Es ist offenkundig, daß der Sozialpädagoge darauf achten muß, daß Personen so weit als möglich in erworbenen Beziehungen leben und daß sie, wenn er künstliche Netzwerke aufbaut, die primären, erworbenen Beziehungen stabilisieren.
- *Dichte.* Sie beschreibt den Grad der wechselseitigen Kontakte. So sind soziale Gruppen dichtere Netze mit einem erhöhten Kommunikationsaustausch, allerdings auch mit einer größeren sozialen Kontrolle als zufällige Bekanntschaften. Dichte beschreibt also den Grad der tatsächlich vorhandenen Beziehungen einer Person und die Zahl der wechselseitigen Beziehungen aller am Netzwerk Beteiligten.
- *Reziprozität.* Reziprozität beschreibt die Symmetrie von Beziehungen. Verpflichtungen sollten gleichgewichtig geleistet und erhalten werden. Reziprozität wird verletzt, wenn ein Partner in der Beziehung mehr erhält als gibt oder umgekehrt. In diesem Fall entstehen Ko-Pathologien. Werden einseitige Beziehungen zu Abhängigkeiten, so pathologisiert die gebende Person. Darum muß beachtet werden, daß Reziprozität in zeitlich gedehnten Längsschnitten hergestellt wird. Bei unzeitlichen Querschnittsbetrachtungen könnten falsche Vorstellungen über die reale Reziprozität entstehen.
- *Kontaktform.* Dieses Merkmal sagt etwas aus über die Art des Kontaktes. Kommunikationsnetze entstehen ja nicht nur durch face-to-face Be-

ziehungen, sondern sie werden heutzutage auch brieflich, telefonisch oder durch EDV geknüpft. Kontakte können des weiteren einseitig oder reziprok sein. So wird die Beziehung eines Angestellten zum Chef in der Regel einseitig sein, zu seinen Arbeitskollegen dagegen kann er reziproke Beziehungen eingehen.

- *Strukturelle Position.* Netzwerke sind nicht einfach egozentrierte Netze, sondern die Beziehungen verbinden auch die anderen Netzwerkteilnehmer untereinander. Die strukturelle Position beschreibt nun die Position der einzelnen Personen innerhalb der Beziehungsstrukturen. Drei Möglichkeiten sollen erwähnt werden. Zentralität bedeutet, daß eine Person leicht von anderen Teilnehmern des Netzes erreicht werden kann. Brücke meint, daß es Teilnehmer gibt, die mehreren unterschiedlichen Gruppen des Netzwerkes angehören und dadurch eine verknüpfende Funktion erfüllen. Ein Gatekeeper verfügt nicht nur über Verbindungen innerhalb des Netzwerkes, sondern er unterhält auch Außenbeziehungen zu anderen Netzwerken oder Institutionen und Behörden.
- *Cluster.* Ein Netzwerk besitzt keine gleichmäßige Dichte. Es können sich Cluster größerer Dichte bilden, Untergruppierungen von Personen, die enger als die anderen Netzwerkteilnehmer miteinander verbunden sind. Je größer ein Netzwerk ist, desto stärker ist auch die Bildung von Clustern.

5.15. Professionelle Intervention in der Netzwerkarbeit

Professionale Intervention bedeutet zweierlei: Auf der einen Seite steht der Netzwerkarbeiter mit seinen Qualifikationen und auf der anderen das Netzwerk mit seinen Problemfeldern.
Der Netzwerkarbeiter muß eine Anzahl von *Schlüsselkompetenzen* besitzen (Schwarz, 1994; Fend, Specht, 1986):

- *Sozialkompetenz.* Dies ist die Fähigkeit, die in allen Arbeitsfeldern der sozialen Arbeit gefordert wird, nämlich die Kompetenz, mit Personen und Gruppen in Kontakt treten und diese Beziehungen auch unter veränderten und erschwerten Bedingen aufrecht erhalten zu können. Dies beinhaltet nicht nur Kenntnisse über Kommunikation, sondern auch Team- und Konfliktfähigkeit, weil Netzwerkarbeit ja niemals nur Arbeit mit Einzelnen ist, sondern vorwiegend mit Gruppen und Institutionen. Darum ist die Fähigkeit zur Intuition wichtig, mit der der Netzwerkarbeiter sich in die verschiedenen, auch schichtenspezifischen Lebenswelten einfühlt.

- *Methodenkompetenz.* Sie erfordert Methodenpluralität und die Fähigkeit des Netzwerkarbeiters, die entsprechenden Methoden auf verschiedene Problemfelder anzuwenden.
- *Wissenskompetenz.* Damit sind die Kenntnisse über soziales und juristisches Wissen gemeint, das für Netzwerkarbeit notwendig ist. Dazu kommt das Wissen, wie Netzwerke aufgebaut und trotz ständiger Veränderung (vgl. Autopoiese) erhalten werden.
- *Selbstkompetenz.* Dies beinhaltet den Umgang des Netzwerkarbeiters mit sich selbst. Vor allem muß er lernen, mit seinen Gefühlen umzugehen. Denn Netzwerke sind derartig autopoietisch, daß am selben Tag Erfolgs- und Katastrophennachrichten eintreffen können. Selbstkompetenz erfordert weiterhin Selbstmanagement, Zeitmanagement sowie Stressbewältigung. Und schließlich muß der Netzwerkarbeiter seine eigene Wertewelt, Biographie, Helferrolle und Helfermentalität sowie seine Weltsicht reflektieren.
- *Innovationskompetenz.* Sie ist für Netzwerkarbeit so wichtig, weil ständig Teile des Netzwerkes abbrechen, sich verändern und erneuert werden müssen. Darum erfordert die Innovationskompetenz konzeptionelle Fähigkeiten, Kreativität, Flexibilität und Denken in Systemen statt in monolinearen Hilfestrategien.
- *Leitungskompetenz.* Ein Netzwerk bedarf der ständigen reflektierenden Leitung. Das Kommunikationsnetz muß aufrecht erhalten bleiben, Termine dürfen nicht verpaßt werden, die Gespräche mit den nichtformellen Mitarbeitern wie auch mit den Behörden sind zu führen.
- *Partizipationskompetenz.* Sie beinhaltet die Fähigkeiten zur Kooperation mit Einzelnen; auch müssen Gruppen und Gremien entwickelt werden. Aus den egozentrischen Hilfestrategien sollen kooperative werden.
- *Humankompetenz.* Sie bewahrt vor der Gefahr sozial-technologischer Funktionalisierung. Das bedeutet, daß der Netzwerkarbeiter alle Personen, mit denen er in Beziehung tritt, als autonome, sich selbst entwerfende und gestaltende Subjekte betrachtet. Das bedeutet u.a. die Intimsphäre des anderen zu bewahren, ihm die Möglichkeit der Selbstgestaltung offen zu lassen und sich selbst stärker als Mediator zu sehen denn als Macher. Humankompetenz hat auch viel mit Wertebindung zu tun. Ein Netzwerkarbeiter, wie jeder soziale Arbeiter, braucht eine Wertebindung. Er muß

sich von sittlichen Werten leiten lassen und dem Netzwerk eine ethische Fundierung geben.

Dem Netzwerkarbeiter steht nun das Netzwerk mit seinen *Problem- und Tätigkeitsfeldern* gegenüber. Welche Interventionsmöglichkeiten gibt es? Nach Paulus sowie Bullinger und Nowak lassen sich mehrere Strategien der soziale Netzwerkarbeit unterscheiden (Paulus, 1997; Bullinger, Nowak, 1998):
Erhaltung des Netzwerkes. Es ist notwendig, vorhandene positive Beziehungen innerhalb eines Netzwerkes aufrechtzuerhalten und zu verbessern. Dazu ist es wichtig, die positiven Beziehungen zu erfragen und diese dann zu festigen und die Teilnehmer des Netzwerkes zu ermutigen, sie zu stärken.
Erweiterung des Netzwerkes. Nach einer Analyse des Netzwerkes ist es angeraten, Klienten anzuleiten, neue Kontakte und Sozialbeziehungen aufzubauen. Beispielsweise können Nachbarschaftsbeziehungen oder Freundschaften und Kollegenbeziehungen erneuert werden, wenn sie eingeschlafen waren.
Redefinition des Netzwerkes. Sie bezieht sich auf eine qualitative Veränderung des Netzwerkes. Einseitige oder oberflächliche Beziehungen werden entweder intensiviert oder zugunsten wichtiger Vertiefungen in anderen Beziehungen aufgegeben.
Sanierung des Netzwerkes. Sanieren bedeutet, das Netzwerk radikal und strukturell zu verändern. Das kann notwendig sein bei pathologisierten Familien. Eine andere Sanierung wäre, den Kontakt zu bestimmten Netzwerken aufzugeben, beispielsweise sollte ein Alkoholkranker den Stammtisch meiden.
Stärkung des Umfeldes des sozialen Netzwerkes. Dies erfordert den Aufbau eines Unterstützungssystems für den Klienten, in das die Familie, die Verwandtschaft, Nachbarn, Freunde, Kollegen, aber auch das Gemeindeunterstützungssystem und Institutionen einbezogen werden.
Aufbau eines neuen Netzwerkes wird notwendig, falls nur noch Rudimente eines alten vorhanden sind. Dies wird bei Menschen notwendig werden, die ihre Netzwerke verloren haben, sei es durch Umzug, Straffälligkeit, Tod und Scheidung von wichtigen Netzwerkteilnehmern usw. In diesem Fall müssen alte Beziehungen erneuert und neue Personen dem Netzwerk zugeführt werden.
Nun gelten diese Strategien für die primären Mikronetzwerke eines Klienten. Für ein Mesonetzwerk von Gruppen und Angeboten gelten sinngemäß die gleichen Interventionen.
Für die Netzwerkarbeit ist es schließlich wichtig, eine Netzwerkkarte zu erstellen (Bullinger, Novak, 1998: 173-188). Dabei sind alle drei Netzwerkebenen zu unterscheiden.

Netzwerkkarte für Mikronetze. Sie ist notwendig, damit sowohl der Netzwerkarbeiter sich einen Überblick über das persönliche Netzwerk eines Klienten verschaffen kann als auch einem Klienten sein Netzwerk wahrnehmbar wird. Er soll die Stärken, Ressourcen, aber auch Schwächen seines Netzwerkes erkennen. Solch eine Karte kann einem Klienten zum ersten Mal bewußt machen, wie sein Netzwerk aussieht und wie er in ihm lebt. Wie kann nun eine derartige Karte erstellt werden? Auch jetzt ist es notwendig, die drei Netzwerkebenen zu beachten. Wir fragen zunächst nach dem primären, persönlichen Mikronetz des Klienten, nach seiner Familie, den übrigen Verwandten des familialen Systems, Arbeitskollegen (bei Kindern und Jugendlichen die Schul- und Spielkameraden), Nachbarn, Freunde usw. Dann prüfen wir, in welchem Umfang Kontakte zu Mesonetzwerken bestehen, d.h. zu Gruppen und informellen wie auch professionellen Helfern. Schließlich untersuchen wir die Verbindung zu Makronetzwerken, zu den Behörden und Institutionen; ob der Klient zu Polizei und Justiz in Beziehung steht oder zu Ämtern und Hilfeeinrichtungen. Dies alles wird auf ein Blatt geschrieben und visualisiert. Aus dieser Netzwerkkarte lassen sich folgende Variablen des Netzwerkes ablesen:

- Größe und Umfang
- Zusammensetzung
- Intensität, Intimität und Bedeutung des Netzwerkes für den Klienten
- Dichte
- Zentralität
- Gegenseitigkeit oder Einseitigkeit der Beziehungen.

Netzwerkkarte für Mesonetzwerke. Netzwerkarbeit ist nicht nur ein Erkenntnismittel für die integrative soziale Einzelfallhilfe, sondern auch für die soziale Gruppenarbeit und vor allem für die Gemeinwesenarbeit. Letztere versucht, durch eine Vielzahl von Gruppen und Angeboten einen Stadtteil bzw. eine kleine Stadt zu durchdringen und mit anderen Hilfeeinrichtungen in Beziehung zu treten und mit ihnen zusammenzuarbeiten (Noack, 1998; 1999). Die Gefahr solch eines gemeinwesenorientierten Mesonetzwerkes ist die Isolierung der Angebote zu einer Monolinearität. Die Netzwerkkarte für das Mesonetz erlaubt dem Gemeinwesenarbeiter im Netzwerk, den Überblick zu behalten und sich immer wieder bewußt zu machen, ob das Netz noch zusammenhält oder in Einzelaktionen zerfällt.

Netzwerkkarte für Makronetze. So notwendig es auch ist, eine Netzwerkkarte von Makronetzen zu erstellen, so schwierig wird es sein, sie zu realisieren. Natalja Weise hat versucht nachzuweisen, daß beispielsweise für die sozialtherapeutische Nachbetreuung von suchtkranken Maßregelvollzugspatienten zwar in der Stadt und dem Landkreis Leipzig ein Makronetzwerk von 14 differenziert arbeitenden Einrichtungen besteht, daß aber eine Integration zu einem einheitlichen Netzwerk kaum möglich ist (Weise 1998). Dennoch ist die Makronetzwerkbildung notwendig, damit es nicht zu Vielfachbetreuungen und Hilfen kommt oder Hilfen versagt werden.

5.16. Aufbau eines Solidaritätsnetzes

5.16.1. Gründungsphase

Zuerst ist es notwendig (vgl. zum folgenden Noack, 1995: 408-417; Seibert, Noack, 1996: 81 f.), ein Mitarbeiterteam für die Gründungsphase aufzubauen, das sozial und aktiv bzw. willig ist. Dafür ist zunächst eine Person nötig, die das Netzwerk aufbaut und professionell leitet (Vermittlung, Koordination, Beratung), am besten ein Sozialpädagoge. Er hat die Aufgabe, ein Konzept zu entwickeln und zu erstellen. Denn die Qualität und Validität des Konzepts entscheidet über die Bereitschaft von ehrenamtlichen Helfern mitzuarbeiten und von Behörden, das Netz zu finanzieren. Es folgt eine Aufgabenbeschreibung für die professionelle Person und die freiwilligen Mitarbeiter; Arbeitsteilung und Arbeitsorganisation werden festgelegt. Jetzt werden eine Kostenkalkulation und ein Finanzierungsplan aufgestellt. Nach diesen Vorbereitungen erfolgt die Kontaktaufnahme mit öffentlichen Stellen: zum Bürgermeister, Sozial-, Jugend- und Gesundheitsamt, zu anderen sozialen Einrichtungen sowie Schulen und Kirchen.

Es kann günstig sein, einen Verein zu gründen, um finanzielle Hilfen zu bekommen; auf alle Fälle brauchen wir eine Namensfindung für das Netzwerk. Jetzt beantragen wir Fördermittel bei Stadt, Kreis, Land und Bund; wir müssen Stiftungen anschreiben; auch werden wir einen Förderkreis aufbauen.

Räumlichkeiten sind nicht immer leicht zu finden. Wenn eine Kirchengemeinde sie zur Verfügung stellt, ist viel gewonnen. Bei der Raumgestaltung muß auf eine zielgruppenspezifische sowie wohltuende, kommunikative Atmosphäre geachtet werden. Regelmäßig halten wir Sitzungen ab für das Gründungsmitarbeiterteam und alle Interessierten.

Es ist wichtig, eine für jedermann verständliche Präsentation der Netzwerkangebote zu erarbeiten und kontinuierlich zu vervollständigen. Wir erstel-

len ein Info-Blatt und Plakate und legen bzw. hängen sie an allen öffentlichen Stellen aus: bei Ämtern, Kirchen, Schulen, Ärzten, Apotheken, Geschäften usw.
Öffentlichkeitsarbeit ist unumgänglich: Zusammenarbeiten mit der Presse; öffentliche Veranstaltungen in bestehenden Gruppen (Vereinen, Schulen, Kirchengemeinden u.a.), bei denen das Konzept vorgestellt wird; Präsentation bei lokalen Veranstaltungen unterschiedlichster Art. Wir werden so viele private und öffentliche Einzelpersonen wie möglich mit der Idee des Netzwerkkonzeptes bekanntmachen, um sie zu gewinnen und an der Mitarbeiterwerbung zu beteiligen.
Vertrauensbildung durch regelmäßige Information und Kooperation mit politischen, sozialen, kulturellen und kirchlichen Repräsentanten sichert deren Unterstützung, um das Konzept in der lokalen Bevölkerung bekannt und vertrauenswürdig zu machen und Mitarbeiter zu gewinnen.

5.16.2. Eröffnungsphase

Zunächst werden konkrete Aktivitätsangebote aufgrund einer lokalen Bedürfnisanalyse erstellt.
Danach erfolgt die Auflistung und Beschreibung von Personenkreisen, die als Zielgruppe definiert sind und aus der Mitarbeiter gewonnen werden können, sich im Netzwerk zu engagieren.
Es ist notwendig, Informationen über Angebote, Möglichkeiten, Öffnungszeiten usw. der professionellen und ehrenamtlichen sozialen Dienste sowie der bestehenden Selbsthilfegruppen zu sammeln und ständig zu aktualisieren, wo ebenfalls Hilfe zu erwarten ist. Dies dient zugleich dazu, keine Doppelangebote zu machen.
Erstgespräche (im Sinne von face-to-face Begegnung) mit den ehrenamtlichen Helfern müssen geführt werden. Dies dient der Klärung, wer der Helfer ist, welche Neigungen und Eignungen er besitzt und welche Tätigkeiten er ausführen kann, die sowohl den Anliegen und Bedürfnissen der ehrenamtlich tätigen Person als auch den Netzwerkanforderungen Rechnung trägt.
Grundlegend ist auch die Verpflichtung auf einen Ehrenkodex für alle am Netzwerk Beteiligten, der u.a. die Schweigepflicht enthält, für die freiwilligen Helfer den Verzicht auf finanzielle Vorteile usw.
Versicherungsschutz für alle Beteiligten muß bedacht werden. Auch ist es notwendig, alle Mitarbeiter in Rechtsfragen zu unterrichten.
Schließlich werden Kommunikationskanäle geschaffen, indem Multiplikatoren gewonnen werden, z.B. Meinungsführer oder Vertreter etablierter Institutionen.

5.16.3. Aufbauphase

Periodisch erfolgt eine statistische Erfassung der Leistungen des Netzwerkes. Gleichzeitig werden Qualitätsanforderungen an die Mitarbeiter erarbeitet und Anforderungen an die Qualitätssicherung der Arbeit aufgestellt. Bedeutsam ist die Organisation von Netzwerk-Tagen, um eine ständige motivierende Vision und die Identifikation mit dem Netzwerk zu stärken und für Anerkennung der Mitarbeiter zu sorgen. Dazu dienen außerdem Berichterstattungen, Pressemitteilungen und andere Veröffentlichungen, Arbeitssitzungen und Supervision, Seminare sowie Fortbildung und Qualifikation der Mitarbeiter.
Im konzeptionell-kreativen Bereich werden ständig neue Ideen entwickelt, um Stagnation, Überdruß und Verlust der Vision zu vermeiden. Nach zwei Jahren haben sich spezifische Angebote in der Regel erschöpft.
Periodisch werden aktuelle Faltblätter und eine Zeitung erstellt, um ständig zu werben. Parallel dazu erfolgt die Dokumentation und Kontrolle des Erreichten. Diese kann die Form wissenschaftlicher Veröffentlichungen haben.

5.16.4. Ausweitung eines Solidaritätsnetzes zur Gemeinwesenarbeit

Wenn ein Netzwerk durch Polylinearität, Integration sowie alltagsweltliche und lebensweltliche Arbeit eine bestimmte Größe erreicht, durchdringt es eine Lokalität, etwa einen Dorfverbund, eine Kleinstadt oder den Stadtteil einer Großstadt (Noack, 1998: 110-120). Dadurch ist es ein unverzichtbarer Bestandteil des Ortes geworden und wird gehört, wenn es Themen des Gemeinwesens anspricht. Denn Gemeinwesenarbeit besteht vor allem in der Entwicklung neuer Gemeinschaftsfunktionen. Dies wird notwendig, wenn solche absterben oder bedroht sind. Beispiele für die Schaffung von Gemeinschaftsmöglichkeiten sind Freizeiteinrichtungen und Treffpunkte für Kinder und Jugendliche, Betreuung von Kindern und Senioren, Informationen für Mieter, Bildungs- und Kulturangebote, wobei diese Gemeinwesenarbeit immer zugleich lebensweltlich gesehen werden muß. Weitere Gemeinschaftsaufgaben erwachsen aus der Gefährdung der Gemeinschaft, wie extreme Mieterhöhungen, Bauschäden, geplante Industrieansiedlungen, Verkehrsintensivierung, sog. Sanierungen, Abbau von Grünflächen, Schließung von Schulen (lange Schulwege für die Kinder; Beziehungsbruch), Abbau von sozialen Leistungen im Lokalmilieu und ähnliche Gefährdungen des Gemeinwesens. Wenn ein ausgedehntes Netzwerk vorhanden und die

Verknüpfung mit den Makronetzen eng ist, kann es seinen Einfluß geltend machen, solche Mängel des Gemeinwesens zu beheben und Bedrohungen von ihm fernzuhalten.

Die Industriegesellschaft (Moltmann, 1989: 16-18) als eine Bedürfnisgesellschaft ist nicht nur eine leidenreduzierende, sondern auch eine leidenschaffende Gesellschaft. Die Aufgaben der Sozialpädagogik wachsen dadurch ins schier Unermeßliche. Aber statt zu resignieren, ist es der Auftrag des Sozialpädagogen, immer wieder gegen die Zeitentropie anzugehen und optimistisch Projekte zu entwickeln und Langzeitarbeit zu leisten, um die Lebenslagen der Menschen zu bessern, die Benachteiligten zu stützen, zu tragen und zur Selbsthilfe zu ermutigen und das Gemeinwesen zu einem lebenswerten Soziotop zu machen.

Literaturverzeichnis

Abrams, M., Die Zeitverwendung in der britischen Gesellschaft, in: E. K. Scheuch, R. Meyersohn (Hrsg.), Soziologie der Freizeit, Köln 1972.

Aderhold, D., Nichtseßhaftigkeit, Köln 1970.

Adler, A., Menschenkenntnis, Frankfurt a. M. 1991, Original 1927.

Affemann, R., Der Mensch als Maß der Schule, Freiburg 1979.

Ah, H., v. d., Die Praxis der Schulsozialarbeit, in: E. Hollenstein, J. Tillmann (Hrsg.), Schulsozialarbeit. Studium, Praxis und konzeptionelle Entwicklungen, Hannover 1999, S. 180-182.

Allert, T., Bieback-Diehl, L., Oberle, H., Syfahrt, E., Familie, Milieu und sozialpädagogische Intervention, Münster 1994.

Alheit, P., Transitorische Bildungsprozesse: Das „biographische Paradigma" in der Weiterbildung, in: W. Mader (Hrsg.), Weiterbildung und Gesellschaft, 2. Aufl. Bremen 1993.

Antes, W., Erlebnispädagogik. Fundierte Methode oder aktuelle Mode? In: Jugendstiftung Baden-Württemberg (Hrsg.), Erlebnispädagogik, Münster 1993.

Arbeitsgemeinschaft sozialpolitischer Arbeitskreise (Hrsg.), Obdachlosenpolitik in der BRD. Trendlinien kommunaler Obdachlosenpolitik. Projekterfahrungen. Handlungsanleitungen zur Zusammenarbeit mit Obdachlosen, Berlin 1977.

Arbeitskreis junger Kriminologen, Randgruppenarbeit. Analysen und Projekte aus der Arbeit mit Obdachlosen, München 1973.

Asch, S., Social Psychology, New York 1987.

Baacke, D., Ferchhoff, W., Jugend, Kultur und Freizeit, in H. Krüger (Hrsg.), Handbuch der Jugendforschung, Opladen 1988, S. 291-325.

Baacke, D., Jugend und Jugendkulturen. Darstellung und Deutung, Weinheim 1987.

Baacke, D., Sander, U., Vollbrecht, R., Neue Netzwerke der Unmittelbarkeit und Ich-Darstellung. Individualisierungsprozesse in der Mediengesellschaft, in: W. Heitmeier, Th. Olk (Hrsg.), Individualisierung von Jugend. Gesellschaftliche Prozesse, subjektive Verarbeitungsformen, jugendpolitische Konsequenzen, Weinheim 1990, S. 81-98.

Bach, H., Allgemeine Sonderpädagogik, in: H. Bach (Hrsg.), Sonderpädagogik im Grundriß, Berlin 1995, S. 5-78.

Backes, G. M., Alter(n) als gesellschaftliches Problem? Opladen 1997.

Bäcker, G., Arbeitslosigkeit und Armut – Defizite der Sozialen Sicherung, in: S. Müller, U. Otto (Hrsg.), Armut im Sozialstaat. Gesellschaftliche Analysen und sozialpolitische Konsequenzen, Neuwied 1997, S. 95-112.

Badelt, C., Denn Sie wissen jetzt, was Sie tun, in: Socialmanagement 3 (1993), S. 6-8.

Badura, B., Zur sozialepidemiologischen Bedeutung sozialer Bindung und Unterstützung, in: B. Badura (Hrsg.), Soziale Unterstützung und chronische Krankheit, Frankfurt a. M. 1981.

Ballew, J. R., Mink, G., Was ist Case Management?, in: W. R. Wendt (Hrsg.), Unterstützung fallweise. Case Management in der Sozialarbeit, Freiburg i. Br. 2. Aufl. 1995, S. 56-83.

Baltes, M. M., Montada, L. (Hrsg.), Produktives Leben im Alter, Frankfurt a. M. 1996.

Balser, H., Vernetzung von Gewaltpräventionsprojekten – ein Lernfall positiver Schulentwicklung? in: H. Balser, H. Schrewe, N. Schaaf (Hrsg.), Schulprogramm Gewaltprävention. Ergebnisse aktueller Modellversuche, Neuwied 1997, S. 23-38.

Bauer, H. G., Erlebnispädagogik, in: Deutscher Verein für öffentliche und private Fürsorge (Hrsg.), Fachlexikon der sozialen Arbeit, Frankfurt a. M. 4. Aufl. 1997, S. 274 f.

Bauer, R., Obdachlosigkeit in: H. Eyferth, H.-U. Otto, H. Thiersch (Hrsg.), Handbuch zur Sozialarbeit/Sozialpädagogik, Neuwied 1987, S. 697-708.

Baumann-Meinhardt, K., Kind, M., Angehörigengruppen im sozialpsychiatrischen Dienst, in: K. Dörner, A. Egetmeyer, K. Koennig (Hrsg.), Freispruch der Familie, Bonn 1987, S. 152-177.

Bavelas, A., Communication Patterns in Task-Oriented Groups, in: D. Cartwright, A. Zander (Hrsg.), Group Dynamics, Evanston 1953.

Bechtler, H. (Hrsg.), Gruppenarbeit mit älteren Menschen, Freiburg 2. Aufl. 1993.

Beck, U., Jenseits von Klasse und Stand? Soziale Ungleichheit, gesellschaftliche Individualisierungsprozesse und die Entstehung neuer sozialer Formationen und Identitäten, in: R. Kreckel (Hrsg.), Soziale Ungleichheiten. Sonderband 2 der Zeitschrift Soziale Welt, Göttingen 1983, S. 35-74.

Beck, U., Risikogesellschaft. Auf dem Weg in eine andere Moderne, Frankfurt M. 1986.

Beck, U., Was ist Globalisierung? Irrtümer des Globalismus – Antworten auf Globalisierung, Frankfurt a. M. 1997.

Becker, K., Leitner, N., Schulz, W., Soziales Umfeld von Alkoholikern bei Klinikentlassung und sein Einfluß auf den Behandlungserfolg, in: Psychiatrische Praxis 13 (1986), S. 121-127.

Becker, P., Wohlbefinden. Theoretische Grundlagen, in: A. Abele, P. Becker (Hrsg.), Wohlbefinden. Theorie-Empirie-Diagnostik, Weinheim 1991, S. 13-51.

Beckmann, D., Geschlechterrollen und Paardynamik, in: H. Pross (Hrsg.), Familie – wohin? Hamburg 1979, S. 169-195.

Beckmann, P., Lebenslagen Straffälliger und Straffälligenhilfe. Das Hilfesystem auf dem Prüfstand aus der Sicht der Sozialarbeit im Vollzug, in: W. Nickolai, G. Kawamura, W. Krell, R. Reindl (Hrsg.), Straffällig. Lebenslagen und Lebenshilfen, Freiburg i. Br. 1996, S. 78-86.

Berger-Schmitt, R., Innerfamiliale Arbeitsteilung und ihre Determinanten sowie „Arbeitsteilung und subjektives Wohlbefinden von Ehepartnern". In: W. Glatzer, R. Berger-Schmitt (Hrsg.), Haushaltsproduktion und Netzwerkhilfe, Frankfurt a. M. 1985, S. 105-174.

Bergner, H.-P., Neue Ansätze der Suchtprävention, in: B. Kammerer, K. Riemann (Hrsg.), Jump, Ein Brückenschlag zwischen Suchtprävention und Jugendhife, Freiburg i. Br. 1997, S. 11-16.

Bernstein, B., Soziokulturelle Determinanten des Lernens, in: Soziologie der Schule, Kölner Zeitschrift für Soziologie und Sozialpsychologie, Sonderheft 4, Opladen 1960, S. 52-77.

Berscheid, E., Interpersonal Attraction. The Handbook of Social Psychology, 2, 1985, S. 413-484.

Bertram, H. (Hrsg.), Das Individuum und seine Familie. Lebensformen, Familienbeziehungen und Lebensereignisse im Erwachsenenalter, Opladen 1995.

Bertram, H. (Hrsg.), Die Familie in Westdeutschland, Stabilität und Wandel familialer Lebensformen, Opladen 1991.

Bien, W., Marbach, J., Haushalt – Verwandtschaft – Beziehungen: Familienleben als Netzwerk, in: H. Bertram (Hrsg.), Die Familie in Deutschland, Opladen 1991.

Blaschke, D., Arbeitsmarktaussichten für benachteiligte Personengruppen, in: Berufliche Bildung (1992).

Blimlinger, E., Ertl, A., Koch-Straube, U., Wappelshammer, E., Lebensgeschichten. Biographiearbeit mit alten Menschen, Hannover 1994.

Blumenberg, F.-J., Schrapper, Ch., Heimerziehung, in: Deutscher Verein für öffentliche und private Fürsorge (Hrsg.), Fachlexikon der sozialen Arbeit, Frankfurt a. M. 4. Aufl. 1997, S. 454 f.

Blumenstein, H. A., Zur Situation der Bewährungshilfe, in: M. Salman (Hrsg.), Soziale Arbeit mit Straffälligen. Beiträge aus Theorie und Praxis, Frankfurt a. M. 2. Aufl. 1986, S. 75-81.

Bock, T., Standort der freien Wohlfahrtspflege im Sozialstaat, in: P. Boskamp, R. Knapp (Hrsg.), Führung und Leitung in sozialen Organisationen. Handlungsorientierte Ansätze für neue Managementkompetenz, Neuwied 1996, S. 15-34.

Böhnisch, L., Münchmeier, R., Pädagogik des Jugendraums. Zur Begründung und Praxis einer sozialräumlichen Jugendpädagogik, Weinheim 1990.

Böhnisch, L., Münchmeier, R., Wozu Jugendarbeit? Orientierungen für Ausbildung, Fortbildung und Praxis, Weinheim 1987.

Bönner, K. H., Gleichaltrige: Die Bedeutung der Peergroup in verschiedenen Entwicklungsaltersstufen, in: R. Ningel, W. Funke (Hrsg.), Soziale Netze in der Praxis, Göttingen 1995, S. 54-74.

Bongartz, Th., Gröhnke, K., Soziale Isolation bei Langzeitarbeitslosen? Eine netzwerkanalytische Betrachtung, in: G. Klein, H. Strasser (Hrsg.), Schwer vermittelbar. Zur Theorie und Empirie der Langzeitarbeitslosigkeit, Opladen 1997, S. 197-220.

Boskamp, P., Das Konzept des Sozialen Netzwerkes – Anwendungsmöglichkeiten im Kontext von Führen und Leiten in Organisationen, in: P. Boskamp, R. Knapp (Hrsg.), Führung und Leitung in sozialen Organisationen. Handlungsorientierte Ansätze für neue Managementkompetenz, Neuwied 1996, S. 161-192.

Brandstätter, J., v. Eye, A., Psychologische Prävention, Bern 1982.

Brauchbar, M., Heer, H., Zukunft Alter, Herausforderung und Chance, Hamburg 1993.

Braun, H., Alter als gesellschaftliche Herausforderung, Regensburg 1992.

Braun, J., Mathias, W., Freizeit und regionale Infrastruktur, Göttingen 1975.

Brenner, G., Erlebnispädagogik – ein Rettungsring für die Jugendarbeit? in: H. G. Homfeldt (Hrsg.), Erlebnispädagogik, Baltmannsweiler 1995, S. 128-141.

Bronfenbrenner, U., Die Ökologie der menschlichen Entwicklung, Stuttgart 1981.

Brüggemann, E., Die menschliche Person als Subjekt der Arbeit. Das Prinzip des Vorrangs der Arbeit vor dem Kapital und seine Umsetzung in der heutigen Gesellschaft, Paderborn 1994.

Brülle, H., Reis, C., Reis, H. C., Verwaltungsmodernisierung, in: Deutscher Verein für öffentliche und private Fürsorge (Hrsg.), Fachlexikon der sozialen Arbeit, Frankfurt a. M. 4. Aufl. 1997, S. 1006-1010.

Buchka, M., Praxisfeld Rehabilitation, in: E. Badry, M. Buchka, R. Knapp (Hrsg.), Pädagogik. Grundlagen und Arbeitsfelder, Neuwied 3. Aufl. 1999, S. 385-409.

Buhr, P., Dynamik von Armut. Dauer und biographische Bedeutung von Sozialhilfebezug, Opladen 1995.

Bullinger, H., Nowak J., Soziale Netzwerkarbeit. Eine Einführung, Freiburg i. Br. 1998.

Bundesamt für Statistik, Mikrozensus 1988: Freizeit bei Jung und Alt, Statistik aktuell 16 (1991).

Bundesanstalt für Arbeit (Hrsg.), Arbeitsmarkt 1995. Arbeitsmarktanalyse für die alten und neuen Bundesländer, Nürnberg 1996.

Bundesarbeitsgemeinschaft für Rehabilitation (Hrsg.), Rehabilitation Behinderter: Schädigung – Diagnose – Therapie – Nachsorge. Wegweiser für Ärzte und weitere Fachkräfte der Rehabilitation, Köln 2. Aufl. 1994.

Bundesminister für Jugend, Familie, Frauen und Gesundheit (Hrsg.), Achter Jugendbericht. Bericht über Strebungen und Leistungen der Jugendhilfe, Bonn 1990.

Butz, P., Bronner, U., Reinders, H., Bedingungsfaktoren jugendlichen Problemverhaltens. Die Verbindung von Schule, Familie und Freizeit, in: Soziale Arbeit 10/11 (1998), S. 348-355.

Claessens, D., Die Familie in der modernen Gesellschaft, in: F. Oerter (Hrsg.), Familie und Gesellschaft, Tübingen 1966, S. 235-266.

Clausen, J., Kontinuität und Wandel in familialen Generationsbeziehungen, in: K. Lüscher, F. Schultheis (Hrsg.), Generationenbeziehungen in „postmodernen" Gesellschaften, Konstanz 1993.

Cochran, M., Brassard, J. A., Child development and personal networks, in: Child Development 50 (1979), S. 601-616.

Cohen, A. K., Kriminelle Jugend, Reinbek 1961.

Collins, A. H., Pancoast, D. L., Das soziale Netz der Nachbarschaft als Partner professioneller Hilfe, Freiburg i. Br. 1981.

Cooper, B., Die Epidemiologie psychischer Störungen im Alter, in: H. Häffner, M. Hennerici (Hrsg.), Psychische Krankheiten und Hirnfunktion im Alter, Stuttgart 1992, S. 15-29.

Cornel, H., Der Beitrag der Sozialarbeit zur Vermeidung von Untersuchungshaft, in: R. Reindl, G. Kawamura, W. Nickolai (Hrsg.), Prävention. Entkriminalisierung. Sozialarbeit. Alternativen zur Strafverschärfung, Freiburg i. Br. 1995, S. 145-166.

Cremerius, J., Gibt es zwei psychoanalytische Techniken? in: Psyche 7 (1979), S. 577-599.
Dahrendorf, R., Lebenschancen. Anläufe zur sozialen und politischen Theorie, Frankfurt a. M. 1979.
Decker, K., Konzeption sozialpädagogischer Familienhilfe im Großraum München, in: Bayerischer Wohlfahrtsdienst 8/9 (1985), S. 121.
Deeke, A., Informelle Beziehungen auf dem Arbeitsmarkt, Frankfurt a. M. 1991.
Diemer, A. (Hrsg.), Der Methoden- und Theorienpluralismus in den Wissenschaften, Meisenheim 1971.
Diewald, M., Soziale Beziehungen: Verlust oder Liberalisierung? Soziale Unterstützung in informellen Netzwerken, Berlin 1991.
Dinkel, R. H., Demographische Alterung: Ein Überblick unter besonderer Berücksichtigung der Mortalitätsentwicklungen, in: P. B. Baltes, J. Mittelstraß (Hrsg.), Zukunft des Alterns und gesellschaftliche Entwicklung, Berlin 1992, S. 62-93.
Deutsches Zentrum für Altersfragen DZA, Die ergraute Gesellschaft, Berlin 1987.
Deusinger, I., Identität und Persönlichkeit im Alter, in: P. Mayring, W. Saup (Hrsg.), Entwicklungsprobleme im Alter, Stuttgart 1990, S. 201-217.
Dörner, D. (Hrsg.), Vom Umgang mit Unbestimmtheit und Komplexität, Bern, Stuttgart, Wien 1983.
Dilling, H., Mombour, W., Schmidt, M. H. (Hrsg.), Internationale Klassifikation psychischer Störungen, ICD-10, Kap. 5, Klinisch-diagnostische Leitlinien, Bern 1991.
Durkheim, E., Regel der soziologischen Methode, orig. 1895, Neuwied 3. Aufl. 1970.
Dybowsky, H., Hartwig, J., Freizeitinteressen und -aktivitäten von Jugendlichen, in: Soziale Arbeit 11 (1996), 372-377.
Dyck, E., Das Kind im Heim, in: H. Kupfer (Hrsg.), Einführung in Theorie und Praxis der Heimerziehung, Heidelberg 2. Aufl. 1978, S. 70-94.
Ebeling, H. (Hrsg.), Der Tod in der Moderne, Hanstein 1979.
Egan, G., Helfen durch Gespräch, Weinheim 2. Aufl. 1993.
Eggert, G. M., Zur potentiellen Bedeutung der Netzwerkarbeit für den sozialen Dienst in der stationären Altenhilfe, Frankfurt a. M. 1995.
Elias, N., Über den Prozeß der Zivilisation, 2 Bde., Basel 1939.
Elias, N., Was ist Soziologie? München 1970.
Elias, N., Die Gesellschaft der Individuen, Frankfurt a. M. 1987.
Elias, N., Scotson, J. L., Etablierte und Außenseiter, Frankfurt a. M. 1990.
Eppe, C., Demographische Alterung und die Konsequenzen für die Gesellschaft, in: Theorie und Praxis der sozialen Arbeit 3 (1994), S. 106-112.
Erikson, E. H., Kindheit und Gesellschaft, Stuttgart 12. Aufl. 1995.
Erler, M., Liebe und Chaos – Das System Familie, in: Sozialmagazin 6 (1996), S. 18-22.
Erler, M., Und was sagt die Statistik? In: Sozialmagazin 6 (1996), S. 31-35.
Ernst, J., Bedingungen und Folgen des vorzeitgen Ruhestandes in Ostdeutschland, in: WSI-Mitteilungen, 8 (1994), S. 498-507.

Faltermeier, J., Jugendsozialarbeit, in: Deutscher Verein für öffentliche und private Fürsorge (Hrsg.), Fachlexikon der sozialen Arbeit, Frankfurt a. M. 4. Aufl. 1997, S. 530.

Faucheux, C., Moscovici, S., Etude de la créativité des groupes, in: Bulletin de psychologie, 11 (1958).

Feingold, A., Matching for Attractiveness in Romantic Partners and Same-Sex Friends. A Meta-Analysis and Theoretical Critique. Psychological Bulletin 104, 2 (1988), S. 226-235.

Fend, H., Specht, W., Erziehungsumwelten, Konstanz 1986.

Ferchhoff, W., Jugendkulturen im 20. Jahrhundert. Von den sozialmilieuspezifischen Jugendsubkulturen zu den individualitätsbezogenen Jugendkulturen, Frankfurt 1990.

Ferchhoff, W., Jugendliche und Jugendkulturen zu Anfang der 90er Jahre, in: Theorie und Praxis der sozialen Arbeit 1 (1991), 15-22.

Ferchhoff, W., Jugend an der Wende vom 20. zum 21. Jahrhundert. Lebensformen und Lebensstile, Opladen 2. Aufl. 1999.

Fiedler, F. E., The Contingency Model: A Theory of Leadership Effectiveness. In: P. Secord, C. W. Brackman (Hrsg.), Problems in Social Psychology, New York 1966, S. 278-289.

Finkeldey, L., Armut, Arbeitslosigkeit, Selbsthilfe. Armuts- und Arbeitslosenprojekte zwischen Freizeit und Markt, Bochum 1992.

Flade, A., Custor, B. (Hrsg.), Raus aus dem Haus, Frankfurt M. 1996.

Flammer, A., Erfahrung der eigenen Wirksamkeit. Einführung in die Psychologie der Kontrollmeinung, Bern 1990.

Flosdorf, P. (Hrsg.), Theorie und Praxis stationärer Erziehungshilfe, Bd. 2, Die Gestaltung des Lebensfeldes Heim, Freiburg i. Br. 1988.

Foerster, v., H., Sicht und Einsicht, Braunschweig 1985.

Farber, B., Social context. Kinship mapping, and family norms, J. Marriage Family, 1977,

S. 227-240.

Ferber, v., Ch., Freiwilliges soziales Engagement, in: Lebenszugewandtes Altern, Schriftenreihe des Bundesministeriums für Familie und Senioren, Bd. 17, Stuttgart 1993, S. 126-129.

Foucault, M., Überwachen und Strafen. Die Geburt des Gefängnisses, Frankfurt M. 8. Aufl. 1989.

Freier, D., Hierarchie, in: Deutscher Verein für öffentliche und private Fürsorge (Hrsg.), Fachlexikon der sozialen Arbeit, Frankfurt a. M. 4. Aufl. 1997, S. 459 f.

Freud, S. Trauer und Melancholie, orig. 1916, in: Studienausgabe, Bd. 3, Frankfurt 1975.

Friebel, H., Wunschberuf, Berufsstart und Arbeitslosigkeit. Objektive Setzung und subjektiver Sinn im Prozeß der Jugend, in: Soziale Welt 3 (1987), S. 350-363.

Friedrich, H., Schaufelberger, H. J., Armut und soziale Unterpriviligierung. Zum Verhältnis von sozialer Lage und Familiendynamik bei sozialen Randgruppen, in: M. Osterland (Hrsg.), Arbeitssituation, Lebenslage und Konfliktpotential. Festschrift für Max E. Graf zu Solms-Roedelheim, Frankfurt a. M. 1975.

Friedrichs, J., Stadtsoziologie, Opladen 1995.
Fries, J. F., Erfolgreiches Altern: Medizinische und demographische Perspektiven, in: M. M. Baltes, K. Sames (Hrsg.), Erfolgreiches Altern, Bern 1989, S. 19-27.
Friese, P., Milieuarbeit, Begriffe und Methoden, in: K. Ebbe, P. Friese (Hrsg.), Milieuarbeit, Stuttgart 1989.
Fröhlich, A. D., Die Mütter schwerstbehinderter Kinder, Heidelberg 1986.
Fromm, E., Die Furcht vor der Freiheit, Frankfurt a. M. 1975.
Frommann, A., Schulsozialarbeit, in: H. Eyferth, H.-U. Otto, H. Tiersch (Hrsg.), Handbuch zur Sozialarbeit/Sozialpädagogik, Neuwied 1987, S. 870-880.
Gahleitner, K., Leben am Rand. Zur subjektiven Verarbeitung benachteiligte Lebenslagen, Frankfurt a. M. 1996.
Ganoszy, A., Chaos. Zufall. Schöpfungsglaube, Mainz 1995.
Germain, C. B., Gitterman, A., Praktische Sozialarbeit. Das „Life-Modell" der sozialen Arbeit, Stuttgart 1983.
Giddens, A., Die Konstitution der Gesellschaft. Grundzüge eine Theorie der Strukturierung, Frankfurt a. M. 1988.
Gierer, F., City Bound, in: H. Kölsch (Hrsg.), Wege moderner Erlebnispädagogik, Bobingen 1995, S. 197-212.
Girtler, R., Die Lebenswelt des Gefangenen und sein Ringen um Würde, in: W. Nickolai, G. Kawamura, W. Krell, R. Reindl (Hrsg.), Straffällig. Lebenslagen und Lebenshilfen, Freiburg 1996, S. 69-77.
Glatzer, W., Hübinger, W., Lebenslagen und Armut, in: D. Döring, W. Hanesch, E.-U. Huster (Hrsg.), Armut im Wohlstand, Frankfurt a. M. 1990.
Gloger-Tippelt, G., Der Übergang zur Elternschaft. Eine entwicklungspsychologische Analyse, in: Zeitschrift für Entwicklungspsycholgie und Pädagogische Psychologie 17 (1985), S. 53-92.
Goffmann, E., Asyle. Über die soziale Situation psychiatrischer Patienten und anderer Insassen, Frankfurt a. M. 1973.
Gordon, Th., Familienkonferenz, München 5. Aufl. 1991.
Gordon, Th., Gordon Familientraining. Handbuch für Gruppenleiter, Solana Beach, California 1979.
Görres, A. Psychoanalyse, München 1958.
Gotthardt-Lorenz, A., Organisationsberatung. Hilfe und Last für Sozialarbeit, Freiburg i. Br. 2. Aufl. 1992.
Gräbe, S., Reziprozität und Streß in „support"-Netzwerken: Neue Perspektiven in der familiensoziologischen Netzwerkforschung, in: Kölner Zeitschrift für Soziologie und Sozialpsychologie 43 (1991), S. 344-356.
Gräbe, S., Lüscher, K., Soziale Beziehungen junger Eltern, in: Zeitschrift für Sozialisationsforschung und Erziehungssoziologie 1 (1984), S. 21 ff.
Grathoff, R., Milieu und Lebenswelt. Einführung in die phänomenologische Soziologie und die sozialphänomenologische Forschung, Frankfurt a. M. 1995.
Groth, U., Schulz, R., Schulz-Rackoll, R., Handbuch Schuldnerberatung. Neue Praxis der Wirtschaftssozialarbeit, Frankfurt a. M. 1994.
Grunow, D., Bürgernahe Verwaltung, Frankfurt a. M. 1988.

Grunow D., Auf dem Weg zur „neuen Fehlsteuerung“? Bürgernähe und Kundenorientierung in der Sozialverwaltung, in: J. Merchel, C. Schrapper (Hrsg.), Neue Steuerung. Tendenzen der Organisationsentwicklung in der Sozialverwaltung, Münster 1996, S. 32-60.

Habermas, J., Individualisierung durch Vergesellschaftung, in: J. Habermas, Nachmetaphysisches Denken, Frankfurt a. M. 1988.

Habermas, J., Theorie des kommunikativen Handelns, Frankfurt a. M. 4. Aufl. 1987.

Habermas, J., Zur Entwicklung der Interaktionskompetenz, Frankfurt a. M. 1975.

Habermehl, W., Schultz, W., Ehe und Familie in Österreich und der Bundesrepublik Deutschland – Ein Ländervergleich, in: Kölner Zeitschrift für Soziologie und Sozialpsychologie 34 (1982), S. 732-747.

Hackenberg, W., Das behinderte Kind als Belastung und Chance für seine Geschwister, in: Geistige Behinderung 2 (1983), S. 87-96.

Hackenberg, W., Zur psychosozialen Situation von Geschwistern behinderter Kinder, in: Bundesverband Lebenshilfe (Hrsg.), Geschwister geistig Behinderter, Marburg 1985.

Haf, W., Michl, W., Psychotherapeutische Wirkungen der Erlebnispädagogik, in: A. Bedacht, W. Dewald, B. Heckmair, W. Michl, K. Weis (Hrsg.), Erlebnispädagogik: Mode, Methode oder mehr? München 1994, S. 151-157.

Haley, J., Ablösungsprobleme Jugendlicher, München 1981.

Hamel, P. M., Durch Musik zum Selbst, Kassel 1986.

Hammerich, K., Freizeit, in: Herder (Hrsg.), Die moderne Gesellschaft, Freiburg 1972, S. 302-315.

Hanesch, W., Armut in Deutschland, Hamburg 1994.

Hanesch, W. (Hrsg.), Sozialpolitische Strategien gegen Armut, Opladen 1995.

Hanke, F., Personalentwicklung, in: Deutscher Verein für öffentliche und private Fürsorge (Hrsg.), Fachlexikon der sozialen Arbeit, Frankfurt a. M. 4. Aufl. 1997, S. 693 f.

Harbordt, St., Die Subkultur des Gefängnisses. Eine soziologische Studie zur Resozialisierung, Stuttgart 2. Aufl. 1972.

Harder, G., „Ich kann was!“ Erlebnispädagogik für geistig Behinderte, in: Jugendschutz heute 2 (1990), S. 14 f.

Hartmann, H., Sozialhilfeempfänger und Verschuldung, in: Blätter der Wohlfahrtspflege 10 (1985), S. 227 ff.

Harsdorf, U., Schichtenintegrative soziale Netzwerkarbeit, Diplomarbeit, Friedensau 1996.

Hauser, R., Armutspolitik unter veränderten ökonomischen und politischen Rahmenbedingungen, in: W. Hanesch (Hrsg.), Sozialpolitische Strategien gegen Armut, Opladen 1995, S. 112-140.

Hauser, R., Wächst die Armut in Deutschland? in: S. Müller, U. Otto (Hrsg.), Armut im Sozialstaat. Gesellschaftliche Analysen und sozialpolitische Konsequenzen, Neuwied 1997, S. 29-48.

Hausmanninger, Th., „Neue Armut“ – die Rückseite der Wohlstandsgesellschaft, Münchener theologische Zeitschrift 45, 5 (1994), S. 543-562.

Haverkamp L., Bildungsarbeit mit Arbeitslosen und deren Familien, in: Th. Kieselbach, A. Wacker (Hrsg.), Bewältigung von Arbeitslosigkeit im sozialen Kontext, Weinheim 1991.

Hebenstreit-Müller, S., Helbrecht-Jordan, I., Rieken, I., Familien- und Nachbarschaftszentren – Offene Lern- und Erfahrungsräume im Stadtteil, in: K. Böllert, H.-U. Otto (Hrsg.), Die neue Familie, Bielefeld 1993.

Heckmair, B., Holtrop, J., Van der Voort, Ch., City Bound: Sich bewähren im Dikkicht der Großstadt, in: A. Bedacht, W. Dewald, B. Heckmair, W. Michl, K. Weis (Hrsg.), Erlebnispädagogik: Mode, Methode oder mehr? München 1994, S. 186-190.

Hegner, F., Klocke-Kramer, M., Lakemann, U., Schlegelmilch, C., Häusliche Erwerbstätigkeit und Familie. Forschungsbericht für das Bundesministerium für Jugend, Familie, Frauen und Gesundheit, Berlin 1987.

Hegner, F., Lakemann, U., Familienhaushalt und Erwerbstätigkeit, in: R. Nave-Herz, M. Markefka (Hrsg.), Handbuch der Familien- und Jugendforschung, Frankfurt a. M. 1989, S. 491-511.

Heidegger, M., Sein und Zeit, Tübingen 17. Aufl. 1993.

Heigl-Evers A., Vermittlung von innerer und äußerer Realität in der Abhängigkeits- und Suchttherapie. Psychoanalytische Sicht, in: A. Heigl-Evers, I. Helas, H. C. Vollmer (Hrsg.), Suchtkranke in ihrer inneren und äußeren Realität. Praxis der Suchttherapie im Methodenvergleich, Göttingen 1995, S. 11-29.

Heiner, M., Evaluation und Effektivität, in der sozialen Arbeit. Modell, Methoden, Erfahrungen, in: H. Oppl, A. Tomaschek (Hrsg.), Soziale Arbeit 2000, Bd. 2: Modernisierungskrise und Soziale Dienste, Freiburg i. Br. 1986.

Heiner, M., Meinhold, M., Spiegel, H. v., Staub-Bernasconi, S., Methodisches Handeln in der Sozialen Arbeit, Freiburg i. Br. 2. Aufl. 1995.

Heinz, M., Altenhilfe, in: Deutscher Verein für öffentliche und private Fürsorge (Hrsg.), Fachlexikon der sozialen Arbeit, 4. Aufl. Frankfurt a. M. 1997, S. 18-21.

Heitkamp, H., Sozialarbeit im Praxisfeld Heimerziehung. Zu pädagogisch-therapeutischen, rechtlichen und verwaltungsbedingten Aspekten des Alltagshandelns, Frankfurt a. M. 1984.

Helmchen, H., Baltes, M. M., Geiselmann, B., Kanowski, S., Linden, M., Reischies, F. M., Wagner, M., Wilms, H.-U., Psychische Erkrankungen im Alter, in: K. U. Mayer, P. B. Baltes (Hrsg.), Die Berliner Altersstudie, Berlin 1996, S. 185-219.

Helmer, K., Praxisfeld Jugendarbeit, in: E. Badry, M. Buchka, R. Knapp (Hrsg.), Pädagogik. Grundlagen und Abeitsfelder, Neuwied 1999, S. 325-348.

Henneberger, A., Deister, B., Jugendliche wählen ihre Umwelt. Die Bedeutung von Entwicklungsaufgaben im Lebenskontext, in: R. Schumann-Hengsteler, H. M. Trautner (Hrsg.), Entwicklung im Jugendalter, Göttingen 1996, S. 19-40.

Hensle, U., Einführung in die Behindertenarbeit, Heidelberg 4. Aufl. 1988.

Herriger, N., Kompetenzdialog. Empowerment in der sozialen Einzelhilfe, in: Soziale Arbeit, 6 (1995), 190-195.

Herriger, N., Empowerment in der sozialen Arbeit: eine Einführung, Stuttgart 1997.

Hering, R.-D., Gerichtshilfe für Erwachsene, insbesondere Haftentscheidungshilfe und Haftvermeidungshilfe, in: M. Salman (Hrsg.), Soziale Arbeit mit Straffälligen. Beiträge aus Theorie und Praxis, Frankfurt a. M. 2. Aufl. 1986, S. 45-56.

Herschbach, P., Psychotherapieforschung in der Krise, in: GWG 3 (1988), S. 33-37.
Herweck, R., Absicherung des Pflegefallrisikos. Derzeitiger Stand und Ausblick, in: W. H. Asam (Hrsg.), Neue Altenpolitik. Sicherung der Pflege durch Sozialplanung, Freiburg i. Br. 1992, S. 43-53.
Hettlage, R., Familienreport. Eine Lebensform im Umbruch, München 1992.
Hildebrand, I., Freizeit zu Hause – eine Selbstverständlichkeit? In: Deutsche Gesellschaft für Freizeit (Hrsg.), Freizeit und Kulturpolitik, Konzepte und Modelle, Düsseldorf 1980, S. 83-87.
Hillers, U., Sozialpädagogische Netzwerkförderung und Krisenintervention im Krankenhaussozialdienst, Frankfurt a. M. 1994.
Hinte, W., Karas, F., Studienbuch Gruppen- und Gemeinwesenarbeit, Neuwied 1989.
Hodek, J., Kulturarbeit und Musik. Musikalische Tätigkeit in der Ausbildung von Sozialarbeitern und Sozialpädagogen, in: G. Koch (Hrsg.), Kultursozialarbeit. Eine Blume ohne Vase? Frankfurt a. M. 1989, S. 149-157.
Hollenstein, E., Gibt es eine Theorie der Schulsozialarbeit? in: E. Hollenstein, J. Tillmann (Hrsg.), Schulsozialarbeit. Studium, Praxis und konzeptionelle Entwicklungen, Hannover 1999, S. 117-122.
Hollenstein, E., Schule, soziale Arbeit und Handlungskompetenz, in: E. Hollenstein, J. Tillmann (Hrsg.), Schulsozialarbeit. Studium, Praxis und konzeptionelle Entwicklungen, Hannover 1999, S. 192-200.
Höllinger, F., Familie und soziale Netzwerke in fortgeschrittenen Gesellschaften. Eine vergleichende empirische Studie in sieben Nationen, in: Soziale Welt 4 (1989), S. 512-518.
Höpflinger, F., Stuckelberger, A., Alter und Altersforschung in der Schweiz, Zürich 1992.
Holtmannspötter, H., Nichtseßhaftigkeit, Nichtseßhaftenhilfe, in: Deutscher Verein für öffentliche und private Fürsorge (Hrsg.), Fachlexikon der sozialen Arbeit, Stuttgart 4. Aufl. 1997, S. 668-676.
Holzapfel, G., Berührungspunkte zwischen Kulturarbeit und Therapie, in: B. Klosterkötter-Prisor (Hrsg.), Grenzüberschreitungen, Remscheid 1994, S. 17-31.
Holzscheck, K., Hörmann, J., Daviter, J., Praxis des Konsumentenkredits, Köln 1982.
Hombach, B., Dingerkus, R., Systemisches Arbeiten in der Schuldnerberatung, BAG-SB Informationen 4 (1994), S. 24-29.
Hondrich, K. O., Schumacher, J., Krise der Leistungsgesellschaft? Opladen 1988.
Horn, H., Knopf H., Schule und Gewalt im Kontext gesellschaftlicher Veränderungen, in: M. Löw, D. Meister, U. Sander (Hrsg.), Pädagogik im Umbruch, Opladen 1995, S. 131-153.
Hradil, S., Die Modernisierung des Denkens. Zukunftspotentiale und „Altlasten“ in Deutschland, in: Aus Politik und Zeitgeschichte, B 20 (1995), S. 3-15.
Huf, A., Psychotherapeutische Wirkfaktoren, Weinheim, Basel 1992.
Huizinga, J., Homo Ludens. Vom Ursprung der Kultur im Spiel, Hamburg 1956.
Hummel, K., Öffnet die Altersheime! Gemeinwesenorientierte, ganzheitliche Sozialarbeit mit alten Menschen, Weinheim 1988.

Hurrelmann, K., Die Rolle der Schule im sozialen Unterstützungsnetzwerk Jugendlicher, in: Die Deutsche Schule 4 (1990), S. 426-438.

Hurrelmann, K., Bründel, H., Drogengebrauch, Drogenmißbrauch. Eine Gradwanderung zwischen Genuß und Abhängigkeit, Darmstadt 1997.

Husserl, E., Gesammelte Schriften Bd. 8. 1. Cartesianische Meditationen. 8. 2. Die Krisis der europäischen Wissenschaften und die transzendentale Phänomenologie. Eine Einleitung in die phänomenologische Philosophie, Hamburg 1992.

Irle, M., Lehrbuch der Sozialpsychologie, Göttingen 1975.

Jagenlauf, M., Erlebnispädagogik in der Erwachsenenbildung, in: H. Kölsch (Hrsg.), Wege moderner Erlebnispädagogik, München 1995, S. 213-221.

Jagenlauf, M., Wirkungsanalyse Outward Bound – ein empirischer Beitrag zur Wirklichkeit und Wirksamkeit der erlebnispädagogischen Kursangebote von Outward Bound Deutschland, in: A. Bedacht, W. Dewald, B. Heckmair, W. Michl, K. Weis (Hrsg.), Erlebnispädagogik: Mode, Methode oder mehr? München 1994, S. 72-95.

Jagenlauf, M., Wunder, H., Erlebnispädagogische Angebote – Qualitätsmerkmal Sicherheit, in: H. Kölsch (Hrsg.), Wege moderner Erlebnispädagogik, München 1995, S. 77-86.

Jahoda, M., Wieviel Arbeit braucht der Mensch? Weinheim 1983.

Jall, H., Überlegungen zum Beratungserfolg in der Sozialen Arbeit, in: Soziale Arbeit 7 (1995), S. 226-232.

Janis, I. L., Groupthink. Psychological Studies of Policy Decisions and Fiascos, Boston 1982.

Jansen, G., Prozesse der Ausgliederung und der Integration, in: J. Fengler, G. Jansen (Hrsg.), Handbuch der heilpädagogischen Psychologie, Stuttgart 2. Aufl. 1994, S. 283-303.

Janßen, W., Naturerleben, in: Unterricht Biologie 137 (1988), S. 2-7.

Jantzen, W., Allgemeine Behindertenpädagogik, Bd. 2, Neurowissenschaftliche Grundlagen, Diagnostik, Pädagogik und Therapie, Weinheim 1990.

Jellinek, E. M., The disease concept of alcoholism, New Haven 1960.

Just, W., Ohnesorge, W., Roßmanith, W., Schleimer, A., Wagner, H., Willensen, K. H., Sozialberatung für SchuldnerInnen. Methodische, psychodynamische und rechtliche Aspekte. Eine Orientierungshilfe für die Praxis, Freiburg 1990.

Karas, F., Hinte W., Grundprogramm Gemeinwesenarbeit, Wuppertal 1978.

Kardoff, E. v., Intervention – Kritik und Perspektiven, in: G. Hörmann, F. Nestmann (Hrsg.), Handbuch der psychosozialen Intervention, Opladen 1988.

Karl, F., Neue Wege in der sozialen Altenarbeit, Freiburg 2. Aufl. 1993.

Kaufmann, F.-X., Engelbert, A., Herlth, A., Meier, B., Strohmeier, H.-P., Netzwerkbeziehungen von Familien. Materialien zur Bevölkerungswissenschaft. Sonderheft 17, Wiesbaden 1989.

Kaufmann, F.-X., Zukunft der Familie. Stabilität, Stabilitätsrisiken und Wandel der familialen Lebensformen sowie ihre gesellschaftlichen und politischen Bedingungen, München 1990.

Keupp, H., Soziale Netzwerke, in: H. Keupp, D. Rerrich (Hrsg.), Psychosoziale Praxis. Ein Handbuch in Schlüsselbegriffen, München 1982.

Keupp, H., Soziale Netzwerke – Eine Metapher des gesellschaftlichen Umbruchs? In: H. Keupp, B. Röhrle (Hrsg), Soziale Netzwerke, Frankfurt a. M. 1987.

Keupp, R., Gemeindepsychologie als nichtintendierte Nebenfolge lebensweltorientierter sozialer Arbeit, in: Neue Praxis 3 (1995), S. 269-271.

Kiehn, E., Sozialpädagogisch betreutes Jugendwohnen, Freiburg i. Br. 1990.

Klapprott, J., Berufliche Erwartungen und Ansprüche an Sozialarbeiter/Sozialpädagogen. Berufsbild, Arbeitsbedingungen und Arbeitsmarkttendenzen im Spiegel einer Befragung von Stellenanbietern, Weinheim 1987.

Klauber, J., Selke, G. W., Arzneimittelverordnungen nach Altersgruppen, in: U. Schwabe, D. Pfaffrath (Hrsg.), Arzneimittelverordnungs-Report 93, Stuttgart 1993, S. 498-507.

Klauer, K. J. Grundfragen der Sonderpädagogik, in: K. J. Klauer (Hrsg.), Grundriß der Sonderpädagogik, Berlin 1992, S. 9-30.

Klauß, Th., Wertz-Schönhagen, Behinderte Menschen in Familie und Heim. Grundlagen der Verständigung und Möglichkeiten der Kooperation zwischen Eltern und Betreuern, Weinheim 1993.

Klein, Th., Lauterbach, W., Bildungseinflüsse auf Heirat, die Geburt des ersten Kindes und die Erwerbsunterbrechung von Frauen, in: KZfSS 2 (1994), S. 278-298.

Klems, W., Krömmelbein, S., Schmidt, A., Einstellungsverhalten von Unternehmen gegenüber Langzeitarbeitslosen – Eine Vorstudie, Gelsenkirchen 1992.

Klenk, B., Häberlein, V., Das Stuttgarter Konzept stadtteilorientierter Mobiler Jugendarbeit, in: G. Becker, T. Simon (Hrsg.), Handbuch aufsuchender Jugend- und Sozialarbeit, Weinheim 1995, S. 144.159.

Klotz, W., Zur Situation der Bewährungshilfe. Bericht und Vorschläge aus der Praxis, in: M Salman (Hrsg.), Soziale Arbeit mit Straffälligen. Beiträge aus Theorie und Praxis, Frankfurt a. M. 2. Aufl. 1986.

Knapp, A., Empowerment in der pädagogischen Arbeit mit Straßenkindern, in: Soziale Arbeit 5 (1999), S. 157-163.

Knapp, R., Praxisfeld Schulsozialpädagogik, in: E. Badry, M. Buchka, R. Knapp (Hrsg.), Pädagogik. Grundlagen und Arbeitsfelder, Neuwied 3. Aufl. 1999, S. 349-364.

Kobasa, S. C., Maddie, S. R., Kahn, S., Hardiness and health: A prospective study, in: Journal of Personality and Social Psychology, 42 (1982), S. 168-177.

Koch, G. (Hrsg.), Kultursozialarbeit. Eine Blume ohne Vase? Frankfurt a. M. 1989.

Koch, G., Experimente mit Bertold Brechts Lehrstücken. Pädagogische Versuche, den aufrechten Gang zu üben, in: G. Koch (Hrsg.), Kultursozialarbeit. Eine Blume ohne Vase? Frankfurt a. M. 1989, S. 162-183.

Koch, G., Kunst- und andere Ausstellungen. Ein von der Stadtteilkulturarbeit noch vernachlässigtes Arbeitsgebiet, in: G. Koch (Hrsg.), Kultursozialarbeit. Eine Blume ohne Vase? Frankfurt a. M. 1989, S. 236-247.

Koch, J., Der riskierte Körper und die Pädagogik, in: H. G. Homfeld (Hrsg.), Erlebnispädagogik, Baltmannsweiler 1995, S. 57-69.

Koch, J., Jugendliche Körper und moderne Gesellschaften. Aspekte einer bewegungs- und abenteuerbezogenen Sozialarbeit, in: R. Reindl, G. Kawamura, W. Nickolai (Hrsg.), Prävention. Entkriminalisierung. Sozialarbeit. Alternativen zur Strafverschärfung, Freiburg i. Br. 1995, S. 167-187.

Koetz, A. G., Vom „Nutzen“ der Straffälligenhilfe. Eine gesellschaftliche und ökonomische Leistungsbilanz, in: G. Kawamura, U. Helms (Hrsg.), Straffälligenhilfe als Prävention? Freiburg i. Br. 1998, S. 141-149.

Koetzsche, H., Kann bei der Verhütung von Straftaten auf aktive Arbeit mit Straffälligen verzichtet werden? Zur Notwendigkeit tertiärer Kriminalprävention, in: G. Kawamura, U. Helms (Hrsg.), Straffälligenhilfe als Prävention? Freiburg i. Br. 1998, S. 11-29.

Kölsch, H., Natur als Kultur, in: H. Kölsch (Hrsg.), Wege moderner Erlebnispädagogik, München 1995, S. 222-235.

Kozma, A., Stones, M. J., McNeil, J. K., Psychological well-beeing in later life, Toronto 1991.

Krafeld, F. J., Cliquenorientierte Jugendarbeit, Weinheim 1992.

Kronauer, M., Vogel, B., Gerlach, F., Im Schatten der Arbeitsgesellschaft. Arbeitslose und die Dynamik sozialer Ausgrenzung, Frankfurt a. M. 1993.

Krummacher, M., Soziale Probleme in Großstadtregionen und Großstadtpolitik als Rahmenbedingung von Einmischstrategien, in: M. Bitzan, T. Klöck (Hrsg.), Jahrbuch Gemeinwesenarbeit 5, München 1994.

Krüsselberg, H.-G., Auge, M., Hilzenbercher, M., Verhaltenshypothesen und Familienbudgets – Die Ansatzpunkte der „Neuen Haushaltsökonomik“ für Familienpolitik, Stuttgart 1986.

Künkel, F., Die Arbeit am Charakter: die neuere Psychotherapie in ihrer Anwendung auf Erziehung, Selbsterziehung und seelische Hilfeleistung, orig. Schwerin 1935.

Künkel, J., Die Beteiligung ehrenamtlich Tätiger in der Arbeit mit Straffälligen, in: M. Salman (Hrsg.), Soziale Arbeit mit Straffälligen. Beiträge aus Theorie und Praxis, Frankfurt a. M. 2. Aufl. 1986, S. 113-119.

Kuratorium Deutsche Altenhilfe (Hrsg.), Soziale Arbeit in der stationären Altenhilfe. Argumente für ihre Ausgestaltung und Absicherung, Köln 1989.

Landeswohlfahrtsverband Baden (Hrsg.), Programm zur Fortentwicklung der ambulanten Hilfe für alte Menschen – ein Beitrag zur kooperativen Gestaltung der ambulanten Altenhilfe in Stadt- und Landkreisen, Karlsruhe 1989.

Lapassade, G., Gruppen, Organisationen, Institutionen, Stuttgart 1972.

Laux, E., „Neue Steuerungsmodelle“ – brauchbare Ansätze zur Verwaltungsmodernisierung? in: J. Merchel, Ch. Schrapper (Hrsg.), Neue Steuerung. Tendenzen der Organisationsentwicklung in der Sozialverwaltung, Münster 1996.

Lehn, T., Oelschlägel, D. (Hrsg.), Gemeinwesenarbeit als Arbeitsprinzip – Dokumentation eines Seminars im Sommersemenster 1981.

Lehr, U., Erfolgreiches Altwerden als Thema von Entwicklungsberatung, in: J. Brandstädter, H. Gräser (Hrsg.), Entwicklungsberatung unter dem Aspekt der Lebensspanne, Göttingen 1985, S. 150-173.

Lehr, U., Subjektiver und objektiver Gesundheitszustand im Lichte von Längsschnittstudien, in: U. Lehr, H. Thomae (Hrsg.), Formen seelischen Alterns, Stuttgart 1987, S. 153-159.

Lehr, U., Von der neuen Kunst des Älterwerdens, in: Aktion Gemeinsinn (Hrsg.), Das neue Alter, Bonn 1987.

Lenz, K., Mehr Chancen, mehr Risiken: Zum Wandel der Jugendphase in der Bundesrepublik, in: R. Hettlage (Hrsg.), Die Bundesrepublik. Eine historische Bilanz, München 1990, S. 214-233.

Lenz-Romeiß, F., Freizeit und Alltag, Göttingen 1974.

Levine, J. M., Moreland, R. L., Progress in Small Group. Annual Review of Psychology, 41 (1990), S. 585-634.

Levkoff, S., Cleary, P., Wettle, T., Differences in the appraisal of health between aged and middle aged, in: Journal of the American Geriatrics Society, 39 (1987), S. 114.

Liebau, E., Die Kultivierung des Alltags. Das pädagogische Interesse an Bildung, Kunst und Kultur, Weinheim 1992.

Linden, M., Gilberg, R., Horgas, A. L., Steinhagen-Thiessen, E., Die Inanspruchnahme medizinischer und pflegerischer Hilfe im hohen Alter, in: K. U. Mayer, P. B. Baltes (Hrsg.), Die Berliner Altersstudie, Berlin 1996, S. 475-495.

Litwak, E., Helping the elderly, New York 1985.

Loges, F., Bundesarbeitsgemeinschaft der Freien Wohlfahrtspflege e. V., in: Deutscher Verein für öffentliche und private Fürsorge (Hrsg.), Fachlexikon der sozialen Arbeit, Frankfurt a. M. 4. Aufl. 1997, S. 1167 f.

Lotz, T., Balser, H., Was können wir aus SchülerInnenkarrieren lernen? in: H. Balser, H. Schrewe, R. Wegricht (Hrsg.), Regionale Gewaltprävention. Strategien und Erfahrungen, Neuwied 1997, S. 15-18.

Loviscach, P., Soziale Arbeit im Arbeitsfeld Sucht. Eine Einführung, Freiburg i. Br. 1996.

Luhmann, N., Funktion der Religion, Frankfurt a. M. 1977.

Luhmann, N., Soziale Systeme, Frankfurt a. M. 4. Aufl. 1991.

Luhmann, N., Die Gesellschaft der Gesellschaft, 2 Bde., Frankfurt a. M. 1997.

Lüdtke, H., Freizeit in der Industriegesellschaft, Opladen 1972.

Ludwig, M., Armutskarrieren. Zwischen Abstieg und Aufstieg im Sozialstaat, Opladen 1996.

Lüschen, G., Familial-verwandtschaftliche Netzwerke, in: R. Nave-Herz, M. Markefka (Hrsg.), Handbuch der Familien- und Jugendforschung, Frankfurt a. M. 1989, S. 145-172.

Lüschen, G., Verwandtschaft, Freundschaft, Nachbarschaft, in: R. Nave-Herz, M. Markefka (Hrsg.), Handbuch der Familien- und Jugendforschung, Frankfurt a. M. 1989, S. 435-452.

Lüssi, P., Systemische Sozialarbeit: Praktisches Lehrbuch der Sozialberatung, Stuttgart 1991.

Lüth, P., Sexualität im Ruhestand? in: H. J. Schultz (Hrsg.), Die neuen Alten, Stuttgart 1985, S. 185-198.

Maaß, V., Lebendiges Lernen und lebensweltorientiertes Hilfesystem, in: H. G. Homfeldt (Hrsg.), Erlebnispädagogik, 2. Aufl. Baltmannsweiler 1995.

Maaßen, B., Naturerleben, Baltmannsweiler 1994.

Maelicke, B., Simmedinger, R., Sozialarbeit und Strafjustiz. Untersuchungen und Konzeptionen zur Reform der Straffälligenhilfe, Weinheim 1987.

Maelicke, B., Straffälligenhilfe, in: Deutscher Verein für öffentliche und private Fürsorge, Fachlexikon der sozialen Arbeit, 4. Aufl. Frankfurt a. M. 1997, S. 928.

Mahlke, W., Schwarte, N., Wohnen als Lebenshilfe. Ein Arbeitsbuch zur Wohnfeldgestaltung in der Behindertenhilfe, 2. Aufl. Weinheim 1992.

Mair, H., Familienarbeit und soziale Netzwerkentwicklung, in: J. Hohmeier, H. Mair (Hrsg.), Eltern- und Familienarbeit, Freiburg 1989.

Malarski, R., Weimar: Berufsausbildung umgestalten personal – sozial – gewaltfrei, in: H. Balser, H. Schrewe, N. Schaaf (Hrsg.), Schulprogramm Gewaltprävention. Ergebnisse aktueller Modellversuche, Neuwied 1997, S. 116-123.

Maas, U., Soziale Arbeit als Verwaltungshandeln. Systematische Grundlegung für Studium und Praxis, Weinheim 1992.

Maturana H. R., Valera, F. J., Der Baum der Erkenntnis, Bern 1987.

Maturana H. R., Erkennen: Die Organisation und Verkörperung von Wirklichkeit, Braunschweig 1982.

Mayring, P., Kontrollüberzeugungen, in: L. Brüderl (Hrsg.), Theorien und Methoden der Bewältigungsforschung, Weinheim 1988, S. 139-149.

Mayr-Kleffel, V., Frauen und ihre sozialen Netzwerke. Auf der Suche nach einer verlorenen Ressource, Opladen 1991.

Medick, H., Die protoindustrielle Familienwirtschft, in: P. Kriedtke, M. Medick, J. Schlumbohm (Hrsg.), Industrialisierung vor der Industrialisierung, Göttingen 1977, S. 90-154.

Meinhold, M., Hilfsangebote für Klienten der Familienfürsorge, in: M. E. Karsten, H. U. Otto (Hrsg.), Die sozialpädagogische Ordnung der Familie, Weinheim 1987.

Melzer, W., Hurrelmann, K., Individualisierungspotentiale und Widersprüche in der schulischen Sozialisation von Jugendlichen, in: W. Heitmeier, Th. Olk (Hrsg.), Individualisierung von Jugend. Gesellschaftliche Prozesse, subjektive Verarbeitungsformen, jugendpolitische Konsequenzen, Weinheim 1990, S. 35-60.

Mertens, D., Das Qualifikationsparadoxon. Bildung und Beschäftigung bei kritischer Arbeitsmarktperspektive, in: Zeitschrift für Pädagogik 4 (1984), S. 439-455.

Merton, R. K., Sozialstruktur und Anomie, in: F. Sack, R. König (Hrsg.), Kriminalsoziologie, Frankfurt a. M. 2. Aufl. 1974, S. 283-313.

Metz-Göckel, S., Müller, U., Der Mann, Weinheim 1986.

Meyer, H., Unterrichtsmethoden. Bd. 1: Theorienband, Frankfurt a. M. 1987.

Michaelis, H., Praxisfeld Medienpädagogik (Ästhetik und Kommunikation) und Kulturarbeit, in: E. Badry, M. Buchka, R. Knapp (Hrsg.), Pädagogik. Grundlagen und Arbeitsfelder, Neuwied 3. Aufl. 1999, S. 423-449).

Middeke, J., J., Freizeit und Freizeitkonsum, in: Deutsche Gesellschaft für Freizeit (Hrsg.), Freizeit und Kulturpolitik, Konzepte und Modelle, Düsseldorf 1980, S. 88-92.

Milgram, S., Das Milgram-Experiment. Zur Gehorsamsbereitschaft gegenüber Autorität, Hamburg 1988.

Minuchin, S., Fishman, C., Praxis der strukturellen Familientherapie, Freiburg 1983.
Minuchin, S., Familie und Familientherapie. Theorie und Praxis struktureller Familientherapie, Freiburg i. Br. 9. Aufl. 1992.
Moeller, M. L., Anders helfen – Selbsthilfegruppen und Fachleute arbeiten zusammen, Stuttgart 1981.
Moll, H.-O., Musiktherapie, in: Deutscher Verein für öffentliche und private Fürsorge (Hrsg.), Fachlexikon der sozialen Arbeit, Stuttgart 4. Aufl. 1997, S. 657 f.
Moltmann, J., Diakonie im Horizont des Reiches Gottes, Schritte zum Diakonentum aller Gläubigen, Neukirchen-Vluyn 1989.
Morgenstern, B., Feste und ihre Gestaltung. Zur Förderung des entwicklungsgestörten und des behinderten Kindes, Ravensburg 1979.
Moscovici, S., Das Zeitalter der Massen, Frankfurt a. M. 1986.
Mossey, J. M., Shapir, E., Self-rated health: A predictor of mortality among the elderly, in: American Journal of Public Health, 72 (1982), S. 800-808.
Mühlum, A., Schulsozialarbeit, in: I. Becker-Textor, M. R. Textor (Hrsg.), Handbuch der Kinder- und Jugendbetreuung, Neuwied 1993.
Mühlum, A., Aufwachsen unter erschwerten Bedingungen. Neue Herausforderungen für Jugendhilfe und Schule, in: Soziale Arbeit 7 (1995), S. 218-225.
Mühlum, A., Rothe, M., Kooperation von Schule und Jugendhilfe, in: R. Wiesner, H. Zarbock (Hrsg.), Das neue Kinder- und Jugendhilfegesetz (KJHG) und seine Umsetzung in die Praxis, Köln 1991, S. 287-317.
Müller, B., Sozialpädagogisches Können. Ein Lehrbuch zur multiperspektivischen Fallarbeit, Freiburg i. Br. 2. Aufl. 1994.
Müller-Kohlenberg, H., Münstermann, K., Schulz, G., Die Lernfähigkeit einer Institution, geleistete und ausstehende Reformen in der Heimerziehung. Strukturelle, ökonomische und pädagogische Aspekte der Entwicklung seit 1968, Frankfurt a. M. 1981.
Müller-Kohlenberg H., Laienhilfe – die bessere Alternative? in: S. Müller, Th. Rauschenbach (Hrsg.), Das soziale Ehrenamt, Weinheim 1988, S. 185-193.
Müller-Kohlenberg, H., Die Kompetenz der Laien – eine Herausforderung an die Theorien professionellen Handelns, in: L. M. Alisch, J. Baumert, K. Beck (Hrsg.) Professionswissen und Professionalisierung, Braunschweig 1990, S. 253-268.
Müller-Kohlenberg, H., Methode oder Beziehung? Ein Vorschlag zur Triangulation der Hilfe, in: Th. Rauschenbach, Fr. Ortmann, M.-E. Karsten (Hrsg.), Der sozialpädagogische Blick. Lebensweltorientierte Methoden in der Sozialen Arbeit, Weinheim 1993, S. 67-81.
Müller-Schneider, T., Schichten und Erlebnismilieus: der Wandel der Milieustruktur in der Bundesrepublik Deutschland, Wiesbaden 1994.
Münder, J., Höfker, G., Kunz, R., Westerrath, J., Schuldnerberatung in der sozialen Arbeit, Münster 3. Aufl. 1994.
Nave-Herz, R., Familie Heute. Wandel der Familienstrukturen und Folgen für die Erziehung, Darmstadt 1994.

Neidhardt, F., Schichtspezifische Elterneinflüsse im Sozialisationsprozeß, in: G. Wurzbacher (Hrsg.), Die Familie als Sozialisationsfaktor, Stuttgart 2. Aufl. 1977, S. 275-308.

Nestmann, F., Soziale Netzwerke und soziale Unterstützung, in: B. Dewe, N. Wohlfahrt (Hrsg.), Netzwerkförderung und soziale Arbeit, Bielefeld 1991.

Neuberger, O., Führen und geführt werden, Stuttgart 1990.

Neuendorf-Bub, B., Stereotype und geschlechtstypisches Verhalten, in: R. Eckert (Hrsg.), Geschlechtsrollen und Arbeitsteilung. Mann und Frau in soziologischer Sicht, München 1979.

Neuhäuser, J., Sozialhilfeempfänger 1993, in: Wirtschaft und Statistik 47 (1995), S. 704-718.

Neuffer, M., Einzel(fall)hilfe, in: Deutscher Verein für öffentliche und private Fürsorge (Hrsg.), Fachlexikon der sozialen Arbeit, Frankfurt a. M. 4. Aufl. 1997, S. 256 f.

Nickolai, W., Quensel, St., Rieder, H., Erlebnispädagogik mit Randgruppen, 2. Aufl. Freibung i. Br. 1991.

Nickolai, W., Erlebnispädagogik mit Randgruppen, in: Nickolai, W., Quensel, St., Rieder, H. (Hrsg.), Erlebnispädagogik mit Randgruppen, Freibung i. Br. 2. Aufl. 1991, S. 39-46.

Nickolai, W., Erlebnispädagogik mit straffälligen Jugendlichen als präventiver Beitrag der Straffälligenhilfe, in: G. Kawamura, U. Helms (Hrsg.), Sraffälligenhilfe als Prävention? Freiburg. i. Br. 1998.

Nielsen, H. u. K., Müller, C. W., Sozialpädagogische Familienhilfe, Probleme, Prozesse und Langzeitwirkungen, Weinheim 1986.

Niepel, G., Soziale Netze und soziale Unterstützung alleinerziehender Frauen: eine empirische Studie, Opladen 1994.

Niepel, G., Nestmann, F., Das soziale Netzwerk der Einelternfamilie. Kinder als interne Unterstützungsressourcen, in: Archiv für Wissenschaft und Praxis der sozialen Arbeit 3 (1994), S. 231-253.

Nipkow, K. E., Bildung als Lebensbegleitung und Erneuerung, Gütersloh 1990.

Noack, W., Landgraf Georg I. von Hessen, Darmstadt 1966.

Noack, W., Modell Teestube, Neuhausen-Stuttgart 1982.

Noack, W., Noack, R., Gemeinde mit Zukunft, Hamburg 1984.

Noack, W., Die Familie in ihrer Umwelt, Hamburg 1994 (unveröff. Manuskript).

Noack, W., Das Konzept privater Solidaritätsnetze. Neue Möglichkeiten sozialer Hilfe als Antwort auf den Umbau des Sozialstates, Soziale Arbeit 12 (1995), S. 408-417.

Noack, W., Die NS-Ideologie, Frankfurt a. M. 1996.

Noack, W., Der transaktionale Leiter, in: Praxis 1 (1997), S. 27 f.

Noack, W., Die Familie als selbstreferentielles, autopoietisches System, in: Soziale Arbeit 6 (1997), S. 187-193.

Noack, W., Integrative, katalytische Gemeinwesenarbeit als Netzwerk, in: Soziale Arbeit 4 (1998), S. 110-120.

Noack, W., Das Dual von Streetworking und Homeworking. Ein neues Konzept von Straßensozialarbeit, in: Sozialmagazin, Die Zeitschrift für Soziale Arbeit 7/8 (1998), S. 28-34.

Noack, W., Psychodynamische Vorgänge in der pastoralen Beratung durch Laien, in: Spes Christiana, 9/10 (1999), S. 102-114.
Noack, W., Gemeinwesenarbeit. Ein Lehr- und Arbeitsbuch, Freiburg i. Br. 1999.
Noack, W., Die Ästhetisierung der Lebenswelt, in: Soziale Arbeit 2 (2000), S. 48-56.
Nötzoldt-Linden, U., Freundschaftsbeziehungen versus Familienbeziehungen: Versuch einer Begriffsbestimmung zur „Freundschaft“, in: Ethik und Sozialwissenschaften 1 (1997), 3-12.
Novak, F., Priller, J., Schendl, M., Vogg, G., Pädagogik 2, München 1979.
Oelkers, J., Unmittelbarkeit als Programm. Zur Aktualität der Reformpädagogik, in: A. Bedacht, W. Dewald, B. Heckmair, W. Michl, K. Weis (Hrsg.), Erlebnispädagogik: Mode, Methode oder mehr? München 1994, S. 96-116.
Olweus, D., Gewalt in der Schule. Was Lehrer und Eltern wissen sollten – und tun können, Bern 2. Aufl. 1996.
Oppl, H., Sozialarbeit in der Sozialstation, in: H. v. Weber-Falkensammer (Hrsg.), Sozialarbeit im Umfeld des Patienten, Erlangen 1983, S. 237 ff.
Osborne, C., Schweitzer, P., Trilling, A., Erinnern. Eine Anleitung zur Biographiearbeit mit alten Menschen, Freiburg 1997.
Ostenrieder, M., Weiß, M., Erleben, Lernen, Kooperieren, München 1994.
Opaschowski, H. W., Freizeitökonomie. Marketing von Erlebniswelten, Opladen 2. Aufl. 1995.
Opaschowski, H. W., Pädagogik der freien Lebenszeit, Opladen 3. Aufl. 1996.
Ortner, H., Gefängnis. Eine Einführung in seine Innenwelt, Weinheim 1988.
Oswald, G., Systemansatz und soziale Familienarbeit. Methodische Grundlagen und Arbeitsformen, Freiburg i. Br. 1988.
Ottomeyer, K., Gesellschaftstheorien in der Sozialisationsforschung, in: K. Hurrelmann, D. Ulich (Hrsg.), Neues Handbuch der Sozialisationsforschung, Weinheim 4. Aufl. 1991, S. 153-186.
Pantucek, P., Lebensweltorientierte Individualhilfe, Freiburg i. Br. 1998.
Parsons, T., Bales, R. F., Family, Socialization an Interaction Process, Glenoce 1955.
Parsons, T., Das System moderner Gesellschaften, München 1972.
Paul, N., Schichtenintegrative Erlebnispädagogik. Das Neue Scoutingmodell, Diplomarbeit, Friedensau 1996.
Paulus, P., Soziale Netzwerke, soziale Unterstützung und Gesundheit, in: G. Hornfeld, B. Hünersdorf (Hrsg.), Soziale Arbeit und Gesundheit, Neuwied 1997, S. 175-203.
Pedroni, G., Zweifel, P., Alter, Gesundheit, Gesundheitskosten. Studien zu Gesundheitsökonomie der Pharma Information, Basel 1989.
Perrig-Chiello, P., Wohlbefinden im Alter. Körperliche, psychische und soziale Determinanten und Ressourcen, Weinheim 1997.
Petzold, Chr., Petzold, H., Lebenswelten alter Menschen, Hannover 1991.
Pfeil, E., Ganzert, J., Die Bedeutung der Verwandten für die großstädtische Familie, in: Zeitschrift für Soziologie (1973), S. 366-383.

Pfennig, G., Lebenswelt Bahnhof. Sozialpädagogische Hilfen für obdachlose Kinder und Jugendliche, Neuwied 1996.
Piaget, J., Inhelder, B., Die Psychologie des Kindes, Stuttgart 1980.
Pitschas, R., Verwaltungsmodernisierung im Spannungsfeld von öffentlichem Dienstleistungsmanagement und dem Steuerungsanspruch des Rechts, in: J. Merchel, Ch. Schrapper (Hrsg.), Neue Steuerung. Tendenzen der Organisationsentwicklung in der Sozialverwaltung, Münster 1996, S. 107-128.
Pointer, P., Baumann, U., Soziales Netzwerk und soziale Unterstützung bei Ehepaaren. Eine Pilotstudie, in: Zeitschrift für Familienforschung 1 (1990), S. 5-25.
Prahl, H.-W., Schroeter, K. R., Soziologie des Alterns, Paderborn 1996.
Preußer, N., ObDach. Eine Einführung in die Politik und Praxis sozialer Aussonderung, Weinheim 1993.
Prokop, D., Materialien zur Theorie des Films, Ästhetik, Soziologie, Politik, München 1971.
Prokop, D., Massenkultur und Spontaneität. Zur veränderten Warenform der Massenkommunikation, Frankfurt a. M. 1975.
Proksch, R., Betreutes Wohnen, in: Deutscher Verein für öffentliche und private Fürsorge (Hrsg.), Fachlexikon der sozialen Arbeit, Stuttgart 4. Aufl. 1997, S. 142 f.
Puch, H.-J., Organisation im Sozialbereich. Eine Einführung für soziale Berufe, Freiburg 1994.
Radtke, P., Sprache ist Denken – Über den gedankenlosen Umgang mit Sprache, in: W. Strubel, H. Weichselgartner (Hrsg.), Behindert und verhaltensauffällig. Zur Wirkung von Systemen und Strukturen, Freiburg 1995.
Rastetter, D., Freizeit braucht freie Zeit. Oder: Wie Männer es schaffen, Frauen die (Frei)Zeit zu stehlen, in: H. A. Hartmann, R. Haubl (Hrsg.), Freizeit in der Erlebnisgeselschaft, Opladen 1996, S. 45-66.
Reheis, F., Kreativität der Langsamkeit, Darmstadt 1996.
Reinl, H., Ist die Armut weiblich? Über die Ungleichheit der Geschlechter im Sozialstaat,
in: S. Müller, U. Otto (Hrsg.), Armut im Sozialstaat. Gesellschaftliche Analysen und sozialpolitische Konsequenzen, Neuwied 1997, S. 113-134.
Reiners, A., Praktische Erlebnispädagogik, München 1992.
Reiners, A., Erlebnis und Pädagogik, München 1995.
Reinhardt, R., Das Modell organisationaler Lernfähigkeit und die Gestaltung lernfähiger Organisationen, Frankfurt a. M. 2. Aufl. 1995.
Resch, W., Spiel und Sport als Lebenshilfe. Eine kritische Betrachtung der Zielsetzungen des Sports mit geistig und mehrfach behinderten Menschen, in: G. Fetka-Einsiedler, G. Förster (Hrsg.), Diskriminiert? Zur Situation der Behinderten in unserer Gsellschaft, Graz 1994, S. 43-53.
Resetka, H.-J., Liepmann, D., Frank, G., Qualifizierungsmaßnahmen und psychosoziale Befindlichkeit bei Arbeitslosen, Frankfurt a. M. 1996.
Richard, J., Kulturarbeit machen, Regensburg 1984.
Richter-Junghölter, G., Gemeinwesenarbeit, in: Deutscher Verein für öffentliche und private Fürsorge (Hrsg.), Fachlexikon der sozialen Arbeit, Frankfurt a. M. 4. Aufl. 1997, S. 384 f.

Richter-Reichenbach, K.-S., Identität und ästhetisches Handeln. Präventive und rehabilitative Funktionen ästhetischer Prozesse, Weinheim 1992.
Ries, H. A., Elsen, S., Steinmetz, B., Homfeld, H. G., Hoffnung Gemeinwesen, Neuwied 1997.
Rogers, E., Kincaid, D., Communication Networks. Towards a New Paradigm for Research, New York 1991.
Rogers, T., Tätigkeitsfeld Straffälligenhilfe, in: E. Tiesler, T. Rogers, H. Figge (Hrsg.), Tätigkeitsfelder sozialer Arbeit. Eine Einführung, Heidelberg 1986.
Rolff, H. G., Sozialisation und Auslese durch Schule, Weinheim 1997.
Rolly, H., Bildungsrecht und Bildungspraxis religiöser und linguistischer Minderheiten in Indien, Habilitationsmanuskript 2000.
Ronge, H.-G., Schäfer, G., Behinderte, in: Deutscher Verein für öffentliche und private Fürsorge (Hrsg.), Fachlexikon der sozialen Arbeit, Frankfurt a. M. 4. Aufl. 1997, S. 114 f.
Ross, M., G., Gemeinwesenarbeit – Theorie, Prinzipien, Praxis, Freiburg 1971.
Rossi, A. S. u. Rossi, P. H., Of Human Bonding: Parent-Child-Relations Across the LifeCourse, New York 1990.
Rudolph, W., Autonomie und Alter, in: Soziale Arbeit 1 (1996), S. 2-10.
Ruhe, H. G., Methoden der Biographiearbeit. Lebensgeschichte und Lebensbilanz in Therapie, Altenhilfe und Erwachsenenbildung, Weinheim 1998.
Sachße, Ch., Mütterlichkeit als Beruf, Frankfurt a. M. 2. Aufl. 1994.
Sader, M., Psychologie der Gruppe, München 5. Aufl. 1996.
Sagi, A., Kostenexplosion in der Behindertenhilfe, in: Jugendwohl, 4 (1985).
Salman, M. (Hrsg.), Soziale Arbeit mit Straffälligen. Beiträge aus Theorie und Praxis, Frankfurt a. M. 2. Aufl. 1986.
Salz, G., Armut durch Reichtum. Soziale Brennpunkte als Erbe der sozialen Frage: praktische Erfahrungen und theoretische Einsichten, Freiburg 1991.
Satir, V., Selbstwert und Kommunikation, München 7. Aufl. 1987.
Saup, W., Altenheim, in: L. Kruse, C. F. Graumann, E. D. Lantermann (Hrsg.), Oekologische Psychologie. Ein Handbuch in Schlüsselbegriffen, München 1990, S. 465-470.
Sauter, H., Schuler-Wallner, G., Wohnungsnot und Obdachlosigkeit: Handlungsmöglichkeiten auf nationaler und kommunaler Ebene, in: W. Hanesch (Hrsg.), Sozialpolitische Strategien gegen Armut, Opladen 1995.
Schachtner, Ch., Funktionen der Sozialpädagogik und gesellschaftliche Veränderungen, in: Neue Praxis 4 (1994), S. 299-309.
Schaie, K. W., The Seattle Longitudinal Study: A thirty-five-year inquiry of adult intellectual development, in: Zeitschrift für Gerontologie, 26 (1993), S. 129-137.
Schäuble, G., Sozialisation und Bildung der jungen Alten vor und nach der Berufsaufgabe, Stuttgart 1995.
Scheller, G., Familienzyklus als Forschungsansatz, in: R. Nave-Herz, M. Markefka (Hrsg.), Handbuch der Familien- und Jugendforschung, Frankfurt a. M. 1989, S. 151-162.
Schenk, M., Das Konzept des sozialen Netzwerkes, in: Kölner Zeitschrift für Soziologie und Sozialpsychologie 25 (1983).
Schenk, M., Soziale Netzwerke und Kommunikation, Tübingen 1984.

Scheuch, E. K., Scheuch, U., Cliquen, Klüngel und Karrieren. Über den Verfall der politischen Parteien – eine Studie, Hamburg 1992.

Schlitt, U., Betreutes Wohnen Behinderter und psychisch Kranker, in: Deutscher Verein für öffentliche und private Fürsorge (Hrsg.), Fachlexikon der sozialen Arbeit, Stuttgart 4. Aufl. 1997, S. 143.

Schmidt, R., Produktivität des Alters. Theoretische Perspektiven und praktische Implikationen, in: Soziale Arbeit 8 (1996), S. 254-259.

Schneider, H.-D., Rehabilitation im Altersheim, in: Archiv für Wissenschaft und Praxis der sozialen Arbeit 1 (1979), S. 25 ff.

Schneider, L., Soziale Vernetzung, Regensburg 1988.

Schmitz-Scherzer, R., Sterben und Tod im Alter, in: P. B. Baltes, J. Mittelstraß (Hrsg.), Zukunft des Alterns und gesellschaftliche Entwicklung, Berlin 1992, S. 544-562.

Scholz, Ch., Gemeinsame Verantwortung? Jugendkriminalität als Streitobjekt zwischen Jugendhilfe und Justiz, in: DVJJ-Journal (1994), S. 163 ff.

Spieß, G., Probleme praxisbezogener Forschung und ihrer Umsetzung am Beispiel der Bewährungsprognose, in: H. Kury (Hrsg.), Prävention abweichenden Verhaltens, Köln 1982, S. 29 ff.

Schreiber, W., Subjektorientierte Sozialpädagogik: zur Mehrperspektivität leiblicher Interaktion und sinnlicher Wahrnehmung, Münster 1999.

Schröder, S., Schwerst- und mehrfachgeschädigte Geistigbehinderte als pädagogische, soziale und menschliche Herausforderung in: W. Dittmann, S. Klöpfer (Hrsg.), Zum Problem der pädagogischen Förderung schwerstbehinderter Kinder und Jugendlicher, Heidelberg 3. Aufl. 1998.

Schubert, M. T., System Familie und geistige Behinderung, Wien, New York 1987.

Schultz, H. J. (Hrsg.), Die neuen Alten, Stuttgart 1985.

Schulze, G., Erlebnisgesellschaft, Frankfurt a. M. 1992.

Schulze, H.-J., Tyrell, H., Künzler, J., Vom Strukturfunktionalismus zur Systemtheorie der Familie, in: R. Nave-Herz, M. Markefka (Hrsg.), Handbuch der Familien- und Jugendforschung, Bd. 1, Neuwied 1989.

Schüle, K., Behindertensport – Wege der Therapie, Animation und Emanzipation, in: E. Zwierlein (Hrsg.), Handbuch Integration und Ausgrenzung. Behinderte Menschen in der Gesellschaft, Neuwied 1996, S. 256-267.

Schütz. A., Luckmann, Th., Strukturen der Lebenswelt, 2 Bde., Frankfurt a. M. 1979, 1984.

Schwartz, W., The social worker in the group, in: The social welfare forum, New York 1961, S. 146-177.

Schwarz, G., Verwaltete Jugend(t)räume. Jugendarbeit zwischen organisierter Ohnmacht und sozialem Management, München 2. Aufl. 1992.

Schwarz, G., Sozialmanagement, München 1994.

Schwarz, G., Sozialmanagement. Basistexte, Computergrafiken, Checklisten für Studium und Beruf, Alling 2. Aufl. 1995.

Shaffer, J. B. P., Galinski, M. D., Handbuch der Gruppenmodelle, 2 Bde., Berlin 1977.

Shazer, St. v., Wege der erfolgreichen Kurzeittherapie, Stuttgart 1989.

Sherif, M., Wilson, M. O., Group Relations at the Crossroads, New York 1953.

Shulman, L., A Casebook of social work with groups. The mediating model, New York 1968.

Seibert, H., Noack, W., Die Krise der Sozialarbeit und ihre autopoietische Chance, Berlin 1996.

Senge, P., The Fifth Disciple, New York 1990a.

Senge, P., The Leader's New York, Building Learning Organizations. Sloan Management, Review, Fall 1990b, S. 7-23.

Sidler, N., Am Rande leben – abweichen – arm sein, Freiburg i. Br. 1989.

Sieber, M., Drogenkonsum: Einstieg und Konsequenzen, Göttingen 1993.

Sierks, M., Film/Video als Mittel politisch-kutureller Bildungsarbeit, in: G. Koch (Hrsg.), Kultursozialarbeit. Eine Blume ohne Vase? Frankfurt a. M. 1989, S. 196-214.

Smith, J., Fleeson, W., Geiselmann, B., Settersten, R., Kunzmann, U., Wohlbefinden im Alter, Vorhersagen aufgrund objektiver Lebensbedingungen und subjektiver Bewertung, in: K. U. Mayer, P. B. Baltes (Hrsg.), Die Berliner Altersstudie, Berlin 1996, S. 497-523.

Soyka, M. (Hrsg.), Acamprosate in Relapse Prevetion of Alkoholism, New Brunswick 1996.

Specht, Chr., Ausgrenzung und Teilhabe. Mädchen in der Straßenclique und ihr Kampf um öffentlichen Raum, in: Specht, W. (Hrsg.), Die gefährliche Staße. Jugendkonflikte und Stadtteilarbeit, Bielefeld 1991, S. 47-63.

Speck, O., Die Bedeutung des Wohnens für den geistig behinderten Menschen aus philosophisch-anthropologischer Sicht, in: Bundesvereinigung Lebenshilfe für geistig Behinderte (Hrsg.), Humanes Wohnen – seine Bedeutung für das Leben geistig behinderter Erwachsener, Bd. 5, Marburg 1982, S. 5-15.

Spielmann, M., Systemik und Vernetzung – Welchen Beitrag leisten sie für die Sozialarbeit in Theorie und Praxis? in: N. Huppertz (Hrsg.), Theorie und Forschung in der Sozialen Arbeit, Neuwied 1998, S. 151-164.

Stadler, H., Zum pädagogischen Selbstverständnis von Sonderschullehrern. Ergebnisse aus einer Einstellungsuntersuchung, Sonderpädagogik 6 (1976), S. 108-118.

Stark, W., Empowerment: neue Handlungskompetenzen in der psychosozialen Praxis, Freiburg i. Br. 1996.

Staubach, R., Strategien zur integrierten Erneuerung benachteiligter Stadtteile, in: H. A. Ries, S. Elsen, B. Steinmetz, H. G. Homfeld (Hrsg.), Hoffnung Gemeinwesen, Neuwied 1997.

Staub-Bernasconi, S., Handlungstheoretische Optionen in der sozialen Arbeit in und mit Gemeinwesen, in: H. A. Ries, S. Elsen, B. Steinmetz, H. G. Homfeldt (Hrsg.), Hoffnung Gemeinwesen, Neuwied 1997.

Steinhagen-Thiessen, E., Borchelt, M., Morbidität, Medikation und Funktionalität im Alter, in: K. U. Mayer, P. B. Baltes (Hrsg.), Die Berliner Altersstudie, Berlin 1996, S. 151-183.

Sternberg, R. J., Liking versus Loving. A Comparative Evaluation of Theories, in: Psychologican Bulletin 102, 3 (1987), S. 331-345.

Stein, M., Möglichkeiten gegenseitiger Hilfeleistung im sozialen Netzwerk von Arbeitern, in: H. Keupp, B. Röhrle (Hrsg.), Soziale Netzwerke, Frankfurt a. M. 1987, S. 109-122.

Stieglitz, V., Konzeptionelle und qualifizierte ehrenamtliche Mitarbeit – ein Weg zur Öffnung totaler Instituionen, in: H.-J. Eberle (Hrsg.), Machtspiele. Sozialdienste in geschlossenen Einrichtungen, Bielefeld 1988, S. 114-124.

Stoppe, G., Radau, K., Verwitwung im Alter: Einfluß auf die männliche Sexualität, in: Zeitschrift für Gerontopsychologie und -psychiatrie 5 (1992), S. 237-242.

Straus F., Höfer, R., Gmür, W., Familie und Beratung, München 1988.

Straus, F., Netzwerkarbeit, in: M. Textor (Hrsg.), Hilfen für Familien, Frankfurt a. M. 1990.

Strohmeier, K. P., Familie und Gemeinde, in: R. Nave-Herz, M. Markefka (Hrsg.), Handbuch der Familien- und Jugendforschung, Frankfurt a. M. 1989, S. 453-473.

Strohmeier, K. P., Kersting, V., Sozialraum Ruhrgebiet – Stadträumliche Differenzierung von Lebenslagen, Armut und informelle Solidarpotentiale, in: R. Bovermann, R. Goch, H.-J. Priamus (Hrsg.), Das Ruhrgebiet – Ein starkes Stück Nordrheinwestfalen, Essen 1996.

Stüttler, J. A., Jugend- und jugendhilfepolitische Probleme bei der Verbindung und Abgrenzung von Jugendhilfe und Berufsausbildung, in: Verband katholischer Einrichtungen der Heim- und Heilpädagogik (Hrsg.), Berufsbildung und Jugendhilfe, Freiburg i. Br. 1990, S. 18-24.

Tews, H. P., Produktivität des Alters, in: M. M. Baltes, L. Montada (Hrsg.), Produktives Leben im Alter, Frankfurt a. M. 1996.

Tews, H. P., Winter, H.-P., Betreutes Wohnen für alte Menschen, in: Deutscher Verein für öffentliche und private Fürsorge (Hrsg.), Fachlexikon der sozialen Arbeit, Stuttgart 4. Aufl. 1997, S. 143 f.

Textor, M. R., Familien: Soziologie, Psychologie, Freiburg 1991.

Thannhäuser, A., Zur Situation geistig behinderter Erwachsener aus der Sicht ihrer Mütter, Bern 1976.

Thesing, Th., Betreute Wohngruppen und Wohngemeinschaften für Menschen mit geistiger Behinderung, Freiburg i. Br. 3. Aufl. 1998.

Theunissen, G., Heilpädagogik im Umbruch, Freiburg i. Br. 1991.

Theunissen, G., Plaute, W., Empowerment und Heilpädagogik. Ein Lehrbuch, Freiburg i. Br. 1995.

Thomae, H., Gerontological longitudinal studies, Zeitschrift für Gerontologie 26 (1993), S. 119-122.

Thüne, W., Die Heimat als soziologische und geographische Kategorie, Würzburg 1987.

Tiersch, H., Heimerziehung, in: H. Tiersch (Hrsg.), Kritik und Handeln. Interaktionistische Aspekte der Sozialpädagogik, Neuwied 1977.

Tiersch, H., Lebensweltorientierte soziale Arbeit. Aufgaben der Praxis im sozialen Wandel, Weinheim 1992.

Tiersch, H., Strukturierte Offenheit. Zur Methodenfrage einer lebensweltorientierten Sozialen Arbeit, in: Th. Rauschenbach, F. Ortmann, M.-E. Karsten (Hrsg.),

Der sozialpädagogische Blick. Lebensweltorientierte Methoden in der Sozialen Arbeit, Weinheim 1993, S. 11-28.

Tiesler, E., Rogers, T., Figge, H., Tätigkeitsfelder sozialer Arbeit. Eine Einführung, Heidelberg 1986.

Tillmann, J., Schule: das grundsätzlich überforderte gesellschaftliche Teilsystem, in: E. Hollenstein, J. Tillmann (Hrsg.), Schulsozialarbeit. Studium, Praxis und konzeptionelle Entwicklungen, Hannover 1999, S. 36-39.

Treptow, R., Bewegung als Erlebnis und Gestaltung, Weinheim, München 1993.

Tretter, F., Ökologie der Sucht. Das Beziehungsgefüge Mensch – Umwelt – Droge, Göttingen 1998.

Trilling, A., Gemeinwesenorientierte Altenpolitik? in: W. H. Asam (Hrsg.), Neue Altenpolitik. Sicherung der Pflege durch Sozialplanung, Freiburg i. Br. 1992, S. 196-207.

Treptow, R., Jugendkulturarbeit – Balance zwischen sozialen und ästhetischen Orientierungen, in: W. Zacharias (Hrsg.), Schöne Aussichten, Essen 1991, S. 231-244.

Trommer, G., Natur im Kopf. Die Geschichte ökologisch bedeutsamer Naturvorstellungen in deutschen Bildungskonzepten, Weinheim 1990.

Ulbrich-Herrmann, M., Die sozialen Milieus, in: W. Heitmeyer, u.a. (Hrsg.), Gewalt. Schattenseiten der Individualisierung bei Jugendlichen aus unterschiedlichen Milieus, Weinheim 3. Aufl. 1998.

Veelken, L. Neues Lernen im Alter, Heidelberg 1990.

Vinter, R. D., Beiträge zur Praxis der sozialen Gruppenarbeit, 2. Aufl. Freiburg 1973.

Voges, W., Soziologie des höheren Lebensalters, München 3. Aufl. 1991.

Wagener, H. St., Böttcher, H.-W., Behördenaufbau, in: Deutscher Verein für öffentliche und private Fürsorge (Hrsg.), Fachlexikon der sozialen Arbeit, Frankfurt a. M. 4. Aufl. 1997, S. 121 f.

Wagner, M., Schütze, Y., Lang, F. R., Soziale Beziehungen alter Menschen, in: K. U. Mayer, P. M. Baltes (Hrsg.), Die Berliner Alterstudie, Berlin 1996, S. 301-320.

Walter, Th., Phänomenologie – Ihr Nutzen für die Theorie und die Praxis der Sozialarbeit und Sozialpädagogik, in: N. Huppertz (Hrsg.), Theorie und Forschung in der Sozialen Arbeit, Neuwied 1998, S. 15-32.

Watzlawick, P., Beavin, J. H., Jackson, D. D., Menschliche Kommunikation. Formen, Störungen, Paradoxien, Stuttgart 1974.

Weber, G., Hillebrandt, F., Soziale Hilfe – Ein Teilsystem der Gesellschaft? Wissenssoziologische und systemtheoretische Überlegungen, Opladen 1999.

Weber, R., Blankenfeld, Chr., Obdachlosigkeit/Obdachlosenhilfe, in: Deutscher Verein für öffentliche und private Fürsorge (Hrsg.), Fachlexikon der sozialen Arbeit, Stuttgart 4. Aufl. 1997 S. 676 f.

Weil, M., Schlüsselkomponenten einer effizienten und effektiven Dienstleistung, in: W. R. Wendt (Hrsg.), Unterstützung fallweise. Case Management in der Sozialarbeit, 2. Aufl. Freiburg i. Br. 1995, S. 84-123.

Weise, N., Erhebungen zur gegenwärtigen Organisation sozialtherapeutischer Nachsorgeaktivitäten und Vorstellungen zu ihrer Effektivitätsverbesserung bei suchtkranken Maßregelvollzugspatienten, Diplomarbeit, Friedensau 1998.

Wendt, W. R., Geschichte der sozialen Arbeit, Stuttgart 2. Aufl. 1985.

Wendt, W. R., Gemeinwesenarbei. Ein Kapitel zu ihrer Entwicklung und zu ihrem gegenwärtigen Stand, in: K. Ebbe, P. Friese (Hrsg.), Milieuarbeit, Stuttgart 1989.

Wendt, W. R., ökosozial denken und handeln: Grundlagen und Anwendungen in der Sozialarbeit, Freiburg i. Br. 1990.

Wendt, W. R., Die Handhabung der sozialen Unterstützung. Eine Einführung in das Case Management, in: W. R. Wendt (Hrsg.), Unterstützung fallweise. Case Management in der Sozialarbeit, Freiburg i. Br. 2. Aufl. 1995, S. 11-55.

Wendt, W. R., Case management im Sozial- und Gesundheitswesen. Eine Einführung, Freiburg i. Br. 1997.

Werder, L., Kultursozialarbeit: Schwerpunkt Literatur, in: G Koch (Hrsg.), Kultursozialarbeit. Eine Blume ohne Vase? Frankfurt a. M. 1989, S. 58-105.

Wilkening, K., Konformität unter Gruppendruck, Weinheim 1978.

Wienen, W., Arbeitslosenbildung. Diskussionsbeitrag zur Entwicklung einer Konzeption, in: Oswald-von-Nell-Breunings-Haus (Hrsg.), Einsichten, Herzogenrath 1994.

Wirth, W., Prävention durch Wiedereingliederung in den Arbeitsmarkt: Cui bono? in: G. Kawamura, U. Helms (Hrsg.), Straffälligenhilfe als Prävention? Freiburg i. Br. 1998, S. 55-75.

Witte, E., Sozialpsychologie, München 1989.

Witterstätter, K., Soziologie für die Altenarbeit, Freiburg i. Br. 9. Aufl. 1994.

Wössner, J., Soziologie, Köln 1986.

Wolski-Prenger, F., Rothardt, D., Soziale Arbeit mit Arbeitslosen. Beratung, Bildung, Selbstorganisation, Weinheim 1996.

Zander, H., Armut, in: H. Eyferth, H. U., Otto, H. Tiersch (Hrsg.), Handbuch zur Sozialarbeit/Sozialpädagogik, Neuwied 1987, S. 132-148.

Zapf, W., Individualisierung und Sicherheit. Untersuchungen zur Lebensqualität in der Bundesrepublik Deutschland, München 1987.

Ziegler, H., Alkohol: Mißbrauch und Abhängigkeit, in: P. G. Allhoff, J. Leidel, G. Ollenschläger, H. P. Vogt (Hrsg.), Präventivmedizin. Praxis – Methoden – Arbeitshilfen, Berlin 1995.

Zielke, D., Praktische Auswirkungen, Probleme und Erfordernisse einer engeren problembestimmten beruflichen Bildung, in: Verband katholischer Einrichtungen der Heim- und Heilpädagogik (Hrsg.), Berufsbildung und Jugendhilfe, Freiburg i. Br. 1990, S. 26-34.

Zoll, R., Bents, H., Brauer, H., Flieger, J., Neumann, E., Oechsle, M., Nicht so wie unsere Eltern! Ein neues kulturelles Modell, Opladen 1989.

Der Autor

Dr. Winfried Noack arbeitet nach seinem Studium der Theologie, Germanistik, Geschichte, Geographie und Philosophie und nach dem Erwerb der Lehrbefähigung und Prüfungserlaubnis für Psychologie, Sozialwissenschaften und Politikwissenschaften als Professor für Sozialwesen und Angewandte Theologie an der Theologischen Hochschule Friedensau. Er ist Prodekan der Fakultät für Sozialwesen und Direktor des Instituts für integrierte Kinder-, Jugend- und Erwachsenenarbeit.